WAS ADVENTISTEN GLAUBEN

27 BIBLISCHE GRUNDLEHREN UMFASSEND ERKLÄRT

ADVENT-VERLAG

Titel der englischen Originalausgabe: Seventh-day Adventists Believe ...
© 1988 by the Ministerial Association,
General Conference of Seventh-day Adventists (USA)

Projektleitung: Eli Diez
Übersetzung: Stephan G. Brass, Otto Chrastek, Günter Fraatz,
Jan Hinrichs, Gunther Klenk, Friedhelm Klingeberg, Eberhard Köhler,
Erwin Meier, Hans-Otto Reling, Gerhard Rempel, Heinz Scheidinger,
Siegfried Wittwer, Paul Wright
Redaktionelle Bearbeitung: Friedhelm Klingeberg, Renate Poller
Theologische Fachberatung: Bruno Ulrich
Weitere Mitarbeit: Wolfgang F. W. Andersch, Johanna Himstedt und
Reinhard Thäder (Korrekturlesen), Daniel und Marc Diez (Erfassung,
Zeichnungen)
Einbandgestaltung: Studio A Design GmbH, Hamburg
Satz: EDP

Die Bibelzitate sind – falls nichts anderes vermerkt – der Bibelübersetzung Martin Luthers (Revision 1984) entnommen. Ansonsten bedeutet:

EB	=	Elberfelder Bibel (rev.)	AÜ	=	Albrecht-Übersetzung
GN	=	Die Gute Nachricht	EÜ	=	Einheitsübersetzung
Hfa	=	Hoffnung für alle	MB	=	Menge Bibel

2. Auflage 1997

© 1996 Advent-Verlag GmbH, Lüner Rennbahn 16, D-21339 Lüneburg
Gesamtherstellung: Grindeldruck GmbH, D-20144 Hamburg
Das Werk einschließlich aller seiner Teile ist urheberrechtlich geschützt.
Jede Verwertung außerhalb der engen Grenzen des Urheberrechtsgesetzes ist ohne Zustimmung des Verlags unzulässig und strafbar. Das gilt insbesondere für Vervielfältigungen, Übersetzungen, Mikroverfilmungen und die Verarbeitung in elektronischen Systemen.
Alle Rechte vorbehalten – Printed in Germany
ISBN 3-8150-1276-7

Inhalt

Vorwort 7
Die Glaubensüberzeugung der
Siebenten-Tags-Adventisten in 27 Punkten 10
Wir bedanken uns 11

DIE LEHRE VON GOTT

1. Das Wort Gottes 15
2. Die Dreieinigkeit 31
3. Gott der Vater 47
4. Gott der Sohn 57
5. Gott der Heilige Geist 91

DIE LEHRE VOM MENSCHEN

6. Die Schöpfung 105
7. Die Natur des Menschen 119

DIE LEHRE VON DER ERLÖSUNG

8. Der große Kampf 151
9. Leben, Tod und Auferstehung Christi 163
10. Die Erfahrung der Erlösung 181

DIE LEHRE VON DER GEMEINDE

11. Die Gemeinde 203
12. Die Übrigen und ihr Auftrag 227
13. Die Einheit der Gemeinde Christi 253
14. Die Taufe 267
15. Das Abendmahl 285
16. Geistliche Gaben und Dienste 301
17. Die Gabe der Prophetie 313

DIE LEHRE VOM CHRISTLICHEN LEBENSSTIL

18. Das Gesetz Gottes 337
19. Der Sabbat 361
20. Gottes Haushalter 387
21. Christlicher Lebensstil 401
22. Ehe und Familie 423

DIE LEHRE VON DEN LETZTEN DINGEN

23. Christus im himmlischen Heiligtum 449
24. Die Wiederkunft Christi 479
25. Tod und Auferstehung 503
26. Die tausend Jahre 523
27. Die neue Erde 539

Bibliographie 555
Stichwortverzeichnis 563
Abkürzungen der biblischen Bücher 569

Vorwort

Welche Vorstellung hast du von Gott? Wer ist er? Wie teilt er sich mit? Was erwartet er von uns? Zu Mose wurde einst gesagt, niemand könne Gott von Angesicht zu Angesicht sehen, ohne sterben zu müssen. Jesus aber verkündigte, daß jeder, der ihn sähe, auch Gott begegnet sei (Jo 14,9). Seit Gottes Sohn Mensch geworden ist, können wir auch erkennen, wer Gott ist.

Wir haben in 27 Punkten unsere Glaubensüberzeugung dargelegt und niedergeschrieben, um verständlich zu machen, wie Siebenten-Tags-Adventisten ihren Glauben an Gott verstehen. In den einzelnen Kapiteln dieses Buches wird gezeigt, wie uns Gottes Liebe, seine Freundlichkeit, Barmherzigkeit und Gnade, seine Güte, Gerechtigkeit, sein Gericht und sein Frieden begegnen. Zugleich möchten wir erklären, wie wir zu Jesus Christus und zu seinem Erlösungswerk stehen.

Jede unserer Glaubenslehren ist „christozentrisch", muß also auf Christus bezogen gesehen werden. Weil er allein die Wahrheit ist, können die von Menschen formulierten und schriftlich fixierten Lehren niemals endgültig sein, sondern wollen zu tieferer Erkenntnis führen.

Dieses Buch wurde geschrieben in dem Wissen, daß unsere Gemeinschaft ihre Erkenntnis der Wahrheit weithin den treuen Zeugen aus allen Epochen der Kirchengeschichte verdankt. Nur einige Namen seien hier genannt: Hus, Luther, Tyndale, Calvin, Knox und Wesley. Ihr Ringen um Klarheit vermittelte der Christenheit neues Licht, von dem auch wir als Gemeinschaft leben. Dennoch können wir uns nicht mit der Erkenntnis anderer begnügen, sondern wollen wachsen im Verständnis der Wahrheit.

Im Buch der Sprüche (4,18) heißt es: „Der Gerechten Pfad glänzt wie das Licht am Morgen, das immer heller leuchtet bis zum vollen Tag." Selbstverständlich muß jede Erkenntnis – mitunter handelt es sich ja nur um eine neue Sicht – an der Heiligen Schrift gemessen werden.

Schon Ellen G. White warnte davor, eigene Vorstellungen in Gottes Wort hineinzulesen:

„Wenn du in der Schrift nur suchst, um deine eigenen Ansichten bestätigt zu bekommen, wirst du die Wahrheit niemals finden. Versuche lieber beim Lesen der Bibel zu erfahren, was der Herr dir sagen möchte. Wenn du beim Studium zu einer Überzeugung kommst, die mit deinen Lieblingsideen nicht vereinbar ist, dann versuche nicht, die gefundene Wahrheit deinen Vorstellungen anzupassen, sondern nimm die geschenkte Erkenntnis an." („Bilder vom Reiche Gottes", S. 91.92)

Wir verstehen das vorliegende Werk nicht als theologisch fest zementiertes Dogmengebäude, sondern als eine christozentrische Darstellung unseres Glaubens. Für Adventisten gilt im Blick auf die Lehre nur der bewährte reformatorische Grundsatz: „Allein die Bibel, und nichts als die Bibel!"

Die hier beschriebene Glaubensüberzeugung ist nicht von einem theologischen Arbeitskreis erstellt worden, sondern hervorgegangen aus mehr als hundert Jahren Gebet, Forschung und Überlegung, und bildet den Nachweis geistlichen Wachstums „in der Gnade und Erkenntnis unseres Herrn und Heilands Jesus Christus" (2 Pt 3,18).

Wir sind uns bewußt, daß man fragen könnte, ob Glaubenslehren überhaupt noch Bedeutung haben in einer Welt, die ums Überleben kämpft und sich mit dem explosionsartigen Wachstum der Technik auseinandersetzen muß. Obendrein kämpfen christliche Organisationen mitunter vergeblich gegen Armut, Hunger, Ungerechtigkeit und Gleichgültigkeit. Dennoch sind wir davon überzeugt, daß unsere Grundlehren, wenn sie richtig verstanden werden, auf Christus, den Weg, die Wahrheit und das Leben hinweisen und deshalb das Dasein des Christen unmittelbar berühren.

Lehren versuchen den Gott zu definieren, an den wir glauben und dem wir dienen. Sie erklären gegenwärtige und vergangene Ereignisse und schenken die Gewißheit, daß alles einen Sinn und ein Ziel hat. Lehren sind Orientierungshilfen und schaffen einen festen Grund, wo es sonst in der pluralistischen Gesellschaft nur Unverbindlichkeit und Unsicherheit gibt. Lehren regen das Denken an und weisen hin auf das Ziel, auch für andere da zu sein.

Wir möchten unsere Leser durch das Studium der Bibel zu einer engen Gemeinschaft mit Christus führen. In dieser Zeit der Täuschung, des religiösen Pluralismus und der Passivität ist es wichtig, Christus zu kennen und seinen Willen zu verstehen. Nichts sonst kann schützen vor den „reißenden Wölfen", die uns die Wahrheit rauben und den Glauben nehmen möchten (vgl. Apg 20,29.30).

Wir wollen all denen helfen, die wissen wollen, was und warum wir glauben. Die vorliegende Studie über die Grundlehren unserer Gemeinschaft ist nicht von Außenstehenden geschrieben worden, sondern von überzeugten Adventisten; sie kann daher als authentische Darstellung adventistischen Glaubensgutes gelten.

Wir wissen, daß eine christozentrische Lehre drei wesentliche Funktionen hat: sie baut die Gemeinde auf, führt tiefer in die Wahrheit und verkündet das Evangelium in seiner ganzen Fülle. Solche Lehre ruft nicht nur zum Glauben, sondern auch zur Tat. Durch den Heiligen Geist wird christlicher Glaube zur liebevollen Tat. Wissen von Gott, seinem Sohn und dem Heiligen Geist ist „rettendes Wissen". Genau das ist das Thema dieses Buches.

Die Herausgeber

Die Glaubensüberzeugung der Siebenten-Tags-Adventisten in 27 Punkten

Siebenten-Tags-Adventisten haben sich von jeher geweigert, ihre Glaubensüberzeugung im Sinne eines Glaubensbekenntnisses zu formulieren. Dennoch hielten sie es von Zeit zu Zeit aus praktischen Gründen für notwendig, ihre Glaubenslehren schriftlich niederzulegen.

1872 veröffentlichte der adventistische Verlag in Battle Creek, Michigan, eine „Synopse unseres Glaubens", die 25 Punkte umfaßte. Dieses Dokument, etwas überarbeitet und auf 28 Abschnitte erweitert, erschien im Gemeinschafts-Jahrbuch von 1889. In die folgenden Ausgaben wurde es zwar nicht aufgenommen, aber in den Jahrbüchern von 1905 bis 1914 erschien es wieder regelmäßig.

Als Leiter der Gemeinschaft in Afrika um „eine Stellungnahme" baten, „die Regierungsvertretern und anderen Personen ein besseres Verständnis von unserer Arbeit vermitteln könnte", erarbeitete ein kleiner Ausschuß, dem auch der Präsident der Generalkonferenz angehörte, ein Papier, das „eine Zusammenfassung der wesentlichen Punkte unseres Glaubens" enthielt. Diese Aufstellung von 22 Glaubenslehren, erstmals im Jahrbuch von 1931 abgedruckt, behielt ihre Gültigkeit bis zur Generalkonferenz im Jahr 1980. Anläßlich dieser Vollversammlung wurde sie durch eine erweiterte, 27 Glaubenspunkte umfassende Ausarbeitung ersetzt. Deren Titel lautete: „Glaubensüberzeugungen der Siebenten-Tags-Adventisten".

Das vorliegende Werk „Was Adventisten glauben" gründet sich auf diese Zusammenfassung der adventistischen Glaubenslehren, die jeweils im derzeit gültigen Wortlaut am Anfang eines jeden Kapitels stehen. Dieses Buch ist kein offizielles Dokument der Gemeinschaftsleitung, sondern will lediglich dazu beitragen, Gemeindegliedern, Freunden der Gemeinde und solchen, die daran interessiert sind, die adventistischen Glaubenslehren verständlich und gut lesbar nahezubringen. Es soll zeigen, was wir glauben und worauf sich unser Glaube gründet.

Wir bedanken uns ...

Vom damaligen Präsidenten der Generalkonferenz der Siebenten-Tags-Adventisten, Neal C. Wilson, und seinen Mitarbeitern beauftragt und ermutigt, hat die Abteilung für Predigtamt dieses Buch herausgegeben, um fundierte Informationen über den Glauben unserer Gemeinschaft zu geben.

Für einen einzelnen Autor wäre es kaum möglich gewesen, die Glaubensüberzeugung der Gemeinschaft der Siebenten-Tags-Adventisten so umfassend und präzise darzustellen. Dennoch arbeiten einzelne Autoren effektiver als Ausschüsse. Deshalb haben wir die Beiträge vieler Verfasser mit der Arbeit eines einzelnen verknüpft. Von P. Gerard Damsteegt[1] stammt der erste Entwurf für die einzelnen Kapitel.

Als Grundlage für das vorliegende Buch diente eine christozentrische Ausarbeitung von Norman Gulley[2] über die adventistische Theologie. Außerdem wurden viele adventistische und nichtadventistische Quellen zur vorliegenden Thematik ausgewertet.

Die zehn Weltdivisionen der Gemeinschaft wählten ein Komitee von 194 Personen, die jedes Kapitel noch einmal durcharbeiteten und Korrekturen, Zusätze und Streichungen empfahlen. Ein Gremium von 27 Theologen und Pastoren traf sich regelmäßig mit Damsteegt, um ihn bei seiner Arbeit beratend zu unterstützen.[3]

---

[1] Damsteegt, gebürtiger Niederländer, ist Kirchengeschichtler an der Andrews Universität und hat zugleich reiche Erfahrungen als Evangelist. Nachdem er als Luftfahrtingenieur bei der Holländischen Luftwaffe seine Bekehrung erlebt hatte, durchlief er in Europa und den USA eine theologische Ausbildung. 1977 erwarb er an der Freien Reformierten Universität von Amsterdam für eine historisch-theologisch-missiologische Studie der biblischen Grundlagen der Gemeinschaft der Siebenten-Tags-Adventisten den Doktorgrad in Theologie.

[2] Professor für Religion am Southern College der Siebenten-Tags-Adventisten in Tennessee, USA.

[3] Hier sind die Namen derer, die dieses Werk durch ihren Rat, die Erforschung von Quellen, das Sichten von Material oder durch redaktionelle Bearbeitung in besonderer Weise gefördert haben: Roy Adams, C. E. Aeschlimann, Philippe

Laurel Damsteegt, selbst erfahrene Theologin, beriet ihren Ehemann sachkundig und kümmerte sich gemeinsam mit Mary Louise McDowell um die Vorbereitung der Manuskripte. David Jarnes und Kenneth Wade, zwei Redakteure der Predigerzeitschrift „Ministry", waren für die Schlußkorrekturen verantwortlich und bereiteten das Manuskript für den Druck vor.

Besonderer Dank gebührt dem inzwischen verstorbenen J. R. Spangler, damals beigeordneter Sekretär der Predigtamtsabteilung und Chefredakteur des „Ministry". Ohne seine Beharrlichkeit wäre dieses Buch wahrscheinlich nie erschienen.

Predigtamtsabteilung der
Generalkonferenz der Siebenten-Tags-Adventisten

Augendre, Francis Augsburger, Samuele Bacchiocchi, Roberto Badenas, B. B. Beach, Enrique Becerra, Bekele Biri, P. Bolling, F. A. Botomami, DeWayne Boyer, C. E. Bradford, G. W. Brown, Walton J. Brown, Jetro Fernandes de Carvalho, D. W. B. Chalale, Gordon Christo, Gerald Christo, Paul Clerc, J. N. Coffin, P. J Colquhoun, Robert Cunningham, A. D. C. Currie, Raoul Dederen, P. M. Diaz, O. C. Edwards, Rex D. Edwards, W. H. Endruveit, Duncan Eva, A. J. Ferch, Philip Follett, Marsha Frost, E. R. Gane, A. A. Godfrey, Clifford Goldstein, Norman Gully, C. B. Hammond, H. G. Harker, Gerhard Hasel, R. R. Hegstad, Hans Heinz, Bekele Heye, D. B. Hills, B. Holanger, Frank Holbrook, Minoru Inada, Rolando Itin, W. G. Johnsson, Bruce Johnston, Erwin Kilian, G. E. Knowles, Ruben Lessa, M. E. Loewen, Enrico Long, Edwin Ludescher, S. H. Makaleta, David Marshall, P. Maynard-Reid, D. P. McClure, Lyndon McDowell, John H. McFarlane, K. J. Mittleider, Jerry Moon, Haroldo Moran, Joaquim Morgado, Ekkehardt Müller, Baraka Muganda, Eric Murray, A. Mustard, Ira Nation, R. R. Ndhlovu, Ralph Neall, J. D. Newmann, D. M. Niere, R. W. Nixon, J. J. Nortey, Etzer Obas, S. O. Omulo, Jan Paulsen, Leon Phillips, Chek Yat Phoon, L. D. Daelly, Alex Rantung, George W. Reid, Leslie Rhys, George E. Rice, David Ripley, C. B. Rock, Mrs. Nel Rogers, Reinhard Rupp, W. C. Scales, Walter Schultschik, Neal Scott, W. R. L. Scragg, W. H. Shea, H. C. Shin, Georges Steveny, R. A. Tabingo, Yoshibumi Takahashi, Brad Thorp, L. P. Tolhurst, James D. Unger, Leo Van Dolsen, Lutz Vollrath, Werner und Nacy Vyhmeister, Loron Wade, A. V. Wallenkampf, M. H. Wauran, Joao Wolff, Yukio Yokomizo, James Zachary und Z. M. Zubaid.

DIE LEHRE VON GOTT

Kapitel 1

Das Wort Gottes

> *Die Heilige Schrift – Altes und Neues Testament – ist das geschriebene Wort Gottes, durch göttliche Inspiration heiligen Menschen anvertraut, die geredet und geschrieben haben, getrieben vom Heiligen Geist. In diesem Wort hat Gott dem Menschen alles mitgeteilt, was zu dessen Errettung nötig ist. Die Heilige Schrift ist die unfehlbare Offenbarung seines Willens. Sie ist der Maßstab für den Charakter und der Prüfstein aller Erfahrungen. Sie ist die maßgebende Offenbarungsquelle aller Lehre und der zuverlässige Bericht von Gottes Handeln in der Geschichte.*

Kein Buch wurde so geliebt und verehrt, aber zugleich auch so gehaßt und verdammt wie die Bibel. Menschen sind für die Bibel gestorben, andere wiederum haben ihretwegen getötet. Sie hat Menschen zu den größten Taten und Opfern inspiriert, andrerseits hat man sich nicht gescheut, die verdammungswürdigsten Schandtaten in ihrem Namen zu begehen. Kriege wurden wegen der Bibel geführt, und Revolutionen haben sich auf ihr Wort berufen. Menschen unterschiedlichster Auffassungen – vom Befreiungstheologen bis zum Kapitalisten, Faschisten und Marxisten, vom Diktator bis zum Volksbefreier, Pazifisten wie auch Militaristen – meinten, in der Bibel eine Rechtfertigung für ihr Verhalten zu finden.

Die Einzigartigkeit der Bibel beruht jedoch nicht auf ihrer unvergleichlichen politischen, kulturellen und sozialen Wirkung, sondern auf ihrem Ursprung und ihrer Aussage. Sie ist die Offenbarung des einzigartigen Gott-Menschen: des Sohnes Gottes, Jesu Christi – des Heilands der Welt.

Die Offenbarung Gottes

Im Laufe der Geschichte haben Menschen die Existenz Gottes immer wieder in Frage gestellt. Dennoch haben viele in festem Vertrauen bezeugt, daß Gott da ist und sich selbst offenbart hat. Wie aber hat er sich offenbart? Und welche Rolle spielt die Bibel bei dieser Offenbarung?

Allgemeine Offenbarung. Die Einsicht in das Wesen Gottes, wie sie sich aus der Geschichte, aus dem Verhalten und Gewissen des Menschen sowie aus der Natur ergibt, wird häufig als „allgemeine Offenbarung" bezeichnet, weil sie jedem zugänglich ist und sich an die menschliche Vernunft richtet.

Viele sind der festen Überzeugung: „Die Himmel erzählen die Ehre Gottes, und die Feste verkündigt seiner Hände Werk." (Ps 19,1) Sonnenschein und Regen, Berge und Täler, all das weist hin auf einen liebenden Schöpfer. „Gottes unsichtbares Wesen, das ist seine ewige Kraft und Gottheit, wird seit der Schöpfung der Welt ersehen aus seinen Werken, wenn man sie wahrnimmt, so daß sie keine Entschuldigung haben." (Rö 1,20)

Andere erkennen das Wirken eines fürsorglichen Gottes im glücklichen Miteinander und der Liebe zwischen Freunden, Familienangehörigen, Eheleuten, Eltern und Kindern. „Ich will euch trösten, wie einen seine Mutter tröstet." (Jes 66,13) „Wie sich ein Vater über seine Kinder erbarmt, so erbarmt sich der Herr über die, die ihn fürchten." (Ps 103,13)

Doch derselbe Sonnenschein, der Kunde gibt von der Liebe des Schöpfers, kann die Erde zur Wüste versengen und den Hungertod bedeuten. Ersehnter Regen kann zur reißenden Flut werden, in der Mensch und Vieh ertrinken. Berge können bersten und in sich zusammenbrechen. Und menschliche Beziehungen werden von Eifersucht, Haß, Neid und Zorn vergiftet, so daß es sogar zum Mord kommen kann.

Die Welt um uns herum gibt unterschiedliche Zeichen und stellt uns viele Fragen; sie kündet von einem Konflikt zwischen Gut und Böse, aber sie erklärt nicht, wie dieser Konflikt begann, wer da kämpft und warum oder wer schließlich gewinnt.

Besondere Offenbarung. Durch die Sünde wird die Offenbarung Gottes in der Schöpfung begrenzt, denn Sünde beeinträchtigt unsere Fähigkeit, das Zeugnis Gottes völlig zu verstehen. Deshalb offenbarte sich Gott in seiner Liebe auf besondere Weise, damit uns geholfen werde, Antwort zu finden auf all diese Fragen. Sowohl im Alten wie im Neuen Testament stellt er sich so dar, daß keine Frage hinsichtlich seiner Liebe zu uns offenbleibt. Zuerst offenbarte er sich durch die Propheten, zuletzt aber in Jesus Christus (Hbr 1,1.2).

Die Bibel enthält Lehraussagen, die die Wahrheit über Gott kundtun, gleichzeitig kennzeichnet sie ihn als eine Person. Beide Bereiche dieser Offenbarung sind nötig: Wir brauchen die Erkenntnis Gottes durch Jesus Christus (Jo 17,3) genauso wie die „Wahrheit ..., die in Jesus ist" (Eph 4,21 Zink). Mittels der Heiligen Schrift überwindet Gott unsere geistigen, moralischen und geistlichen Grenzen und bezeugt, wie sehr ihm daran gelegen ist, uns zu retten.

Die Mitte der Schrift

Die Bibel offenbart Gott und enthüllt zugleich das Wesen des Menschen. Sie schildert unsere verfahrene Situation und zeigt Gottes Lösung; sie macht deutlich, daß wir verloren und Gott entfremdet sind. Zugleich offenbart sie Jesus als den Einen, der uns findet und zu Gott zurückbringt.

Jesus Christus ist die Mitte der Heiligen Schrift. Das Alte Testament bezeugt den Sohn Gottes als Messias, den Erlöser der Welt. Das Neue Testament offenbart ihn als Jesus Christus, den Heiland. Auf jeder Seite der Schrift ist in bildhafter oder buchstäblicher Weise eine Phase seines Werkes und Wesens dargestellt. Jesu Tod am Kreuz ist die deutlichste Offenbarung des göttlichen Wesens.

Letztgültige Offenbarung ist das Kreuz, weil da zwei Extreme aufeinanderstoßen: der abgrundtiefe Fall des Menschen und die unerschöpfliche Liebe Gottes. Wie könnte uns ein tieferer Einblick in das Wesen des gefallenen Menschen gegeben werden? Was könnte die Sünde deutlicher machen? Das Kreuz offenbart einen Gott, der seinen einzigen Sohn hingab. Welch ein Opfer! Hätte Gott seine Liebe noch eindrucksvoller bekunden können? In der Tat:

Die Mitte der Bibel ist Jesus Christus. Er steht im Zentrum des kosmischen Geschehens. Bald wird sein Sieg auf Golgatha in der Vernichtung des Bösen seine Vollendung finden. Dann werden Gott und Menschen wieder vereint sein.

Gottes Liebe, wie sie in Christi Opfertod auf Golgatha zum Ausdruck kommt, ist die überwältigende Wahrheit in der Mitte der Bibel und im ganzen Universum. Alle biblischen Lehren sollten daher aus dieser Sicht betrachtet werden.

Der Autor der Schrift

Die Autorität der Bibel ist hinsichtlich von Glauben und Leben in ihrem Ursprung begründet. Ihre Verfasser selbst unterscheiden sie von jeder anderen Art von Literatur; denn sie bezeichneten sie als „heilige Schriften" (Rö 1,2), sprachen von „heiliger Schrift" (2 Tim 3,15) und „göttlichen Worten" (Hbr 5,12; Rö 3,2).

Die Einzigartigkeit der Schrift beruht also auf ihrem Ursprung und ihrer Quelle. Biblische Schreiber bezeugten, daß ihre Botschaften nicht von ihnen selbst stammten, sondern daß sie von Gott empfangen waren. Durch göttliche Offenbarung „schauten" sie die Wahrheit, die sie weitergaben (Jes 1,1; Am 1,1; Mi 1,1; Hbr 1,1; Jer 38,21).

Diese Schreiber berufen sich auf den Heiligen Geist, der durch die Propheten zu den Menschen sprach (Neh 9,30; vgl. Sach 7,12). David bekannte: „Der Geist des Herrn hat durch mich geredet, und sein Wort ist auf meiner Zunge." (2 Sam 23,2) Hesekiel schrieb: „Der Geist des Herrn fiel auf mich", „der Geist hob mich hervor" (Kap. 11,5.24). Und Micha bezeugt: „Ich aber bin ... voll Geist des Herrn." (Mi 3,8)

Das Neue Testament bestätigt das Wirken des Heiligen Geistes bei der Entstehung des Alten Testaments.

Jesus sagt, daß David erfüllt war vom Heiligen Geist (Mk 12,36). Paulus war überzeugt, daß der Heilige Geist „durch Jesaja" redete (Apg 28,25). Petrus bezeugt, daß der Heilige Geist *alle* Propheten leitete – nicht nur einzelne (1 Pt 1,10.11; 2 Pt 1,21).

Mitunter tritt der Schreiber völlig in den Hintergrund, und es wird nur vom eigentlichen Autor, dem Heiligen Geist, gesprochen:

„Der Heilige Geist spricht", „macht ... deutlich" (Hbr 3,7; 9,8). Die Schreiber des Neuen Testaments bezeugten aber auch den Heiligen Geist als die Quelle ihrer Botschaften. So erklärte Paulus: „Der Geist sagt aber deutlich, daß in den letzten Zeiten einige von dem Glauben abfallen werden." (1 Tim 4,1) Johannes wurde „vom Geist ergriffen am Tag des Herrn" (Offb 1,10), und Jesus beauftragte seine Apostel durch den Heiligen Geist (Apg 1,2; vgl. Eph 3,3-5).

So hat sich Gott durch die Person des Heiligen Geistes in der Heiligen Schrift offenbart. Er schrieb sie nicht selbst, sondern ließ sie durch etwa 40 Menschen in einem Zeitraum von über 1500 Jahren entstehen. Und da Gott durch den Heiligen Geist die Verfasser inspirierte, ist Gott selbst Autor der Schrift.

Die Inspiration der Schrift

„Alle Schrift", sagt Paulus, ist „von Gott eingegeben" (2 Tim 3,16). Das griechische Wort *theopneustos*, das hier mit „von Gott eingegeben" übersetzt wird, besagt wörtlich „von Gott eingehaucht". Gott „hauchte" die Wahrheit in den Geist von Menschen, und die wiederum faßten in Worte, was wir heute in der Schrift finden. Inspiration ist also der Vorgang, durch den Gott seine ewige Wahrheit mitteilt.

Der Vorgang der Inspiration. Durch Inspiration kam die göttliche Wahrheit zu Menschen, die „getrieben" wurden „von dem heiligen Geist" (2 Pt 1,21). Die Offenbarungen fanden ihren Ausdruck in der menschlichen Sprache mit all ihren Begrenzungen und Unvollkommenheiten. Dennoch blieben sie ein Zeugnis von Gott. Er inspirierte die Menschen – nicht die Worte.

Waren die Propheten dabei so passiv wie ein Kassettenrecorder, der genau wiedergibt, was gesprochen wurde? In einigen Fällen wurde den Schreibern aufgetragen, die Worte Gottes genau mitzuteilen; meist aber wies Gott sie an, nach bestem Vermögen das niederzuschreiben, was sie gesehen oder gehört hatten. Die Verfasser bedienten sich also der eigenen Sprachform und ihres eigenen Stils. Paulus bezeugt einmal: „Die Geister der Propheten sind den Propheten untertan." (1 Ko 14,32) Echte Inspiration löscht nie die

Persönlichkeit eines Propheten aus, sondern läßt seine Integrität, seine Individualität und Vernunft bestehen.

Das Verhältnis Moses zu Aaron veranschaulicht, was zwischen dem Heiligen Geist und dem Schreiber geschieht. Gott sagte zu Mose: „Ich habe dich zum Gott gesetzt für den Pharao, und Aaron, dein Bruder, soll dein Prophet sein." (2 Mo 7,1; vgl. 4,15.16) Mose teilte Aaron Gottes Botschaften mit, und dieser sagte sie weiter an Pharao, mit seinen eigenen Worten und in seiner Redeweise.

So ähnlich brachten alle biblischen Schreiber die göttlichen Weisungen, Gedanken und Vorstellungen in ihrem eigenen Stil zum Ausdruck. Darum unterscheiden sich die Bücher der Bibel in ihrem Wortschatz und sind ein Spiegelbild des kulturellen Hintergrundes und der persönlichen Situation des jeweiligen Schreibers.

Die Bibel „ist nicht die Art, wie Gott seine Gedanken ausdrückt, sondern wie es Menschen tun. Nicht Gott als Autor wird dargestellt. Menschen werden oft sagen, ein solcher Ausdruck sei nicht göttlich. Aber Gott hat sich in der Bibel nicht in Worten, Logik und Rhetorik einem Test unterziehen wollen. Die Autoren der Bibel waren Gottes Schreiber, nicht seine Feder."[1]

„Die Inspiration bezieht sich nicht auf die Worte oder Ausdrücke des Menschen, sondern auf ihn selbst. Er ist es, der unter dem Einfluß des Heiligen Geistes mit Gedanken erfüllt wird. Doch die Worte tragen den Stempel der jeweiligen Persönlichkeit. Der göttliche Geist hat sich mitgeteilt. Göttlicher Geist und Wille verbinden sich mit dem Geist und Willen des Menschen. Auf diese Weise werden die Worte des Menschen zum Wort Gottes."[2]

In einem Abschnitt aber haben wir genau die Worte, die Gott gesprochen und geschrieben hat: in den Zehn Geboten. Sie sind göttlich, also keine menschliche Formulierung (2 Mo 20,1-17; 31,18; 5 Mo 10,4.5), wenngleich auch diese Worte ihre Grenzen innerhalb der Möglichkeiten der menschlichen Sprache haben. Die Bibel ist also göttliche Wahrheit, die ihren Ausdruck in menschlicher Sprache fand.

---

[1] E. G. White, „Für die Gemeinde geschrieben", Advent-Verlag, Hamburg, 1991, Bd. 1, S. 21.22.
[2] ebd., S. 22.

Stellen wir uns vor, einem Baby sollte die Quantenphysik beigebracht werden. Vor einem ähnlichen Problem stünde Gott, wenn er seine göttliche Wahrheit uns sündigen Menschen uneingeschränkt mitteilen wollte. Unsere Begrenztheit ist ausschlaggebend für das, was er uns mitteilen kann.

So besteht auch eine Parallele zwischen dem menschgewordenen Jesus und der Bibel: Jesus war Gott und Mensch zugleich, Göttliches und Menschliches in einer Person. Auch die Bibel ist göttlich und zugleich menschlich.

Was von Christus gesagt wurde, gilt ebenso für die Bibel: „Das Wort ward Fleisch und wohnte unter uns." (Jo 1,14) Diese Verbindung von Göttlichem und Menschlichem erhebt die Bibel weit über jede andere Literatur.

Die Inspiration und die Schreiber. Der Heilige Geist bereitete Menschen darauf vor, die göttliche Wahrheit weiterzugeben. Die Bibel sagt nicht im einzelnen, wie diese Personen dazu befähigt wurden, doch irgendwie entstand eine Einheit zwischen Gott und dem menschlichen Werkzeug.

Die Schreiber der Bibel wurden nicht aufgrund ihrer natürlichen Begabung ausgewählt; auch hat die göttliche Offenbarung den Empfänger nicht notwendigerweise bekehrt oder ihm ewiges Leben zugesagt. So verkündigte Bileam eine göttliche Botschaft, obwohl er sich dem Rat Gottes widersetzt hatte (4 Mo 22,24). David war ein Werkzeug des Heiligen Geistes und beging dennoch schwere Verbrechen (Ps 51). Die Schreiber der Bibel waren sündige Menschen und völlig auf Gottes Gnade angewiesen (vgl. Rö 3,12).

Die Inspiration, die den Schreibern der Bibel zuteil wurde, war mehr als Erleuchtung oder göttliche Führung; die wird ja von allen erfahren, die nach der Wahrheit suchen. Das Bemerkenswerte ist, daß die biblischen Schreiber mitunter eine göttliche Botschaft niederschrieben, ohne sie selber völlig verstanden zu haben (1 Pt 1,10-12).

Die Reaktionen der Schreiber auf die göttlichen Botschaften waren unterschiedlich. Daniel und Johannes waren bestürzt über das, was sie schreiben mußten (Da 8,27; Offb 5,4), und aus 1. Petrus 1,10 geht hervor, daß andere Autoren nach dem Sinn ihrer Botschaft oder auch der anderen suchten. Manche hatten Angst, die inspirierte Botschaft zu verkündigen, wieder andere waren sogar unwillig (Hab 1; Jon 1,1-3, 4,1-11).

Art und Inhalt der Offenbarung. Häufig übermittelte der Heilige Geist göttliche Informationen durch Visionen und Träume (4 Mo 12,6). Manchmal sprach er hörbar, oder er wendete sich an das „innere Ohr".

Gott hat Samuel buchstäblich „das Ohr aufgetan" (1 Sam 9,15). Sacharja erhielt Visionen in Symbolen und vernahm dann die Erklärung dieser Bilder (Sach 4). Die himmlischen Visionen, die Paulus und Johannes empfingen, waren begleitet von hörbaren Unterweisungen (2 Ko 12,1-4; Offb 4 und 5). Hesekiel beobachtete Ereignisse, die sich anderwärts zutrugen (Hes 8). Manche Schreiber wurden selbst mitbeteiligt, indem sie bestimmte Aufgaben in der Vision übernahmen (Offb 10).

Bezüglich des Inhalts ist zu vermerken, daß der Geist einigen Verfassern zukünftige Ereignisse offenbarte (Da 2; 7; 8; 12); andere wurden aufgefordert, geschichtliche Ereignisse festzuhalten, entweder als Augenzeugen oder indem sie ihren Erzählstoff aus vorliegenden historischen Berichten auswählten (Richter, 1. Samuel, 2. Chronik, die Evangelien, die Apostelgeschichte).

Inspiration und Geschichte. Die Bibel bestätigt, daß alle Schrift „von Gott eingegeben" sowie „nütze" und richtungsweisend ist für das moralische und geistliche Leben (2 Tim 3,15.16). Die göttliche Leitung steht dabei völlig außer Frage. Ob Informationen aus der persönlichen Beobachtung, aus mündlichen oder geschriebenen Quellen oder aus einer göttlichen Offenbarung stammten – der Schreiber empfing sie in jedem Fall durch die Führung des Heiligen Geistes. Das bürgt für die Zuverlässigkeit der Bibel.

Die Bibel offenbart Gottes Heilsplan durch das spürbare Zusammenwirken mit uns Menschen und nicht etwa durch eine Sammlung abstrakter Lehren. Gottes Selbstoffenbarung gründet sich auf reale Ereignisse, die zu einer bestimmten Zeit und an einem bestimmten Ort geschahen. Die Zuverlässigkeit der historischen Berichte ist außerordentlich wichtig, weil sie den Rahmen für unser Verständnis des göttlichen Wesens und seiner Absichten mit uns bilden.

Gott beauftragte Menschen, die Geschichte seines Handelns an Israel schriftlich festzuhalten. Diese geschichtlichen Darstellungen sind aus einer anderen Sicht geschrieben als alle weltlichen Berichte (vgl. 4 Mo 33,1.2; Jos 24,25.26; Hes 24,2). Sie stellen den Geschichtsverlauf objektiv dar, allerdings aus göttlicher Perspektive.

Der Heilige Geist verlieh den Schreibern besondere Einsichten, so daß sie das Geschehen im Kampf zwischen Gut und Böse genau festhalten konnten. So wurde das Wesen Gottes deutlich herausgestellt, und Menschen wurden bei ihrer Suche nach dem Heil geleitet.

Die geschichtlichen Ereignisse sind ein Beispiel oder ein „Vorbild ... geschrieben uns zur Warnung, auf die das Ende der Zeiten gekommen ist" (1 Ko 10,11). Paulus sagt: „Was zuvor geschrieben ist, das ist uns zur Lehre geschrieben, damit auch wir durch Geduld und den Trost der Schrift Hoffnung haben." (Rö 15,4)

Mit dem Untergang von Sodom und Gomorra ist ein warnendes Exempel statuiert (2 Pt 2,6; Jud 7). Abrahams Erfahrung der Rechtfertigung ist beispielhaft für jeden Gläubigen (Rö 4,1-25; Jak 2,14-22). Selbst die bürgerlichen Gesetze des Alten Testaments, geprägt von tiefer geistlicher Weisheit, sind für unser Wohl geschrieben (1 Ko 9,8.9).

Lukas hat sein Evangelium verfaßt, weil er einen Bericht über das Leben Jesu geben wollte, „damit du den sicheren Grund der Lehre erfahrest, in der du unterrichtet bist" (Lk 1,4). Johannes hat die Vorfälle aus dem Leben Jesu zusammengestellt, „damit ihr glaubt, daß Jesus der Christus ist, der Sohn Gottes, und damit ihr durch den Glauben das Leben habt in seinem Namen" (Jo 20,31). Gott führte die Schreiber der Bibel bei der Darstellung der Geschichte so, daß dadurch auf das Heil hingewiesen wird.

Die Biographien biblischer Persönlichkeiten sind ein weiterer Beleg für die göttliche Inspiration. Die Berichte beschreiben sowohl charakterliche Schwächen wie auch die starken Seiten der Männer und Frauen, künden von ihren Sünden wie von ihrem Erfolg.

Noahs Mangel an Selbstbeherrschung wird genausowenig verschwiegen wie der Betrug Abrahams. Die Gefühlsausbrüche eines Mose, Paulus, Jakobus und Johannes sind ebenfalls erwähnt. Die biblischen Geschichtsschreiber berichten von den Verfehlungen des weisesten Königs in Israel wie auch von den Schwächen der zwölf Patriarchen und zwölf Apostel. Die Schrift wäscht sie nicht rein von ihrer Schuld noch versucht sie, ihre Vergehen zu bagatellisieren. Sie berichtet, wie sie waren, worin sie versagten und was aus ihnen dank der Gnade Gottes geworden ist. Ohne göttliche Inspiration wäre kein Biograph zu einer derart scharfsinnigen Deutung imstande gewesen.

Die biblischen Schreiber sahen in den historischen Erzählungen wahre Begebenheiten und keine Mythen oder Symbole. Zeitgenössische Kritiker bestreiten heute die Geschichtlichkeit der Berichte von Adam und Eva, Jona und der Sintflut. Doch Jesus selbst hat sie als geschichtlich zuverlässig sowie geistlich wegweisend und bedeutungsvoll für uns angesehen (Mt 12,39-41; 19,4-6; 24,37-39).

Die Bibel kennt keine partielle oder unterschiedliche Bewertung göttlicher Inspiration. Derartige Theorien sind Spekulationen, die die göttliche Autorität der Bibel nur untergraben wollen.

Die Zuverlässigkeit der Schrift. Es heißt: Jesus „ward Fleisch und wohnte unter uns" (Jo 1,14), ebenso wurde uns auch die Bibel in menschlicher Sprache gegeben, damit wir die (göttliche) Wahrheit verstehen. Die Inspiration der Schrift ist das Unterpfand ihrer Zuverlässigkeit.

Gott steht dafür, daß seine Botschaft wahr ist. Wie weit aber ist die Überlieferung des Textes gesichert? Eins steht fest: Die alten Bibelabschriften enthalten zwar Textabweichungen, doch ihr Inhalt ist im wesentlichen erhalten geblieben.[1]

Wenn auch die Abschreiber und Übersetzer der Bibel mitunter Fehler machten, ist doch durch die Biblische Archäologie erwiesen, daß vorgebliche Irrtümer letztlich nur Mißverständnisse seitens der Gelehrten waren. Manche Probleme entstanden nur dadurch, daß man biblische Berichte und Bräuche mit den Augen der westlichen Welt las.

Zugegeben: Unsere Erkenntnis ist nur bruchstückhaft – unsere Einsicht in Gottes Handeln bleibt begrenzt. Vermeintliche Wider-

---

[1] Siehe hierzu E. G. White, „Frühe Schriften von E. G. White", Wegweiser-Verlag, Wien, 1993, S. 205.206.

sprüche sollten daher nicht unser Vertrauen in die Schrift beeinträchtigen; denn häufig sind sie nur das Ergebnis unserer ungenauen Wahrnehmung, nicht aber wirkliche Fehler.

Ist es denn Gott, der auf dem Prüfstand steht, wenn wir auf eine Aussage stoßen, die wir nicht völlig verstehen? Vielleicht werden wir nie imstande sein, jeden Text voll zu erfassen; wir brauchen es auch nicht. Die erfüllten Prophezeiungen belegen die Zuverlässigkeit der Schrift.

Trotz der vielen Versuche die Bibel auszurotten, wurde sie mit erstaunlicher, ja geradezu wunderbarer Genauigkeit bewahrt. Vergleiche der 1947 am Toten Meer gefundenen Handschriften mit späteren Handschriften des Alten Testaments bezeugen die Sorgfalt, mit der die Bibel überliefert worden ist.[1] Die alten Schriften bestätigen die Vertrauenswürdigkeit und Verläßlichkeit der Schrift als einer unfehlbaren Offenbarung des Willens Gottes.

Die Autorität der Schrift

Die Schrift besitzt göttliche Autorität, weil Gott in ihr durch den Heiligen Geist spricht. In diesem Sinne ist die Bibel das geschriebene Wort Gottes. Worin liegt der Beweis für diesen Anspruch und welche Folgerungen ergeben sich daraus für unser Leben und unser Streben nach Erkenntnis?

Der Anspruch der Schrift. Die biblischen Schreiber bezeugen, daß ihre Botschaft unmittelbar von Gott stammt. Es war „das Wort des Herrn", das Jeremia, Hesekiel, Hosea und andere empfingen (Jer 1,2.9; Hes 1,3; Hos 1,1; Joel 1,1; Jon 1,1). Als „Boten des Herrn" (Hagg. 1,13; 2 Chr 36,16) waren die Propheten Gottes beauftragt, in seinem Namen zu sprechen. Sie bekräftigten das mit einem „So spricht [Gott] der Herr!" (Hes 2,4; vgl. Jes 7,7). Sein Wort ist die göttliche Beglaubigung und Grundlage ihrer Autorität.

Zuweilen tritt das Werkzeug, dessen sich Gott bedient, ganz in den Hintergrund. Matthäus verweist auf die Autorität, die hinter

---

[1] Siehe S. H. Horn, „Auf den Spuren alter Völker", Saatkorn-Verlag, Hamburg, 1979.

einem alttestamentlichen Propheten steht: „Das ist aber alles geschehen, damit erfüllt würde, was der Herr durch den Propheten gesagt hat." (Mt 1,22) Folglich ist der Herr der eigentlich Wirkende; der Prophet ist nur das Werkzeug.

Petrus stuft die Briefe des Paulus als „Schrift" ein (2 Pt 3,15.16). Und Paulus bezeugt von dem, was er geschrieben hat: „Ich habe es nicht von einem Menschen empfangen oder gelernt, sondern durch eine Offenbarung Jesu Christi." (Gal 1,12)

Die Schreiber des Neuen Testaments stellten die Worte Christi der Schrift gleich und maßen ihnen dieselbe Autorität bei wie dem Alten Testament (1 Tim 5,18; Lk 10,7).

Jesus und die Autorität der Schrift. Jesus betonte wiederholt die Autorität der Schrift. Wenn er von Satan angegriffen wurde oder sich mit seinen Gegnern auseinandersetzen mußte, berief er sich stets auf das Wort: „Es steht geschrieben!" Darin bestand seine Verteidigung und sein Angriff (Mt 4,4.7.10; Lk 20,17).

„Der Mensch lebt nicht vom Brot allein", sagte er, „sondern von einem jeden Wort, das aus dem Mund Gottes geht." (Mt 4,4) Als er gefragt wurde, wie ein Mensch das ewige Leben erlangen könne, erwiderte er: „Was steht im Gesetz geschrieben? Was liest du?" (Lk 10,26)

Jesus stellte die Schrift über alle menschlichen Traditionen und Meinungen. Er warf den Juden vor, die Autorität der Schrift herabzusetzen (Mk 7,7-9), und forderte sie auf, sorgfältiger zu lesen: „Habt ihr nie gelesen in der Schrift?" (Mt 21,42; vgl. Mk 12,10.26)

Er war von der Autorität des prophetischen Wortes fest überzeugt und erklärte, daß es die Schrift ist, „die von mir zeugt". „Wenn ihr Mose glaubtet, so glaubtet ihr auch mir; denn er hat von mir geschrieben." (Jo 5,39.46) Jesu Gewißheit, von Gott gesandt zu sein, gründete sich auf die Tatsache, daß sich in seinem Leben die Prophezeiungen des Alten Testaments erfüllten (Lk 24,25-27).

Christus bestätigte demnach die heiligen Schriften uneingeschränkt als die maßgebliche Offenbarung des Willens Gottes. Er verstand die Schrift als Verkörperung der Wahrheit, als eine objektive Offenbarung, die den Menschen gegeben wurde, um sie aus der Finsternis von Traditionen, Mythen und Irrtümern in das wahre Licht der Erkenntnis zu führen.

Der Heilige Geist und die Autorität der Schrift. Die religiösen Führer und die oberflächliche Masse des Volkes erkannten nicht das wahre Wesen Jesu. Manche hielten ihn für einen Propheten wie Johannes den Täufer, Elia oder Jeremia, also nur für einen Menschen. Als Petrus bezeugte, daß er der „Christus, des lebendigen Gottes Sohn" sei, wies Jesus darauf hin, daß dieses Bekenntnis durch göttliche Erleuchtung gewirkt worden sei (Mt 16,13-17). Paulus unterstreicht diese Wahrheit: „Niemand kann Jesus den Herrn nennen außer durch den heiligen Geist." (1 Ko 12,3)

So ist es auch mit dem geschriebenen Wort Gottes. Ohne die Erleuchtung des Verstandes durch den Heiligen Geist könnten wir die Bibel nicht verstehen noch als maßgeblichen Willen Gottes anerkennen.[1]

Da niemand weiß, „was in Gott ist, als allein der Geist Gottes" (1 Ko 2,11), ergibt sich daraus: „Der natürliche Mensch aber vernimmt nichts vom Geist Gottes; es ist ihm eine Torheit, und er kann es nicht erkennen; denn es muß geistlich beurteilt werden." (Vers 14) Daher ist „das Wort vom Kreuz ... eine Torheit denen, die verloren werden" (1 Ko 1,18).

Nur mit der Hilfe des Heiligen Geistes, der auch „die Tiefen der Gottheit erforscht" (1 Ko 2,10), kann man von der Autorität der Bibel als einer Offenbarung Gottes und seines Willens überzeugt sein. Dann erst wird das Kreuz zur „Gotteskraft" (1 Ko 1,18), so daß man auch dem Zeugnis des Paulus zustimmen kann: „Wir aber haben nicht empfangen den Geist der Welt, sondern den Geist aus Gott, daß wir wissen können, was uns von Gott geschenkt ist." (1 Ko 2,12)

Die Heilige Schrift und der Heilige Geist können nicht voneinander getrennt werden. Der Heilige Geist ist aber nicht nur der Urheber der Bibel; er schließt auch die biblische Wahrheit auf.

Die Autorität der Schrift steht oder fällt für uns mit dem richtigen Verständnis der Inspiration. Wenn wir in der Bibel lediglich

---

[1] Über die adventistischen Grundsätze zur Auslegung der Schrift siehe Methoden des Bibelstudiums in „Adventecho" 5/87; G. M. Hyde (Hg.), „A Symposium on Biblical Hermeneutics", Washington, 1947; G. F. Hasel, „Understanding the Living Word of God", Mountain View, 1980; G. Damsteegt, „Interpreting the Bible", Singapore, 1986.

eine Sammlung menschlicher Zeugnisse sehen oder ihr eine Autorität zubilligen, die von unserem Gefühl abhängig ist, untergraben wir ihre Wirkung auf unser Leben.

Wenn wir aber erkennen, daß Gott durch die Schreiber der Bibel spricht – mögen sie auch schwach und anfechtbar gewesen sein –, dann wird die Schrift für uns der unbedingte Maßstab „zur Lehre, zur Zurechtweisung, zur Besserung, zur Erziehung in der Gerechtigkeit" (2 Tim 3,16).

Das Ausmaß biblischer Autorität. Vermeintliche Widersprüche zwischen der Schrift und der Wissenschaft sind häufig nur die Folge von Spekulationen. Wenn wir Wissenschaft und Schrift nicht in Übereinstimmung bringen können, liegt es daran, daß wir ein „unvollkommenes Verständnis entweder von der Wissenschaft oder von der Offenbarung haben ... Aber richtig verstanden, herrscht völlige Übereinstimmung zwischen beiden."[1]

Alle menschliche Weisheit muß unter die Autorität der Schrift gestellt werden. Die Wahrheit der Bibel ist die Norm, an der alle anderen Ideen gemessen werden müssen. Wollte man das Wort Gottes mit begrenzten menschlichen Maßstäben messen, dann wäre das gleichsam so, als würde man versuchen, die Sterne mit einem Zollstock auszumessen.

Die Bibel darf nicht menschlichen Maßstäben unterworfen werden. Sie geht über alle menschliche Weisheit weit hinaus. Nicht wir haben die Bibel zu richten, sondern die Bibel richtet uns; sie ist der alleinige Maßstab für unser Denken, für alle Erfahrung und Erkenntnis. Schließlich hat die Schrift auch die Autorität über die Gaben des Heiligen Geistes einschließlich der Gabe der prophetischen Rede und der Zungenrede (1 Ko 12; 14,1; Eph 4,7-16).

Die Gaben des Geistes sind kein Ersatz für die Bibel; im Gegenteil, sie müssen an ihr gemessen werden; und wenn sie nicht mit ihr übereinstimmen, müssen sie als unecht abgewiesen werden. „Hin zur Weisung und hin zur Offenbarung! Werden sie das nicht sagen, so wird ihnen kein Morgenrot scheinen." (Jes 8,20) (Siehe Kap. 17 dieses Buches.)

---

[1] E. G. White, „Patriarchen und Propheten", Saatkorn-Verlag, Hamburg, 1973, S. 91.

Die Einheit der Schrift

Wer die Bibel oberflächlich liest, wird sie auch nur oberflächlich verstehen. Sie wird ihm wie eine bunte Mischung von Erzählungen, Predigten und Geschichten vorkommen. Wer jedoch offen ist für die Erleuchtung durch den Geist Gottes, wer mit Geduld und unter Gebet nach den verborgenen Wahrheiten sucht, wird entdecken, daß die Bibel in dem, was sie über die Erlösung des Menschen sagt, eine Einheit darstellt.

Die Bibel ist weder langweilig noch einförmig. Sie enthält vielmehr einen unermeßlich farbigen Reichtum an übereinstimmenden Zeugnissen von ausgeprägter Schönheit. Und gerade aus dieser Vielfalt von Sichtweisen vermag sie auf die Not des einzelnen zu allen Zeiten zu antworten.

Gott hat sich nicht nur in einer Kette ununterbrochener Mitteilungen offenbart, sondern immer wieder in kleinen Schritten durch die aufeinanderfolgenden Generationen. Ob nun diese Mitteilungen von Mose auf einem Feld in Midian niedergeschrieben oder von Paulus in einem römischen Gefängnis aufgezeichnet wurden, die biblischen Bücher sind von ein und derselben göttlichen Inspiration geprägt.

Wenn wir also begreifen, daß es sich um eine „fortschreitende Offenbarung" handelt, gewinnen wir ein besseres Verständnis der Bibel in ihrer Einheitlichkeit.

Obwohl in ihrer Abfassung zeitlich durch Jahrhunderte getrennt, sind die Wahrheiten des Alten und des Neuen Testamentes dennoch eine Einheit. Sie widersprechen einander nicht. Beide Testamente sind eins, wie Gott auch in sich eins ist.

Das Alte Testament weist durch seine Prophezeiungen und Symbole hin auf das Evangelium und den Erlöser, der kommen soll. Das Neue Testament offenbart durch das Leben Jesu, daß dieser verheißene Retter da ist. Das ist das wahre Evangelium.

Altes und Neues Testament offenbaren denselben Gott; dabei bildet das Alte Testament das Fundament für das Neue. Es enthält den Schlüssel zum Neuen, während das Neue Testament die Geheimnisse des Alten erklärt.

Gott lädt uns gnädig ein, ihn kennenzulernen, indem wir in seinem Wort suchen. Dabei wird uns als Segensgabe die Gewißheit unserer Erlösung zuteil. Wir dürfen für uns selber entdecken, daß die Schrift „ist nütze zur Lehre, zur Zurechtweisung, zur Besinnung, zur Erziehung in der Gerechtigkeit". Durch sie können wir vollkommen sein, „zu allem guten Werk geschickt" (2 Tim 3,16.17).

Kapitel 2

Die Dreieinigkeit

> *Es ist ein Gott: Vater, Sohn und Heiliger Geist – drei in Einheit verbunden, von Ewigkeit her. Gott ist unsterblich, allmächtig und allwissend; er steht über allem und ist allgegenwärtig. Er ist unendlich und jenseits aller menschlichen Vorstellungskraft. Dennoch kann er erkannt werden, weil er sich selbst offenbart hat. In alle Ewigkeit gebührt ihm Ehre, Anbetung und der Dienst der ganzen Schöpfung.*

Auf Golgatha erfuhr Jesus die schärfste Ablehnung. Damals erkannten nur wenige, wer er wirklich war – darunter der sterbende Verbrecher, der ihn „Herr" nannte (Lk 23,42), sowie der römische Hauptmann, der bewundernd ausrief: „Wahrlich, dieser Mensch ist Gottes Sohn gewesen" (Mk 15,39).

Als Johannes schrieb: „Er kam in sein Eigentum; und die Seinen nahmen ihn nicht auf" (Jo 1,11), da dachte er nicht nur an die Menschenmenge unterm Kreuz oder gar an Israel, sondern auch an jede künftige Generation. Wie diese rohen Volksmassen auf Golgatha, so versäumten es seither die meisten Menschen, in Jesus ihren Gott und Erlöser zu erkennen. Dieses große und tragische Versäumnis zeigt, daß viele nur eine mangelhafte Erkenntnis Gottes besitzen.

Gotteserkenntnis

Die zahlreichen Theorien, mit denen man die Existenz Gottes zu erklären versucht, und die vielen Argumente für oder gegen sein Dasein zeigen, daß menschliche Weisheit das Göttliche nicht erfassen kann.

Wer Gott allein mittels menschlicher Weisheit erkennen möchte, gleicht einem, der den Sternenhimmel mit einer Lupe erforschen will. Gottes Weisheit ist daher für viele eine „verborgene Weisheit" (1 Kor 2,7); Gott ist ein Geheimnis für sie. Paulus schrieb: „Wir reden von der Weisheit Gottes ..., die keiner von den Herrschern dieser Welt erkannt hat; denn wenn sie die erkannt hätten, so hätten sie den Herrn der Herrlichkeit nicht gekreuzigt." (1 Ko 2,7.8)

Eins der grundlegenden Gebote der Heiligen Schrift lautet: „Du sollst den Herrn, deinen Gott, lieben von ganzem Herzen, von ganzer Seele und von ganzem Gemüt." (Mt 22,37; vgl. 5 Mo 6,5). Wir können nicht jemanden lieben, den wir nicht kennen. Andererseits können wir nicht durch menschliches Forschen die „Tiefen Gottes erreichen" (Hi 11,7 EB). Wie aber können wir dann den Schöpfer kennenlernen und lieben?

Gott ist zu erkennen. Weil Gott die hoffnungslose Lage der Menschheit sah, ist er uns in Liebe und Erbarmen nahegekommen. Dazu gab er uns die Bibel. Sie zeigt, daß das „Christentum nicht ein Ausdruck der menschlichen Suche nach Gott ist. Vielmehr ist es das Ergebnis der Selbstoffenbarung Gottes und seiner Absichten mit dem Menschen".[1] Diese Selbstoffenbarung hat das Ziel, den Abgrund zwischen einer Welt, die sich gegen den Schöpfer auflehnt, und dem fürsorglichen Gott zu überbrücken.

Am deutlichsten zeigte sich Gottes Liebe, als er sich in Jesus Christus, seinem Sohn, offenbarte. Dies ist der Höhepunkt der Offenbarung Gottes. Durch Jesus können wir den Vater erkennen. Johannes schreibt: „Wir wissen aber, daß der Sohn Gottes gekommen ist und uns den Sinn dafür gegeben hat, daß wir den Wahrhaftigen erkennen." (1 Jo 5,20) Und Jesus erklärte: „Das ist aber das ewige Leben, daß sie dich, der du allein wahrer Gott bist, und den du gesandt hast, Jesus Christus, erkennen." (Jo 17,3)

Das ist eine gute Nachricht. Obwohl Gott von uns Menschen niemals völlig zu erfassen sein wird, bietet uns die Heilige Schrift so

---

[1] G. R. Lewis, „Decide for Yourself: A Theological Workbook", Inter Varsity Press, Downers Grove, Il., 1978, S. 15.

viele eindeutige Erkenntnisse über ihn, daß wir befähigt werden, in Gemeinschaft zu ihm zu treten und gerettet zu werden.

Wie man Gotteserkenntnis erlangt. Im Gegensatz zum Erlangen sonstiger Kenntnisse ist die Erkenntnis Gottes eine Angelegenheit des Herzens wie auch des Verstandes. Sie umfaßt den ganzen Menschen, nicht nur seinen Intellekt. Sie erfordert Aufgeschlossenheit dem Heiligen Geist gegenüber und die Bereitschaft, den Willen Gottes zu tun (Jo 7,17; vgl. Mt 11,27). Jesus sagte: „Selig sind, die reinen Herzens sind, denn sie werden Gott schauen." (Mt 5,8)

Ungläubige können Gott nicht verstehen. Deswegen fragte Paulus: „Wo sind die Klugen? Wo sind die Schriftgelehrten? Wo sind die Weisen dieser Welt? Hat nicht Gott die Weisheit der Welt zur Torheit gemacht? Denn weil die Welt, umgeben von der Weisheit Gottes, Gott durch ihre Weisheit nicht erkannte, gefiel es Gott wohl, durch die Torheit der Predigt selig zu machen, die daran glauben." (1 Ko 1,20.21)

Die Art und Weise, wie wir Gott durch die Bibel kennenlernen, unterscheidet sich von allen anderen Methoden der Wissensübermittlung. Wir können uns nicht über Gott erheben und ihn zu einem Gegenstand unseres Forschens und Analysierens machen.

Bei der Suche nach Gotteserkenntnis müssen wir uns seiner Autorität und Selbstoffenbarung unterwerfen – der Bibel. Weil die Bibel sich selber auslegt, haben wir uns den Prinzipien und Methoden unterzuordnen, die sie uns bietet. Ohne biblische Leitlinien können wir Gott nicht erkennen.

Warum versäumten es zur Zeit Jesu so viele, in ihm die Selbstoffenbarung Gottes zu erkennen? Weil sie es ablehnten, sich der Führung des Heiligen Geistes durch die Heilige Schrift zu unterwerfen. Sie mißverstanden die Botschaft Gottes und kreuzigten schließlich den Erlöser. Das war kein intellektuelles Problem sondern lag vielmehr an der Verstocktheit der Herzen, die das Denken verdunkelte und schließlich in ewige Verlorenheit führte.

Die Existenz Gottes

Es gibt zwei entscheidende Quellen, die die Existenz Gottes bezeugen: die Schöpfung und die Heilige Schrift.

Das Zeugnis der Schöpfung. Jeder kann durch die Schöpfung und das eigene Erleben etwas über Gott erfahren. David schrieb: „Die Himmel erzählen die Ehre Gottes, und die Feste verkündigt seiner Hände Werk." (Ps 19,1) Und Paulus bekräftigt: „Gottes unsichtbares Wesen, das ist seine ewige Kraft und Gottheit, wird seit der Schöpfung der Welt ersehen aus seinen Werken, wenn man sie wahrnimmt." (Rö 1,20)

Auch das Verhalten des Menschen bezeugt die Existenz Gottes. Die Verehrung des „unbekannten Gottes" durch die Athener war für Paulus ein Hinweis auf ihren Glauben. Deshalb sagte er: „Nun verkündige ich euch, was ihr unwissend verehrt." (Apg 17,23) Das Verhalten der Heiden ist nach Paulus ein Zeugnis „ihres Gewissens" und zeigt, daß Gottes Gesetz „in ihr Herz geschrieben ist" (Rö 2,14.15).

Das Wissen von der Existenz Gottes ist selbst bei jenen anzutreffen, die keinen Zugang zur Bibel haben. Diese allgemeine Offenbarung Gottes führte zu gewissen klassischen „Gottesbeweisen", die die Existenz Gottes bezeugen.[1]

Das Zeugnis der Heiligen Schrift. Die Bibel beweist nicht die Existenz Gottes, sondern geht davon aus. Sie beginnt mit der Feststellung: „Am Anfang schuf Gott Himmel und Erde." (1 Mo 1,1) Sie beschreibt Gott als den Schöpfer, Erhalter und Herrn über alles Erschaffene. Er offenbart sich so machtvoll in der Schöpfung, daß es für Gottesleugner keine Entschuldigung gibt, sei es, daß man die göttliche Wahrheit unterdrückt oder die Hinweise auf eine Existenz Gottes ablehnt oder grundsätzlich nicht zur Kenntnis nimmt (Ps 14,1; Rö 1,18-22.28).

Es gibt genügend Zeugnisse für das Dasein Gottes, so daß jeder, der ernsthaft die Wahrheit über Gott erfahren will, ihn auch finden

---

[1] Dabei handelt es sich um den kosmologischen, teleologischen, ontologischen, anthropologischen und religiösen Gottesbeweis. Diese Argumente beweisen nicht die Existenz Gottes, zeigen jedoch, wie hoch die Wahrscheinlichkeit ist, daß es ihn gibt. Letztlich basiert die Überzeugung von der Existenz Gottes natürlich auf dem Glauben. Vgl. T. H. Jemison, „Christian Beliefs", Pacific Press, Mountain View, CA, 1959, S. 72; R. Rice, „The Reign of God", Andrews University Press, Berrien Springs, MI, 1985, S. 53-56.

kann. Eine wesentliche Voraussetzung dafür ist aber der Glaube; denn „ohne Glaube ist's unmöglich, Gott zu gefallen; denn wer zu Gott kommen will, der muß glauben, daß er ist und daß er denen, die ihn suchen, ihren Lohn gibt" (Hbr 11,6).

Allerdings ist der Glaube an Gott nicht blind. Er gründet sich auf das klare Zeugnis der Existenz Gottes durch die Heilige Schrift und die Natur.

Der Gott der Heiligen Schrift

Die Bibel offenbart das Wesen Gottes, indem sie über seine Namen, sein Wirken und seine Eigenschaften spricht.

Die Namen Gottes. In biblischer Zeit hatten Namen eine große Bedeutung. Noch heute ist es im Nahen Osten und im Orient üblich, einen Namen so zu wählen, daß er etwas aussagt über den Charakter, das Wesen und die Identität seines Trägers.

Die Bedeutung der Gottesnamen, die sein Wesen und seinen Charakter offenbaren, wird in dem Gebot erklärt: „Du sollst den Namen des Herrn, deines Gottes, nicht mißbrauchen." (2 Mo 20,7) David sang: „Ich ... will loben den Namen des Herrn, des Allerhöchsten" (Ps 7,18), „heilig und hehr ist sein Name" (Ps 111,9), „die sollen loben den Namen des Herrn; denn sein Name allein ist hoch" (Ps 148,13).

Die hebräischen Namen *El* und *Elohim* („Gott") bezeugen Gottes göttliche Macht. Sie kennzeichnen ihn als den Starken und Mächtigen, den Schöpfer (1 Mo 1,1; 2 Mo 20,2; Da 9,4).

Äljon („der Höchste") und *El Äljon* („der höchste Gott") betonen seine herausragende Stellung (1 Mo 14,18-20; Jes 14,14).

Adonaj („Herr") beschreibt Gott als den allmächtigen Herrscher (Jes 6,1; Ps 35,23). All diese Namen weisen hin auf die Majestät und die Einzigartigkeit Gottes.

Andere Namen bekunden Gottes Bereitwilligkeit, mit uns Menschen Gemeinschaft zu pflegen.

Schaddaj („der Allmächtige") und *El Schaddaj* („der allmächtige Gott") stellen den großen Gott als die Quelle allen Segens und Trostes dar (2 Mo 6,3; Ps 91,1).

Der Name *Jahwe*[1] („der HERR") betont Gottes Bundestreue und Gnade (2 Mo 15,2.3; Hos 12,5.6). In 2 Mo 3,14 bezeichnet Jahwe sich selbst als der „Ich werde sein, der ich sein werde" oder „Ich bin, der ich bin"; dadurch wird die Unwandelbarkeit seiner Beziehung zu seinem Volk zum Ausdruck gebracht.

Gelegentlich offenbarte Gott sich auch selbst ganz vertrauensvoll als ein „Vater" (5 Mo 32,6; Jes 63,16; Jer 31,9; Mal 2,10), der Israel „meinen erstgeborenen Sohn" nannte (2 Mo 4,22; vgl. 5 Mo 32,19).

Außer dem Namen „Vater" haben die im Neuen Testament erwähnten Gottesnamen dieselbe Bedeutung wie die im Alten Testament. Im Neuen Testament gebrauchte Jesus den Namen „Vater", um uns in eine enge persönliche Beziehung zu Gott zu bringen (Mt 6,9; Mk 14,36; vgl. Rö 8,15; Gal 4,6).

Das Handeln Gottes. Die Schreiber der Bibel verwenden mehr Zeit darauf, das Wirken Gottes zu beschreiben als über seine Existenz zu reden. Er wird als Schöpfer (1 Mo 1,1; Ps 24,1.2), Erhalter der Welt (Hbr 1,3), Retter und Erlöser (5 Mo 5,6; 2 Ko 5,19) dargestellt, der letztlich entscheidet über Leben und Vergehen jedes einzelnen. Er macht Pläne (Jes 46,11), gibt Vorhersagen (Vers 10) und Verheißungen (5 Mo 15,6; 2. Petrus 3,9). Er löscht Sünden aus (2 Mo 34,7), und deshalb gebührt ihm Anbetung (Offb 14,6.7).

Schließlich offenbart die Schrift Gott als den Herrscher, den „ewigen König", den „Unvergänglichen und Unsichtbaren, der allein Gott ist" (1 Tim 1,17). Sein vielfältiges Wirken beweist, daß er ein persönlicher Gott ist.

Gottes Wesen. Die Verfasser der Heiligen Schrift vermitteln uns außerdem wichtige Informationen über das Wesen Gottes, indem sie seine göttlichen Eigenschaften bezeugen.

---

[1] Jahwe ist eine „konjekturale Transliteration", eine Umschreibung des heiligen Namens Gottes im Alten Testament (2 Mo 3,14.15; 6,3). Der ursprüngliche hebräische Begriff bestand aus den vier Konsonanten JHWH. Aus Furcht, den Namen Gottes zu mißbrauchen, lehnten es die Juden ab, diesen Namen laut zu lesen. An seiner Stelle lasen sie überall dort, wo JHWH erscheint, das Wort Adonaj. Um 1100 n.Chr. entstand unter Christen die falsche Lesart Jehova, indem man dem Gottesnamen JHWH die leicht veränderten Vokale des Wortes Adonaj beifügte (vgl. „Jahwe/Jehova" in „Reclams Bibellexikon", Stuttgart, 1978).

Die Eigenschaften Gottes schließen darüber hinaus gewisse Aspekte seiner göttlichen Natur mit ein, die von geschaffenen Wesen weder zu beschreiben noch sonst irgendwie zugänglich sind.

Gott ist in sich selbstexistent, weil er „das Leben hat in sich selber" (Jo 5,26). Er ist völlig unabhängig in seinem Willen (Eph 1,5) und in seiner Macht (Ps 115,3). Er ist allwissend und kennt alle Dinge (Hi 37,16; Ps 139,1-18; 147,5; 1 Jo 3,20). Weil er „das A und das O" (erster und letzter Buchstabe des griech. Alphabets) ist, weiß er das Ende von Anfang an (Offb 1,8; Jes 46,9-11).

Gott ist gegenwärtig (Ps 139,7-12; Hbr 4,13) und durchdringt das gesamte Universum. In jedem Bereich des Universums ist er zugegen. Er ist ewig (Ps 90,2; Offb 1,8) und kennt weder zeitliche noch räumliche Grenzen. In jedem Augenblick kann er gegenwärtig sein.

Gott ist allmächtig. Weil ihm nichts unmöglich ist, können wir sicher sein, daß er vollführt, was er sich vorgenommen hat (Da 4,17.25.34; Mt 19,26; Offb 19,6). Er ist unveränderlich – unwandelbar –, weil er vollkommen ist. Er sagt: „Ich, der Herr, wandle mich nicht." (Mal 3,6; vgl. Ps 33,11; Jak 1,17) Diese Eigenschaften kennzeichnen das Wesen Gottes und können nicht an andere weitergegeben werden.

Die Eigenschaften Gottes aber, die mitteilbar sind, haben ihren Ursprung in seiner liebevollen Fürsorge für die Menschheit. Sie umfassen Liebe (Rö 5,8), Gnade (Rö 3,24), Barmherzigkeit (Ps 145,9), Geduld (2 Pt 3,15), Heiligkeit (Ps 99,9), Rechtschaffenheit (Esr 9,15; Jo 17,25), Gerechtigkeit (Offb 22,12) und Wahrheit (1 Jo 5,20). Diese Eigenschaften kann und will Gott an uns vermitteln.

Die Souveränität Gottes

Die Heilige Schrift bezeugt eindeutig die Souveränität Gottes. „Er macht's, wie er will ... Und niemand kann seiner Hand wehren ..." (Da 4,32) „Denn du hast alle Dinge geschaffen, und durch deinen Willen waren sie und wurden sie geschaffen." (Offb 4,11) „Alles, was er will, das tut er, im Himmel und auf Erden." (Ps 135, 6)

Salomo konnte sagen: „Des Königs Herz ist in der Hand des Herrn wie Wasserbäche; er lenkt es, wohin er will." (Spr 21,1) Im Wissen um die Souveränität Gottes schrieb Paulus: „Will's Gott, so will ich wieder zu euch kommen." (Apg 18,21, vgl. Rö 15,32), während Jakobus mahnte: „Dagegen solltet ihr sagen: Wenn der Herr will, werden wir leben und dies oder das tun" (Jak 4,15).

Prädestination und menschliche Freiheit. Die Bibel erklärt, daß Gott diese Welt völlig in seiner Hand hat. Durch ihn ist „vorherbestimmt", daß die Menschen „gleich sein sollten dem Bild seines Sohnes" (Rö 8,29). Als seine Kinder werden wir angenommen und ein Erbteil erhalten (Eph 1,4.5.11). Wie wirkt sich diese Souveränität auf die menschliche Freiheit aus?

Das Wort „Prädestination" bedeutet „Vorausbestimmung". Daraus wird vielfach der Schluß gezogen, die Heilige Schrift lehre, daß Gott willkürlich darüber entscheide, wer zur Erlösung und wer zur Verdammnis „bestimmt" sei, ohne daß die persönliche Entscheidung des einzelnen berücksichtigt wird. Das sorgfältige Studium dieser Texte im Zusammenhang aber zeigt, daß bei Paulus nirgendwo die Rede davon ist, Gott würde jemanden willkürlich von der Erlösung ausschließen.

Diese Texte haben vielmehr eine umfassendere Bedeutung. Die Bibel stellt unmißverständlich fest, daß Gott „will, daß allen Menschen geholfen werde und sie zur Erkenntnis der Wahrheit kommen" (1 Tim 2,4). Er „will nicht, daß jemand verloren werde, sondern daß jedermann zur Buße finde" (2 Pt 3,9).

Nicht ein Hinweis deutet darauf, daß Gott manche Menschen dazu „bestimmt" haben könnte, daß sie verlorengehen. Eine solche „Verfügung" würde Golgatha sinnlos machen; denn dort ist Jesus ja für alle Menschen gestorben. „Denn also hat Gott die Welt geliebt, daß er seinen eingeborenen Sohn gab, damit alle, die an ihn glauben, nicht verloren werden, sondern das ewige Leben haben." (Jo 3,16) *Alle* – das heißt: Jeder kann gerettet werden.

„Daß die freie Willensentscheidung der bestimmende Faktor hinsichtlich des persönlichen endgültigen Schicksals eines Menschen ist, wird an der Tatsache erkennbar, daß uns Gott immer wieder die Auswirkungen von Gehorsam und Ungehorsam vor Augen führt. Der Sünder wird nachdrücklich aufgefordert, sich für den Gehorsam und das Leben zu entscheiden (5 Mo 30,19; Jos 24,15; Jes 1,16.20; Offb 22,17); ebenso unmißverständlich ist die

Tatsache, daß der Gläubige, der einmal die Gnade empfangen hat, möglicherweise wieder abfallen und verlorengehen kann (1 Ko 9,27; Gal 5,4; Hbr 6,4-6; 10,29) ...

Gott mag voraussehen, wie die persönliche Entscheidung des einzelnen ausfallen wird, aber sein Vorherwissen hat keinen Einfluß darauf, welche Wahl der einzelne trifft ... Der Kern der biblischen Prädestination besteht in der grundsätzlichen Absicht Gottes, alle zu retten, die sich für den Glauben an Christus entscheiden (Jo 1,12; Eph 1,4-10)."[1]

Wie ist es dann aber gemeint, wenn die Heilige Schrift davon spricht, daß Gott Jakob geliebt und Esau gehaßt hat (Rö 9,13) und daß er das Herz des Pharao verhärtete (vgl. Rö 9,15-18; 2 Mo 9,16; 4,21)?

Der Zusammenhang dieser Texte zeigt, daß es für Paulus um die Frage der Beauftragung ging, nicht um die Frage der Erlösung. Rettung ist für jeden möglich, aber Gott erwählt sich gewisse Personen und betraut sie mit besonderen Aufgaben. Erlösung stand Jakob wie Esau gleichermaßen offen, aber Gott erwählte nicht den erstgeborenen Esau, sondern Jakob, um durch dessen Nachkommen die Erlösungsbotschaft in die Welt tragen zu lassen. Da zeigt sich Gottes Souveränität auch in seiner „Missionsstrategie".

Wenn die Heilige Schrift sagt, daß Gott das Herz des Pharao verhärtete, so bedeutet dies, daß Pharaos Handeln von Gott zugelassen, nicht aber, daß es so von ihm vorherbestimmt wurde. Die negative Haltung Pharaos dem Ruf Gottes gegenüber ist der eindeutige Beweis dafür, daß Gott dem Herrscher völlige Entscheidungsfreiheit zubilligte.

Vorherwissen und menschliche Freiheit. Manche sind der Meinung, daß Gott keine Beziehung zu Menschen herstellt, ohne ihre Entscheidung im voraus zu kennen. So kenne er auch den Zeitpunkt bestimmter zukünftiger Ereignisse, beispielsweise den Termin der Wiederkunft Jesu, den Beginn der tausend Jahre (des Millenniums) und den der Neuschöpfung dieser Erde, wisse aber nicht, wer

---

[1] „Predestination" in „Seventh-day Adventist Encyclopedia", D. F. Neufeld (Hg.), Review and Herald, Washington, D. C., 1976, S. 1144.

gerettet werden wird. Man befürchtet, die lebendige Beziehung zwischen Gott und Menschheit käme in Gefahr, wenn Gott bereits heute alles wüßte, was erst in der Ewigkeit offenbar werden wird. Einige unterstellen sogar, es würde ihn langweilen, in allem bereits das Ende zu kennen.

Aber wenn Gott auch weiß, was der einzelne tun oder lassen wird, hängt dessen persönliche Entscheidung und sein tatsächliches Verhalten davon ebensowenig ab wie beispielsweise die Kenntnis eines Historikers das Leben der Menschen in der Vergangenheit und deren Taten noch beeinflussen könnte. Eine Kamera nimmt eine Szene auf, ohne sie zu verändern; so bedeutet „Vorherwissen" auch einen Blick in die Zukunft zu werfen, ohne sie faktisch zu verändern. Vorherwissen Gottes bedeutet niemals eine Vergewaltigung der menschlichen Entscheidungsfreiheit.

Das Wesen der Dreieinigkeit

Gibt es nur *einen* Gott? Wie verhält es sich mit Christus und dem Heiligen Geist?

Die Einheit Gottes. Im Gegensatz zu den sie umgebenden heidnischen Völkern glaubten die Israeliten an einen einzigen Gott (5 Mo 4,35; 6,4; Jes 45,5; Sach 14,9). Auch das Neue Testament betont, daß es nur *einen* Gott gibt (Mk 12,29-32; Jo 17,3; 1 Ko 8,4-6; Eph 4,4-6; 1 Tim 2,5). Diese Überzeugung von einem klaren Monotheismus widerspricht nicht der christlichen Auffassung von dem dreieinigen Gott bzw. von der Dreieinigkeit – Vater, Sohn und Heiliger Geist; sie bestätigt vielmehr, daß es keine unterschiedlichen Götter gibt.

Die Vielfalt innerhalb der Gottheit. Obwohl das Alte Testament nicht ausdrücklich die Dreieinigkeit Gottes lehrt, enthält es doch Hinweise auf eine gewisse „Vielfalt" innerhalb der Gottheit. Gelegentlich spricht Gott von sich selbst in der Mehrzahl: „Lasset uns Menschen machen, ein Bild, das uns gleich sei." (1 Mo 1,26) „Siehe, der Mensch ist geworden wie unsereiner ..." (1 Mo 3,22) „Wohlauf, laßt uns hernieder fahren ..." (1 Mo 11,7) Hin und wieder wird der „Engel des Herrn" als Gott selbst identifiziert. So sagte der Engel des Herrn, der Mose erschien: „Ich bin der Gott deines Vaters, der Gott Abrahams, der Gott Isaaks und der Gott Jakobs." (2 Mo 3,6)

Einzelne Texte unterscheiden zwischen Gott und dem Geist Gottes. Der Schöpfungsbericht besagt: „Der Geist Gottes schwebte auf dem Wasser" (1 Mo 1,2). Manche Texte beziehen sich nicht nur auf den Heiligen Geist, sondern schließen eine dritte Person in das Erlösungswerk Gottes ein: „Und nun sendet mich [den Sohn] Gott der Herr [der Vater] und sein Geist [der Heilige Geist]." (Jes 48,16b) „Ich [der Vater] habe ihm [dem Messias] meinen Geist gegeben; er wird das Recht unter die Heiden bringen." (Jes 42,1)

Die Beziehung innerhalb der Gottheit. Das erste Kommen Christi vermittelt uns ein klares Verständnis von der Dreieinigkeit Gottes. Im Johannesevangelium wird offenbart, daß die Gottheit aus Gott, dem Vater (siehe Kap. 3 dieses Buches), Gott, dem Sohn (Kap. 4) und Gott, dem Heiligen Geist besteht (Kap. 5). Diese drei von Ewigkeit her gemeinsam existierenden Personen sind auf einzigartige und geheimnisvolle Weise miteinander verbunden.

1. Eine liebevolle Beziehung. Als Christus ausrief: „Mein Gott, mein Gott, warum hast du mich verlassen?" (Mk 15,34) geschah das, weil er unter der von der Sünde verursachten Trennung von seinem Vater litt. Die Sünde zerstörte die ursprüngliche Beziehung zwischen Gott und der Menschheit (1 Mo 3,6-10; Jes 59,2). In den letzten Stunden seines Erdenlebens wurde Jesus – der Eine, der keine Sünde begangen hatte – für uns zur Sünde gemacht. Indem er unsere Sünde auf sich nahm, erlitt er die Trennung von Gott, die eigentlich unser Los sein sollte, und mußte sterben.

Sünder werden nie begreifen können, was Jesu Tod für die Gottheit bedeutete. Von Ewigkeit her war der Sohn mit dem Vater und dem Heiligen Geist verbunden. Die ewige Gemeinschaft war von Liebe zueinander geprägt, ja sie bezeugt die vollkommene Liebe, die innerhalb der Dreieinigkeit herrscht. „Gott ist Liebe" (1 Jo 4,8) bedeutet, daß jeder für den anderen lebt, so daß alle völlige Erfüllung und vollkommenes Glück erfahren.

In 1. Korinther 13 findet sich eine Definition der Liebe. Mancher mag sich fragen, welchen Sinn Eigenschaften wie Langmut und Geduld hinsichtlich der Beziehung innerhalb der Gottheit haben, die doch ohnehin von vollkommener Liebe geprägt ist. Tatsächlich war Geduld im Umgang mit den aufbegehrenden Engeln außerordentlich wichtig, wie auch später mit den Menschen, die vom Weg abgekommen sind.

Zwischen den einzelnen Personen des dreieinigen Gottes gibt es keinerlei Distanz. Alle drei sind göttlich und besitzen göttliche Macht und Eigenschaften. In den Organisationen auf dieser Welt liegt die höchste Autorität meist bei einer Person – einem Präsidenten, König oder Premierminister. Innerhalb der Gottheit haben alle drei Persönlichkeiten gemeinsam die volle Autorität.

Die Gottheit ist also nicht eine einzelne Person, aber dennoch völlig eins im Wollen, Denken und im Charakter. Dieses Einssein löst aber nicht die jeweils eigene Persönlichkeit von Vater, Sohn und Heiligem Geist auf; denn gleichzeitig gilt, daß die Unterscheidung von drei Personen innerhalb der Gottheit die monotheistische Grundaussage der Heiligen Schrift nicht untergräbt. Vater, Sohn und Heiliger Geist sind *ein Gott*.

2. Eine kooperative Beziehung. Innerhalb der Gottheit besteht eine gewisse Aufgabenteilung. Gott tut nichts unnötigerweise „doppelt". Ordnung ist das erste Gesetz des Himmels, und Gottes Wirken verläuft in geordneten Bahnen. Diese Ordnung hat ihren Ursprung in der Einigkeit der Gottheit, die sie gleichzeitig erhält. Der Vater scheint der Quelle vergleichbar, der Sohn wirkt als Mittler und der Heilige Geist ist derjenige, der Gottes Gaben zur Anwendung bringt.

Die Menschwerdung Jesu ist ein wunderbares Beispiel für die kooperative Beziehung innerhalb der Gottheit. Der Vater gab seinen Sohn, der Sohn gab sich selbst und der Heilige Geist bewirkte Jesu Geburt (Mt 1,18.20; Jo 3,16). Die Botschaft des Engels an Maria macht deutlich, daß alle drei an dem Geheimnis der Menschwerdung Gottes beteiligt waren. „Der heilige Geist wird über dich kommen, und die Kraft des Höchsten wird dich überschatten; darum wird auch das Heilige, das geboren wird, Gottes Sohn genannt werden." (Lk 1,35)

Bei der Taufe Jesu war die Gottheit ganz anwesend: der Vater, indem er Ermutigung gab (Mt 3,17), der Sohn, indem er sich selbst gab, um uns zum Vorbild getauft zu werden (Mt 3,13-15), und der Heilige Geist, indem er Jesus zum Dienst bevollmächtigte (Lk 3,21.22).

Bevor sein irdisches Leben endete, versprach Jesus den Heiligen Geist zu senden als Tröster oder Helfer (Jo 14,16). Wenige Stunden später hing er am Kreuz und schrie zu seinem Vater: „Mein Gott, mein Gott, warum hast du mich verlassen?" (Mt 27,46) In diesen entscheidenden Augenblicken der Erlösungsgeschichte waren Vater, Sohn und Heiliger Geist gemeinsam am Wirken.

Heute wird durch den Heiligen Geist die Verbindung von Vater und Sohn zu uns Menschen hergestellt. Jesus sagte: „Wenn aber der Tröster kommen wird, der vom Vater ausgeht, der wird Zeugnis geben von mir." (Jo 15,26) Der Vater und der Sohn senden den Geist, um Christus den Menschen zu offenbaren.

Die große Bedeutung der Dreieinigkeit besteht darin, uns Menschen Erkenntnis über Gott und die Bedeutung Jesu Christi nahezubringen (Jo 17,3) sowie die Gegenwart Jesu erfahrbar zu machen (Mt 28,20; vgl. Hbr 13,5). Gläubige sind zur Erlösung erwählt, sagt Petrus, und zwar „nach Vorkenntnis Gottes, des Vaters, in der Heiligung des Geistes zum Gehorsam und zur Blutbesprengung Jesu Christi" (1 Pt 1,2 EB).

Der apostolische Segen umschließt alle drei Personen der Gottheit: „Die Gnade unseres Herrn Jesus Christus und die Liebe Gottes und die Gemeinschaft des heiligen Geistes sei mit euch allen!" (2 Ko 13,13) Christus steht an der Spitze der Aufzählung. Gottes Hinwendung zur Menschheit geschah und geschieht durch Jesus Christus – den Gott, der Mensch wurde.

Obwohl alle drei Glieder der Dreieinigkeit zusammenwirken, um uns zu erlösen, war es allein Jesus, der als Mensch lebte, als Mensch starb und unser Erlöser wurde (Jo 6,47; Mt 1,21; Apg 4,12). „Gott war in Christus und versöhnte die Welt mit sich selber" (2 Ko 5,19), so kann also auch Gott als Erlöser bezeichnet werden (vgl. Tit 3,4), denn er rettete uns durch Christus, den menschgewordenen Erlöser (Eph 5,23; Phil 3,20; vgl. Tit 3,6).

Innerhalb der Aufgabenteilung übernimmt jedes Glied der Gottheit bestimmte Aufgaben zur Rettung des Menschen. Das

Werk des Heiligen Geistes fügt dem vollkommenen Opfer Jesu am Kreuz nicht noch etwas hinzu, doch die objektive Versöhnung, die ohne menschliches Zutun am Kreuz geschah, wird durch den Heiligen Geist subjektiv für den einzelnen wirksam, wenn er Christus im Glauben annimmt. Deshalb spricht Paulus von „Christus in euch, die Hoffnung der Herrlichkeit" (Kol 1,27).

Im Mittelpunkt steht die Erlösung

Die junge Gemeinde der Urchristenheit taufte Menschen auf den Namen des Vaters, des Sohnes und des Heiligen Geistes (Mt 28,19). Weil sich aber Gottes Liebe und sein Erlösungsplan in Jesus offenbart haben, stellt die Bibel ihn in den Mittelpunkt.

Er ist die Hoffnung, auf die durch die Opfer und Feste im Alten Testament hingewiesen wurde. Er ist der Eine, der im Mittelpunkt der Evangelien steht. Er ist die gute Nachricht, die die Jünger in Wort und Schrift ausbreiten – die selige Hoffnung. Das Alte Testament weist auf Jesu Kommen hin; das Neue Testament berichtet über sein erstes Kommen und lenkt unseren Blick erwartungsvoll auf seine Wiederkunft.

Christus, der Mittler, vereinigt uns so mit der Gottheit. Jesus ist „der Weg, die Wahrheit und das Leben" (Jo 14,6). Das Evangelium findet seine Mitte nicht etwa in einem bestimmten Kult, sondern in einer Person. Die frohe Botschaft hat es stets mit einer persönlichen Beziehung zu tun, nicht mit gewissen Geboten und Regeln – denn Christentum, das ist Christus. In ihm finden wir den Kern, den Inhalt und den Zusammenhang der Wahrheit und allen Lebens.

Indem wir auf das Kreuz blicken, schauen wir hinein in das Herz Gottes. An diesem Marterpfahl hat er seine ganze Liebe ausgegossen. Und durch Christus strömt diese Liebe Gottes in unsere wunden Herzen. Als Gottes Gabe und unser Stellvertreter starb Jesus am Kreuz. Auf Golgatha neigte sich Gott zum tiefsten Punkt dieser Erde herab, um uns zu begegnen. Zugleich aber ist das auch der höchste Gipfel, den wir erreichen können. Auf dem Weg nach Golgatha sind wir Gott so nahe gekommen, wie das für Menschen nur möglich ist.

DIE DREIEINIGKEIT

Am Kreuz dokumentierte die Dreieinigkeit ihre völlige Selbstlosigkeit. Dort geschah die umfassendste Offenbarung Gottes für uns. Christus wurde Mensch, um für das Menschengeschlecht zu sterben. Selbstlosigkeit bedeutete ihm mehr als Selbsterhaltung. Auf Golgatha wurde Christus für uns „zur Gerechtigkeit und zur Heiligung und zur Erlösung" (1 Ko 1,30). Was wir auch immer haben oder sind – alles wird uns geschenkt durch Jesu Opfer am Kreuz.

Der einzig wahre Gott ist der dort am Kreuz. Christus enthüllte dem Universum die unendliche Liebe und errettende Macht der Gottheit; er offenbarte den dreieinigen Gott, der aus bedingungsloser Liebe zu einem rebellierenden Planeten bereit war, den Schmerz der Trennung zu erleiden. Von diesem Kreuz aus ergeht an uns die liebevolle Einladung: Laßt euch versöhnen mit Gott!

„Und der Friede Gottes, der allen Verstand übersteigt, wird eure Herzen und eure Gedanken bewahren in Christus Jesus." (Phil 4,7 EB)

Kapitel 3

Gott der Vater

Gott der ewige Vater ist Schöpfer, Ursprung, Erhalter und der Herr alles Geschaffenen. Er ist gerecht und heilig, barmherzig und gnädig, langmütig und von großer Liebe und Treue. Die Eigenschaften und die Macht, wie der Sohn und der Heilige Geist sie bekunden, sind gleichermaßen Offenbarungen des Vaters.

Der große Gerichtstag beginnt. Feurige Throne mit brennenden Rädern werden aufgestellt. Einer, der uralt ist, setzt sich. In majestätischer Erscheinung übernimmt er den Vorsitz im Gericht. Seine ehrfurchtgebietende Gegenwart beeindruckt die im Gerichtssaal Anwesenden. Eine Schar von Zeugen ist versammelt. Das Gericht tagt, die Bücher werden aufgetan, und die Untersuchung eines jeden darin verzeichneten Lebenslaufes beginnt (Da 7,9.10).

Das gesamte Universum hat auf diesen Augenblick gewartet. Gott, der Vater, wird in seiner Gerechtigkeit alles Böse richten. Das Urteil lautet: „Den Heiligen des Höchsten wurde Recht verschafft" (Da 7,22). Lob, Preis und Dank erfüllt den Himmel. Das Wesen Gottes wird in seiner ganzen Herrlichkeit gesehen, und sein wunderbarer Name ist vor dem gesamten Universum gerechtfertigt.

Ansichten über den Vater

Von Gott, dem Vater, existieren häufig falsche Vorstellungen. Was Christus auf dieser Erde für die Menschheit getan und welche Bedeutung der Heilige Geist für den einzelnen hat, weiß man im allgemeinen. Aber was hat der Vater damit zu tun? Steht er im Gegensatz zum Sohn und zum Heiligen Geist, außerhalb unserer Welt, sozusagen als abwesender Hausherr oder unbewegliche „erste Ursache"?

Oder ist er, wie manche meinen, der „Gott des Alten Testaments" – ein Gott der Rache, bei dem es heißt: „Auge um Auge, Zahn um Zahn" (Mt 5,38; siehe auch 2 Mo 21,24); ein strenger Gott, der Vollkommenheit erwartet; ein Gott, der in krassem Gegensatz steht zu dem liebenden Gott im Neuen Testament, der seinen Kindern rät, auch die andere Wange hinzuhalten, wenn man geschlagen wird, und die zweite Meile zu gehen, wenn nur eine gefordert ist (Mt 5,39-41)?

Gott der Vater im Alten Testament

Die Einheit von Altem und Neuem Testament und der ihnen gemeinsame Plan zur Erlösung wird dadurch offenkundig, daß es der gleiche Gott ist, der in beiden Testamenten für die Errettung der Menschen eintritt und entsprechend handelt. „Nachdem Gott vorzeiten vielfach und auf vielerlei Weise geredet hat zu den Vätern durch die Propheten, hat er in diesen letzten Tagen zu uns geredet durch den Sohn, den er eingesetzt hat zum Erben über alles, durch den er auch die Welt gemacht hat." (Hbr 1,1.2)

Obwohl im Alten Testament eindeutig auf die Personen der Gottheit hingewiesen wird, unterscheidet es sie nicht. Das Neue Testament hingegen macht klar, daß Christus – Gott der Sohn – der eigentlich Handelnde bei der Schöpfung war (Jo 1,1-3.14; Kol 1,16) und auch der Gott, der Israel aus Ägypten geführt hat (1 Ko 10,1-4; 2 Mo 3,14; Jo 8,58).

Was das Neue Testament über die Funktion Christi bei der Schöpfung und beim Auszug aus der Sklaverei sagt, macht deutlich, daß auch schon das Alte Testament Gott, den Vater, durch das Wirken seines Sohnes darstellt. „Gott war in Christus und versöhnte die Welt mit sich selber." (2 Ko 5,19)

Das Alte Testament beschreibt den Vater folgendermaßen:

Ein Gott der Gnade. Kein sündiger Mensch hat jemals Gott gesehen (2 Mo 33,20). Es gibt keine Fotografie von ihm; Gott offenbart sein Wesen durch sein gnädiges Handeln und hat es gezeigt in den Worten, die er zu Mose sprach: „Herr, Herr, Gott, barmherzig und gnädig und geduldig und von großer Gnade und Treue, der da Tausenden Gnade bewahrt und vergibt Missetat, Übertretung und Sünde, aber ungestraft läßt er niemand, sondern sucht die Missetat der Väter heim an Kindern und Kindeskindern bis ins dritte und vierte Glied" (2 Mo 34,6.7; vgl. Hbr 10,26.27).

Allerdings läßt Gottes Gnade nicht blindlings Vergebung walten, sondern wird geleitet vom Prinzip der Gerechtigkeit. Wer aber die Gnade zurückweist, wird für das begangene Unrecht bestraft.

Am Berg Sinai hat Gott erklärt, der Freund Israels zu sein und unter diesem Volk wohnen zu wollen. Er sagte zu Mose: „Sie sollen mir ein Heiligtum machen, daß ich unter ihnen wohne." (2 Mo 25,8) Als Wohnung Gottes auf Erden wurde das Heiligtum zum Zentrum der religiösen Erfahrung Israels.

Ein Bundesgott. Gott hat heilige Bündnisse mit Menschen geschlossen, so mit Noah (1 Mo 9,1-17) und Abraham (1 Mo 12,1-3.7; 13,14-17 u.a.; vgl. Kap. 7), denn es lag ihm am Herzen, eine ewige Zusammengehörigkeit aufzubauen.

Diese Bündnisse offenbaren einen persönlichen Gott, der sich liebevoll zu den Menschen herabneigt. Noah gab er die Zusicherung, daß die Jahreszeiten fortan regelmäßig wiederkehren und es nie mehr eine weltweite Flut geben wird (1 Mo 8,22; 9,11). Dem Abraham verhieß er eine große Nachkommenschaft und ein Land, in dem sie leben könnten (1 Mo 15,5-7.18; 17,8).

Ein Erlösergott. Als Gott des Auszugs aus Ägypten hat er aufs wundersamste ein ganzes Volk von Sklaven in die Freiheit geführt. Diese großartige Erlösungstat bildet den Hintergrund des gesamten Alten Testaments und ist ein Beispiel dafür, daß Gott unser aller Erlöser sein will. Er ist nicht ein fernes, abgehobenes Wesen, sondern ein Gott, der sich um uns kümmert.

In den Psalmen wird seine Liebe und Anteilnahme für seine Geschöpfe überzeugend zum Ausdruck gebracht: „Wenn ich sehe die Himmel, deiner Finger Werk, den Mond und die Sterne, die du bereitet hast: was ist der Mensch, daß du seiner gedenkst, und des Menschen Kind, daß du dich seiner annimmst?" (Ps 8,4.5) „Herzlich lieb habe ich dich, Herr, meine Stärke! Herr, mein Fels, meine Burg, mein Erretter; mein Gott, mein Hort, auf den ich traue, mein Schild und Berg meines Heiles und mein Schutz!"

(18,2.3) „Er hat nicht verachtet noch verschmäht das Elend des Armen." (22,25)

Ein Gott der Zuflucht. David wußte, daß er bei Gott allezeit Zuflucht finden kann – ähnlich wie in den israelitischen Freistädten, wo Verfolgten Zuflucht gewährt wurde. Besonders in den Psalmen wird Gott durch das häufig benutzte Bild der „Zuflucht" dargestellt.

„Er deckt mich in seiner Hütte zur bösen Zeit, er birgt mich im Schutz seines Zeltes und erhöht mich auf einen Felsen." (Ps 27,5) „Gott ist unsere Zuversicht und Stärke, eine Hilfe in den großen Nöten, die uns getroffen haben." (46,2) „Wie um Jerusalem Berge sind, so ist der Herr um sein Volk her von nun an bis in Ewigkeit." (125,2)

Der Psalmist umschreibt seine Sehnsucht nach Gott folgendermaßen: „Wie der Hirsch lechzt nach frischem Wasser, so schreit meine Seele, Gott, zu dir. Meine Seele dürstet nach Gott, nach dem lebendigen Gott." (Ps 42,2.3) Aus Erfahrung konnte David bezeugen: „Wirf dein Anliegen auf den Herrn; der wird dich versorgen und wird den Gerechten in Ewigkeit nicht wanken lassen." (55,23) „Hoffet auf ihn allezeit, liebe Leute, schüttet euer Herz vor ihm aus; Gott ist unsre Zuversicht." (62,9) „Du aber, Herr, Gott, bist barmherzig und gnädig, geduldig und von großer Güte und Treue." (86,15)

Ein Gott der Vergebung. Nachdem David Ehebruch und Mord begangen hatte, betete er inbrünstig: „Gott, sei mir gnädig nach deiner Güte, und tilge meine Sünde nach deiner großen Barmherzigkeit. Verbirg dein Antlitz vor meinen Sünden, und tilge alle meine Missetat." (Ps 51,3.11)

Er fand Trost in der Gewißheit, daß Gott ein wunderbar gnädiger Gott ist. „So hoch der Himmel über der Erde ist, läßt er seine Gnade walten über denen, die ihn fürchten. So fern der Morgen ist vom Abend, läßt er unsre Übertretungen von uns sein. Wie sich ein Vater über Kinder erbarmt, so erbarmt sich der Herr über die, die ihn fürchten. Denn er weiß, was für ein Gebilde wir sind; er gedenkt daran, daß wir Staub sind." (Ps 103,11-14)

Ein Gott der Güte. Gott ist es, der „Recht schafft denen, die Gewalt leiden, der die Hungrigen speist. Der Herr macht die Gefangenen frei. Der Herr macht die Blinden sehend. Der Herr richtet auf, die niedergeschlagen sind. Der Herr liebt die Gerechten. Der Herr behütet die Fremdlinge und erhält Waisen und Witwen; aber die Gottlosen führt er in die Irre." (Ps 146,7-9) Welch ein wunderbares Bild von Gott wird in den Psalmen gezeichnet!

Ein Gott der Treue. Obgleich es diesen großartigen Gott hatte, ist das Volk Israel häufig von ihm abgeirrt (3 Mo 26; 5 Mo 28). Gottes Liebe zu Israel wird veranschaulicht durch die Liebe zwischen Mann und Frau. Der Prophet Hosea beschreibt die Treue Gottes angesichts offenkundiger Untreue und Ablehnung durch sein Volk. Gottes immerwährende Vergebungsbereitschaft ist kennzeichnend für seine bedingungslose Liebe.

Obwohl Gott das Volk Israel in viel Not geraten ließ – verursacht durch wiederholte Untreue – (es waren Prüfungen, durch die Gott sein Volk auf den richtigen Weg zurückbringen wollte), hat er es doch immer wieder mit seiner Gnade umfangen und ihm zugesichert: „Du sollst mein Knecht sein; ich erwähle dich und verwerfe dich nicht –, fürchte dich nicht, ich bin mit dir; weiche nicht, denn ich bin dein Gott. Ich stärke dich, ich helfe dir auch, ich halte dich durch die rechte Hand meiner Gerechtigkeit." (Jes 41,9.10)

Trotz der Untreue Israels verhieß Gott in seiner Barmherzigkeit: „Da werden sie dann bekennen ihre Missetat und ihrer Väter Missetat, daß sie mir untreu gewesen sind und mir zuwidergehandelt haben ... Da wird sich ja ihr unbeschnittenes Herz demütigen, und dann werden sie die Strafe für ihre Missetat abtragen. Und ich werde an meinen Bund mit Jakob gedenken ... mit Isaak ... mit Abraham." (3 Mo 26,40-42; vgl. Jer 3,12)

Gott erinnert sein Volk an seine Erlösungsbereitschaft: „Israel, ich vergesse dich nicht! Ich tilge deine Missetat wie eine Wolke und deine Sünden wie den Nebel. Kehre dich zu mir, denn ich erlöse dich!" (Jes 44,21.22) Kein Wunder, daß er sagen konnte: „Wendet euch zu mir, so werdet ihr gerettet, aller Welt Enden; denn ich bin Gott, und sonst keiner mehr." (Jes 45,22)

Ein Gott der Rettung und der Rache. Die alttestamentliche Vorstellung, Gott sei ein Gott der Rache, muß vor dem Hintergrund gesehen werden, daß heidnische Völker immer wieder versuchten, das Bundesvolk zu vernichten. Propheten warnten daher vor dem „Tag des Herrn" und offenbarten Gottes zukünftiges Eingreifen. Für sein Volk aber sollte es ein Tag der Errettung sein; für die Feinde dagegen ein Tag der Rache und Vernichtung. „Saget den verzagten Herzen: ‚Seid getrost, fürchtet euch nicht! Seht, da ist euer Gott! Er kommt zur Rache; Gott, der da vergilt, kommt und wird euch helfen.'" (Jes 35,4)

Gott als Vater. Mose stellte den Israeliten Gott als ihren Vater vor, der sie befreit hatte: „Ist er nicht dein Vater und dein Herr?" (5 Mo 32,6) Gott hatte Israel als sein Kind angenommen, so daß Jesaja schreiben konnte: „Herr, du bist doch unser Vater!" (Jes 64,7; vgl. Jes 63,16)

Durch Maleachi fragt Gott: „Bin ich nun Vater? Wo ist meine Ehre?" (Mal 1,6) An einer anderen Stelle bezieht Maleachi die Vaterschaft Gottes auf seine Funktion als Schöpfer: „Haben wir nicht alle *einen* Vater? Hat nicht *ein* Gott uns geschaffen?" (Mal 2,10 EB) Gott ist unser Vater sowohl durch die Schöpfung wie auch durch die Erlösung. Das ist eine wunderbare Wahrheit!

Gott der Vater im Neuen Testament

Der Gott des Alten Testaments unterscheidet sich nicht vom Gott des Neuen Testaments. Gott der Vater wird als Urheber aller Dinge offenbart, als Vater aller wahrhaft Gläubigen und in besonderem Sinn als Vater von Jesus Christus.

Der Vater der gesamten Schöpfung. Paulus spricht eindeutig vom Vater, indem er ihn von Jesus Christus unterscheidet: „So haben wir doch nur einen Gott, den Vater, von dem alle Dinge sind ... und einen Herrn, Jesus Christus, durch den alle Dinge sind." (1 Ko 8,6; vgl. Hbr 12,9; Jo 1,17) Er bezeugt weiter: „Deshalb beuge ich meine Knie vor dem Vater, der der rechte Vater ist über alles, was da Kinder heißt im Himmel und auf Erden." (Eph 3,14.15)

Der Vater aller Gläubigen. In neutestamentlicher Zeit besteht das geistliche Vater-Kind Verhältnis nicht zwischen Gott und dem Volk Israel, sondern zwischen Gott und jedem einzelnen Gläubigen. Jesus zeigt die Leitlinien dafür auf (Mt 5,45; 6,6-15), sie sind begründet in der Übergabe des Gläubigen an Jesus Christus. (Jo 1,12.13)

Durch die Erlösung, die Christus vollbracht hat, werden die Gläubigen zu Gottes Kindern. Der Heilige Geist bahnt und ebnet den Weg dahin. Christus kam, „damit er die, die unter dem Gesetz waren, erlöste, damit wir die Kindschaft empfingen. Weil ihr nun Kinder seid, hat Gott den Geist seines Sohnes gesandt in unsre Herzen, der da ruft: Abba, lieber Vater!" (Gal 4,5.6; vgl. Rö 8,15.16)

Jesus offenbart den Vater. Jesus, Gottes Sohn, vermittelte den tiefsten Einblick in das Wesen des Vaters, als er, die Selbstoffenbarung Gottes, Mensch wurde (Jo 1,1.14). Johannes bemerkt dazu: „Niemand hat Gott je gesehen; der Eingeborene ... hat ihn uns verkündigt." (Jo 1,18) Jesus sagt: „Ich bin vom Himmel gekommen." (Jo 6,38) „Wer mich sieht, der sieht den Vater." (Jo 14,9) Jesus kennen heißt den Vater kennen.

Im Hebräerbrief wird die Wichtigkeit dieser persönlichen Offenbarung hervorgehoben: „Nachdem Gott vorzeiten vielfach auf vielerlei Weise geredet hat zu den Vätern durch die Propheten, hat er in diesen letzten Tagen zu uns geredet durch den Sohn, den er eingesetzt hat zum Erben über alles, durch den er auch die Welt gemacht hat. Er ist der Abglanz seiner Herrlichkeit und das Ebenbild seines Wesens." (Hbr 1,1-3)

1. *Ein gebender Gott.* Jesus offenbarte seinen Vater als einen gebenden Gott. Daß er gibt, ist an der Schöpfung, an Bethlehem und auf Golgatha zu erkennen.

Bei der Schöpfung haben Vater und Sohn zusammengewirkt. Gott gab dem Menschen das Leben, obwohl er wußte, daß dies den Tod seines Sohnes zur Folge haben würde.

In Bethlehem hat sich Gott selbst gegeben, als er Jesus zur Welt kommen ließ. Wie schmerzlich muß der Vater gelitten haben, als sein Sohn auf diesen sündenverdorbenen Planeten kam. Wie muß er empfunden haben, als sein Sohn die Liebe und Anerkennung seitens der Engel mit dem Haß und den Anfeindungen der Sünder vertauschte; die Herrlichkeit und das Glück des Himmels mit dem Weg in den Tod. Aber erst Golgatha gewährt uns den tiefsten Einblick in das Wesen des Vaters.

Er durchlebte den Schmerz der Trennung von seinem Sohn – im Leben und im Sterben – viel intensiver, als es ein Mensch je erfahren könnte. Und er litt *mit* Christus. Welch stärkerer Beweis könnte noch erbracht werden für die Liebe des Vaters? Am Kreuz wird die Wahrheit über Gott offenbar wie sonst nirgends.

2. *Ein liebender Gott*. Das herausragende Thema Jesu war die Barmherzigkeit Gottes und seine unermeßliche Liebe. „Liebt eure Feinde", sagte er, „und bittet für die, die euch verfolgen, damit ihr Kinder seid eures Vaters im Himmel. Er läßt seine Sonne aufgehen über Böse und Gute und läßt regnen über Gerechte und Ungerechte." (Mt 5,44.45) „So wird euer Lohn groß sein, und ihr werdet Kinder des Allerhöchsten sein; denn er ist gütig gegen die Undankbaren und Bösen. Seid barmherzig, wie auch euer Vater barmherzig ist." (Lk 6,35.36)

Indem er niederkniete und die Füße seines Verräters wusch (Jo 13,5.10-14), offenbarte Jesus die Liebe des Vaters. Wenn wir sehen, wie Christus die Hungrigen speiste (Mk 6,39-44; 8,1-9), die Tauben heilte (Mk 9,17-29), den Stummen die Sprache schenkte (Mk 7,32-37), den Blinden die Augen öffnete (Mk 8,22-26), die Lahmen aufrichtete (Lk 5,18-26), die Aussätzigen heilte (Lk 5,12.13), Tote erweckte (Mk 5,35-43; Jo 11,1-45), den Sündern vergab (Jo 8,3-11) und Teufel austrieb (Mt 15,22-28; 17,14-21), dann sehen wir gleichsam den Vater, wie er den Menschen das Leben gibt, sie befreit, ihnen neue Hoffnung schenkt und sie auf die künftige, wiederhergestellte Erde hinweist.

Christus wußte, daß das Kundwerden der einzigartigen Liebe des Vaters der Schlüssel ist, der den Menschen offen sein läßt für die Buße (Rö 2,4).

Drei Gleichnisse Jesu zeigen im besonderen die fürsorgende Liebe Gottes zu der verlorenen Menschheit (Lk 15).

Im Gleichnis vom verlorenen Schaf wird veranschaulicht, daß Errettung allein das Werk Gottes ist und nicht das Ergebnis eigener Anstrengungen. Wie ein Hirte seine Schafe liebt und sein Leben einsetzt, wenn es um ein verlorenes Lamm geht, so erweist Gott in weit höherem Maße seine sehnsuchtsvolle Liebe nach dem verlorenen Menschen.

Dieses Gleichnis hat auch kosmische Bedeutung: Das verlorene Schaf versinnbildlicht unsere rebellierende Welt, vergleichbar einem Atom im unendlichen Universum. In seinem Sohn hat uns Gott ein kostbares Geschenk gemacht, um unseren Planeten „zur Herde" zurückzubringen. Damit bezeugt er, daß ihm diese gefallene Welt genausoviel bedeutet wie das ganze Universum.

Das Gleichnis vom verlorenen Groschen unterstreicht den Wert, den wir als Sünder bei Gott haben. Das Gleichnis vom verlorenen Sohn zeigt die Liebe des Vaters, der seine reumütigen Kinder zu Hause willkommen heißt. Wenn im Himmel Freude über einen Sünder ist, der Buße tut (Lk 15,7), dann stelle man sich die Freude der gesamten übrigen Schöpfung vor, wenn unser Herr einst wiederkommen wird.

Das Neue Testament weist auch darauf hin, daß der Vater an der Wiederkunft seines Sohnes aufs innigste beteiligt ist. Wenn Jesus zum zweiten Mal erscheinen wird, rufen die Verlorenen zu den Bergen und Felsen: „Fallt über uns und verbergt uns vor dem Angesicht dessen, der auf dem Thron sitzt, und vor dem Zorn des Lammes!" (Offb 6,16)

Jesus sagt: „Es wird geschehen, daß der Menschensohn kommt in der Herrlichkeit seines Vaters mit seinen Engeln" (Mt 16,27), und „ihr werdet sehen den Menschensohn sitzen zur Rechten der Kraft und kommen auf den Wolken des Himmels" (Mt 26,64).

Sehnsuchtsvoll blickt der Vater auf das zweite Kommen Jesu, das die Erlösten endlich in die ewige Heimat bringen wird. Die Sendung „seines eingeborenen Sohnes in die Welt, damit wir durch ihn leben sollen" (1 Jo 4,9), ist dann zur Vollendung gekommen.

Nur die unvorstellbar selbstlose Liebe ist eine Erklärung dafür, daß „wir mit Gott versöhnt worden sind durch den Tod seines Sohnes, als wir noch Feinde waren" (Rö 5,10). Wie könnten wir solch eine Liebe verachten und versäumen, Gott als unseren Vater anzuerkennen!

Kapitel 4

Gott der Sohn

Gott der ewige Sohn wurde Mensch in Jesus Christus. Durch ihn ist alles geschaffen. Durch ihn ist Gottes Wesen offenbart. Er hat die Erlösung der Menschheit bewirkt und die Welt gerichtet. Ewig wahrer Gott, wurde er auch wahrer Mensch: Jesus Christus. Er wurde gezeugt durch den Heiligen Geist und geboren von der Jungfrau Maria. Er lebte als Mensch, wurde versucht als Mensch und war dennoch die vollkommene Verkörperung der Gerechtigkeit und Liebe Gottes. Seine Wunder bezeugten die Macht Gottes und bestätigten ihn als den von Gott verheißenen Erlöser. Er litt und starb aus freiem Willen für unsere Sünden an unserer Statt am Kreuz, wurde von den Toten auferweckt und fuhr gen Himmel, um für uns im himmlischen Heiligtum zu dienen. Er wird wiederkommen in Herrlichkeit zur endgültigen Errettung seines Volkes und zur Wiederherstellung aller Dinge.

Vor lauter Schlangen war die Wüste zum Alptraum geworden! Unter den Kochtöpfen kamen sie hervor, ringelten sich um die Zeltstangen, lugten aus dem Spielzeug der Kinder heraus und lauerten in den Schlafsäcken. Schlangenzähne drangen tief ein und versprühten tödliches Gift.

Die Wüste, bisher Israels Zufluchtsort, wurde nun zum Grab. Hunderte lagen im Sterben. Als man die Ausweglosigkeit erkannten, liefen entsetzte Eltern zum Zelt des Mose und flehten um Hilfe. „Und Mose betete für das Volk." Und Gottes Antwort? Er gebot: Formt eine eherne Schlange und richtet sie auf! – Wer sie anschaut, soll leben. „Da machte Mose eine eherne Schlange und richtete sie hoch auf. Und wenn jemanden eine Schlange biß, so sah er die eherne Schlange an und blieb leben." (4 Mo 21,9)

Die Schlange ist von jeher ein Symbol für Satan und die Sünde (1 Mo 3; Offb 12). Das Lager der Israeliten war in die Hände Satans gefallen. Und wie sah Gottes Hilfe aus? Er gebot nicht den Blick auf das Lamm, das auf dem Altar im Heiligtum lag, sondern befahl, eine kupferne Schlange anzuschauen.

Das war ein seltsames Symbol für Christus. Aber so wie damals ein Abbild der todbringenden Schlange aufgerichtet wurde, so mußte Jesus „in der Gestalt des sündigen Fleisches" (Röm 8,3) am Schandpfahl des Kreuzes aufgerichtet werden (Jo 3,14.15). Er wurde zur Sünde und nahm die Sünden der Menschen auf sich, eines jeden, der je gelebt hat oder leben wird.

Gott „hat den, der von keiner Sünde wußte, für uns zur Sünde gemacht, damit wir in ihm die Gerechtigkeit würden, die vor Gott gilt" (2 Ko 5,21). Wenn hoffnungslose Menschen zu Christus aufschauen, werden sie das Leben finden.

Wie aber sollte die Menschwerdung Jesu dem Sünder Rettung bringen? Und was bedeutete das für den Sohn? Wie konnte Gott Mensch werden? Warum war es notwendig?

Die Menschwerdung: Vorhersagen und Erfüllung

Der Plan Gottes zur Rettung derer, die sich von ihm entfernt haben, ist eine überzeugende Demonstration seiner Liebe (Jo 3,16; 1 Jo 4,9). In diesem Plan war der Sohn als Opfer für die Sünden und als Hoffnung für die Menschheit „zuvor ausersehen, ehe der Welt Grund gelegt wurde" (1 Pt 1,19.20). Gottes Sohn sollte zu Gott zurückführen und aus der Sünde erretten, indem er die Werke des Teufels zerstörte (1 Pt 3,18; Mt 1,21; 1 Jo 3,8).

Sünde hatte Adam und Eva von der Quelle des Lebens getrennt; eigentlich hätte das ihren sofortigen Tod bedeutet. Aber gemäß dem Plan, der vor Grundlegung der Welt gefaßt war (1 Pt 1,20), dem „Rat des Friedens" (Sach 6,13 EB), hat sich Gottes Sohn zwischen die in Sünde gefallenen Menschen und die göttliche Gerechtigkeit gestellt, so daß die große Kluft überwunden und die Macht des Todes eingeschränkt wurde. So hat Gottes Gnade schon vor Jesu Kreuzestod Sünder am Leben erhalten und ihnen Errettung zugesichert. Um uns aber wieder in den Stand von Söhnen und Töchtern Gottes zu versetzen, mußte Jesus Mensch werden.

Unmittelbar nachdem Adam und Eva gesündigt hatten, schenkte Gott ihnen eine Hoffnung, indem er Feindschaft setzte zwischen der Schlange und der Frau sowie ihrer beider Nachkommen.

In der geheimnisvollen Ankündigung von 1. Mose 3,15 werden Satan und seine Nachfolger durch die Schlange dargestellt. Die Frau und ihre Nachkommen dagegen versinnbildlichen das Volk Gottes und den Heiland der Welt. Diese Aussage war die erste Zusicherung, daß der Kampf zwischen Gut und Böse mit einem Sieg des Sohnes Gottes enden wird.

Der Sieg würde jedoch nicht ohne Schmerzen errungen werden: „Er [der Erlöser] soll dir [Satan] den Kopf zertreten, und du [Satan] wirst ihn [den Erlöser] in die Ferse stechen." (1 Mo 3,15) Keiner würde unversehrt bleiben.

Seit dieser Zeit warteten die Menschen auf den verheißenen Retter. Das Alte Testament beschreibt dieses Warten. Wenn der Verheißene käme, so die Vorhersage, würde die Welt genügend Zeichen empfangen haben, um ihn zu erkennen und zu bestätigen.

Die prophetische Darstellung der Errettung. Als die Sünde in die Welt gekommen war, führte Gott Tieropfer ein, um dadurch die Aufgabe des kommenden Erlösers zu veranschaulichen (1 Mo 4,4). Rituelle Opfer deuten hin auf die Art und Weise, wie Gottes Sohn die Sünde austilgen würde.

Infolge der Sünde – der Übertretung des Gesetzes Gottes – war die Menschheit dem Tode ausgeliefert (1 Mo 2,17; 3,19; 1 Jo 3,4; Röm 6,23). Gottes Gesetz forderte den Tod des Sünders. Doch in seiner grenzenlosen Liebe gab Gott seinen Sohn, „damit alle, die an ihn glauben, nicht verloren werden, sondern das ewige Leben haben" (Jo 3,16). Diese Selbstaufopferung Gottes werden wir nie ganz begreifen. Gott, der ewige Sohn, hat stellvertretend die Strafe für unsere Sünde auf sich genommen. So erlangen wir Vergebung und werden mit Gott versöhnt.

Nach dem Auszug Israels aus Ägypten wurden in einem Heiligtum Opfer dargebracht als wahrnehmbare Zeichen des Bundes zwischen Gott und seinem Volk. Dieses Heiligtum, von Mose gemäß dem Vorbild im Himmel errichtet, sowie die dort geübten Zeremonien dienten zur Veranschaulichung des Erlösungsplanes (2 Mo 25,8.9.40; Hbr 8,1-5).

Um Vergebung zu erlangen, brachte der reumütige Sünder ein makelloses Opfertier – ein Hinweis auf den sündlosen Erlöser. Er legte seine Hand auf das unschuldige Tier und bekannte seine Sünden (3 Mo 1,3.4). Damit wurde die Schuld symbolisch auf das unschuldige Opfer übertragen und der stellvertretende Charakter des Opfers verdeutlicht.

Weil es „ohne Blutvergießen ... keine Vergebung" (Hbr 9,22) gibt, mußte der Sünder das Tier töten, wobei er sich die tödlichen Folgen der Sünde bewußt machte. Das war zwar eine traurige Art Hoffnung auszudrücken, aber die einzige Möglichkeit des Sünders, seinen Glauben zu bezeugen.

Nachdem der Priester seinen Dienst versehen hatte (3 Mo 4-7), erlangte der Sünder Vergebung durch den Glauben an den stellvertretenden Tod des kommenden Erlösers, dargestellt durch das Opfertier (vgl. 3 Mo 4,26.31.35).

Das Neue Testament sieht in Jesus Christus, dem Sohn Gottes, das „Lamm Gottes, das der Welt Sünde trägt" (Jo 1,29). Durch sein teures Blut „als eines unschuldigen und unbefleckten Lammes" (1 Pt 1,19) erwarb er für die ganze Menschheit Befreiung von der endgültigen Bestrafung ihrer Sündenschuld.

Vorhersagen über einen Heiland. Gott hatte verheißen, daß der Erlöser und Messias, der Gesalbte, von Abraham abstammen sollte: „Durch dein Geschlecht sollen alle Völker auf Erden gesegnet werden." (1 Mo 22,18; 12,3)

Jesaja sagte voraus, daß der Erlöser als Knabe erscheinen und sowohl Gott wie auch Mensch sein sollte: „Denn ein Kind ist uns geboren, ein Sohn uns gegeben, und die Herrschaft ruht auf seiner Schulter; und man nennt seinen Namen: Wunderbarer Ratgeber, starker Gott, Vater der Ewigkeit, Fürst des Friedens." (Jes 9,5 EB) Dieser Erlöser werde auf dem Thron Davids sitzen und eine ewige

Friedensherrschaft begründen (Vers 6). Sein Geburtsort sollte Bethlehem sein (Mi 5,1).

Die Geburt dieser göttlich-menschlichen Person wird in Jesaja 7,14 als übernatürliches Ereignis angekündigt. Matthäus (1,23) zitiert diesen Jesaja-Text: „Siehe, eine Jungfrau wird schwanger sein und einen Sohn gebären, und sie werden ihm den Namen Immanuel geben, das heißt übersetzt: Gott mit uns."

Die Aufgabe des Erlösers wird folgendermaßen beschrieben: „Der Geist Gottes des Herrn ist auf mir, weil der Herr mich gesalbt hat. Er hat mich gesandt, den Elenden gute Botschaft zu bringen, die zerbrochenen Herzen zu verbinden, zu verkündigen den Gefangenen die Freiheit, den Gebundenen, daß sie frei und ledig sein sollen; zu verkündigen ein gnädiges Jahr des Herrn" (Jes 61,1.2; vgl. Lk 4,18.19).

Doch seltsamerweise wird dieser Messias auf Ablehnung stoßen, ist er doch „eine Wurzel aus dürrem Erdreich". „Er hatte keine Gestalt und Hoheit. Wir sahen ihn, aber da war keine Gestalt, die uns gefallen hätte. Er war der Allerverachtetste und Unwerteste, voller Schmerzen und Krankheit. Er war so verachtet, daß man das Angesicht vor ihm verbarg; darum haben wir ihn für nichts geachtet." (Jes 53,2.3)

Psalm 41,10 weiß von einem engen Freund, der ihn verraten wird, und das für 30 Silberlinge (Sach 11,12). Während seines Verhörs wird man ihn bespucken und schlagen (Jes 50,6). Seine Henker werden um sein Gewand feilschen (Ps 22,18). Man wird ihm kein Bein brechen (Ps 34,21), aber ihm in die Seite stechen (Sach 12,10). Gegen all diese Angriffe wird er sich nicht wehren, sondern „wie ein Lamm, das zur Schlachtbank geführt wird und wie ein Schaf, das verstummt vor seinem Scherer, tat er seinen Mund nicht auf" (Jes 53,7).

Der schuldlose Erlöser wird Unvorstellbares für die Sünder erdulden. „Fürwahr, er trug unsre Krankheit und lud auf sich unsere Schmerzen. ... Er ist um unserer Missetat willen verwundet und um unserer Sünde willen zerschlagen. Die Strafe liegt auf ihm, auf daß wir Frieden hätten, und durch seine Wunden sind wir geheilt ... Der Herr warf unser aller Sünde auf ihn ... Er ist aus dem Lande der

Lebendigen weggerissen, da er für die Missetat meines Volks geplagt war." (Jes 53 4-8)

Wer ist dieser Erlöser? Nur in Jesus Christus haben alle diese Prophezeiungen ihre Erfüllung gefunden. Die Schrift führt seinen Stammbaum bis auf Abraham zurück und nennt ihn Abrahams Sohn (Mt 1,1). Paulus versichert, daß die Verheißung an Abraham und seine Nachkommen in Jesus Christus erfüllt ist (Gal 3,16). Der messianische Titel „Sohn Davids" wird häufig auf ihn bezogen (Mt 21,9). In ihm sah man den verheißenen Messias, der den Thron Davids einnehmen würde (Apg 2,29.30).

Die Geburt Jesu war ein Wunder. Die Jungfrau Maria war schwanger „von dem Heiligen Geist" (Mt 1,18-23). Aufgrund eines römischen Erlasses kam sie nach Bethlehem, dem vorhergesagten Geburtsort Jesu (Lk 2,4-7).

Jesus wurde auch Immanuel genannt (das heißt: Gott mit uns). Damit wird seine göttlich-menschliche Natur und die Identifikation Gottes mit der Menschheit zum Ausdruck gebracht (Mt 1,23). Der Name Jesus zielte auf den Erlösungsauftrag: „.... dem sollst du den Namen Jesus geben, denn er wird sein Volk retten von ihren Sünden" (Vers 21).

Jesus sah seine Aufgabe im Auftrag des Messias, wie er in Jesaja 61,1.2 vorhergesagt wird, und bestätigte selbst: „Heute ist dieses Wort der Schrift erfüllt vor euren Ohren" (Lk 4,17-21).

Obwohl er großen Eindruck auf die Juden machte, wurde seine Botschaft weithin abgelehnt (Jo 1,11; Lk 23,18). Nur wenige sahen in ihm den Retter der Welt. Anstatt ihn zu bejahen, drohte man ihm mit dem Tode (Jo 5,16; 7,19; 11,53).

Am Ende seines dreieinhalbjährigen öffentlichen Wirkens wurde Jesus von Judas Iskariot, einem seiner Jünger, für 30 Silberlinge verraten (Mt 26,14.15; Jo 13,18; 18,2). Bei seiner Gefangennahme leistete er keinen Widerstand, sondern tadelte sogar seine Jünger, die ihn verteidigen wollten (Jo 18,4-11).

Man konnte ihm kein Verbrechen nachweisen, dennoch hat man ihn in den 24 Stunden unmittelbar nach seiner Verhaftung bespuckt, geschlagen, verhört, zum Tode verurteilt und gekreuzigt (Mt 26,67; Jo 19,1-16; Lk 23,14.15). Soldaten würfelten um seine

Kleidung (Jo 19,23.24). Bei der Kreuzigung wurden ihm nicht die Knochen gebrochen, wie es sonst üblich war (Jo 19,32.33.36), aber nachdem er gestorben war, stießen Soldaten einen Speer in seine Seite (Jo 19,34.37).

Erst allmählich erkannten die Nachfolger Christi in seiner Hingabe das einzig mögliche Opfer für die Sünde. „Gott aber erweist seine Liebe zu uns darin, daß Christus für uns gestorben ist, als wir noch Sünder waren." (Röm 5,8) „Lebt in der Liebe", schreibt Paulus, „wie auch Christus uns geliebt hat und hat sich selbst für uns gegeben als Gabe und Opfer, Gott zu einem lieblichen Geruch" (Eph 5,2).

Die Zeit seines Dienstes und seines Todes. Die Bibel bezeugt, daß Gott seinen Sohn sandte, als „die Fülle der Zeit kam" (Gal 4,4 EB). Als Christus seinen Dienst begann, sagte er: „Die Zeit ist erfüllt!" (Mk 1,15). Diese Hinweise auf die Zeit zeigen, daß sich Auftrag und Dienst des Erlösers in völligem Einklang mit der prophetischen Vorschau vollzogen.

Mehr als fünf Jahrhunderte zuvor hatte Gott durch den Propheten Daniel den genauen Beginn des Dienstes Christi und seines Todes vorausgesagt.[1]

Gegen Ende der siebzigjährigen Gefangenschaft Israels in Babylon zeigte Gott seinem Knecht Daniel, daß den Juden und der Stadt Jerusalem eine Gnadenzeit von 70 Wochen gewährt werden würde. Während dieser Zeit sollte die jüdische Nation durch Umkehr und Vorbereitung auf das Kommen des Messias den Plan Gottes erfüllen.

Entsprechend der Aussage Daniels sollten Sühnung der Schuld und das Aufrichten einer „ewigen Gerechtigkeit" diesen Zeitabschnitt kennzeichnen. Diese messianischen Aufgaben sollten ein Hinweis darauf sein, daß der Erretter während dieser Zeit erscheinen würde (Da 9,24).

---

[1] Für ein eingehendes Studium der Prophezeiung über die 70 Jahrwochen empfiehlt sich F. B. Holbrook (Hg.), „70 Weeks, Leviticus, and the Nature of Prophecy" (70 Wochen, 3. Mose und das Wesen der Prophetie), Biblical Research Institute, General Conference of Seventh-day Adventists, Washington, D. C., 1986, S. 3-127.

Die Prophezeiung Daniels macht deutlich, daß der Messias „sieben Wochen und zweiundsechzig Wochen", insgesamt also 69 Wochen nach dem Befehl, „Jerusalem wiederherzustellen" (Da 9,25 EB), erscheinen sollte. Nach der 69. Woche würde dann der Messias „ausgerottet werden und nicht mehr sein" (Vers 26). In der Mitte der 70. Woche würde er sterben und damit „Schlachtopfer und Speisopfer abschaffen" (Vers 27).

Der Schlüssel zum Verständnis der vorhergesagten Zeitabschnitte liegt in dem biblischen Prinzip, daß bei prophetischen Zeitangaben mit einem Tag ein wirkliches Jahr gemeint ist (4 Mo 14,34; Hes 4,6). Aufgrund dieses Jahr-Tag-Prinzips bedeuten die 70 Wochen (oder 490 prophetischen Tage) wirkliche 490 Jahre. [1]

Daniel führt weiter aus, daß dieser Zeitraum begann, „als das Wort erging, Jerusalem werde wiederaufgebaut werden" (Da 9,25). Dieser Befehl, der den Juden völlige Selbstbestimmung gab, wurde im siebten Jahr des persischen Königs Artaxerxes erlassen und trat im Herbst des Jahres 457 v. Chr. in Kraft (Esr 7,8.12-26; 9,9).[2] Nach dieser Prophezeiung sollte 483 Jahre (69 prophetische Wochen) nach dem Befehl zum Wiederaufbau Jerusalems „ein Gesalbter, ein Fürst" kommen. 483 Jahre nach 457 v. Chr. führen in den Herbst des Jahres 27 n. Chr. Zu diesem Zeitpunkt wurde Jesus getauft und begann sein öffentliches Wirken.[3]

Von diesen Daten ausgehend, schreibt der bekannte amerikanische Theologe Gleason Archer, daß dies „eine höchst bemerkenswerte Genauigkeit in der Erfüllung solch einer alten Prophezeiung

---

[1] Interessanterweise findet sich in der Lutherbibel zu den „70 Wochen" in Daniel 9,24 folgende Fußnote: „Gemeint sind Jahrwochen; jede umfaßt sieben Jahre." Weitere biblische Grundsätze zum Jahr-Tag-Prinzip findet man bei W. H. Shea, „Selected Studies on Prophetic Interpretation", Review and Herald, Washington, D. C., 1982, S. 56-93.

[2] Die Daten für die Regierungszeit des Artaxerxes finden ihre Bestätigung durch den Kanon des Ptolemäus, die Daten der olympischen Spiele, die Elephantine-Papyri sowie die babylonischen Keilschrift-Tontafeln. Siehe dazu S. H. Horn und Lynn H. Wood, „Die Chronologie von Esra 7", Wegweiser-Verlag, Wien, 1995.

[3] Ebenso C. M. Maxwell, „God Cares", Bd. 1, Pacific Press, Mountain View, CA., 1981, S. 216-218.

darstellt. Nur Gott konnte das Kommen seines Sohnes mit einer so bewundernswerten Genauigkeit vorhersagen; sie trotzt allen rationalen Erklärungsversuchen."[1]

Bei seiner Taufe im Jordan wurde Jesus durch den Heiligen Geist gesalbt und empfing die Bestätigung Gottes als „Messias" (hebräisch) oder „Christus" (griechisch/lateinisch) – beide Ausdrücke bedeuten „der Gesalbte" (Lk 3,21.22; Apg 10,38; Jo 1,41). Der Ausruf Jesu „Die Zeit ist erfüllt!" (Mk 1,15) ist ein Hinweis auf die Erfüllung dieser prophetischen Zeitspanne.

In der Mitte der siebzigsten Woche, im Frühjahr des Jahres 31 n. Chr., genau dreieinhalb Jahre nach seiner Taufe, hat Jesus als Messias den Opferdienst aufgehoben, indem er sein eigenes Leben gab. Genau in dem Augenblick, als er starb, zerriß auf übernatürliche Weise „der Vorhang im Tempel ... in zwei Stücke von oben an bis unten aus" (Mt 27,51). Das war die Aufhebung aller Tempeldienste durch das Eingreifen Gottes.

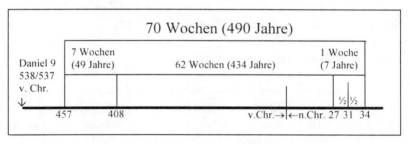

Alle Opferdienste in Israel waren ein Hinweis auf das allumfassende Opfer des Messias. Als Jesus Christus, das wahre Lamm Gottes, auf Golgatha als stellvertretendes Opfer für unsere Sünden dargebracht wurde (1 Pt 1,19), erstand aus dem Abbild das Original, wich der Schatten vor der Wirklichkeit. Der irdische Tempeldienst war nicht länger notwendig.

Jesus starb genau zum vorhergesagten Zeitpunkt am Passafest. Paulus schreibt: „Auch wir haben ein Passalamm, das ist Christus,

---

[1] G. L. Archer, „Encyclopedia of Bible Difficulties", Zondervan, Grand Rapids, MI, 1982, S. 291.

der geopfert ist" (1 Ko 5,7). Die genaue zeitliche Vorhersage über das Kommen des Messias ist einer der stärksten Beweise für die geschichtliche Wahrheit, daß Jesus Christus der seit langem prophezeite Retter der Welt ist.

Die Auferstehung des Erlösers. Die Bibel hat nicht nur den Tod, sondern auch die Auferstehung des Erlösers vorhergesagt. David prophezeite: „Er ist nicht dem Tod überlassen, und sein Leib hat die Verwesung nicht gesehen" (Apg 2,31; siehe auch Ps 16,10). Obwohl Christus zuvor schon andere von den Toten erweckt hatte (Mk 5,35-42; Lk 7,11-17; Jo 11), bestätigte doch erst seine eigene Auferstehung seinen Anspruch, Retter der Welt zu sein: „Ich bin die Auferstehung und das Leben. Wer an mich glaubt, der wird leben, auch wenn er stirbt; und wer da lebt und glaubt an mich, der wird nimmermehr sterben." (Jo 11,25.26)

Nach seiner Auferstehung verkündete er: „Fürchte dich nicht! Ich bin der Erste und der Letzte und der Lebendige. Ich war tot, und siehe, ich bin lebendig von Ewigkeit zu Ewigkeit und habe die Schlüssel des Todes und der Hölle" (Offb 1,17.18).

Die zwei Naturen Jesu Christi

Der Evangelist Johannes bezeugt eine tiefe Wahrheit, wenn er sagt: „Das Wort ward Fleisch und wohnte unter uns." (Jo 1,14) Die Menschwerdung Gottes, des Sohnes, ist ein Geheimnis. Die Schrift nennt das Offenbarwerden Gottes als Mensch „das Geheimnis des Glaubens" (1 Tim 3,16).

Der Weltenschöpfer, in dem „die ganze Fülle der Gottheit" wohnt (Kol 2,9), wurde ein hilfloser Säugling in der Krippe. Erhabener als alle Engel und dem Vater gleich an Würde und Herrlichkeit, ließ er sich herab, um die Gestalt eines Menschen anzunehmen.

Die Bedeutung dieses „gottseligen Geheimnisses" läßt sich nur schwer erfassen; und wenn überhaupt, dann allein durch die Erleuchtung des Heiligen Geistes. Wer die Menschwerdung Jesu zu verstehen versucht, sollte sich daran erinnern, daß „was verborgen ist, ist des Herrn, unseres Gottes; was aber offenbart ist, das gilt uns und unseren Kindern ewiglich" (5 Mo 29,28).

Jesus Christus ist wahrer Gott. Welche Hinweise deuten darauf, daß Jesus Christus Gott ist? Wie hat er sich selbst verstanden? Haben die Menschen seine Göttlichkeit erkannt?

1. Seine göttlichen Eigenschaften. Christus hat göttliche Eigenschaften; er ist allmächtig. Der Vater, so sagt er selbst, habe ihm alle Macht verliehen „im Himmel und auf Erden" (Mt 28,18; Jo 17,2).

Er ist allwissend. Paulus bezeichnet ihn als denjenigen, „in welchem verborgen liegen alle Schätze der Weisheit und der Erkenntnis" (Kol 2,3).

Jesus bekundete seine Allgegenwart mit den Worten: „Siehe, ich bin bei euch alle Tage bis an der Welt Ende" (Mt 28,20), und „wo zwei oder drei versammelt sind in meinem Namen, da bin ich mitten unter ihnen" (Mt 18,20).

Obwohl die Allgegenwart zu seiner göttlichen Natur gehört, hat sich der menschgewordene Christus freiwillig Grenzen gesetzt. Nur durch den Dienst des Heiligen Geistes will er fortan allgegenwärtig sein (Jo 14,16-18).

Der Brief an die Hebräer gibt Zeugnis von seiner Unwandelbarkeit: „Jesus Christus gestern und heute und auch in Ewigkeit derselbe." (Hbr 13,8)

Seine ewige Existenz wurde bestätigt, indem er erklärte, in sich selber das Leben zu haben (Jo 5,26). Johannes bezeugt: „In ihm war das Leben, und das Leben war das Licht der Menschen." (Jo 1,4) Der Ausspruch Jesu: „Ich bin die Auferstehung und das Leben" (Joh 11,25) bezeugt, daß in ihm „ursprüngliches, echtes, eigenes Leben" ist.[1]

Heiligkeit gehört zur Natur Jesu. Bei der Ankündigung seiner Geburt sagte der Engel zu Maria: „Der Heilige Geist wird über dich kommen, und die Kraft des Höchsten wird dich überschatten; darum wird auch das Heilige, das geboren wird, Gottes Sohn genannt werden." (Lk 1,35) Als Dämonen Jesus erblickten, schrien sie: „Was willst du von uns? ... Ich weiß, wer du bist: der Heilige Gottes!" (Mk 1,24)

Er ist Liebe. „Daran haben wir die Liebe erkannt, daß er sein Leben für uns gelassen hat", schrieb Johannes (1 Jo 3,16).

---

[1] E. G. White, „Das Leben Jesu", Saatkorn-Verlag, Hamburg, 1980, S. 523.

Er ist ewig. Jesaja nennt ihn „Ewigvater" (Jes 9,5). Micha sieht in ihm denjenigen, „dessen Ausgang von Anfang und von Ewigkeit her gewesen ist" (Mi 5,1). Paulus bezeugt seine Existenz „vor allem" (Kol 1,17), und Johannes stimmt dem zu: „(Er) war im Anfang bei Gott. Alle Dinge sind durch (ihn) gemacht und ohne (ihn) ist nichts gemacht, was gemacht ist" (Jo 1,2.3)[1]

---

[1] Wenn die Heilige Schrift Jesus als den „Eingeborenen" und „Erstgeborenen" bezeichnet und wenn sie von dem Tag seiner „Zeugung" spricht, bezweifelt sie nicht seine göttliche Natur und ewige Existenz. Der Ausdruck „eingeboren" (Jo 1,14; 1,18; 3,16; 1 Jo 4,9) kommt von dem griechischen Wort *monogenes*. Der biblische Gebrauch von *monogenes* macht deutlich, daß dieses Wort eigentlich „einzig" oder „einzigartig" bedeutet. Damit ist nicht ein Ereignis in der Vergangenheit gemeint, sondern es wird ein besonderes Beziehungsverhältnis angesprochen. Zum Beispiel wird Isaak Abrahams „eingeborener Sohn" genannt, obwohl er weder Abrahams einziger Sohn noch sein erstgeborener Sohn war (1 Mo 16,16; 21,1-21; 22,2; 25,1-6). Isaak war der einzigartige Sohn, der Einzige seiner Art, der dazu ausersehen war, Nachfolger Abrahams zu werden. „Jesus Christus, der präexistente Gott, das göttliche schöpferische Wort, wurde bei seiner Menschwerdung in einem einzigartigen Sinn der Sohn Gottes. Daher wird er mit *monogenes* bezeichnet, der Einzige seiner Art, einzigartig in vielen Bereichen seines Seins und Lebens. Kein anderer Mensch hat jemals soviel in seinem Wesen vereinigt, hatte eine so unvergleichliche Beziehung zur Gottheit oder hat jemals ein solches Werk vollbracht, wie das bei Jesus der Fall ist. *Monogenes* beschreibt also eine Beziehung zwischen den Personen der Gottheit wie Gott dem Vater und Jesus Christus dem Sohn. Ein solches Verhältnis gehört zur vielschichtigen göttlich-menschlichen Persönlichkeit Jesu in Verbindung mit der Aufgabenteilung im Erlösungsplan." „Problems in Bible Translation", Committee on Problems in Bible Translation, Review and Herald, Washington, D. C., 1954, S. 202
Wenn andererseits Christus der „Erstgeborene" (Hbr 1,6; Röm 8,29; Kol 1,15.18; Offb 1,5) genannt wird, ist auch dieser Ausdruck kein Hinweis auf einen bestimmten Zeitpunkt. Es wird vielmehr seine Wichtigkeit und Vorrangstellung betont (z. B. Hbr 12,23). In der hebräischen Kultur erhielt der Erstgeborene alle Familienprivilegien. Jesus als der Erstgeborene unter den Menschen hat all die Privilegien zurückerhalten, die der Mensch verloren hatte. Er wurde der neue Adam, der neue „Erstgeborene" und somit das Haupt der menschlichen Familie.
Der biblische Hinweis auf den Tag, an welchem Jesus gezeugt wurde, gründet sich auf ein ähnliches Konzept wie das des „Eingeborenen" oder „Erstgeborenen". Es hängt vom Zusammenhang ab, wie die messianische Prophezeiung: „Du bist mein Sohn, heute habe ich dich gezeugt" (Ps 2,7) zu verstehen ist. Sie kann auf die a) Menschwerdung Jesu (Hbr 1,6), b) Auferstehung (Apg 13,33; besonders Vers 30) oder c) seine Inthronisation (Hbr 1,3.5) hinweisen.

2. Seine göttliche Kraft und seine Hoheit. Die Werke Gottes werden Jesus zugeschrieben. Er wird als Schöpfer (Jo 1,3; Kol 1,16) und Erhalter bezeichnet: „Es besteht alles in ihm." (Kol 1,17; vgl. Hbr 1,3) Seine Stimme kann Tote zum Leben erwecken (Jo 5,28.29). Er wird am Ende die Welt richten (Mt 25,31.32). Auf Erden konnte er Sünden vergeben (Mt 9,6; Mk 2,5-7).

3. Seine göttlichen Namen. Jesu Namen offenbaren seine göttliche Natur. Immanuel bedeutet „Gott mit uns" (Mt 1,23). Gläubige wie Dämonen haben ihn als Sohn Gottes anerkannt (Mk 1,1; Mt 8,29; Mk 5,7). Der heilige alttestamentliche Bundesname Gottes, Jahwe, wird auf Jesus übertragen. Matthäus bezieht sich auf Jesaja 40,3 („Bereitet dem HERRN den Weg"), um die Vorbereitung auf die Sendung Christi zu beschreiben (Mt 3,3). Johannes sieht in Jesus den Herrn der Heerscharen, sitzend auf seinem Thron (Jes 6,1.3; Jo 12,41).

4. Sein göttliches Wesen. Johannes sah in Jesus das göttliche Wort, das „Fleisch wurde" (Jo 1,1.14). Thomas nannte den auferstandenen Christus „mein Herr und mein Gott" (Jo 20,28). Paulus bezeichnete ihn als den, „der da ist Gott über alles, gelobt in Ewigkeit" (Rö 9,5); und der Hebräerbrief nennt ihn Gott und Herrn der Schöpfung (Hbr 1,8.10).[1]

5. Sein persönliches Zeugnis. Jesus selbst erhob den Anspruch, Gott gleich zu sein. Er bezeichnete sich als der „Ich bin" (Jo 8,58) und damit als Gott des Alten Testaments. Er nannte Gott „meinen Vater" und nicht „unseren Vater" (Jo 20,17). Sein Bekenntnis: „Ich

---

[1] Zusätzliche Hinweise ergeben sich aus der griechischen Grammatik. (1) Der Gebrauch des Wortes „HERR" (ohne bestimmten Artikel). Die Septuaginta (LXX) übersetzt den Gottesnamen YHWH (Jahwe) durchweg mit *kyrios* ohne den bestimmten Artikel. Sehr oft bedeutet dieses artikellose *kyrios* im Neuen Testament Gott (z. B. Mt 7,21; 8,2.6.25). (2) Ein einziger Artikel bestimmt zwei Substantive. So wird z. B. in den folgenden Wendungen Christus als Gott bezeichnet: „Unser großer Gott und Heiland Jesus Christus" (Tit 2,13) und „durch die Gerechtigkeit unseres Gottes und Heilandes Jesus Christus" (2 Pt 1,1 EB). (3) Sind zwei Substantive vorhanden und das zweite steht im Genitiv ohne Artikel, dann gelten die Eigenschaften des einen ebenso für das andere. Auf dieser Grundlage spricht Römer 1,17.18 (EB) von der „Gerechtigkeit Gottes" und von „Gottes Zorn". Ebenso wird Jesus als „Sohn Gottes" (Lk 1,35) bezeichnet.

und der Vater sind eins" (Jo 10,30) bezeugt den Anspruch auf das gleiche Wesen wie der Vater und auf den Besitz der „gleichen Eigenschaften".[1]

6. Seine Gleichheit mit Gott. Diese Gleichheit mit dem Vater wird in der Taufformel (Mt 28,19), im apostolischen Segen (2 Ko 13,13), in Jesu Abschiedsworten (Jo 14-16) und in der paulinischen Darlegung über die geistlichen Gaben (1 Ko 12,4-6) als selbstverständlich angesehen. Die Heilige Schrift beschreibt Jesus als den Abglanz der Herrlichkeit Gottes und „das Ebenbild seines Wesens" (Hbr 1,3). Jesus antwortete auf die Bitte, er möge den Vater offenbaren: „Wer mich sieht, der sieht den Vater!" (Jo 14,9)

7. Ihm gebührt göttliche Anbetung. Menschen haben Jesus angebetet (Mt 28,17). „Es sollen ihn alle Engel Gottes anbeten." (Hbr 1,6) Paulus schrieb, „daß in dem Namen Jesu sich beugen sollen aller derer Knie, die im Himmel und auf Erden und unter der Erde sind, und alle Zungen bekennen sollen, daß Jesus Christus der Herr ist" (Phil 2,10.11). In den Segenssprüchen des Neuen Testaments wird Jesus Christus „Ehre von Ewigkeit zu Ewigkeit" zugesprochen (2 Tim 4,18; Hbr 13,21; 2 Pt 3,18).

8. Seine göttliche Natur. Christus hat die Menschheit mit Gott versöhnt. Es bedurfte einer völligen Offenbarung des göttlichen Wesens, damit Menschen persönliche Beziehung zu Gott aufnehmen konnten. Christus hat dieser Notwendigkeit entsprochen, indem er Gottes Herrlichkeit enthüllte (Jo 1,14). „Niemand hat Gott je gesehen; der Eingeborene, der Gott ist und in des Vaters Schoß ist, der hat ihn uns verkündigt" (Jo 1,18; vgl. 17,6). Jesus bezeugte: „Wer mich sieht, sieht den Vater" (Jo 14,9).

In völliger Abhängigkeit vom Vater (Jo 5,30) hat sich Christus der göttlichen Kraft bedient, um Gottes Liebe zu offenbaren. In göttlicher Kraft hat er sich als liebender Erlöser erzeigt, gesandt um zu heilen, wiederherzustellen und Sünden zu vergeben (Lk 6,19; Jo 2,11; 5,1-15.36; 11,41-45; 14,11; 8,3-11). Niemals aber hat er ein Wunder vollbracht, um sich selber zu schützen vor Mühsal und Leid, wie vielleicht andere in ähnlichen Situationen.

---

[1] E. G. White, „The True Sheep Respond to the Voice of the Shepherd" in „Signs of the Times", 27.11.1893, S. 54.

Jesus Christus ist mit Gott dem Vater „eins im Wesen und in den Absichten".[1] Er ist wahrhaft Gott.

Jesus ist wahrer Mensch. Die Bibel bezeugt neben der göttlichen Natur ebenso die menschliche Natur Jesu. Es ist entscheidend, dieses doppelte Zeugnis anzunehmen. Jeder, „der bekennt, daß Jesus Christus in das Fleisch gekommen ist, der ist von Gott", und jeder, der es nicht tut, „der ist nicht von Gott" (1 Jo 4,2.3). Die menschliche Geburt Jesu, seine Entwicklung, seine Wesensmerkmale und sein persönliches Zeugnis belegen seine menschliche Natur.

1. Seine Geburt. „Das Wort wurde Fleisch und wohnte unter uns." (Jo 1,14) „Fleisch" bedeutet hier die menschliche Natur, die niedriger war als seine himmlische Natur. Paulus macht es deutlich, indem er sagt: Gott sandte „seinen Sohn, geboren von einer Frau" (Gal 4,4; vgl. 1 Mo 3,15). Christus war „den Menschen gleich und der Erscheinung nach als Mensch erkannt" (Phil 2,7). Diese Offenbarung Gottes in menschlicher Gestalt ist das „Geheimnis des Glaubens" (1 Tim 3,16).

Sein Stammbaum nennt Christus „Sohn Davids" und „Sohn Abrahams" (Mt 1,1). Er war „aus dem Geschlecht Davids nach dem Fleisch" (Rö 1,3; 9,5), war der „Sohn der Maria" (Mk 6,3). Obwohl er wie jedes andere Kind von einer Frau geboren wurde, war da doch ein großer Unterschied, etwas Einzigartiges. Maria, eine Jungfrau, hatte dieses Kind durch den Heiligen Geist empfangen (Mt 1,20-23; Lk 1,31-37). Durch seine Mutter konnte Jesus wahres Menschsein beanspruchen.

2. Seine menschliche Entwicklung. Jesus unterlag den Gesetzen des natürlichen Wachstums. Er „wuchs und wurde stark, voller Weisheit" (Lk 2,40.52). Im Alter von 12 Jahren war er sich seiner göttlichen Sendung bewußt. Während seiner Kindheit war er seinen Eltern untertan (Vers 51).

Sein Weg zum Kreuz war ein ständiges Wachsen durch Leiden. „So hat er, obwohl er Gottes Sohn war, doch an dem, was er litt, Gehorsam gelernt. Und als er vollendet war, ist er für alle, die ihm gehorsam sind, der Urheber des ewigen Heils geworden." (Hbr

---

[1] E. G. White, „Patriarchen und Propheten", S. 9.

5,8.9; 2,10.18) Im Verlauf dieser menschlichen Entwicklung hat er niemals gesündigt.

3. Er wurde „Mann/Mensch" genannt. Johannes der Täufer und Petrus bezeichnen ihn als Mann (Jo 1,30; Apg 2,22). Paulus spricht von der „Gnade des einen Menschen Jesus Christus" (Rö 5,15). Hier ist der „Mensch", der die „Auferstehung der Toten" (1 Ko 15,21) erwirkt hat; der „Mittler zwischen Gott und den Menschen, nämlich der Mensch Christus Jesus" (1 Tim 2,5). Wenn er zu seinen Feinden spricht, bezeichnet sich Christus selbst als Mensch: „Nun aber sucht ihr mich zu töten, einen Menschen, der euch die Wahrheit gesagt hat, wie ich sie von Gott gehört habe." (Jo 8,40)

Die häufigste Selbstbezeichnung, die Jesus 77mal gebrauchte, ist „Menschensohn" (z. B. Mt 8,20; 26,2). Der Ausdruck „Sohn Gottes" lenkt die Aufmerksamkeit auf seine Stellung innerhalb der Gottheit. Der Name „Menschensohn" kennzeichnet seine Solidarität mit der Menschheit.

4. Seine menschlichen Eigenschaften. Gott, sagt der Psalmist, hat die Menschen „wenig niedriger gemacht als die Engel" (Ps 8,6). In Anlehnung an dieses Wort bezeichnet der Hebräerbrief Jesus als denjenigen, „der eine kleine Zeit niedriger gewesen ist als die Engel" (Hbr 2,9). Seine menschliche Natur hatte in ihrer Geschöpflichkeit keine übernatürlichen Kräfte.

Christus mußte wahrer Mensch sein; das war Teil seiner Sendung. Dazu gehörte, daß er die wesentlichen Merkmale der menschlichen Natur besaß und „von Fleisch und Blut" (Hbr 2,14) war. „Daher mußte er in allem seinen Brüdern gleich werden." (Vers 17) Als Mensch war er wie jeder andere den geistigen und physischen Anfälligkeiten ausgesetzt; er kannte Hunger, Durst, Müdigkeit und Angst (Mt 4,2; Jo 19,28; 4,6; vgl. Mt 26,21; 8,24).

In seinem Dienst erwies er anderen sein Mitgefühl, empfand gerechten Zorn und Kummer (Mt 9,36; Mk 3,5). Manchmal war er beunruhigt und voller Sorgen; ja, er weinte sogar (Mt 26,38; Jo 12,27; 11,33.35; Lk 19,41). Er schrie im Gebet und vergoß Tränen, einmal war sein Schweiß sogar wie Blut (Hbr 5,7; Lk 22,44). In seinem Gebetsleben wußte er sich völlig abhängig von Gott (Mt 26,39-44; Mk 1,35; 6,46; Lk 5,16; 6,12).

Jesus erfuhr, was Tod und Sterben bedeuten (Jo 19,30.34). Er wurde auferweckt, nicht als Geist, sondern mit einem Körper (Lk 24,36-43).

5. Der Anteil der menschlichen Natur. Die Bibel offenbart Christus als den zweiten Adam. Er lebte „in der Gestalt des sündigen Fleisches" (Rö 8,3). Und wie weit hat er sich mit der gefallenen Menschheit identifiziert; wurde er ihr gleich? Hier ist es entscheidend, den Ausdruck „Gestalt des sündigen Fleisches" richtig zu verstehen. Unklare Definitionen haben in der Kirchengeschichte häufig zu Meinungsverschiedenheiten und Streit geführt.

a) Er war „in der Gestalt des sündigen Fleisches". Die aufgerichtete Schlange in der Wüste (4 Mo 21,4-9), von der wir am Anfang dieses Kapitels sprachen, verhilft zum rechten Verständnis der menschlichen Natur Jesu. So wie das eherne Abbild der giftigen Schlange zur Heilung der Menschen aufgerichtet wurde, sollte der Sohn Gottes „in der Gestalt des sündigen Fleisches" der Erlöser der Welt sein.

Vor seiner Menschwerdung war Jesus „in göttlicher Gestalt", er besaß also schon immer ein göttliches Wesen (Jo 1,1; Phil 2,6.7). Indem er „Knechtsgestalt" annahm, legte er sein göttliches Vorrecht ab. Er wurde Knecht seines Vaters (Jes 42,1), um dessen Willen auszuführen (Jo 6,38; Mt 26,39.42).

Seine Göttlichkeit war von seinem Menschsein umhüllt. Er kam in der „Gestalt des sündigen Fleisches", das heißt der „sündigen menschlichen Natur" oder der „gefallenen menschlichen Natur".[1] Das bedeutet aber niemals, daß Jesus sündig gewesen wäre oder an sündigen Taten und Gedanken teilgehabt hätte. Obwohl in der Gestalt des sündigen Fleisches, war er doch sündlos. Seine Sündlosigkeit steht außer Frage.

b) Er war der zweite Adam. Die Bibel zieht Parallelen zwischen Adam und Christus. Sie nennt Adam den „ersten Menschen" und Christus den „letzten Adam" oder „zweiten Menschen" (1 Ko

---

[1] Diese Ausdrücke sind oft von adventistischen Autoren benutzt worden, um die Identität Jesu mit der Menschheit zu beschreiben. Sie meinen damit aber keineswegs, daß er in irgendeiner Weise sündig war. Die Adventgemeinde hat von jeher die absolute Sündlosigkeit des Herrn Jesus Christus vertreten.

15,45.47). Adam aber war Christus gegenüber im Vorteil. Er lebte vor dem Sündenfall im Paradies, hatte eine vollkommene menschliche Natur mit vollkommenen Körper- und Geisteskräften.

Bei Jesus war es anders. Als er die menschliche Natur annahm, lebte die menschliche Familie schon seit über 4000 Jahren auf einem durch die Sünde verfluchten Planeten. Um sie aus dieser Erniedrigung retten zu können, nahm Jesus menschliche Wesensart an, die im Gegensatz zu Adams ursprünglicher Natur an körperlicher und geistiger Kraft bereits verloren hatte – jedoch ohne, daß er selber sündigte.[1]

Als Christus die menschliche Natur annahm, die von der Sünde gekennzeichnet war, setzte er sich zugleich allen Unzulänglichkeiten und Schwachheiten aus, die jedem Menschen widerfahren (Hbr 5,2; Mt 8,17; Jes 53,4). Und er spürte diese Schwachheit; denn er mußte „Bitten und Flehen mit lautem Schreien und mit Tränen dem darbringen, der ihn vom Tod erretten konnte" (Hbr 5,7). So sehr hatte er sich den Nöten und Schwächen der Menschen gleichgemacht.

Daher „war die menschliche Natur Christi nicht die Natur Adams, das heißt, die menschliche Natur Adams vor dem Sündenfall; sie war auch nicht die gefallene menschliche Natur, das heißt, in jeder Hinsicht die Natur Adams nach dem Sündenfall. Es war nicht die Natur Adams, weil sie an den unschuldigen Schwachheiten der gefallenen Menschen Anteil hatte. Es war nicht die gefallene Natur, weil sie niemals in die Tiefen moralischer Unreinheit geriet. Es war daher in buchstäblicher Weise unsere menschliche Natur, jedoch ohne Sünde."[2]

---

[1] Christus nahm die „gleichen Anfechtungen in geistiger und körperlicher Hinsicht" auf sich wie seine Zeitgenossen (E. G. White, „Notes of Travel" in „Advent Review and Sabbath Herald", 10.2.1885, S. 81), eine menschliche Natur, die an „körperlicher Kraft, an geistigen Fähigkeiten und moralischen Werten" abgenommen hatte – obgleich moralisch nicht verderbt, sondern völlig sündlos (E. G. White, „In All Points Tempted Like As We Are" in „Signs", 3.12.1902, S. 2; E. G. White, „Das Leben Jesu", S. 34).

[2] H. Melvill, in „Sermons by Henry Melvill", B. D., C. P. McIlvaine (Hg.), Stanford & Swords, New York, N. Y., 1844, S. 47. Mit „unschuldigen Schwachheiten" meint er Hunger, Schmerzen, Sorgen usw. Er nannte diese Sicht der Natur Christi vor und nach dem Sündenfall die „rechtgläubige Lehre".

c) Sein Verhalten in der Versuchung. Wie hat Jesus auf Versuchungen reagiert? Fiel es ihm leicht oder war es für ihn schwer zu widerstehen? Die Art und Weise, wie er Versuchungen durchgestanden hat, ist ein Beweis seines Menschseins.

„In allem versucht wie wir." Daß Christus „versucht worden ist in allem wie wir" (Hbr 4,15) beweist, daß er Teilhaber der menschlichen Natur war. Versuchungen und die Möglichkeit zu sündigen waren eine Wirklichkeit im Leben Jesu. Hätte er nicht sündigen können, so wäre er weder Mensch noch unser Vorbild gewesen. Christus aber nahm die menschliche Natur mit allen Unzulänglichkeiten auf sich, und das bedeutete, daß es durchaus möglich gewesen wäre, der Versuchung zu erliegen.

Wie konnte er „in allem versucht werden" wie wir?

Offensichtlich bedeutet „in allem" nicht, daß er den gleichen Versuchungen ausgesetzt war wie wir. Er wurde nie versucht, sich zweifelhafte Fernsehprogramme anzuschauen oder rücksichtslos im Straßenverkehr zu sein.

Hinter allen Versuchungen steht die grundsätzliche Frage, ob man sich dem Willen Gottes unterordnet. Wenn Versuchung an Jesus herantrat, hielt er stets fest an der Treue zu Gott. In der ständigen Abhängigkeit von der Kraft Gottes konnte er den stärksten Versuchungen widerstehen, obgleich er Mensch war.

Christi Sieg über die Versuchung versetzte ihn in die Lage, Mitleid zu haben mit den Menschen in ihrer Schwäche. Nur in der ständigen Abhängigkeit von Christus können auch wir der Versuchung widerstehen. „Gott ist treu, der euch nicht versuchen läßt über eure Kraft, sondern macht, daß die Versuchung so ein Ende nimmt, daß ihr es ertragen könnt." (1 Ko 10,13)

Trotz allem sollten wir bedenken, „daß es für sterbliche Wesen ein Geheimnis bleibt und nicht erklärt werden kann, daß Christus in allem wie wir versucht wurde, aber ohne Sünde war."[1]

„Leiden in der Versuchung." Christus hat gelitten, wenn er versucht wurde (Hbr 2,18). Er wurde „durch Leiden vollendet" (Vers

---

[1] E. G. White, Brief 8, 1895 in F. D. Nichol (Hg.), „The Seventh-day Adventist Bible Commentary", Review and Herald, Washington, D. C., 2. Aufl., 1980, Bd. 5, S. 1128-1129; vgl. ebd., Bd. 7, S. 426.

10). Da er selber die Macht der Versuchung erfahren hat, kann er auch denen helfen, die versucht werden. Weil er die gleichen Versuchungen erduldete, denen die menschliche Natur ausgesetzt ist, ist er der Menschheit gleichgestellt.

Hat Jesus unter der Versuchung gelitten? Obwohl in der „Gestalt des sündigen Fleisches", waren seine geistlichen Kräfte doch frei von jeglicher Verunreinigung durch die Sünde. Dadurch war er in seiner heiligen Natur äußerst sensibel. Jeder Kontakt mit dem Bösen schmerzte ihn. Er litt entsprechend seiner heiligen Vollkommenheit. Darum litt Jesus auch mehr unter der Versuchung als jeder andere Mensch.[1]

Wie hat Christus gelitten? Seine Erfahrungen in der Wüste, in Gethsemane und auf Golgatha zeigen, daß er den Versuchungen bis aufs Blut widerstanden hat (Hbr 12,4).

Christus hat nicht nur infolge seiner Vollkommenheit stärker gelitten, er hat auch schwerere Versuchungen erfahren als wir. B. F. Wescott bemerkt: „Mitgefühl für den Sünder in seiner Versuchung hängt nicht von der Erfahrung der Sünde allein ab, sondern von der Erfahrung, wie stark die Versuchung ist. Diese Erfahrung ist nur dem Sündlosen in ihrer vollen Intensität bekannt. Derjenige, der in der Versuchung fällt, gibt vor der letzten Anstrengung nach."[2]

F. F. Bruce schließt sich dem an und sagt: „Er hielt jeder Art der Versuchung, die ein Mensch aushalten kann, siegreich stand, ohne seinen Glauben an Gott zu verlieren oder seinen Gehorsam an ihn zu schwächen. Solche Standhaftigkeit bedeutet mehr, nicht weniger, als gewöhnliches menschliches Leiden."[3]

Christus hat außerdem eine ungewöhnliche Versuchung erlebt, die keinem menschlichen Wesen bekannt ist – die Versuchung nämlich, seine göttliche Macht für sich selber einzusetzen. E. G. White bemerkt: „Ihm war im himmlischen Reich Ehre zuteil ge-

---

[1] Siehe E. G. White, „In Gethsemane" in „Signs", 9.12.1987, S. 3; E. G. White in „The Seventh-day Adventist Bible Commentary", Bd. 7, S. 927.

[2] B. F. Wescott, „The Epistle to the Hebrews", Wm. B. Eerdmans, Grand Rapids, MI, 1950, S. 59.

[3] F. F. Bruce, „Commentary on the Epistle to the Hebrews", Wm. B. Eerdmans, Grand Rapids, MI, 1972, S. 85.86.

worden, und uneingeschränkte Macht war ihm wohl bekannt. Für ihn war es ebenso schwierig, auf der menschlichen Ebene zu bleiben, wie es für Menschen schwierig ist, über die untere Ebene ihrer erniedrigten Natur hinauszuwachsen und Teilhaber der göttlichen Natur zu werden."[1]

d) Konnte Christus überhaupt sündigen? Christen sind sich uneins in der Frage, ob Christus sündigen konnte. Wir stimmen mit Philip Schaff überein, der da schrieb: „Wäre er [Christus] von Anfang an mit *absoluter* Sündlosigkeit ausgestattet gewesen oder mit der Unmöglichkeit zu sündigen, so wäre er weder wahrer Mensch gewesen noch ein Beispiel für uns, das es nachzuahmen gilt. Seine Heiligkeit wäre dann keine selbsterrungene Handlungsweise und eigenes Verdienst, sondern ein zufälliges äußeres Geschenk, und seine Versuchungen wären eine unwirkliche Show."[2]

Karl Ullmann fügt hinzu: „Wie immer man auch die Geschichte der Versuchung erklärt, sie wäre bedeutungslos; und der Ausdruck im Hebräerbrief ‚Er war in allem versucht wie wir' wäre sinnlos."[3]

6. Die Sündlosigkeit der menschlichen Natur Jesu. Es versteht sich von selbst, daß die göttliche Natur Jesu sündlos war. Aber wie steht es mit seiner menschlichen Natur?

Die Bibel beschreibt das Menschsein Jesu als sündlos. Seine Geburt war übernatürlich. Er wurde durch den Heiligen Geist empfangen (Mt 1,20). Als Säugling wurde er „das Heilige" (Lk 1,35) genannt. Er nahm die menschliche Natur in ihrem verderbten Zustand an und damit auch die Folgen der Sünde, nicht aber Sündhaftigkeit. Er war ein volles Glied der menschlichen Familie, jedoch ohne Sünde.

Jesus war in allem versucht „wie wir, doch ohne Sünde"; dabei war er „heilig, unschuldig, unbefleckt, von den Sündern geschieden" (Hbr 4,15; 7,26). Paulus schrieb, daß er „von keiner Sünde

---

[1] E. G. White, „The Temptation of Christ" in „Review and Herald", 1.4.1875.
[2] Ph. Schaff, „The Person of Christ", George H. Doran, New York, N. Y., 1913, S. 35.36.
[3] K. Ullmann, „An Apologetic View of the Sinless Character of Jesus" in „The Biblical Cabinet; or Hermeneutical Exegetical, and Philological Library", Thomas Clark, Edinburgh, 1842, Bd. 37, S. 11.

wußte" (2 Ko 5,21). Petrus spricht von dem, „der keine Sünde getan hat und in dessen Mund sich kein Betrug fand" (1 Pt 2,22). Er vergleicht ihn mit einem „unschuldigen und unbefleckten Lamm" (1 Pt 1,19; Hbr 9,24). Und Johannes bestätigte, daß keine Sünde in ihm und daß er gerecht ist (1 Jo 3,5-7).

Jesus übernahm unsere Natur mit all ihren Schwächen, aber er war frei von ererbter Verderbtheit und wirklicher Sünde. Seine Widersacher fragte er: „Wer von euch kann mich einer Sünde zeihen?" (Jo 8,46) Und in seiner schwersten Prüfung erklärte er: „Es kommt der Fürst dieser Welt, er hat keine Macht über mich." (Jo 14,30) Jesus kannte weder böse Gedanken und Neigungen noch sündige Leidenschaften. Keine noch so große Versuchung konnte seine Treue zu Gott zunichte machen.

Daher brauchte er auch niemals eine Sünde zu bekennen oder ein Sündopfer zu bringen. Er hat nicht gebetet „Vater, vergib mir", sondern „Vater, vergib ihnen" (Lk 23,34). Jesus lebte in ständiger Abhängigkeit von seinem Vater und war immer darauf bedacht, den Willen des Vaters zu tun und nicht seinen eigenen (Jo 5,30).

Im Gegensatz zur gefallenen menschlichen Natur war Jesu „geistliche Natur" rein und heilig, „frei von jeder Anlage zur Sünde."[1] Es wäre ein Irrtum zu meinen, daß er „ganz und gar Mensch" war wie wir. Er ist der zweite Adam, der einzigartige Sohn Gottes. Wir sollten auch nicht denken, er wäre „ein Mensch mit der Neigung zur Sünde" gewesen. Er wurde zwar in allen Bereichen versucht, so wie auch wir Versuchungen ausgesetzt sind; aber er hat immer widerstanden, hat nie gesündigt. Eine Neigung zum Bösen gab es niemals bei ihm.[2]

---

[1] E. G. White, „In Gethsemane" in „Signs", 9.12.1897; siehe auch E. G. White, „Das Leben Jesu", S. 252.

[2] E. G. White, Brief 8, 1895, in „The Seventh-day Adventist Bible Commentary", Bd. 5, S. 1128.1129. Zu E. G. White's Lebzeiten war folgende Definition des Wortes „Neigung" gebräuchlich: „Neigung" vom lateinischen propensus wurde als „natürlicher Hang, Vorliebe, Geneigtheit" definiert („Webster's Collegiate Dictionary", G. & C. Merriam Co., Springfield, MA, 1916, 3. Aufl.). Henry Melvill, ein von E. G. White gern gelesener Autor, schrieb: „Aber während er die menschliche Natur mit ihren unschuldigen Schwachheiten auf sich nahm, geschah das ohne die sündigen Neigungen. Hier hat die Gottheit eingegriffen.

Jesus ist wirklich das höchste und heiligste Vorbild für die Menschheit. Er ist ohne Sünde, und in allem, was er tat, bewies er Vollkommenheit. Er war in der Tat die vollkommene Verkörperung der sündlosen menschlichen Natur.

7. *Die Notwendigkeit der Menschwerdung Jesu*. Die Bibel nennt verschiedene Gründe, warum Christus wahrer Mensch werden mußte.

a) Als Hoherpriester für die menschliche Familie. Als Messias mußte Jesus die Stellung des Hohenpriesters und Vermittlers zwischen Gott und Mensch einnehmen (Sach 6,13; Hbr 4,14-16). Die menschliche Natur war Voraussetzung für diese Aufgabe. Christus erfüllte alle Bedingungen dafür:

(1.) Er konnte „mitfühlen mit denen, die unwissend sind und irren, weil er auch selber Schwachheit an sich trägt" (Hbr 5,2). (2.) Er ist gnädig und barmherzig, weil er „in allem seinen Brüdern gleich" war (Hbr 2,17). (3.) Er kann „helfen denen, die versucht werden", denn er selber hat gelitten und ist versucht worden (Hbr 2,18). (4.) Er kann mit den Schwachen fühlen, denn er war in allem versucht wie wir, jedoch ohne Sünde (Hbr 4,15).

b) Erlöser auch für schwerste Sünder. Um die Menschen dort zu erreichen, wo sie sind, und selbst dem völlig Hoffnungslosen zu helfen, ist Gottes Sohn auf die niedrigste Stufe herabgestiegen und ein Diener aller geworden (Phil 2,7).

c) Lebensretter für eine sündige Welt. Die göttliche Natur Christi ist unsterblich. Um aber zu sterben, mußte Christus die menschliche Natur annehmen. Er wurde Mensch und nahm die Strafe für

---

Der Heilige Geist überschattete die Jungfrau und obwohl sie Schwachheiten weitergeben konnte, verhinderte er die Sündhaftigkeit; und so geschah es, daß eine sich sorgende und leidende menschliche Natur hervorgebracht wurde, die aber unverdorben und unbefleckt war; eine menschliche Natur mit Tränen, aber ohne Flecken; empfänglich für große Schmerzen, aber nicht geneigt, selber zu verletzen; aufs engste mit der hervorgebrachten Misere verbunden, aber unendlich weit von ihr hervorbringenden Ursache entfernt." (Melvill, S. 47). Ebenso T. Poirier, „A Comparison of the Christology of Ellen White and Her Literary Sources" (Ein Vergleich der Christologie Ellen White's und ihrer literarischen Quellen), unveröffentlichtes Manuskript, E. G. White Estate, Inc., General Conference of Seventh-day Adventists, Washington, D. C. 20012.

die Sünde auf sich, den Tod (Rö 6,23; 1 Ko 15,3). Als Mensch hat er für alle den Tod geschmeckt (Hbr 2,9).

d) Unser Vorbild. Um zu zeigen, wie wir leben sollen, mußte Christus als Mensch ein sündloses Leben führen. Als der zweite Adam hat er die Behauptung Satans widerlegt, der Mensch könne dem Gesetz Gottes nicht gehorchen und nicht siegreich sein über die Sünde. Er hat gezeigt, daß es dem Menschen möglich ist, dem Willen Gottes gemäß zu leben. Wo der erste Adam versagte, hat der zweite Adam über Sünde und Satan gesiegt. So wurde er zum Erretter und vollkommenen Beispiel. Seine Stärke und sein Sieg stehen uns zur Verfügung (Jo 16,33).

Wer sich hinwendet zu ihm, wird „verklärt in sein Bild von einer Herrlichkeit zur anderen" (2 Ko 3,18). „Laßt uns aufsehen zu Jesus, dem Anfänger und Vollender des Glaubens ... Gedenkt an den, der so viel Widerspruch gegen sich von den Sündern erduldet hat, damit ihr nicht matt werdet und den Mut nicht sinken laßt" (Hbr 12,1-3). Wahrlich, Christus hat für uns gelitten und uns „ein Vorbild hinterlassen, daß ihr sollt nachfolgen seinen Fußtapfen" (1 Pt 2,21, vgl. Jo 3,15).

Die Einheit der beiden Naturen

In der Person Jesu Christi sind zwei Naturen vereint: Gott und Mensch. Er ist der Gott-Mensch.

Man beachte, daß bei der Menschwerdung der ewige Sohn Gottes die menschliche Natur annahm und nicht etwa der Mensch Jesus die göttliche Natur erhielt. Der Anstoß ging von Gott aus, hin zum Menschen und nicht umgekehrt vom Menschen zu Gott.

In Jesus Christus sind beide Naturen vereint in einer Person. Hier die Begründung der Bibel:

Christus, die Einheit zweier Naturen. Die Bibel beschreibt Jesus als *eine* Person, nicht als zwei. Obwohl verschiedene Bibeltexte auf die göttliche und die menschliche Natur hinweisen, handelt es sich dennoch nur um eine einzige Person. Paulus kennzeichnet die Person Jesu Christi als Gottes Sohn (göttliche Natur), geboren von einer Frau (menschliche Natur; Gal 4,4).

In diesem Zusammenhang steht auch, daß es Jesus „nicht für einen Raub" erachtet hat, „Gott gleich zu sein [göttliche Natur], sondern entäußerte sich selbst und nahm Knechtsgestalt an, ward den Menschen gleich und der Erscheinung nach als Mensch erkannt" [menschliche Natur] (Phil 2,6.7).

Die beiden Naturen Christi setzen sich nicht aus einer abstrakten göttlichen Kraft oder einem Einfluß zusammen, die mit seinem Menschsein in Verbindung gebracht werden. Johannes sagt: „Das Wort ward Fleisch und wohnte unter uns, und wir sahen seine Herrlichkeit, eine Herrlichkeit als des eingeborenen Sohnes vom Vater, voller Gnade und Wahrheit." (Jo 1,14)

Paulus schreibt, daß Gott seinen Sohn „in Gestalt des sündigen Fleisches" (Rö 8,3) sandte; Gott ist gleichsam „offenbart im Fleisch" (1 Tim 3,16; vgl. 1 Jo 4,2).

Die Einheit der beiden Naturen. Manchmal beschreibt die Bibel den Sohn Gottes mit Begriffen, die sich auf seine menschliche Natur beziehen. Gott hat die Gemeinde durch sein eigenes Blut erkauft (Apg 20,28; vgl. Kol 1,13.14). An anderen Stellen wird der Menschensohn mit Begriffen seiner göttlichen Natur bezeichnet (z. B. Jo 3,13; 6,62; Rö 9,5).

Als Christus in diese Welt kam, war „ein Leib" für ihn vorbereitet (Hbr 10,5). Indem er die menschliche Natur annahm, wurde seine Göttlichkeit mit der Menschlichkeit bekleidet. Das geschah nicht durch einen Austausch der menschlichen Natur in die göttliche oder der göttlichen in die menschliche. Er hat sich nicht in eine andere Natur begeben, sondern hat die andere Natur in sich aufgenommen. So wurden Göttliches und Menschliches miteinander verbunden.

Bei seiner Menschwerdung hat Christus nicht aufgehört, Gott zu sein, und seine Göttlichkeit wurde auch nicht auf die Ebene der menschlichen Natur herabgezogen. Jede der beiden Naturen blieb völlig erhalten. Paulus macht es deutlich: „In ihm wohnt die ganze Fülle der Gottheit leibhaftig" (Kol 2,9). Bei der Kreuzigung starb seine menschliche Natur, nicht die göttliche, denn das wäre unmöglich gewesen.

Die Einheit der beiden Naturen war notwendig. Aufschluß über den Zusammenhang der beiden Naturen Christi erlangen wir, wenn wir uns vergegenwärtigen, worin der Auftrag Jesu und damit unsere Errettung besteht.

1. Zur Versöhnung der Menschheit mit Gott. Nur einer, der beides war, Gott und Mensch, konnte Erlösung schaffen. Bei seiner Menschwerdung nahm Christus die menschliche Natur an, um dem Gläubigen die göttliche Natur zu verleihen. Durch das Blut des Gott-Menschen können Gläubige Teilhaber der göttlichen Natur werden (2 Pt 1,4).

Die Leiter, die Jakob in seinem Traum gesehen hat (1 Mo 28,10-12), symbolisiert Christus, der uns dort erreicht, wo wir sind. Er nahm die menschliche Natur an und war siegreich, so daß wir durch Übernahme seiner Natur ebenfalls Überwinder werden können. Seine Hände umfassen den Thron Gottes, während seine menschliche Natur zugleich die in Sünde Gefallenen umschließt und dadurch mit Gott, also Erde und Himmel, verbindet.

Erst diese göttlich-menschliche Verbindung macht das Versöhnungsopfer Christi wirksam. Das vermeintlich sündlose Leben eines Sterblichen oder sogar das eines Engels hätten nie Sühne für die Sünden der Menschen bewirken können. Nur der Schöpfer, Gott und Mensch zugleich, konnte die Menschheit erlösen.

2. Um die göttliche Natur zu verhüllen. Christus verhüllte seine Göttlichkeit mit dem Mantel der menschlichen Natur; er legte seine himmlische Herrlichkeit und Majestät beiseite, so daß Sünder in seiner Gegenwart bestehen konnten und nicht umkamen. Obgleich er völlig Gott war, ist er nicht als Gott aufgetreten (Phil 2,6-8).

3. Zu einem siegreichen Leben. Die menschliche Natur Christi allein hätte niemals den Verführungen Satans standhalten können. Christus konnte die Sünde nur überwinden, weil „in ihm ... die ganze Fülle der Gottheit leibhaftig" (Kol 2,9) wohnte. Indem er sich völlig auf seinen Vater verließ (Jo 5,19.30; 8,28), „hat seine göttliche Kraft in Zusammenhang mit seinem Menschsein einen unendlichen Sieg für die Menschheit davongetragen".[1]

Die Erfahrung siegreichen Lebens ist nicht auf Christus beschränkt. Er hat keine Macht ausgeübt, derer sich Menschen nicht

---

[1] E. G. White, „Temptation of Christ" in „Review and Herald", 13.10.1874; vgl. E. G. White in „The Seventh-day Adventist Bible Commentary", Bd. 7, S. 904.

auch bedienen könnten. Auch wir können „mit der ganzen Gottesfülle" (Eph 3,19) erfüllt werden, haben durch die göttliche Kraft Christi Zugang zu all dem, „was zum Leben und zur Frömmigkeit dient" (2 Pt 1,3).

Der Schlüssel zu dieser Erfahrung ist der Glaube an die „teuren und allergrößten Verheißungen", durch die wir „Anteil bekommen an der göttlichen Natur", weil wir „entronnen sind der verderblichen Begierde in der Welt" (2 Pt 1,3.4). Christus bietet uns die gleiche Kraft an, durch die er überwunden hat, damit wir treu und gehorsam sind und ein siegreiches Leben führen.

Die tröstliche Verheißung in Offenbarung 3,21 lautet: „Wer überwindet, dem will ich geben, mit mir auf meinem Thron zu sitzen, wie auch ich überwunden habe und mich gesetzt habe mit meinem Vater auf seinen Thron."

Die Ämter Jesu Christi

Das Amt des Propheten, Priesters oder Königs war einzigartig in Israel. Voraussetzung dafür war eine besondere Weihe durch die Salbung (1 Kön 19,15; 2 Mo 30,30; 2 Sam 5,3).

Der künftige Messias, der Gesalbte, sollte den Prophezeiungen gemäß alle drei Ämter innehaben. Sein Mittleramt zwischen Gott und Menschen erfüllt Christus, indem er den Dienst eines Propheten, Priesters und Königs versieht. Christus als Prophet verkündigt Gottes Willen; als Priester vertritt er uns vor Gott, als König übt er Gottes gnädige Herrschaft über sein Volk aus.

Christus der Prophet. Gott hat bereits Mose über das prophetische Amt Christi unterrichtet: „Ich will ihnen einen Propheten, wie du bist, erwecken aus ihren Brüdern und meine Worte in seinen Mund geben; der soll zu ihnen reden alles, was ich ihm gebieten werde" (5 Mo 18,18). Einige Zeitgenossen Christi haben die Erfüllung dieser Vorhersage erkannt (Jo 6,14; 7,40; Apg 3,22.23).

Jesus nannte sich selbst einen Propheten (Lk 13,33). In prophetischer Vollmacht (Mt 7,29) verkündigte er die Grundsätze des Reiches Gottes (Mt 5-7; 22,36-40) und offenbarte die Zukunft (Mt 24,1-51; Lk 19,41-44).

Ehe er Mensch wurde, hat Christus die Schreiber der Bibel durch seinen Geist geleitet und ihnen Prophezeiungen über sein Leiden und seine Herrlichkeit gegeben (1 Pt 1,11). Nach seiner Himmelfahrt hat er sich weiterhin seinem Volk offenbart. Die Bibel sagt, daß er sein „Zeugnis" – „den Geist der Weissagung" – den treuen Übrigen hinterläßt (Offb 12,17; 19,10; siehe Kap. 17 dieses Buches).

Christus als Priester. Durch einen göttlichen Schwur ist das messianische Priestertum auf eine sichere Grundlage gestellt: „Der Herr hat geschworen, und es wird ihn nicht gereuen: ‚Du bist ein Priester ewiglich nach der Weise Melchisedeks.'" (Ps 110,4). Christus stammte nicht von Aaron ab, sondern wie Melchisedek erhielt er das Priestertum durch göttliche Bestimmung (Hbr 5,6.10; siehe auch Kap. 7 dieses Buches).

Sein Priesterdienst vollzieht sich auf zwei Ebenen: einer irdischen und einer himmlischen.

1. Das irdische Priestertum Christi. Die Funktion des Priesters am Brandopferaltar war ein Hinweis auf Jesu Dienst auf dieser Erde. Jesus war für das Amt des Priesters bestens geeignet: Er war wahrhaft Mensch und „von Gott gerufen" – „zum Dienst vor Gott, damit er Gaben und Opfer darbringe für die Sünden" (Hbr 5,1.4).

Durch den Opferdienst – ein Hinweis auf die Versöhnung der Sünden (3 Mo 1,4; 4,29.31.35; 5,10; 16,6; 17,11) – sollte der Priester die Gläubigen mit Gott versöhnen. Die ständigen Opfer auf dem Brandopferaltar waren ein Zeichen dafür, daß der Gläubige die Versöhnung stets in Anspruch nehmen konnte.

Aber diese Opfer reichten nicht aus, sie konnten den Opfernden weder vollkommen machen noch seine Sünden wegnehmen oder gar ein reines Gewissen schaffen (Hbr 10,1-4; 9,9). Sie waren nur ein „Schatten von den zukünftigen Gütern" (Hbr 10,1; vgl. 9,9.23.24).

Schon das Alte Testament macht deutlich, daß einst der Messias an die Stelle der Opfertiere treten werde (Ps 40,6-8; Hbr 10,5-9). Die Tieropfer weisen also hin auf das stellvertretende Leiden und den Versöhnungstod Christi, unseres Erlösers. Er ist das Lamm Gottes und wurde für uns zur Sünde gemacht, zu einem Fluch; nun reinigt uns sein Blut von allen Sünden (2 Ko 5,21; Gal 3,13; 1 Jo 1,7; vgl. 1 Ko 15,3).

Während seines irdischen Dienstes war Christus daher beides: Priester und Opfer. Sein Tod am Kreuz war Teil seines Priesterdienstes. Nach seinem Opfer auf Golgatha setzte er seine priesterliche Vermittlung im himmlischen Heiligtum fort.

2. Der himmlische Priesterdienst Christi. Der Priesterdienst, den Jesus auf der Erde begann, findet seine Vollendung im Himmel. Die Erniedrigung, die er auf Erden als leidender Gottesknecht erfuhr, hat ihn in die Lage versetzt, unser Hohepriester im Himmel zu sein (Hbr 2,17.18; 4,15; 5,2).

Die Prophezeiungen sprechen vom Messias als einem Priester am Thron Gottes (Sach 6,13). Nach seiner Auferstehung wurde der erniedrigte Christus erhöht. Nun sitzt er als unser Hohepriester „zur Rechten des Thrones der Majestät im Himmel" und versieht seinen Dienst im himmlischen Heiligtum (Hbr 8,1.2; vgl. 1,3; 9,24).

Christus begann seinen himmlischen Mittlerdienst unmittelbar nach seiner Himmelfahrt. Das Aufsteigen des Räucherwerks im Heiligen des Tempels war ein Sinnbild für Christi Verdienste und Gebete sowie für seine Gerechtigkeit, durch die unser Gottesdienst und unser Gebet vor Gott angenehm werden. Der Rauch durfte nur aufsteigen aus den Kohlen, die vom Brandopferaltar genommen waren.

Darin zeigt sich die enge Verbindung zwischen Mittlerdienst und dem versöhnenden Brandopfer. Der Mittlerdienst Christi im Himmel beruht also auf den Verdiensten seines bereits vollbrachten Versöhnungsopfers.

Christi Mittlerdienst ist eine Ermutigung für sein Volk: „Daher kann er auch für immer selig machen, die durch ihn zu Gott kommen; denn er lebt für immer und bittet für sie." (Hbr 7,25) Christus tritt ein für sein Volk; alle Anschuldigungen Satans haben dadurch ihre Grundlage und Berechtigung verloren (1 Jo 2,1; vgl. Sach 3,1).

Paulus stellt die rhetorische Frage „Wer will verdammen?" und gibt uns die Zusicherung, daß Christus selbst zur Rechten Gottes für uns eintritt (Rö 8,34). Christus bestätigt seine Aufgabe als Mittler, wenn er sagt: „Wahrlich, wahrlich, ich sage euch: Wenn ihr den Vater um etwas bitten werdet in meinem Namen, wird er's euch geben." (Jo 16,23)

Christus als König. „Der Herr hat seinen Thron im Himmel errichtet, und sein Reich herrscht über alles." (Ps 103,19) Es versteht sich von selbst, daß der Sohn Gottes als zugehörig zur Gottheit auch teilhat an der göttlichen Herrschaft über das gesamte Universum.

Christus, der Gott-Mensch, möchte seine Hoheit über diejenigen ausüben, die ihn als Herrn und Erlöser anerkennen. Der Psalmist ist voller Bewunderung, wenn er sagt: „Gott, dein Thron bleibt immer und ewig; das Zepter deines Reichs ist ein gerechtes Zepter" (Ps 45,7; Hbr 1,8.9).

Das Reich Christi ist nicht ohne Kampf gegründet worden, denn „die Könige der Erde lehnen sich auf, und die Herren halten Rat miteinander wider den Herrn und seinen Gesalbten (Messias)" (Ps 2,2). Aber ihr Vorhaben scheitert. Gott festigt den Thron des Messias durch einen Erlaß: „Ich habe meinen König eingesetzt auf meinem heiligen Berg Zion."

Dieser König wird näher beschrieben: „Du bist mein Sohn, heute habe ich dich gezeugt" (Ps 2,6.7; Hbr 1,5). Der König, der den Thron Davids einnehmen wird, heißt „Der HERR unsere Gerechtigkeit" (Jer 23,5.6). Seine Herrschaft ist einzigartig, denn auf seinem himmlischen Thron wird er als Priester und König regieren (Sach 6,13).

Der Engel Gabriel kündigte Maria an, daß Jesus dieser messianische Herrscher sein werde: „Er wird König sein über das Haus Jakob in Ewigkeit, und sein Reich wird kein Ende haben." (Lk 1,33) Seine Königsherrschaft wird durch zwei Throne dargestellt, die zwei Reiche bedeuten. Der „Thron der Gnade" (Hbr 4,16) bedeutet das Reich der Gnade; der „Thron seiner Herrlichkeit" (Mt 25,31) ist ein Symbol für das Reich der Herrlichkeit.

1. Das Reich der Gnade. Unmittelbar nach dem Sündenfall in Eden wurde das Reich der Gnade errichtet. Es entstand auf der Grundlage der Verheißung Gottes. Durch den Glauben wurden Menschen seine Bürger. Vor dem Tod Christi aber hatte es nur vorläufigen Charakter. Erst als Christus am Kreuz ausrief: „Es ist vollbracht!" waren die Bedingungen für den Erlösungsplan erfüllt und der Neue Bund rechtskräftig (vgl. Hbr 9,15-18).

Mit seinem Ausspruch: „Die Zeit ist erfüllt, und das Reich Gottes ist herbeigekommen" (Mk 1,15) nimmt Jesus direkt Bezug auf das Reich der Gnade, das durch seinen Tod bald aufgerichtet werden würde. Dieses Reich beruht auf dem Werk der Erlösung und nicht auf der Schöpfung. Bürger wird man durch Erneuerung oder Wiedergeburt.

Für Jesus stand fest: „Es sei denn, daß jemand geboren werde aus Wasser und Geist, so kann er nicht in das Reich Gottes kommen." (Jo 3,3.5) Das Wachstum dieses Reiches verglich er mit dem außergewöhnlichen Wachstum eines Senfkorns und der Wirkung von Hefe im Teig (Mk 4,22-31; Mt 13,33).

Dieses Reich der Gnade ist nicht äußerlich erkennbar, sondern an seiner Wirkung auf das Herz der Gläubigen. Es kommt auch nicht so, „daß man's beobachten kann; man wird auch nicht sagen: ‚Siehe, hier ist es!' oder: ‚Da ist es!' Denn siehe, das Reich Gottes ist mitten unter euch." (Lk 17,20.21) Es ist nicht ein Reich von dieser Welt, sagte Jesus, sondern ein Reich der Wahrheit. „Ich bin ein König. Ich bin dazu geboren und in die Welt gekommen, daß ich die Wahrheit bezeugen soll. Wer aus der Wahrheit ist, der hört meine Stimme." (Jo 18,37) Paulus bezeichnet es als Reich Christi, in dem „Gerechtigkeit und Friede und Freude in dem heiligen Geist" herrschen (Rö 14,17; Kol 1,13).

Die Errichtung dieses Reiches war verbunden mit bitteren Erfahrungen, die bestätigen, daß es ohne Kreuz keine Krone gibt. Am Ende seines öffentlichen Dienstes kam Jesus – der Messias und Gott-Mensch – als der rechtmäßige Erbe des Thrones Davids nach Jerusalem. Er ritt auf einem Esel, wie es der jüdische Brauch für den Einzug des Königs vorsah (Sach 9,9).

Jesus nahm die spontane und überwältigende Huldigung der Menschenmenge entgegen. Bei seinem triumphalen Einzug in die königliche Stadt breitete „eine sehr große Menge" ihre Kleider als Teppich vor ihm aus. Man schnitt Palmzweige ab und rief: „Hosianna dem Sohn Davids! Gelobt sei, der da kommt in dem Namen des Herrn!" (Mt 21,8.9) So fand das Wort aus Sacharja 9,9 seine Erfüllung. Christus präsentierte sich als der messianische König.

Doch sein Anspruch auf den Thron blieb nicht unwidersprochen. Der satanische Haß gegen den „Sündlosen" erreichte seinen Höhepunkt. Innerhalb der nächsten zwölf Stunden wurde er von den höchsten Vertretern des jüdischen Glaubens, dem Sanhedrin, heimlich festgenommen, verhört und zum Tode verurteilt.

In seinem Verhör hat Jesus öffentlich bezeugt, daß er der Sohn Gottes und König seines Volkes, der Juden, ist (Lk 23,3; Jo 18,33-37). Dieses Anspruchs wegen wurde er verspottet und mit einem Königsgewand bekleidet. Er wurde gekrönt, aber nicht mit einer Krone aus Gold, sondern aus Dornen (Jo 19,2).

Die Huldigung für den König war reines Gespött. Während die Soldaten auf ihn einschlugen, rief die Menge: „Sei gegrüßt, König der Juden!" (Jo 19,3) Als ihn der römische Prokurator Pilatus mit den Worten vorstellte: „Seht, das ist euer König!" lehnte das eigene Volk ihn ab und schrie: „Weg, weg mit dem! Kreuzige ihn!" (Jo 19,14.15).

Durch die schmachvollste Erniedrigung – den Tod am Kreuz – richtete Christus das Reich der Gnade auf. Bald nach dieser Erniedrigung folgte seine Erhöhung. Nach seiner Himmelfahrt wurde er als Priester und König im Himmel eingesetzt und teilt nun den Thron mit seinem Vater (Ps 2,7.8; vgl. Hbr 1,3-5; Phil 2,9-11; Eph 1,20-23).

Durch diese Inthronisation aber hat der Sohn Gottes keine Macht empfangen, die er nicht zuvor schon gehabt hätte. Doch nun, als der göttlich-menschliche Vermittler, nahm seine menschliche Natur erstmals an der himmlischen Herrlichkeit und Macht teil.

2. Das Reich der Herrlichkeit. Auf dem Berg der Verklärung wurde den Jüngern ein Eindruck vom Reich der Herrlichkeit vermittelt. Dort stellte sich Christus in seiner Herrlichkeit vor. „Sein Angesicht leuchtete wie die Sonne, und seine Kleider wurden weiß wie das Licht." (Mt 17,2) Mose und Elia erschienen als Vertreter der Erlösten. Mose stand für diejenigen, die in Christus gestorben waren und auferstehen werden; Elia repräsentierte die Gläubigen, die bei der Wiederkunft Christi in den Himmel aufgenommen werden, ohne den Tod zu schmecken.

Das Reich der Herrlichkeit wird nach welterschütternden Ereignissen bei der Wiederkunft Christi aufgerichtet werden (Mt 24,27.30.31; 25,31.32). Wenn das Gericht und damit der Mittlerdienst Christi im himmlischen Heiligtum beendet sind, wird „einer, der uralt war" – Gott der Vater – dem Menschensohn „Macht, Ehre und Reich" verleihen (Da 7,9.10.14). Dann wird „das Reich und die Macht und die Gewalt über die Königreiche unter dem ganzen Himmel ... dem Volk der Heiligen des Höchsten gegeben werden, dessen Reich ewig ist, und alle Mächte werden ihm dienen und gehorchen" (Da 7,27).

Am Ende der tausend Jahre, wenn das neue Jerusalem vom Himmel herabkommt (Offb 20;21), wird das Reich der Herrlichkeit für immer auf dieser Erde errichtet werden. Durch das Bekenntnis zu Jesus Christus als unserem Erlöser können wir heute schon Bürger des Reiches der Gnade sein und werden bei der Wiederkunft zu Bürgern des Reiches der Herrlichkeit. Ein Leben unbegrenzter Möglichkeiten liegt vor uns.

Das Leben, das uns Christus anbietet, ist nicht geprägt von Versagen, gescheiterter Hoffnung und unerfüllten Träumen, sondern ein Leben des geistlichen Wachstums und des gesegneten Wandelns mit dem Erlöser. Es ist ein Leben, in dem sich Liebe, Freude, Frieden, Geduld, Freundlichkeit, Güte, Treue, Sanftmut und Selbstbeherrschung (Gal 5,22.23) immer stärker entfalten. Das ist die Frucht der Sündenvergebung, die Jesus jedem anbietet, der ihm sein Leben anvertraut. Wer wollte dieses Angebot ausschlagen?

Kapitel 5

Gott der Heilige Geist

> *Gott der ewige Geist wirkte zusammen mit dem Vater und dem Sohn bei der Schöpfung, bei der Menschwerdung und bei der Erlösung. Er inspirierte die Schreiber der Heiligen Schrift. Er erfüllte Christi Leben mit Kraft. Er zieht die Menschen zu Gott und überführt sie ihrer Sünde. Die sich ihm öffnen, erneuert er und verwandelt sie in das Ebenbild Gottes. Gesandt vom Vater und vom Sohn, damit er allezeit bei Gottes Kindern sei, gibt der Heilige Geist der Gemeinde geistliche Gaben, befähigt zum Zeugnis für Christus und leitet – in Übereinstimmung mit der Heiligen Schrift – in alle Wahrheit.*

Durch die Kreuzigung Jesu waren die Jünger bestürzt, verängstigt und erschreckt; seine Auferstehung aber erfüllte sie mit neuer Hoffnung.

Als Jesus die Fesseln des Todes zerriß, brach in ihren Herzen das Reich Gottes an. Ein helles Feuer brannte nun in ihrer Seele, und Meinungsverschiedenheiten, die noch wenige Wochen zuvor tiefe Gräben zwischen den Jüngern aufgerissen hatten, schwanden dahin. Einer bekannte dem anderen seine Fehler, und sie alle öffneten ihr Herz für Jesus, den nun erhöhten König.

Gefestigt wurde die Einigkeit dieser einst zerstreuten Schar durch das gemeinsame Gebet. Eines Tages, als sie Gott lobten, vernahmen sie plötzlich ein Geräusch wie das Brausen eines Sturmes. Als ob sichtbar werden sollte, wie es in ihren Herzen brannte, setzten sich feurige Flammen auf eines jeden Haupt. Wie Feuer fiel der Heilige Geist auf sie.

So erfüllt vom Heiligen Geist, drängte es die Jünger, ihre innige Liebe und Freude in Jesus zu bezeugen. Begeistert und freimütig verkündeten sie die gute Nachricht von der Erlösung. Die Bewohner Jerusalems und die Pilger, die aus vielen Ländern zum Fest herbeigekommen waren, wurden angelockt durch das gewaltige Brausen. Sie alle waren bestürzt, als ein jeder in seiner eigenen Sprache hörte, wie diese ungebildeten Galiläer Gottes machtvolle Taten bezeugten.

„Ich verstehe nicht, was das bedeutet!" sagten einige. Andere taten es ab mit der Bemerkung: „Sie sind betrunken." „Nicht so", übertönte die Stimme des Petrus die lärmende Menge. „Es ist erst neun Uhr am Morgen. Was ihr hört und seht, ist die Folge davon, daß der auferstandene Jesus Christus erhöht wurde zur Rechten Gottes und uns den Heiligen Geist gegeben hat." (Apg 2)

Wer ist der Heilige Geist?

Die Bibel offenbart, daß der Heilige Geist eine Person ist und nicht eine unpersönliche Kraft. Aussagen wie „Der Heilige Geist und wir haben es für gut befunden..." (Apg 15,28 AÜ) zeigen, daß ihn die Gläubigen damals als Person verstanden. Auch Christus sprach von ihm als einer bestimmten Person: „Er wird mich verherrlichen, denn von dem Meinen wird er's nehmen und euch verkündigen." (Jo 16,14) Wenn sich die Schrift auf den dreieinigen Gott bezieht, versteht sie den Geist als eine Person (Mt 28,19; 2 Ko 13,13).

Der Heilige Geist bemüht sich um den Menschen (1 Mo 6,3); er lehrt (Lk 12,12), überzeugt (Jo 16,8), leitet die Belange der Gemeinde (Apg 13,2), hilft und vertritt uns (Rö 8,26), er inspiriert (2 Pt 1,21) und heiligt (1 Pt 1,2). Diese Möglichkeiten könnten nie durch eine unpersönliche Kraft oder Eigenschaft Gottes bewirkt werden. Nur eine Person kann das tun.

Der Heilige Geist ist wirklich Gott

Die Schrift sieht den Heiligen Geist an als Gott. Petrus warf Hananias vor, er habe nicht Menschen, sondern Gott belogen, als er den

Heiligen Geist belog (Apg 5,3.4). Jesus nannte die „Lästerung gegen den Geist" eine Sünde, die nicht vergeben werden kann: „Alle Sünde und Lästerung wird den Menschen vergeben; aber die Lästerung gegen den Geist wird nicht vergeben. Und wer etwas redet gegen den Menschensohn, dem wird es vergeben; aber wer etwas redet gegen den heiligen Geist, dem wird's nicht vergeben, weder in dieser noch in jener Welt." (Mt 12,31.32)

Das kann allerdings nur dann zutreffen, wenn der Heilige Geist Gott ist.

Die Schrift schreibt dem Heiligen Geist göttliche Eigenschaften zu. Er ist Leben. Nach Paulus ist er der Geist „des Lebens" (Rö 8,2 EB). Er ist Wahrheit. Christus nennt ihn den „Geist der Wahrheit" (Jo 16,13). Ausdrücke wie „Liebe des Geistes" (Rö 15,30) und „heiliger Geist Gottes" (Eph 4,30) zeigen, daß Liebe und Heiligkeit zum Wesen des Heiligen Geistes gehören.

Der Heilige Geist ist allmächtig. Er teilt geistliche Gaben aus „einem jeglichen das Seine ..., wie er will" (1 Ko 12,11). Er ist allgegenwärtig und will bei seinem Volk sein „in Ewigkeit" (Jo 14,16). Niemand kann sich seinem Einfluß entziehen (Ps 139,7-10). Er ist zudem allwissend, „denn der Geist erforscht alle Dinge, auch die Tiefen der Gottheit", und „so weiß auch niemand, was in Gott ist, als allein der Geist Gottes" (1 Ko 2,10.11).

Die Taten Gottes sind in Verbindung mit dem Heiligen Geist zu sehen. Bei der Schöpfung wie bei der Auferstehung war er zugegen. Hiob bekennt: „Der Geist Gottes hat mich gemacht, und der Odem des Allmächtigen hat mir das Leben gegeben." (Hi 33,4) Und der Psalmist sagt: „Du sendest aus deinen Odem (Geist), so werden sie geschaffen." (Ps 104,30)

Paulus bezeugt: „Er, der Christus von den Toten auferweckt hat, (wird) auch eure sterblichen Leiber lebendig machen durch seinen Geist, der in euch wohnt." (Rö 8,11)

Nur ein allgegenwärtiger, persönlicher Gott – nicht lediglich ein Einfluß oder irgendein Geschöpf – konnte das Wunder vollbringen, daß Christus, der Sohn Gottes, von einem Menschen, Maria, geboren wurde. Und zu Pfingsten bewirkte der Geist, daß alle, die dazu bereit waren, den Gott-Menschen Jesus in sich aufnehmen konnten.

Der Heilige Geist wird ebenbürtig mit dem Vater und dem Sohn in der Taufformel (Mt 28,19), im apostolischen Segen (2 Ko 13,13) und im Zusammenhang mit den geistlichen Gaben (1 Ko 12,4-6) genannt.

Der Heilige Geist und die Gottheit

Von Ewigkeit her ist Gott, der Heilige Geist, die dritte Person der Gottheit. Vater, Sohn und Geist haben gleicherweise das Leben aus sich selbst. Obwohl sie einander gleich sind, besteht innerhalb der Dreieinigkeit eine gewisse Aufgabenteilung (siehe Kap. 2 dieses Buches).

Erklärungen über Gott, den Heiligen Geist, sind am besten zu verstehen durch Jesus Christus. Wenn sich der Heilige Geist den Gläubigen zuwendet, kommt er als „Geist Christi". Er tritt weder in eigener Macht noch mit eigener Beglaubigung auf. Seine Wirksamkeit hat ihre Mitte in Christi Sendung zur Erlösung.

Der Heilige Geist war beteiligt an Jesu Geburt (Lk 1,35), er bestätigte Jesu öffentliches Auftreten bei der Taufe (Mt 3,16.17) und vermittelt der Menschheit die Kraft seines versöhnenden Opfers und seiner Auferstehung (Rö 8,11).

Dem Geist obliegt offenbar die Aufgabe des „Ausführenden" in der Dreieinigkeit. Der Vater gab der Welt seinen Sohn (Jo 3,16), der empfangen war durch den Heiligen Geist (Mt 1,18-20). Und der Heilige Geist kam, um den Erlösungsplan zu vollenden.

Die Teilhabe des Heiligen Geistes an der Schöpfung wird durch die Erwähnung seiner Gegenwart verdeutlicht (1 Mo 1,2). Beginn und Erhaltung des Lebens hängen von ihm ab; Abwesenheit des Geistes aber bedeutet Tod.

Die Bibel sagt: „Wenn er nur an sich dächte, seinen Geist und Odem an sich zöge, so würde alles Fleisch miteinander vergehen, und der Mensch würde wieder zu Staub werden." (Hi 34,14.15; 33,4) Das schöpferische Wirken des Geistes ist an jedem zu erkennen, der sich Gott öffnet. Gott vollführt sein Werk im Menschen durch den Schöpfer-Geist. Der Geist aber erfüllt bei der Schöpfung wie auch bei der Wiedergeburt des Menschen die Absicht Gottes.

Der verheißene Geist

Der Mensch ist dazu ausersehen, eine Wohnung des Heiligen Geistes zu sein (1 Ko 6,19.20). Die Sünde trieb Adam und Eva aus dem Garten Eden und zugleich aus dem innewohnenden Geist. Diese Trennung besteht noch immer. Die Verderbtheit des Menschengeschlechts war vor der Sintflut schließlich so groß, daß Gott erklärte: „Mein Geist soll nicht immerdar im Menschen walten." (1 Mo 6,3)

Schon zur Zeit des Alten Testamentes wurden Menschen durch den Geist befähigt, gewisse Aufgaben zu erfüllen (4 Mo 24,2; Ri 6,34; 1 Sam 10,6). Zuweilen ist der Geist „im" Menschen (2 Mo 31,3; Jes 63,11); zweifellos aber haben ernste Gläubige immer die Gewißheit der Gegenwart des Heiligen Geistes gehabt. Joel hat vorausgesagt, Gott werde seinen Geist ausgießen „über alles Fleisch" (Joel 3,1) – und das zu einer Zeit, da eine umfassende Offenbarung des Geistes ein neues Zeitalter einleiten wird.

Solange die Welt in den Händen Satans war, mußte sie auf die völlige Ausgießung des Heiligen Geistes warten. Der Geist konnte erst dann ausgegossen werden auf alles Fleisch, als Jesus Christus sein Werk auf Erden ausgeführt und das versöhnende Opfer vollbracht hatte.

Im Blick auf Jesu geistliche Sendung sagte Johannes der Täufer: „Ich taufe euch mit Wasser zur Buße", aber er „wird euch mit dem heiligen Geist und mit Feuer taufen". (Mt 3,11) Doch nach den Berichten in den Evangelien taufte Jesus nicht mit dem Heiligen Geist, aber wenige Stunden vor seinem Tode gab er seinen Jüngern die Zusage: „Ich will den Vater bitten, und er wird euch einen andern Tröster geben, daß er bei euch sei in Ewigkeit: den Geist der Wahrheit." (Jo 14,16.17)

Fand die verheißene Geistestaufe etwa am Kreuz statt? Doch da erschien keine Taube an jenem Freitag, dem Tag der Kreuzigung; nur von Blitzen, Finsternis und Erdbeben wird berichtet. Erst nach Jesu Auferstehung kam der Heilige Geist auf die Jünger (Jo 20,22) gemäß dem Wort: „Siehe, ich will auf euch herabsenden, was mein Vater verheißen hat. Ihr aber sollt in der Stadt bleiben, bis ihr ausgerüstet werdet mit der Kraft aus der Höhe." (Lk 24,49)

Diese Kraft sollten sie erhalten, wenn der Heilige Geist auf sie herabkäme, und dann würden sie seine „Zeugen sein ... bis ans Ende der Erde" (Apg 1,8). Johannes schrieb: „Der Geist war noch nicht da; denn Jesus war noch nicht verherrlicht." (Jo 7,39) Voraussetzung für die Ausgießung des Heiligen Geistes war die Annahme des Opfers Jesu durch den Vater.

Erst als unser Herr gesiegt und sich auf den himmlischen Thron gesetzt hatte, konnte ein neues Zeitalter beginnen. Nun konnte er den Heiligen Geist in Fülle ausgießen. Petrus erklärte: „Da er nun durch die rechte Hand Gottes erhöht ist", hat er „ausgegossen" (Apg 2,33) den Heiligen Geist auf seine Jünger, die „einmütig im Gebet" auf dieses Ereignis warteten (Apg 1,5.14). Zu Pfingsten, 50 Tage nach dem Opfertod auf Golgatha, brach das neue Zeitalter durch die Macht des Geistes an. „Es geschah plötzlich ein Brausen vom Himmel wie von einem gewaltigen Wind und erfüllte das ganze Haus, in dem sie (die Jünger) saßen ... und sie wurden alle erfüllt von dem heiligen Geist." (Apg 2,2-4)

Jesu Wirken und der Dienst des Heiligen Geistes bedingten einander. Die Fülle des Heiligen Geistes konnte erst ausgegossen werden, nachdem Jesus seinen Auftrag erfüllt hatte. Er, der empfangen war vom Heiligen Geist (Mt 1,8-21), getauft vom Geist (Mk 1,9.10), getrieben vom Geist (Lk 4,1), wirkte Wunder durch den Geist (Mt 12,24-32) und opferte sich selbst auf Golgatha durch den Geist (Hbr 9,14.15). Auch seine Auferstehung geschah mit durch den Geist (Rö 8,11).

So war Jesus der erste Mensch, der die Fülle des Heiligen Geistes empfangen hat. Es ist eine bewegende Verheißung, daß unser Herr den Geist ausgießen will auf jeden, der dafür offen ist.

Aussendung und Auftrag des Heiligen Geistes

Als Jesus am Abend vor seinem Tode von seinem bevorstehenden Abschied sprach, waren die Jünger sehr betrübt. Zugleich versicherte er ihnen aber, daß der Heilige Geist als sein Stellvertreter bei ihnen sein werde. Sie sollten nicht als Waisen zurückbleiben (Jo 14,18).

Der Ursprung der Aussendung. Eindeutig bezeugt das Neue Testament den Heiligen Geist, indem er genannt wird „Geist Jesu" (Apg 16,7), „Geist seines Sohnes" (Gal 4,6), „Gottes Geist" bzw. „Christi Geist" (Rö 8,9; 1 Pt 1,11) und „Geist Jesu Christi" (Phil 1,19). Wer beauftragte den Heiligen Geist: Jesus oder Gott der Vater?

Als Jesus die Sendung des Heiligen Geistes erklärte, nannte er zwei Quellen. Zuerst bezog er sich auf den Vater: „Ich will den Vater bitten, und er wird euch einen andern Tröster geben." (Jo 14,16; 15,26: „vom Vater") Die Taufe mit dem Heiligen Geist erklärte er als „die Verheißung des Vaters" (Apg 1,4). Zweitens wies Christus hin auf sich selbst: „ ... will ich ihn (den Tröster) zu euch senden" (Jo 16,7) Der Heilige Geist kommt also von beiden: vom Vater und vom Sohn.

Sein Auftrag für die Welt. Nur geleitet durch den Heiligen Geist können wir Christi Herrschaft anerkennen. Paulus sagt: „Niemand kann Jesus den Herrn heißen ohne durch den Heiligen Geist." (1 Ko 12,3)

Johannes versichert, daß durch den Heiligen Geist Christus als „das wahre Licht" alle Menschen „erleuchtet, die in diese Welt kommen" (Jo 1,9). Sein Auftrag besteht darin, „der Welt die Augen aufzutun über die Sünde und über die Gerechtigkeit und über das Gericht" (Jo 16,8).

Zuerst überführt uns der Heilige Geist der Sünde, besonders derjenigen, daß wir nicht an Christus glauben (Vers 9). Danach drängt er den Sünder, die Gerechtigkeit Christi anzunehmen. Drittens warnt er vor dem Gericht. Diese Warnung will das von der Sünde getrübte Gewissen wachrütteln, so daß wir die Notwendigkeit von Reue und Bekehrung erkennen.

Sobald bereut wurde, kann der Sünder durch die Taufe aus Wasser und Geist (Jo 3,5) von neuem geboren werden. Damit beginnt ein neues Leben, denn der Geist Christi wohnt nun im Menschen.

Sein Auftrag für die Gläubigen. Die meisten Bibeltexte über den Heiligen Geist beschreiben seine Beziehung zum Volk Gottes. Sein heiligender Einfluß führt zum Gehorsam (1 Pt 1,2). Doch niemand erfährt seine bleibende Gegenwart, der nicht bestimmte Voraussetzungen erfüllt. Petrus sagt, daß Gott seinen Geist denen gibt, die ihm [andauernd] gehorchen (Apg 5,32 Grundtext).[1] Die Gläubigen werden deshalb gewarnt, dem Geist zu widerstreben, ihn zu betrüben oder zu dämpfen (Apg 7,51; Eph 4,30; 1 Th 5,19).

Wie wirkt der Geist für die Gläubigen?

1. Er steht den Gläubigen bei. Jesus nannte den Heiligen Geist „einen andern Tröster" (griech. *parakletos*) (Jo 14,16). Das Wort *parakletos* wird übersetzt: „Helfer", „Tröster", „Ratgeber"; es kann auch „Vermittler", „Fürsprecher", „Verteidiger" bedeuten.

Der einzige sonst noch erwähnte *parakletos* in der Bibel ist Christus selbst. Er ist unser Fürsprecher: „Meine Kinder, dies schreibe ich euch, damit ihr nicht sündigt. Und wenn jemand sündigt, so haben wir einen Fürsprecher (*parakletos*) bei dem Vater, Jesus Christus, der gerecht ist." (1 Jo 2,1)

Als Fürsprecher, Vermittler und Helfer vertritt uns Christus vor Gott und offenbart ihn uns. Zugleich führt uns der Geist zu Christus und bezeugt Christi Gnade uns gegenüber. Der Heilige Geist wird deshalb auch „Geist der Gnade" (Hbr 10,29) genannt. Sein bedeutsamstes Wirken besteht in der Zuwendung der erlösenden Gnade Christi für den Menschen (1 Ko 15,10; 2 Ko 9,4; Jo 4,5.6).

2. Er bezeugt die Wahrheit über Christus. Christus nannte den Heiligen Geist „Geist der Wahrheit" (Jo 14,17; 15,26; 16,13). Seine Aufgabe besteht auch darin, „euch an alles [zu] erinnern, was ich euch gesagt habe" (Jo 14,26) und „euch in alle Wahrheit [zu] leiten" (Jo 16,13).

Sein Zeugnis bezieht sich auf Jesus Christus (Jo 15,26). Der sagte: „Er wird nicht aus sich selber reden; sondern was er hören wird, das wird er reden, und was zukünftig ist, wird er euch verkündigen. Er wird mich verherrlichen; denn von dem Meinen wird er's nehmen und euch verkündigen." (Jo 16,13.14)

3. Er vermittelt Christi Gegenwart. In ihm ist Christus gegenwärtig; denn Jesus sagte selbst: „Es ist gut für euch, daß ich weggehe.

---

[1] Siehe A. V. Wallenkampf, „New by the Spirit", Pacific Press, Mountain View, CA, 1978, S. 49.50.

Denn wenn ich nicht weggehe, kommt der Tröster nicht zu euch. Wenn ich aber gehe, will ich ihn zu euch senden." (Jo 16,7)

In seiner menschlichen Natur konnte Jesus nicht allgegenwärtig sein; deshalb war es gut, daß er ging. Durch den Geist aber ist Christus nun jederzeit und überall, hatte er doch gesagt: „Ich will den Vater bitten, und er wird euch einen andern Tröster geben, daß er bei euch sei in Ewigkeit: den Geist der Wahrheit ... er bleibt bei euch und wird in euch sein. Ich will euch nicht als Waisen zurücklassen; ich komme zu euch." (Jo 14,17.18)

„Der Heilige Geist vertritt Christus, doch bar allen menschlichen Wesens und völlig unabhängig davon."[1]

Vor 2000 Jahren bewirkte der Heilige Geist das Wunder des Seins von Gottes Sohn in einer Frau: Maria. Zu Pfingsten bewirkte derselbe Geist die Gegenwart des siegreichen Christus in der ganzen Welt. Jesu Zusagen: „Ich will dich nicht verlassen und nicht von dir weichen" (Hbr 13,5) oder „Ich bin bei euch alle Tage bis an der Welt Ende" (Mt 28,20) wurden Wirklichkeit durch den Heiligen Geist. Deshalb verleiht ihm das Neue Testament einen Namen, der im Alten Testament nie vorkommt: „Geist Jesu Christi" (Phil 1,19).

Wie der Vater und der Sohn durch den Geist bei den Gläubigen wohnen (Jo 14,23), so können die Gläubigen auch nur durch den Geist in Christus bleiben.

4. Er leitet das Werk der Gemeinde. Da der Heilige Geist Christus vertritt, ist er der eigentlich Bevollmächtigte Jesu auf Erden, die bleibende unverrückbare Autorität für Glauben und Lehre. Die Art und Weise, wie er die Gemeinde leitet, stimmt daher vollkommen mit der Bibel überein. „Das besondere Merkmal des Protestantismus – ohne welches es keinen Protestantismus gäbe – besteht darin, daß der Heilige Geist der wahre Stellvertreter oder Nachfolger Christi auf der Erde ist. Von einer Organisation, von Führern oder von menschlicher Weisheit abhängig zu sein bedeutet, das Menschliche an die Stelle des Göttlichen zu setzen."[2]

---

[1] E. G. White, „Das Leben Jesu", S. 669.
[2] L. E. Froom, „The Coming of the Comforter", Review and Herald, Washington, D. C., 1949, S. 66.67.

Zur Zeit der Apostel war der Heilige Geist mit der Entwicklung der Gemeinde aufs engste verbunden. Bei der Wahl von Evangelisten leitete er die betende und fastende Gemeinde (Apg 13,1-4). Die berufenen Missionare waren bekannt dafür, daß sie bereit waren, auf die Führung des Geistes zu achten. Die Apostelgeschichte bezeichnet sie als „voll des heiligen Geistes" (Apg 13,9.52).

Ihr ganzes Tun stand unter der Führung des Geistes (Apg 16,6.7), und Paulus erinnerte die Ältesten der Gemeinde daran, daß sie vom Heiligen Geist in ihr Amt eingesetzt worden waren (Apg 20,28).

Der Heilige Geist wirkte ferner entscheidend bei der Lösung von Schwierigkeiten, die die Einheit der Gemeinde gefährdeten. So beginnt die Darlegung der Beschlüsse der ersten Apostelversammlung mit den Worten: „Denn der Heilige Geist und wir haben es für gut befunden..." (Apg 15,28 AÜ)

5. *Er rüstet die Gemeinde mit Gaben aus*. Der Heilige Geist verleiht dem Volk Gottes besondere Gaben.

In der Zeit des Alten Testamentes kam „der Geist des Herrn" auf einzelne Menschen und gab ihnen außergewöhnliche Vollmacht, das Volk Israel zu führen und zu befreien (Ri 3,10; 6,34; 11,29 usw.); oder er verlieh die Gabe der Prophetie (4 Mo 11,17.25.26; 2 Sam 23,2).

Der Geist erfüllte Saul und David, als sie zum König des Volkes Gottes gesalbt wurden (1 Sam 10,6.10; 16,13). Anderen wurde durch den Geist Kunstsinn und Geschicklichkeit verliehen (2 Mo 28; 31,3-5; 35,30-35).

Auch in der Urgemeinde teilte Christus Gaben aus durch den Heiligen Geist. Die Gläubigen empfingen sie so, wie es der Geist für gut hielt und die ganze Gemeinde einen Gewinn davon hatte (Apg 2,38; 1 Ko 12,7-11).

Der Geist rüstete sie auch mit der erforderlichen Kraft aus, das Evangelium bis ans Ende der Erde zu tragen (Apg 1,8; siehe Kap. 16 dieses Buches).

6. *Er erfüllt das Herz der Gläubigen*. Paulus fragte die Epheser: „Habt ihr den heiligen Geist empfangen, als ihr gläubig wurdet?" (Apg 19,2). Das ist entscheidend für jeden Gläubigen.

Als Paulus damals eine verneinende Antwort erhielt, legte er die Hände auf die betreffenden Jünger und sie empfingen die Taufe mit dem Heiligen Geist (Apg 19,6). Diese Begebenheit zeigt, daß die vom Geist gewirkte Buße und das Erfülltsein mit dem Heiligen Geist zwei wesentliche Erfahrungen sind.

Jesus betonte, daß es notwendig ist, aus Wasser und Geist geboren zu werden (Jo 3,5). Kurz vor seiner Himmelfahrt befahl er, die Gläubiggewordenen zu taufen „auf den Namen des Vaters und des Sohnes und des heiligen Geistes" (Mt 28,19).

In Übereinstimmung mit diesem Gebot predigte Petrus, daß die „Gabe des heiligen Geistes" bei der Taufe empfangen wird (Apg 2,38). Und Paulus unterstreicht die Wichtigkeit der Taufe mit dem Heiligen Geist (siehe Kap. 14 dieses Buches) durch den dringenden Aufruf, daß die Gläubigen „voll Geistes" sein sollen (Eph 5,18).

Das Erfülltsein mit dem Heiligen Geist verwandelt Sünder in das Ebenbild Gottes. So wird das Werk der Heiligung fortgesetzt, das bei der „Wiedergeburt" begann. Gott hat uns aus Gnade erlöst „durch das Bad der Wiedergeburt und Erneuerung im heiligen Geiste, den er über uns reichlich ausgegossen hat durch Jesus Christus, unsern Heiland" (Tit 3,5.6).

„Was die Verkündigung des Evangeliums so kraftlos macht, ist die Abwesenheit des Geistes. Studium, Talent, Beredsamkeit, jede natürliche oder erworbene Begabung mag vorhanden sein, doch ohne die Gegenwart des Geistes Gottes wird kein Herz berührt, kann kein Sünder für Christus gewonnen werden. Aber erfüllt von Christus und im Besitz der Gabe des Heiligen Geistes, wird der ärmste und selbst der ungebildete Jünger Kraft haben, Herzen zu bewegen. Gott macht sie zu Kanälen der stärksten Kraft im Universum."[1]

Der Geist ist lebensnotwendig. Alles, was Jesus in uns und durch uns bewirkt, kommt durch den Geist zustande. Gläubige sollten sich dessen stets bewußt sein, daß sie ohne diesen Geist nichts tun können (Jo 15,5).

---

[1] E. G. White, „Testimonies for the Church", Pacific Press, Mountain View, CA, 1948, Bd. 8, S. 21.22.

Heute richtet der Heilige Geist unsere Aufmerksamkeit auf die größte Gabe der Liebe, die uns Gott in seinem Sohn anbietet. Er bittet uns, seine Einladung nicht auszuschlagen, sondern den Weg zu wählen, auf dem allein wir mit unserem liebevollen, gnädigen Vater versöhnt werden können.

DIE LEHRE VOM MENSCHEN

Kapitel 6

Die Schöpfung

> *Gott ist der Schöpfer aller Dinge. Er hat in der Heiligen Schrift den zuverlässigen Bericht seines schöpferischen Wirkens offenbart. In sechs Tagen schuf der Herr „Himmel und Erde" und alle Lebewesen auf der Erde und ruhte am siebenten Tag dieser ersten Woche. So setzte er den Sabbat ein als eine beständige Erinnerung an sein vollendetes schöpferisches Werk. Der erste Mann und die erste Frau wurden als Krönung der Schöpfung zum Bild Gottes geschaffen. Ihnen wurde die Herrschaft über die Erde übertragen und die Verantwortung, sie zu bewahren. Die Schöpfung war nach ihrer Vollendung „sehr gut" und ein Ausdruck der Herrlichkeit Gottes.*

Der biblische Bericht ist schlicht und klar: Auf Befehl des Schöpfergottes entstanden „Himmel und Erde ... und das Meer und alles, was darinnen ist" (2 Mo 20,11).

Zunächst war die Erde „wüst und leer". In nur sechs Tagen wurde daraus ein fruchtbarer Planet mit vollendet schönen Geschöpfen. Unsere Erde war ausgestattet mit einem Reichtum an Farben und Formen, Schönheit und mit Wohlgeruch, geprägt von erlesenem Geschmack sowie Zweckmäßigkeit bis in die einzelnen Funktionen.

Am siebenten Tag „ruhte" Gott. Er hielt inne, um zu feiern und sich zu erfreuen. Fortan sollte man sich an die Schönheit und Größe dieses Schöpfungswerkes erinnern, weil Gott an diesem Tag „ruhte".

„Am Anfang schuf Gott Himmel und Erde." Die Erde war umhüllt von Wasser und Finsternis. Am ersten Tag „schied" Gott das

Licht von der Finsternis und nannte das Licht „Tag" und die Finsternis „Nacht".

Am zweiten Tag „schied Gott das Wasser unter der Feste von dem Wasser über der Feste". Damit war die Lufthülle getrennt von dem Wasser, das auf der Erde blieb und damit die Voraussetzung für das Leben gab.

Am dritten Tag begrenzte Gott das Wasser auf bestimmte Bereiche, so daß Land und Meer entstanden. Gott schmückte Hügel und Täler, Berge und Ufer; denn „die Erde ließ aufgehen Gras und Kraut, das Samen bringt, ein jedes nach seiner Art, und Bäume, die da Früchte tragen, in denen ihr Same ist, ein jeder nach seiner Art." (1 Mo 1,12)

Am vierten Tag machte Gott Sonne, Mond und Sterne, „die da scheiden Tag und Nacht und geben Zeichen, Zeiten, Tage und Jahre". Die Sonne sollte den Tag und der Mond die Nacht regieren (Verse 14-16). Am fünften Tag schuf Gott die Vögel und Tiere im Wasser; „ein jedes nach seiner Art" (Vers 21). Fortan sollten sich diese Geschöpfe nach ihrer Art vermehren.

Die Landtiere wurden am sechsten Tag erschaffen. Gott gebot: „Die Erde bringe hervor lebendiges Getier, ein jedes nach seiner Art: Vieh, Gewürm und Tiere des Feldes, ein jedes nach seiner Art. Und es geschah so." (Vers 24)

Als Krönung der Schöpfung machte Gott den Menschen „zu seinem Bilde, zum Bilde Gottes schuf er ihn" (Vers 27); und schuf sie „als Mann und Frau" (Vers 27b EB). „Gott sah an alles, was er gemacht hatte, und siehe, es war sehr gut." (Vers 31)

Das schöpferische Wort Gottes

„Der Himmel ist durch das Wort des Herrn gemacht", heißt es in den Psalmen, „und all sein Heer durch den Hauch seines Mundes" (Ps 33,6). Wie wirkte dieses schöpferische Wort?

Bediente sich das schöpferische Wort bereits vorhandener Materie? In 1. Mose 1 ist das „Gott-sagte" Ausdruck für die Dynamik im Befehl Gottes, die das gewaltige Geschehen in der Sechs-Tage-Schöpfung bewirkte (Verse 3.6.9.11.14.20.24). Jeder Befehl Gottes trug in sich die kreative Energie, die den „formlosen und leeren" Planeten zu einem Paradies machte. „Denn wenn er spricht, so geschieht's; wenn er gebietet, so steht's da." (Ps 33,9)

Das schöpferische Wort war nicht abhängig von einer zuvor schon existierenden Materie: „Durch den Glauben erkennen wir, daß die Welt durch Gottes Wort gemacht ist, so daß alles, was man sieht, aus nichts [*ex nihilo*[1]] geworden ist." (Hbr 11,3) Auch wenn Gott auf bereits existierende Materie zurückgriff – Adam und die Tiere wurden aus Erde geformt und Eva aus einer Rippe Adams (1 Mo 2,7.19.22) – so ist er letztlich doch der Schöpfer aller Materie.

Die Geschichte der Schöpfung

Der biblische Schöpfungsbericht hat viele Fragen ausgelöst, zum Beispiel: Stehen die beiden Berichte über die Schöpfung im ersten Buch Mose im Widerspruch zueinander oder stimmen sie überein? Sind die Tage der Schöpfung buchstäblich aufzufassen oder bezeichnen sie „längere" Zeitabschnitte? Wurde der Himmel mit Sonne, Mond und Sternen tatsächlich erst vor 6.000 Jahren geschaffen?

Der Schöpfungsbericht. Die beiden biblischen Berichte über die Schöpfung, der eine in 1. Mose 1,1- 2,3 und der andere in 1. Mose 2,4-25, stimmen überein.[2] Der erste Bericht schildert in chronologischer Reihenfolge die gesamte Schöpfung. Der zweite zeigt den Platz, den der Mensch in der Schöpfung einnimmt. Er ist nicht streng chronologisch angelegt, läßt aber erkennen, daß für den Menschen alles vorbereitet wurde.[3]

---

[1] Gott schuf die Welt „aus dem Nichts".

[2] Diese Einteilung folgt nicht der üblichen Deutung, die mit Vers 2a den ersten Bericht abschließt und mit Vers 2b den zweiten Bericht beginnen läßt. Vers 4 lautet nach dem Grundtext: „Dies sind die *Geschlechter* von ..." Dieser Ausdruck steht im 1. Buch Mose jeweils am *Beginn* des Stammbaumes einer Familie (vgl. 1 Mo 5,1; 6,9; 10,1 usw.) Daher dient er auch in Kap. 2 wohl kaum als zusammenfassender Abschluß eines vorausgegangenen Berichtes, vielmehr steht er am Anfang einer nun folgenden Erzählung. Übrigens bezeichnet diese Wendung nur hier ein nicht-familiäres Abstammungsverhältnis.

[3] L. Berkhof, „Systematic Theology", Wm. B. Eerdmans, Grand Rapids, MI, 1941, S. 182.

Der zweite Bericht nennt mehr Einzelheiten über die Erschaffung von Adam und Eva sowie über den Garten Eden als den für sie bestimmten Lebensraum. Außerdem informiert er über das Wesen des Menschen und über die göttliche Herrschaft. Wenn beide Schöpfungsberichte im buchstäblichen Sinn als historisch zutreffend angenommen werden, stimmen sie mit der gesamten Heiligen Schrift überein.

Die Schöpfungstage. Der Tag im biblischen Schöpfungsbericht umfaßt jeweils 24 Stunden. Gemäß der Gewohnheit Israels die Zeit zu messen, werden mit „Abend und Morgen" (1 Mo 1,5.8.13.19.23.31) einzelne Tage bezeichnet, die am Abend mit Sonnenuntergang begannen (vgl. 3 Mo 23,32; 5 Mo 16,6). Die Auffassung, daß dieser Ausdruck in 3. Mose einen buchstäblichen Tag meint und in 1. Mose tausend oder Millionen von Jahren, ist nicht haltbar.

Das hebräische Wort für „Tag" in 1. Mose heißt *yom*. Wenn hinter *yom* eine Zahl steht, bedeutet es immer einen 24-Stunden-Tag (1 Mo 7,11; 2 Mo 16,1) – das ist ein weiterer Beweis dafür, daß der Schöpfungsbericht von 24-Stunden-Tagen spricht.

Auch der Wortlaut der Zehn Gebote belegt, daß die Schöpfungswoche aus 24-Stunden-Tagen bestand. Im vierten Gebot sagt Gott: „Gedenke des Sabbattages, daß du ihn heiligest. Sechs Tage sollst du arbeiten und alle deine Werke tun. Aber am siebenten Tage ist der Sabbat des Herrn, deines Gottes. Da sollst du keine Arbeit tun ... Denn in sechs Tagen hat der Herr Himmel und Erde gemacht und das Meer und alles, was darinnen ist, und ruhte am siebenten Tage. Darum segnete der Herr den Sabbattag und heiligte ihn." (2 Mo 20,8-11)

Das Gebot wiederholt gewissermaßen die Schöpfungsgeschichte. Jeder Tag (*yom*) war geprägt von schöpferischer Aktivität, und der Sabbat war Höhepunkt der Schöpfungswoche. Somit erinnert der 24-Stunden-Sabbat an eine buchstäbliche Schöpfungswoche. Das vierte Gebot wäre bedeutungslos, wenn sich jeder einzelne Schöpfungstag über lange Zeiträume erstreckte.[1]

---

[1] Auch die Deutung, jeder Schöpfungstag habe 1000 Jahre umfaßt, verursacht Probleme. Denn bei solch einer Annahme wäre Adam gegen Ende des sech-

DIE SCHÖPFUNG

Wo man 2. Petrus 3,8 zitiert („... daß ein Tag vor dem Herrn wie tausend Jahre ist"), um zu beweisen, die Schöpfungstage seien nicht buchstäbliche 24-Stunden-Tage gewesen, wird übersehen, daß derselbe Vers mit den Worten endet: „... und tausend Jahre wie ein Tag."

Wer in die Schöpfungstage Tausende oder Millionen und Milliarden von Jahren hineinliest, stellt Gottes Wort in Frage – ebenso wie die Schlange, die Eva verführte.

Was verstehen wir unter „Himmel"? Manche zerbrechen sich den Kopf über die Aussage: Gott schuf „die Himmel[1] und die Erde" (1 Mo 1,1; 2,1; EB) und auch darüber, daß er die Sonne, den Mond und die Sterne am vierten Tag vor 6.000 Jahren machte (1 Mo 1,14-19). Wurden alle Himmelskörper zu jener Zeit geschaffen?

In die Schöpfungswoche war der Himmel, den Gott von Ewigkeit her bewohnt, nicht eingeschlossen. „Die Himmel", die in 1. Mose 1 und 2 erwähnt werden, beziehen sich vermutlich auf die Planeten und Sterne, die der Erde am nächsten sind.

Die Erde ist sicherlich nicht die erste Schöpfung Gottes, sondern eher seine letzte. Die Bibel spricht von den „Gottessöhnen" – wahrscheinlich sind Wesen auf nichtgefallenen Welten gemeint–, die in einer weit entfernten „Ecke" des Universums vor den Herrn traten (Hi 1,6-12).

Bis zum heutigen Tage hat die Wissenschaft keine anderen bewohnten Planeten im All entdeckt. Es ist aber anzunehmen, daß sich im unermeßlichen Weltall außerhalb der Reichweite unseres von Sünden verdorbenen Sonnensystems solche Planeten befinden.

Der Gott der Schöpfung

Was für ein Gott ist unser Schöpfer? Hat dieser mächtige Weltenherrscher ein Interesse an uns – den winzigen Stäubchen im fern-

---

sten „Tages" – des ersten „Tages" seines Lebens – schon viel älter gewesen als seine in der Bibel angegebene Lebenszeit (1 Mo 5,5). Siehe T. H. Jemison, „Christian Beliefs", S. 116.117.

[1] „Im Hebräischen steht das Wort ‚Himmel' immer in der Mehrzahl" (Fußnote der rev. Elberfelder-Bibel zu 1. Mose 1,1).

sten Winkel seines Universums? Wirkte er nach der Erschaffung der Erde noch Größeres und Besseres?

Gott sorgt für den Menschen. Der biblische Schöpfungsbericht beginnt mit Gott und bewegt sich auf den Menschen zu. Indem Gott Himmel und Erde schuf, bereitete er der Menschheit einen vollkommenen Lebensraum. Mann und Frau waren die Krone der Schöpfung.

Der Bericht beschreibt Gott als einen, der exakte Pläne legt und sich um seine Schöpfung kümmert. Er pflanzte einen Garten und übertrug den Menschen die Verantwortung, diesen Garten zu bebauen und zu bewahren. Er schuf die menschlichen Wesen so, daß sie Gemeinschaft mit Gott haben konnten; jedoch nicht eine erzwungene oder gekünstelte Beziehung. Sie waren von Gott mit Entscheidungsfreiheit ausgestattet und mit der Fähigkeit, ihn zu lieben und ihm zu dienen.

Wer war der Schöpfergott? Es ist der dreieinige Gott, der die Schöpfung bewirkte (1 Mo 1,2.26). Ausführender aber war Christus, der Sohn Gottes, der von Anfang an war. In der Einleitung zur Schöpfungsgeschichte heißt es: „Am Anfang schuf Gott Himmel und Erde."

In Anlehnung an diese Worte beschreibt Johannes die Aufgabe Jesu bei der Schöpfung so: „Am Anfang war das Wort, und das Wort war bei Gott, und Gott war das Wort ... Alle Dinge sind durch dasselbe gemacht, und ohne dasselbe ist nichts gemacht, was gemacht ist." (Jo 1,1-3)

Wenig später macht Johannes deutlich, von wem er schreibt: „Das Wort ward Fleisch und wohnte unter uns." (Vers 14) Jesus war der Schöpfer, der die Erde ins Dasein rief (vgl. Eph 3,9; Hbr 1,2).

Eine Bekundung der Liebe Gottes. Wie groß und tief ist Gottes Liebe! Als sich Jesus in Liebe über Adam beugte und dessen Hand gestaltete, wußte er, daß ihn eines Tages Menschenhände ans Kreuz nageln würden.

In einem gewissen Sinn gehören Schöpfung und Erlösung zusammen, denn Christus, der Schöpfer der Welt, ist das geschlachtete Lamm „von Grundlegung der Welt her" (Offb 13,8 EB, vgl. 1 Pt 1,19.20).

Sein göttliches Vorherwissen[1] hielt ihn nicht davor zurück. Im Schatten von Golgatha blies Christus „den Odem des Lebens in seine [Adams] Nase" (1 Mo 2,7) und wußte zugleich, daß diese schöpferische Tat ihn einst den Lebensodem kosten würde. Unermeßliche Liebe war der Beweggrund zur Schöpfung.

Das Motiv der Schöpfung

Alles, was Gott tut, ist von Liebe bestimmt (1 Jo 4,8). Er erschuf uns nicht nur, daß wir ihn lieben können, sondern auch damit er uns lieben kann. Seine Liebe trieb ihn, mit uns die größte aller denkbaren Gaben zu teilen: das Leben. Wozu also gibt es das Universum mit seinen Bewohnern?

Um Gottes Herrlichkeit zu offenbaren. Durch seine Werke enthüllt Gott seine Herrlichkeit: „Die Himmel erzählen die Ehre Gottes, und die Feste verkündigt seiner Hände Werk. Ein Tag sagt's dem andern, und eine Nacht tut's kund der andern, ohne Sprache und ohne Worte; unhörbar ist ihre Stimme. Ihr Schall geht aus in alle Lande und ihr Reden bis an die Enden der Welt." (Ps 19,1-5)

Weshalb diese Demonstration der Größe Gottes? Die Schöpfung bezeugt Gott, und alles Erschaffene soll den Menschen zu seinem Schöpfer hinlenken. „Gottes unsichtbares Wesen, das ist seine ewige Kraft und Gottheit, wird seit der Schöpfung der Welt ersehen aus seinen Werken, wenn man sie wahrnimmt, so daß sie (die Menschen) keine Entschuldigung haben." (Rö 1,20)

Indem wir durch die Natur hingezogen werden zu Gott, lernen wir auch die göttlichen Eigenschaften kennen, die unser eigenes Leben prägen sollen. Und wenn wir unseren Charakter nach göttlichem Vorbild formen lassen, ehren wir den Schöpfer und erfüllen zugleich den Sinn unseres Lebens.

Um Leben auf der Erde zu entfalten. Nach Absicht des Schöpfers sollte dieser Planet nicht öde und leer, sondern bewohnt sein (Jes 45,8). Als Adam Ausschau hielt nach einem „Mit-Menschen", schuf Gott die Frau (1 Mo 2,20; 1 Ko 11,9) und stiftete damit die

---

[1] Siehe Kap. 4 dieses Buches.

Ehe (1 Mo 2,22-25). Zugleich übertrug der Schöpfer dem ersten Menschenpaar die Herrschaft über die Erde, und mit den Worten: „Seid fruchtbar und mehret euch" (1 Mo 1,28) berief er Adam und Eva, Teilhaber und Treuhänder der Schöpfung zu sein.

Die Bedeutung der Schöpfung

Der Mensch steht in Gefahr, die Schöpfungslehre unbeachtet zu lassen. „Wen kümmert es", sagt man, „wie Gott die Erde schuf? Wir wollen wissen, wie wir in den Himmel kommen!"

Die Schöpfungsgeschichte aber bildet die „unentbehrliche Grundlage für die christliche und biblische Theologie".[1] Grundlegende biblische Begriffe sind in der göttlichen Schöpfung verankert.[2] Wenn jemand weiß, daß Gott „Himmel und Erde" schuf, kann ihm das schließlich auch helfen, den Weg zu finden zu dem neuen Himmel und der neuen Erde, von denen Johannes in der Offenbarung spricht. Worin also liegt die Bedeutung der Schöpfungslehre?

Gegenmittel gegen Götzendienst. Gott ist vor allen anderen Göttern ausgezeichnet durch seine Schöpfermacht (1 Chr 16,24-27; Ps 96,5.6; Jes 40,18-26; 42,5-9; 44).

Wir sollen den Gott anbeten, der uns erschaffen hat, und nicht die Götter, die wir gemacht haben. Als Schöpfer verdient er völligen Gehorsam. Jede Beziehung, die diesen Gehorsam beeinträchtigt, ist Götzendienst und steht unter dem göttlichen Gericht. Somit ist Treue gegenüber dem Schöpfer eine Frage auf Leben und Tod.

Fundament wahrer Anbetung. Unsere Anbetung gründet sich auf die Tatsache, daß Gott unser Schöpfer ist und wir seine Geschöpfe sind (Ps 95,6). Weil das so wichtig ist, wird es nachdrücklich betont in dem Ruf, der an alle Bewohner der Erde kurz vor Jesu Wiederkunft ergeht und dazu auffordert, den anzubeten, „der gemacht hat Himmel und Erde und Meer und die Wasserquellen" (Offb 14,7).

---

[1] „Creation" in D. F. Neufeld (Hg.), „Seventh-day Adventist Encyclopedia" (Commentary Reference Series, vol. 10), 2. Aufl., Review and Herald, Washington, D. C., 1976, S. 357.

[2] ebd.; A. J. Ferch, „What Creation Means to Me" in „Adventist Review", 9.10.1986, S. 11-13.

Erinnerungszeichen der Schöpfung. Gott setzte den Siebenten-Tags-Sabbat ein, damit wir jede Woche daran denken, daß wir seine Geschöpfe sind. Aus Gnade wurde uns der Sabbat gegeben. Im Mittelpunkt stehen nicht unsere Taten, sondern das, was Gott gemacht hat. Gott segnete diesen Tag und heiligte ihn, damit wir nie vergessen, daß der Mensch nicht nur arbeiten, sondern auch Gemeinschaft mit Gott pflegen, ruhen und Gottes herrliche Schöpfung genießen soll (1 Mo 2,2.3).

Um die Wichtigkeit dieses heiligen Gedenktages zu betonen, ordnete der Schöpfer die Feier des Sabbats an und setzte dieses Gebot als ewiges Zeichen und Symbol der Schöpfung in die Mitte der Zehn Gebote (2 Mo 20,8-11; 31,13-17; Hes 20,20; siehe Kap. 19 dieses Buches).

Die Ehe – eine göttliche Ordnung. Am Ende der Schöpfungswoche stiftete Gott die Ehe als göttliche Institution. Seinem Willen gemäß soll die gegenseitige Bindung zweier Personen von unterschiedlichem Geschlecht unauflöslich sein: Der Mann soll seiner Frau „anhangen", und sie sollen „ein Fleisch sein" (1 Mo 2,24; Mk 10,9; siehe Kap. 22 dieses Buches).

Grundlage wahrer Selbsteinschätzung. Der Schöpfungsbericht sagt, daß der Mensch „zum Bilde Gottes" geschaffen wurde. Diese Feststellung vermittelt uns das rechte Verständnis vom Wert eines Menschen. Da bleibt kein Raum dafür, daß man sich zu gering einschätzt. Wir nehmen wirklich eine einzigartige Stellung in der Schöpfung ein. Dazu gehört vor allem das Vorrecht, Gemeinschaft mit dem Schöpfer zu haben wie auch die Möglichkeit, ihm ähnlich zu werden.

Grundlage wahrer Gemeinschaft. Gott ist unser Schöpfer und zugleich unser Vater (Mal 2,10); alle Menschen sind daher Schwestern und Brüder. Er ist unser Vater; wir sind seine Kinder. Ungeachtet des Geschlechts, der Rasse, Erziehung oder Stellung wurden alle zum Bilde Gottes geschaffen. Wo dieses Menschenbild verstanden und entsprechend beachtet wird, müssen Rassismus, religiöse Unduldsamkeit und andere Formen von Diskriminierung aufhören.

Persönliche Haushalterschaft. Da Gott uns schuf, gehören wir ihm. Diese Tatsache schließt die heilige Verantwortung ein, daß wir uns als treue Haushalter unserer physischen, geistigen und geistlichen Fähigkeiten verstehen. Völlig unabhängig vom Schöpfer leben zu wollen, wäre der Inbegriff von Undankbarkeit und Unwissenheit (siehe Kap. 20 dieses Buches).

Verantwortung der Umwelt gegenüber. Bei der Schöpfung wies Gott Adam und Eva einen Garten als Lebensraum zu (1 Mo 2,8). Sie sollten die Erde bebauen, sich „untertan" machen und „herrschen" über alle Tiere (1 Mo 1,28). Gott hat uns also Verantwortung übertragen, unsere Umwelt zu schützen und zu bewahren.

Würde und Wert handwerklicher Arbeit. Der Schöpfer beauftragte Adam, den Garten zu „bebauen und [zu] bewahren" (1 Mo 2,15). Indem Gott dem Menschen in der noch vollkommenen Welt sinnvolle und nützliche Beschäftigung übertrug, hob er die Würde des Menschen und den Wert handwerklicher Arbeit hervor.

Ordnung in der physikalischen Welt. Nach jeder Phase der Schöpfung sagte Gott, daß „gut" war, was er gemacht hatte (1 Mo 1,10.12.18.21.25); und die vollendete Schöpfung bezeichnete er als „sehr gut" (Vers 31). Folglich ist die geschaffene Materie ihrem Wesen nach gut und nicht schlecht oder böse.

Mittel gegen Einsamkeit und Bedeutungslosigkeit. Der Schöpfungsbericht besagt, daß alles sinnvoll und zweckgerichtet erschaffen wurde. Nichts entstand also zufällig oder planlos durch Evolution. Der Mensch sollte vielmehr in einer dauerhaften Beziehung zu seinem Schöpfer leben. Wenn uns bewußt ist, daß wir nicht zufällig geschaffen wurden, wird unser Leben bedeutungsvoll und inhaltsreich. Schmerzliche Leere und Unzufriedenheit, denen man so oft begegnet, schwinden dahin, weil wir uns gehalten wissen durch die Liebe Gottes.

Heiligkeit des Gesetzes Gottes. Das Gesetz Gottes gab es schon vor dem Sündenfall. Ihm waren die Menschen unterstellt, noch ehe sie in Sünde fielen. Es sollte warnen vor Selbstzerstörung, die Grenzen der Freiheit aufzeigen (1 Mo 2,17) und Glück sowie Frieden der Bürger in Gottes Reich bewahren (1 Mo 3,22-24; siehe Kap. 18 dieses Buches).

Heiligkeit des Lebens. Noch immer ist der Schöpfer bei der Entstehung jedes menschlichen Lebens beteiligt. Das Leben ist heilig.

DIE SCHÖPFUNG

David pries die schöpferische Kraft Gottes so: „Du hast meine Nieren bereitet und hast mich gebildet im Mutterleibe. Ich danke dir dafür, daß ich wunderbar gemacht bin ... Es war dir mein Gebein nicht verborgen, als ich im Verborgenen gemacht wurde, als ich gebildet wurde unten in der Erde. Deine Augen sahen mich, als ich noch nicht bereitet war, und alle Tage waren in dein Buch geschrieben." (Ps 139,13-16)

Im Buch Jesaja bezeichnet sich der Herr selbst als derjenige, „der dich von Mutterleibe an bereitet hat" (Jes 44,24). Weil das Leben eine Gabe Gottes ist, haben wir es zu achten und die moralische Pflicht, es zu schützen.

Gottes fortdauerndes schöpferisches Werk

Ist die Schöpfung beendet? Der Schöpfungsbericht schließt mit den Worten: „So wurden vollendet Himmel und Erde mit ihrem ganzen Heer." (1 Mo 2,1) Das Neue Testament bestätigt, daß Gottes Schöpfung „von Anbeginn der Welt" fertig war (Hbr 4,3).

Bedeutet das, daß Christi schöpferische Kraft nicht mehr wirkt? Nein; denn das schöpferische Wort wirkt weiter auf verschiedene Weise.

1. Christus und sein schöpferisches Wort. Viertausend Jahre nach der Schöpfung sagte ein römischer Hauptmann zu Jesus: „Sprich nur ein Wort, so wird mein Knecht gesund." (Mt 8,8)

Wie bei der Schöpfung sprach Jesus – und der Knecht wurde geheilt. Als Jesus auf der Erde war, hat die schöpferische Kraft, die einst den Körper Adams lebendig werden ließ, Tote auferweckt und Angefochtenen, die ihn um Hilfe baten, neues Leben geschenkt.

2. Das schöpferische Werk heute. Weder unsere Welt noch das Universum bestehen aus eigener Kraft. Gott, der sie schuf, erhält und trägt sie. Er ist es, „der den Himmel mit Wolken bedeckt und Regen gibt auf Erden; der Gras auf den Bergen wachsen läßt, der dem Vieh sein Futter gibt, den jungen Raben, die zu ihm rufen" (Ps 147,8.9; Hi 26,7-14). Er trägt alles durch sein Wort, und „es besteht alles in ihm" (Kol 1,17; Hbr 1,3).

Jede Zelle unseres Körpers ist abhängig von Gott; jeder Atemzug, jeder Herzschlag, jede Sinneswahrnehmung bezeugt die Liebe und Fürsorge des Schöpfers. „In ihm leben, weben und sind wir." (Apg 17,28)

Gottes schöpferische Kraft zeigt sich nicht nur in der Schöpfung, sondern auch bei der Erlösung und Erneuerung des Menschen. Gott erneuert das Herz (Jes 44,21-28; Ps 51,10). „Wir sind sein Werk", sagt Paulus, „geschaffen in Christus Jesus zu guten Werken." (Eph 2,10) „Darum, wenn jemand in Christus ist, so ist er eine neue Schöpfung." (2 Ko 5,17 EB)

Dieselbe Kraft, mit der Galaxien ihre Bahnen durch das Weltall ziehen, setzt Gott ein, um tiefgefallene Sünder aufs neue nach seinem Bild zu gestalten.

Diese erlösende, wiederherstellende Kraft ist aber nicht nur darauf beschränkt, Leben zu verändern; sie wird nach dem Endgericht eine herrliche Neuschöpfung hervorbringen, einen neuen Himmel und eine neue Erde nach seiner Verheißung (Jes 65,17-19; Offb 21;22).

Schöpfung und Erlösung

Schöpfung und Erlösung treffen in Christus zusammen. Er schuf das herrliche Universum und eine vollkommene Welt. Die Gegensätze wie auch die Parallelen zwischen Schöpfung und Erlösung sind bedeutsam.

Dauer der Schöpfung. Bei der Schöpfung sprach Christus sein gebietendes Wort, und sofort geschah es. Die Schöpfung war also nicht das Ergebnis langer Zeitabläufe, in denen sich die Welt verwandelt hätte. Vielmehr schuf er alles innerhalb von sechs Tagen. Weshalb aber dauerte es überhaupt sechs Tage? Hätte er nicht alles in einem Augenblick ins Leben rufen können?

Vielleicht hatte er Freude daran zu sehen, wie sich unser Planet in sechs Tagen entfaltete. Vielleicht hat diese „Zeitspanne" auch damit zu tun, daß er jedem Geschöpf seinen eigenen Wert geben wollte, oder es war sein Wunsch, dem Menschen die Sieben-Tage-Woche als Modell für Arbeit und Ruhe mitzugeben.

DIE SCHÖPFUNG

Anders dagegen die Erlösung. Sie wurde von Christus nicht einfach durch ein Wort verwirklicht, sondern erstreckt sich über Jahrtausende. Der Erlösungsvorgang umfaßt den Alten und den Neuen Bund, einschließlich der rund 33 Jahre, die Jesus auf der Erde verbrachte, und der fast 2.000 Jahre seines Dienstes als unser Fürsprecher im Himmel. Das ist eine große Zeitspanne – ungefähr 6.000 Jahre nach biblischer Zeitrechnung –, und noch immer sind die Menschen nicht in den Garten Eden zurückgekehrt.

Der Gegensatz zwischen der Zeitspanne, die für die Schöpfung benötigt wurde und der für eine Neuschöpfung erforderlichen, zeigt, daß Gottes Wirken immer auf das Wohl der Menschen ausgerichtet ist. Die kurze Zeitspanne für die Schöpfung entspricht dem Wunsch Gottes, vollendete Wesen zu schaffen, die sich an der Schöpfung erfreuen.

Die Erschaffung der Welt durch eine Entwicklung über Jahrmillionen in die Länge zu ziehen, hätte dem Wesen eines liebenden Gottes nicht entsprochen. Für die Neuschöpfung aber gewährt er viel Zeit, und das ist Ausdruck seines Wunsches, möglichst viele Menschen zu retten (2 Pt 3,9).

Christi schöpferisches Werk. In Eden sprach Christus das schöpferische Wort. In Bethlehem wurde „das Wort Fleisch und wohnte unter uns" (Jo 1,14), – der Schöpfer wurde Teil der Schöpfung. Welch eine tiefe Erniedrigung!

Wenn auch niemand Zeuge der Schöpfung durch Christus war, so gab es doch viele Zeugen des vollmächtigen Wirkens, durch das er den Blinden sehend machte (Jo 9,6.7), dem Stummen die Sprache schenkte (Mt 9,32.33), den Aussätzigen heilte (Mt 8,2.3), und die Toten ins Leben zurückrief (Jo 11,14-45; Mt 9,23; Lk 7,11-17).

Christus kam als der zweite Adam; das war ein Neuanfang für die Menschheit (Rö 5). Im Garten Eden stand einst der Baum des Lebens für den Menschen; auf Golgatha hängten sie den Sohn Gottes ans Holz. Im Paradies stand der Mensch aufrecht da als das Ebenbild Gottes. Auf dem Hügel Golgatha hing Jesus kraftlos am Kreuz, das Bild eines Verbrechers.

Am Freitag der Schöpfungswoche und am Freitag der Kreuzigung bezeugten die Worte „Es ist vollbracht", daß ein Werk vollendet worden war (1 Mo 2,2; Jo 19,30). Das eine vollendete Christus als Gott, das andere als Mensch; das eine in göttlicher Kraft, das andere in menschlichem Schmerz; das eine für eine begrenzte Zeit, das andere für die Ewigkeit; das eine als Folge des Sündenfalls, das andere als Sieg über Satan.

Es waren die göttlichen Hände Christi, die den ersten Menschen das Leben gaben; und es sind die durchbohrten blutigen Hände Christi, die ewiges Leben schenken. Denn der Mensch ist nicht nur einmal erschaffen worden; er kann neu geschaffen werden. Beide Schöpfungen sind das Werk Christi; keine von beiden ist aus sich selbst oder durch eine Entwicklung vor sich gegangen.

Geschaffen nach dem Bilde Gottes, sind wir dazu berufen, Gott zu verherrlichen. Da der Mensch die Krone der Schöpfung ist, lädt Gott jeden von uns ein, Gemeinschaft mit ihm zu pflegen und täglich die erneuernde Kraft Christi zu erbitten, damit wir sein Bild zu seiner Ehre immer reiner widerspiegeln.

Kapitel 7

Die Natur des Menschen

Mann und Frau wurden nach dem Bild Gottes geschaffen mit dem Vermögen und der Freiheit, als Persönlichkeit zu denken und zu handeln. Der Mensch ist eine unteilbare Einheit aus Leib, Seele und Geist und – obwohl als freies Wesen geschaffen – völlig abhängig von Gott. Als Adam und Eva, unsere ersten Eltern, Gott ungehorsam wurden, verleugneten sie ihre Abhängigkeit von ihm und verloren dadurch ihre hohe Stellung vor Gott. Das Bild Gottes in ihnen wurde entstellt, und sie wurden der Macht des Todes unterworfen. Seitdem stehen alle Menschen unter der Sünde mit allen ihren Folgen. Sie werden mit Schwachheit und Neigung zum Bösen geboren. Durch Christus aber versöhnte Gott die Welt mit sich selber, und durch den Heiligen Geist wird in sterblichen Menschen, die zur Umkehr bereit sind, das Bild ihres Schöpfers wiederhergestellt. Zur Ehre Gottes geschaffen, sind sie gerufen, ihn und einander zu lieben sowie für ihre Umwelt verantwortlich zu handeln.

„Gott sprach: Lasset uns Menschen machen, ein Bild, das uns gleich sei." Gott hat den Menschen, die Krone der Schöpfung, nicht allein durch sein Wort ins Leben gerufen, sondern er ließ sich herab, um sein Geschöpf aus dem Staub der Erde zu formen.

Dem fähigsten Bildhauer der Welt wäre es nicht möglich gewesen, ein solch vortreffliches Wesen zu entwerfen. Vielleicht wäre Michelangelo eine ausgezeichnete Form gelungen; aber wie wäre es da um den Körperbau und die Lebensvorgänge im Organismus bestellt? Nach Gottes Plan sind sie nicht nur ausgesprochen schön, sondern zeichnen sich auch durch optimale Funktionen aus.

Der Körper des Menschen war vollendet gestaltet; jedes Haar, die Augenlider und die Fingernägel waren geformt. Doch Gott war noch nicht fertig. Der Mensch sollte nicht Staub bleiben; sondern leben, denken, schaffen, sich entfalten. Der Schöpfer beugte sich über den Menschen „und blies ihm den Lebenshauch in die Nase. So wurde der Mensch lebendig" (1 Mo 2,7 GN; vgl. 1 Mo 1,26).

Gott kannte auch das Bedürfnis des Menschen nach Gemeinschaft. Deshalb sprach er: „Ich will ihm eine Hilfe machen, die ihm entspricht" (EB). Gott ließ Adam in „einen tiefen Schlaf" fallen, und während dessen nahm er eine Rippe aus seinem Körper und formte daraus die Frau (1 Mo 2,18.21.22).

„Gott schuf den Menschen nach seinem Bilde, nach dem Bild Gottes schuf er ihn; als Mann und Frau schuf er sie." (1 Mo 1,27 EB) Gott gab beiden seinen Segen, indem er sagte: „Seid fruchtbar und mehret euch und füllet die Erde und machet sie euch untertan und herrscht über die Fische im Meer und über die Vögel unter dem Himmel und über das Vieh und über alles Getier, das auf Erden kriecht." (1 Mo 1,28)

Ein Garten, prächtiger als jede Parkanlage, war das Heim für Adam und Eva. Bäume, Weinstöcke und Blütenpflanzen, alle Hügel und Täler waren von der Hand des Meisters ausgeschmückt. Es standen auch zwei besondere Bäume im Garten: der Baum des Lebens und der Baum der Erkenntnis des Guten und Bösen. Gott erlaubte Adam und Eva, von allen Bäumen des Gartens zu essen, nur nicht von dem Baum der Erkenntnis des Guten und Bösen (1 Mo 2,8.9.17).

Das Werk der Schöpfungswoche wurde vollendet, und es heißt: „Gott sah an alles, was er gemacht hatte, und siehe, es war sehr gut." (1 Mo 1,31)

Der Ursprung des Menschen

Heute ist man allgemein der Ansicht, daß das menschliche Leben durch biologische Prozesse, die Milliarden von Jahren gedauert haben, aus niederen Lebensformen entstanden sei (Evolutionstheorie). Solch eine Vorstellung aber kann mit dem Schöpfungsbericht nicht in Einklang gebracht werden. Die biblische Sicht tendiert vielmehr dahin, daß die Menschheit einem Prozeß des Niedergangs unterworfen ist.

Gott schuf den Menschen. Der Ursprung der Menschheit geht auf eine himmlische Beratung zurück, denn Gott sprach: „Lasset uns Menschen machen." (1 Mo 1,26) Die Formulierung in der Mehrzahl „uns" bezieht sich auf den dreieinigen Gott – Gott den Vater, Gott den Sohn, und Gott den Heiligen Geist (siehe Kap. 2 dieses Buches). Völlig eins in Sinn und Absicht, erschuf Gott den ersten Menschen (1 Mo 1,27).

Geschaffen aus dem Staub der Erde. Gott machte den Menschen „aus Erde vom Acker" (1 Mo 2,7); er benutzte also bereits vorhandene Materie. Dabei griff er aber nicht auf bereits bestehende Lebensformen zurück, beispielsweise auf die Meeres- oder Landtiere, sondern erst nachdem alle Organe ihrer Funktion entsprechend angelegt waren, blies Gott den „Odem des Lebens" in seine Nase. Damit wurde der Mensch ein lebendiges Wesen.

Geschaffen nach dem Bilde Gottes. Gott schuf die Tiere – Fische, Vögel, Reptilien, Insekten und Säugetiere – „ein jedes nach seiner Art" (1 Mo 1,21.24.25). Alle hatten ihre typische Form und die Fähigkeit, sich entsprechend zu verhalten und zu vermehren. Der Mensch dagegen wurde nach dem Bilde Gottes geschaffen, nicht nach irgend einem Vorbild aus dem Tierreich. Gott sagte: „Lasset uns Menschen machen, ein Bild, das uns gleich sei." (Vers 26)

Zwischen Mensch und Tier besteht ein ganz eindeutiger Unterschied. Der Stammbaum Jesu im Lukasevangelium gibt den klaren Hinweis auf den Ursprung der Menschheit, indem er unmißverständlich erklärt: „... der war ein Sohn Adams, der war Gottes" (Lk 3,38).

Die hohe Stellung des Menschen. Die Erschaffung des Menschen war der Höhepunkt des Schöpfungsgeschehens. Gott übertrug dem Menschen die Verantwortung für die Erde und das Leben darauf. L. Berkhof sagt von Adam: „Es war seine Aufgabe und zugleich sein Vorrecht, die ganze Natur und alle Geschöpfe, die seiner Herrschaft unterstellt waren, seinem Willen und seinen Zielen dienstbar zu machen. Auf diese Weise konnte er zusammen mit der ganzen wunderbaren Schöpfung den allmächtigen Schöpfer und Herrn des Universums verherrlichen (1 Mo 1,28; Ps 8,4-9)."[1]

Die Einheit der Weltbevölkerung. Die Geschlechtsregister im 1. Buch Mose zeigen, daß alle folgenden Generationen vom ersten Menschenpaar, das heißt von Adam und Eva abstammen. Als Menschen haben wir alle die gleiche Natur; wir bilden eine genetische und stammesmäßige Einheit. Paulus sagte: „Er [Gott] hat aus einem [einzigen] Menschen das ganze Menschengeschlecht gemacht, damit sie auf dem ganzen Erdboden wohnen ..." (Apg 17,26)

Weitere Hinweise auf den gemeinsamen Ursprung der Menschheit geben die folgenden Aussagen der Bibel. Durch Adams Übertretung sind Sünde und Tod zu *allen* Menschen durchgedrungen. Und durch Christus wird *allen* die Erlösung angeboten (Rö 5,12.19; 1 Ko 15,21.22).

Die Einheit der menschlichen Natur

Was kennzeichnet den Menschen? Besteht er etwa aus einzelnen, voneinander unabhängigen Teilen wie Leib, Seele und Geist?

Der Lebensodem. „Da machte Gott, der Herr, den Menschen aus Erde vom Acker und blies ihm den Odem des Lebens in seine Nase. Und so ward der Mensch ein lebendiges Wesen." (1 Mo 2,7)

Als Gott „Erde vom Acker" zu einem lebendigen Wesen machte, „blies" er den „Odem des Lebens" in die Nase des leblosen Körpers. Dieser Odem des Lebens ist „der Odem des Allmächtigen" (Hi 33,4), der das Leben schenkt. Wir könnten den Vergleich mit dem elektrischen Strom heranziehen. Auf dem grauen Bildschirm eines Fernsehgerätes entstehen farbige, bewegte Bilder, wenn das Gerät eingeschaltet wird. Elektrizität läßt dort, wo zuvor nichts wahrzunehmen war, Bild und Ton entstehen.

Der Mensch, eine lebendige Seele. Was hat der Lebensodem bewirkt? Als Gott den Menschen aus Erde geformt hatte, waren alle

---

[1] L. Berkhof, „Systematic Theology", S. 183.

Organe vorhanden: Herz, Lungen, Nieren, die Leber, Milz und das Gehirn. Alles war vollkommen, aber funktionslos. Da blies Gott den Odem des Lebens in die Materie, „und so wurde der Mensch eine lebendige Seele" (1 Mo 2,7 EB).

Nach dem Bericht der Schrift läßt sich folgende Gleichung aufstellen: Erde vom Acker (Materie) + Lebensodem = das Lebewesen oder eine „lebendige Seele".

Der „Lebensodem" ist allerdings nicht allein auf Menschen beschränkt. Jedes lebendige Geschöpf besitzt ihn. Sowohl die Tiere, die mit Noah in die Arche gingen, als auch die anderen, die in der Flut umkamen, hatten nach Aussage der Bibel diesen „Odem des Lebens" (1 Mo 7,15.22).

Dort wo in unseren Bibelübersetzungen „lebendiges Wesen",[1] „lebendige Seele"[2] oder „lebende Seele"[3] steht, findet sich der hebräische Ausdruck *näphäsch chajjah*. Diese Formulierung wird nicht nur für Menschen gebraucht, sondern auch für Meerestiere, Insekten, Reptilien und Landtiere (1 Mo 1,20.24; 2,19).

Näphäsch, das Wort, das als „Wesen" oder „Seele" übersetzt wird, geht zurück auf *naphasch* (atmen). Im Griechischen des Neuen Testaments entspricht dem das Wort *psyche*. „Da der Atem der offenkundigste Beweis für Leben ist, bezeichnet *näphäsch* seiner Grundbedeutung nach den Menschen als ein lebendiges Wesen, als eine Person."[4] Wenn *näphäsch* auf Tiere angewendet wird, wie es im Schöpfungsbericht geschieht, werden sie damit als lebende Geschöpfe bezeichnet, die aus der Hand Gottes hervorgegangen sind.

Bemerkenswerterweise sagt die Bibel: Der Mensch *wurde* eine lebendige Seele. Im Schöpfungsbericht gibt es keinen Hinweis darauf, daß der Mensch eine Seele *erhalten* hätte – etwas Eigenständiges also, das sich bei der Schöpfung mit dem Körper vereint hätte.

Eine untrennbare Einheit. Die Bedeutung des Schöpfungsberichts für das richtige Verständnis des Wesens „Mensch" kann nicht

---

[1] Lutherübersetzung 1984, Zürcher Übersetzung.
[2] Lutherübersetzung 1912.
[3] Rev. Elberfelder Bibel 1985.
[4] „Seele" in „Seventh-day Adventist Encyclopedia", S. 1361.

genügend hervorgehoben werden. Indem die Schrift die organische Einheit klar umreißt, stellt sie den Menschen als eine Ganzheit dar. Wie aber sind nun die Begriffe „Seele" und „Geist" mit der Natur des Menschen in Einklang zu bringen?

1. Die biblische Bedeutung des Begriffes „Seele". Wie bereits erwähnt, ist das Wort „Seele" eine Übersetzung des hebräischen *näphäsch*. In 1. Mose 2,7 bezeichnet es den Menschen als lebendiges Wesen, dem der Lebensodem eingehaucht worden ist.

„In gleicher Weise entsteht immer dann, wenn ein Mensch geboren wird, eine Seele. Jede Seele ist eine neue Lebenseinheit, die auf einzigartige Weise verschieden und von ähnlichen Einheiten getrennt existiert.

Dieses Merkmal der Individualität, das jedes Lebewesen einzigartig macht, liegt dem Gedanken zugrunde, den der hebräische Begriff *näphäsch* unterstreichen möchte. Wenn *näphäsch* so verstanden wird, geht es nicht um einen Teil der Person, sondern um die Person selbst. Folglich findet sich an vielen Stellen für *näphäsch* auch die Übersetzung *Leute, Mensch, Person (jemand)* oder *selbst* (vgl. 1 Mo 12,5; 14,21; 3 Mo 2,1; 4,2; 11,43; 4 Mo 31,40; usw.).

Andererseits sind Ausdrücke wie ‚meine Seele', ‚deine Seele', ‚seine Seele' usw. allgemeine Umschreibungen für das Personalpronomen (vgl. 1 Mo 12,13: ‚ich'; 5 Mo 12,20: ‚dich'; 3 Mo 11,43.44: ‚euch'; 4 Mo 5,6: ‚ihnen'; Ps 3,3: ‚mir'). Häufig findet sich in deutschen Bibelübersetzungen für *näphäsch* auch das Wort ‚Leben' (1 Mo 9,4; 1 Sam 19,5; Hi 2,4.6; Ps 31,14 usw.).

Näphäsch bezeichnet zudem den Sitz der Wünsche, Gelüste und Begierden des Menschen (5 Mo 23,25: ‚Wunsch'; 5 Mo 12,20.21: ‚Gelüste'; Pred 6,7 EB). Auch Gefühle und Liebe entspringen der Seele (Ps. 86,4; Hld 1,7). Besondere Beachtung verdienen Texte, die davon sprechen, daß *näphäsch* getötet werden (4 Mo 31,19) und sterben bedeutet (Ri 16,30: ich; Hes 18,4: jeder – EB), ja sich sogar auf einen Toten beziehen kann (4 Mo 5,2; 4 Mo 9,6.7.10; 3 Mo 19,28.)

Der Gebrauch des Wortes *psyche* im Neuen Testament entspricht dem des Wortes *näphäsch* im Alten Testament. Es bezieht sich sowohl auf das Leben der Tiere als auch auf das Leben der Menschen (Offb 16,3). Oft wird es mit ‚Leben' übersetzt (Mt 2,20; 6,25; 10,39; 16,25); in einigen Texten bezeichnet es einfach ‚Menschen' (Apg 7,14; 27,37; Rö 13,1: ‚jedermann'; 1 Pt 3,20), in anderen ist es lediglich Ersatz für das Personalpronomen (Mt 12,18; 2 Ko 12,15). Manchmal steht es in Verbindung mit Gefühlen (Mk 14,34; Lk 2,35; Apg 14,2), dem Denken (Phil 1,27: ‚einmütig') oder auch dem Herzen (Eph 6,6) des Menschen."[1]

Die *psyche* ist nicht unsterblich, sondern dem Tode unterworfen (Offb 16,3) und kann zerstört werden (Mt 10,28).

Aus dem biblischen Befund läßt sich daher belegen, daß sowohl *näphäsch* als auch *psyche* mitunter den ganzen Menschen, an anderen Stellen nur besondere Aspekte des Menschen beschreiben, so seine Stimmungen, Gefühle, Neigungen oder sein Empfinden. Dieser Gebrauch läßt jedoch in keiner Weise den Schluß zu, daß der Mensch aus einzelnen Teilen besteht. Körper und Seele existieren nur zusammen, bilden eine untrennbare Einheit. Kein Bibeltext bietet einen Anhaltspunkt dafür, daß die Seele nach dem Tode des Menschen als selbständige Einheit mit eigenem Bewußtsein weiterbesteht.

2. Die biblische Bedeutung des Begriffes „Geist". Während das hebräische Wort *näphäsch* die Person und Individualität des Menschen kennzeichnet, steht das hebräische Wort *ruach* (Geist) für den Lebensfunken, der die individuelle Existenz ermöglicht. *Ruach* bezeichnet die göttliche Lebenskraft oder das Prinzip, das dem Menschen das Leben gibt.

„Das Wort *ruach* kommt im Text des Alten Testaments 377mal vor. Sehr häufig wird es mit *Geist*, *Wind* oder *Odem (Atem)* übersetzt (1 Mo 8,1 usw.). Es wird zudem benutzt, um die Vitalität (Ri 15,19), die Atemlosigkeit und Verzagtheit (Jos 2,11), das Temperament bzw. den Zorn (Ri 8,3), die seelische Verfassung (1 Sam 1,15; Jes 54,6) oder den sittlichen Charakter (Hes 11,19) des Menschen zu beschreiben.

Wenn es um den Atem oder Odem geht, ist *ruach* bei Mensch und Tier identisch (Pred 3,19). *Ruach* verläßt den Körper des Men-

---

[1] „Seele" in D. F. Neufeld (Hg.), „Seventh-day Adventist Bible Dictionary", 2. Aufl., Review and Herald, Washington, D. C., 1979, S. 1061.

schen beim Tod (Ps 146,4) und kehrt zu Gott zurück (Pred 12,7; vgl. Hi 34,14). *Ruach* bezeichnet häufig auch den Geist Gottes, so in Jesaja 63,10. Das Alte Testament verwendet *ruach* in Bezug auf den Menschen nie im Sinne eines intelligenten, empfindsamen Wesens, das getrennt vom Körper existieren könnte.

Das entsprechende Wort für *ruach* im Neuen Testament ist *pneuma*. Es geht auf den Wortstamm *pneo* mit der Bedeutung ‚wehen' oder ‚atmen' zurück. Ebenso wie bei *ruach* deutet auch bei *pneuma* nichts auf einen Teil im Menschen hin, der losgelöst vom Körper als selbständiges Wesen mit Bewußtsein existieren könnte. Vom neutestamentlichen Gebrauch her hat es ebenfalls keine derartige Bedeutung, sofern es sich auf Menschen bezieht.

In Textstellen wie Römer 8,15; 1. Korinther 4,21; 2. Timotheus 1,7 und 1. Johannes 4,6 bezeichnet *pneuma* die Haltung oder den Gefühlszustand. Andererseits werden mit diesem Begriff auch Wesensmerkmale einer Person beschrieben, so in Galater 6,1; Römer 12,11 usw. Wie *ruach* so geht auch *pneuma* beim Tod zurück zu Gott (Lk 23,46; Apg 7,59). Ferner wird *pneuma* auch für den Geist Gottes gebraucht (1 Ko 2,11.14; Eph 4,30; Hbr 2,4; 1 Pt 1,12; 2 Pt 1,21 usw.)."[1]

3. Die Einheit von Leib, Seele und Geist. In welchem Verhältnis stehen Leib, Seele und Geist zueinander? Wie wird dadurch die Einheit des Menschen geprägt?

a) Eine Einheit mit zwei Seiten. Obwohl die Natur des Menschen von der Bibel als Einheit gesehen wird, klärt sie das Verhältnis zwischen Leib, Seele und Geist nicht ganz genau. An manchen Stellen sind die Begriffe „Geist" und „Seele" austauschbar. Beachten wir zum Beispiel den Parallelismus im Lobgesang der Maria: „Meine Seele erhebt den Herrn, und mein Geist freut sich Gottes, meines Heilandes." (Lk 1,46.47)

Einmal beschreibt Jesus den Menschen als „Leib" und „Seele" (Mt 10,28), Paulus dagegen spricht in einem anderen Zusammenhang von „Leib" und „Geist" (1 Ko 7,34). Im ersten Text bezeichnet „Seele" die höheren Fähigkeiten des Menschen, vermutlich den

---

[1] „Seele" in „Seventh-day Adventist Bible Dictionary", S. 1064.

Verstand, durch den die Verbindung mit Gott aufgenommen werden kann. Im zweiten Text bezieht sich das Wort „Geist" auf diese höheren Fähigkeiten. In beiden Fällen ist im Begriff „Leib" sowohl die körperliche als auch die gefühlsmäßige Seite einer Person eingeschlossen.

b) Eine Einheit mit drei Seiten. Der Mensch wird demnach in der Bibel allgemein als eine Einheit mit zwei Funktionen bzw. Aspekten verstanden. Doch es gibt eine Ausnahme. Paulus, der von der Einheit aus Körper und Geist sprach, bezeichnet das Individuum auch als Einheit mit drei Seiten. Er schrieb: „Er aber, der Gott des Friedens, heilige euch durch und durch und bewahre euren Geist samt Seele und Leib unversehrt, untadelig für die Ankunft unseres Herrn Jesus Christus." (1 Th 5,23) In diesem Text gibt Paulus seinem Wunsch Ausdruck, daß keine Seite einer Person von der Heiligung ausgeschlossen sein möge.

Hier kann „Geist" folgendermaßen verstanden werden: „Es geht um die höheren, von Gott geschenkten Fähigkeiten wie Intelligenz und Denkvermögen. Durch sie kann der Geist Gottes mit dem Menschen in Verbindung treten (vgl. Rö 8,16). Lassen wir unseren Verstand auf diesem Wege durch das Wirken des Heiligen Geistes erneuern, so wird der Mensch in das Bild Christi verwandelt (vgl. Rö 12,1.2).

Wenn der Begriff ‚Seele' von ‚Geist' unterschieden wird, können wir darunter jenen Bereich der Natur des Menschen verstehen, der sich durch Triebe, Gefühle und Wünsche ausdrückt. Auch diese Seite des Menschen kann geheiligt werden. Wenn die Gedankenwelt durch das Einwirken des Heiligen Geistes mit Gottes Willen in Übereinstimmung gebracht ist und der geheiligte Verstand über die niedere Natur die Herrschaft gewonnen hat, werden auch die Triebe, die sonst gegen Gott gerichtet sind, seinem Willen unterworfen."[1]

Der Begriff „Leib" bezeichnet den Körperbau, bestehend aus Fleisch, Blut und Knochen. Der Leib wird entweder von der höheren oder niederen Natur beherrscht.

---

[1] „The Seventh-day Adventist Bible Commentary", Bd. 7, S. 257.

Daß Paulus zuerst vom „Geist", dann von der „Seele" und schließlich vom „Leib" redet, ist kein Zufall. Wenn der Geist geheiligt ist, steht die Gedankenwelt unter göttlicher Leitung. Die geheiligten Gedanken wiederum haben einen heiligenden Einfluß auf die Seele, also auf Wünsche, Gefühle und Gemütsbewegungen. Wo sich Heiligung vollzieht, wird der Mensch mit seinem Körper keinen Mißbrauch treiben und sich weithin guter Gesundheit erfreuen.

So wird der „Leib" zu einem geheiligten anvertrauten Gut, mit dem der Christ seinem Herrn und Heiland dienen kann. Der Aufruf des Apostels Paulus zur Heiligung hat seine Wurzel eindeutig im Verständnis von der Einheit der menschlichen Natur. Er zeigt, daß eine aufgeschlossene Vorbereitung auf die Wiederkunft Christi notwendigerweise die ganze Person einschließt – also Geist, Seele und Leib.

c) Eine untrennbare Einheit. Jedes menschliche Wesen bildet also eine untrennbare Einheit: Leib, Seele und Geist sind völlig aufeinander abgestimmt. Die geistigen, gefühlsmäßigen und körperlichen Bereiche einer Person sind aufs engste miteinander verwoben. Schwächen auf dem einen Gebiet wirken sich auch auf die anderen negativ aus. Ein kranker und verwirrter Geist wird die Gefühlslage wie auch die körperliche Gesundheit beeinträchtigen.

Auch das Gegenteil trifft zu: Ein geschwächter, kranker Körper beeinträchtigt in der Regel die Gefühlslage und die geistige Gesundheit. Diese Wechselwirkungen lassen erkennen, daß Gott einem jeden von uns Verantwortung dafür übertragen hat, auf eine gesunde, ausgewogene Lebensweise zu achten. Auch das gehört zum göttlichen Plan, das Bild des Schöpfers im Menschen wiederherzustellen.

Der Mensch als Bild Gottes

Die beiden Menschen, die Gott am sechsten Tage schuf, wurden „zu seinem Bilde" gemacht (1 Mo 1,27). Was bedeutet das?

Geschaffen zum Bilde Gottes. Zuweilen wird behauptet, die sittliche und geistige Größe des Menschen offenbare etwas von der sittlichen und geistigen Größe Gottes. Da aber die Bibel den Menschen als untrennbare Einheit von Leib, Geist und Seele darstellt, muß auch der Körper des Menschen etwas vom Bilde Gottes widerspiegeln. Aber ist Gott nicht ein Geistwesen? Wie kann einem Geist Form und Gestalt zugeschrieben werden?

Überlegungen über das Wesen der Engel machen deutlich, daß sie ebenfalls Geistwesen sind (Hbr 1,7.14). Dennoch erscheinen sie mitunter in menschlicher Gestalt (1 Mo 18,1-19,22; Da 9,21; Lk 1,11-38; Apg 12,5-10).

Die Bibel berichtet, daß einige wenige Menschen Gott andeutungsweise gesehen haben. Mose, Aaron, Nadab, Abihu und die siebzig Ältesten sahen beispielsweise seine Füße (2 Mo 24,9-11). Gott war zwar nicht bereit, Mose sein Angesicht zu zeigen, dennoch durfte er Gott „von hinten sehen", während der seine Hand beim Vorübergehen über Mose hielt (2 Mo 33,20-23 EB).

Gott erschien dem Propheten Daniel in einer Gerichtsszene als einer, der uralt war und auf einem Thron saß (Da 7,9.10). Christus selbst wird als „das Ebenbild des unsichtbaren Gottes" (Kol 1,15) und „das Ebenbild seines Wesens" (Hbr 1,3) bezeichnet. Diese Aussagen der Schrift scheinen darauf hinzudeuten, daß Gott ein persönliches Wesen ist und eine eigene Gestalt hat. Das sollte uns nicht überraschen, denn es heißt ja, daß der Mensch nach dem Bilde Gottes geschaffen wurde.

Ferner lesen wir: Der Mensch wurde „niedriger ... als die Engel" (Hbr 2,7) geschaffen. Adam mag noch keine Erfahrung, wenig Einsicht und keinen ausgereiften Charakter gehabt haben, aber es heißt: ... er wurde „aufrichtig" geschaffen (Pred 7,29), war also von moralischer Rechtschaffenheit.[1] Indem er auf sittlicher Ebene dem Bild Gottes entsprach, war er sowohl gerecht als auch heilig (vgl. Eph 4,24); er war Teil der Schöpfung Gottes, die als „sehr gut" bezeichnet worden war (1 Mo 1,31).

Der Mensch war also in sittlicher Hinsicht nach dem Bilde Gottes geschaffen und hatte folglich auch die Möglichkeit, seinem Schöpfer Liebe und Treue zu erweisen. Er hatte Entscheidungsfreiheit und konnte nach sittlichen Geboten denken und handeln. Er

---

[1] „The Seventh-day Adventist Bible Commentary", Bd. 3, S. 1090.

war frei zu lieben und zu gehorchen oder aber zu mißtrauen und ungehorsam zu sein.

Gott nahm das Risiko auf sich, daß der Mensch auch die falsche Entscheidung treffen konnte. Doch nur in der Freiheit des Willens konnte er einen Charakter entwickeln, der sich von der Liebe leiten läßt, die Gottes ureigenstes Wesen ist (1 Jo 4,8). Er war dazu ausersehen, das Bild Gottes im besten Sinne darzustellen: Gott von ganzem Herzen, von ganzer Seele und von ganzem Gemüte zu lieben und seinen Nächsten wie sich selbst (Mt 22,36-40).

Geschaffen zur Gemeinschaft. Gott sprach: „Es ist nicht gut, daß der Mensch allein sei" (1 Mo 2,18), und er schuf Eva. So wie es drei Personen der Gottheit gibt, die in einem Liebesverhältnis zueinander stehen, so sind auch wir zur Gemeinschaft miteinander geschaffen, wie sie sich in Freundschaften und in der Ehe findet. In mitmenschlichen Beziehungen haben wir Gelegenheit, für andere da zu sein. Menschsein bedeutet auf das Miteinander angelegt zu sein. Die Entfaltung dieser Seite der Ebenbildlichkeit ist Grundlage der Harmonie und des Glückes im Reiche Gottes.

Geschaffen als Verwalter der Umwelt. Gott sprach: „Lasset uns Menschen machen, ein Bild, das uns gleich sei, die da herrschen über die Fische im Meer und über die Vögel unter dem Himmel und über das Vieh und über alle Tiere des Feldes und über alles Gewürm, das auf Erden kriecht." (1 Mo 1,26)

Hier spricht Gott in einem Atemzug von der Erschaffung des Menschen nach seinem Bilde und von der Herrschaft des Menschen über die Schöpfung. Gott setzte Adam als seinen Bevollmächtigten ein. Tiere können die Herrschaft Gottes nicht verstehen, aber viele Tiere sind fähig, dem Menschen zu gehorchen und ihm nützlich zu sein.

David schreibt im Blick auf den Menschen: „Du hast ihn zum Herrn gemacht über deiner Hände Werk, alles hast du unter seine Füße getan." (Ps 8,7) Diese hohe Stellung zeigt, wie der Mensch mit Ehre und Herrlichkeit gekrönt wurde. Ihm ist die Verantwortung übertragen, über die Welt zu herrschen und dabei Gottes Güte widerzuspiegeln. Wir sind also weder das Opfer unglücklicher Verhältnisse noch werden wir von unberechenbaren Kräften beherrscht. Gott hat uns vielmehr dazu bestimmt, unsere Umwelt positiv und aktiv zu gestalten. Jede Situation, in die wir geraten, sollten wir als eine Möglichkeit ansehen, den Willen Gottes zu tun.

Diese Verantwortlichkeit ist für uns zugleich der Schlüssel, um in einer Welt der Zerrüttung und Zerrissenheit zwischenmenschliche Kontakte zu pflegen und zu verbessern. Dabei bekommen wir auch die Antwort, wie wir zu reagieren haben auf die Ausbeutung der natürlichen Rohstoffquellen unserer Erde und die rücksichtslose Verschmutzung von Luft und Wasser, die die Lebensqualität ständig sinken lassen. Die Anerkennung und Verwirklichung des biblischen Menschenbildes ist die einzige Sicherheit für unsere Zukunft.

Geschaffen, um gottähnlich zu handeln. Wir sind dazu bestimmt, gottähnlich zu handeln, weil wir nach seinem Bilde geschaffen sind. Zwar sind wir menschlich und nicht göttlich, sollen aber in all unseren Lebensbereichen im Sinne unseres Schöpfers handeln. Das vierte Gebot weist hin auf diesen Auftrag, wenn es dazu auffordert, an den ersten sechs Tagen der Woche zu arbeiten und am siebenten zu ruhen so wie unser Schöpfer (2 Mo 20,8-11).

Mit bedingter Unsterblichkeit geschaffen. Bei der Schöpfung waren unsere Stammeseltern unsterblich. Allerdings war diese Unsterblichkeit an die Bedingung geknüpft, Gott gehorsam zu sein. Wohl hatten Adam und Eva Zutritt zum Baum des Lebens; und ihre Bestimmung war es, zu leben in Ewigkeit. Der Verlust der Unsterblichkeit war aber angedroht, wenn sie – entgegen dem Gebot Gottes – vom Baum der Erkenntnis des Guten und Bösen essen würden. Ungehorsam hätte den Tod zur Folge (1 Mo 2,17; vgl. 1 Mo 3,22).

Der Sündenfall

Obwohl Adam und Eva nach dem Bilde Gottes vollkommen erschaffen waren und in einer makellosen Umgebung lebten, wurden sie zu Übertretern des göttlichen Gebotes. Wie konnte eine so erschreckende Veränderung eintreten?

Der Ursprung der Sünde. Wenn Gott eine „sehr gute" Welt geschaffen hatte, wie konnte dann die Sünde aufkommen?

1. Gott und der Ursprung der Sünde. Ist der Schöpfergott zugleich auch Urheber der Sünde? Die Schrift weist darauf hin, daß Gott heilig ist (Jes 6,3), und keine Ungerechtigkeit ist in ihm. „Seine Werke sind vollkommen; denn alles, was er tut, das ist recht. Treu ist Gott und kein Böses an ihm, gerecht und wahrhaftig ist er." (5 Mo 32,4)

Weiter heißt es in der Schrift: „Es sei ferne, daß Gott sollte gottlos handeln und der Allmächtige ungerecht." (Hi 34,10) „Denn Gott kann nicht versucht werden zum Bösen, und er selbst versucht niemand." (Jak 1,13) Er haßt die Sünde (Ps 5,5; 11,5). Gottes Schöpfung war am Anfang „sehr gut" (1 Mo 1,31). Der Ursprung der Sünde ist keineswegs in Gott, vielmehr ist er „der Urheber des ewigen Heils geworden" (Hbr 5,9).

2. Der Urheber der Sünde. Gott hätte den Einbruch der Sünde in das Universum verhindern können, wenn er beispielsweise Roboter geschaffen hätte, die von seinem Willen gesteuert würden. Aber in seiner Liebe wollte Gott Geschöpfe machen, die von sich aus seine Liebe erwidern könnten. Das ist aber nur möglich für den, der einen freien Willen hat.

Indem Gott seinen Geschöpfen diese Freiheit gewährte, ging er das Risiko ein, daß sie sich von ihm abwenden könnten. Luzifer, einer der höchsten Engelfürsten, nährte Hochmut in seinem Herzen (Hes 28,17; vgl. 1 Tim 3,6). Er war mit der Macht und Stellung, die Gott ihm zugewiesen hatte (vgl. Jud 6), nicht zufrieden und trachtete danach, selber so zu werden wie Gott (Jes 14,12-14).

Bei dem Versuch, das Universum zu beherrschen, säte dieser gefallene Engel Unzufriedenheit aus und es gelang ihm, viele andere Engel auf seine Seite zu ziehen. Der sich daraus entwickelnde Kampf endete damit, daß Luzifer – nun als Satan bezeichnet – samt seinen Engeln ausgestoßen wurde aus dem Himmel (Offb 12,4.7-9; siehe auch Kap. 8 dieses Buches).

3. Der Ursprung der Sünde bei den Menschen. Der aus dem Himmel Verstoßene versuchte nun andere Geschöpfe in die Empörung gegen Gott mit hineinzuziehen. Satan richtete sein Augenmerk auf die soeben erschaffenen Menschen. Wie könnte er Adam und Eva zur Auflehnung gegen Gott verführen? Sie lebten in einer vollkommenen Welt, und für all ihre Bedürfnisse hatte der Schöpfer gesorgt. Wie könnten sie jemals unzufrieden sein und dem mißtrauen, der die Quelle ihres Daseins war? Der Bericht über den Sündenfall gibt die Antwort.

Um das erste Menschenpaar zu verführen, wählte Satan einen listig berechneten Augenblick mangelnder Aufmerksamkeit. Er trat zu Eva, als sie sich nahe am Baum der Erkenntnis des Guten und Bösen aufhielt. Getarnt in der Gestalt einer Schlange, fragte er sie nach dem Verbot, von diesem Baum zu essen.

Eva bekräftigte die Aussage Gottes, daß das Essen von diesem Baum den Tod zur Folge haben würde. Satan behauptete dagegen: „Ihr werdet keineswegs des Todes sterben." Er weckte Evas Neugier, indem er unterstellte, der Schöpfer wolle ihr nur eine großartige Erfahrung vorenthalten – nämlich so zu sein wie Gott (1 Mo 3,4.5).

In diesem Augenblick wurde der Zweifel an Gottes Wort geboren. Eva ließ sich blenden von den Möglichkeiten, die der Genuß der Frucht eröffnen würde. Die Versuchung untergrub ihre geheiligten Gedanken.

Der Glaube an das Wort Gottes wurde abgelöst durch die Verlockung, auf Satan zu hören. Plötzlich entstand in ihr die Vorstellung, „daß von dem Baum gut zu essen wäre und daß er eine Lust für die Augen wäre und verlockend, weil er klug machte". In ihrer aufkeimenden Unzufriedenheit erlag Eva der Versuchung, so sein zu wollen wie Gott. „Sie nahm von der Frucht und aß und gab ihrem Mann, der bei ihr war, auch davon, und er aß." (1 Mo 3,6)

Indem Eva mehr auf ihre Sinne vertraute als auf Gottes Wort, löste sie sich aus der Abhängigkeit von Gott und fiel in Sünde. So ist der Sündenfall des Menschen in erster Linie ein Vertrauensbruch gegenüber Gott und seinem Wort. Unglaube führte zum Ungehorsam, und der weitete sich aus zur Trennung zwischen Gott und dem Menschen.

Auswirkungen der Sünde. Welche waren die unmittelbaren wie auch die langfristigen Folgen der Sünde? Wie wirken sie sich aus auf die Natur des Menschen? Gibt es Möglichkeiten zur Beseitigung der Sünde und Wiederherstellung der ursprünglichen menschlichen Natur?

1. Die unmittelbaren Folgen. Erste Folge der Sünde war eine Veränderung der menschlichen Natur, die spürbar wurde in den zwischenmenschlichen Beziehungen und im Verhältnis zu Gott. Die angeblich großartige und „die Augen öffnende" Erfahrung bewirkte in Adam und Eva zuerst einmal Schamgefühl (1 Mo 3,7).

Anstatt Gott gleich zu sein, wie es Satan versprochen hatte, fürchteten sie sich vor Gott und versuchten, sich vor ihm zu verstecken (1 Mo 3,8-10).

Als Gott Adam und Eva ihrer Sünde wegen befragte, waren sie nicht bereit, ihren Fehler einzugestehen, sondern versuchten die Schuld abzuwälzen. Adam sagte: „Das Weib, das du mir zugesellt hast, gab mir von dem Baum, und ich aß." (1 Mo 3,12)

Aus dieser Entschuldigung war klar herauszuhören, daß Eva – und damit indirekt auch Gott – für Adams Sünde verantwortlich sei. Damit wurde deutlich, daß die Sünde sein Verhältnis zu Eva und auch zu Gott untergraben hatte. Eva wiederum beschuldigte die Schlange (1 Mo 3,13).

Die schrecklichen Folgen machen offenbar, wie schwerwiegend die Übertretung war. Satans Medium, die Schlange, wurde von Gott verflucht; fortan sollte sie auf dem Bauche kriechen (1 Mo 3,14). Und zu der Frau sprach Gott: „Ich will dir viel Mühsal schaffen, wenn du schwanger wirst; unter Mühen sollst du Kinder gebären. Und dein Verlangen soll nach deinem Manne sein, aber er soll dein Herr sein." (1 Mo 3,16)

Weil Adam auf Eva statt auf die Stimme Gottes gehört hatte, wurde die Erde verflucht. Sorge und Mühe sollten fortan die Arbeit begleiten. „Verflucht sei der Acker um deinetwillen! Mit Mühsal sollst du dich von ihm nähren dein Leben lang. Dornen und Disteln soll er dir tragen, und du sollst das Kraut auf dem Felde essen. Im Schweiße deines Angesichts sollst du dein Brot essen, bis du wieder zu Erde werdest, davon du genommen bist." (1 Mo 3,17-19)

Mit den Worten: „Du bist Erde und sollst zu Erde werden" (1 Mo 3,19) betonte Gott noch einmal, daß sein Gesetz unveränderlich ist und jede Übertretung zum Tode führt. Gott vollstreckte sein Urteil, indem er die Übertreter aus dem Garten Eden trieb. Die unmittelbare Gemeinschaft zu Gott (1 Mo 3,8) und der Zugang zum Baum des Lebens, der Quelle ewigen Lebens, war unterbrochen. Adam und Eva waren dem Tode verfallen (1 Mo 3,22).

2. Das Wesen der Sünde. Die Schrift, insbesondere der Bericht vom Sündenfall, macht deutlich, daß Sünde ein moralisches Übel ist. Es ist möglich, daß sich ein Geschöpf kraft der ihm verliehenen Willensfreiheit bewußt gegen den offenbarten Willen Gottes entscheidet (1 Mo 3,1-6; Rö 1,18-22).

a) Eine Definition. Biblische Erklärungen des Begriffes Sünde umreißen folgende Gedanken: „Sünde ist Gesetzlosigkeit" (1 Jo 3,4 EB) oder „Übertretung des Gesetzes" (ZB), eine Unterlassung; denn wenn jemand „weiß Gutes zu tun und tut's nicht, dem ist es Sünde" (Jak 4,17), aber auch nicht zu verantwortendes Tun, denn „was nicht aus dem Glauben kommt, das ist Sünde" (Rö 14,23).

Eine umfassende Definition lautet: „Sünde ist jede Abweichung vom bekannten Willen Gottes, entweder durch Unterlassung von etwas, was Gott ausdrücklich geboten hat, oder durch eine Tat, die er ausdrücklich verboten hat."[1]

Wo Sünde herrscht, gibt es keine Neutralität. Christus sagte: „Wer nicht mit mir ist, der ist gegen mich." (Mt 12,30) Nicht an ihn glauben ist ebenfalls Sünde (Jo 16,9). Die Sünde kennt keine Schranken; sie ist Rebellion gegen Gott und seinen Willen. Jede Sünde, klein oder groß, zieht das Urteil „schuldig" nach sich. Darum: „Wenn jemand das ganze Gesetz hält und sündigt gegen ein einziges Gebot, der ist am ganzen Gesetz schuldig." (Jak 2.10)

b) Sünde schließt Gedanken wie auch Taten ein. Oft wird nur dann von Sünde gesprochen, wenn durch konkrete und offenkundige Taten das Gesetz übertreten worden ist. Aber Jesus hat gesagt, daß beispielsweise das sechste Gebot „Du sollst nicht töten!" (2 Mo 20,13) bereits dann übertreten wird, wenn man seinem Mitmenschen zürnt; und durch begehrliche Blicke wird gegen das Gebot verstoßen „Du sollst nicht ehebrechen" (2 Mo 20,14). Folglich ist nicht erst die sichtbare Übertretung des Gesetzes als Sünde zu bezeichnen, sondern schon die vorausgegangenen Gedanken und Wünsche.

---

[1] „Sünde" in „Seventh-day Adventist Bible Dictionary", S. 1042.

c) Sünde und Schuld. Sünde macht schuldig. Aus biblischer Sicht bedeutet Schuld, daß der Sünder einer Strafe verfallen ist. Und weil alle Menschen Sünder sind, ist die ganze Welt „vor Gott schuldig" (Rö 3,19).

Wenn Schuld auf dem Menschen lastet, zerstört sie seine körperlichen, geistigen und geistlichen Fähigkeiten, und am Ende führt sie zum Tod, denn „der Sünde Sold ist der Tod" (Rö 6,23).

Beseitigt wird Schuld nur durch Vergebung (Mt 6,12); allein dadurch kann ein reines Gewissen und innerer Frieden wiedererlangt werden. Gott gewährt dem reuigen Sünder gern Vergebung. Der sündenbeladenen, von Schuld geplagten Menschheit ruft Christus zu: „Kommet her zu mir, alle, die ihr mühselig und beladen seid; ich will euch erquicken." (Mt 11,28)

d) Das Kontrollzentrum der Sünde. Die Bibel sieht das Herz des Menschen als Sitz der sündigen Gedanken an; im allgemeinen versteht man darunter den Geist oder das Denken des Menschen. Aus dem Herzen „quillt das Leben" (Spr 4,23). Christus sagte, daß es die Gedanken sind, die den Menschen unrein machen. „Denn aus dem Herzen kommen böse Gedanken, Mord, Ehebruch, Unzucht, Diebstahl, falsches Zeugnis, Lästerung." (Mt 15,19)

Unter „Herzen" ist die ganze Person zu verstehen, das Denken, der Wille und die Gefühle. Weil das Herz „abgründig" und „voll Unheil" ist (Jer 17,9 GN), wird die menschliche Natur auch als verderbt, entartet oder durch und durch sündig beschrieben.

3. Die Auswirkungen der Sünde. Man mag der Ansicht sein, das Todesurteil sei eine zu harte Strafe für das Essen der verbotenen Frucht gewesen. Doch die Schwere der Übertretung Adams wird allein erkennbar an der Auswirkung dieser Tat auf die gesamte Menschheit.

Kain, der erste Sohn Adams und Evas, wurde ein Mörder. Weitere Nachkommen mißachteten bald die Heiligkeit der Ehe und führten die Vielweiberei ein. Innerhalb kurzer Zeit war die Erde von Bosheit und Verbrechen erfüllt (1 Mo 4,8.23; 6,1-5.11-13).

Gottes Ruf zur Umkehr blieb weithin unbeachtet. Nur acht Menschen wurden vor dem Verderben durch die Sintflut gerettet. Die anderen, die keine Reue zeigten, kamen ums Leben. Auch nach der Flut stellt sich die Geschichte des Menschengeschlechts mit wenigen Ausnahmen dar als ein trauriger Bericht über Auswüchse sündigen Verhaltens.

a) Die umfassende Sündhaftigkeit der Menschen. Die Geschichte zeigt, daß Adams Nachkommen Teilhaber seiner sündigen Natur waren. In einem Gebet sagt David: „Vor dir ist kein Lebendiger gerecht." (Ps 143,2; vgl. Ps 14,3) Und von Salomo kennen wir die Feststellung: „Es gibt keinen Menschen, der nicht sündigt." (1 Kön 8,46) „Wer kann sagen: ,Ich habe mein Herz geläutert und bin rein von meiner Sünde?'" (Spr 20,9) „Denn es ist kein Mensch so gerecht auf Erden, daß er nur Gutes tue und nicht sündige." (Pred 7,20)

Gleicherweise bestätigt das Neue Testament: „Sie sind allesamt Sünder und ermangeln des Ruhmes, den sie bei Gott haben sollten." (Rö 3,23) „Wenn wir sagen, wir haben keine Sünde, so betrügen wir uns selbst, und die Wahrheit ist nicht in uns." (1 Jo 1,8)

b) Ererbte oder erworbene Sündhaftigkeit? Paulus sagte, daß die Menschen „in Adam alle sterben" (1 Ko 15,22). Und an anderer Stelle bemerkt er: „Deshalb, wie durch einen Menschen die Sünde in die Welt gekommen ist und der Tod durch die Sünde, so ist der Tod zu allen Menschen durchgedrungen, weil sie alle gesündigt haben." (Rö 5,12)

Das unreine Herz verdirbt den ganzen Menschen. Von dieser Sicht her fragte Hiob: „Kann wohl ein Reiner kommen von den Unreinen? Auch nicht einer!" (Hi 14,4) David schrieb: „Ich bin als Sünder geboren, und meine Mutter hat mich in Sünden empfangen" (Ps 51,7), und Paulus stellte fest: „Fleischlich gesinnt sein ist Feindschaft gegen Gott, weil das Fleisch dem Gesetz Gottes nicht untertan ist; denn es vermag's auch nicht. Die aber fleischlich sind, können Gott nicht gefallen." (Rö 8,7.8) Vor ihrer Bekehrung waren die Gläubigen „Kinder des Zorns von Natur" (Eph 2,3) wie alle anderen Menschen auch.

Obwohl der Mensch im Laufe seiner Kindheit manche sündige Verhaltensweise erst durch Nachahmung von anderen Menschen übernimmt, bestätigen die oben angeführten Texte, daß Sündhaftigkeit ererbt ist. Die allgemeine Sündhaftigkeit der Menschheit ist ein Beweis dafür, daß wir von Natur aus nicht zum Guten, sondern zur Sünde neigen.

c) Die Überwindung der sündigen Verhaltensweise. Welchen Erfolg hat der Versuch, die Sünde aus dem eigenen Leben und dem der Gesellschaft zu entfernen?

Jede Anstrengung, aus eigener Kraft ein gerechtes Leben zu führen, ist zum Scheitern verurteilt. Christus sagt, daß jeder, der gesündigt hat, ein „Sklave" der Sünde ist. Nur Gottes Kraft kann aus dieser Sklaverei befreien. Deshalb hat uns Jesus die Zusicherung gegeben: „Wenn euch nun der Sohn frei macht, so seid ihr wirklich frei." (Jo 8,36) Gerechtigkeit könnt ihr nur dann hervorbringen, wenn ihr „in mir bleibt", denn „ohne mich könnt ihr nichts tun" (Jo 15,4.5).

Auch der gottesfürchtige Paulus versagte, als er aus eigener Kraft gerecht leben wollte. Er kannte die Normen des Gesetzes Gottes, aber er war nicht in der Lage, sie zu erreichen. Im Rückblick auf seine Anstrengungen schrieb er: „Ich weiß nicht, was ich tue. Denn ich tue nicht, was ich will; sondern was ich hasse, das tue ich ... Das Gute, das ich will, das tue ich nicht; sondern das Böse, das ich nicht will, das tue ich." Danach beschreibt er die massiven Auswirkungen, die die Sünde auf sein Leben hatte. „Wenn ich aber tue, was ich nicht will, so tue nicht ich es, sondern die Sünde, die in mir wohnt."

Trotz seines Versagens war er überzeugt von der Vollkommenheit des göttlichen Gesetzes. Er sagte: „Ich habe Lust an Gottes Gesetz nach dem inwendigen Menschen. Ich sehe aber ein anderes Gesetz in meinen Gliedern, das widerstreitet dem Gesetz in meinem Gemüt und hält mich gefangen im Gesetz der Sünde, das in meinen Gliedern ist. Ich elender Mensch, wer wird mich erlösen von diesem todverfallenen Leibe?" (Rö 7,15.19.20.22-24)

Paulus sah schließlich ein, daß er Kraft von oben benötigte, um siegreich zu sein. Durch Christus legte er das „Leben nach dem Fleisch" ab und begann ein „neues Leben nach dem Geist" (Rö 7,25; 8,1).

Dieses neue Leben im Geist ist eine Gabe Gottes, die unser altes Leben verändert. Durch Gottes Gnade werden wir, die wir „tot waren durch unsere Übertretungen und Sünden" (Eph 2,1.3.8.10) zu Siegern. Die geistliche Wiedergeburt (Jo 1,13; 3,5) verändert das Leben so grundlegend, daß Paulus von einer „neuen Kreatur" sprechen kann: „Das Alte ist vergangen, siehe, Neues ist geworden." (2 Ko 5,17) Das neue Leben aber schließt die Möglichkeit zu sündigen nicht aus (1 Jo 2,1).

4. Die Evolutionslehre und der Sündenfall. Seit der Schöpfung hat Satan das Vertrauen in den Bericht der Heiligen Schrift über den Ursprung der Menschheit und den Sündenfall untergraben.

Man könnte die Evolutionstheorie als die „natürliche" Sicht vom Menschen bezeichnen, eine Auffassung, die auf der Annahme beruht, das Leben sei durch Zufall entstanden und die Menschen wären durch einen langen Prozeß aus niederen Lebensformen hervorgegangen. Eine Auslese, die dem Stärkeren die besseren Überlebenschancen einräumte, habe bis zum heutigen Stand geführt. Die Entwicklung sei aber noch nicht abgeschlossen; es gehe weiter aufwärts.

Immer mehr Christen stimmen diesem theistischen Modell zu, Gott habe sich bei der Erschaffung der Welt der Methode der Evolution bedient. Sie lehnen das wörtliche Verständnis des Schöpfungsberichtes im 1. Buch des Mose ab und sehen darin vielmehr eine Allegorie oder einen Mythos.

a) Die biblische Sicht vom Menschen und die Evolutionslehre. Christen, die an der Sechs-Tage-Schöpfung festhalten, sind besorgt über die Auswirkungen der Evolutionstheorie auf den christlichen Glauben. James Orr schrieb: „Das Christentum wird heute nicht durch Angriffe auf einzelne Lehren attackiert ... sondern von einer positiv-gefaßten, aber konträren Weltanschauung. Sie behauptet, auf wissenschaftlicher Grundlage zu stehen, ist intelligent aufgebaut und belegt, doch in ihren Grundgedanken untergräbt sie die Wurzeln des christlichen Glaubens."[1]

Die Bibel selbst weist jede allegorische oder mythologische Deutung des Schöpfungsberichtes zurück. Die Schreiber der Bibel deu-

---

[1] James Orr, „God's Image in Man", Wm. Eerdmans, Grand Rapids, MI., 1948, S. 3.4.

ten 1. Mose 1-11 als reales Geschehen. Adam, Eva, die Schlange und Satan werden als geschichtliche Figuren im Kampf zwischen Gut und Böse gesehen (vgl. Hi 31,40; Pred 7,29; Mt 19,4.5; Jo 8,44; Rö 5,12.18.19; 2 Ko 11,3; 1 Tim 2,14; Offb 12,9).

b) Golgatha und die Evolutionslehre. Wie die Evolutionslehre auch interpretiert wird, sie steht immer im Gegensatz zu den Grundpfeilern des Christentums. Leonard Verduin hat es folgendermaßen gesagt: „An die Stelle des Berichtes vom *Fall* ist der Bericht eines *Aufstiegs* getreten."[1]

Der christliche Glaube und die Evolutionslehre stehen einander diametral gegenüber. Entweder wurden unsere ersten Eltern von Gott nach seinem Bilde geschaffen und fielen danach in Sünde oder es war nicht so. Wenn aber nicht, warum sollte man dann Christ sein?

Ebenso sind Golgatha und die Evolutionslehre unvereinbar. Wenn es keinen Sündenfall gegeben hat, wozu braucht es dann einen Gott, der für die Sünde stirbt? Nicht nur die Tatsache, daß alle Menschen sterben müssen, sondern auch der Tod Christi belegt, daß mit der Menschheit etwas nicht in Ordnung ist. Blieben wir uns selbst überlassen, so würde sich der Verfall bis zum Aussterben der gesamten Menschheit fortsetzen.

Unsere Hoffnung stützt sich daher allein auf den, der am Kreuz hing. Sein Tod öffnet uns den Weg zu einem besseren, erfüllten Leben, das bis in Ewigkeit bleibt. Golgatha lehrt, daß wir einen Stellvertreter brauchen, der uns aus unserer aussichtslosen Lage befreit.

c) Christi Menschwerdung und die Evolutionslehre. Vielleicht läßt sich die kontroverse Frage: Schöpfung oder Evolution? am besten beantworten, wenn man sie von der Menschwerdung Jesu her betrachtet. Der Eintritt Christi, des zweiten Adam, in die Geschichte erforderte Gottes schöpferisches Wirken. Wenn Gott dieses größte aller Wunder vollbringen konnte, dann steht außer Frage, daß er auch den ersten Adam erschaffen hat.

---

[1] L. Verduin, „Somewhat Less than God: The Biblical View of Man", Wm. B. Eerdmans, Grand Rapids, MI., 1970, S. 69.

d) Ist der Mensch nun mündig geworden? Vertreter der Evolutionstheorie weisen gern hin auf den enormen wissenschaftlichen Fortschritt in den letzten Jahrhunderten als Beleg dafür, daß der Mensch nun endlich erwachsen und damit Herr seines Schicksals ist. Durch die Anwendung wissenschaftlicher Erkenntnisse werde er, wenn ihm ausreichend Zeit zur Verfügung steht, alle Probleme dieser Welt lösen können.

Doch diese heilsbringend-messianische Sicht von Wissenschaft und Technologie stößt zunehmend auf Skepsis; denn die Technologie hat unseren Planeten bereits an den Rand der Selbstzerstörung gebracht. Die Menschheit hat kläglich versagt. Das sündige Herz ist weder gebändigt noch unter Kontrolle gebracht. Der wissenschaftliche Fortschritt hat die Welt lediglich gefährlicher gemacht.

Immer stärker wird die allgemeine Weltanschauung von Nihilismus und Hoffnungslosigkeit geprägt. Die These Alexander Popes „Die Hoffnung quillt unaufhörlich aus dem menschlichen Herzen hervor", ist hinfällig geworden.

Hiob ist näher an der Wirklichkeit, wenn er sagt: „Meine Tage sind schneller dahingeflogen als ein Weberschiffchen und sind vergangen ohne Hoffnung." (Hi 7,6) Es geht bergab mit der Welt. Einer von außerhalb der Menschheitsgeschichte mußte auf diese Welt kommen und den Weg in eine neue Realität eröffnen.

Hoffnungsstrahlen. Wie tief war der Fall der Menschheit? Am Kreuz ermordeten Menschenhände ihren Schöpfer; das war in gewissem Sinne ein „Vatermord"! Dennoch hat uns Gott nicht ohne Hoffnung gelassen.

David hat über die Stellung des Menschen in der Schöpfung nachgedacht. Zunächst war er von der Größe des Universums beeindruckt und hielt den Menschen für unbedeutend. Dann aber verstand er die wahre Stellung des Menschen. Von dessen Verhältnis zu Gott schrieb er: „Du hast ihn wenig niedriger gemacht als Gott, mit Ehre und Herrlichkeit hast du ihn gekrönt. Du hast ihn zum Herrn gemacht über deiner Hände Werk, alles hast du unter seine Füße getan." (Ps 8,6.7; vgl. Hbr 2,7)

Trotz des Sündenfalls ist etwas von der Würde des Menschen geblieben. Die Gottähnlichkeit ist zwar entstellt, aber nicht völlig ausgelöscht. Der in Sünde gefallene Mensch ist dennoch Gottes Beauftragter auf Erden geblieben. Zwar geringer als Gott, nimmt er dennoch als Gottes Verwalter der irdischen Schöpfung eine ehrenvolle Stellung ein.

Als David dies erkannte, trieb es ihn zu Lob und Dank. „Herr, unser Herrscher, wie herrlich ist dein Name in allen Landen!" (Ps 8,10)

Der Gnadenbund

Durch Übertretung waren die ersten Menschen sündig geworden. Konnten sie, nachdem sie die Widerstandskraft gegen Satan verloren hatten, jemals wieder frei werden oder waren sie dem Verderben gänzlich überlassen? Gab es noch Hoffnung?

Der Bund, der beim Sündenfall geschlossen wurde. Als Gott die Strafe über das gefallene Paar aussprach, gab er zugleich durch die Einsetzung eines Gnadenbundes neue Hoffnung. Er sagte: „Ich will Feindschaft setzen zwischen dir (der Schlange, d.h. Satan) und dem Weibe und zwischen deinem Nachkommen und ihrem Nachkommen; der soll dir den Kopf zertreten, und du wirst ihn in die Ferse stechen." (1 Mo 3,15)

Gottes Verheißung, daß Satan schließlich doch besiegt werde, obwohl er die Menschen in seinen Bann geschlagen hatte, schenkte neuen Mut. Ein Bund wurde zwischen Gott und den Menschen geschlossen und versprach Schutz vor der Sünde.

Gott wollte Feindschaft zwischen der Schlange und dem Weibe schaffen, zwischen den Nachfolgern Satans und dem Volk Gottes. Diese Feindschaft sollte die Bindung zwischen Mensch und Satan zerbrechen und den Weg ebnen zu erneuter Gemeinschaft mit Gott.

Jahrhunderte sollte dieser Kampf zwischen Gottes Volk und Satan andauern. Seinen Höhepunkt würde der Konflikt beim Tode Jesu erreichen. Gottes Sohn selbst war der verheißene Nachkomme des Weibes. Auf Golgatha wurde Satan, der Urheber des Bösen, besiegt, indem ihm dieser Nachkomme des Weibes den Kopf zertrat.

DIE NATUR DES MENSCHEN

Wer dieses Gnadenangebot Gottes annimmt, kennt auch die Feindschaft der Sünde. Der Kampf mit Satan ist nur im Glauben zu bestehen durch den Sieg Jesu Christi auf Golgatha.

Ein Bund, der schon vor der Erschaffung der Welt geschlossen war. Der Gnadenbund wurde nicht erst nach dem Sündenfall entworfen. Die Schrift zeigt, daß die Gottheit bereits vor der Schöpfung bei sich selbst beschlossen hatte, die Menschen zu retten, falls sie sündigen würden.

Paulus schrieb: „Denn in ihm (Christus) hat er uns erwählt, ehe der Welt Grund gelegt war, daß wir heilig und untadelig vor ihm sein sollten; in seiner Liebe hat er uns dazu vorherbestimmt, seine Kinder zu sein durch Jesus Christus nach dem Wohlgefallen seines Willens, zum Lob seiner herrlichen Gnade ..." (Eph 1,4-6; vgl. 2 Tim 1,9). Und Petrus bestätigt im Blick auf Christi Versöhnungsopfer: „Er ist ... zuvor ausersehen, ehe der Welt Grund gelegt wurde ..." (1 Pt 1,20).

Der Bund war auf unerschütterlichem Grund errichtet: auf der Zusage und dem Eid Gottes (Hbr 6,18). Jesus Christus war Bürge dieses Bundes (Hbr 7,22). Ein Bürge nimmt für einen anderen Schuld oder Verpflichtung auf sich, falls diese betreffende Person versagt.

Wenn nun Christus Bürge ist, bedeutet das, daß er im Falle menschlichen Versagens bereit wäre, die Strafe auf sich zu nehmen. Er würde den Preis für ihre Erlösung bezahlen, würde Sühne für die Schuld des anderen erwirken, indem er den Forderungen des mißachteten Gesetzes entspräche.

Kein menschliches Wesen und auch kein Engel hätte diese Bürgschaft übernehmen können. Nur Christus, der Schöpfer, das bevollmächtigte Haupt der menschlichen Familie, konnte dieser Verpflichtung gerecht werden (Rö 5,12-21; 1 Ko 15,22).

Gottes Sohn ist aber nicht nur Bürge des Bundes, er ist auch Mittler und Vollstrecker. Als fleischgewordener Menschensohn hat er diesen Teil seiner Aufgabe selber wie folgt beschrieben: „Ich bin vom Himmel gekommen, nicht damit ich meinen Willen tue, sondern den Willen dessen, der mich gesandt hat" (Jo 6,38; vgl. Jo 5,30.43). „Das ist der Wille meines Vaters, daß, wer den Sohn sieht und glaubt an ihn, das ewige Leben habe." (Jo 6,40) Und „das ist aber das ewige Leben, daß sie dich, der du allein wahrer Gott bist, und den du gesandt hast, Jesus Christus, erkennen" (Jo 17,3).

Am Ende seines Dienstes bezeugte er, daß er den Willen seines Vaters ausgeführt hat: „Ich habe dich verherrlicht auf Erden und das Werk vollendet, das du mir gegeben hast, damit ich es tue." (Jo 17,4)

Am Kreuz erfüllte Jesus sein Bundesversprechen, Bürge für die Menschheit zu sein. Sein Ruf: „Es ist vollbracht!" (Jo 19,30) bestätigt die Vollendung seines Auftrags. Mit seinem eigenen Leben büßte er die Strafe, die Gottes mißachtetes Gesetz forderte, und gewährt damit Rettung für jeden, der seine Sünde bereut.

In seiner Todesstunde unterschrieb Christus den Gnadenbund mit seinem eigenen Blut. Durch den Glauben an sein versöhnendes Opfer werden bußfertige Sünder von nun an als Söhne und Töchter Gottes angenommen und so zu Erben des ewigen Lebens.

Der Bund der Gnade offenbart Gottes unendliche Liebe zum Menschen. Bereits nach dem Sündenfall wurde dieser vor der Schöpfung entworfene Plan offenbart. Gott und die Menschen wurden Bundespartner in einem ganz besonderen Sinn.

Die Erneuerung des Bundes. Leider verachteten die Menschen vor und auch nach der Sintflut diesen großzügigen Bund (1 Mo 6,1-8,11,1-9); deshalb erneuerte Gott sein Gnadenangebot durch Abraham. Er bestätigte die Zusage der Erlösung mit den Worten: „Durch dein Geschlecht sollen alle Völker auf Erden gesegnet werden, weil du meiner Stimme gehorcht hast." (1 Mo 22,18; vgl. 1 Mo 12,3; 18,18)

Die Heilige Schrift hebt Abrahams Treue diesem Bund gegenüber besonders hervor. „Abraham glaubte dem Herrn, und das rechnete er ihm zur Gerechtigkeit." (1 Mo 15,6) Daß der Empfang der Segensverheißung des Bundes, der in der göttlichen Gnade begründet ist, auch von Abrahams Gehorsam abhängig gemacht wurde, beweist, daß der Bund auch auf der Autorität des Gesetzes beruht (1 Mo 17,1; 26,5).

Der Glaube Abrahams war so, daß ihm der Titel „Vater ... aller, die glauben" (Rö 4,11) gegeben werden konnte. Er ist das Vorbild für die Gerechtigkeit durch den Glauben, die sich im Gehorsam offenbart (Rö 4,2.3; Jak 2,23.24). Der Bund der Gnade mit seinem Segen aber gilt nicht einfach allen leiblichen Nachkommen Abrahams, sondern nur denjenigen, die dem Beispiel Abrahams im Glauben folgen. Nur „die aus dem Glauben sind, die sind Abrahams Kinder" (Gal 3,7).

Jeder, der auf dieser Erde lebt, kann die im Bund verheißene Erlösung erfahren, wenn er sich an die Bedingungen hält: „Gehört ihr aber Christus an, so seid ihr ja Abrahams Kinder und nach der Verheißung Erben." (Gal 3,29) Von Gott aus gesehen, war der Bund am Sinai (auch erster Bund genannt) eine Erneuerung des Gnadenbundes mit Abraham (Hbr 9,1). Aber durch das Volk Israel wurde er zu einem Bund der „Werke" verfälscht (Gal 4,22-31).

Der Neue Bund. Später finden sich Schriftstellen, die von einem „neuen" oder „besseren" Bund sprechen.[1] Das geschah jedoch

---

[1] Das Neue Testament verbindet die Erfahrung des Volkes Israel am Sinai mit dem Begriff „alter Bund" (Gal 4,24.25). Am Berg Sinai erneuerte Gott seinen ewigen Gnadenbund mit seinem Volk, das er aus der Knechtschaft befreit hatte (1 Chr 16,14-17; Ps 105,8-11; Gal 3,15-17). Gott versprach ihnen: „Werdet ihr nun meiner Stimme gehorchen und meinen Bund halten, so sollt ihr mein Eigentum sein vor allen Völkern; denn die ganze Erde ist mein. Und ihr sollt mir ein Königreich von Priestern und ein heiliges Volk sein." (2 Mo 19,5.6; vgl. 1 Mo 17,7.9.19) Der Bund war auf die Gerechtigkeit durch den Glauben gegründet (Rö 10,6-8; 5 Mo 30,11-14), und das Gesetz sollte in ihre Herzen geschrieben werden (5 Mo 6,4-6; 30,14).

Der Bund der Gnade steht immer in der Gefahr, von den Gläubigen in ein Erlösungssystem durch Werke verfälscht zu werden. Paulus benutzte Abrahams mangelndes Gottvertrauen – seinen Versuch, durch eigene Werke seine Probleme zu lösen – als eine Illustration des alten Bundes (1 Mo 16; 12,10-20; 20; Gal 4,22-25). Tatsächlich hat es, seit die Sünde in diese Welt kam und der ewige Bund gebrochen wurde, immer den Versuch gegeben, durch Werke gerecht zu werden (Hos 6,7).

Während der ganzen Geschichte Israels versuchte die Mehrheit des Volkes „ihre eigene Gerechtigkeit" durch „die Werke des Gesetzes" aufzubauen (Rö 9,30 bis 10,4). Sie lebten nach dem Buchstaben, nicht nach dem Geist (2 Ko 3,6). Weil sie versuchten, sich selbst durch das Halten des Gesetzes (Gal 5,4) gerecht zu sprechen, lebten sie unter dem Urteil des Gesetzes und waren in Gefangenschaft, nicht in Freiheit (Gal 4,21-23). Auf diese Weise wurde der am Sinai geschlossene Bund entstellt.

nicht, weil der ewige Bund geändert worden wäre, sondern (1) weil Gottes ewiger Bund durch Israels Untreue zu einem System der Werkgerechtigkeit verfälscht worden war, (2) weil die Offenbarung der Liebe Gottes durch die Menschwerdung Christi, sein Leben, seinen Tod und seine Auferstehung wie auch seinen Mittlerdienst erweitert wurde (vgl. Hbr 8,6-13), und (3) weil der Bund bis zum Kreuz auf Golgatha noch nicht mit dem Blut Christi besiegelt war (Da 9,27; Lk 22,20; Rö 15,8; Hbr 9,11-22).[1]

Dieser Bund hält reichen Segen für alle bereit, die ihn annehmen.

Durch Gottes Gnade wird Vergebung der Sünden angeboten und auch das Wirken des Heiligen Geistes, durch das die Zehn Gebote ins Herz geschrieben und die reuigen Sünder in das Bild ihres Schöpfers verwandelt werden (Jer 31,33). Die Erfahrung des Neuen Bundes und der Wiedergeburt verleiht dem Menschen die Gerechtigkeit Christi und schenkt zugleich Rechtfertigung durch den Glauben.

Der Hebräerbrief wendet den Begriff „ersten" oder „alten Bund" auf die Geschichte Israels nach dem Sinai an und zeigt dessen vergängliche Natur. Er zeigt, daß das levitische Priestertum zeitlich begrenzt war und nur so lange eine symbolische Funktion zu erfüllen hatte, bis der Schatten in Christus seiner Wirklichkeit begegnete (Hbr 9;10). Es war nur allzu tragisch, daß viele nicht erkannten, daß die Zeremonien an sich wertlos waren (Hbr 10,1). Ein Festhalten an diesem System der „Schattenbilder", nachdem der Typus durch den Antitypus und der Schatten durch die Realität abgelöst worden waren, entstellte die wahre Aufgabe Christi. Daher wird mit klaren Worten die Überlegenheit des neuen und besseren Bundes über den sinaitischen Bund betont.

Man kann also den alten Bund sowohl negativ als auch positiv beschreiben. Negativ dann, wenn man sich auf die Entstellung des ewigen Bundes bezieht, die Menschen verursacht hatten. Positiv dagegen dann, wenn man den zeitlichen und irdischen Dienst als erste von Gott geschaffene Hilfe ansieht, um dem gefallenen Menschen beizustehen. Weitere Hinweise finden sich in folgender Literatur: E. G. White, „Patriarchen und Propheten", S. 348-352; E. G. White, „Our Work", Review and Herald, 23. Juni 1904, S. 8; E. G. White, „A Holy Purpose to Restore Jerusalem", Southern Watchman, 1. März 1904, S. 142; G. Hasel, „Covenant in Blood", Pacific Press, Mountain View, CA., 1982; vgl. A. Wallenkampf, „Salvation Comes From the Lord", Review and Herald, Washington D. C., 1983, S. 84-90.

[1] G. Hasel, „Covenant in Blood", Pacific Press, Mountain View, CA., 1982.

Die Erneuerung des Herzens, ebenfalls durch den Neuen Bund gewirkt, schafft eine Umwandlung im Menschen, so daß die Frucht des Geistes hervorgebracht wird, nämlich „Liebe, Freude, Frieden, Geduld, Freundlichkeit, Güte, Treue, Nachsicht und Selbstbeherrschung" (Gal 5,22.23 GN).

Durch die Macht der Gnade Christi können Errettete so leben wie Christus, indem sie allezeit das tun, was Gott gefällt (Jo 8,29). Die Hoffnung der gefallenen Menschheit liegt allein im Annehmen der Einladung Gottes, den Gnadenbund mit ihm zu schließen. Durch den Glauben an Jesus Christus können wir in diesen Bund eintreten und empfangen so die Gewißheit, daß wir Gottes Kinder und mit Christus Erben seines Reiches sind.

DIE LEHRE
VON DER ERLÖSUNG

Kapitel 8

Der große Kampf

Die ganze Menschheit ist hineingezogen in eine große Auseinandersetzung zwischen Christus und Satan, bei der es um das Wesen Gottes, sein Gesetz und seine Herrschaft über das Universum geht. Dieser Streit hatte seinen Ursprung im Himmel, als ein geschaffenes Wesen, ausgestattet mit Entscheidungsfreiheit, durch Selbsterhöhung zum Satan, zum Widersacher Gottes wurde. Auch einen Teil der Engel hat er zum Aufruhr verführt. Als Satan Adam und Eva zur Sünde verleitete, brachte er den Geist des Aufruhrs auch auf unsere Erde. Die Sünde hat das Bild Gottes im Menschen entstellt, die geschaffene Welt in Unordnung gebracht und schließlich durch eine weltweite Flut verwüstet. Unsere Erde ist vor der gesamten Schöpfung zum Austragungsort eines universalen Konfliktes geworden, in dem sich der Gott der Liebe letztlich als Sieger erweisen wird. Christus sendet den Heiligen Geist und seine Engel, um seinem Volk in diesem Kampf beizustehen, es zu führen, zu schützen und auf dem Weg des Heils zu bewahren.

Die Heilige Schrift vermittelt das Bild eines kosmischen Kampfes zwischen Gut und Böse, zwischen Gott und Satan. Das gesamte Universum ist eingeschlossen in diese Auseinandersetzung. Ein tiefes Verständnis dieser Zusammenhänge hilft uns, die Frage zu beantworten: Warum kam Jesus auf diese Erde?

Die kosmische Sicht des Konflikts

Es ist ein unergründliches Geheimnis: Der Konflikt zwischen Gut und Böse begann im Himmel. Wie aber konnte die Sünde in einer vollkommenen Umgebung überhaupt entstehen?

Engel, Geschöpfe von anderer Art als die Menschen (Ps 8,6), waren dazu bestimmt, in engster Gemeinschaft mit Gott zu leben (Offb 1,1; 3,5; 5,11). Ausgestattet mit gewaltiger Kraft und dem Wort Gottes gehorsam (Ps 103,20), wirken sie als Diener oder „dienstbare Geister" (Hbr 1,14). Obwohl meist unsichtbar, erscheinen sie doch zeitweise in menschlicher Gestalt (1 Mo 18,19; Hbr 13,2). Und durch eines dieser himmlischen Wesen kam die Sünde in das Universum.

Der Anfang des Konflikts. Die Bibel bedient sich bestimmter Symbole, um zu schildern, wie dieser kosmische Konflikt begann. Die Könige von Tyrus und Babylon stehen für Luzifer. Er war „der schöne Morgenstern", „ein glänzender, schirmender Cherub", der in der Gegenwart Gottes stand (Jes 14,12; Hes 28,14).[1] Es heißt: „Du warst das Abbild der Vollkommenheit, voller Weisheit und über die Maßen schön ... Du warst ohne Tadel in deinem Tun von dem Tage an, als du geschaffen wurdest, bis an dir Missetat gefunden wurde." (Hes 28,12.15)

Obwohl das Aufkommen der Sünde unerklärbar und unentschuldbar ist, kann sie doch auf Luzifers Stolz zurückgeführt werden: „Dein Herz wollte hoch hinaus wegen deiner Schönheit, du hast deine Weisheit zunichte gemacht um deines Glanzes willen." (Hes 28,17 EB) Luzifer war unzufrieden mit der herausragenden Stellung, die ihm sein Schöpfer zugedacht hatte. In seiner Selbst-

---

[1] „Luzifer" kommt vom Lateinischen *Lucifer* und bedeutet „Lichtträger". Der Ausdruck *der schöne Morgenstern* war ein oft gebrauchter Name für den Planeten Venus. „Eine wörtliche Übersetzung des hebräischen Ausdruckes *Luzifer, der schöne Morgenstern*, würde *der Leuchtende, der Sohn der Morgendämmerung* lauten. Die symbolische Anwendung des ... Planeten Venus, des höchsten aller Himmelskörper, auf Satan vor seinem Fall ... ist eine passende Illustration der hohen Stellung, aus der Luzifer fiel." „Luzifer" in „Seventh-day Adventist Bible Dictionary", S. 683.

sucht wollte er Gott gleich sein: „Du aber gedachtest in deinem Herzen: *Ich will in den Himmel steigen und meinen Thron über die Sterne Gottes erheben ... ich will gleich sein dem Allerhöchsten.*" (Jes 14,12-14) Und obgleich er Gottes Hoheit begehrte, widersetzte er sich der göttlichen Wesensart. Er wollte nur Gottes Allmacht, nicht aber seine Liebe. Luzifers Rebellion gegen Gott war der erste Schritt in seiner Wandlung zu Satan, „dem Gegenspieler".

Luzifers Hinterhältigkeit machte viele Engel blind für die Liebe Gottes. Die daraus erwachsende Unzufriedenheit und Untreue Gott gegenüber breitete sich aus, so daß sich schließlich ein Drittel der Engelwelt dieser Rebellion anschloß (Offb 12,4). Der Friede im Reich Gottes war dahin, und „es erhob sich ein Streit im Himmel" (Offb 12,7). Als Folge dieses Kampfes wurde Satan, der große Drache, die alte Schlange, die da heißt Teufel, „auf die Erde geworfen, und seine Engel wurden mit ihm dahin geworfen" (Offb 12,9).

Wie wurden die Menschen in diesen Konflikt hineingezogen? Nachdem Satan aus dem Himmel verstoßen worden war, verlegte er seine Rebellion auf unsere Erde. Getarnt als Schlange, bediente er sich derselben Argumente, die seinen eigenen Sturz herbeigeführt hatten, und untergrub so das Vertrauen von Adam und Eva zu ihrem Schöpfer (1 Mo 3,5).

Satan weckte Unzufriedenheit in Eva, und sie – betört von der Möglichkeit, Gott gleich zu sein – glaubte dem Versucher und zweifelte an Gottes Wort. Sie mißachtete das Gebot des Schöpfers, aß von der verbotenen Frucht und beeinflußte ihren Mann, dasselbe zu tun. Indem sie den Worten der Schlange Glauben schenkten, gaben Adam und Eva ihr Vertrauen und den Gehorsam Gott gegenüber auf. So wurde der Konflikt, der im Himmel begonnen hatte, auf den Planeten Erde übertragen (1 Mo 3).

Indem Satan unsere ersten Eltern zur Sünde verführte, entriß er ihnen zugleich die Herrschaft über diese Erde. Nun beanspruchte er, „Fürst dieser Welt" zu sein. Und von diesem Planeten Erde aus stellte er Gott, dessen Allmacht und den Frieden des gesamten Universums in Frage.

Der Einfluß auf die Menschheit. Die Folgen des Kampfes zwischen Christus und Satan wurden schon bald offenbar, denn durch die Sünde wurde das Bild Gottes im Menschen verzerrt. Obwohl Gott der Menschheit seinen Gnadenbund anbot (1 Mo 3,15; siehe auch Kap. 7 dieses Buches), ermordete bereits Kain, der erste Sohn von Adam und Eva, seinen Bruder Abel (1 Mo 4,8). Das Böse breitete sich weiter aus, so daß Gott über die Menschen schließlich sagen mußte, „daß ... alles Dichten und Trachten ihres Herzens nur böse war immerdar" (1 Mo 6,5).

Durch eine große Wasserflut sollte die Welt von allen Unbußfertigen befreit und der Menschheit ein Neuanfang ermöglicht werden (1 Mo 7,17-20). Doch es dauerte nicht lange, da wandten sich die Nachkommen des gläubigen Noah von Gott ab und brachen seinen Bund. Gott hatte versprochen, die Erde nie mehr durch eine Flut zu zerstören; die Menschen aber bekundeten ihr Mißtrauen dem Herrn gegenüber dadurch, daß sie den Turm zu Babel bauten. Es war ein Versuch, bis an den Himmel heranzureichen, um künftig jeder möglichen Flut entrinnen zu können. Doch Gott ließ diese Pläne scheitern, indem er die bisher einheitliche Sprache der Menschheit verwirrte (1 Mo 9,1.11; 11).

Später, als sich die Welt wiederum dem Abfall ausgeliefert hatte, schloß Gott einen Bund mit Abraham. Durch ihn sollten alle Völker der Erde gesegnet werden (1 Mo 12,1-3; 22,15-18). Doch auch die auf Abraham folgenden Generationen hielten sich nicht an Gottes gnädigen Bund. In Sünde verstrickt, wurden sie zu Satans Werkzeug, indem sie den Urheber und Bürgen des Bundes, Jesus Christus, kreuzigten.

Die Erde, der Schauplatz des Universums. Die Beschreibung einer kosmischen Versammlung von verschiedenen Vertretern des Universums wird uns im Buch Hiob vermittelt und gewährt einen zusätzlichen Einblick in den großen Kampf.

Der Bericht beginnt mit den Worten: „Es begab sich aber eines Tages, da die Gottessöhne kamen und vor den Herrn traten, kam auch der Satan unter ihnen. Der Herr aber sprach zu dem Satan: *Wo kommst du her?* Der Satan antwortete dem Herrn und sprach: *Ich habe die Erde hin und her durchzogen.*" (Hi 1,6.7) Darauf der Herr: „Hast du achtgehabt auf meinen Knecht Hiob? Denn es ist seinesgleichen nicht auf Erden, fromm und rechtschaffen, gottesfürchtig und meidet das Böse." (Vers 8) Satan entgegnet: „Meinst du, daß Hiob Gott umsonst fürchtet?" (Vers 9) Daraufhin gibt Christus dem Satan die Erlaubnis, Hiob auf jegliche Art zu prüfen, ohne aber sein Leben anzutasten (Hi 1,9-12; 2,2-7).

Die kosmische Perspektive des Hiobbuches ist für uns ein Beweis, daß ein großer Kampf zwischen Christus und Satan ausgetragen wird. Unser Planet ist die Bühne, auf der die Auseinandersetzung zwischen Gut und Böse stattfindet. Die Heilige Schrift sagt: „Denn wir sind ein Schauspiel geworden der Welt und den Engeln und den Menschen." (1 Ko 4,9)

Die Sünde zerstörte die Beziehung zwischen Gott und Mensch. „Was aber nicht aus dem Glauben ist, das ist Sünde" (Rö 14,23). Das Übertreten der Gebote Gottes ist die Folge mangelnden Glaubens und einer gestörten Beziehung. Zugleich aber will Gott durch den Erlösungsplan das Vertrauen zu ihm wiederherstellen. Allein Vertrauen führt zu inniger Gemeinschaft mit Gott, die geprägt ist durch den Gehorsam. Liebe führt zum Gehorsam, so sagte Jesus (Jo 14,15).

In unserer Zeit verbreiteter Gesetzlosigkeit werden Grundwerte häufig aufgehoben; Unehrlichkeit wird gepriesen, Bestechung hat sich eingebürgert, Ehebruch nimmt überhand, und Zusagen – sowohl internationale wie auch persönliche – werden nicht eingehalten. Wie tröstlich ist es da, über die Hoffnungslosigkeit dieser Welt hinaus auf einen fürsorgenden, allmächtigen Gott zu vertrauen. Aus dieser Sicht wird uns auch die Bedeutung des Sühnopfers Jesu Christi voll bewußt, denn allein dadurch kann der Konflikt im gesamten Universum beendet werden.

Der kosmische Streitpunkt

Wo liegt der Kernpunkt in diesem Kampf um Leben und Tod?

Gottes Regierung und Gesetz. Die Zehn Gebote Gottes sind genauso lebensnotwendig für die Existenz des Universums wie die physikalischen Gesetze, die es zusammenhalten und funktionstüchtig machen. Sünde ist „Übertretung des Gesetzes" (1 Jo 3,4) oder „Gesetzlosigkeit", wie das griechische Wort *anomia* zeigt. Gesetzlosigkeit erwächst aus der Ablehnung Gottes und seiner Herrschaft.

Satan wird nie zugeben, daß die Verantwortung für die Gesetzlosigkeit dieser Welt bei ihm liegt; er schiebt die Schuld dafür Gott zu und behauptet, Gottes Gesetz untergrabe die persönliche Freiheit des Menschen. Außerdem erhebt er den Vorwurf, das Gesetz richte sich gegen jedes vernunftbegabte Wesen, da es unmöglich sei, es zu halten. Durch fortwährende und hinterhältige Angriffe auf die Gebote versucht Satan, die Herrschaft Gottes zu untergraben und Gott selbst zu stürzen.

Christus und die Frage des Gehorsams. Die Versuchungen, denen Christus während seines Erdenlebens ausgesetzt war, zeigen den Ernst des Kampfes um den Gehorsam und die Hochachtung des göttlichen Willens. Für Jesus waren sie eine Vorbereitung darauf, „ein barmherziger und treuer Hoherpriester" zu sein (Hbr 2,17). Indem er die Versuchungen durchlitt, widerstand er im Einzelkampf seinem Todfeind.

Nachdem Christus 40 Tage in der Wüste gefastet hatte, versuchte ihn Satan, indem er sagte, er solle aus Steinen Brot machen, um zu beweisen, daß er wirklich Gottes Sohn sei (Mt 4,3). Wie Eva im Garten Eden von Satan verführt worden war, Gottes Wort zu bezweifeln, so sollte nun auch Jesus an der Gültigkeit dessen zweifeln, was Gott bei seiner Taufe zu ihm gesagt hatte: „Dies ist mein lieber Sohn, an welchem ich Wohlgefallen habe." (Mt 3,17) Hätte Christus aus Steinen Brot gemacht, um sich als Sohn Gottes zu beweisen, so wäre er wie Eva schuldig geworden wegen mangelnden Gottvertrauens. Seine Sendung wäre damit gescheitert.

Doch für Christus stand an erster Stelle, nach seines Vaters Wort zu leben. Trotz des Hungers wies er Satans Versuchung zurück mit den Worten: „Der Mensch lebt nicht vom Brot allein, sondern von einem jeglichen Wort, das durch den Mund Gottes geht." (Mt 4,4)

In einem weiteren Versuch, Christus zu besiegen, zeigte ihm Satan alle Reiche der Welt und versprach: „Das alles will ich dir geben, so du niederfällst und mich anbetest." (Mt 4,9) Damit wollte er zu verstehen geben, Christus könne die Herrschaft über die Erde gewinnen und so seiner Aufgabe gerecht werden, ohne die Qual auf Golgatha erleiden zu müssen. Doch ohne zu zögern und in völligem Vertrauen zu Gott befahl Jesus: „Hebe dich weg von mir, Satan." Danach gebrauchte er Gottes Wort, die wirksamste Waffe im Kampf gegen Satan, und sagte: „Du sollst anbeten Gott, deinen Herrn, und ihm allein dienen." (Mt 4,10) Diese Worte bedeuteten den Sieg. Christus hatte sich völlig auf seinen Vater verlassen und Satan überwunden.

Der Entscheidungskampf auf Golgatha. Der kosmische Konflikt fand seinen Höhepunkt auf Golgatha. Satan verstärkte seine Anstrengungen gegen Jesus, als dessen Wirkungszeit dem Ende zuging. Dabei bediente er sich der religiösen Führer jener Tage. Ihre Eifersucht auf Jesus verursachte so viele Schwierigkeiten, daß er seinen öffentlichen Dienst beenden mußte (Jo 12,45-54). Durch Verrat seitens eines Jüngers und aufgrund falscher Zeugenaussagen wurde Jesus verhaftet, vor Gericht gestellt und zum Tode verurteilt (Mt 26,63.64; Jo 19,7). Doch im uneingeschränkten Gehorsam dem Willen seines Vaters gegenüber blieb Jesus treu bis in den Tod.

Die Wirkung von Christi Leben und Sterben reicht weit über den menschlichen Horizont hinaus. Am Kreuz sagte Jesus selbst: „Nun wird der Fürst dieser Welt ausgestoßen" (Jo 12,31) und „Der Fürst dieser Welt ist gerichtet." (Jo 16,11)

Die kosmische Auseinandersetzung erreichte am Kreuz ihren Höhepunkt. Liebe und Gehorsam, die Christus dort trotz Satans Grausamkeit bewies, erschütterten die Macht Satans als Fürst dieser Welt, und damit war dessen Untergang besiegelt.

Der Kampf um die Wahrheit in Jesus

In die große Auseinandersetzung um die Autorität Christi ist heute nicht allein sein Gesetz, sondern auch sein Wort – die Bibel – mit hineingezogen worden. Es wurden Interpretationsmethoden entwickelt, die bei der Auslegung wenig oder gar keinen Raum für eine göttliche Offenbarung zulassen.[1] Die Bibel wird behandelt wie jedes

---

[1] General Conference Committee, „Methods of Bible Study", 1986; G. Hasel, „Biblical Interpretation Today", Biblical Research Institute of the General Conference of Seventh-day Adventists, Washington, D.C., 1985.

andere historische Dokument und nach derselben kritischen Methode analysiert.

Eine wachsende Zahl von Christen, darunter auch Theologen, betrachten die Bibel nicht mehr als Gottes Wort und die unfehlbare Offenbarung seines Willens. Damit stellen sie auch die biblische Sicht der Person Jesu Christi in Frage: sein Wesen, seine jungfräuliche Geburt, seine Wunder und seine Auferstehung.[1]

Die entscheidende Frage. Als Christus fragte: „Für wen halten die Leute den Menschensohn?", antworteten die Jünger: „Einige halten dich für den Täufer Johannes, andere für Elia, und wieder andere meinen, du seist Jeremia oder sonst einer von den Propheten." (Mt 16,13.14 GN) Mit anderen Worten: Die meisten seiner Zeitgenossen hielten Jesus lediglich für einen Menschen. Dem biblischen Bericht zufolge wollte Jesus dann von seinen Jüngern wissen: „Und ihr, für wen haltet ihr mich?"

„Da antwortete Simon Petrus und sprach: *Du bist Christus, der Sohn des lebendigen Gottes!*" (Mt 16,15.16 GN) „Und Jesus antwortete und sprach zu ihm: *Selig bist du, Simon, Jonas Sohn; denn Fleisch und Blut hat dir das nicht offenbart, sondern mein Vater im Himmel.*" (Mt 16,15-17) Diese Frage Christi an seine Jünger sollte sich jeder von uns stellen. Die Antwort darauf hängt von unserem Glauben an die Bibel als dem Wort Gottes ab.

Das Zentrum der biblischen Lehre. Christus steht im Mittelpunkt der Bibel. Gott lädt uns ein, die Wahrheit, die in Christus ist, zu verstehen (Eph 4,21), denn er ist die Wahrheit (Jo 14,6). Eine der Machenschaften Satans besteht darin, den Menschen vorzugaukeln, die Wahrheit könnte auch ohne Jesus verstanden werden. Es gab Versuche, in den Mittelpunkt des Glaubens (1) den Menschen, (2) die Natur beziehungsweise das erforschbare Universum, (3) die Bibel oder (4) die Kirche zu rücken.

All diese Gesichtspunkte – angefangen beim Menschen bis hin zur Kirche – können zwar zur Erkenntnis der Wahrheit beitragen,

---

[1] K. Runia, „The Present-day Christological Debate", Inter-Varsity Press, Downers Grove, IL, 1984; G. C. Berkouwer, „The Person of Christ", Wm. B. Eerdmans, Grand Rapids, MI, 1954, S. 14-56.

doch die Bibel stellt Christus dar als den Einen, der alles überragt. Die entscheidende Wahrheit liegt nur in ihm, dem Schöpfer. Glaubenslehren von ihm abzulösen führt zu Mißverständnissen über „den Weg, die Wahrheit und das Leben" (Jo 14,6).

Es ist bezeichnend für das Wesen und Ziel des Antichristen, etwas anderes als Christus zum Mittelpunkt der Wahrheit zu erheben. (Im Griechischen, der Grundsprache des Neuen Testaments, kann *Antichrist* nicht nur „gegen" Christus, sondern auch „anstelle von" Christus bedeuten.) Indem Satan darauf hinwirkt, etwas anderes als Christus in den Mittelpunkt der christlichen Lehre zu stellen, erreicht er sein Ziel, die Aufmerksamkeit abzulenken von dem Einen, der die einzige Hoffnung der Menschheit ist.

Die Aufgabe der christlichen Theologie. Die kosmische Sicht macht deutlich, wie Satan von jeher versucht, Christus aus seiner einzigartigen Stellung im Universum wie auch in der Wahrheit zu verdrängen. Die Theologie – der Wortbedeutung nach die Lehre von Gott und der Beziehung zu seinen Geschöpfen – sollte alle Lehren im Lichte Christi entfalten. Auftrag der christlichen Theologie ist es, Vertrauen in die Autorität des Wortes Gottes zu schaffen und jedem anderen vorgeblichen Schwerpunkt der Wahrheit den eigentlichen Stellenwert in Christus zu geben.

Wo das geschieht, erweist die christliche Theologie der Kirche einen guten Dienst, denn sie dringt durch bis zur Wurzel des kosmischen Konflikts, enthüllt jeden Irrtum und entkräftet ihn mit dem einzig unbestreitbaren Argument, dem Christus der Bibel. Allein so ist die Theologie als wirksames Instrument zu gebrauchen; Gott will der Menschheit im Kampf gegen Satan auf dieser Erde beistehen.

Die Wichtigkeit dieser Lehre

Die Lehre vom großen Kampf verdeutlicht die schweren Auseinandersetzungen, in die jeder Mensch und letztlich das ganze Universum hineingezogen ist. Die Bibel sagt: „Denn wir haben nicht mit Fleisch und Blut zu kämpfen, sondern mit Mächtigen und Gewaltigen, nämlich mit den Herrschern der Welt, die in dieser Finsternis herrschen mit den bösen Geistern unter dem Himmel." (Eph 6,12)

Diese Lehre führt zu ständiger Wachsamkeit. Das rechte Verständnis dieser Lehre überzeugt von der Notwendigkeit, gegen das Böse zu kämpfen. Siegen können wir aber nur in völliger Abhängigkeit von Jesus Christus, dem Führer der himmlischen Heerscharen, dem „Herrn, stark und mächtig, dem Herrn, mächtig im Streit" (Ps 24,8).

Die Überwinderkraft Christi anzunehmen bedeutet nach den Worten des Apostels Paulus das Anlegen der Waffenrüstung Gottes, „auf daß ihr an dem bösen Tage Widerstand tun und alles wohl ausrichten und das Feld behalten möget. So stehet nun, umgürtet an euren Lenden mit Wahrheit und angetan mit dem Panzer der Gerechtigkeit und an den Beinen gestiefelt, als fertig, zu treiben das Evangelium des Friedens. Vor allen Dingen aber ergreifet den Schild des Glaubens, mit welchem ihr auslöschen könnt alle feurigen Pfeile des Bösen, und nehmet den Helm des Heils und das Schwert des Geistes, welches ist das Wort Gottes. Und betet allezeit mit Bitten und Flehen im Geist und wachet dazu mit allem Anhalten und Flehen für alle Heiligen." (Eph 6,13-18)

Welch ein Vorrecht für den echten Christen, ein Leben der Geduld und Treue zu führen, ständig gewappnet zu sein für diesen Konflikt (Offb 14,12) und sich in enger Gemeinschaft mit dem Einen zu wissen, durch den wir wahre Überwinder sind (Rö 8,37).

Diese Lehre erklärt das Geheimnis des Leides. Das Böse hat seinen Ursprung nicht in Gott. Er, der „die Gerechtigkeit liebt und haßt die Ungerechtigkeit" (Hbr 1,9), kann nicht für das Elend in dieser Welt verantwortlich gemacht werden. Satan, ein gefallener Engel, trägt die Schuld an aller Grausamkeit und jedem Leid. Raub, Mord, Tod und Verbrechen – so entsetzlich sie auch sein mögen – finden eine Erklärung, wenn wir sie im Rahmen des großen Kampfes verstehen.

Am Kreuz zeigt sich schonungslos die zerstörerische Macht der Sünde, aber auch die tiefe Liebe Gottes zum Sünder. Diese Lehre vom großen Kampf will uns dazu führen, die Sünde zu hassen, den Sünder aber zu lieben.

Diese Lehre offenbart das liebevolle Erbarmen Christi mit unserer Welt. Nach seiner Rückkehr in den Himmel ließ Christus sein Volk nicht als Waisen zurück. In seinem Erbarmen gewährte er uns Hilfe im Kampf gegen das Böse. Der Heilige Geist ist gesandt, um für Christus „einzuspringen" und bis zu seiner Wiederkunft unser ständiger Begleiter zu sein (Jo 14,16; vgl. Mt 28,20). Auch die Engel wurden beauftragt, beim Erlösungswerk mitzuhelfen (Hbr 1,14).

Unser Sieg ist gesichert. Vertrauensvoll und hoffnungsfroh können wir in die Zukunft sehen, denn unser Herr und Meister hält unser Geschick in seiner Hand. Wir haben allen Grund, Gottes Erlösungswerk zu preisen.

__Die Lehre unterstreicht die kosmische Bedeutung des Kreuzes.__ Die Erlösung der Menschheit ist nur im Zusammenhang mit Christi Dienst und Opfertod richtig zu verstehen, denn er gab sein Leben zur Vergebung unserer Sünden. Damit rechtfertigte er Gott sowie das Gesetz und die Herrschaft seines Vaters vor den Anschuldigungen Satans.

Christi Erdenleben ist eine Bestätigung der Allmacht und Güte Gottes. Er machte die Haltlosigkeit der Angriffe Satans offenbar, indem er zeigte, daß jeder Gläubige die Versuchungen des Alltags bestehen kann, wenn er sich völlig abhängig weiß von Gottes Macht und Gnade. Trotz aller Anfechtungen wird er ein Leben des Sieges über die Sünde führen.

Kapitel 9

Leben, Tod und Auferstehung Christi

Christus führte ein Leben vollkommenen Gehorsams gegenüber dem Willen Gottes. Sein Leiden, sein Tod und seine Auferstehung sind nach Gottes Vorsehung die einzigen Mittel, die Sünde des Menschen zu sühnen. Wer diese Versöhnung im Glauben annimmt, hat das ewige Leben. Die ganze Schöpfung kann so die unendliche und heilige Liebe des Schöpfers besser verstehen. Diese vollkommene Versöhnung erweist die Gerechtigkeit des Gesetzes Gottes und offenbart Gottes Güte. Dadurch wird unsere Sünde verurteilt und zugleich ein Weg zu ihrer Vergebung geöffnet. Christi stellvertretender Tod hat sühnende, versöhnende und umwandelnde Wirkung. Christi Auferstehung verkündet Gottes Triumph über die Mächte des Bösen und sichert allen, die sich versöhnen lassen, endgültigen Sieg über Sünde und Tod am Ende der Weltzeit zu. In seiner Auferstehung wird offenbar, daß Christus der Herr ist. Vor ihm werden einst alle im Himmel und auf Erden ihre Knie beugen.

Eine offene Tür gewährt einen Blick in den Himmel, und eine Stimme ruft: „Komm herauf und sieh, was hier geschieht."

Der Apostel Johannes schaut in einer Vision hinein in den Thronsaal Gottes. Ein Regenbogen umgibt den Thron, von dem Blitze, Donner und Stimmen ausgehen. Rings um den Thron sitzen die Ältesten in weißen Kleidern und tragen goldene Kronen auf ihrem Haupt. Während Lobgesang zu Gottes Ehre erklingt, knien sie anbetend nieder und legen ihre Kronen vor den Thron.

Ein Engel mit einer siebenfach versiegelten Schriftrolle ruft: „Wer ist würdig, die Siegel zu brechen und die Schriftrolle zu öffnen?" (Offb 5,2) Bestürzt muß Johannes feststellen, daß niemand im Himmel und auf Erden würdig ist, diese Rolle zu öffnen. Seine Enttäuschung wird zur Trauer, bis ihn einer der Ältesten tröstet mit den Worten: „Weine nicht! Siehe, es hat überwunden der Löwe aus dem Stamme Juda, die Wurzel Davids, aufzutun das Buch und seine sieben Siegel." (Offb 5,5)

Als Johannes seinen Blick zum Thron erhebt, sieht er ein Lamm, das geschlachtet worden war, nun aber lebt und voll Geistes ist. Und während das Lamm die Schriftrolle an sich nimmt, stimmen die vier himmlischen Gestalten vor dem Thron und die Ältesten ein neues Lied an: „Du bist würdig, zu nehmen das Buch und aufzutun seine Siegel; denn du bist erwürgt und hast mit deinem Blut für Gott erkauft Menschen aus allen Geschlechtern und Sprachen und Völkern und Nationen und hast sie unserm Gott zu Königen und Priestern gemacht, und sie werden herrschen auf Erden." (Offb 5,9.10)

Alle Geschöpfe im Himmel und auf Erden stimmen schließlich ein in dieses Lied: „Dem, der auf dem Throne sitzt, und dem Lamm sei Lob und Ehre und Preis und Gewalt von Ewigkeit zu Ewigkeit." (Offb 5,13)

Was ist so wichtig an dieser Schriftrolle? Darin ist die Befreiung der Menschheit aus der Sklaverei Satans aufgezeichnet sowie der endgültige Sieg Gottes über die Sünde. Seine Erlösung ist offenbart, die wirklich vollkommen ist. Alle in Sünde Gefangenen können befreit werden aus diesem Gefängnis durch ihre Entscheidung für Gott.

Lange vor seiner Geburt in Bethlehem verkündete das Lamm: „Siehe, ich komme; im Buch ist von mir geschrieben: Deinen Willen, mein Gott, tue ich gern, und dein Gesetz hab ich in meinem Herzen." (Ps 40,8.9; vgl. Hbr 10,7) Das Lamm, das schon vor Grundlegung der Welt zum Opfer bestimmt war, erwirkte durch seine Menschwerdung die Erlösung der Menschheit (Offb 13,8).

LEBEN, TOD UND AUFERSTEHUNG CHRISTI

Gottes rettende Gnade

Die Schrift offenbart einen Gott, der eine überwältigende Bereitwilligkeit dem Menschen und dessen Erlösung entgegenbringt. Die Personen der Gottheit wirken vereint, um Sünder in die Gemeinschaft mit ihrem Schöpfer zurückzuführen.

Jesus beschrieb Gottes rettende Liebe so: „Denn also hat Gott die Welt geliebt, daß er seinen eingeborenen Sohn gab, auf daß alle, die an ihn glauben, nicht verloren werden, sondern das ewige Leben haben." (Jo 3,16)

Gott ist die Liebe (1 Jo 4,8). Er neigt sich mit „immerwährender Liebe" (Jer 31,3) der Menschheit zu.

Der allmächtige Gott lädt dazu ein, sich in und durch Jesus Christus retten zu lassen. Doch in seiner Liebe gewährt er jedem Menschen völlige Entscheidungsfreiheit. Jeglicher Zwang steht im Gegensatz zu seinem Wesen und kann deshalb nicht Teil seines Planes sein.

Die göttliche Initiative. Als Adam und Eva sündigten, machte sich Gott auf und suchte sie. Das schuldiggewordene Menschenpaar ging nicht – wie zuvor – freudig auf seinen Schöpfer zu, sondern versteckte sich, als es Gottes Stimme hörte. Aber der gab sie nicht auf. „Und Gott der Herr rief Adam und sprach zu ihm: *Wo bist du?*" (1 Mo 3,9)

In tiefer Trauer wies Gott hin auf die Folgen des Ungehorsams, auf Leid und Schwierigkeiten, denen sie ausgesetzt sein würden. Doch in dieser hoffnungslosen Situation offenbarte er ihnen seinen wunderbaren Plan, der den Sieg über Sünde und Tod versprach (1 Mo 3,15).

Gnade oder Gerechtigkeit? Als Israel am Berg Sinai vom Glauben abgefallen war, offenbarte Gott seinem Knecht Mose beides: seine Gerechtigkeit und seine Liebe: „HERR, HERR, Gott, barmherzig und gnädig und geduldig und von großer Gnade und Treue, der da Tausenden Gnade bewahrt und vergibt Missetat, Übertretung und Sünde, aber ungestraft läßt er niemand, sondern sucht die Missetat der Väter heim an Kindern und Kindeskindern bis ins dritte und vierte Glied!" (2 Mo 34,6.7)

In Gottes Wesen vereinen sich seine Gnade wie auch seine Gerechtigkeit, seine Vergebungsbereitschaft und zugleich seine Kompromißlosigkeit der Sünde gegenüber. Wie beide Eigenschaften in einer Person gleichzeitig und harmonisch nebeneinander bestehen können, wird uns allein durch Jesus Christus verständlich.

Vergeben oder verurteilen? In Zeiten des Abfalls forderte Gott sein Volk immer wieder auf, die Schuld zu erkennen, zu bereuen und sich ihm erneut zuzuwenden (Jer 3,12-14). Doch sie schlugen seine Einladungen in den Wind (Jer 5,3). Eine Geisteshaltung aber, die Vergebung ablehnt, macht die Verurteilung unabwendbar (Ps 7,12).

Gott ist zwar gnädig und barmherzig, aber er kann denen, die in Sünde beharren, nicht vergeben (Jer 5,7). Vergebung hat stets ein Ziel: Gott möchte aus Sündern Heilige machen.

„Der Gottlose lasse von seinem Wege und der Übeltäter von seinen Gedanken und bekehre sich zum Herrn, so wird er sich seiner erbarmen, und zu unserem Gott, denn bei ihm ist viel Vergebung. (Jes 55,7) Seine Rettungsbotschaft richtet sich an die ganze Welt: „Wendet euch zu mir, so werdet ihr gerettet, aller Welt Enden; denn ich bin Gott, und sonst keiner mehr!" (Jes 45,22)

Gottes Zorn gegen die Sünde. Bereits die erste Übertretung des göttlichen Gebots bewirkte im Menschen eine Veranlagung zur Feindschaft gegen Gott (Kol 1,21). Wir verdienen also das Mißfallen Gottes, der – gegenüber der Sünde – ein „verzehrend Feuer" ist (Hbr 12,29; vgl. Hab 1,13).

Die unbestechliche Wahrheit lautet: „Alle haben gesündigt" (Rö 3,23), alle sind „von Natur aus Kinder des Zorns" (Eph 2,3; vgl. Kap. 5,6), und daher dem Tod verfallen, denn „der Lohn der Sünde ist der Tod" (Rö 6,23).

Die Schrift nennt Gottes Reaktion auf Sünde und Ungerechtigkeit „Zorn" (Rö 1,18). Vorsätzliche Ablehnung des offenbarten göttlichen Willens, seines Gesetzes, ruft seinen gerechten Zorn hervor (2 Kön 17,16-18; 2 Chr 36,16).

G. E. Ladd schrieb: „Die Menschen sind ethisch gesehen sündhaft; wenn Gott ihnen ihre Verfehlungen anrechnet, muß er sie als Sünder, als Feinde und als solche ansehen, auf die sich sein göttlicher Zorn richtet. Es ist eine sittliche und religiöse Notwendigkeit, daß sich Gottes Heiligkeit im Zorn gegen die Sünde erweist."[1] Doch gleichzeitig sehnt sich Gott danach, die rebellische Welt zu retten. Er haßt jede Sünde, liebt aber den Sünder.

Die Antwort des Menschen. Gottes Hinwendung zu Israel fand ihren Höhepunkt im Dienst Jesu Christi, der uns einen klaren und tiefen Einblick in „den ... Reichtum" himmlischer Gnade gewährt (Eph 2,7). Johannes sagt es so: „Das Wort ward Fleisch und wohnte unter uns, und wir sahen seine Herrlichkeit, eine Herrlichkeit als des eingeborenen Sohnes vom Vater, voller Gnade und Wahrheit." (Jo 1,14) Und Paulus schrieb: „Durch ihn aber seid ihr in Christus Jesus, der uns von Gott gemacht ist zur Weisheit und zur Gerechtigkeit und zur Heiligung und zur Erlösung, damit, wie geschrieben steht: (Jer 9,22.23) *Wer sich rühmt, der rühme sich des Herrn!*" (1 Ko 1,30.31)

Wer wollte da „den Reichtum seiner Güte, Geduld und Langmut" verachten? Es wundert uns also nicht, wenn Paulus darauf hinweist, daß es „Gottes Güte" ist, die den Menschen „zur Buße leitet" (Rö 2,4).

Selbst die Antwort des Menschen auf Gottes Erlösungsangebot entspringt nicht im Sünder, sondern wird von Gott gewirkt. Auch unser Glaube ist ein Geschenk Gottes (Rö 12,3); das trifft ebenso auf unsere Bekehrung zu (Apg 5,31).

Unsere Liebe ist stets nur Antwort auf Gottes Liebe (1 Jo 4,19). Wir können uns vor Satan, Sünde, Leid und Tod nicht selber retten.

Unsere Gerechtigkeit ist wie ein schmutziges Kleid (Jes 64,6). „Aber Gott, der reich ist an Barmherzigkeit, hat in seiner großen Liebe, mit der er uns geliebt hat, auch uns, die wir tot waren in der Sünde, mit Christus lebendig gemacht, ... denn aus Gnade seid ihr selig geworden durch den Glauben, und das nicht aus euch: Gottes Gabe ist es, nicht aus Werken, damit sich nicht jemand rühme." (Eph 2,4.5.8.9)

---

[1] G. E. Ladd, „A Theology of the New Testament", Wm. B. Eerdmans, Grand Rapids, MI, 1974, S. 453.

Christi Dienst der Versöhnung

Die gute Nachricht lautet: „Denn Gott war in Christus und versöhnte die Welt mit sich selber." (2 Ko 5,19) Durch diese Versöhnung wird die Beziehung zwischen Gott und der Menschheit wiederhergestellt.

Der Text macht deutlich, daß Sünder mit Gott, nicht aber Gott mit den Sündern versöhnt wird. Der Weg, der den Sünder zu Gott zurückführt, heißt Jesus Christus. Gottes Versöhnungsangebot ist ein Wunder gnädiger Herabneigung. Er hätte durchaus das Recht gehabt, die Menschheit zugrunde gehen zu lassen.

Doch Gott selbst sorgte dafür, die unterbrochene Verbindung zwischen ihm und den Menschen wiederherzustellen. „Als wir noch Feinde waren" – sagt Paulus –, sind „wir mit Gott versöhnt worden ... durch den Tod seines Sohnes" (Rö 5,10). Daher rühmen wir „uns auch Gottes durch unseren Herrn Jesus Christus, durch den wir jetzt die Versöhnung empfangen haben" (Rö 5,11).

„Versöhnung" hat das Ziel, die Harmonie wiederherzustellen. „Nach einer Entfremdung stellt sich als Folge des Versöhnungsprozesses erneut Harmonie ein."[1]

Viele Christen beschränken diesen Begriff lediglich auf das Erlösungswerk Christi bei seiner Menschwerdung, auf sein Leiden und Sterben. Im Heiligtumsdienst Israels aber gehörte zur Versöhnung nicht nur das Töten des Opferlammes im Vorhof, sondern auch der Priesterdienst mit dem Sprengen des vergossenen Blutes im Heiligtum (vgl. 3 Mo 4,20.26.35; 16,15–18.32.33).

Nach dem biblischen Sprachgebrauch kann sich der Begriff „Versöhnung" daher sowohl auf den Tod Christi als auch auf seinen Dienst als Fürsprecher im himmlischen Heiligtum beziehen. Als Hoherpriester setzt er dort das in jeder Hinsicht vollkommene Sühnopfer von Golgatha ein, um die Versöhnung der Menschheit mit Gott zu erwirken.[2]

---

[1] „Atonement" in „Seventh-day Adventist Bible Dictionary", S. 97.
[2] Eine ausführliche Diskussion dieses biblischen Konzeptes findet sich in „Seventh-day Adventists Answer Questions on Doctrine", Review and Herald, Washington D. C., 1957, S. 341-355.

Vincent Taylor weist ebenfalls darauf hin, daß die Lehre von der Versöhnung zwei Aspekte hat: „a) Die erlösende Tat Christi und b) die Inanspruchnahme dieser Erlösungstat durch den Glauben, ob nun seitens des einzelnen oder der Gemeinde. Beide *zusammen* bilden die Versöhnung." Aus dieser Sicht zieht er den Schluß, daß „Versöhnung zugleich *für uns* vollbracht ist und *in uns* gewirkt wird".[1]

Dieses Kapitel erklärt die Versöhnung im Blick auf den Tod Christi. Der Versöhnungsdienst in Verbindung mit Christi Dienst als Hohepriester wird an anderer Stelle besprochen (siehe Kap. 23 dieses Buches).

Christi versöhnendes Opfer

Christi Opfer auf Golgatha markiert einen Wendepunkt in der Beziehung zwischen Gott und der Menschheit. Obwohl es eine „Buchführung" über die Sünden der Menschen gibt, rechnet Gott die Schuld nicht an, wo eine Versöhnung stattgefunden hat (2 Ko 5,19).

Das heißt aber nicht, daß Gott die Bestrafung fallen ließe oder daß Sünde nicht mehr seinen Zorn hervorriefe. Es bedeutet vielmehr, daß er einen Weg gefunden hat, denen, die ihre Schuld bereuen, in seiner Gnade und Barmherzigkeit zu vergeben und dabei dennoch die Gerechtigkeit seines ewigen Gesetzes unangetastet zu lassen.

Christi Tod - eine Notwendigkeit. Damit der liebende Gott Recht und Gerechtigkeit aufrechterhalten konnte, wurde der stellvertretende Tod Christi „eine moralische und von seinem Gesetz erforderte Notwendigkeit".

Gottes „Gerechtigkeit verlangt, daß die Sünde geahndet wird. Gott muß daher Sünde und Sünder verurteilen. In der Vollstreckung dieses Urteils nahm gemäß göttlicher Vorsehung der Sohn Gottes unseren Platz ein. Versöhnung wurde notwendig, weil der Mensch unter dem gerechten Zorn Gottes stand. Hier finden wir

---

[1] V. Taylor, „The Cross of Christ", Macmillan, London, 1956, S. 88.89.

das Herzstück des Evangeliums, nämlich die Vergebung der Sünde und das Geheimnis des Kreuzes. Christi Vollkommenheit stellte Gottes Gerechtigkeit zufrieden, und daher akzeptiert Gott das Opfer Christi anstelle des Todes der Menschen."[1]

Wer aber das versöhnende Blut Christi nicht annimmt, empfängt auch keine Vergebung und bleibt daher unter Gottes Zorn. Johannes sagte: „Wer an den Sohn glaubt, der hat das ewige Leben. Wer aber dem Sohn nicht gehorsam ist, der wird das Leben nicht sehen, sondern der Zorn Gottes bleibt über ihm." (Jo 3,36)

Das Kreuz zeugt daher eine Offenbarung der Gnade Gottes und zugleich seiner Gerechtigkeit. „Ihn hat Gott vor aller Welt als Versöhnungszeichen aufgerichtet. Sein Blut, das am Kreuz vergossen wurde, bringt Frieden mit Gott für alle, die dieses Angebot im Vertrauen annehmen. In seiner großen Güte vergibt Gott den Menschen alle Verfehlungen, die sie bisher begangen haben. So zeigt er, daß seine Treue unwandelbar ist. Ja, in unserer gegenwärtigen Zeit wollte Gott zeigen, wie er zu seinen Zusagen steht. Er bleibt sich selbst treu, indem er alle als treu anerkennt, die sich einzig und allein auf das verlassen, was er durch Jesus getan hat." (Rö 3,25.26 GN)

Was bewirkt das stellvertretende Opfer? Es war der Vater selbst, der seinen Sohn „als Sühnopfer hingestellt hat" (Rö 3,25; griech. *hilasterion*). Die Verwendung dieses Wortes im Neuen Testament hat nichts mit der heidnischen Bedeutung im Sinne von „Besänftigung eines zornigen Gottes" zu tun.[2]

Der Text macht deutlich, daß „Gott gemäß seinem gnädigen Willen Christus als Versöhnung seines heiligen Zorns über die menschliche Schuld einsetzte; denn er nahm ihn als Ersatzmann für

---

[1] H. K. LaRondelle, „Christ Our Salvation", Pacific Press, Mountain View, CA, 1980, S. 25.26.

[2] R. Dederen, „Atoning Aspects in Christ's Death" in „The Sanctuary and the Atonement", A. V. Wallenkampf/W. R. Lesher (Hg.), Biblical Research Institute der Generalkonferenz der Siebenten-Tags-Adventisten, Washington, D. C., 1981, S. 295. Er fügt hinzu: „Unter den Heiden wurde Sühne als Aktivität angesehen, mit der der Gläubige selbst das leisten konnte, was zu einer Umstimmung der Gottheit führte. Er hat einfach seinen Gott zu einer gnädigen Haltung bestochen. In der Schrift entspringen jedoch Versöhnung und Sühne der Liebe Gottes." ebd., S. 317.

die Menschen und göttlichen Stellvertreter an, damit er das Gericht über die Sünde erleide."[1]

Aus dieser Sicht ist auch zu verstehen, daß der Apostel Paulus den Tod Christi beschreibt „als Gabe und Opfer, Gott zu einem lieblichen Geruch" (Eph 5,2; siehe auch 1 Mo 29,18 und 3 Mo 1,9). „Christi Selbstaufopferung *stellt* Gott *zufrieden*, weil dieses Opfer die Trennwand zwischen Gott und Sündern beseitigte, weil Christus ganz und gar Gottes Zorn über die Sünde des Menschen auf sich nahm. Durch Christus wird Gottes Zorn nicht in Liebe verwandelt. Vielmehr wendet sich Gottes Zorn vom Menschen ab und wird von ihm selbst in Christus getragen."[2]

Römer 3,25 zeigt auch, daß durch Christi Opfer die Sünde vergeben oder entfernt wird. Sühne macht deutlich, was das versöhnende Blut für den reuigen Sünder bewirkt. Er erfährt Vergebung, Befreiung von persönlicher Schuld und Reinigung von der Sünde.[3]

Christus, der stellvertretende „Sündenträger". Die Schrift stellt Christus als den „Sündenträger" der Menschheit dar. In tiefgründiger prophetischer Sprache heißt es bei Jesaja: „Er ist um unserer Missetat willen verwundet und um unserer Sünde willen zerschlagen. Die Strafe liegt auf ihm, auf daß wir Frieden hätten, und durch seine Wunden sind wir geheilt ... Der Herr warf unser aller Sünde auf ihn ... So wollte ihn der Herr zerschlagen mit Krankheit. Wenn er sein Leben zum Schuldopfer gegeben hat ... und er die Sünde der Vielen getragen hat ..." (Jes 53,5.6.10.12; vgl. Gal 1,4)

Paulus kannte diese Prophezeiung, denn er schrieb, daß „Christus gestorben ist für unsere Sünden nach der Schrift" (1 Ko 15,3).

Diese Texte weisen hin auf ein wichtiges Element im Erlösungsplan. Sünde und Schuld, mit denen wir uns verunreinigt haben, können auf einen Sündenträger übertragen werden, so daß wir rein werden (Ps 51,10). Die Opferzeremonien des alttestamentlichen Heiligtums wiesen auf diese Funktion Christi hin. Dort wurde Sün-

---

[1] LaRondelle, a.a.O., S. 26.
[2] ebd., S. 26.27.
[3] R. Dederen, a.a.O., S. 295

de vom Sünder auf das unschuldige Lamm übertragen. Dieser Vorgang stellte auf symbolische Weise die Übertragung der Sünden auf Christus, den Sündenträger, dar (siehe auch Kap. 4 dieses Buches).

Die Bedeutung des Blutes. Dem Blut kommt beim Versöhnungsopfer im Rahmen des Heiligtumsdienstes zentrale Bedeutung zu. Gott traf Vorkehrungen für die Versöhnung, indem er feststellte: „Denn des Leibes Leben ist im Blut, und ich habe es euch für den Altar gegeben, daß ihr damit entsühnt werdet ..." (3 Mo 17,11).

Nach der Tötung des Opfertieres mußte der Priester das Blut den Vorschriften entsprechend gebrauchen, bevor Vergebung gewährt wurde.

Dem Neuen Testament zufolge fanden alle alttestamentlichen Vorschriften, die Vergebung, Reinigung und Versöhnung durch stellvertretendes Blut bewirkten, im Blut Christi bei seinem Opfer auf Golgatha ihre Erfüllung.

Im Blick auf diese Zeremonien sagt das Neue Testament: Um „wieviel mehr wird dann das Blut Christi, der sich selbst als Opfer ohne Fehl durch den ewigen Geist Gott dargebracht hat, unser Gewissen reinigen von den toten Werken, zu dienen dem lebendigen Gott!" (Hbr 9,14 GN) Sein Blut bewirkt die Vergebung der Schuld (Rö 3,25). Johannes schrieb, daß Gott aus Liebe „seinen Sohn gesandt hat als eine Sühnung für unsere Sünden" (1 Jo 4,10 EB).

Fassen wir zusammen: „Gottes objektive (d. h. vom Menschen unabhängige) Versöhnungstat wurde durch das sühnende und versöhnende Blut Jesu Christi, seines Sohnes, vollbracht. So ist Gott sowohl der Urheber als auch Empfänger der Versöhnung."[1]

Christus, das Lösegeld

Als die Menschen unter die Macht der Sünde gerieten, verfielen sie auch der Verdammung und dem Fluch des göttlichen Gesetzes (Rö 6,4; Gal 3,6-13). Als Sklaven der Sünde (Rö 6,17), dem Tode verfal-

---

[1] La Rondelle, a.a.O., S. 28. Das Zitat dieses Zitats stammt von H. G. Link und C. Brown, „Reconciliation" in „The New International Dictionary of New Testament Theology", Zondervan, Grand Rapids, MI, 1978, Bd. 3, S. 162.

len, konnten sie sich selber nicht retten. „Kann doch keiner einen andern auslösen oder für ihn an Gott ein Sühngeld geben." (Ps 49,7)

Nur Gott hat die Macht, zu erlösen. „Aber ich will sie aus dem Totenreich erlösen und vom Tode erretten." (Hos 13,14) Wie hat Gott erlöst? Durch Jesus, der von sich sagte, daß er „nicht gekommen ist, um sich bedienen zu lassen, sondern um zu dienen und sein Leben als Lösegeld für alle Menschen hinzugeben" (Mt 20,28 GN; vgl. 1 Tim 2,6).

Gott „erwarb" die Gemeinde „durch sein eigenes Blut" (Apg 20,28). In Christus „haben wir die Erlösung [wörtlich: „Loskaufung"] durch sein Blut, die Vergebung der Sünden" (Eph 1,7; Rö 3,24). Sein Tod sollte bewirken, „daß er uns loskaufte von aller Gesetzlosigkeit und sich selbst ein Eigentumsvolk reinigte, [das] eifrig [sei] in guten Werken" (Tit 2,14 EB).

Was hat das Lösegeld bewirkt? Christi Tod hat Gottes Eigentumsrechte auf die Menschheit bestätigt. Paulus sagte: „Ihr gehört nicht euch selber, ihr seid mit einem Preis erkauft." (1 Ko 6,19.20; siehe auch 1 Ko 7,23).

Christus hat durch seinen Tod die Macht der Sünde durchbrochen, die geistliche Gefangenschaft beendet, die Verurteilung und den Fluch des Gesetzes hinweggetan und ewiges Leben für alle bußfertigen Sünder ermöglicht. Petrus schrieb, die Gläubigen seien nun „erlöst von ihrem eitlen Wandel nach der Väter Weise" (1 Pt 1,18). Paulus betonte, daß jene, die aus der Sklaverei der Sünde befreit worden sind und nun im Dienste Gottes stehen, heilig werden, „das Ende aber ist ewiges Leben" (Rö 6,22).

Das Lösegeld-Prinzip abzulehnen würde bedeuten, „das Herzstück des Evangeliums der Gnade zu verlieren und das Motiv für unsere Dankbarkeit, die wir dem Lamm Gottes schulden, zu verleugnen".[1]

Dieses Prinzip ist auch Inhalt des Lobliedes, das vor dem himmlischen Thron angestimmt wird: „Du bist würdig, zu nehmen das Buch und aufzutun seine Siegel; denn du bist geschlachtet und hast

---

[1] La Rondelle, a.a.O., S. 30.

mit deinem Blut Menschen für Gott erkauft aus allen Stämmen und Sprachen und Völkern und Nationen und hast sie unserem Gott zu Königen und Priestern gemacht, und sie werden herrschen auf Erden." (Offb 5,9.10)

Christus, Stellvertreter der Menschheit

Beide, Adam und Christus, „der letzte Adam" oder „der zweite Mensch" (1 Ko 15,45-47), stehen für die gesamte Menschheit. Jeder Mensch wird bei seiner natürlichen Geburt mit den Folgen der Übertretung Adams belastet; doch bei der Wiedergeburt von oben her empfängt er den Segen des vollkommenen Lebens und des Opfers Jesu Christi. „Denn wie in Adam alle sterben, so werden sie in Christus alle lebendig gemacht werden." (1 Ko 15,22)

Adams Rebellion brachte Sünde, Verdammnis und Tod über alle. Christus kehrte diese Abwärtsbewegung um. In seiner Liebe unterwarf er sich freiwillig dem himmlischen Gericht und wurde zum Stellvertreter der Menschheit. Sein Opfertod schafft Befreiung von der Strafe, die jede Sünde nach sich zieht, und gewährt dem reumütigen Sünder die Gabe des ewigen Lebens (2 Ko 5,21; Rö 6,23; 1 Pt 3,18).

Die Schrift lehrt eindeutig die allgemeine Gültigkeit des stellvertretenden Todes Christi. „Aus Gottes Gnade" erlitt er den Tod „für alle" (Hbr 2,9). Wie Adam haben alle gesündigt (Rö 5,12), und alle erleiden deshalb den Tod – den ersten Tod. Der Tod aber, den Christus für alle auf sich nahm, war der zweite Tod – der umfassende Fluch des Todes (Offb 20,6; siehe Kap. 26 dieses Buches).

Christi Leben und die Erlösung

„Wenn wir mit Gott versöhnt worden sind durch den Tod seines Sohnes, als wir noch Feinde waren, um wieviel mehr werden wir selig werden durch sein Leben, nachdem wir nun versöhnt sind." (Rö 5,10) Christi Leben wie auch sein Sterben waren nötig, um die durch die Sünde entstandene Kluft zu überbrücken. Beides ist unerläßlich für unsere Erlösung.

Was bewirkt Christi vollkommenes Leben für uns? Christus führte ein heiliges Leben der Liebe und verließ sich dabei ganz auf Gott. Solch ein reines Leben vermittelt er reuigen Sündern als Geschenk. Sein vollkommenes Wesen wird dargestellt als „Hochzeitskleid" (Mt 22,11), auch als „Kleid der Gerechtigkeit" (Jes 61,10), das er verleiht, um uns die Lumpen menschlicher Selbstgerechtigkeit abzunehmen (Jes 64,6).

Das sündige Herz des Menschen wird mit seinem vereint und unser Wille mit seinem verbunden, wenn wir uns Christus übergeben. Unser Denken und Tun werden gefangengenommen in dem Gehorsam Christi (2 Ko 10,5). Kurz: Wir leben sein Leben und sind mit dem Kleid seiner Gerechtigkeit bekleidet. Wenn Gott auf den reumütigen Sünder blickt, sieht er nicht dessen Blöße oder Verunstaltung durch die Sünde, sondern das Kleid der Gerechtigkeit, gewirkt durch Christi vollkommenen Gehorsam gegenüber dem Gesetz.[1] Keiner ist gerecht, der nicht dieses Kleid trägt.

Im Gleichnis vom „hochzeitlichen Kleid" wurde der Gast, der im eigenen Gewand erschien, hinausgeworfen – nicht seines Unglaubens wegen; er hatte ja die Einladung angenommen (Mt 22,10). Sein Erscheinen auf dem Fest genügte aber nicht. Er benötigte das Hochzeitskleid. So reicht auch der Glaube ans Kreuz allein nicht aus. Um vor den König zu treten, müssen wir hineinwachsen in die Vollkommenheit von Christi Leben und Charakter.

Als Sünder brauchen wir nicht nur die Tilgung unserer Schuld, sondern auch die Sanierung unseres „Bankkontos". Die Befreiung aus dem Gefängnis reicht nicht aus; wir müssen in die Familie des Königs aufgenommen werden.

Der Mittlerdienst des auferstandenen Christus hat zwei Ziele: Vergebung und Erneuerung, d. h. sein Tod wie auch sein Leben haben entscheidende Bedeutung für unser Leben und unser Bestehen vor Gott. Jesu Ausruf auf Golgatha „Es ist vollbracht" umreißt die Vollendung eines vollkommenen Lebens wie auch eines vollkommenen Opfers. Als Sünder benötigen wir beides.

---

[1] Vgl. E. G. White, „Bilder vom Reiche Gottes", Saatkorn-Verlag, Hamburg, 1982, S. 272.

Inspiration durch das Leben Christi. Jesu Leben auf Erden ist einem Modell vergleichbar, das uns veranschaulicht, wie wir leben sollen. Petrus beispielsweise zeigt uns am Vorbild Jesu, wie man auf persönliche Beleidigungen reagieren sollte (1 Pt 2,21-23). Er, der uns gleich ist in allem und versucht war, wie wir versucht werden, hat uns vor Augen geführt, daß Sünde überwinden kann, wer sich auf Gottes Kraft verläßt. Christi Leben gibt uns die Gewähr, daß auch wir sieghaft leben können. Paulus sagt: „Ich vermag alles durch den, der mich mächtig macht, Christus." (Phil 4,13)

Christi Auferstehung und die Erlösung

„Ist aber Christus nicht auferstanden, so ist unsere Predigt vergeblich, so ist auch euer Glaube vergeblich ... Ist Christus aber nicht auferstanden, so ist euer Glaube nichtig, so seid ihr noch in euren Sünden." (1 Ko 15,14.17)

Jesus Christus ist körperlich auferstanden (Lk 24,36-43), ist als Gott-Mensch in den Himmel aufgefahren und übernahm seinen entscheidenden Dienst als Mittler und Fürsprecher zur Rechten Gottes, des Vaters (Hbr 8,1.2; siehe auch Kap. 4 dieses Buches).

Durch die Auferstehung Jesu wurde dem Kreuz eine Bedeutung verliehen, die von den enttäuschten Jüngern am Kreuzigungsfreitag noch nicht erfaßt werden konnte. Erst die Auferstehung Christi weckte in diesen Männern eine starke Kraft, die sogar die Weltgeschichte veränderte. Die Auferstehung ihres Herrn – in Verbindung mit dem Opfertod – wurde zum Kernstück ihrer Verkündigung. Sie predigten den gekreuzigten und auferstandenen Christus, der die Kräfte des Bösen besiegt hat. Darin lag die Kraft der apostolischen Botschaft.

Philip Schaff schrieb: „Die Auferstehung Christi ist der Prüfstein, auf der Wahrheit oder Irrtum der christlichen Verkündigung beruhen. Sie ist entweder das größte Wunder oder die größte Täuschung der Geschichte."[1]

---

[1] Ph. Schaff, „History of the Christian Church", Wm. B. Eerdmans, Grand Rapids, MI, 1962, Bd. 1, S. 173.

Wilbur M. Smith kommentiert: „Die Auferstehung Christi ist wie eine Festung im christlichen Glauben. Diese Lehre stellte die Welt des 1. Jahrhunderts auf den Kopf und erhob das Christentum über das Judentum und die heidnischen Religionen der Mittelmeerländer. Fällt sie, so muß fast alles fallen, was an der Botschaft von Jesus Christus wesentlich und einzigartig ist: *Ist Christus aber nicht auferstanden, so ist euer Glaube nichtig, so seid ihr noch in euren Sünden (1 Ko 15,17)*."[1]

Christi gegenwärtiger Dienst ist begründet in seinem Tod und in seiner Auferstehung. Wohl war das stellvertretende Opfer auf Golgatha durchaus vollständig, aber ohne die Auferstehung hätten wir nicht die Gewißheit, daß Christus seinen Auftrag auf dieser Erde erfolgreich abgeschlossen hat. Jesu Auferstehung bestätigt die Zuverlässigkeit der göttlichen Verheißung, in Christus ewiges Leben zu empfangen.

Die Folgen des rettenden Dienstes Christi

Christi versöhnender Dienst umfaßt nicht nur die Menschheit, sondern erstreckt sich über das ganze Universum.

Versöhnung im Universum. Paulus spricht über das Ausmaß der Erlösung Christi für und durch die Gemeinde: „Damit jetzt den Gewalten und Mächten in der Himmelswelt durch die Gemeinde die mannigfaltige Weisheit Gottes kundgetan werde." (Eph 3,10 EB)

Weiter hebt er hervor, daß es Gottes Wohlgefallen war, daß er „durch ihn [Christus] alles mit sich versöhnte, es sei auf Erden oder im Himmel, indem er Frieden machte durch sein Blut am Kreuz" (Kol 1,20). Er weist auch hin auf die erstaunlichen Folgen dieser Versöhnung. „Daß in dem Namen Jesu sich beugen sollen aller derer Knie, die im Himmel und auf Erden und unter der Erde sind und alle Zungen bekennen sollen, daß Jesus Christus der Herr ist, zur Ehre Gottes, des Vaters." (Phil 2,10.11)

---

[1] W. M. Smith, „Twentieth-Century Scientists and the Resurrection of Christ" in „Christianity Today", 15. April 1957, S. 22. Argumente für die geschichtliche Echtheit der Auferstehung finden sich bei J. McDowell, „Evidence That Demands A Verdict", Campus Crusade for Christ, 1972, S. 185-247.

Die Rechtfertigung des göttlichen Gesetzes. Christi vollkommenes Sühnopfer hat die Gerechtigkeit des göttlichen Gesetzes sowie Gottes gnädigen Charakter bestätigt. Christi Tod und das durch ihn entrichtete „Lösegeld" erfüllten die Forderungen des Gesetzes; denn Sünde muß bestraft werden. Zugleich werden reuige Sünder durch die Gnade von Schuld befreit. Paulus erklärt: „... verdammte die Sünde im Fleisch, damit die Gerechtigkeit, vom Gesetz gefordert, in uns erfüllt würde, die wir nun nicht nach dem Fleisch leben, sondern nach dem Geist." (Rö 8,3.4)

Rechtfertigung. Versöhnung wird nur wirksam, wo Vergebung angenommen wird. Der verlorene Sohn erfuhr Versöhnung, als er die Liebe des Vaters und dessen Vergebung annahm.

„Wer im Glauben akzeptiert, daß Gott die Welt mit sich selbst in Christus versöhnt hat und sich ihm übergibt, empfängt von Gott die unendlich wertvolle Gabe der Rechtfertigung mit der sofortigen Folge des Friedens mit Gott (Rö 5,1).

Die gerechtfertigten Gläubigen stehen nun nicht mehr unter Gottes Zorn, vielmehr sind sie Empfänger der Gunst Gottes. Sie haben durch Christus Zugang zum Thron Gottes. Sie erhalten die Kraft des Heiligen Geistes, um alle Barrieren der Feindschaft unter Menschen – dargestellt an der Feindschaft zwischen Juden und Heiden (siehe Eph 1,14-16) – niederzureißen."[1]

Die Unmöglichkeit einer Erlösung durch Werke. Gottes Versöhnungswerk macht zugleich offenbar, wie sinnlos menschliche Anstrengungen sind, durch Gesetzeswerke Erlösung erlangen zu wollen. Das Verständnis der göttlichen Gnade führt zur Annahme der rechtfertigenden Gerechtigkeit, die durch den Glauben an Christus zuteil wird. Die Dankbarkeit jener, die Vergebung erfahren haben, läßt Gehorsam zur Freude werden. Dann sind Werke nicht die Ursache, sondern die Frucht der Erlösung.[2]

Eine neue Beziehung zu Gott. Die Gnade Gottes bietet Christi vollkommenes Leben im Gehorsam, seine Gerechtigkeit und seinen

---

[1] LaRondelle, a.a.O., S. 32.33.
[2] Hyde, „What Christ's Life Means to Me" in „Adventist Review", 6. Nov. 1986, S. 19.

stellvertretenden Sühnetod als freies Geschenk an – und diese erlebte Gnade führt den Gläubigen zu einer neuen innigen Beziehung zu Gott. Erfüllt von Dankbarkeit, Lob und Freude, wird ihm Gehorsam zur Freude, das Studium des Wortes Gottes ein Bedürfnis, und sein Geist wird zum Wohnort des Heiligen Geistes.

So entsteht und wächst Gemeinschaft mit Gott, die auf Liebe und Hingabe, aber niemals auf Angst oder Pflichterfüllung beruht (siehe Jo 15,1-10).

Je besser wir Gottes Gnade im Lichte des Kreuzes verstehen, um so weniger verfallen wir der Selbstgerechtigkeit. Wir werden mehr und mehr erkennen, wie gesegnet wir sind. Die Kraft des Heiligen Geistes, die bei Christi Auferstehung wirksam war, wird auch unser Leben verändern. Anstatt Niederlagen werden wir täglich den Sieg über die Sünde erleben.

Die Motivation zur Mission. Die Liebe, die sich im Angebot Gottes zur Versöhnung durch Jesus Christus offenbart hat, treibt dazu, diese Botschaft auch anderen mitzuteilen. Haben wir das Wunder an uns selber erlebt, dann werden wir es nicht für uns behalten. Allen möchten wir sagen, daß Gott denen die Sünde nicht anrechnet, die Christi Opfer für ihre Sünden angenommen haben.

Wir werden die freundliche Einladung des Evangeliums weitergeben: „Laßt euch versöhnen mit Gott! Denn er hat den, der von keiner Sünde wußte, für uns zur Sünde gemacht, damit wir in ihm die Gerechtigkeit würden, die vor Gott gilt." (2 Ko 5,20.21)

Kapitel 10

Die Erfahrung der Erlösung

In seiner unendlichen Liebe und Barmherzigkeit hat Gott Christus, der von keiner Sünde wußte, für uns zur Sünde gemacht, damit wir in ihm vor Gott Gerechte würden. Durch den Heiligen Geist verspüren wir unsere Not, erkennen wir unsere Sündhaftigkeit, bereuen wir unsere Verfehlungen und glauben an Jesus als Herrn und Erretter, der sich stellvertretend für uns hingab und unser Vorbild ist. Dieser Glaube, der zum Heil führt, entsteht durch die Kraft des Wortes Gottes und ist die Gabe seiner Gnade. Durch Christus sind wir gerechtfertigt, von Gott als Söhne und Töchter angenommen und von der Herrschaft der Sünde befreit. Durch den Geist sind wir wiedergeboren und geheiligt. Der Geist erneuert unser Denken und Sinnen, schreibt Gottes Gesetz der Liebe in unser Herz und gibt uns die Kraft zu einem heiligen Leben. Wer in Christus bleibt, wird Teilhaber der göttlichen Natur und hat die Gewißheit des Heils jetzt und im Gericht.

Vor vielen Jahrhunderten träumte der Hirt des Hermas von einer alten Frau mit einem runzeligen Gesicht. In diesem Traum begann sich die Frau allmählich zu verändern. Ihr Körper war zwar noch alt und ihr Haar blieb weiß, aber ihr Gesicht wurde immer jünger. Schließlich sah sie so aus wie einst in ihrer Jugend.

T. F. Torrance verglich die Gemeinde mit dieser Frau.[1] Christen können nicht immer dieselben bleiben. Wenn der Geist Gottes an

---

[1] T. F. Torrance, „Royal Priesthood" in „Scottish Journal of Theology Occasional Papers", Oliver and Boyd, 1963, Bd. 3, S. 48.

und in ihnen wirkt (Rö 8,9), vollzieht sich in ihnen ein unaufhörlicher Prozeß der Veränderung.

Nach Aussage des Apostels Paulus hat Christus die Gemeinde geliebt und „sich selbst für sie dahingegeben, um sie zu heiligen. Er hat sie gereinigt durch das Wasserbad im Wort, damit er sie vor sich stelle als eine Gemeinde, die herrlich sei und keinen Flecken oder Runzel oder etwas dergleichen habe, sondern die heilig und untadelig sei" (Eph 5,25-27).

Solche Reinheit ist das Ziel der Gemeinde. Deshalb bezeugen Gläubige, aus denen die Gemeinde besteht: „Wenn auch unser äußerer Mensch verfällt, so wird doch der innere von Tag zu Tag erneuert." (2 Ko 4,16) „Nun aber schauen wir alle mit aufgedecktem Angesicht die Herrlichkeit des Herrn wie in einem Spiegel, und wir werden verklärt in sein Bild von einer Herrlichkeit zur andern von dem Herrn, der der Geist ist." (2 Ko 3,18) Diese Veränderung ist das höchste Ziel im Leben des Gläubigen.

Die Heilige Schrift beschreibt die religiöse Erfahrung des Christen mit Begriffen wie Erlösung, Rechtfertigung, Heiligung, Reinigung, Wiederherstellung. Von all diesen Heilsvorgängen sagt die Bibel, daß sie 1. bereits geschehen sind, 2. gegenwärtig geschehen oder 3. in Zukunft geschehen werden.

Wird diese Perspektive richtig gesehen, so löst sich die scheinbare Spannung zwischen Rechtfertigung und Heiligung. Das vorliegende Kapitel gliedert sich in drei große Abschnitte und spricht von der Erlösung in der Vergangenheit, der Gegenwart und der Zukunft der Gläubigen.

Die Erfahrung der Erlösung in der Vergangenheit

Theoretisches Wissen über Gott und seine Liebe reicht nicht aus. Keiner kann das Gute aus sich selbst heraus und unabhängig von Christus verwirklichen. Die tiefe Erfahrung der Erlösung wirkt allein Gott. Christus beschreibt das so: „Wenn jemand nicht von neuem geboren wird, kann er das Reich Gottes nicht sehen." „Wenn jemand nicht aus Wasser und Geist geboren wird, kann er nicht in das Reich Gottes eingehen." (Jo 3,3.5 EB)

DIE ERFAHRUNG DER ERLÖSUNG

Nur durch Christus kann man Erlösung erfahren. „In keinem andern ist das Heil, auch ist kein anderer Name unter dem Himmel den Menschen gegeben, durch den wir sollen selig werden." (Apg 4,12) Jesus betont: „Ich bin der Weg, die Wahrheit und das Leben; niemand kommt zum Vater denn durch mich." (Jo 14,6) Die Erfahrung der Erlösung schließt Buße, Bekenntnis, Vergebung, Rechtfertigung und Heiligung ein.

Buße. Kurz vor seiner Kreuzigung verhieß Jesus seinen Jüngern den Heiligen Geist. Der würde ihn verherrlichen und offenbaren, denn „er wird der Welt die Augen auftun über die Sünde und über die Gerechtigkeit und über das Gericht" (Jo 16,8). Als dann zu Pfingsten der Heilige Geist den Menschen bewußt machte, daß sie einen Erlöser brauchen, fragten sie, was sie tun sollten. Petrus antwortete mit der Aufforderung: „Tut Buße." (Apg 2,37.38; vgl. 3,19)

1. Was ist Buße? Das Wort Buße ist eine Umschreibung des hebräischen Begriffes *nacham*; das heißt: leid tun, bereuen. Der entsprechende griechische Begriff *metanoeo* bedeutet: seine Einstellung ändern, Gewissensbisse oder Reue verspüren.

Echte Buße führt zu einer radikal veränderten Einstellung des Sünders gegenüber Gott und der Sünde. Gottes Geist macht ihm das göttliche Wesen sowie die Folgen der Sünde bewußt und schenkt so eine neue Sicht in Gottes Gerechtigkeit sowie das eigene Verlorensein. Der Sünder empfindet Schuld und Reue; und er versteht schließlich das Wort: „Wer seine Sünde leugnet, dem wird's nicht gelingen, wer sie aber bekennt und läßt, der wird Barmherzigkeit erlangen." (Spr 28,13)

Daraufhin bekennt er seine Schuld. Durch bewußte Willensentscheidung übergibt er sich dem Erlöser und legt das sündhafte Verhalten ab. Das Ziel der Buße liegt in der Bekehrung, d. h. in der Hinwendung des Sünders zu Gott (aus dem griechischen *epistrophe*, sich hinwenden, Apg 15,3).[1]

Davids Reue nach Ehebruch und Mord macht deutlich, wie diese Erfahrung den Weg zum Sieg über die Sünde bahnt. Als der

---

[1] Siehe „Conversion" und „Repent, Repentance" in „Seventh-day Adventist Bible Dictionary", S. 235.933.

Heilige Geist ihm seine Untaten bewußt machte, beklagte David seine Sünde und bat um Reinigung:

„Ich erkenne meine Missetat, und meine Sünde ist immer vor mir." „An dir allein habe ich gesündigt und übel vor dir getan." „Schaffe in mir, Gott, ein reines Herz, und gib mir einen neuen, beständigen Geist." (Ps 51,5.6.12) Davids späteres Leben zeigt, daß Gottes Gnade nicht nur Vergebung der Sünden bedeutet, sondern auch Trennung von der Sünde.

Wohl muß die Buße der Vergebung vorausgehen, aber der Sünder kann durch Buße allein niemals den Segen Gottes erwirken, kann nicht einmal aus sich selbst heraus Buße tun; denn Buße ist eine Gabe Gottes (Apg 5,31; Rö 2,4). Der Heilige Geist ist es, der den Sünder zu Christus zieht. So findet er zur Buße, nämlich zu einer von Herzen empfundenen Reue über die eigene Sündenschuld.

2. *Motivation zur Buße*. Christus sagte: „Und ich, wenn ich erhöht werde von der Erde, so will ich alle zu mir ziehen." (Jo 12,32) Ein Stein fällt uns vom Herzen, wenn wir begreifen, daß wir gerechtfertigt sind durch Christi Tod und von der Strafe des Todes befreit. Stellen wir uns vor, wie ein Gefangener empfindet, der seiner Hinrichtung entgegensieht und plötzlich von seiner Begnadigung erfährt.

Der bußfertige Sünder wird nicht nur begnadigt, sondern auch freigesprochen durch Christus, d. h. für unschuldig erklärt. Und das ist völlig unverdient. Paulus betont, daß Christus für unsere Rechtfertigung starb, als wir noch schwach, sündig und Feinde Gottes waren (Rö 5,6-10).

Nichts berührt uns stärker als die vergebende Liebe Christi. Wenn Sünder darüber nachdenken, werden sie zu tiefer Reue getrieben; denn es ist Gottes Güte, die zur Buße leitet (Rö 2,4).

***Rechtfertigung*.** In seiner Liebe und Gnade machte Gott seinen Sohn, „der von keiner Sünde wußte, für uns zur Sünde", „damit wir in ihm die Gerechtigkeit würden, die vor Gott gilt" (2 Ko 5,21). Durch den Glauben an Jesus werden wir mit Gottes Geist erfüllt. Dieser Glaube, der eine Gabe göttlicher Gnade ist (Rö 12,3; Eph 3,8), rechtfertigt bußfertige Sünder (Rö 3,28).

DIE ERFAHRUNG DER ERLÖSUNG

Der Begriff „Rechtfertigung" ist eine Übersetzung des griechischen Wortes *dikaiosis,* wiedergegeben auch mit „Rechtfertigung", „Gerechtsprechung", „Freispruch".[1] Das verwandte Verb *dikaioo* bedeutet „jemandem sein Recht verschaffen", „rechtfertigen, als gerecht hinstellen, gerecht behandeln", auch im Sinne von „für gerecht und richtig halten", „jemandem Recht geben". Paulus verwendet das Wort fast ausschließlich für das Urteil Gottes. Als Passivform bedeutet es bei ihm „einen Freispruch erlangen", „gerechtfertigt werden", „freigesprochen werden", „rein gemacht werden", „frei werden", „als gerecht erfunden werden". Als Aktivform bedeutet es bei Paulus „rein machen", „frei machen".[2]

Wird der Begriff Rechtfertigung theologisch verwendet, so umschreibt er ein göttliches Wirken, durch das der bußfertige Sünder für gerecht erklärt und als gerecht erachtet wird. Rechtfertigung ist somit das Gegenteil von Verurteilung oder Verdammung (Rö 5,16).[3] Grundlage dieser Rechtfertigung ist nicht unser Gehorsam, sondern der Gehorsam Christi. „So ist auch durch die Gerechtigkeit des Einen für alle Menschen die Rechtfertigung gekommen, die zum Leben führt ... so werden auch durch den Gehorsam des Einen die Vielen zu Gerechten." (Rö 5,18.19)

Jesus rüstet mit diesem Gehorsam jene Gläubigen aus, die durch seine Gnade gerechtfertigt sind (Rö 3,24). „Nicht um der Werke der Gerechtigkeit willen, die wir getan hatten, sondern nach seiner Barmherzigkeit" (Tit 3,5) rettet er uns.

1. Glaube und Werke. Viele meinen, ihr Bestehen vor Gott hänge von ihren guten oder schlechten Werken ab. Das ist ein falsches Verständnis der Rechtfertigung. Auf die Frage, wie der Mensch mit Gott ins reine kommen kann, schrieb Paulus: „Ich erachte es noch alles für Schaden gegen die überschwengliche Erkenntnis Christi Jesu ..., damit ich Christus gewinne ..., daß ich nicht habe meine Gerechtigkeit ..., sondern die durch den Glauben an Christus, näm-

---

[1] W. E. Vine, „An Expository Dictionary of the New Testament Words", Fleming, H. Revell, Old Tappan, NJ, 1966, S. 284-286.
[2] W. Bauer, „Griechisch-Deutsches Wörterbuch zu den Schriften des NT und der übrigen christlichen Literatur", 5. Aufl., Berlin, 1963, Sp. 391.392.
[3] „Justification" in „Seventh-day Adventist Bible Dictionary", S. 635.

lich die Gerechtigkeit, die von Gott dem Glauben zugerechnet wird." (Phil 3,8.9) Er weist hin auf Abraham, der „hat Gott geglaubt, und das ist ihm zur Gerechtigkeit gerechnet worden" (Rö 4,3; 1 Mo 15,6). Abraham wurde gerechtgesprochen *bevor,* nicht *weil* er beschnitten war (Rö 4,9.10). Wie war der Glaube Abrahams? Die Schrift zeigt, daß er der Aufforderung Gottes, seine Heimat zu verlassen, im Glauben folgte, ohne zu wissen, wohin er käme (Hbr 11,8-10; 1 Mo 12,4; 13,18). Sein Glaube zeigte sich in seinem Gehorsam, und durch diesen Glauben wurde er gerechtfertigt.

Der Apostel Jakobus warnt vor einem weiteren Mißverständnis der Rechtfertigung aus Glauben: daß man nämlich aus Glauben gerechtfertigt werden könne, ohne Taten des Glaubens hervorzubringen. Er zeigt, daß es keinen echten Glauben ohne Werke gibt.

So wie Paulus belegt auch Jakobus seine Aussage mit der Erfahrung Abrahams. Als Abraham bereit war, Isaak, seinen Sohn, zu opfern, bewies er seinen Glauben (Jak 2,21). „Da siehst du, daß der Glaube zusammengewirkt hat mit seinen Werken, und durch die Werke ist der Glaube vollkommen geworden." „So ist auch der Glaube, wenn er nicht Werke hat, tot in sich selber." (Jak 2,22.17)

Abrahams Erfahrung zeigt, daß Werke die Folge einer echten Beziehung zu Gott sind. Glaube, der zur Rechtfertigung führt, ist ein lebendiger und tätiger Glaube (Jak 2,24).

Paulus und Jakobus stimmen hinsichtlich der Rechtfertigung aus dem Glauben überein. Während Paulus den Irrtum anprangert, Gerechtigkeit könne durch Werke erlangt werden, weist Jakobus hin auf die ebenso große Gefahr, die Rechtfertigung ohne entsprechende Werke in Anspruch nehmen zu wollen. Weder Werke noch ein toter Glaube führen zur Rechtfertigung. Sie ist nur zu erlangen durch echten Glauben, der in der Liebe tätig ist (Gal 5,6).

2. Die Erfahrung der Rechtfertigung. Bei der Rechtfertigung aus dem Glauben wird uns Christi Gerechtigkeit zugerechnet. Weil er unser Stellvertreter ist, sind wir mit Gott im reinen. „Denn er hat den, der von keiner Sünde wußte", sagt Paulus, „für uns zur Sünde gemacht, damit wir in ihm die Gerechtigkeit würden, die vor Gott gilt." (2 Ko 5,21) Sünder, die ihre Sündenschuld bereut haben, empfangen vollständige Vergebung. Wir sind mit Gott versöhnt!

DIE ERFAHRUNG DER ERLÖSUNG

In der Vision des Propheten Sacharja über den Hohenpriester Josua wird uns die Rechtfertigung wunderbar vor Augen gestellt. Josua steht im schmutzigen Gewand vor dem Engel des Herrn. Seine Kleider stellen die Verunreinigung durch die Sünde dar. Während er so dasteht, verlangt Satan die Verurteilung des Hohenpriesters.

Seine Anschuldigungen sind durchaus zutreffend; Josua verdient keinen Freispruch. Dennoch rügt Gott in seiner Gnade den Satan und fragt: „Ist dieser nicht ein Brandscheit, das aus dem Feuer gerettet ist?" (Sach 3,2) Ist das nicht mein Geliebter, den ich bewahre und errette auf meine Art und Weise?

Der Herr befiehlt schließlich, Josuas schmutzige Kleider wegzunehmen und erklärt: „Sieh her, ich nehme deine Sünde von dir und lasse dir Feierkleider anziehen." (Sach 3,4)

Unser gnädiger Gott löscht Satans Anklage aus, erklärt den Sünder für gerecht und bekleidet ihn mit der Gerechtigkeit Christi. Josuas schmutzige Kleider stellen die Sünde dar; das neue Kleid aber ist die Erfahrung des Gläubigen mit Christus. Durch die Rechtfertigung wird die bereute und vergebene Sünde auf den reinen und heiligen Sohn Gottes übertragen, das Lamm, das der Welt Sünde trägt.

„Ohne es verdient zu haben, wird der bußfertige Gläubige mit der ihm zugerechneten Gerechtigkeit Christi eingekleidet. Dieser Kleidertausch, diese göttliche rettende Transaktion, ist die biblische Lehre von der Rechtfertigung."[1]

Der gerechtgesprochene Gläubige hat Vergebung erfahren und ist gereinigt von all seinen Sünden.

Die Folgen. Was sind die Folgen von Buße und Rechtfertigung?

1. Heiligung. Mit dem Wort „Heiligung" wird das griechische *hagiasmos* übersetzt. Es bedeutet soviel wie „Heiligkeit", „Weihe", „Heiligung". Das griechische Zeitwort *hagiazo* bedeutet „heilig machen", „weihen", „heiligen", „absondern", das entsprechende hebräische Wort *qadash* „vom allgemeinen Gebrauch absondern".[2]

---

[1] LaRondelle, a.a.O., S. 47.
[2] „Sanctification" in „Seventh-day Adventist Bible Dictionary", S. 979.

Wahre Buße und Rechtfertigung führen zur Heiligung. Rechtfertigung und Heiligung stehen daher in enger Beziehung zueinander.[1] Sie sind zwar voneinander zu unterscheiden, aber nicht voneinander zu trennen. Es handelt sich dabei um zwei Phasen der Erlösung: Rechtfertigung ist das, was Gott *für uns* tut, Heiligung dagegen beschreibt, was Gott *in uns* wirkt.

Weder Rechtfertigung noch Heiligung sind die Folge verdienstlicher Werke. Beide entspringen allein der Gnade und Gerechtigkeit Christi. „Die Gerechtigkeit, durch die wir gerechtgesprochen werden, wird uns zugerechnet; die Gerechtigkeit, durch die wir geheiligt werden, wird uns verliehen. Jene gibt uns Anspruch auf den Himmel, diese macht uns tauglich für ihn."[2]

Die Bibel beschreibt folgende Phasen der Heiligung: 1) Eine Entscheidung in der Vergangenheit des Gläubigen, 2) ein Wachstum in der Gegenwart und 3) die Vollendung des Gläubigen, wenn Christus wiederkommt.

Mit seiner Rechtfertigung beginnt für den Gläubigen auch die Heiligung. „Ihr seid reingewaschen, ihr seid geheiligt, ihr seid gerecht geworden durch den Namen des Herrn Jesus Christus und durch den Geist unseres Gottes." (1 Ko 6,11) Er oder sie wird ein „Heiliger". In diesem Augenblick wird der Gläubige erlöst; er gehört ganz Gott.

Wird der göttliche Ruf gehört und aufgenommen (Rö 1,7), so werden Gläubige „Heilige" genannt, weil sie „in Christus" sind (Phil 1,1; siehe auch Jo 15,1-7), nicht aber, weil sie einen Zustand der Sündlosigkeit erreicht hätten. Erlösung ist eine gegenwärtige Erfahrung. Paulus sagt, Gott errettete uns „nach seiner Barmherzigkeit" „durch das Bad der Wiedergeburt und Erneuerung im Heiligen Geist" (Tit 3,5). Damit sonderte Gott uns ab und weihte uns einem heiligen Ziel: der Nachfolge Jesu Christi.

2. *Aufnahme in die Familie Gottes*. Gleichzeitig empfangen die Gläubigen den „Geist der Annahme"; denn Gott hat sie als seine

---

[1] LaRondelle, a.a.O., S. 47.
[2] E. G. White, „Messages to Young People", Southern Publ. Assn., Nashville, TN, 1930, S. 35 (vgl. „Ruf an die Jugend", Advent-Verlag, Hamburg, 1951, S. 21).

Kinder angenommen. Nun sind sie Söhne und Töchter des Königs! Er hat sie zu Erben gemacht, zu „Miterben Christi" (Rö 8,15-17). Welch ein Vorrecht, welche Ehre und Freude!

3. Erlösungsgewißheit. Rechtfertigung schafft auch die Gewißheit des „Angenommensein". Sie bewirkt Freude darüber, *jetzt* mit Gott vereint zu sein. Wie sündenbeladen das Leben in der Vergangenheit auch gewesen sein mag, nunmehr stehen wir nicht mehr unter der Verdammnis und dem Fluch des Gesetzes. Die Erlösung ist Wirklichkeit geworden. „In ihm haben wir die Erlösung durch sein Blut, die Vergebung der Sünden, nach dem Reichtum seiner Gnade." (Eph 1,7)

4. Der Anfang eines siegreichen Lebens. Die Gewißheit, daß das Blut des Erlösers unsere sündhafte Vergangenheit bedeckt, schenkt Heil für Leib, Seele und Geist. Schuldgefühle schwinden, denn in Christus ist alles vergeben, ist alles neu geworden. Durch die täglich geschenkte Gnade verwandelt uns Christus in das Ebenbild Gottes.

Der Glaube wächst, und wir kommen voran in der Heiligung. Christus schenkt uns Siege über die Mächte der Finsternis. Sein Sieg über diese Welt ist die Gewähr für unsere Befreiung aus der Knechtschaft der Sünde (Jo 16,33).

5. Die Gabe des ewigen Lebens. Diese neue Beziehung zu Christus schließt die Gabe des ewigen Lebens mit ein. Johannes betont: „Wer den Sohn hat, der hat das ewige Leben, wer den Sohn Gottes nicht hat, der hat das Leben nicht." (1 Jo 5,12) Unsere sündhafte Vergangenheit ist bewältigt; durch den Heiligen Geist in uns erfreuen wir uns des Segens der Erlösung.

Die Erfahrung der Erlösung in der Gegenwart

Christi Blut bringt dem, der zum Glauben gefunden hat, Reinigung, Rechtfertigung und Heiligung. Der Gläubige ist daher „eine neue Kreatur; das Alte ist vergangen, siehe, Neues ist geworden" (2 Ko 5,17).

Ein Aufruf zu einem neuen Leben der Heiligung. Erlösung schließt eine geheiligte Lebensführung ein. Grundlage dafür ist der Tod Christi auf Golgatha. Auch Paulus hat die Gläubigen zu einem geheiligten und moralisch einwandfreien Verhalten aufgerufen (1 Th 4,7). Um die Heiligung erfahrbar zu machen, schenkt Gott den „Geist der Heiligkeit" (Rö 1,4 EB). „Daß er euch Kraft gebe nach dem Reichtum seiner Herrlichkeit, stark zu werden durch seinen Geist an dem inwendigen Menschen", sagt Paulus, „daß Christus durch den Glauben in euren Herzen wohne." (Eph 3,16.17)

Als „neue Kreatur" haben Gläubige auch eine neue Verantwortung. „Gebt nun eure Glieder hin an den Dienst der Gerechtigkeit, daß sie heilig werden." (Rö 6,19) „Wenn wir im Geist leben, so lasset uns auch im Geist wandeln." (Gal 5,25)

Weil Gottes Geist in ihnen wohnt, „leben die Gläubigen nicht nach dem Fleisch, sondern nach dem Geist" (Rö 8,4). Sie sind umgewandelt, denn „fleischlich gesinnt sein ist der Tod, und geistlich gesinnt sein ist Leben und Friede" (Rö 8,6). Das höchste Ziel geisterfüllten Lebens ist es, Gott zu gefallen (1 Th 4,1). „Denn das ist der Wille Gottes", schrieb Paulus, „eure Heiligung, daß ihr meidet die Unzucht." „Niemand gehe zu weit und übervorteile seinen Bruder im Handel." „Denn Gott hat uns nicht berufen zur Unreinheit, sondern zur Heiligung." (1 Th 4,3.6.7)

Die Veränderung des Charakters. Bei der Wiederkunft Christi werden wir körperlich verwandelt. Der jetzt sterbliche Leib wird Unsterblichkeit anziehen (1 Ko 15,51-54). Unser Charakter aber muß schon heute in Vorbereitung auf die Wiederkunft Christi eine Veränderung erfahren.

Die charakterliche Wandlung betrifft die geistliche und geistige Seite des zum Bilde Gottes geschaffenen Menschen. Paulus spricht vom inwendigen Menschen, der täglich erneuert werden muß (2 Ko 4,16; Rö 12,2). Wie die alte Frau in der Erzählung des Hirten des Hermas, so verjüngt sich auch die Gemeinde von innen her. Jeder aufrichtige Christ wird von Herrlichkeit zu Herrlichkeit verändert, bis diese Verwandlung in Gottes Ebenbild bei der Wiederkunft Christi ihren Abschluß findet.

1. Die Bedeutung Christi und des Heiligen Geistes. Nur der Schöpfer kann eine Neuschöpfung in unserem Leben bewirken (1 Th 5,23). Das geschieht jedoch nicht ohne unsere Beteiligung. Wir müssen uns dem Einfluß des Heiligen Geistes öffnen. Das geschieht, wenn wir auf Christus blicken und uns ausrichten nach ihm. Wenn wir über das Leben Jesu nachdenken, erneuert der Heilige Geist unsere körperlichen, geistlichen und geistigen Fähigkeiten (siehe Tit 3,5); er offenbart Christus und stellt sein Bild in uns wieder her (Rö 8,1-10).

Gott möchte in seinem Volk leben. Er hat versprochen: „Ich will unter ihnen wohnen." (2 Ko 6,16; siehe auch 1 Jo 3,24; 4,12) Deshalb konnte Paulus sagen: „Christus lebt in mir." (Gal 2,20; Jo 14,23) Dieses Innewohnen des Schöpfers erneuert den Gläubigen von innen her und lenkt dabei auch sein Denken und Tun (Rö 12,2; siehe auch Phil 2,5).

2. Teilhabe an der göttlichen Natur. Christus hat uns seine göttliche Kraft versprochen, um uns in unserem Denken und Tun zu leiten (2 Pt 1,4). Der Zugang zu seiner Kraft bewirkt, daß in „eurem Glauben Tugend [Charakterfestigkeit] und in der Tugend Erkenntnis und in der Erkenntnis Mäßigkeit [Selbstbeherrschung] und in der Mäßigkeit Geduld [Standhaftigkeit] und in der Geduld Frömmigkeit [Ehrfurcht vor Gott] und in der Frömmigkeit brüderliche Liebe [Liebe zu den Brüdern] und in der brüderlichen Liebe die Liebe zu allen Menschen" wächst (2 Pt 1,5-7 GN). „Denn wenn dies alles reichlich bei euch ist, wird's euch nicht faul und unfruchtbar sein lassen in der Erkenntnis unseres Herrn Jesus Christus. Wer dies aber nicht hat, der ist blind." (2 Pt 1,8.9)

a) Allein durch Christus. Das Hineinwachsen in das Bild des Schöpfers geschieht, indem der Gläubige „den Herrn Jesus Christus anzieht", also an Christus Anteil hat, (Rö 13,14; Hbr 3,14) sowie durch die „Erneuerung des Heiligen Geistes" (Tit 3,5) und die Vollendung der Liebe Gottes in uns (1 Jo 4,12). Alle Erklärungsversuche aber reichen nicht aus; wir stehen letztlich vor einem Geheimnis, so wie auch bei der Menschwerdung des Sohnes Gottes.

Wie der Heilige Geist Christus befähigte, die menschliche Natur anzunehmen, so befähigt derselbe Geist uns, göttliche Wesensart zu entfalten. Die Teilhabe an der göttlichen Natur (2 Pt 1,4) erneuert den inwendigen Menschen und macht uns Christus ähnlich.

b) Ein dynamischer Prozeß. Heiligung ist ein fortschreitender Prozeß. Durch Gebet und Bibelstudium wachsen wir hinein in die

Gemeinschaft mit Gott. Ein rein intellektuelles Verständnis des Erlösungsplanes genügt nicht. „Wenn ihr nicht das Fleisch des Menschensohnes eßt und sein Blut trinkt, so habt ihr kein Leben in euch. Wer mein Fleisch ißt und mein Blut trinkt, der hat das ewige Leben, und ich werde ihn am Jüngsten Tage auferwecken. Denn mein Fleisch ist die wahre Speise, und mein Blut ist der wahre Trank. Wer mein Fleisch ißt und mein Blut trinkt, der bleibt in mir und ich in ihm." (Jo 6,53-56)

Diese Bildersprache besagt, daß die Gläubigen Christi Worte in sich aufnehmen müssen. „Die Worte, die ich zu euch geredet habe, die sind Geist und sind Leben" (Jo 6,63; siehe auch Mt 4,4). Der Charakter wird geformt von dem, was Geist und Gemüt „essen und trinken". Wenn wir das Brot des Lebens in uns aufnehmen, werden wir in das Bild Christi verwandelt.

3. Zwei Veränderungen. Im Jahre 1517, dem Jahr, da Martin Luther seine 95 Thesen an die Tür der Schloßkirche zu Wittenberg schlug, begann Raffael in Rom mit seinem berühmten Gemälde der Verklärung Christi. Beide Ereignisse haben etwas gemeinsam. Luthers Tat läutete den Beginn der Reformation ein; Raffaels Gemälde ist – vielleicht unbeabsichtigt – kennzeichnend für den Geist der Reformation.

Dieses Gemälde zeigt Christus auf dem Berg, während der Besessene im Tal hoffnungsvoll zu ihm aufblickt (siehe Mk 9,2-29). Ferner sind da zwei Gruppen von Jüngern, eine auf dem Berg, die andere im Tal. Sie symbolisieren zweierlei Christen. Die Jünger auf dem Berg wollten bei Jesus bleiben; die Not im Tal scheint sie nicht zu kümmern. So sind jahrhundertelang viele auf den „Bergen" geblieben, den Nöten der Welt entrückt. Kennzeichnend für sie ist: Gebet ohne Werke.

Die Jünger im Tal hingegen arbeiten – aber ohne Gebet. Ihre Versuche, den Dämon auszutreiben, blieben daher erfolglos. Viele sind seither in diese Falle geraten: Entweder wollten sie für andere tätig sein, ohne die Kraft dafür zu haben, oder aber sie beteten viel, ohne sich für andere wirklich einzusetzen. Beide Arten von Christen weisen einen Mangel auf: Das Bild Gottes ist in ihnen noch nicht wiederhergestellt.

a) Die wahre Erneuerung. Gott möchte die Menschen in sein Ebenbild verwandeln, indem er ihren Willen, ihr Denken, ihr Streben und ihren Charakter formt. Der Heilige Geist bewirkt im Gläubigen eine deutliche Veränderung; denn er läßt als Frucht „Liebe, Freude, Friede, Geduld, Freundlichkeit, Güte, Treue, Nachsicht und Selbstbeherrschung" wachsen (Gal 5,22 GN). Diese Eigenschaften prägen fortan den Lebensstil, auch wenn der Gläubige bis zur Wiederkunft Christi ein fehlerhafter Mensch bleibt.

Wenn wir Christus nicht widerstreben, wird er sich so mit unseren Gedanken und Zielen identifizieren und unsere Herzen und Sinne so mit seinem Willen verschmelzen, daß wir, wenn wir ihm gehorsam sind, unsere eigenen Absichten verwirklichen.

b) Die zwei Bestimmungen. Die Verklärung Jesu macht einen weiteren Gegensatz deutlich. Während Christus verklärt wurde, nahm Satan Besitz von dem Jungen im Tal (Mk 9,1-29). Damit werden zwei gegensätzliche Pläne offenbar: der Plan Gottes, den Menschen wiederherzustellen, und Satans Plan, ihn zu vernichten. Die Schrift sagt, daß Gott die Macht hat, uns „vor dem Versagen zu bewahren" (Jud 24 GN). Satan dagegen unternimmt alles, um uns in dem sündigen Zustand zu halten.

Das Leben bringt ständig Veränderungen mit sich. Es gibt keinen neutralen Ort. Wir werden entweder veredelt, oder wir erleben einen Niedergang; wir sind entweder „Sklaven der Sünde" oder „Sklaven der Gerechtigkeit" (Rö 6,17.18). Wer unser Denken beherrscht, der beherrscht uns. Wenn Christus durch den Heiligen Geist unser Denken regieren kann, werden wir ihm ähnlich. Ein geisterfülltes Leben nimmt „gefangen alles Denken in den Gehorsam gegen Christus" (2 Ko 10,5). Trennung von Christus dagegen bedeutet Trennung von der Quelle des Lebens und letztlich den Untergang.

Die Vollkommenheit Christi. Was ist Vollkommenheit in biblischer Sicht? Wie können wir sie erhalten?

1. Biblische Vollkommenheit. „Vollkommen" und „Vollkommenheit" sind Übersetzungen des hebräischen Wortes *tam* oder *tammim*; das bedeutet soviel wie „vollständig, richtig, friedlich, echt, gesund oder untadelig". Meist bedeutet auch das griechische Wort *teleios*

„ganz, vollkommen, ausgewachsen, reif, voll entwickelt, sein Ziel oder seinen Zweck erreicht habend".[1]

Werden diese Worte im Alten Testament auf Menschen bezogen, so haben sie relative oder bedingte Bedeutung. Noah, Abraham und Hiob werden als fromm oder ohne Tadel beschrieben (1 Mo 6,9; 17,1; Hi 1,1.18), obwohl jeder von ihnen Fehler hatte (1 Mo 9,20.21; Hi 40,2-5).

Im Neuen Testament bezeichnet das Wort „vollkommen" Menschen, die entsprechend ihrer Erkenntnis gelebt und eine Reife an geistlicher, geistiger und körperlicher Kraft erreicht haben (vgl. 1 Ko 14,20; Phil 3,15; Hbr 5,14).

Gläubige sollen in ihrer irdischen Sphäre vollkommen sein, wie Gott in seiner himmlischen vollkommen ist (Mt 5,48). In den Augen Gottes ist der vollkommen, der sein Herz und Leben ganz der Anbetung und dem Dienst Gottes geweiht hat, dessen geistliche Erkenntnis ständig wächst in der Gnade Gottes und der das empfangene Licht auslebt. Dabei erfreut er sich eines siegreichen Lebens (vgl. Kol 4,12; Jak 3,2).

2. *Vollkommenheit in Christus*. Wie werden wir vollkommen? Der Heilige Geist beschenkt uns mit der Vollkommenheit Christi. Durch den Glauben wird der vollkommene Charakter Christi prägend für unseren Charakter.

Vollkommenheit kann keiner unabhängig von Gott beanspruchen, weder als angeborene Eigenschaft noch als rechtmäßigen Besitz. Vollkommenheit ist ein Geschenk. Ohne Christus können wir keine Gerechtigkeit erlangen.

„Wer in mir bleibt und ich in ihm, der bringt viel Frucht; denn ohne mich könnt ihr nichts tun." (Jo 15,5) Christus wurde für uns

---

[1] „Perfect, Perfection" in „Seventh-day Adventist Bible Dictionary", S. 864. Gesenius („Hebräisches und aramäisches Handwörterbuch über das AT", 1962, 17. Aufl.) bietet folgende Bedeutung für *tam*: „ganz, vollendet, vollständig; fromm, redlich, rechtschaffen" (S. 880). Als Übersetzung für *tammim* finden sich: „vollständig, ganz, unversehrt, fehlerfrei, wohlbehalten; vollkommen, unsträflich, schuldlos" (S. 881). W. Bauer (a.a.O., Sp. 1601.1602) übersetzt *teleios* mit „bis zum Ende gelangt, vollendet, vollkommen; volljährig, reif, mündig, erwachsen; vollständig, vollendet; vollkommen."

von Gott „zur Weisheit und zur Gerechtigkeit und zur Heiligung und zur Erlösung" gemacht (1 Ko 1,30).

In Christus und seinem Erlösungswerk für uns besteht unsere Vollkommenheit. Er hat unsere Heiligung und Erlösung ein für allemal vollendet. Keiner kann dem etwas hinzufügen. Das hochzeitliche Kleid wurde durch Christi Leben, Tod und Auferstehung für uns gewirkt. Der Heilige Geist ist es, der dieses Kleid der Gerechtigkeit im Leben des Christen zur Entfaltung bringt. So werden wir „erfüllt mit der ganzen Gottesfülle" (Eph 3,19).

3. Auf dem Weg zur Vollkommenheit. Inwieweit sind wir als Gläubige an diesem Vorgang beteiligt? Durch den innewohnenden Christus kommen wir zu geistlicher Reife. Gottes Gaben an seine Gemeinde bewirken, daß wir heranwachsen „zum vollendeten Mann, zum vollen Maß der Fülle Christi" (Eph 4,13). Wir müssen über die „Unmündigkeit" (Eph 4,14) und die Anfänge geistlicher Erfahrung hinauswachsen und „feste Speise" aufnehmen (Hbr 5,14), die für den Gläubigen bereitet ist.

„Darum wollen wir jetzt lassen, was am Anfang über Christus zu lehren ist, und uns zum Vollkommenen wenden" (Hbr 6,1).

Paulus schreibt: „Ich bete darum, daß eure Liebe immer noch reicher werde an Erkenntnis und aller Erfahrung, so daß ihr prüfen könnt, was das Beste sei, damit ihr lauter und unanstößig seid für den Tag Christi, erfüllt mit Frucht der Gerechtigkeit durch Jesus Christus zur Ehre und zum Lobe Gottes." (Phil 1,9-11)

Ein Leben der Heiligung verläuft nicht ohne Schwierigkeiten und Hindernisse. Paulus ermahnt die Gläubigen: „Schaffet, daß ihr selig werdet, mit Furcht und Zittern", fügt aber ermutigend hinzu: „Denn Gott ist's, der in euch wirkt beides, das Wollen und das Vollbringen, nach seinem Wohlgefallen." (Phil 2,12.13)

Gleichzeitig heißt es: „Ermahnt euch selbst alle Tage, solange es ‚heute' heißt, daß nicht jemand unter euch verstockt werde durch den Betrug der Sünde. Denn wir haben an Christus Anteil bekommen, wenn wir die Zuversicht vom Anfang bis zum Ende festhalten." (Hbr 3,13.14; siehe auch Mt 24,13)

Zugleich warnt die Schrift: „Denn wenn wir mutwillig sündigen, nachdem wir die Erkenntnis der Wahrheit empfangen haben, haben wir hinfort kein andres Opfer mehr für die Sünden, sondern nichts als ein schreckliches Warten auf das Gericht." (Hbr 10,26.27)

Diese Hinweise zeigen, daß Christen „mehr als eine rein juristische Rechtfertigung oder Heiligung brauchen. Sie benötigen auch Reinheit (Heiligkeit) des Charakters, obwohl Erlösung nur durch den Glauben empfangen werden kann. Das Anrecht auf den Himmel gründet sich einzig und allein auf Christi Gerechtigkeit.

Außer der Rechtfertigung ermöglicht uns der Erlösungsplan aufgrund dieses Anrechts durch den innewohnenden Christus auch die Eignung für den Himmel. Diese Eignung muß sich im Verhalten und Charakter des Gläubigen als Beweis dafür zeigen, daß seine Erlösung tatsächlich *geschehen ist.*"[1]

Was bedeutet das konkret? Anhaltendes Beten gehört unabdingbar zu einem geheiligten Leben, das in jeder Phase seines Wachstums vollkommen ist. „Darum lassen wir ... nicht ab, für euch zu beten ..., daß ihr des Herrn würdig lebt, ihm in allen Stücken gefallt und Frucht bringt in jedem guten Werk und wachst in der Erkenntnis Gottes." (Kol 1,9.10)

Tägliche Vergebung. Jeder Gläubige, der ein vom Heiligen Geist erfülltes, geheiligtes Leben führen will (von Christus ergriffen), bedarf der täglichen Vergebung (von Christus verliehen), weil er bewußt oder unbewußt immer noch sündigt.

Weil sich David der Sündhaftigkeit des menschlichen Herzens bewußt war, bat er um Vergebung der „verborgenen Sünden" (Ps 19,13; vgl. Jer 17,9). Und Johannes hat die Gläubigen im Auge, wenn er versichert: „Meine Kindlein, dieses schreibe ich euch, damit ihr nicht sündigt; und wenn jemand sündigt, so haben wir einen Fürsprecher bei dem Vater, Jesus Christus, der gerecht ist." (1 Jo 2,1) Die tägliche Vergebung ist Beweis und Folge der Rechtfertigung.

Die Erfahrung der Erlösung in der Zukunft

Unsere Erlösung wird erst abgeschlossen sein, wenn wir entweder durch die Auferstehung verherrlicht oder durch die Verwandlung

---
[1] LaRondelle, a.a.O., S. 77.

DIE ERFAHRUNG DER ERLÖSUNG

in den Himmel aufgenommen sind. Durch die Verherrlichung läßt Gott die Erlösten an seiner Herrlichkeit Anteil haben. Das ist die Hoffnung, auf die wir als Kinder Gottes warten. Wir „rühmen uns der Hoffnung der zukünftigen Herrlichkeit, die Gott geben wird", schreibt Paulus (Rö 5,2).

Dies alles erfüllt sich bei der Wiederkunft Jesu, wenn Christus erscheint „denen, die auf ihn warten, zum Heil" (Hbr 9,28).

Verherrlichung und Heiligung. Daß Christus in unserem Herzen wohnt, ist eine der Voraussetzungen für die künftige Erlösung – die Verherrlichung unseres sterblichen Leibes.

„Christus in euch, die Hoffnung der Herrlichkeit" (Kol 1,27). Und an anderer Stelle schreibt Paulus: „Wenn nun der Geist dessen, der Jesus von den Toten auferweckt hat, in euch wohnt, so wird er, der Christus von den Toten auferweckt hat, auch eure sterblichen Leiber lebendig machen durch seinen Geist, der in euch wohnt." (Rö 8,11) Der Apostel versichert, daß uns Gott „zur Seligkeit erwählt hat, in der Heiligung durch den Geist und im Glauben an die Wahrheit, wozu er euch auch berufen hat durch unser Evangelium, damit ihr die Herrlichkeit unseres Herrn Jesus Christus erlangt." (2 Th 2,13.14)

Durch ihn haben wir bereits jetzt Zugang zum Thronsaal des Himmels (Kol 3,1-4). Wer „Teilhaber am Geist" ist, hat auch „geschmeckt ... die Kräfte der zukünftigen Welt" (Hbr 6,4.5). Wenn wir über die Herrlichkeit des Herrn nachdenken und unseren Blick auf die Schönheit des Charakters Christi lenken, werden wir „verklärt in sein Bild von einer Herrlichkeit zur andern von dem Herrn, der der Geist ist" (2 Ko 3,18). So werden wir vorbereitet auf die Verwandlung bei der Wiederkunft Christi.

Die endgültige Erlösung der Kinder Gottes liegt in der Zukunft. Paulus sagt: „Denn das ängstliche Harren der Kreatur wartet, daß die Kinder Gottes offenbar werden. Nicht allein aber sie, sondern auch wir selbst, die wir den Geist als Erstlingsgabe haben ..., sehnen uns nach der Kindschaft, der Erlösung unseres Leibes." (Rö 8,19.23; siehe auch Eph 4,30).

Das alles geschieht zur Zeit „der Wiederherstellung aller Dinge" (Apg 3,21 EB). Christus spricht von „Wiedergeburt" (Mt 19,28),

„wenn Gott die Welt erneuert" (GN). Dann wird „auch die Schöpfung ... frei werden von der Knechtschaft der Vergänglichkeit zu der herrlichen Freiheit der Kinder Gottes" (Rö 8,21). Die Aussagen der Schrift, daß Annahme und Erlösung einerseits *schon* vollendet und andererseits *noch nicht* vollendet sind, hat manche verwirrt. Die Gesamtschau des Werkes Christi als Erlöser gibt jedoch die Antwort.

„Paulus bezog unsere *gegenwärtige Erlösung* auf das *erste* Kommen Christi. Durch Kreuzestod und Auferstehung sowie den anschließenden himmlischen Dienst Christi sind unsere Rechtfertigung und Heiligung ein für allemal sichergestellt. Unsere *künftige Erlösung*, die Verherrlichung unserer Körper, bezog Paulus jedoch auf das *zweite* Kommen Christi.

Aus diesem Grund konnte Paulus beides sagen: ‚Wir sind erlöst' im Blick auf das Kreuz und die Auferstehung Christi in der Vergangenheit; und ‚wir sind noch nicht erlöst' im Blick auf das künftige Kommen Christi und die Erlösung unserer Körper."[1]

Wenn die gegenwärtige Erlösung auf Kosten der künftigen zu sehr betont wird, führt das zu einem unkorrekten Verständnis der vollkommenen Erlösung durch Christus.

Verherrlichung und Vollkommenheit. Manche meinen, die endgültige Vollkommenheit, die die Verherrlichung mit sich bringt, könne bereits heute erlangt werden. Aber Paulus, dieser gottergebene Apostel, schrieb am Ende seines Lebens über sich selbst:

„Nicht, daß ich's schon ergriffen habe oder schon vollkommen sei; ich jage ihm aber nach, ob ich's wohl ergreifen könnte, weil ich von Christus Jesus ergriffen bin. Meine Brüder, ich schätze mich selbst noch nicht so ein, daß ich's ergriffen habe. Eins aber sage ich: Ich vergesse, was dahinten ist, und strecke mich aus nach dem, was da vorne ist, und jage nach dem vorgesteckten Ziel, dem Siegespreis der himmlischen Berufung Gottes in Christus Jesus." (Phil 3,12-14)

Heiligung ist ein lebenslanger Prozeß; Vollkommenheit haben wir jetzt erst in Christus. Die umfassende Verwandlung unseres Lebens in das Bild Gottes aber wird erst bei der Wiederkunft Jesu stattfinden. Paulus mahnt: „Wer meint, er stehe, mag zusehen, daß

---

[1] LaRondelle, a.a.O., S. 77.

er nicht falle." (1 Ko 10,12) Die Geschichte Israels, das Leben des David, Salomo und Petrus sind ernste Warnzeichen für uns alle.

„Solange das Leben währt, müssen wir Neigungen und Leidenschaften unter Kontrolle haben. Es gibt Verderbtheit im Inneren und Versuchungen von außen. Wo immer Gottes Werk vorangehen soll, ist Satan darauf bedacht, daß Versuchungen mit übermächtiger Kraft über uns hereinbrechen. Wir können keinen Augenblick sicher sein, wenn wir nicht auf Gott bauen, sondern nur, wenn unser Leben mit Christus in Gott verborgen ist."[1]

Die endgültige Verwandlung wird vollzogen, wenn wir Unvergänglichkeit und Unsterblichkeit empfangen und die ursprüngliche Schöpfung durch den Heiligen Geist völlig wiederhergestellt ist.

Grundlage unseres Angenommenseins bei Gott

Weder ein christusähnlicher Charakter noch fehlerloses Verhalten können Grundlage unserer Annahme bei Gott sein. Rettende Gerechtigkeit kommt allein von dem einzig Gerechten, nämlich Jesus, und wird uns durch den Heiligen Geist vermittelt. Wir können dieser Gabe der Gerechtigkeit nichts hinzufügen, wir können sie nur annehmen.

Niemand außer Christus ist gerecht (Rö 3,10). Jede menschliche Gerechtigkeit ist wie schmutzige Lumpen (Jes 64,6; siehe auch Da 9,7.11.20; 1 Ko 1,30).[2] Selbst das, was wir als Antwort auf Christi erlösende Liebe in unserem Leben tun, kann nie Grundlage unseres Angenommenseins bei Gott sein; es beruht einzig auf der Heils-

---

[1] E. G. White in „The Seventh-day Adventist Bible Commentary", Bd. 2, S. 1032.
[2] Über Christus, unseren Hohenpriester, sagt E. G. White: „Die Gottesdienste, die Gebete, der Lobpreis, das reuevolle Bekenntnis der Sünde steigen von den wahrhaftigen Gläubigen als Weihrauch auf zum himmlischen Heiligtum. Auf ihrem Weg durch die verkommenen Kanäle der Menschlichkeit werden sie jedoch so vom Schmutz verunreinigt, daß sie bei Gott niemals ihren Wert erhielten, würden sie nicht durch Blut gereinigt. Sie steigen nicht in fleckenloser Reinheit empor. Und wenn nicht der Mittler, der zur Rechten Gottes ist, seine Gerechtigkeit anbieten und damit alles reinigen würde, könnten sie niemals für Gott annehmbar sein." („Für die Gemeinde geschrieben", Bd. 1, S. 363.364.)

tat Christi. Indem uns der Heilige Geist Christus nahebringt, bietet er auch die Annahme bei Gott an.

Gründet sich unser Erlöstsein auf die rechtfertigende Gerechtigkeit Christi oder auf die heiligende Gerechtigkeit oder auf beide? Johannes Calvin hat darauf hingewiesen, daß „wie nämlich Christus nicht in Stücke zerrissen werden kann, so sind auch diese zwei, die wir miteinander und in fester Verbundenheit in ihm empfangen, nämlich Gerechtigkeit und Heiligung voneinander untrennbar!"[1]

Christi Dienst muß in seiner Gesamtheit gesehen werden. Es ist deshalb unbedingt nötig, Spekulationen über die beiden Begriffe Rechtfertigung und Heiligung zu vermeiden. Denn manche „versuchen, den Unterschied zwischen Rechtfertigung und Heiligung bis in die Details hinein darzulegen. Warum wollen wir in diesen lebenswichtigen Fragen über die Gerechtigkeit aus dem Glauben genauer sein als das inspirierte Wort selbst?"[2]

Wie die Sonne Licht und Wärme spendet – untrennbare und doch einzigartige Funktionen –, so ist Christus für uns sowohl Gerechtigkeit als auch Heiligung (1 Ko 1,30). In ihm sind wir nicht nur vollkommen gerechtfertigt, sondern auch vollkommen geheiligt.

„Es ist vollbracht!" Der Heilige Geist setzt diese Heilstat Christi auf Golgatha in unser Leben ein und vermittelt so die einzigartige Erfahrung, daß Gott den Menschen annimmt. Dieses „Es ist vollbracht" stellt alle menschlichen Anstrengungen, von Gott angenommen zu werden, in Frage. Indem uns der Heilige Geist den Gekreuzigten nahebringt, vermittelt er die einzige Grundlage für das Angenommensein bei Gott, das einzig verbriefte Anrecht auf die künftige Erlösung.

---

[1] J. Calvin, „Unterricht in der christlichen Religion" (Institutio christianae religionis", Erziehungsverein, Neukirchen, III, 11,6.
[2] E. G. White in „The Seventh-day Adventist Bible Commentary", Bd. 6, S. 1072.

DIE LEHRE VON DER GEMEINDE

Kapitel 11

Die Gemeinde

> *Die Gemeinde ist die Gemeinschaft von Gläubigen, die Jesus Christus als ihren Herrn und Erlöser bekennen. Wie das Volk Gottes zur Zeit des Alten Testaments ist auch die Gemeinde des Neuen Testaments aus der Welt herausgerufen. Sie vereint sich zur Anbetung, zur Gemeinschaft, zur Unterweisung im Wort, zur Feier des Abendmahls, zum Dienst an den Mitmenschen und zur Verkündigung des Evangeliums in aller Welt. Die Gemeinde erhält ihre Vollmacht von Christus, dem Fleisch gewordenen Wort, und aus der Heiligen Schrift, dem geschriebenen Wort. Die Gemeinde ist die Familie Gottes. Ihre Glieder, von ihm als Kinder angenommen, leben auf der Grundlage des Neuen Bundes. Die Gemeinde ist eine Gemeinschaft des Glaubens, der Leib Christi, dessen Haupt er ist. Sie ist die Braut, für die Christus starb, damit er sie heilige und reinige. Bei seiner Wiederkunft in Herrlichkeit wird er sie sich selbst darstellen als verherrlichte Gemeinde. Es sind die Treuen aller Zeiten, erworben durch sein Blut, ohne Flecken und Runzeln, heilig und unsträflich.*

Zornig schlägt ein alter Mann mit seinem Stab gegen den Felsen und schreit: „Ihr seid ein widerspenstiges Volk! Haltet ihr es für möglich, daß wir euch Wasser aus diesem Felsen verschaffen?" Sogleich sprang ein Strom Wasser aus dem Felsen und gab Israel, was es brauchte.

Der Mann war Mose; er schrieb das Wunder dem eigenen Vermögen zu und nicht Gott, und das war seine Sünde. Dieser

Sünde wegen durfte er das Gelobte Land nicht betreten (vgl. 4 Mo 20,7-12).

Jener Felsen ist Christus, das Fundament, auf das Gottes Volk gegründet ist, sowohl der einzelne als auch das ganze. Dieses Bild zieht sich durch die ganze Bibel.

Vermutlich erinnerte sich Mose in seiner letzten Predigt vor Israel an dieses Geschehen und benutzte das Bild vom Felsen, um Gottes Treue und Verläßlichkeit zu beschreiben: „Gebet unserm Gott allein die Ehre! Er ist der Fels. Seine Werke sind vollkommen; denn alles, was er tut, das ist recht. Treu ist Gott und kein Böses an ihm, gerecht und wahrhaftig ist er." (5 Mo 32,3.4)

Jahrhunderte später dichtete David in ähnlicher Weise: „Bei Gott ist mein Heil und meine Ehre, der Fels meiner Stärke, meine Zuversicht ist bei Gott." (Ps 62,8) Im Blick auf den kommenden Erretter bediente sich Jesaja desselben Bildes: „Siehe, ich lege in Zion einen Grundstein, einen bewährten Stein, einen kostbaren Eckstein, der fest gegründet ist." (Jes 28,16)

Petrus schreibt davon, daß Christus diese Vorhersage erfüllt hat, jedoch nicht als gewöhnlicher Stein, sondern als der lebendige „Stein, der von den Menschen verworfen ist, aber bei Gott ist er auserwählt und kostbar" (1 Pt 2,4). Paulus spricht von Christus als dem einzig sicheren Fundament: „Einen andern Grund kann niemand legen als den, der gelegt ist, welcher ist Jesus Christus." (1 Ko 3,11) Hinsichtlich des Felsens, den Mose geschlagen hat, sagt er: „... und haben alle denselben geistlichen Trank getrunken; sie tranken nämlich von dem geistlichen Felsen, der ihnen folgte; der Fels aber war Christus." (1 Ko 10,4)

Jesus selbst benutzte dieses Bild, als er sagte: „... auf diesen Felsen will ich meine Gemeinde bauen, und die Pforten der Hölle sollen sie nicht überwältigen." (Mt 16,18) Er errichtete die christliche Gemeinde auf sich selber als dem lebendigen Fels. Sein eigener Leib wurde für die Sünden der Welt geopfert; das war das Schlagen des Felsens. Eine Gemeinde, gebaut auf diesen Grund, kann von niemandem überwunden werden. Von diesem Felsen fließt heilendes Wasser zu den durstigen Völkern (vgl. Hes 47,1-12; Jo 7,37.38; Offb 22,1-5).

Wie schwach und kraftlos war die Gemeinde, als Jesus das sagte! Sie bestand aus ein paar müde gewordenen, zweifelnden und von Ehrgeiz getriebenen Jüngern, einer Handvoll Frauen und einer wankelmütigen Schar, die sich schnell davonmachte, als „der Fels geschlagen" wurde. Aber die Gemeinde ist nicht auf vergängliche Weisheit und Erfindungsgabe von Menschen gegründet, sondern auf den Fels aller Zeiten. Die Jahrtausende sollten offenbaren, daß nichts die Gemeinde Jesu zerstören oder ablenken kann von ihrer Sendung, Gott zu ehren und Männer und Frauen zum Heiland zu führen (vgl. Apg 4,12.13.20-33).

Die biblische Bedeutung von „Kirche"

In der Schrift ist das Wort „Gemeinde" bzw. „Kirche"[1] eine Übersetzung des griechischen Wortes *ekklesia*, das „Aufruf (zur Volksversammlung)" bedeutet. Der Ausdruck wurde auf jede Versammlung angewendet, zu der Menschen gerufen wurden.

Die Septuaginta, eine griechische Übersetzung des hebräischen Alten Testaments, die zur Zeit Jesu sehr verbreitet war, übersetzt mit *ekklesia* das hebräische Wort *qahal*, was Zusammenkunft, Versammlung oder Gemeinde bedeutet (5 Mo 9,10; 18,16; 1 Sam 17,47; 1 Kön 8,14; 1 Chr 13,2).[2]

Der Anwendungsbereich dieses Wortes wurde im Neuen Testament erweitert. Gemeinde beziehungsweise Kirche kann nun heißen: 1. Gläubige, die sich zum Gottesdienst an einem bestimmten

---

[1] Über den Ursprung des Wortes „Kirche" schreibt Berkhof: „Der Ausdruck *Church*, *Kerk* und *Kirche* leitet sich nicht von dem Wort *ekklesia* ab, sondern von *kyriake*, was *dem Herrn gehörend* bedeutet. Er betont die Tatsache, daß die Kirche Gottes Eigentum ist. Der Ausdruck *to kyriakon* oder *he kyraike* bezeichnet vor allem den Ort, wo die Kirche sich versammelt. Dieser Ort wurde als dem Herrn gehörend angesehen und daher *to kyriakon* genannt. Aber der Ort selbst war leer und erwies sich erst dann als *to kyriakon*, wenn sich die Gemeinde zum Gottesdienst versammelte. Daher wurde das Wort [*to kyriakon*/Kirche] auf die Gemeinde selbst übertragen, die Gottes geistlicher Bau ist." „Systematic Theology", Eerdmans, Grand Rapids, MI, 4. Aufl., 1965, S. 557.

[2] Siehe „Church, Nature of" in „Seventh-day Adventist Encyclopedia", S. 302; „Church" in „Seventh-day Adventist Bible Dictionary", S. 224.

Ort treffen (1 Ko 11,18; 14,19.28); 2. eine Gruppe von Gläubigen in einem bestimmten Haus (1 Ko 16,19; Kol 4,15; Phlm 2); 3. Gläubige in einer bestimmten Region (1 Ko 16,1; Gal 1,2; 1 Th 2,14; Apg 9,31)[1]; 4. alle Gläubigen auf der Welt (Mt 16,18; 1 Ko 10,32; 12,28; vgl. Eph 4,11-16); 5. alle Treuen im Himmel und auf Erden (Eph 1,20-22; vgl. Phil 2,9-11).

Das Wesen der Gemeinde

Die Bibel beschreibt die Kirche als göttliche Institution und nennt sie „Gemeinde Gottes" (Apg 20,28; 1 Ko 1,2). Jesus stattete die Gemeinde mit göttlicher Vollmacht aus (Mt 18,17.18). Wir können das Wesen der christlichen Gemeinde nur verstehen, wenn wir von ihren alttestamentlichen Wurzeln ausgehen und die verschiedenen Bilder in Betracht ziehen, die das Neue Testament für sie gebraucht.

Die Wurzeln der christlichen Kirche. Das Alte Testament beschreibt sie als eine Zusammenkunft des Volkes Gottes. Von frühester Zeit an haben gottesfürchtige Familien in der Linie von Adam, Seth, Noah, Sem und Abraham die Wahrheit Gottes bewahrt. Diese Familien, in denen der Vater der Priester war, können als Keimzelle der Gemeinde angesehen werden. Abraham empfing von Gott große Verheißungen, die aus seiner Familie allmählich ein Volk machten. Israels Sendung war letztlich die Fortführung dessen, was Abraham aufgegeben worden war: ein Segen für alle Völker zu sein (1 Mo 12,1-3) und Gottes Liebe der Welt zu offenbaren.

Das Volk, das Gott aus Ägypten führte, wurde „Gemeinde in der Wüste" genannt (Apg 7,38). Es sollte ein „Königreich von Priestern und ein heiliges Volk sein" (2 Mo 19,6): seine Gemeinde.

Gott wies diesem Volk Palästina als Wohnplatz zu, inmitten der bedeutendsten Zivilisationen der damaligen Welt. Drei große Kontinente (Europa, Asien und Afrika) stoßen in Palästina aneinander. Hier sollte Israel „Diener" der anderen Völker sein und sie einladen, sich dem Volk Gottes anzuschließen. Gott hatte sie gewisser-

---

[1] Nach modernen Übersetzungen, welche von Tischendorffs Lesart der Einzahl ausgehen, die auf Codex Sinaiticus, Alexandrinus, Vaticanus und Ephraemi Rescripus beruht.

maßen herausgerufen, um die Völker hereinzurufen (Jes 56,7). Durch Israel wollte er die größte Kirche auf Erden gründen – eine Kirche, zu der Vertreter aller Völker auf Erden kommen, um anzubeten, den wahren Gott kennenzulernen und zu ihren Völkern mit der Botschaft des Heils zurückzukehren.

Trotz der ständigen Fürsorge Gottes verfiel Israel dem Götzendienst, dem Nationalismus, dem Stolz und der Beschäftigung mit sich selbst. Es kapselte sich ab und versagte bei der Erfüllung seines göttlichen Auftrags.

Durch Jesus kam Israel an einen entscheidenden Punkt. Gottes Volk erwartete einen Messias, der es vom Joch der Römer befreien sollte; es wartete jedoch nicht auf den Messias, der es von sich selber erlösen wollte. Am Kreuz wurde Israels geistlicher Zusammenbruch offenbar; da wurde der Niedergang öffentlich kund. Indem sie schrien: „Wir haben keinen König als den Kaiser!" (Jo 19,15), lehnten sie Gottes Herrschaft ab.

Am Kreuz kamen zwei gegensätzliche Entwicklungen zu ihrem Höhepunkt. Da war auf der einen Seite eine gescheiterte Kirche, die so mit sich selbst beschäftigt war, daß sie den Einen verfehlte, der sie ins Leben gerufen hatte. Auf der anderen Seite sehen wir den von Liebe erfüllten Christus, der sein Leben ließ, damit ihr ewiges Leben gesichert sei.

So bildet das Kreuz das Ende der Sendung Israels, während die Auferstehung Christi den Beginn der christlichen Kirche und ihres Auftrags bedeutet: Verkündigung des Evangeliums vom Heil durch den stellvertretenden Tod Christi. Als die Juden ihren Auftrag verloren, wurden sie eine Nation wie jede andere und hörten auf, Gottes Volk zu sein. An ihrer Stelle rief Gott eine neue „Nation" ins Leben, eine Kirche, die seinen Auftrag ausführen würde (Mt 21,41.43).

Die Gemeinde des Neuen Testaments, die mit der Glaubensgemeinschaft des alten Bundesvolkes eng verbunden ist[1], besteht so-

---

[1] Außer ihrer Lehre von Jesus war der Glaube der frühen Christen dem jüdischen Glauben sehr ähnlich. Sowohl die jüdischen als auch die heidnischen Christen besuchten weiterhin den Gottesdienst in den Synagogen am Sabbat und hörten dort die Auslegung des Alten Testaments (Apg 13,42-44; 15,13.14.21). Das Zerreißen des Vorhangs im Tempel hatte angezeigt, daß die

wohl aus bekehrten Juden wie aus bekehrten Nichtjuden, die an Jesus Christus glauben. So besteht das wahre Israel aus allen, die Christus im Glauben angenommen haben (Gal 3,26-29).

Paulus veranschaulicht die neue organische Beziehung zwischen diesen beiden Gruppen am Bild von zwei Ölbäumen, einem edlen und einem wilden. Juden, die Christus nicht annehmen, sind nicht mehr Gottes Kinder (Rö 9,6-8). Sie stellen die ausgerissenen Zweige aus dem edlen Baum dar, während die Juden, die Christus angenommen haben, am Baum verbleiben.

Nichtjuden, die Christus angenommen haben, sind demnach Zweige, die in den guten Ölbaum eingepfropft werden (Rö 11,17-25). Paulus ermahnt die Heidenchristen, das göttliche Erbe des alten Bundesvolkes zu achten: „Ist die Erstlingsgabe vom Teig heilig, so ist auch der ganze Teig heilig; und wenn die Wurzel heilig ist, so sind auch die Zweige heilig. Wenn aber nun einige von den Zweigen ausgebrochen wurden und du, der du ein wilder Ölzweig warst, in den Ölbaum eingepfropft worden bist und teilbekommen hast an der Wurzel und dem Saft des Ölbaums, so rühme dich nicht gegenüber den Zweigen. Rühmst du dich aber, so sollst du wissen, daß nicht du die Wurzel trägst, sondern die Wurzel trägt dich." (Rö 11,16-18)

Die Gemeinde des Neuen Testaments unterscheidet sich deutlich von ihrem alttestamentlichen Gegenstück. Die apostolische Gemeinde wurde eine unabhängige Organisation, getrennt von der jüdischen Nation. Nationale Engstirnigkeit wurde überwunden, und die Gemeinde konnte einen weltoffenen Charakter entwickeln. Aus einer Nationalkirche wurde eine Missionskirche, dazu bestimmt, Gottes ursprünglichen Plan zu erfüllen. Ihr Gründer, Jesus Christus, hatte den göttlichen Auftrag neu geprägt und befohlen: „Machet zu Jüngern alle Völker!" (Mt 28,19).

---

alttestamentlichen Riten in Christus als ihrem Gegenbild ihre Erfüllung gefunden hatten. Der Hebräerbrief sucht die Christen von den Bildern weg auf die Realität in den Bildern zu lenken: auf den versöhnenden Tod Jesu, auf sein Priestertum im Himmel und auf seine rettende Gnade. Die Zeit des Neuen Testaments war eine Übergangszeit, und obwohl die Apostel gelegentlich an alttestamentlichen Riten teilnahmen, zeigt die Entscheidung auf dem Apostelkonzil in Jerusalem, daß sie ihnen keinen Heilswert beimaßen.

Biblische Bilder für die Gemeinde

Die Bilder, mit denen im Neuen Testament die Gemeinde beschrieben wird, verdeutlichen ihr Wesen.

1. Die Gemeinde als Körper. Das Bild des Körpers hebt die Einheit der Gemeinde und die Notwendigkeit eines jeden Gliedes für das Ganze hervor. Durch das Kreuz werden die Gläubigen „mit Gott in *einem* Leib" versöhnt (Eph 2,16). Durch den Heiligen Geist sind sie „alle zu *einem* Leib getauft" (1 Ko 12,13). Als Leib ist die Gemeinde nichts weniger als der Leib Christi (Eph 1,23). Die Gemeinde ist der Organismus, durch den er seine Fülle mitteilt. Gläubige sind „Glieder seines Leibes" (Eph 5,30), und so empfängt jeder einzelne Gläubige geistliches Leben. Christus ist „das Haupt des Leibes, nämlich der Gemeinde" (Kol 1,18; 5,23).

In seiner Liebe gibt Gott jedem Glied seiner Gemeinde geistliche Gaben, die dazu befähigen, bestimmte Funktionen zu übernehmen. Was ein Organ leistet, ist wichtig für den ganzen Körper. So hängt auch die Vollendung des Auftrags der Gemeinde davon ab, daß jede den Gliedern verliehene geistliche Gabe zur Wirkung kommt. Was vermag ein Körper ohne Herz, und wie behindert ist er ohne gesunde Sinnesorgane! Wenn Glieder ihre Gaben zurückhalten, wird die Gemeinde blind oder tot, zumindest aber verkümmert sie. Die Gaben, die Gott schenkt, sind aber niemals zum Selbstzweck gegeben (siehe Kap. 16 dieses Buches).

2. Die Gemeinde als Tempel. Die Gemeinde ist „Gottes Bau", „Gottes Tempel", in dem der Heilige Geist wohnt. Jesus Christus ist Fundament und „Eckstein" (1 Ko 3,9-16; Eph 2,20). Dieser Tempel ist kein lebloses Gebilde, sondern geprägt von Dynamik und Wachstum. Wie Christus ein „lebendiger Stein" ist, sagt Petrus, so sind auch die Gläubigen „lebendige Steine", die ein „geistliches Haus" bilden (1 Pt 2,4-6).

Der Bau ist nicht fertig. Neue Steine werden ständig hinzugefügt. „Durch ihn werdet auch ihr miterbaut zu einer Wohnung Gottes im Geist" (Eph 2,22). Paulus ermahnt die Gläubigen, mit bestem Material zu bauen, das die Feuerprobe des Gerichtstages überdauert (1 Ko 3,12-15).

Das Bild vom Tempel unterstreicht auch die Heiligkeit der einzelnen Gemeinde wie die der Gemeinde als Gesamtheit. Gottes Tempel ist heilig, sagt Paulus. „Wenn jemand den Tempel Gottes verdirbt, den wird Gott verderben." (1 Ko 3,17) Enge Gemeinschaft mit Ungläubigen widerspricht der Heiligkeit des Tempels, bemerkt Paulus, und sollte daher gemieden werden; „denn was hat die Gerechtigkeit zu schaffen mit der Ungerechtigkeit? ... Was hat der Tempel Gottes gemein mit den Götzen?" (2 Ko 6,14.16) (Dieser Rat bezieht sich vorwiegend auf geschäftliche und auf eheliche Verbindungen.) Die Gemeinde sollte geachtet werden, denn sie genießt Gottes höchste Aufmerksamkeit und Zuwendung.

3. Die Gemeinde als Braut. Die Gemeinde wird als Braut und der Herr als Bräutigam dargestellt. Schon dem alttestamentlichen Bundesvolk gegenüber verpflichtete sich der Herr: „Ich will mich mit dir verloben für alle Ewigkeit, ich will mich mit dir verloben in Gerechtigkeit und Recht, in Gnade und Barmherzigkeit." (Hos 2,21) Er sagte zu Israel: „Ich bin dein Ehemann." (Jer 3,14 Grundtext).

Paulus gebraucht dieses Bild, wenn er die Gemeinde dem Herrn als „eine reine Braut" (2 Ko 11,2) zuführen will. Christi Liebe zu seiner Gemeinde ist so tief und fest, daß er „sich für sie selbst dahingegeben" hat (Eph 5,25). Und er brachte dieses Opfer, „um sie zu heiligen. Er hat sie gereinigt durch das Wasserbad im Wort" (Vers 26).

Durch den heiligenden Einfluß des Wortes Gottes (Jo 17,17) und durch die Reinigung, die mit der Taufe verbunden ist, kann Christus jedes Glied der Gemeinde reinigen. Er nimmt das schmutzige Gewand hinweg und bekleidet sie mit dem Kleid seiner vollkommenen Gerechtigkeit. So kann er seine Gemeinde als seine Braut darstellen – „eine Gemeinde, die herrlich sei und keinen Flecken oder Runzel oder etwas dergleichen habe, sondern die heilig und untadelig sei" (Eph 5,27). Die ganze Herrlichkeit und Schönheit der Gemeinde wird aber erst offenbar, wenn Christus wiederkommt.

4. Die Gemeinde als „das Jerusalem, das droben ist". Die Schrift nennt die Stadt Jerusalem auch Zion. Da wohnt Gott mit seinem Volk (Ps 9,12); von da kommt Hilfe und Heil (Ps 14,7; 53,7). An dieser Stadt sollte sich „die ganze Welt" freuen (Ps 48,2).

Im Neuen Testament wird die Gemeinde als „das Jerusalem, das droben ist" gesehen, das Gegenstück zum irdischen Jerusalem (Gal 4,26). Die Bewohner dieses Jerusalem haben ihr „Bürgerrecht ... im Himmel" (Phil 3,20). Sie sind „Kinder der Verheißung", die „nach dem Geist gezeugt" sind, und freuen sich der Freiheit, zu der sie Christus befreit hat (Gal 4,28.29; 5,1).

Die Bürger dieser Stadt sind nicht länger innerlich gebunden in dem Versuch, „durch das Gesetz gerecht werden zu wollen" (Gal 4,22.26.31; 5,4). Sie „warten im Geist durch den Glauben auf die Gerechtigkeit, auf die man hoffen muß", und ihnen ist klar, daß „in Jesus Christus gilt ... der Glaube, der durch die Liebe tätig ist", und das begründet ihr neues Bürgerrecht (Gal 5,5.6).

Diejenigen, die zu dieser Schar gehören, sind „gekommen zu dem Berg Zion und zu der Stadt des lebendigen Gottes, dem himmlischen Jerusalem, und zu den vielen tausend Engeln und zu der Versammlung und Gemeinde der Erstgeborenen, die im Himmel aufgeschrieben sind" (Hbr 12,22.23).

5. Die Gemeinde als eine Familie. Die Gemeinde im Himmel und auf Erden wird als Familie gesehen (Eph 3,15). Zwei Begriffe wollen erklären, wie man Glied dieser Familie wird: Adoption (Rö 8,14-16; Eph 1,4-6) und Wiedergeburt (Jo 3,8).

Durch den Glauben an Christus sind die Getauften nicht mehr Sklaven, sondern Kinder des himmlischen Vaters (Gal 3,26 bis 4,7). Grundlage ihres Lebens ist der Neue Bund. Nun gehören sie zu „Gottes Hausgenossen" (Eph 2,19), zu des „Glaubens Genossen" (Gal 6,10).

Die Glieder seiner Familie ehren Gott als ihren Vater (Gal 4,6) und sind einander Bruder und Schwester (Jak 2,15; 1 Ko 8,11; Rö 16,1). Paulus sah sich als geistlicher Vater, denn er hatte viele in die Gemeinde gebracht: „Ich habe euch gezeugt in Christus Jesus durchs Evangelium." (1 Ko 4,15) Er sprach von ihnen als „meine lieben Kinder" (Vers 14; vgl. Eph 5,1).

Besonderes Kennzeichen der Gemeinde als Familie ist die Gemeinschaft. Christliche Gemeinschaft (griech. *koinonia*) ist nicht nur geselliges Zusammensein, sondern „Gemeinschaft am Evangelium" (Phil 1,5). Dazu gehört die Gemeinschaft mit Gott dem Vater, seinem Sohn und dem Heiligen Geist (1 Jo 1,3; 1 Ko 1,9; 2 Ko 3,13), aber auch die der Gläubigen untereinander (1 Jo 1,3.7).

Das Bild der Familie weist auf eine fürsorgende Gemeinde hin, „wo Menschen geliebt, geachtet und anerkannt werden. Ein Ort, wo Menschen wissen, daß sie einander brauchen, wo Gaben entwickelt werden. Wo Menschen wachsen und Erfüllung finden."[1] Dazu gehören auch Verantwortlichkeit, Achtung vor den geistlichen Eltern, ein Wahrnehmen der Brüder und Schwestern im Glauben. Schließlich bedeutet es, daß die Gemeindeglieder zueinander eine tiefe Zuneigung pflegen.

Glied der Gemeinde zu sein befähigt Menschen, die sehr unterschiedlich sind in Natur und Veranlagung, aneinander Freude zu haben und sich zu unterstützen. Glieder dieser Familie lernen es, in Einheit zusammenzuleben, ohne ihre Individualität aufzugeben.

6. Die Gemeinde als Pfeiler und Fundament der Wahrheit. Die Gemeinde des lebendigen Gottes ist „der Pfeiler und das Fundament der Wahrheit" (1 Tim 3,15 GN). Sie ist ein Hort und eine Burg der Wahrheit und schützt die Wahrheit vor den Angriffen des Feindes.

Die Wahrheit jedoch ist nicht starr, sondern dynamisch. Wenn ein Glied meint, eine neue Erkenntnis zu haben – eine neue Lehre oder Auslegung der Schrift –, dann sollten erfahrene Gläubige diese Lehre am Maßstab der Schrift prüfen (vgl. Jes 8,20). Entspricht die neue Erkenntnis diesem Maßstab, dann hat die Gemeinde sie anzunehmen; wenn nicht, sollte sie diese zurückweisen. Alle Gemeindeglieder sollten sich dem biblisch begründbaren Urteil unterwerfen; denn „wo viele Ratgeber sind, findet sich Hilfe" (Spr 11,14).

Wenn die Gemeinde durch ihren Zeugendienst die Wahrheit verbreitet, wird sie „das Licht der Welt" sein, auch „die Stadt, die auf einem Berge liegt" und „nicht verborgen sein" kann; sie wird auch „das Salz der Erde" sein (Mt 5,13-15).

7. Die kämpfende und siegende Gemeinde. Die Gemeinde auf Erden ist den Kriegern in einer Schlacht vergleichbar. Sie ist aufge-

---

[1] C. E. Bradford, „What does Church mean to me" in „Adventist Review", 20. Nov. 1986, S. 15.

rufen zum Kampf gegen die Finsternis: „Denn wir haben nicht mit Fleisch und Blut zu kämpfen, sondern mit Mächtigen und Gewaltigen, nämlich mit den Herren der Welt, die in dieser Finsternis herrschen, mit den bösen Geistern unter dem Himmel." (Eph 6,12) Darum braucht der Christ „die Waffenrüstung Gottes, damit ihr an dem bösen Tag Widerstand leisten und alles überwinden und das Feld behalten könnt" (Vers 13).

Im Laufe der Jahrhunderte hatte die Gemeinde immer wieder gegen Feinde zu kämpfen, sowohl solchen von außen wie auch aus den eigenen Reihen (vgl. Apg 20,29.30; 1 Tim 4,1). Wohl hat sie dabei Fortschritte gemacht und Siege errungen, aber sie ist noch nicht die triumphierende Gemeinde. Noch immer hat sie Schwächen und Mängel.

Um die Unvollkommenheit innerhalb der Gemeinde aufzudecken, erzählte Jesus folgendes Gleichnis: „Das Himmelreich gleicht einem Menschen, der guten Samen auf seinen Acker säte. Als aber die Leute schliefen, kam sein Feind und säte Unkraut zwischen den Weizen und ging davon." (Mt 13,24.25) Als die Knechte das Unkraut ausjäten wollten, sagte der Bauer. „Nein, damit ihr nicht zugleich den Weizen mit ausrauft, wenn ihr das Unkraut ausjätet! Laßt beides miteinander wachsen bis zur Ernte." (Verse 29.30)

Unkraut und Weizen wachsen miteinander. Gott führt bekehrte Menschen in die Gemeinde, der Teufel schleust unbekehrte hinein. Beide Gruppen haben Einfluß auf den Leib. Die einen setzen sich für Reinheit in der Gemeinde ein, die anderen kümmern sich nicht um den Verfall. Der Konflikt zwischen beiden wird andauern bis zur „Ernte" bei der Wiederkunft Christi.

Aber auch der Kampf der Gemeinde gegen den Feind von außen ist noch nicht zu Ende. Leiden und Auseinandersetzungen stehen bevor. Der Teufel weiß, daß er wenig Zeit hat, und ist zornig auf die Gemeinde Gottes (Offb 12,12.17). Er wird eine Zeit „großer Trübsal" über sie bringen, „wie sie nie gewesen ist, seitdem es Menschen gibt". Doch Christus wird für sein Volk eintreten und alle retten, „die im Buch geschrieben stehen" (Da 12,1). Der Herr gibt uns die Zusicherung: „Wer aber beharrt bis ans Ende, der wird selig werden." (Mt 24,13)

Erst bei Christi Wiederkunft wird die siegreiche Gemeinde hervortreten. Zu jener Zeit wird der Herr vor sich stellen „eine Gemeinde, die herrlich sei", die Gläubigen aller Zeiten, die er durch sein Blut erworben hat. Sie haben „keinen Flecken oder Runzel" und sind „heilig und untadelig" (Eph 5,27).

Die sichtbare und die unsichtbare Gemeinde

Diese Unterscheidung will zwei Aspekte verdeutlichen. Bilder für die Gemeinde, wie wir sie eben erwähnt haben, beziehen sich vornehmlich auf die sichtbare Gemeinde.

1. Die sichtbare Gemeinde. Sie wurde von Gott zum Dienst ausgerüstet und erfüllt den Missionsauftrag Christi, der Welt das Evangelium zu verkündigen (Mt 28,18-20). Durch sie werden Menschen auf Christi Wiederkunft in Herrlichkeit vorbereitet (1 Th 5,23; Eph 5,27).

Von Christus dazu erwählt, läßt sie das Licht leuchten in dieser Welt und setzt seinen Dienst fort. Sie bringt das Evangelium den Armen, heilt die zerbrochenen Herzen, predigt den Gefangenen die Freiheit, macht die Unterdrückten frei und verkündet „das Gnadenjahr des Herrn" (Lk 4,18.19).

2. Die unsichtbare Gemeinde. Die unsichtbare Gemeinde setzt sich aus Gottes Volk auf der ganzen Welt zusammen. Zu ihr gehören die Gläubigen in der sichtbaren Kirche, aber auch viele, die keiner kirchlichen Organisation angehören und dennoch der Erkenntnis folgen, die Jesus ihnen gegeben hat (Jo 1,9). Dazu zählen Menschen, die noch nie Gelegenheit hatten, das Evangelium von Jesus Christus zu hören, aber doch achten auf das Wirken des Heiligen Geistes an ihren Herzen und „von Natur tun, was das Gesetz fordert" (Rö 2,14).

Die Existenz der unsichtbaren Gemeinde macht deutlich, daß Anbetung Gottes im höchsten Sinn des Wortes geistlich ist. „Die wahren Anbeter", sagte Jesus, werden den Vater anbeten „im Geist und in der Wahrheit; denn auch der Vater will solche Anbeter haben." (Jo 4,23) Weil wahre Anbetung geistlicher Natur ist, können Menschen nie genau feststellen, wer zur Gemeinde Gottes gehört und wer nicht.

Durch den Heiligen Geist führt Gott die Menschen von der unsichtbaren Gemeinde in die sichtbare. „Ich habe noch andere Schafe, die sind nicht aus diesem Stall; auch sie muß ich herführen, und sie werden meine Stimme hören, und es wird *eine* Herde und *ein* Hirte werden." (Jo 10,16) Nur in der sichtbaren Gemeinde können sie Gottes Wahrheit, Liebe und Gemeinschaft völlig erfahren; denn der sichtbaren Gemeinde hat Gott geistliche Gaben geschenkt, wodurch die Gemeindeglieder insgesamt und auch persönlich auferbaut werden (Eph 4,4-16).

Als Paulus bekehrt wurde, brachte ihn Gott in Verbindung mit seiner sichtbaren Gemeinde und wies ihn an, bei der Erfüllung des Missionsauftrages maßgeblich mitzuwirken (Apg 9,10-22). So ist es auch heute. Gott möchte seine Kinder in die sichtbare Gemeinde leiten, die gekennzeichnet ist durch Treue zu Gottes Geboten und den Glauben an Jesus. Auf diese Weise sollen sie Anteil haben an der Vollendung seines Werkes auf Erden (Offb 14,12; 18,4; Mt 24,14; siehe Kap. 12 dieses Buches).

Unter der unsichtbaren Gemeinde versteht man auch die vereinte Gemeinde im Himmel und auf Erden (Eph 1,22.23; 3,15) sowie jene Gläubigen, die sich in Zeiten der Verfolgung verbergen mußten (Offb 12,6.14).

Die Organisation der Gemeinde

Zum Missionsauftrag Christi, das Evangelium in aller Welt zu verkündigen, gehört auch die Betreuung jener, die das Evangelium bereits angenommen haben. Neue Gemeindeglieder müssen im Glauben gefestigt und dazu angeleitet werden, die ihnen von Gott gegebenen Gaben und Fähigkeiten in der Mission einzusetzen. „Gott ist nicht ein Gott der Unordnung"; darum sollten alle Dinge „ehrbar und ordentlich zugehen" (1 Ko 14,33.40). Die Gemeinde braucht deshalb eine schlichte, aber wirkungsvolle Organisation.

Die Art der Organisation. Wir wollen uns im folgenden damit beschäftigen, was Gemeindezugehörigkeit und Organisation bedeuten.

1. Gemeindezugehörigkeit. Sobald bekehrte Menschen bestimmte Voraussetzungen erfüllen, werden sie Glieder der Gemeinschaft des Glaubens nach dem neuen Bund. Diese Gliedschaft schließt ein neues Verhältnis zu anderen Menschen, zum Staat und zu Gott ein.

a) Voraussetzungen für die Zugehörigkeit. Wer Glied der Gemeinde werden möchte, muß Jesus Christus als seinen Herrn und Erlöser annehmen, seine Sünden bekennen und sich taufen lassen (Apg 2,36-41; vgl. 4,10-12). Er sollte eine Wiedergeburt erlebt haben und sich dem Missionsauftrag verpflichtet wissen, andere das zu lehren, was Christus geboten hat (vgl. Mt 28,20).

b) Gleichheit und Dienst. Nach dem Wort Jesu „Ihr aber seid alle Brüder" und „der größte unter euch soll euer Diener sein" (Mt 23,8.11) sind Gemeindeglieder bereit, einander gleichberechtigt zu begegnen. Sie sollten stets darauf bedacht sein, daß sie – dem Beispiel Jesu folgend – andere in der Not unterstützen und sie zu Christus führen.

c) Das Priestertum aller Gläubigen. Mit Jesu Dienst im himmlischen Heiligtum fand das levitische Priestertum sein Ende. Nun ist die Gemeinde Jesu „zur heiligen Priesterschaft" geworden (1 Pt 2,5). „Ihr aber seid das auserwählte Geschlecht, die königliche Priesterschaft, das heilige Volk, das Volk des Eigentums, daß ihr verkündigen sollt die Wohltaten dessen, der euch berufen hat von der Finsternis zu seinem wunderbaren Licht." (Vers 9)

Die neue Ordnung des Priestertums aller Gläubigen gibt dem einzelnen nicht das Recht, nach eigenem Ermessen zu glauben und zu lehren, ohne sich der Gemeinde gegenüber verantwortlich zu wissen. Jedes Gemeindeglied ist berufen, dem anderen im Namen Gottes zu dienen und zu zeigen, daß Gläubige ohne menschliche Vermittlung mit Gott in Verbindung treten können. Dabei wird die gegenseitige Abhängigkeit der Gemeindeglieder ebenso betont wie deren Unabhängigkeit. In dieser Priesterschaft gibt es keine Wertunterschiede zwischen Geistlichen und Laien, obwohl genügend Raum bleibt für unterschiedliche Aufgaben beider Gruppen.

d) Treue Gott und dem Staat gegenüber. Die Bibel weiß von Gottes Handeln bei der Bildung von Regierungen und hält die Gläubigen zu Achtung und Gehorsam gegenüber den staatlichen Einrichtungen an. Die Obrigkeit ist „Gottes Dienerin und vollzieht das Strafgericht an dem, der Böses tut". Gemeindeglieder geben daher „Steuer, dem die Steuer gebührt; Zoll, dem der Zoll gebührt; Furcht, dem die Furcht gebührt; Ehre, dem die Ehre gebührt" (Rö 13,4.7).

Bei ihrer Haltung dem Staat gegenüber lassen sich Gemeindeglieder von dem Wort Jesu leiten: „Gebet dem Kaiser, was des Kaisers ist, und Gott, was Gottes ist!" (Mt 22,21) Wenn jedoch der Staat im Gegensatz zu einem göttlichen Gebot steht, hat für den Gläubigen die Treue zu Gott Vorrang. Die Apostel bezeugten: „Man muß Gott mehr gehorchen als den Menschen." (Apg 5,29)

2. Hauptaufgaben der Gemeindeorganisation. Die Gemeinde wurde ins Leben gerufen, um den Auftrag zu erfüllen, die Welt mit der Erkenntnis von Gottes Herrlichkeit zu erfüllen. Nur die sichtbare Gemeinde kann diese Aufgabe wahrnehmen, auf dieses Ziel hinwirken.

a) Anbetung und Ermahnung. Im Laufe der Geschichte war die Gemeinde Gottes stets das Werkzeug, um Menschen zur Anbetung des Schöpfers am Sabbat zu versammeln. Christus und seine Apostel folgten dieser Gepflogenheit, und die Schrift ermahnt die Gläubigen, daß sie „nicht verlassen unsere Versammlungen ... sondern einander ermahnen, und das um so mehr, als ihr seht, daß sich der Tag naht" (Hbr 10,25; vgl. 3,13). Anbetung in der Gemeinde schenkt dem Gläubigen Erquickung, Ermutigung und Freude.

b) Christliche Gemeinschaft. In der Gemeinde findet das tiefe Bedürfnis der Glieder nach Gemeinschaft seine Erfüllung. Die „Gemeinschaft am Evangelium" (Phil 1,5) übertrifft alle anderen Beziehungen; denn sie ermöglicht die innige Gemeinschaft mit Gott wie auch mit anderen gleichen Glaubens (1 Jo 1,3.6.7).

c) Unterweisung in der Schrift. Christus gab seiner Gemeinde die „Schlüssel des Himmelreichs" (Mt 16,19). Gemeint sind damit die Worte Christi, alle Worte der Bibel. Sie bilden den „Schlüssel der Erkenntnis", der das Reich Gottes öffnet (Lk 11,52). Jesu Worte sind für alle, die sie annehmen, „Geist und Leben" und bringen ewiges Leben (Jo 6,63.68).[1]

Wenn die Gemeinde die biblische Wahrheit verkündet, dann verleiht ihnen der Schlüssel der Erkenntnis die Macht, zu binden

---

[1] Siehe „The Seventh-day Adventist Bible Commentary", Bd. 5, S. 432.

und zu lösen, den Himmel zu öffnen und zu schließen, dann kennen sie den Maßstab, durch den Menschen angenommen oder abgewiesen, gerettet werden oder verlorengehen. Die Gemeinde verströmt somit durch die Verkündigung des Evangeliums einen „Geruch des Todes" oder einen „Geruch des Lebens" (2 Ko 2,16).

Jesus wußte, wie wichtig es ist, zu leben „von einem jeden Wort, das aus dem Munde Gottes geht" (Mt 4,4). Nur wenn sich die Gemeinde daran hält, kann sie den Auftrag Jesu erfüllen, die Völker zu lehren „alles, was ich euch befohlen habe" (Mt 28,20).

d) Weisungen für Dienste, die Gott eingesetzt hat. Die Gemeinde ist Gottes Werkzeug bei der Durchführung der Taufe, durch die ein Mensch Glied der Gemeinde wird (siehe Kap. 14 dieses Buches) sowie bei der Fußwaschung und dem Abendmahl (siehe Kap. 15).

e) Verkündigung des Evangeliums. Die Gemeinde wurde auch gegründet, um die Mission zu erfüllen, an der Israel gescheitert war. Wie vom Herrn selbst vorgelebt, besteht der wichtigste Dienst der Gemeinde für die Welt darin, daß sie mit ganzem Einsatz danach strebt, die Verkündigung des Evangeliums „zum Zeugnis für alle Völker" (Mt 24,14) zu vollenden. Die dazu notwendige Kraft wird ihr durch die Taufe mit dem Heiligen Geist zuteil.

Der Auftrag schließt die Botschaft ein, sich auf die Wiederkunft Christi vorzubereiten. Sie richtet sich sowohl an die Gemeinde (1 Ko 1,7.8; 2 Pt 3,14; Offb 3,14-22; 14,5) wie auch an alle übrigen Menschen (Offb 14,6-12; 18,4).

Die Verwaltung der Gemeinde

Nach Jesu Himmelfahrt lag die Leitung der Gemeinde in den Händen der Apostel. Ihr erster organisatorischer Dienst bestand darin, daß sie nach Beratung mit den Gläubigen einen anderen Apostel an die Stelle von Judas wählten (Apg 1,15-26).

Als die Gemeinde wuchs, erkannten die Apostel, daß sie nicht das Evangelium verkünden und zugleich für die täglichen Nöte der Gemeinde sorgen konnten. So übertrugen sie die praktischen Anliegen der Gemeinde den sieben Männern, die dazu bestimmt wurden. Obwohl man zwischen dem „Dienst des Wortes" und dem

Sorgen für die Mahlzeiten zu unterscheiden wußte (Apg 6,1-4), wurde doch nicht versucht, bei der Erfüllung des Missionsauftrages die Geistlichkeit von den Laien zu trennen. Vielmehr war es so, daß zwei der sieben Armenpfleger, Stephanus und Philippus, besonders ihrer kraftvollen Predigt wegen erwähnt werden (Apg 7 und 8).

Die Ausweitung der Gemeinde nach Kleinasien und Europa erforderte zusätzliche organisatorische Schritte. Mit der Gründung neuer Gemeinden wurden „in jeder Gemeinde" Älteste eingesetzt, um den Gläubigen eine gute Führung zu geben (Apg 14,23).

Kam es zu größeren Schwierigkeiten, so konnten die beteiligten Parteien ihre Fragen einem Rat vorlegen, der sich aus Aposteln und Ältesten zusammensetzte und die Gesamtheit der Gemeinde repräsentierte. Die Entscheidungen eines solchen Konzils waren für alle Seiten bindend und wurden als Stimme Gottes angenommen (Apg 15,1-29).

Damit wird deutlich, daß bei Fragen, die die ganze Gemeinde betreffen, Beratung und Autorität auf einer breiteren Basis notwendig sind, mehr noch als bei einer Ortsgemeinde. Im Falle des Apostelkonzils war Übereinstimmung das Ergebnis, das von den Vertretern aller beteiligten Parteien erreicht worden war (Verse 22.25).

Das Neue Testament macht deutlich, daß Gott je nach Notwendigkeit die Leiter seiner Gemeinde gelenkt hat. Durch seine Weisung und im Einvernehmen mit der Gemeinde entwickelte sich eine Gemeindeverwaltung, die noch heute – sofern man sich daran hält – die Gemeinde vor Abfall bewahrt und ihr hilft, ihren großen Auftrag erfüllen zu können.

Biblische Grundsätze der Gemeindeverwaltung

1. Christus ist das Haupt der Gemeinde. Christi Herrschaft über die Gemeinde beruht in erster Linie auf seinem Werk als Mittler. Seit seinem Sieg über Satan am Kreuz ist Christus gegeben „alle Gewalt im Himmel und auf Erden" (Mt 28,18). Gott hat alles „unter seine Füße getan und hat ihn gesetzt der Gemeinde zum Haupt über alles" (Eph 1,22; vgl. Phil 2,10.11). Er ist daher „der Herr aller Herren und der König aller Könige" (Offb 17,14).

Christus ist auch das Haupt der Gemeinde, weil die Gemeinde sein Leib ist (Eph 1,23; Kol 1,18). Die Gläubigen sind „Glieder seines Leibes" (Eph 5,30). Sie haben eine enge Verbindung zu ihm, denn von ihm wird der „Leib" der Gemeinde „durch Gelenke und Bänder gestützt und zusammengehalten" (Kol 2,19).

2. Christus, die Quelle aller Autorität der Gemeinde. Christi Autorität ist bewiesen durch

- die Gründung der christlichen Gemeinde (Mt 16,18),
- die Einsetzung von Diensten, die die Gemeinde zu leisten hat (Mt 26,26-30; 28,19.20; 1 Ko 11,23-29; Jo 13,1-17),
- die Ausstattung der Gemeinde mit göttlicher Autorität, damit sie in seinem Namen handelt (Mt 16,19; 18,15-18; Jo 20,21-23),
- die Sendung des Heiligen Geistes, um die Gemeinde unter seiner Autorität zu leiten (Jo 15,26; 16,13-15),
- die Ausrüstung der Gemeinde mit besonderen Gaben, so daß Gemeindeglieder den Dienst eines Apostels, Propheten, Evangelisten, Hirten oder Lehrers wahrnehmen können, um die Gläubigen zum Dienst vorzubereiten, damit der „Leib Christi" auferbaut wird, bis alle die Einheit im Glauben erleben und das „volle Maß der Fülle Christi" erreichen (Eph 4,7-13).

3. Die Schrift verkörpert die Autorität Christi. Obwohl Christus seine Gemeinde durch den Heiligen Geist leitet, ist Gottes Wort der einzige Maßstab, nach dem die Gemeinde handeln soll. Alle Glieder sind diesem Wort gegenüber zum Gehorsam verpflichtet. Menschliche Traditionen, Bräuche und auch kulturelle Sitten sind der Autorität der Schrift unterworfen (2 Tim 3,15-17).

4. Christi Autorität und die Ämter in der Gemeinde. Christus übt seine Autorität aus durch seine Gemeinde und ihre erwählten Diener, aber er überträgt keinem seine Macht. Niemand hat eine von Christus und seinem Wort unabhängige Autorität.

Die adventistischen Gemeinden wählen ihre Verantwortlichen, die dann als Vertreter der Gemeinde handeln; ihre Autorität aber kommt von Christus. Die Wahl bestätigt den Ruf, der von Christus an sie ergangen ist. Die Hauptaufgabe der gewählten Mitarbeiter in der Gemeinde besteht darin, darauf zu achten, daß die biblischen Weisungen hinsichtlich Gottesdienst, Lehre und Evangeliumsverkündigung befolgt werden. Da die Gemeinde der Leib Christi ist, sollen die Verantwortlichen bei ihren Entscheidungen den Rat der Gemeinde suchen.

Die neutestamentlichen Gemeindebeamten

Im Neuen Testament werden zwei Gemeindebeamte erwähnt: der Älteste und der Diakon. Die Bedeutung dieser Ämter wird unterstrichen durch die hohen moralischen und geistlichen Voraussetzungen, die von diesen Leitern erwartet werden. Die Gemeinde bestätigt die Heiligkeit der Berufung zum Dienst durch Ordination, das Auflegen der Hände (Apg 6,6; 13,2.3; 1 Tim 4,14; 5,22).

1. Die Ältesten
a) Was ist ein Ältester? Die „Ältesten" (griech. *presbyteros*) oder „Bischöfe" (*episkopos*) waren die wichtigsten Leiter in der Gemeinde. Der Ausdruck „Ältester" deutet hin auf einen älteren Menschen und schließt Würde sowie Achtung ein. Seine Aufgabe entsprach der eines Synagogenvorstehers. Der Ausdruck „Bischof" bedeutet „Aufseher". Paulus gebrauchte beide Begriffe wechselweise und sah die Ältesten auf einer Stufe mit den Aufsehern oder Bischöfen (Apg 20,17.28; Tit 1,5.7).

Wer ein solches Amt innehatte, war betraut mit der Aufsicht über die neugebildeten Gemeinden. Der Begriff „Ältester" bezeichnet die Stellung oder den Rang, während mit „Bischof" die Aufgabe oder Verantwortung des Amtes als Aufseher zum Ausdruck kommt.[1] Da sich die Apostel selbst als Älteste sahen (1 Pt 5,1; 2 Jo 1; 3 Jo 1), gab es offensichtlich Älteste für eine Ortsgemeinde und daneben Älteste, die auf Reisen gingen und vielen Gemeinden dienten. Beide übten die Aufgabe als Hirten der Gemeinde aus.

b) Die Voraussetzungen. Um für das Ältestenamt geeignet zu sein, mußte jemand „untadelig sein, Mann einer einzigen Frau, nüchtern, maßvoll, würdig, gastfrei, geschickt im Lehren, kein Säufer, nicht gewalttätig, sondern gütig, nicht streitsüchtig, nicht geldgierig, einer, der seinem eigenen Haus gut vorsteht und gehorsame

---

[1] Siehe „The Seventh-day Adventist Bible Commentary", Bd. 6, S. 26.38.

Kinder hat in aller Ehrbarkeit. Denn wenn jemand seinem eigenen Haus nicht vorzustehen weiß, wie soll er für die Gemeinde Gottes sorgen? Er soll kein Neugetaufter sein, damit er sich nicht aufblase und dem Urteil des Teufels verfalle. Er muß aber auch einen guten Ruf haben bei denen, die draußen sind, damit er nicht geschmäht werde und sich nicht fange in der Schlinge des Teufels" (1 Tim 3,2-7; vgl. Tit 1,5-9).

Bevor man jemanden zum Ältesten wählt, sollte seine Führungsqualität im eigenen Heim unbestritten sein. „Wird jemand für ein Amt vorgesehen, dann sollte man sich seine Familie genau ansehen. Ist sie dem Herrn ergeben? Kann der Mann seinem eigenen Hause in Ehren vorstehen? Welchen Charakter haben seine Kinder? Werden sie dem Wirken ihres Vaters Ehre machen? Hat er kein Feingefühl, keine Weisheit und Kraft der Gottesfurcht, um daheim seiner Familie vorzustehen, so kann man mit Sicherheit annehmen, daß er dieselben Mängel auch in die Gemeinde hineintragen wird und daß in ihr dieselbe unheilige Leitung zu finden sein wird."[1]

Wenn der Betreffende verheiratet ist, sollte er sich in der Führung des eigenen Heimes bewährt haben, ehe er mit der größeren Verantwortung über „Gottes Haus" betraut wird (1 Tim 3,15).

Der Wichtigkeit des Amtes wegen ermahnt Paulus: „Die Hände lege niemandem zu bald auf." (1 Tim 5,22)

c) Verantwortung und Autorität eines Ältesten. Der Älteste ist in erster Linie ein geistlicher Führer, erwählt, „zu weiden die Gemeinde Gottes" (Apg 20,28). Es gehört zu seiner Verantwortung, daß er schwachen Gemeindegliedern beisteht (Apg 20,35), Eigensinnige ermahnt (1 Th 5,12) und wachsam ist gegenüber aufkommenden Lehren, die Spaltungen verursachen könnten (Apg 20,29-31). Älteste sollten einen vorbildlichen christlichen Lebensstil haben (Hbr 13,7; 1 Pt 5,3) und sich durch Opferbereitschaft auszeichnen (Apg 20,35).

d) Das Verhältnis zu den Ältesten. Eine erfolgreiche Gemeindeführung hängt zum großen Teil von der Treue der Gemeindeglieder ab. Paulus ermutigt die Gläubigen, ihre Leiter zu achten: „... habt

---

[1] E. G. White, „Aus der Schatzkammer der Zeugnisse", Bd. 2, Hamburg 1963, S. 235.236.

sie um so lieber um ihres Werkes willen" (1 Th 5,13). „Die Ältesten, die der Gemeinde gut vorstehen, die halte man zwiefacher Ehre wert, besonders, die sich mühen im Wort und in der Lehre." (1 Tim 5,17)

Die Bibel ermahnt, die Gemeindeleiter zu achten: „Gehorcht euren Lehrern und folgt ihnen, denn sie wachen über eure Seelen – und dafür müssen sie Rechenschaft geben." (Hbr 13,17; vgl. 1 Pt 5,5) Wenn es Gemeindeglieder ihren Leitern schwer machen, die ihnen von Gott erteilte Aufgabe wahrzunehmen, werden beide Kummer haben und kaum Freude an Gottes Segnungen verspüren.

Die Gläubigen werden ermutigt, der christusähnlichen Lebensweise ihrer Leiter zu folgen. „Ihr Ende schaut an und folgt ihrem Glauben nach." (Hbr 13,7) Etwaigem Klatsch über die Leitung sollte keine Beachtung geschenkt werden. Paulus warnt: „Gegen einen Ältesten nimm keine Klage an ohne zwei oder drei Zeugen." (1 Tim 5,19)

2. Diakone und Diakoninnen. Die Bezeichnung „Diakon" kommt von griech. *diakonos* und bedeutet „Diener" oder „Helfer". Das Amt des Diakons wurde eingesetzt, damit die Apostel „ganz beim Gebet und beim Dienst des Wortes bleiben" konnten (Apg 6,4). Obwohl sich die Diakone um die täglichen Nöte der Gemeinde zu kümmern hatten, sollten sie doch auch evangelistisch tätig sein (Apg 6,8; 8,5-13.26-40).

Die weibliche Form des Wortes finden wir in Römer 16,1.[1] Phöbe war „eine Dienerin (Diakonin) der Gemeinde" (EB). „Das Wort und der Gebrauch in diesem Text zeigt an, daß das Amt der Diakonin in der Gemeinde aufgekommen sein mag, als Paulus an die Römer schrieb."[2]

---

[1] *Diakonos* kann sowohl männlich als auch weiblich sein; darüber entscheidet der Textzusammenhang. Da Phöbe als „unsere Schwester" bezeichnet wird, muß das Wort weiblich sein, obwohl es in männlicher Form erscheint.

[2] Siehe „Deaconess" in „Seventh-day Adventist Bible Dictionary", S. 277. In neutestamentlicher Zeit hatte der Ausdruck *diakonos* eine breite Bedeutung. „Er wurde auch benutzt, um alle zu bezeichnen, die der Gemeinde in irgendeiner Weise dienten. Paulus, obwohl ein Apostel, bezeichnet sich selbst häufig (1 Ko 3,5; 2 Ko 3,6; 6,4; 11,23; Eph 3,7; Kol 1,23) und Timotheus (vgl. 1 Tim 4,6) als *diakonoi* (die Mehrzahl von *diakonos*)." „The Seventh-day Adventist Bible Commentary", Bd. 7, S. 300.

Wie die Ältesten wurden auch die Diakone aufgrund ihrer moralischen und geistlichen Voraussetzungen ausgewählt (1 Tim 3,8-13).

Gemeindezucht

Christus gab seiner Gemeinde die Vollmacht, ihre Glieder unter Zucht zu stellen. Dafür gibt es entsprechende Weisungen. Von der Gemeinde wird erwartet, daß sie diese Weisungen befolgt, sooft es notwendig ist, um ihre Berufung als „heilige Priesterschaft" und „heiliges Volk" zu bewahren (vgl. Mt 18,15-18; 1 Pt 2,5.9).

Die Gemeinde soll ferner einwirken auf irrende Glieder, damit sie ihr Leben ändern. Christus lobt die Gemeinde von Ephesus dafür, „daß du die Bösen nicht ertragen kannst" (Offb 2,2). Zugleich tadelt er die Gemeinden in Pergamon und Thyatira, weil sie Abfall und Unmoral dulden (Verse 14.15.20). Beachten wir folgende Ratschläge der Bibel über Gemeindezucht:

1. Die Vorgehensweise bei nichtöffentlichen Vergehen. Wenn ein Gemeindeglied einem andern Unrecht zufügt (Mt 18,15-17), so wird dem, der Unrecht erlitten hat, von Christus geraten, zu dem Verursacher zu gehen – gewissermaßen zu dem von der Herde verirrten Schaf –, um ihn davon zu überzeugen, daß er sein Verhalten ändern muß. Gelingt das nicht, soll er einen zweiten Versuch machen, nunmehr begleitet von ein oder zwei unvoreingenommenen Zeugen. Wenn auch dieser Versuch mißlingt, soll die Angelegenheit vor die ganze Gemeinde gebracht werden.

Wenn das irrende Glied die Weisheit und Autorität der Gemeinde Christi ablehnt, schließt es sich selbst aus der Gemeinschaft aus. Und wenn die Gemeinde die schuldige Person ausschließt, bestätigt sie lediglich den bestehenden Zustand. Befolgt die Gemeinde den biblischen Rat gewissenhaft und unter Führung des Heiligen Geistes, dann wird ihre Entscheidung auch vom Himmel anerkannt; denn Christus sagt: „Was ihr auf Erden binden werdet, soll auch im Himmel gebunden sein, und was ihr auf Erden lösen werdet, soll auch im Himmel gelöst sein." (Mt 18,18)

2. Das Verfahren bei öffentlichen Vergehen. Obwohl Menschen „allesamt Sünder [sind] und ermangeln des Ruhmes, den sie bei

Gott haben sollten" (Rö 3,23), sollen offenkundige und aufrührerische Vergehen, die die Gemeinde in ein schlechtes Licht bringen, sofort mit dem Ausschluß des Übeltäters geahndet werden.

Der Ausschluß aus der Gemeinde beseitigt also einerseits das Übel, das sonst wie ein Sauerteig alles durchdringen würde, und reinigt so die Gemeinde. Auf der anderen Seite soll sich der Ausschluß heilsam auf den Missetäter selbst auswirken.

Als Paulus von einem Fall sexueller Unmoral in der Gemeinde Korinth hörte, forderte er zu unverzüglichem Handeln auf. „Wenn ihr in dem Namen unseres Herrn Jesus versammelt seid und mein Geist samt der Kraft unseres Herrn Jesus bei euch ist, soll dieser Mensch dem Satan übergeben werden zum Verderben des Fleisches, damit der Geist gerettet werde am Tage des Herrn ... Schafft den alten Sauerteig weg, damit ihr ein neuer Teig seid." (1 Ko 5,4.5.7)

Habt nichts zu schaffen, sagt Paulus, mit einem, „der sich Bruder nennen läßt und ist ein Unzüchtiger oder ein Geiziger oder ein Götzendiener oder ein Lästerer oder ein Trunkenbold oder ein Räuber; mit so einem sollt ihr auch nicht essen ... Verstoßt den Bösen aus eurer Mitte!" (Verse 11.13)

3. Vorgehensweisen gegen Personen, die Spaltungen verursachen. Gemeindeglieder, „die Zwietracht und Ärgernis anrichten" (Rö 16,17), oder jemand, „der unordentlich lebt" und biblischen Rat ausschlägt, sollten solcher Verfehlungen wegen gemieden werden, „damit er schamrot werde". Zugleich ermahnt Paulus: „Haltet ihn nicht für einen Feind, sondern weist ihn zurecht als einen Bruder." (2 Th 3,6.14.15) Wenn der „ketzerische Mensch" auch auf eine zweite Ermahnung der Gemeinde nicht hört, sollte er ausgeschlossen werden und wissen, „daß ein solcher ganz verkehrt ist und sündigt und sich selbst damit das Urteil spricht" (Tit 3,10.11).

4. Wiedereingliederung von Übeltätern. Die Gemeindeglieder sollten den Ausgeschlossenen nicht verachten, übersehen oder meiden. Sie sollten ihm vielmehr helfen, daß er durch Buße und Erneuerung sein Verhältnis zu Christus wiederherstellt. Ausgeschlossene Personen können wieder in die Gemeinde aufgenommen werden, wenn sie sich glaubhaft geändert haben (2 Ko 2,6-10).

Durch die Wiedereingliederung von Sündern kann Gottes Macht, Herrlichkeit und Barmherzigkeit in der Gemeinde deutlich werden. Gott möchte die in Sünde Gefangenen befreien und aus dem Reich der Finsternis in das Reich des Lichts versetzen. Als ein Schauspiel vor dem Universum offenbart Gottes Gemeinde die Macht des Sühneopfers Christi im Leben von Männern und Frauen.

Christus lädt durch die Gemeinde alle ein, Glieder dieser seiner Gemeinde zu werden: „Siehe, ich stehe vor der Tür und klopfe an. Wenn jemand meine Stimme hören wird und die Tür auftun, zu dem werde ich hineingehen und das Abendmahl mit ihm halten und er mit mir." (Offb 3,20)

Kapitel 12

Die Übrigen und ihr Auftrag

Die weltweite Gemeinde setzt sich zusammen aus allen, die wahrhaft an Christus glauben. Doch in der letzten Zeit, einer Zeit weitverbreiteten Abfalls, ist eine Schar der Übrigen herausgerufen, um an den Geboten Gottes festzuhalten und den Glauben an Jesus zu bewahren. Diese Übrigen weisen darauf hin, daß die Stunde des Gerichts gekommen ist, predigen, daß es Erlösung allein durch Christus gibt, und verkündigen seine Wiederkunft. Die drei Engel in Offenbarung 14 sind Sinnbild dieser Verkündigung. Sie geht einher mit dem Gerichtsgeschehen im Himmel und führt auf Erden zu einer Bewegung der Buße und Erneuerung. Jeder Gläubige ist aufgefordert, sich an diesem weltweiten Zeugnis persönlich zu beteiligen.

Der große rote Drache duckt sich, bereit zum Angriff. Den dritten Teil der Engel des Himmels hat er bereits mit sich in die Tiefe gerissen (Offb 12,4.7-9). Wenn es ihm auch noch gelingt, das Kind zu verschlingen, das gerade geboren werden soll, hätte er die Schlacht gewonnen.

Die Frau, die vor ihm steht, ist mit der Sonne bekleidet; unter ihren Füßen ist der Mond; sie trägt eine Krone mit zwölf Sternen. Der Knabe, den sie zur Welt bringt, ist dazu bestimmt, „alle Völker zu weiden mit eisernem Stabe".

Doch der Drache trachtet vergebens, das Kind zu töten. Das Kind „wurde entrückt zu Gott und seinem Thron". Da wendet sich der Drache zornig gegen die Mutter, die durch ein Wunder Flügel bekommt, um an einen von Gott vorbereiteten Ort zu fliehen. Dort wird sie dreieinhalb Jahre oder 1260 prophetische Tage lang ernährt (Offb 12,1-6.13.14).

In der biblischen Prophetie steht die reine Frau für Gottes treue Gemeinde.[1] Die Hure und Ehebrecherin dagegen ist ein Sinnbild für den Abfall (Hes 16; Jes 57,8; Jer 31,4.5; Hos 1-3; Offb 17,1-5).

Der Drache, „die alte Schlange, die da heißt: Teufel und Satan", wollte den Knaben, den langerwarteten Messias Jesus Christus, umbringen. In seinem Kampf gegen Jesus bediente sich Satan des römischen Reiches. Doch nichts, selbst nicht der Tod am Kreuz, konnte Jesus von seiner Sendung als Heiland der Welt abbringen.

Am Kreuz hat Christus den Sieg über Satan errungen. Im Blick auf seine Kreuzigung sagte Christus: „Jetzt ergeht das Gericht über diese Welt; nun wird der Fürst dieser Welt ausgestoßen werden." (Jo 12,31)

In der Offenbarung wird dieser Sieg besungen: „Nun ist das Heil und die Kraft und das Reich unseres Gottes geworden und die Macht seines Christus; denn der Verkläger unserer Brüder ist verworfen, der sie verklagte Tag und Nacht vor unserem Gott ... Darum freut euch, ihr Himmel und die darin wohnen!" (Offb 12,10-12) Die Ausstoßung aus dem Himmel begrenzte Satans Macht. Nun konnte er Gottes Volk nicht länger vor den Bewohnern des Himmels verklagen.

Während sich der Himmel freut, ergeht an die Erde die Warnung: „Weh aber der Erde und dem Meer! Denn der Teufel kommt zu euch hinab und hat einen großen Zorn und weiß, daß er wenig Zeit hat." (Vers 12)

In seinem Zorn begann Satan, die Gemeinde – verkörpert durch die Frau – zu verfolgen (Vers 13); doch sie überlebte trotz großer

---

[1] Der Sonnenglanz, der die reine Frau (Offb 12,1) umgibt, stellt nach einigen Kommentatoren das Evangelium des Neuen Testaments dar, das der frühen Kirche ihre Stoßkraft und ihren Eifer gab. Der Mond, der das Licht der Sonne reflektiert, läßt sich gut auf das sich im Alten Testament widerspiegelnde Licht des Evangeliums beziehen. Dort haben Voraussagen und Riten auf das Kreuz und den zukünftigen Erretter hingewiesen. Die zwölf Sterne weisen hin auf die Wurzeln der Gemeinde. Sie reichen von den zwölf Stammesvätern im Alten Testament bis zu den zwölf Aposteln im Neuen Testament.

Leiden. In den dünn besiedelten Gebieten der Erde – in der „Wüste" – fanden die Getreuen Gottes eine Zuflucht während der 1260 prophetischen Tage bzw. 1260 wirklichen Jahre (Offb 12,14-16).[1]

Am Ende der Zeit, in der „Wüste" tritt Gottes Volk hervor, denn es kennt die Zeichen der nahen Wiederkunft Christi. Johannes sieht in diesen Getreuen „die übrigen ... die Gottes Gebote halten und haben das Zeugnis Jesu" – und die haßt der Teufel besonders (Vers 17).

Wann und wo fand die Verfolgung statt? Wie kam es dazu? Wann traten die „Übrigen" in Erscheinung? Worin besteht ihr Auftrag? Um diese Frage beantworten zu können, müssen wir die Bibel und die Geschichte studieren.

Der große Abfall

Zur Verfolgung der Christen kam es zunächst durch das heidnische Rom, später durch den Abfall in den eigenen Reihen. Dieser Abfall trat nicht überraschend ein; schon Christus, Johannes und Paulus hatten ihn vorausgesagt.

In seiner letzten Rede warnte Jesus seine Jünger vor der kommenden Prüfung: „Seht zu, daß euch nicht jemand verführe ... Denn es werden falsche Christusse und falsche Propheten aufstehen und große Zeichen und Wunder tun, so daß sie, wenn es möglich wäre, auch die Auserwählten verführten." (Mt 24,4.24) Nachfolger Jesu würden eine Zeit „großer Bedrängnis" bestehen müssen, aber dennoch überleben (Verse 21.22). Eindrucksvolle Geschehnisse in der Natur würden das Ende der Verfolgung und die Nähe der Wiederkunft Christi anzeigen (Verse 29.32.33).

Auch Paulus warnte: „Das weiß ich, daß nach meinem Abschied reißende Wölfe zu euch kommen, die die Herde nicht verschonen werden. Auch aus eurer Mitte werden Männer aufstehen, die Verkehrtes lehren, um die Jünger an sich zu ziehen." (Apg 20,29.30) Diese „Wölfe" würden die Gemeinde zum Abfall verleiten.

---

[1] Das Jahr-Tag-Prinzip zur Errechnung prophetischer Zeitangaben wurde bereits bei der messianischen Prophezeiung von Daniel 9 erläutert. Siehe Kap. 4 dieses Buches, S. 64.65.

Der Abfall „muß" geschehen, sagt Paulus, bevor Christus wiederkommt. Daß er noch nicht stattgefunden hatte, war ein sicheres Zeichen dafür, daß Christi Kommen nicht unmittelbar vor der Tür stand: „Laßt euch von niemandem verführen, in keinerlei Weise; denn zuvor muß der Abfall kommen und der Mensch der Bosheit [Gesetzlosigkeit] offenbart werden, der Sohn des Verderbens. Er ist der Widersacher, der sich erhebt über alles, was Gott oder Gottesdienst heißt, so daß er sich in den Tempel Gottes setzt und vorgibt, er sei Gott." (2 Th 2,3.4)

Schon zur Zeit des Apostels Paulus griff der Abfall um sich. Er geschah „in der Macht des Satans ... mit großer Kraft und lügenhaften Zeichen und Wundern und mit jeglicher Verführung zur Ungerechtigkeit ..." (2 Th 2,9.10).

Am Ende des ersten Jahrhunderts stellt Johannes fest: „Es sind viele falsche Propheten ausgegangen in die Welt ... Das ist der Geist des Antichrists ... und er ist jetzt schon in der Welt." (1 Jo 4,1.3)

Wie kam es zu diesem Abfall?

Die Herkunft des „Menschen der Bosheit". Als die Gemeinde die „erste Liebe" (Offb 2,4) aufgab, verlor sie auch die Reinheit der Lehre, den hohen Maßstab für das persönliche Verhalten und das unsichtbare Band der Einheit, das der Heilige Geist gewirkt hatte.

Formenwesen im Gottesdienst trat an die Stelle von Frömmigkeit. Bei der Wahl der Gemeindeleiter wurden Ansehen und Macht immer stärker in die Waagschale geworfen. Zunächst versuchte man Einfluß auf die Ortsgemeinde auszuüben, später auch auf die Nachbargemeinden einzuwirken.

„Die Verwaltung einer Ortsgemeinde unter Führung des Heiligen Geistes wurde langsam von der uneingeschränkten kirchlichen Autorität in der Hand eines einzigen Mannes, des Bischofs, verdrängt. Ihm war jedes Kirchenglied unterstellt und durch ihn allein hatte der Gläubige Zugang zum Heil. Die Ältesten dachten vorwiegend ans Herrschen in der Kirche, nicht an das Dienen; und ‚der Größte' war nicht mehr der, der sich als ‚aller Diener' empfand. So bildete sich allmählich eine priesterliche Hierarchie heraus, die zwischen dem einzelnen Gläubigen und seinem Herrn trat."[1]

Als die Bedeutung des einzelnen sowie der Ortsgemeinde weithin geschwunden war, ging der Bischof von Rom als höchste Macht aus der Christenheit hervor. Mit Hilfe des Kaisers wurde dieser Bischof oder Papst[2] als das sichtbare Haupt der weltweiten Kirche angesehen und mit höchster Autorität über alle Kirchenführer auf der Welt ausgestattet.

Unter der Führung des Papsttums sank die Christenheit in tiefen Abfall.[3] Die zunehmende Popularität der Kirche beschleunigte ihren Niedergang. Infolge herabgesetzter Verhaltensmaßstäbe fühlten sich selbst Unbekehrte in der Kirche sehr wohl. Auch wer vom echten Christentum kaum Ahnung hatte, schloß sich der Gemeinde der Form nach an. Und so sickerten heidnische Lehren, Bilderverehrung, fremde Gottesdienstformen, Feste und Symbole mit ein.

Diese Verschmelzung von Heidentum und Christentum führte zum Aufkommen des „Menschen der Bosheit" – eines gigantischen Religionssystems, einer Mischung von Irrtum und Wahrheit.

Die prophetische Aussage in 2. Thessalonicher 2 verurteilt nicht den einzelnen, prangert aber das System an, das den großen Abfall herbeiführte. Doch innerhalb dieses Systems sind auch viele Gläubige, die zu Gottes weltweiter Gemeinde gehören, denn sie leben ja entsprechend der Glaubenserkenntnis, die sie erhalten haben.

Die leidende Gemeinde. Mit dem Niedergang geistlichen Lebens nahm die römische Kirche immer mehr weltliche Züge an und verbündete sich sogar mit dem Kaiser. Kirche und Staat hatten eine unheilige Allianz geschlossen.

In seinem klassischen Werk „Der Gottesstaat" hat Augustinus, einer der einflußreichsten Kirchenväter, das katholische Ideal einer universalen Kirche entwickelt, die Macht ausübt über einen universalen Staat. Sein Denken legte den Grund für die päpstliche Theologie

---

[1] „The Seventh-day Adventist Bible Commentary", Bd. 4, S. 835.
[2] „Papst" kommt von dem kirchenlateinischen Wort *papa* (Vater); vgl. Wahrigs Deutsches Wörterbuch, zur Stelle.
[3] Das Papsttum kann als das System kirchlicher Herrschaft definiert werden, in welchem dem Papst die höchste Macht zukommt.

im Mittelalter. In einem Brief aus dem Jahre 533, der in den „Codex Justinianus" aufgenommen worden ist, erklärt Kaiser Justinian den Bischof von Rom zum Haupt aller Kirchen.[1] Er bestätigte auch die Zuständigkeit des Papstes bei der Bekämpfung von Ketzern.[2]

Als Justinians General Belisar im Jahr 538 Rom einnahm, befreite er auch den Bischof von Rom aus der Gewalt der Ostgoten, deren arianisches Glaubensbekenntnis[3] die Entwicklung der katholischen Kirche behindert hatte. Nun konnte der römische Bischof die Rechte ausüben, die ihm Justinian in der Verordnung von 533 gewährt hatte; und so wurde die Macht des „Heiligen Stuhls" gefestigt und erweitert. Damit begannen die 1260 Jahre der Verfolgung, wie sie die biblische Prophetie vorausgesagt hatte (Da 7,25; Offb 12,6.14; 13,5-7).

Bedauerlicherweise versuchte die Kirche mit Hilfe des Staates ihre Gebote und Lehren allen Christen aufzuzwingen. Manche gaben den Glauben aus Angst vor Verfolgung auf, andere, die den biblischen Lehren treu blieben, erlitten ein schreckliches Martyrium. Die christliche Gemeinde wurde zum Schlachtfeld. Viele Gläubige wurden im Namen Gottes ins Gefängnis geworfen oder hingerichtet. Während der 1260-Jahr-Verfolgung erduldeten Millionen von Christen härteste Leiden; viele mußten ihre Treue zum Herrn mit dem Leben bezahlen.[4]

Jeder vergossene Tropfen Blut aber befleckte den Namen Gottes und Jesu Christi. Nichts hat dem Christentum mehr Schaden zuge-

---

[1] Der Brief Justinians an Papst Johannes II. ist im „Codex Justinianus" (Buch I, 1,8), der im Corpus iuris civilis Aufnahme fand, enthalten. Siehe auch „The Seventh-day Adventist Bible Commentary", Bd. 9 („Student's Source Book"), Washington, 1962, S. 684.685.

[2] Brief Justinians an Erzbischof Epiphanius von Konstantinopel vom 26. März 533 in „Codex Justinianus", Buch I, 1,7; siehe „Student's Source Book", S. 685.

[3] Der arianische Streit in der Kirche dauerte von 318-381 n. Chr. Nach Arius war Christus nicht Gott gleich, sondern das erste und höchste seiner Geschöpfe. Arius wurde mit seinen Anhängern auf dem Konzil zu Nicäa (325 n. Chr.) aus der Kirche verbannt. (Siehe K. Heussi, „Kompendium der Kirchengeschichte", 13. Aufl., Tübingen, 1971, S. 95-100.)

[4] Siehe Stichwort „Verfolgung" in „Encyclopedia of Religion and Ethics", J. Hastings (Hg.), New York, 1917, Bd. 9, S. 749-757.

fügt als diese unbarmherzige Verfolgung. Das völlig verzerrte Bild, das diese kirchlichen Machenschaften vom Wesen Gottes gaben, dazu die Lehre vom Fegefeuer und der ewigen Qual, veranlaßten viele, den christlichen Glauben überhaupt abzulehnen.

Schon lange vor der Reformation gab es innerhalb der katholischen Kirche Proteste gegen die gnadenlose Hinrichtung Andersdenkender, gegen die Anmaßung, Sittenlosigkeit und Machtbesessenheit der Kirche. Doch die war zu Reformen nicht bereit. So kam die Stunde der protestantischen Reformation im 16. Jahrhundert. Sie war ein schwerer Schlag gegen die Macht und das Ansehen der Kirche von Rom.

Im Zuge der Gegenreformation führte das Papsttum einen erbitterten Kampf gegen die Kräfte der Reformation, aber nach und nach verlor es die Schlacht gegen die Mächte, die sich für bürgerliche und religiöse Freiheit einsetzten.

Doch schließlich, 1260 Jahre nach 538 n. Chr., mußte die katholische Kirche eine „tödliche Wunde" hinnehmen (vgl. Offb 13,3).[1] Die Siege Napoleons in Italien machten den Papst von der Gnade der französischen Revolutionsregierung abhängig; und die sah im römischen Katholizismus einen gefährlichen Feind der Republik.

Die französische Regierung wies Napoleon an, den Papst gefangenzunehmen. Auf seinen Befehl marschierte General Berthier in Rom ein und erklärte die politische Herrschaft des Papstes für beendet. Berthier nahm den Papst gefangen und brachte ihn nach Frankreich, wo er im Exil starb.[2]

Der Sturz des Papsttums war der Höhepunkt einer langen Kette von Ereignissen, die seinen Niedergang markierten. Dieses Ereignis

---

[1] Das war zwar auch ein schwerer Schlag für das Ansehen des Papsttums, beendete jedoch nicht seinen Einfluß. Das Heilen einer tödlichen Wunde in Offb 13,3 weist auf eine Wiederherstellung des päpstlichen Einflusses hin. Das Papsttum wird die stärkste religiöse Macht in der Endzeit.

[2] O. Kaemmel (Hg.), „Spamer's Illustrierte Weltgeschichte", Bd. VIII, Neueste Zeit 1, 4. Aufl., Leipzig, 1902, S. 402; Leopold von Ranke, „Die römischen Päpste in den letzten vier Jahrhunderten II", Bd. 3/4, Hamburg/Wien/Zürich, o. J., S. 243.244; G. Trevor, „Rome: From the Fall of the Western Empire", London, 1868, S. 439.440; siehe auch „Student's Source Book", S. 701.702.

kennzeichnet das Ende des prophetischen Zeitablaufs von 1260 Jahren. Viele Protestanten sahen in diesem Ereignis eine Erfüllung der Prophetie.[1]

Die Reformation

Unbiblische Lehren, die sich lediglich auf Überlieferungen gründeten, grausame Verfolgung Andersdenkender, Machtgier und Mangel an geistlichem Leben waren die Hauptursachen für den Ruf nach einer Erneuerung der Kirche.
Dogmatische Streitpunkte. Unbiblische Lehren haben die Reformation ausgelöst und vorangetrieben. Sie trennen heute noch Protestanten und Katholiken.
  1. Der Stellvertreter Christi gilt als das Haupt der Kirche. Nach dieser Lehre ist allein der Bischof von Rom Stellvertreter Christi auf Erden und das sichtbare Haupt der Kirche. Diese Lehre steht im Gegensatz zur biblischen Sicht der Gemeinde (siehe Kap. 11 dieses Buches) und stützt sich auf die Behauptung, Christus habe den Apostel Petrus zum Haupt der Kirche gemacht. Der Papst sei demnach unmittelbarer Nachfolger Petri.[2]
  2. Die Unfehlbarkeit der Kirche und ihres Oberhauptes. Die Lehre von der Unfehlbarkeit hat das Ansehen und den Einfluß der römischen Kirche am stärksten geprägt. Die Kirche erhob den Anspruch, nie geirrt zu haben und nie zu irren.
  Diese Behauptung wurde auf Überlegungen gegründet, die biblisch nicht gerechtfertigt sind, nämlich: Weil die Kirche göttlich sei, müsse sie auch unfehlbar sein. Da Gott durch seine Kirche alle Menschen guten Willens zum Himmel führen wolle, müsse sie in

---

[1] L. E. Froom, „The Prophetic Faith of Our Fathers", Washington, 1948, Bd. 2, S. 765-782.

[2] H. Denzinger/A. Schönmetzer, „Enchiridion Symbolorum" (Quellentexte zum Konzil zu Trient 1545-1563 n. Chr.), 34. Aufl., Barcelona, 1967, S. 595-599. Das Konzil zu Trient war das Konzil der Gegenreformation (so F. Hauck/G. Schwinge, „Theologisches Fach- und Fremdwörterbuch", 6. Aufl., Göttingen, 1987, S. 199); B. van Acken S. J., „Konvertiten-Katechismus", 17. Aufl., Paderborn, 1964, S. 101ff.

Lehre, Glauben und Moral unfehlbar sein.[1] Christus werde sie daher durch die Macht des Heiligen Geistes vor allem Irrtum bewahren.

Die logische Folge davon ist – im Widerspruch zur Sündhaftigkeit des Menschen (siehe Kap. 7 dieses Buches) –, daß der Leiter dieser Kirche ebenfalls unfehlbar sein muß.[2] Demzufolge werden in der katholischen Literatur für den Papst (= Leiter) göttliche Rechte beansprucht.[3]

3. Die Verdunkelung des hohenpriesterlichen Mittlerdienstes Christi. Mit zunehmendem Einfluß der Kirche von Rom wurde die Aufmerksamkeit der Gläubigen von Christi ständigem Mittlerdienst als Hohepriester im Himmel[4] auf die irdischen Priester mit ihrem Oberhaupt in Rom gelenkt.

Statt das Vertrauen auf Christus zu gründen, um Vergebung der Sünden und ewiges Heil zu erlangen (siehe Kap. 9 und 10 dieses Buches), setzten die Gläubigen nunmehr ihr Vertrauen auf Päpste, Priester und Prälaten. Im Gegensatz zur neutestamentlichen Lehre vom Priestertum aller Gläubigen wurde die Sündenvergebung durch die Geistlichen (Absolution) als entscheidend für das Heil angesehen.

Christus im Himmel gewährt dem reumütigen Sünder ständig die Segnungen seines Opfertodes. Dieser priesterliche Dienst Jesu

---

[1] P. Geiermann, „The Convert's Catechism of Catholic Doctrine", St. Louis, MO, 1957, S. 27; vgl. van Acken, a.a.O., S. 23.24.122.123.

[2] Später wurde die Lehre von der Unfehlbarkeit des Papstes damit begründet, daß 1) „die Unfehlbarkeit als eine Eigenschaft einer göttlichen Kirche notwendigerweise in der Fülle ihres Oberhauptes gefunden wird", 2) daß Petrus in dem, was er über Glaube und Moral lehrte, unfehlbar war, und 3) daß der Papst von Petrus die Eigenschaften der göttlichen Kirche übernommen hat. Es wurde daraus geschlossen, daß der Papst unfehlbar ist, wenn er *ex cathedra* (lat. „vom Lehrstuhl aus") über Fragen von Glauben und Moral spricht (siehe P. Geiermann, a.a.O., S. 29). Es geht dabei um „die feierliche Verkündigung eines Glaubenssatzes" (van Acken, a.a.O., S. 127-130), der dann unveränderlich und für röm.-kath. Gläubige bindend ist. Denzinger/Schönmetzer, a.a.O., S. 599-601.

[3] Über päpstliche Ansprüche siehe „Student's Source Book", S. 680.683.684, ebenso van Acken, a.a.O.

[4] Jesus Christus ist das Vor- oder Gegenbild zum täglichen Priesterdienst im alttestamentlichen Heiligtum (siehe Kap. 4 und 23 dieses Buches).

aber wurde praktisch geleugnet, als das Opfer des Herrn durch das Meßopfer ersetzt wurde.

Das Abendmahl, von Jesus selbst eingesetzt, soll an seinen Tod erinnern und den Blick auf sein künftiges Reich hinlenken. In der katholischen Messe dagegen opfert der Priester immer wieder auf unblutige Weise Christus für Gott. Und weil Christus stets neu geopfert wird – so die Deutung –, bringe die Messe für die lebenden Gläubigen und für die Toten besondere Segnungen.[1]

Viele Christen konnten nicht mehr den Segen empfangen, der aus dem unmittelbaren Zugang zu Jesus Christus erwächst, weil sie die Schrift nicht kannten und nur an die von einem Priester durchgeführte Messe gewöhnt waren. So wurde aus dem Bewußtsein gerückt, was kostbare Verheißung und Einladung ist: „Laßt uns hinzutreten mit Zuversicht zu dem Thron der Gnade, damit wir Barmherzigkeit empfangen und Gnade finden zu der Zeit, wenn wir Hilfe nötig haben." (Hbr 4,16)

4. Gute Werke als Verdienst. Die vorherrschende Auffassung, man könne sich durch gute Werke Verdienste erwerben, die eine Erlösung garantieren, weil der Glaube allein nicht retten könne, steht im Widerspruch zum Neuen Testament (siehe Kap. 9 und 10 dieses Buches).

Die katholische Kirche lehrt, daß gute Werke – hervorgegangen aus der dem Sünder zuteil gewordenen Gnade – verdienstlich seien, also einen berechtigten Anspruch auf Erlösung gewähren. Es könne jemand sogar mehr gute Werke tun, als zu seinem Heil nötig wären, wie es beispielsweise bei den Heiligen der Fall sei. Auf diese Weise würden besondere Verdienste zum „Schatz der guten Werke" gesammelt. Und dann könnten diese Verdienste zum Segen anderer verwendet werden.

Weil die Kirche lehrt, daß Sünder infolge der in ihr Herz ausgegossenen Gnade verdienstliche Werke tun und dadurch gerechtfer-

---

[1] H. Denzinger/A. Schönmetzer, a.a.O., S. 407-412.426; vgl. van Acken, a.a.O., S. 59-62; „Catechism of the Council of Trent for Parish Priests", übersetzt von J. A. McHugh und C. J. Callan, New York, 1958; siehe auch „Student's Source Book", S. 614.

tigt werden, spielen gute Werke bei der Rechtfertigung des Menschen eine große Rolle.[1]

Den verdienstlichen Werken wurde auch eine hohe Bedeutung bei der Lehre vom Fegefeuer zugemessen. Sie besagt, daß alle, die nicht vollkommen rein sind, gereinigt werden müssen. Dabei erleiden sie für ihre Sünden eine befristete Strafe im Fegefeuer, ehe sie zu den Freuden des Himmels gelangen. Die lebenden Gläubigen aber könnten durch Gebete und gute Werke die Dauer und das Maß der Leiden derer verkürzen, die im Fegefeuer sind.[2]

5. Die Lehre von Buße (Beichte) und Ablaß. Die Buße ist das Sakrament, durch das Christen Vergebung erlangen für Sünden, die sie nach ihrer Taufe begangen haben. Vergebung wird gewährt durch die Absolution eines Priesters. Doch ehe sie empfangen werden kann, hat der Christ sein Gewissen zu prüfen, seine Sünden zu bekennen und muß gewillt sein, Gott nicht mehr zu betrüben. Danach muß er seine Sünden dem Priester bekennen und die ihm auferlegte Bußübung verrichten.[3]

Die Buße spricht den Sünder aber nicht völlig frei. Ihm steht noch immer entweder in diesem Leben oder im Fegefeuer eine zeitlich befristete Strafe bevor, die nötig sei wegen der Sünden, die nach der gewährten Vergebung begangen würden. Zur Befreiung von dieser Bestrafung führte die Kirche den Ablaß ein, der ein Tilgen der zeitlichen Strafe bewirken sollte. Der Ablaß kommt sowohl den Lebendigen wie auch den im Fegefeuer Leidenden zugute. Er wird gewährt unter der Bedingung, daß der Betreffende bereut und die vorgeschriebenen guten Werke tut – die oft in Zahlung von Geld bestanden.

Es seien die besonderen Verdienste der Märtyrer, Heiligen, Apostel und besonders von Jesus und Maria, die einen Ablaß ermöglichten. Deren Verdienste seien im „Schatz der guten Werke" aufgehoben und könnten denen zugesprochen werden, die sie

---

[1] H. Denzinger/A. Schönmetzer, a.a.O., S. 368-381; van Acken, a.a.O., S. 148-152.245.246.
[2] H. Denzinger/A. Schönmetzer, a.a.O., S. 276.277.331.418; van Acken, a.a.O., S. 359.360.
[3] H. Denzinger/A. Schönmetzer, a.a.O., S. 391-399; van Acken, a.a.O., S. 240-254.

brauchten. Als angeblicher Nachfolger des Petrus war der Papst im Besitz der Schlüssel zu diesem Schatz und konnte Menschen von zeitlichen Sündenstrafen befreien, indem er ihnen Verdienste aus diesem Schatz vermittelte.[1]

6. Die Kirche im Besitz höchster Autorität. Im Laufe der Jahrhunderte hat die Kirche heidnische Lehren, Feste und Symbole übernommen. Wenn gegen diese Greuel Protest erhoben wurde, berief sich Rom auf das alleinige Recht, die Bibel richtig auszulegen. Die Kirche, nicht die Bibel, wurde zur höchsten Autorität erhoben (siehe Kap. 1 dieses Buches).

Man behauptete, es gäbe zwei Quellen der göttlichen Wahrheit: (1) die Heilige Schrift und (2) die katholische Tradition; die fußte auf den Schriften der Kirchenväter, den Dekreten der Konzilien, dem festgeschriebenen Glaubensbekenntnis und den kirchlichen Zeremonien.

Wenn eine Kirchenlehre nur aus der Tradition und nicht aus der Bibel begründet werden konnte, trat die Tradition an die erste Stelle. Der einzelne Gläubige hatte nicht das Recht, die von Gott in der Schrift offenbarten Lehren auszulegen.[2]

Das Morgenlicht eines neuen Tages. John Wyclif war es, der im 14. Jahrhundert zu einer Reform der Kirche aufrief – und das nicht nur in England, sondern in der gesamten Christenheit. Zu einer Zeit, da es nur wenige Bibeln gab, übersetzte er als erster die ganze Bibel ins Englische. Er verkündete, daß man allein durch den Glauben an Christus selig werde und daß allein die Heilige Schrift unfehlbar sei. Damit legte er den Grund für die protestantische Reformation.

Als „Morgenstern der Reformation" wollte John Wyclif die Kirche Christi herausführen aus der heidnischen Knechtschaft, in der sie gefangen war. Er löste eine Bewegung aus, die die Gläubigen aus den Fesseln religiösen Irrtums befreien sollte. Wyclifs Schriften inspirierten Hus, Hieronymus von Prag, Luther und andere.

---

[1] H. Denzinger/A. Schönmetzer, a.a.O., S. 421; van Acken, a.a.O., S. 254-256; „The Seventh-day Adventist Bible Commentary", Bd. 7, S. 47.48.

[2] H. Denzinger/A. Schönmetzer, a.a.O., S. 364-366; van Acken, a.a.O., S. 16-20; „Student's Source Book", S. 614.

Martin Luther, ein kompromißloser Streiter, war die machtvollste Gestalt der Reformation. Er führte die Menschen zurück zur Heiligen Schrift und zu der wichtigen Lehre von der Rechtfertigung durch den Glauben, die er der Werkgerechtigkeit entgegensetzte.

Für die Gläubigen gebe es keine andere Autorität als die Bibel. So lenkte er die Blicke weg von den verdienstlichen Werken, von Priestern und Bußübungen hin zu Christus, dem einzigen Mittler und Heiland. Es sei unmöglich, durch gute Werke die Last der Sünde abzutragen oder der Strafe zu entgehen. Nur Buße vor Gott und der Glaube an Christus können erretten von Sünden. Gottes Gnade kann nicht verdient werden; sie ist ein Geschenk. Die Hoffnung des Menschen gründet sich nicht auf irgendwelchen Ablaß, sondern auf das vergossene Blut des Gekreuzigten.

Wie man bei archäologischen Ausgrabungen unter dem Schutt von Jahrhunderten auf Kostbarkeiten trifft, so entdeckte die Reformation längst vergessene Wahrheiten. So wurde die Rechtfertigung durch den Glauben, die Mitte des Evangeliums, wiederentdeckt. Ein neues Verständnis des einmaligen und ewig gültigen stellvertretenden Opfers Jesu Christi und seines umfassenden Mittlerdienstes brach auf.

Viele unbiblische Lehren wurden als solche erkannt und abgelehnt, so zum Beispiel das Gebet für die Toten, die Verehrung der Heiligen, der Reliquiendienst, die Messe, die Anbetung Marias, die Lehre vom Fegefeuer und von der Buße, die Ehelosigkeit der Priester, der Rosenkranz, die Inquisition, die Wandlung von Brot und Wein in den Leib Christi beim Abendmahl (Transsubstantiation), die letzte Ölung und die hohe Bewertung der Tradition.

Die Reformatoren haben fast einhellig im päpstlichen System den „Menschen der Bosheit", das „Geheimnis der Bosheit" und das „kleine Horn" bei Daniel gesehen, jene Macht, die Gottes Volk während der 1260 Jahre (Offb 12,6.14) und vor der Wiederkunft Jesu (Offb 13,5) verfolgen würde.[1]

Grundlage des Protestantismus war die Überzeugung, daß die Bibel und die Bibel allein Richtschnur für Glauben und Leben ist.

---

[1] L. E. Froom, „Prophetic Faith of Our Fathers", Bd. 2, S. 528-531.

Die Reformatoren stellten deshalb die Tradition unter die Autorität der Schrift. In Fragen des Glaubens sollten weder Papst noch Konzilien, Kirchenväter, Könige oder Theologen das Gewissen der Menschen regieren. So erwachte die Christenheit aus ihrem Schlaf, und in vielen Ländern bahnte sich religiöse Freiheit an.

Die Reformation gerät ins Stocken

Leider erstarrte die Erneuerung der Kirche im 16. Jahrhundert. Wohl hatten Reformatoren vieles erreicht, doch nicht alle biblischen Lehren, die während des Abfalls verschüttet worden waren, wurden wiederentdeckt.

Die Christenheit war zwar herausgeführt aus tiefer Finsternis, stand aber noch immer im Schatten. Das eiserne Joch der mittelalterlichen Kirche war zerbrochen, die Bibel und die Mitte des Evangeliums waren wiederentdeckt; aber andere wesentliche Glaubenslehren blieben unbeachtet: so die Erwachsenentaufe durch Untertauchen, die Unsterblichkeit als Gabe Jesu Christi bei der ersten Auferstehung, der siebente Tag der Woche als Sabbat der Bibel und noch andere Wahrheiten.

Statt die Reformation weiterzuführen, blieb man bei dem Erreichten stehen. Man richtete das Hauptaugenmerk auf die Meinungen der Reformatoren statt auf die Schrift. Zwar gab es Stimmen, die auf Weiterführung drängten, doch die Mehrheit weigerte sich, über das hinauszugehen, was die Reformatoren gelehrt hatten.

Die Folge war, daß der protestantische Glaube zu Formenwesen und Gelehrtentum erstarrte. Doch gerade die Irrtümer hätten überwunden werden müssen. Die Flamme der Reformation erlosch allmählich, und die protestantischen Kirchen blieben erneuerungsbedürftig.

Die nachreformatorische Zeit war die hohe Zeit der protestantischen Theologie, ohne daß sich jedoch geistliche Fortschritte gezeigt hätten. Frederic W. Farrer schrieb darüber: „Freiheit wurde gegen Knechtschaft eingetauscht, allgemeine Grundsätze gegen armselige Teilwahrheiten, Wahrheit gegen Dogmatismus, Unabhängigkeit gegen Tradition und Glaube gegen ein System. Lebendige

Ehrfurcht vor der Schrift wurde von einer toten Inspirationslehre verdrängt. An die Stelle belebender Rechtgläubigkeit trat eiserne Einheitlichkeit und an die Stelle lebendigen Denkens umstrittene Spitzfindigkeiten."[1]

Obwohl die „Reformation das bleierne Zepter der mittelalterlichen Scholastik zerbrochen hatte", führten die protestantischen Kirchen eine „neue Scholastik ein, deren Stab aus Eisen war".[2] Robert M. Grant nannte diese neue Scholastik „so kalt wie jedes andere mittelalterliche theologische Gedankengebäude".[3] Die Protestanten „banden sich praktisch selbst durch die Grenzen ihres damaligen Glaubensbekenntnisses."[4]

Streitigkeiten brachen aus. „Es gab nie eine Epoche, in der die Menschen so damit beschäftigt waren, die Irrtümer der anderen herauszufinden oder sich derartig mit Schimpfnamen zu belegen."[5] Auf diese Weise wurde aus der „Guten Nachricht" ein Krieg mit Worten. „Die Schrift sprach nicht mehr zu den Herzen, sondern zum kritischen Verstand."[6] „Die Dogmen waren rechtgläubig, aber das geistliche Leben war erloschen. Die Theologie feierte Triumphe, doch die Liebe wurde erstickt."[7]

Die Übrigen

Trotz des Abfalls und der Verfolgung in den 1260 Jahren hielten etliche Gläubige fest an der Reinheit der Urgemeinde. Als die 1260 Jahre der Unterdrückung im Jahr 1798 zu Ende gingen, war es dem Drachen nicht gelungen, die treuen Nachfolger Christi auszurotten. Deshalb setzte Satan seinen Vernichtungskampf fort. Johannes schreibt: „Der Drache wurde zornig über die Frau und ging hin, zu

---

[1] F. W. Farrar, „History of Interpretation", Macmillian & Co. London, 1886, S. 380ff.
[2] ebd..
[3] R. M. Grant, „A Short History of Interpretation of the Bible", Philadelphia, 1984, S. 97.
[4] F. W. Farrar, a.a.O., S. 361.
[5] ebd., S. 363.
[6] Grant, a.a.O., S. 97.
[7] F. W. Farrar, a.a.O., S. 365.

kämpfen gegen die übrigen von ihrem Geschlecht, die Gottes Gebote halten und haben das Zeugnis Jesu." (Offb 12,17)

Wer sind die Übrigen? In der Beschreibung des Kampfes, den der Drache gegen die Frau und ihre Nachkommen führt, gebraucht Johannes den Ausdruck „die übrigen von ihrem Geschlecht" (Offb 12,17). Die Bibel kennzeichnet sie als eine kleine Gruppe im Volk Gottes, die trotz Schwierigkeiten, Krieg und Abfall treu zu ihrem Herrn steht. Ein treuer Rest war schon immer die Wurzel, auf die Gott setzte, um seine Gemeinde auf Erden auszubreiten (2 Chr 30,6; Esr 9,14.15; Jes 10,20-22; Jer 42,2; Hes 6,8; 14,22).

Diese Übrigen haben von Gott den Auftrag, seine Herrlichkeit zu verkündigen und sein verstreutes Volk „nach Jerusalem zu meinem heiligen Berge", zum „Berg Zion" zu versammeln (Jes 37,31.32; 66,20; vgl. Offb 14,1). Von ihnen sagt die Schrift: „Die folgen dem Lamm nach, wohin es geht." (Offb 14,4)

Offenbarung 12,17 beschreibt die letzten Übrigen in der von Gott erwählten Reihe der Gläubigen – seine treuen Zeugen in den Tagen vor Jesu Wiederkunft. Wie werden sie da gekennzeichnet?

Die Merkmale der Übrigen. Die Übrigen in der Zeit des Endes sind unschwer zu erkennen. Johannes beschreibt sie genau. Nach 1260 Jahren der Verfolgung treten sie auf und sind es, „die Gottes Gebote halten und haben das Zeugnis Jesu" (Offb 12,17).

Ihr Auftrag ist es, vor der Wiederkunft Jesu der ganzen Welt Gottes letzte Warnung zu verkündigen: die Botschaft der drei Engel in Offenbarung 14 (Verse 6-12). Dort werden die Übrigen als diejenigen beschrieben, „die da halten die Gebote Gottes und den Glauben an Jesus" (Offb 14,12). Wir wollen uns mit diesen Merkmalen beschäftigen.

1. Der Glaube an Jesus. Vom griechischen Text her kann man darunter auch den Glauben Jesu verstehen. Die Übrigen zeichnet also ein Glaube aus, der dem Glauben Jesu ähnlich ist. Sie haben Jesu unerschütterliches Vertrauen auf Gott und stehen zur Autorität der Bibel. Sie glauben an Jesus Christus als den Messias der Prophetie, den Sohn Gottes, der als Erlöser in die Welt kam.

Sie halten fest an allen Lehren der Bibel – so wie Christus glaubte und lehrte.

Die Übrigen verkünden demnach das ewige Evangelium, daß ein Mensch nur durch den Glauben an Christus gerettet wird. Sie warnen die Welt und zeigen, daß die Stunde des göttlichen Gerichts gekommen ist; sie wollen Menschen vorbereiten auf die Begegnung mit ihrem wiederkommenden Herrn. Sie treiben weltweite Evangeliumsverkündigung, um Gottes Werk an der Menschheit dem Abschluß entgegenzuführen (Offb 14,6.7; 10,11; Mt 24,14).

2. Die Gebote Gottes. Weil die Übrigen an Jesus glauben, folgen sie auch seinem Beispiel. „Wer sagt, daß er in ihm [Jesus Christus] bleibt, der soll auch leben, wie er gelebt hat." (1 Jo 2,6) Weil Jesus Christus seines Vaters Gebote gehalten hat, werden auch sie Gottes Gebote halten (Jo 15,10).

Das Leben der Übrigen wird mit ihrem Bekenntnis übereinstimmen; sonst wäre es wertlos. Jesus sagte: „Es werden nicht alle, die zu mir sagen: *Herr, Herr!*, in das Himmelreich kommen, sondern die den Willen tun meines Vaters im Himmel." (Mt 7,21) Christus gibt ihnen die Kraft, allen Forderungen Gottes zu gehorchen, einschließlich der Zehn Gebote, dem unveränderlichen Moralgesetz Gottes (2 Mo 20,1-17; Mt 5,17-19; 19,17; Phil 4,13).

3. Das Zeugnis Jesu. Johannes deutet „das Zeugnis Jesu" als den „Geist der Weissagung" (Offb 19,10). Die Übrigen werden geleitet durch das Zeugnis Jesu, das ihnen durch die Gabe der Prophetie zuteil wird.

Diese Geistesgabe sollte in der Geschichte der Kirche beständig wirken, „bis wir alle hingelangen zur Einheit des Glaubens und der Erkenntnis des Sohnes Gottes, zum vollendeten Mann, zum vollen Maß der Fülle Christi" (Eph 4,13). Diese Gabe ist daher ein bedeutsames Kennzeichen der Übrigen.

Prophetische Leitung macht die Übrigen zu einem Volk der Prophetie, das eine prophetische Botschaft verkündigt. Sie werden die Prophetie verstehen und auch lehren. Die Offenbarung der Wahrheit, wie die Übrigen sie empfangen, hilft ihnen, ihrem Auftrag gemäß die Welt auf Christi Wiederkunft vorzubereiten (siehe Kap. 17 dieses Buches).

Das Hervortreten der Übrigen in der Endzeit. Nach Aussage der Bibel treten die Übrigen erst nach der langen Verfolgungszeit auf

(Offb 12,14-17). Die Erschütterungen der Französischen Revolution hatten am Ende der 1260 Jahre (1798) zur Gefangenschaft des Papstes geführt. Zugleich kam es zur Erfüllung von drei vorausgesagten kosmischen Zeichen. Erde, Sonne, Mond und Sterne sollten hinweisen auf die Nähe der Wiederkunft Christi (siehe Kap. 24 dieses Buches). Das alles führte zu einer Neubelebung des Studiums der Prophetie. Viele erwarteten die unmittelbar bevorstehende Wiederkunft Jesu und erkannten, daß die „Zeit des Endes" gekommen war (Da 12,4).[1]

Die Erfüllung biblischer Prophezeiungen in der zweiten Hälfte des 18. und der ersten Hälfte des 19. Jahrhunderts rief eine Bewegung ins Leben, die die Hoffnung auf Jesu Wiederkunft neu erweckte und sich in allen Kirchen ausbreitete. Bald waren überall Menschen zu finden, die an die bevorstehende Wiederkunft Christi glaubten, die darum beteten und sich vorbereiteten auf den Höhepunkt der Weltgeschichte.

Die Adventhoffnung bewirkte in Bekennern ein tiefes Bewußtsein geistlicher Zusammengehörigkeit. Viele vereinten sich, um auf das Kommen Christi hinzuweisen. Die Adventbewegung war in der Tat eine überkonfessionelle biblische Bewegung, die sich auf Gottes Wort und die darin enthaltene Adventbotschaft gründete.

Je genauer die Adventgläubigen in der Bibel forschten, um so mehr wuchs ihre Überzeugung, daß Gott die „Übrigen" berufen habe, um die ins Stocken geratene Reformation weiterzuführen.

Sie hatten selbst erlebt, wie wenig reformatorischer Geist in ihren jeweiligen Kirchen noch vorhanden war und wie wenig Interesse an der Wiederkunft Jesu und der Vorbereitung darauf bestand. Sie erkannten, daß Anfechtungen und Enttäuschungen, durch die sie Gott geführt hatte, zu einer tiefen geistlichen Erfahrung für sie geworden waren. Als Gottes Übrige waren sie nun herausgerufen.

Gott hatte sie beauftragt, die Reformation fortzusetzen, die einst so viel Freude in der Kirche ausgelöst hatte. Dankbar und demütig

---

[1] Was den Ursprung der „Übrigen" betrifft, siehe: L. E. Froom, „Prophetic Faith of Our Fathers", Bd. 4; G. Damsteegt, „Foundations of the Seventh-day Adventist Message and Mission", Grand Rapids, MI, 1977.

nahmen sie ihre Sendung an. Sie waren überzeugt, diesen Auftrag nicht etwa deshalb bekommen zu haben, weil sie bessere Menschen wären, sondern weil sie durch Christi Gnade und Kraft dazu berufen waren.

Der Auftrag der Übrigen

Die Prophezeiungen im Buch der Offenbarung umreißen den Auftrag der Übrigen. Was sie verkündigen, geht aus den Botschaften der drei Engel in Offenbarung 14,6-12 hervor. Es wird zu einer völligen und endgültigen Wiederherstellung des Evangeliums kommen.[1]

Diese drei Botschaften enthalten Gottes Antwort auf die gewaltige satanische Täuschung, die unmittelbar vor Christi Wiederkunft über die Welt geht (Offb 13,3.8.14-16). Unmittelbar nach Gottes letztem Appell an die Welt kommt Christus zur Ernte (Offb 14,14-20).

Die Botschaft des ersten Engels

„Ich sah einen andern Engel fliegen mitten durch den Himmel, der hatte ein ewiges Evangelium zu verkündigen denen, die auf Erden wohnen, allen Nationen und Stämmen und Sprachen und Völkern. Und er sprach mit großer Stimme: Fürchtet Gott und gebt ihm die Ehre; denn die Stunde seines Gerichts ist gekommen! Und betet an den, der gemacht hat Himmel und Erde und Meer und die Wasserbrunnen!" (Offb 14,6.7)

Der erste Engel symbolisiert die Übrigen Gottes, die der Welt das ewige Evangelium verkündigen. Es ist dieselbe frohe Botschaft von Gottes unendlicher Liebe, die von den alttestamentlichen Propheten sowie den Aposteln bezeugt wurde (Hbr 4,2). Die Übrigen haben kein anderes Evangelium. Im Blick auf das Gericht bekräftigen sie dieses Evangelium, das besagt, daß Sünder allein durch den Glauben die Gerechtigkeit Christi empfangen.

---

[1] Vgl. G. Damsteegt, „A Theology of Restoration", Andrews University, 1974.

Diese Botschaft ist ein Ruf zur Umkehr. Sie fordert auf, Gott zu fürchten und ihm die Ehre zu geben. Dazu sind wir geschaffen, und wir sollen Gott ehren durch unsere Worte und Taten: „Darin wird mein Vater verherrlicht, daß ihr viel Frucht bringt." (Jo 15,8)

Johannes zeigt, daß diese Bewegung, die auf Christi Wiederkunft vorbereiten will, die biblische Aufforderung zur Ehrung und Verherrlichung Gottes neu betont. Sie wird den Ruf zur heiligen Verantwortung für unser Leben weitergeben: „Euer Leib ist ein Tempel des heiligen Geistes."

Wir haben kein ausschließliches Recht auf unsere körperlichen, moralischen und geistigen Kräfte, denn auch sie hat uns Christus durch seinen Tod auf Golgatha erworben. „Ihr seid teuer erkauft; darum preist Gott mit eurem Leibe." (1 Ko 6,19.20) „Ob ihr nun eßt oder trinkt oder was ihr auch tut, das tut alles zu Gottes Ehre." (1 Ko 10,31)

Der Aufruf zur Buße wird verstärkt dadurch, daß die „Stunde des Gerichts" gekommen ist (siehe Kap. 23 dieses Buches). Im Griechischen steht in Offenbarung 14,7 das Wort *krisis*. Damit ist der Akt des Richtens, nicht der Urteilsspruch (*krima*) gemeint. Er umfaßt den ganzen Gerichtsprozeß: die Vorladung vor Gericht, die Untersuchung der Lebensgeschichte, den Freispruch oder die Verurteilung und schließlich den Empfang des ewigen Lebens beziehungsweise der Todesstrafe (vgl. Mt 16,27; Rö 6,23; Offb 22,12).

Die Botschaft von der „Stunde des Gerichts" schließt auch das Gericht Gottes über den Abfall mit ein (Da 7,9-11.26; Offb 17,18). Sie weist besonders hin auf die Zeit, da Christus – in der letzten Phase seines hohenpriesterlichen Dienstes im himmlischen Heiligtum – mit dem Gericht begonnen hat (siehe Kap. 23 dieses Buches).

Die Botschaft ruft ferner alle Menschen zur Anbetung des Schöpfers auf. In scharfem Gegensatz dazu steht die Aufforderung, das Tier und sein Bild anzubeten (Offb 13,3.8.15). Jeder wird sich zwischen wahrer und falscher Anbetung zu entscheiden haben – zwischen der Anbetung Gottes unter den von ihm gestellten Bedingungen (Gerechtigkeit durch den Glauben) oder nach selbsterwählter Weise (Gerechtigkeit durch Werke).

Mit der Aufforderung „Betet an den, der gemacht hat Himmel und Erde und Meer und die Wasserbrunnen!" wird auf das vierte Gebot hingewiesen (Offb 14,7; vgl. 2 Mo 20,11). Es geht um die Anbetung des Schöpfers. Dazu gehört die Feier des Tages, der an die Schöpfung erinnert. Es ist der Siebenten-Tags-Sabbat, den Gott bei der Schöpfung einsetzte und in den Zehn Geboten verankerte (siehe Kap. 19 dieses Buches).

Die Botschaft des ersten Engels ruft also erneut zu wahrer Anbetung auf, indem sie Christus als Schöpfer und Herrn des biblischen Sabbats darstellt. Das ist das Zeichen für Gottes Schöpfung, das leider weithin nicht beachtet wird.

Die Verkündigung der Botschaft, die den Schöpfergott in den Mittelpunkt stellt, begann ausgerechnet zu dem Zeitpunkt der Weltgeschichte, als die Lehre von einer allmählichen Entwicklung des Lebens, die Evolutionstheorie, durch das Werk „Die Entstehung der Arten" (1859) von Charles Darwin großen Auftrieb erhielt.

Die Verkündigung der ersten Engelsbotschaft bildet geradezu ein Bollwerk gegen das Gedankengut der Evolutionstheorie, ruft sie doch dazu auf, die Achtung vor Gottes heiligem Gesetz wiederherzustellen, das von dem „Menschen der Bosheit" [Gesetzlosigkeit EB] mit Füßen getreten worden war (2 Th 2,3). Erst wenn die Gläubigen Gott aufrichtig anbeten und den Grundsätzen des Reiches Gottes entsprechend leben, wird er verherrlicht.

Die Botschaft des zweiten Engels

„Sie ist gefallen, sie ist gefallen, Babylon, die große Stadt; denn sie hat mit dem Zorneswein ihrer Hurerei getränkt alle Völker." (Offb 14,8)

Seit frühester Zeit symbolisiert Babylon die Herausforderung Gottes. Der Turm zu Babel war ein Monument des Abfalls und der Auflehnung (1 Mo 11,1-9).

Luzifer (Satan) war ihr unsichtbarer König (Jes 14,4.12-14). Es scheint, als habe er mit Hilfe von Babylon seine Herrschaft über die Menschen festigen wollen. In der Bibel versinnbildlicht der Kampf zwischen Jerusalem, der Stadt Gottes, und Babylon, der Stadt Satans, den Kampf zwischen Gut und Böse.

Als in den ersten nachchristlichen Jahrhunderten die Römer sowohl Juden als auch Christen unterdrückten, hat man in der jüdischen wie auch in der christlichen Literatur die Stadt Rom als Babylon bezeichnet.[1]

Viele sind der Meinung, Petrus habe Babylon als Pseudonym für Rom gebraucht (1 Pt 5,13). Protestanten der Reformationszeit und der nachreformatorischen Zeit sahen in der Kirche von Rom wegen des Abfalls und der Verfolgung Andersgläubiger das geistliche Babylon (Offb 17), den Feind des Volkes Gottes.[2]

Die Offenbarung bezeichnet mit Babylon eine gottlose Frau, die „Mutter aller Hurerei", sowie deren verderbte Töchter (Offb 17,5). Babylon ist das Symbol für abgefallene religiöse Organisationen und deren Leitung; im besonderen aber bezeichnet es den großen Abfall, der sich aus der Verbindung des Tieres mit seinem Bild ergibt und der zu jener Schlußauseinandersetzung führt, die in Offenbarung 13,15-17 geschildert wird.

Der zweite Engel umreißt das weltweite Ausmaß babylonischen Abfalls und seiner bezwingenden Macht: „... denn sie hat mit dem Zorneswein ihrer Hurerei getränkt alle Völker." Der „Wein" Babylons sind die verkehrten Lehren. Babylon wird Druck ausüben auf die Staaten, um so seine falschen Lehren und Verfügungen weltweit durchzusetzen.

Die erwähnte „Unzucht" ist ein Bild für die unerlaubten Beziehungen zwischen Babylon und den Nationen, zwischen der abgefallenen Kirche und den politischen Mächten. Die Kirche ist letztlich nur mit Gott „verheiratet", aber indem sie die Hilfe des Staates sucht, verläßt sie ihren Mann und begeht geistlichen Ehebruch (vgl. Hes 16,15; Jak 4,4).

Diese unerlaubte Beziehung führt zu einer Tragödie. Johannes sieht die Bewohner der Erde „betrunken" von falschen Lehren. Babylon selbst ist „betrunken von dem Blut der Heiligen und von dem Blut der Zeugen Jesu", die es ablehnen, unbiblische Lehren

---

[1] Siehe Midrasch Rabbah über das Hohelied I, 6,4; Tertullian: Gegen Marcion III, 13; Tertullian: Antwort an die Juden 9.
[2] L. E. Froom, „Prophetic Faith of Our Fathers", Bd. 2, S. 531.787.

anzunehmen und sich fremder Autorität zu unterwerfen (Offb 17,2.6).

Babylon fällt, weil es die Botschaft des ersten Engels abweist – das Evangelium von der Gerechtigkeit aus dem Glauben. Wie in den ersten Jahrhunderten die Kirche von Rom abfiel, so haben sich in neuerer Zeit viele Protestanten von der Wahrheit der Bibel und der Reformation abgewandt.

Die Prophetie vom Fall Babylons findet ihre Erfüllung darin, daß der Protestantismus die Reinheit und Schlichtheit des ewigen Evangeliums von der Gerechtigkeit durch den Glauben weitgehend verlassen hat. Dabei war es gerade diese Botschaft, die einst die Reformation so mächtig vorangetrieben hatte.

Die Botschaft des zweiten Engels wird an Bedeutung gewinnen, je näher das Ende rückt, und schließlich ganz in Erfüllung gehen, wenn sich die religiösen Organisationen verbünden, die die Botschaft des ersten Engels zurückgewiesen haben. In Offenbarung 18,2-4 wird diese Botschaft vom Fall Babylons wiederholt. Gottes Volk, das sich noch in verschiedenen religiösen Körperschaften befindet, ist gerufen, sich von Babylon zu trennen. Ein Engel verkündet: „Geht hinaus aus ihr, mein Volk, daß ihr nicht teilhabt an ihren Sünden und nichts empfangt von ihren Plagen." (Offb 18,4)[1]

Die Botschaft des dritten Engels

„Wenn jemand das Tier anbetet und sein Bild und nimmt das Zeichen an seine Stirn oder an seine Hand, der wird von dem Wein des Zorns Gottes trinken, der unvermischt eingeschenkt ist in den Kelch seines Zorns, und er wird gequält werden mit Feuer und Schwefel vor den heiligen Engeln und vor dem Lamm. Und der Rauch von ihrer Qual wird aufsteigen von Ewigkeit zu Ewigkeit; und sie haben keine Ruhe Tag und Nacht, die das Tier anbeten und sein Bild, und wer das Zeichen seines Namens annimmt. Hier ist Geduld der Heiligen! Hier sind, die da halten die Gebote Gottes und den Glauben an Jesus!" (Offb 14,9-12)

---

[1] „The Seventh-day Adventist Bible Commentary", Bd. 7, S. 828-831.

Der erste Engel verkündet das ewige Evangelium und fordert zu einer Wiederherstellung der Anbetung Gottes, des Schöpfers, auf, weil die Stunde des Gerichts gekommen ist. Der zweite Engel warnt vor jeder falschen Anbetung. Der dritte Engel schließlich verkündet eine Drohbotschaft Gottes. Er warnt vor der Anbetung des Tieres und seines Bildes – doch dazu lassen sich letztlich alle verführen, die das Evangelium von der Gerechtigkeit durch den Glauben ablehnen.

Das in Offenbarung 13,1-10 beschriebene Tier versinnbildlicht die enge Verbindung von Kirche und Staat. Paulus nennt diese Macht „Mensch der Bosheit" (2 Th 2,2-4), und Daniel spricht von dem „kleinen Horn" (Da 7,8.20-25; 8,9-12). Das Bild des Tieres symbolisiert eine bestimmte Phase des Abfalls. Er wird dann eintreten, wenn Kirchen, die sich vom Geist der Reformation entfernt haben, Bündnisse mit dem Staat eingehen, um anderen ihre Lehren aufzuzwingen. Durch die künftige Vereinigung mit dem Staat werden diese Kirchen zu einem genauen Abbild des Tieres – jener abgefallenen Kirche also, die Andersgläubige 1260 Jahre lang verfolgt hat. Daher der Ausdruck „Bild des Tieres".

Der dritte Engel verkündet die eindringlichste Warnung der Bibel. Er zeigt, daß alle, die sich in der letzten Krise dieser Welt menschlicher Autorität unterwerfen, das Tier und sein Bild anbeten. Zu dieser letzten Auseinandersetzung werden sich zwei Klassen herausbilden: die einen vertreten ein von Menschen geprägtes Evangelium und beten das Tier und sein Bild an. Damit aber ziehen sie das schärfste Gericht über sich herein.

Im Gegensatz dazu leben die anderen dem wahren Evangelium gemäß und „halten die Gebote Gottes und den Glauben an Jesus" (Offb 14,12). In der letzten Auseinandersetzung geht es nur noch um wahre oder falsche Anbetung, um wahres oder falsches Evangelium.

Wenn diese Alternative deutlich verkündet wird, werden diejenigen das „Zeichen des Tieres" empfangen, die den biblischen Sabbat als Zeichen Gottes ablehnen und dafür den Sonntag feiern, obgleich sie genau wissen, daß es nicht der von Gott bestimmte Tag der Anbetung ist. Dieses Zeichen ist ein Ausdruck der Rebellion;

denn das Tier erhebt den Anspruch, daß die von ihm vorgenommene Änderung des Tages seine Autorität über Gottes Gesetz belegt.[1]

Die Botschaft des dritten Engels zeigt, wohin es führt, wenn man Gottes ewiges Evangelium und seinen Ruf zur Wiederherstellung wahrer Anbetung ablehnt. Die Folgen der persönlichen Entscheidung jedes einzelnen werden deutlich gemacht. Wer Gott gehorsam ist, erleidet den Zorn des Drachen (Offb 12,17) und wird schließlich mit dem Tode bedroht (Offb 13,15). Wer dagegen das Tier und sein Bild anbetet, muß die letzten sieben Plagen erleiden und im „Feuersee" umkommen (Offb 15 und 16; 20,14.15 EB).

Jede Entscheidung führt also ins Leid; das Ende aber ist unterschiedlich. Wer den Schöpfer anbetet, entrinnt dem Zorn des Drachen und wird mit Christus, dem Lamm Gottes, auf dem Berg Zion stehen (Offb 14,1; 7,2.4). Die Anbeter des Tiers und seines Bildes jedoch erleiden den unvermischten Zorn Gottes und sterben den ewigen Tod (Offb 14,9.10; 20,14).

---

[1] Die katholische Kirche beansprucht die Autorität, den Tag der Anbetung zu verändern. „Frage: Welcher Tag ist der Sabbat? Antwort: Der Samstag ist der Sabbat. Frage: Warum halten wir den Sonntag statt des Samstags? Antwort: Wir feiern den Sonntag statt des Sabbats, weil die katholische Kirche die Heiligkeit des Samstags auf den Sonntag übertragen hat." (P. Geiermann, a.a.O., S. 50; dieser Katechismus erhielt am 25.1.1910 seinen „apostolischen Segen" von Pius X.). „Von der Kirche Autorität. Die Schrift lehrt: ‚Gedenke, daß du den Samstag heiligest, sechs Tage würdst du arbeiten und würdst alle Werke tun, aber an dem siebenten Tag ist der Sabbat Gottes, deines Herrn usw.' Hat doch die Kirche die Feier vom Sabbat umgelegt auf den Sonntag aus ihrer Gewalt, ohne Schrift, ohne Zweifel aus Eingebung des Heiligen Geistes ... Von Festen und Fasttagen. Der Sabbat ist mannigfaltig geboten worden in der Schrift. Nun ist weder im Evangelio noch in Paulo noch in der ganzen Bibel, daß der Sabbat aufgehoben sei und der Sonntag eingesetzt, darum ist es geschehen von Einsetzung der apostolischen Kirche ohne Schrift. Hat nun die Kirche Macht gehabt, den Sabbat, der in der Schrift ist, umzulegen und zu gebieten, den Sonntag zu feiern, warum sollte sie nicht die Macht haben in andern Tagen auch, deren viel in der Schrift gegründet sind, als Weihnachten, Beschneidung des Herzens, drei heilige Könige usw. Tu es nicht und fall von der Kirche an die bloße Schrift, so mußt du den Sabbat halten mit den Juden, der vor Anbegin der Welt ist gehalten worden." (Dr. Johann von Eck, „Handbüchlein, Enchiridion", 1576, S. 78.79) Siehe auch „Student's Source Book", S. 886.

Jeder wird also wählen müssen, wen er anbeten will. Man kann sich für die Gerechtigkeit durch den Glauben entscheiden, die zu der von Gott gewollten Anbetung führt. Oder man entscheidet sich für die Gerechtigkeit durch Werke; die wird sich in einer falschen, von Menschen erfundenen Anbetung zeigen, angeordnet vom Tier und seinem Bild. Solche Anbetung aber gilt nicht vor Gott, weil sie Satzungen von Menschen über die Gebote Gottes stellt. Sie sucht Rechtfertigung durch Werke und nicht durch den Glauben.

Gott hat in allen Kirchen und Gemeinschaften seine Kinder. Durch „die Übrigen" läßt er eine Botschaft ausbreiten, die zu wahrer Anbetung auffordert. Er ruft sein Volk heraus aus dem Abfall und bereitet es vor auf Christi Wiederkunft. Die „Übrigen" sind sich ihrer Unzulänglichkeiten und Schwächen wohl bewußt, aber sie wissen, daß sich ihnen noch viele anschließen werden, wenn sie Gottes Auftrag erfüllen. Ihnen ist bewußt, daß sie das allein durch Gottes Gnade bewirken können.

Angesichts der baldigen Wiederkunft Christi und der Notwendigkeit, sich auf die Begegnung mit Ihm vorzubereiten, trifft uns Gottes warnender und hilfreicher Ruf: „Geht hinaus aus ihr, mein Volk, daß ihr nicht teilhabt an ihren Sünden und nichts empfangt von ihren Plagen! Denn ihre Sünden reichen bis an den Himmel, und Gott denkt an ihren Frevel." (Offb 18,4.5)

Kapitel 13

Die Einheit der Gemeinde Christi

> *Die Gemeinde ist ein Leib mit vielen Gliedern, herausgerufen aus allen Nationen, Geschlechtern, Sprachen und Völkern. In Christus ist der Gläubige eine neue Schöpfung. Rassische, kulturelle, bildungsmäßige, nationale, soziale und gesellschaftliche Unterschiede sowie Unterschiede zwischen Mann und Frau dürfen nicht zu Spaltungen in der Gemeinde führen. In Christus sind alle gleich; durch einen Geist zur Gemeinschaft mit ihm und untereinander zusammengefügt. Wir sollen einander dienen, ohne Voreingenommenheit und Vorbehalt. Weil sich Jesus Christus in der Schrift offenbart hat, verbindet uns ein Glaube und eine Hoffnung – das bezeugen wir vor allen Menschen. Dieses Einssein hat seinen Ursprung in der Einheit des dreieinigen Gottes, der uns zu seinen Kindern gemacht hat.*

Jesu Werk auf dieser Erde war beendet (Jo 17,4). Aber noch am Abend vor seinem Tod bewegte ihn die Sorge um seine Nachfolger. Sie stritten nämlich eifersüchtig darüber, wer unter ihnen wohl der Größte sei und im Reich Christi den höchsten Rang einnehmen würde.

Jesu Hinweis, daß die Grundlage seines Reiches eine demütige Gesinnung ist und daß seine Nachfolger Diener sein sollen, bereit, sich ohne jede Erwartung auf Gegenleistung hinzugeben, schien auf taube Ohren gestoßen zu sein (Lk 17,10). Selbst das Beispiel, das er gab, als er sich vor ihnen beugte, um ihre Füße zu waschen – wozu keiner sonst bereit gewesen war –, schien wirkungslos geblieben zu sein (siehe Kap. 15 dieses Buches).

Jesus aber ist Liebe. Sein Erbarmen veranlaßte die Menschen, ihm zu folgen. Die Jünger jedoch verstanden diese selbstlose Liebe nicht. Ihre Vorurteile gegenüber Nichtjuden, Frauen, „Sündern" und den Armen machten sie blind für die allumfassende Liebe Christi, die auch die Ausgestoßenen einbezieht.

Als sie den Meister im Gespräch mit der Samariterin antrafen, hatten sie noch immer nicht begriffen, daß die „Felder", die „reif zur Ernte" waren, „Getreide" aller Art trugen, das „geerntet" werden mußte.

Aber Jesus ließ sich weder durch Traditionen, noch durch die öffentliche Meinung oder gar den Druck seiner Familie beeinflussen. Seine überströmende Liebe neigte sich herab zu den zerbrochenen Menschen, um sie zu heilen.

Die Liebe, durch die sich seine Nachfolger von der gedankenlosen Mehrheit des Volkes unterscheiden sollten, würde der Beweis echter Nachfolge sein. Wie er liebte, sollten auch sie lieben, damit die Welt fortan seine Nachfolger als wahre Christen erkennen könnte – nicht ihrer Worte wegen, sondern aufgrund der offenbar werdenden Liebe Jesu in ihrem Leben (vgl. Jo 13,34.35).

Deshalb galten Jesu Gedanken sogar im Garten Gethsemane der Einheit seiner Gemeinde – derer, die „aus der Welt" gekommen waren (Jo 17,6). Er flehte zu seinem Vater um Einmütigkeit in der Gemeinde, die ein Hinweis sein sollte auf die Einheit der Gottheit. „Ich bitte ..., damit sie alle eins seien. Wie du, Vater, in mir bist und ich in dir, so sollen auch sie in uns sein, damit die Welt glaube, daß du mich gesandt hast." (Jo 17,21)

Solches Einssein ist die stärkste und wirksamste Kraft der Gemeinde in ihrem Zeugendienst, der Beweis der selbstlosen Liebe Christi zur Menschheit.

Er hat gesagt: „Und ich habe ihnen die Herrlichkeit gegeben, die du mir gegeben hast, damit sie eins seien, wie wir eins sind, ich in ihnen und du in mir, damit sie vollkommen eins seien und die Welt erkenne, daß du mich gesandt hast und sie liebst, wie du mich liebst." (Jo 17,22.23)

Biblische Einheit und die Gemeinde

Welche Art der Einheit hatte Christus für seine sichtbare Gemeinde im Sinn? Ist solche Liebe und Einheit überhaupt möglich? Worin hat sie ihre Grundlage? Wie baut sie sich auf? Geht es nur um Einheitlichkeit, oder ist Vielfalt möglich?

Die Einheit im Geist. Der Heilige Geist ist die treibende Kraft für die Einheit der Gemeinde. Durch ihn werden die Gläubigen in die Gemeinde geführt und „alle zu *einem* Leib getauft" (1 Ko 12,13). Die getauften Glieder sollen untereinander eine Einheit bilden, die Paulus als die „Einigkeit im Geist" beschreibt (Eph 4,3).

Der Apostel zählte die Elemente dieser Einigkeit auf und sagte: „*Ein* Leib und *ein* Geist, wie ihr auch berufen seid zu *einer* Hoffnung eurer Berufung; *ein* Herr, *ein* Glaube, *eine* Taufe; *ein* Gott und Vater aller, der da ist über allen und durch alle und in allen." (Eph 4,4-6) Die siebenmalige Wiederholung des Wortes *ein* macht deutlich, wie sich Paulus eine vollkommene Einigkeit vorstellte.

Indem er sie aus allen Nationen und Stämmen ruft, tauft der Heilige Geist Menschen zu *einem* Leib – dem Leib Christi, der Gemeinde. In dem Maße, wie Gläubige in Christus wachsen, verlieren die bestehenden Unterschiede ihre trennende Wirkung. Der Heilige Geist reißt Schranken ein zwischen hoch und niedrig, reich und arm, Männern und Frauen. Indem sie erkennen, daß sie in Gottes Augen alle gleichwertig sind, fühlen sie sich in gegenseitiger Wertschätzung einander verbunden.

Diese Einigkeit bedeutet auch, daß örtliche Gemeinden gleichwertig sind. Die geistliche Verbundenheit kennt weder Schranken noch Rangordnung. Gemeindeglieder, Missionare und Prediger sind gleichwertig vor Gott.

Die Gemeinde wird getragen von einer Hoffnung, der „seligen Hoffnung" der Erlösung, die bei der „Erscheinung der Herrlichkeit des großen Gottes und unseres Heilands Jesus Christus" ihre Erfüllung findet (Tit 2,13).

Diese Hoffnung ist Quelle des Friedens und der Freude und zugleich machtvoller Beweggrund für ein gemeinsames Zeugnis (Mt 24,14). Sie führt zu einer Umwandlung, denn „jeder, der solche

Hoffnung auf ihn hat, der reinigt sich, wie auch jener rein ist" (1 Jo 3,3). Dieser gemeinsame Glaube ist es, der Glaube an das versöhnende Opfer Christi, der alle Glieder zu einem Leib macht. Die *eine* Taufe, das Sinnbild für Christi Tod und Auferstehung (Rö 6,3-6), bringt diesen Glauben zum Ausdruck, indem sie die Verbindung mit dem Leib Christi bezeugt.

Schließlich lehrt die Schrift, daß es nur *einen* Geist, *einen* Herrn und *einen* Gott und Vater gibt. Alle Aspekte der Einigkeit der Gemeinde haben ihre Grundlage in der Einheit des dreieinigen Gottes. „Es sind verschiedene Gaben; aber es ist *ein* Geist. Und es sind verschiedene Ämter; aber es ist *ein* Herr. Und es sind verschiedene Kräfte, aber es ist *ein* Gott, der da wirkt alles in allen." (1 Ko 12,4-6)

Das Wesen der Einheit. Die Gläubigen erlangen Einigkeit im Denken und Urteilen. Beachten wir die folgenden Ermahnungen: „Der Gott aber der Geduld und des Trostes gebe euch, daß ihr einträchtig gesinnt seid untereinander, Christus Jesus gemäß, damit ihr einmütig mit *einem* Munde Gott lobt, den Vater unseres Herrn Jesus Christus." (Rö 15,5.6)

„Ich ermahne euch aber, liebe Brüder, im Namen unseres Herrn Jesus Christus, daß ihr alle mit einer Stimme redet und laßt keine Spaltungen unter euch sein, sondern haltet aneinander fest in *einem* Sinn und in *einer* Meinung." (1 Ko 1,10) „Laßt euch zurechtbringen, laßt euch mahnen, habt einerlei Sinn, haltet Frieden! So wird der Gott der Liebe und des Friedens mit euch sein." (2 Ko 13,11)

Gottes Gemeinde sollte also im Denken, Fühlen und Handeln Einigkeit bezeugen. Bedeutet das, ihre Glieder müßten völlig identisch sein in ihrem Fühlen, Denken und Handeln? Bedeutet biblische Einheit Einheitlichkeit?

Einheit in der Vielfalt. Biblische Einigkeit heißt nicht Einheitlichkeit. Am Bild des menschlichen Körpers wird veranschaulicht, daß Einheit in der Gemeinde zugleich Vielfalt bedeutet.

Der Körper besteht aus vielen Organen, die alle zum Wohlbefinden des Körpers beitragen. Jedes Organ hat eine lebenswichtige Funktion bei unterschiedlichen Aufgaben; keines ist nutzlos.

Dieses Prinzip gilt auch in der Gemeinde. Gott „teilt einem jeden das Seine zu, wie er will" (1 Ko 12,11) und schafft so eine gesunde Vielfalt, die der gesamten Gemeinschaft nützt. Nicht alle Glieder denken gleich, auch sind nicht alle für dieselben Aufgaben geeignet. Doch unter der Leitung des Geistes wirken sie in der Gemeinde und setzen die ihnen von Gott geschenkten Fähigkeiten ein.

Um ihrem Auftrag gerecht zu werden, braucht die Gemeinde den Einsatz aller Gaben. Nur so läßt sich der Auftrag der Evangeliumsverkündigung verwirklichen. Die Wirkungskraft der Gemeinde hängt nicht davon ab, daß jedes Glied dem anderen völlig gleicht oder dasselbe tut, sondern daß jeder die ihm von Gott übertragene Aufgabe wahrnimmt.

Der Weinstock und die Reben stellen eine treffende Veranschaulichung dieser Einheit in Vielfalt dar. Jesus benutzte das Gleichnis vom Weinstock, um die Verbindung der Gläubigen mit ihm deutlich zu machen (Jo 15,1-6).

Die Reben – gemeint sind die Gläubigen – wachsen am wahren Weinstock – an Christus. Wie sich jede Rebe und jedes Blatt voneinander unterscheiden, so unterscheidet sich der eine Christ vom anderen. Dennoch besteht eine Einheit, denn alle beziehen ihre Nahrung aus derselben Quelle, nämlich dem Weinstock.

Die Reben sind – einzeln gesehen – völlig voneinander getrennt; und doch steht jede in Gemeinschaft mit der anderen, weil sie aus demselben Stamm gewachsen sind. Sie beziehen alle ihre Nahrung aus einer Quelle und nehmen dieselben lebenspendenden Substanzen auf.

So besteht die Einheit der Christen darin, daß sie in Christus verwurzelt sind. Von ihm geht die Kraft aus, die christliches Leben wirklich erfahrbar macht. Er ist die Quelle der Gaben und Kräfte, durch die alle der Gemeinde gestellten Aufgaben erfüllt werden. Die Verbindung mit ihm formt Neigungen, Gewohnheiten und die Lebensart der Gläubigen. Indem sie in ihm bleiben, wird ihre Selbstsucht überwunden. So kommt es zur christlichen Einheit, die die Gläubigen befähigt, dem Auftrag Jesu nachzukommen.

Während es also unterschiedliche Charaktere in der Gemeinde gibt, arbeiten sie doch gemeinsam, geleitet von dem einen Haupt. Während es viele Gaben gibt, ist da doch nur der *eine* Geist. Obwohl die Gaben unterschiedlich sind, wirken sie doch zusammen. „Es ist *ein* Gott, der da wirkt alles in allen." (1 Ko 12,6)

Die Einheit des Glaubens. Vielfalt der Gaben heißt allerdings nicht Vielfalt in der Glaubensüberzeugung. In der letzten Zeit wird sich die Gemeinde Gottes aus Menschen zusammensetzen, die im ewigen Evangelium die gemeinsame Grundlage haben; ihr Leben wird vom Gehorsam den Geboten Gottes gegenüber und vom Glauben an Jesus gekennzeichnet (Offb 14,12). Gemeinsam verkündigen sie der Welt Gottes Erlösungsbotschaft.

Wie wichtig ist die Einheit der Gemeinde?

Einigkeit ist von grundlegender Bedeutung für die Gemeinde; fehlt sie, wird die Gemeinde ihrem heiligen Auftrag nicht gerecht.

Einigkeit – die Grundlage für die Arbeit der Gemeinde. In einer von Gegensätzen und Konflikten zerrissenen Welt ist die Liebe unter den Gemeindegliedern verschiedener Nationalitäten und Abstammung ein machtvolles Zeugnis für die Botschaft der Gemeinde. Einigkeit ist der unbestreitbare Beweis ihrer Verbindung mit dem Himmel und ihrer Glaubwürdigkeit als Nachfolger Jesu (Jo 13,35). Darin zeigt sich die Macht des Wortes Gottes.

Kämpfe zwischen Christen untereinander haben bei Ungläubigen immer nur Abscheu ausgelöst und sind vielleicht der wichtigste Grund, warum der christliche Glaube nicht angenommen wurde. Aber Einmütigkeit unter den Gläubigen überwindet schließlich die ablehnende Haltung; sie ist ein Beweis dafür, daß Christus der Erlöser der Welt ist (Jo 17,23).

Einigkeit offenbart die Wirklichkeit des Reiches Gottes. Eine einige Gemeinde macht deutlich, daß sich ihre Glieder ernsthaft darauf vorbereiten, gemeinsam im Himmel zu leben. Einigkeit auf Erden bezeugt, daß Gottes ewiges Reich eine Wirklichkeit ist. Im Leben derer, die ihr Dasein entsprechend gestalten, erfüllt sich das Bibelwort: „Wie wohltuend, wie schön, wenn Brüder beieinander bleiben und sich gut verstehen!" (Psalm 133,1 GN)

Einigkeit bedeutet Stärke der Gemeinde. Einigkeit macht stark, Uneinigkeit bewirkt Schwäche. Eine Gemeinde ist nur dann reich und stark, wenn ihre Glieder mit Christus und auch untereinander verbunden sind und gemeinsam für die Erlösung ihrer Mitmenschen wirken. Dann und nur dann sind sie im wahrsten Sinne des Wortes „Gottes Mitarbeiter" (1 Ko 3,9).

Christliche Einigkeit ist für unsere zunehmend uneinige Welt, die zerrissen ist durch Lieblosigkeit und Selbstsucht, eine Herausforderung. Die geeinte Gemeinde stellt die Antwort dar für eine Gesellschaft, die durch Unterschiede in Kultur, Hautfarbe, Geschlecht und Nation geteilt ist. Eine geeinte Gemeinde wird den Angriffen Satans widerstehen können. Die Mächte der Finsternis können nichts ausrichten gegen eine Gemeinde, deren Glieder sich so liebhaben, wie Christus sie geliebt hat.

Die wunderbare Wirkung einer einigen Gemeinde kann mit der Darbietung eines Orchesters verglichen werden. Bevor der Dirigent erscheint, erzeugen die Musiker durch das Einspielen und Aufwärmen ihrer Instrumente einen Mißklang. Wenn der Dirigent an sein Pult tritt, verstummt der chaotische Lärm. Alle Augen sind auf ihn gerichtet. Jedes Mitglied des Orchesters hat seinen Platz eingenommen und ist bereit, nach seiner Stabführung zu spielen. Indem das Orchester der Führung des Dirigenten folgt, wird es in die Lage versetzt, die schönste harmonische Musik zu spielen.

„Einheit des Leibes Christi bedeutet, daß ich das Instrument meines Lebens unter der Leitung des ewigen Dirigenten in das große Orchester der Herausgerufenen einfüge. Indem wir auf sein Einsatzzeichen hin der ursprünglichen Partitur der Schöpfung folgen, haben wir das Vorrecht, der ganzen Menschheit die Symphonie, die Liebe Gottes, darbieten zu dürfen."[1]

Die Verwirklichung der Einheit

Wenn die Gemeinde Einigkeit erlangt, sind die Gläubigen wie auch die Gottheit gleicherweise daran beteiligt. Wo aber ist die Quelle der Einheit? Wie ist sie zu erreichen? Welche Aufgabe kommt den Gläubigen in diesem Zusammenhang zu?

---

[1] B. F. Reaves, „What Unity means to me" in „Adventist Review", 4. Dez. 1986, S. 20.

Die Quelle der Einheit. Die Schrift nennt den Ursprung der Einheit:
- Die bewahrende Macht des Vaters (Jo 17,11),
- die Herrlichkeit des Vaters, die Christus seinen Nachfolgern gab (Jo 17,22),
- die Wirksamkeit Christi im Leben der Gläubigen (Jo 17,23).

Der Heilige Geist, der „Geist Christi", ist die entscheidende Kraft, die jedes einzelne Glied mit dem Leib Christi verbindet.

Wie die Speichen eines Rades alle mit der Nabe – und dadurch auch untereinander – verbunden sind, so wächst die Gemeinschaft der Gläubigen in dem Maße, wie ihre Verbundenheit in Christus gefestigt wird. „Das Geheimnis wahrer Einigkeit in Gemeinde und Familie besteht nicht in Diplomatie, auch nicht in Geschick oder übermenschlichen Anstrengungen zur Überwindung von Schwierigkeiten – obwohl vieles in dieser Richtung getan werden muß –, sondern in der Verbindung mit Christus."[1]

Der Heilige Geist als einigende Kraft. Als „Geist Christi" oder „Geist der Wahrheit" ist es der Heilige Geist, der Einigkeit schafft.

1. *Das Zentrum der Einheit.* Wenn der Heilige Geist die Gläubigen erfüllt, drängt er sie, alle menschlichen Vorurteile hinsichtlich Kultur, Geschlecht, Hautfarbe, Nationalität und Stellung zu überwinden (vgl. Galater 3,26-28).

Das bewirkt er, indem er Christus ins Herz senkt. Wer erfüllt ist von ihm, wird sein Augenmerk auf Jesus richten, nicht auf sich selbst. Verbindung mit Christus knüpft auch das Band der Einheit untereinander – als eine Frucht des innewohnenden Geistes. Meinungsverschiedenheiten werden verringert; der Dienst zur Verherrlichung Jesu bewirkt Einmütigkeit.

2. *Die Bedeutung der geistlichen Gaben bei der Erlangung der Einheit.* Inwieweit ist die Einheit der Gemeinde tatsächlich zu verwirklichen? Als Christus seinen Mittlerdienst an der Seite seines Vaters im Himmel begann, sorgte er dafür, daß die Einheit seines Volkes keine Illusion blieb. Durch den Heiligen Geist verleiht er

---

[1] E. G. White (compilation), „The Adventist Home", Southern Publishing Association, Nashville, Tennessee, 1952, S. 179.

den Gläubigen geistliche Gaben, die das Ziel haben, „die Einheit des Glaubens" unter ihnen herzustellen.

Bezüglich dieser Gaben sagt Paulus, Christus habe „einige als Apostel eingesetzt, einige als Propheten, einige als Evangelisten, einige als Hirten und Lehrer". Diese Gaben wurden der Gemeinde verliehen, „damit die Heiligen zugerüstet werden zum Werk des Dienstes. Dadurch soll der Leib Christi erbaut werden, bis wir alle hingelangen zur Einheit des Glaubens und der Erkenntnis des Sohnes Gottes, zum vollendeten Mann, zum vollen Maß der Fülle Christi" (Eph 4,11-13).

Diese einzigartigen Gaben sind dazu bestimmt, daß aus der „Einheit des Geistes" eine „Einheit des Glaubens" wird (Eph 4,3.13), damit die Gläubigen zunehmen an Reife und Festigkeit, „... damit wir nicht mehr unmündig seien und uns von jedem Wind einer Lehre bewegen und umhertreiben lassen durch trügerisches Spiel der Menschen, mit dem sie uns arglistig verführen." (Eph 4,14; siehe Kap. 16 dieses Buches).

Durch die geistlichen Gaben werden Gläubige befähigt, die Wahrheit in Liebe zu sagen und zu wachsen auf Christus hin, der das Haupt der Gemeinde ist. Paulus erklärt, Christus ist das Haupt, „von dem aus der ganze Leib zusammengefügt ist und ein Glied am andern hängt durch alle Gelenke, wodurch jedes Glied das andere unterstützt nach dem Maß seiner Kraft und macht, daß der Leib wächst und sich selbst aufbaut in der Liebe." (Eph 4,16)

3. Grundlage der Einheit. Der Heilige Geist ist es, der als „Geist der Wahrheit" (Jo 15,26) wirksam ist, um die Verheißung Christi zu erfüllen. Seine Aufgabe besteht darin, die Gläubigen in alle Wahrheit zu leiten (Jo 16,13). Folglich bildet die christozentrische Wahrheit die Grundlage der Einheit.

Der Geist wird die Gläubigen in die „Wahrheit führen, wie sie sich in Jesus offenbart". Das Studium der Wahrheit aber hat einigende Wirkung. Studium allein reicht jedoch nicht aus. Nur das Bezeugen, Ausleben und Predigen der Wahrheit, wie sie sich in Jesus offenbart, bewirkt wahre Einheit.

Gemeinschaft, geistliche Gaben und Liebe sind wohl wichtig, aber die Fülle ist allein in dem Einen, der gesagt hat: „Ich bin der

Weg, die Wahrheit und das Leben." (Jo 14,6) Christus betete: „Heilige sie in der Wahrheit; dein Wort ist die Wahrheit." (Jo 17,17) Um wirklich zur Einigkeit zu gelangen, brauchen die Gläubigen das Licht, das aus dem Wort Gottes kommt.

Wenn die Wahrheit, wie sie in Jesus ist, unser Herz erfüllt, wird das Leben veredelt und gereinigt; Vorurteile und Spannungen werden ausgeräumt.

Das neue Gebot Jesu. Wie der Mensch, so wurde auch die Gemeinde nach dem Bilde Gottes geschaffen. Christus hat den Gläubigen geboten, ihre Liebe zu Gott zu zeigen, indem sie einander lieben wie sich selbst (Mt 22,39).

Dieses Prinzip der Liebe verwirklichte Jesus auf Golgatha. Kurz vor seinem Tod bekräftigte er noch einmal, was er seinen Nachfolgern bereits früher als das „neue Gebot" gegeben hatte: „Das ist mein Gebot, daß ihr euch untereinander liebt, wie ich euch liebe." (Jo 15,12; 13,34)

Es war, als wollte er sagen: „Ich bitte euch, nicht für eure Rechte einzutreten, nicht auf dem zu bestehen, was euch eigentlich zukommt, keinen Prozeß anzustrengen, wenn ihr übervorteilt werdet. Ich bitte euch, euren Rücken der Peitsche auszusetzen, selbst die andere Wange hinzuhalten, euch beschuldigen, verhöhnen, zusammenschlagen und verspotten zu lassen. Ich bitte, daß ihr euch zerbrechen, kreuzigen und verbrennen laßt, falls dies aus Liebe zu anderen Menschen notwendig sein sollte. Denn das bedeutet, andere so zu lieben, wie ich euch liebe."

1. Die unmögliche Möglichkeit. Können wir aber jemals so lieben, wie Christus geliebt hat? Das ist unmöglich! Christus verlangt das Unmögliche, andrerseits kann er das Unmögliche auch vollbringen. Er versprach: „Und ich, wenn ich erhöht werde von der Erde, so will ich alle zu mir ziehen." (Jo 12,32)

Die Einheit des Leibes Christi ist die Einheit der Gläubigen mit Gott durch das Wort, das Fleisch geworden war. Diese Einheit ist auch eine innige Beziehung der Gläubigen untereinander, denn sie haben ihre gemeinsame Wurzel in dem einen Weinstock. Und schließlich ist sie verwurzelt im Kreuz: Es ist die Liebe von Golgatha, die unter den Gläubigen sichtbar wird.

2. Einigkeit unter dem Kreuz. Die Einheit der Gemeinde verwirklicht sich unter dem Kreuz. Indem wir erkennen, daß wir von uns aus nicht so lieben können wie Jesus, gestehen wir unser Bedürfnis nach seiner ständigen Gegenwart ein. Und wir glauben ihm, wenn er sagt: „Ohne mich könnt ihr nichts tun." (Jo 15,5)

Unter dem Kreuz erkennen wir, daß er nicht nur für uns gestorben ist, sondern für jeden auf dieser Welt. Das bedeutet: Jesus liebt alle Menschen; er liebt sie gleichermaßen, wie groß auch die Unterschiede sein mögen.

Die Einheit der Gemeinde hat ihre Wurzel in Gott. Nur der Mensch in seiner verengten Weise neigt dazu, trennende Barrieren zu errichten. Doch das Kreuz heilt die menschliche Blindheit und versieht alle mit dem göttlichen Prädikat „Teuer erkauft". Keiner ist wertlos, jeder ist willkommen. Und wenn Christus sie alle liebt, sollten wir es auch tun.

Als Christus davon sprach, daß er durch seine Kreuzigung alle zu sich ziehen würde, wollte er sagen, daß durch sein Leiden die Einheit seines Leibes – der Gemeinde – bewirkt wird. Christus hat in seiner Liebe den Abgrund zwischen dem Himmel und uns Sündern überbrückt. Halten wir uns das vor Augen, dann werden die wenigen Schritte über die Straße, der kurze Weg in den Nachbarort, den wir gehen müssen, um den Bruder zu besuchen, völlig unbedeutend werden.

Golgatha bedeutet: „Einer trage des anderen Last." (Gal 6,2) Gottes Sohn trug die Last der ganzen Menschheit. Dadurch wiederum konnte er uns das Leben schenken und freimachen für die Hilfe, die wir uns gegenseitig erweisen sollen.

Schritte zur Einheit. Einheit entsteht nicht von selbst. Die Gläubigen haben bestimmte Schritte zu tun, um sie zu erreichen.

1. Einigkeit im Heim. Die Familie ist ein ausgezeichneter Übungsplatz für Einigkeit in der Gemeinde (siehe Kap. 22 dieses Buches). Wenn wir daheim kluges Verhalten, Freundlichkeit, Güte, Geduld und Liebe lernen, werden wir befähigt, auch in der Gemeinde diesen Grundsätzen gemäß zu leben.

2. Streben nach Einigkeit. Einigkeit erlangt man nicht nebenbei; man muß schon intensiv auf dieses Ziel hinarbeiten. Man kann auch nicht selbstgefällig behaupten, es erreicht zu haben. Um Einigkeit müssen wir täglich beten, müssen sie sorgfältig pflegen.

Wir sollten unsere Meinungsverschiedenheiten reduzieren und nicht über Dinge streiten, die zweitrangig sind. Anstatt die Aufmerksamkeit auf das zu richten, was uns trennt, sollten wir lieber über die Wahrheit sprechen, die uns eint. Laßt uns über die Einigkeit nachdenken und darum beten, daß Jesu Bitte erfüllt werde. Wenn wir das tun, werden Harmonie und Einigkeit bei uns einkehren, so wie Gott es wünscht.

3. Arbeit für ein gemeinsames Ziel. Die Gemeinde wird aber keine Einigkeit erlangen, wenn sie nicht die Aufgabe wahrnimmt, das Evangelium zu verkündigen. Dieser Auftrag enthält zugleich die Möglichkeit, sich in Harmonie zu üben. Der Gläubige wird erkennen, daß jeder einzelne ein Glied der weltweiten Familie Gottes ist und daß vom Frieden des Ganzen das Wohlergehen jedes einzelnen abhängt.

Bei der Ausübung seines irdischen Dienstes verknüpfte Christus die Wiederherstellung von Körper und Geist miteinander. Und als er seine Jünger zum Dienst aussandte, legte er auf zwei Aufgaben ganz besonderen Wert: auf das Predigen und das Heilen (Lk 9,2; 10,9).

Deshalb ist die Gemeinde Jesu berufen, sich für beides einzusetzen: für das Werk der Verkündigung und das Werk der ärztlichen Mission. Keiner dieser beiden Bereiche im Werk Gottes sollte unabhängig von dem anderen betrieben werden; auch sollte der eine nicht den anderen verdrängen. So wie in den Tagen Jesu sollte unser Werk der Seelenrettung durch eine gesunde Ausgewogenheit gekennzeichnet sein.

Diejenigen, die in den verschiedenen Bereichen des Gemeindedienstes tätig sind, sollten eng zusammenarbeiten, damit die Einladung des Evangeliums nachhaltig an die Welt ergeht. Man hört mitunter die Meinung, daß zur Einheit die Festigung nach innen wesentlich dazugehört, denn nur so könne Wirksamkeit nach außen erreicht werden. Doch das Bild vom Körper macht deutlich, daß jedes Organ, ob gering oder bedeutend, wichtig ist. So kennzeichnet auch Zusammenarbeit, nicht aber Rivalität, den Plan Gottes für sein weltweites Werk.

Die Einheit des Leibes Christi wird zum Beweis der selbstlosen Liebe Jesu, die so wunderbar am Kreuz offenbart wurde.

4. Die Entwicklung einer globalen Perspektive. Eine Gemeinde kann dem Bild wahrer Einheit nur entsprechen, wenn sie aktiv daran arbeitet, Gottes Werk überall in der Welt zu bauen. Nationale, kulturelle oder regionale Isolation müssen vermieden werden. Erst dann werden sich die Gläubigen verschiedener Nationalitäten zu fruchtbarem Dienst zusammenfinden.

Die Gemeinde hat darauf zu achten, nicht einzelne nationale Bestrebungen zu unterstützen, die den weltweiten Fortschritt des Werkes hindern könnten. Aufgabe der Gemeindeleitung ist es, Einheit und Gleichheit der Gemeinde zu schützen. Es sollten nicht in einem Teil der Welt Programme gefördert werden, die zu Lasten des Werkes in anderen Regionen gehen.

5. Überwindung von negativen Verhaltensweisen. Wo sich Selbstsucht, Stolz, Selbstzufriedenheit, Herrschsucht, Vorurteile, Verleumdung oder Kritiksucht ausbreiten, ist die Einigkeit der Gemeinde ernstlich bedroht. Oft verbirgt sich hinter solchem Verhalten der Verlust der ersten Liebe.

Nur der Blick auf die Gabe Gottes in Christus Jesus kann die gegenseitige Liebe erneuern (1 Jo 4,9-11). Gottes Gnade allein, die uns durch den Heiligen Geist gegeben wird, kann die im Herzen aufkommende Uneinigkeit beseitigen.

Als innerhalb einer neutestamentlichen Gemeinde Uneinigkeit spürbar wurde, riet Paulus, „im Geist zu leben" (Gal 5,16). Durch anhaltendes Gebet sollten wir die Leitung des Geistes suchen, der uns zur Einheit führen wird. Leben im Geist bewirkt die Frucht des Geistes – Liebe, Freude, Friede, Geduld, Freundlichkeit, Güte, Treue, Sanftmut und Selbstkontrolle. Das sind die allein wirksamen Mittel gegen Uneinigkeit (Gal 5,22.23).

Jakobus wandte sich gegen einen anderen verbreiteten Grund für Uneinigkeit: die Beurteilung von Menschen nach ihrem Besitz oder ihrer Stellung. Gegen jede Art von Bevorzugung wandte er sich mit den Worten: „Wenn ihr aber die Person anseht, tut ihr Sünde und werdet überführt vom Gesetz als Übertreter." (Jak 2,9) Gott ist unparteiisch; deshalb sollten auch wir nicht die Gemeindeglieder nach ihrem Einkommen oder ihren Fähigkeiten einordnen. Wir achten sie, sollten aber nicht meinen, daß sie in Gottes Augen besser seien als das geringste Gotteskind.

Jesu Worte verhelfen uns zur rechten Sicht: „Was ihr getan habt einem von diesen meinen geringsten Brüdern, das habt ihr mir getan." (Mt 25,40) Er stellt sich im Leben des geringsten Bruders genauso dar wie in dem des reich gesegneten Gemeindegliedes. Alle sind seine Kinder; deshalb haben wir vor ihm auch alle die gleiche Wichtigkeit und Bedeutung.

So wie unser Herr, der Menschensohn, ein Bruder aller Söhne und Töchter Adams wurde, sind wir als seine Nachfolger gerufen, uns als eine Gemeinde, die einig ist im Denken und Handeln, unseren Mitmenschen zuzuwenden aus „allen Nationen und Stämmen und Sprachen und Völkern" (Offb 14,6).

Kapitel 14

Die Taufe

> *Durch die Taufe bekennen wir unseren Glauben an den Tod und die Auferstehung Jesu Christi und geben Zeugnis, daß wir für die Sünde tot sind und entschlossen, ein neues Leben zu führen. Damit anerkennen wir Christus als Herrn und Erlöser, werden seinem Volk hinzugefügt und als Glieder seiner Gemeinde angenommen. Die Taufe ist ein Sinnbild für unsere Gemeinschaft mit Christus, für die Vergebung unserer Sünden und für den Empfang des Heiligen Geistes. Sie ist eine Bestätigung des Glaubens an Jesus Christus sowie ein Zeichen der Reue über die Sünde und wird vollzogen durch Untertauchen im Wasser. Ihr geht Unterweisung in der Heiligen Schrift und die Annahme ihrer Lehren voraus.*

Für Nyangwira, die in Zentralafrika lebte, war die Taufe nicht nur eine unverbindliche Möglichkeit. Über ein Jahr lang hatte sie die Bibel studiert; nun sehnte sie sich danach, Christ zu werden.

Eines Abends sprach sie mit ihrem Mann über alles, was sie gelernt hatte. Der aber rief außer sich vor Zorn: „Ich werde diese Religion in meinem Hause nicht dulden. Wenn du dich weiterhin damit beschäftigst, werde ich dich umbringen." Obwohl sie darüber erschrocken und niedergeschlagen war, setzte sie ihr Bibelstudium fort und war bald zur Taufe bereit.

Ehe sie ihr Haus verließ, um zum Taufgottesdienst zu gehen, kniete sie vor ihrem Mann nieder und sagte, daß sie nun getauft werden würde. Daraufhin griff er nach seinem langen Jagdmesser und brüllte: „Ich habe dir gesagt, ich will nicht, daß du getauft wirst. An dem Tag, da du dich taufen läßt, werde ich dich umbringen." Aber

Nyangwira war fest entschlossen, ihrem Herrn zu folgen. Als sie das Haus verließ, klangen ihr die Flüche ihres Mannes in den Ohren.

Bevor sie in das Taufwasser stieg, bekannte sie ihre Sünden und weihte ihr Leben dem Erlöser. Sie wußte nicht, ob sie an diesem Tag auch ihr Leben würde opfern müssen, aber als sie getauft wurde, erfüllte tiefer Friede ihr Herz.

Zurückgekehrt in ihr Haus, brachte sie ihrem Mann das Messer. Ärgerlich fragte er: „Bist du getauft worden?"

„Ja", antwortete Nyangwira. „Hier ist das Messer."

„Bist du bereit zu sterben?"

„Ja, das bin ich."

Diese mutige Haltung Nyangwiras überwältigte ihren Mann. Nie wieder dachte er daran, sie zu töten.[1]

Wie wichtig ist die Taufe?

Ist die Taufe solchen Einsatz des Lebens wert? Fordert Gott wirklich die Taufe? Ist die Erlösung davon abhängig?

Das Beispiel Jesu. Eines Tages verließ Jesus die Zimmermannswerkstatt in Nazareth, verabschiedete sich von seiner Familie und ging zum Jordan, wo Johannes predigte. Als er mit Johannes zusammentraf, bat er darum, getauft zu werden. Überrascht wollte der ihm diese Bitte abschlagen. Er sagte: „Ich müßte von dir getauft werden, und du kommst zu mir?"

„Laß es jetzt geschehen", antwortete Jesus, „denn so gebührt es uns, alle Gerechtigkeit zu erfüllen." (Mt 3,14.15)

Jesu Taufe gab diesem „Sakrament"[2] die göttliche Bestätigung (Mt 3,13-17; vgl. Mt 21,25). Die Taufe ist ein Angebot der Gerech-

---

[1] S. M. Samuel, „A Brave African Wife" in „Review and Herald", 14. Febr. 1963, S. 19.

[2] Ein „Sakrament" ist ein allgemein gebräuchlicher religiöser Ritus von universaler und ständiger Verbindlichkeit, der auf wesentliche Wahrheiten des Evangeliums hinweist. Christus hat zwei solcher Handlungen eingesetzt – die Taufe und das Abendmahl. Dabei handelt es sich nicht um einen Vorgang im Sinne eines *opus operatum* – eines Aktes, der aus sich selbst heraus Gnade und Erlösung vermittelt. Die Taufe und das Abendmahl sind deshalb nur „Sakramente" im Sinne des *sacramentum*, des Diensteides der römischen Soldaten, der den Ge-

tigkeit, das alle wahrnehmen können. Weil Jesus, der Sündlose, sich taufen ließ, „um alle Gerechtigkeit zu erfüllen", sollten wir als Sünder seinem Beispiel folgen.

Der Auftrag Jesu. Am Ende seines irdischen Dienstes beauftragte Jesus seine Nachfolger: „Darum gehet hin und machet zu Jüngern alle Völker: Taufet sie auf den Namen des Vaters und des Sohnes und des heiligen Geistes und lehret sie halten alles, was ich euch befohlen habe." (Mt 28,19.20)

Damit machte Christus deutlich, daß er diejenigen zur Taufe aufforderte, die Teil seiner Gemeinde, seines geistlichen Königreichs werden wollten. Wo der Heilige Geist durch den Dienst der Apostel Menschen dazu bewegen würde, daß sie ihre Sünden bereuen und Jesus als ihren Erlöser annehmen, sollten sie auf den Namen des dreieinigen Gottes getauft werden.

Dadurch würde sichtbar gemacht, daß sie eine persönliche Beziehung zu Christus eingegangen und entschlossen sind, in Übereinstimmung mit den Grundsätzen seines Reiches zu leben. Christus setzte an den Schluß seines Taufbefehls die Zusicherung: „Und siehe, ich bin bei euch alle Tage bis an der Welt Ende."

Nach Jesu Himmelfahrt verkündigten die Apostel die Notwendigkeit der Taufe (Apg 2,38; 10,48; 22,16); daraufhin ließen sich Tausende taufen. Sie bildeten die neutestamentliche Gemeinde (Apg 2,41.47; 8,12) und bekannten sich damit zur Autorität des Vaters, des Sohnes und des Heiligen Geistes.

Taufe und Erlösung. Christus lehrt: „Wer da glaubt und getauft wird, der wird selig werden." (Mk 16,16) In der Gemeinde der Apostel folgte die Taufe unmittelbar dem Bekenntnis zu Christus; sie war die Bestätigung des Glaubens von dem neuen Gemeindeglied (vgl. Apg 8,12; 16,30-34). Petrus bezog sich auf die Erfahrung Noahs in der Sintflut, um den Zusammenhang zwischen Taufe und Erlösung zu erklären. Vor der Sintflut hatte die Sünde ein solches Ausmaß erreicht, daß Gott der Welt durch Noah die Warnungsbot-

---

horsam bis zum Tode gegenüber ihren Offizieren einschloß. Ebenso beinhalten diese „Sakramente" das Versprechen der totalen Übergabe an Christus.
Siehe Strong, „Systematic Theology", Judson Press, Philadelphia, PA, 1954, S. 930; „Baptism" in „Seventh-day Adventist Encyclopedia", S. 128.129.

schaft übermittelte, sie habe zu wählen zwischen Reue und Untergang. Nur acht Menschen glaubten; sie gingen in die Arche und wurden gerettet „durchs Wasser hindurch".

Petrus schrieb: „Das ist ein Vorbild der Taufe, die jetzt auch euch rettet. Denn in ihr wird nicht der Schmutz vom Leib abgewaschen, sondern wir bitten Gott um ein gutes Gewissen, durch die Auferstehung Jesu Christi." (1 Pt 3,21)

Petrus erklärt, daß wir in der Taufe ebenso durchs Wasser gerettet werden wie seinerzeit Noah und seine Familie. Natürlich war es Gott, der rettete, und nicht das Wasser der Flut. So reinigt auch das Blut Christi und nicht das Taufwasser den Gläubigen von der Sünde.

Allerdings ist die Taufe keine Erlösungsgarantie, auch wenn sie in engem Zusammenhang mit der Erlösung steht.[1] Der Apostel Paulus sah im Auszug Israels aus Ägypten eine symbolische Darstellung der Taufe.[2]

„Ich will euch aber, liebe Brüder, nicht in Unwissenheit darüber lassen, daß unsere Väter alle unter der Wolke gewesen und alle durchs Meer gegangen sind; und alle sind auf Mose getauft worden durch die Wolke und durch das Meer und haben alle dieselbe geistliche Speise gegessen und haben alle denselben geistlichen Trank getrunken." (1 Ko 10,1-4)

„Eingetaucht" in Wasser – über sich die Wolke und an beiden Seiten Wasser –, so wurden die Israeliten symbolisch getauft, als sie durch das Rote Meer zogen. Doch trotz dieser Erfahrung hatte Gott „an den meisten von ihnen ... kein Wohlgefallen" (1 Ko 10,5).

Ebensowenig ist heutzutage die Taufe eine Sicherheit für die Erlösung. Israels Erfahrung „ist aber geschrieben uns zur Warnung, auf die das Ende der Zeiten gekommen ist. Darum, wer meint, er stehe, mag zusehen, daß er nicht falle" (1 Ko 10,11.12).

---

[1] „Von Beginn an haben die Siebenten-Tags-Adventisten in Übereinstimmung mit ihren protestantischen Vorvätern jene Sicht hinsichtlich der Taufe verworfen, die diese Handlung im Sinne eines *opus operatum* versteht, also im Sinne einer Handlung, die aus sich selbst und in sich selbst Gnade und Erlösung bewirkt." „Baptism" in „Seventh-day Adventist Encyclopedia", S. 128.

[2] „The Seventh-day Adventist Bible Commentary", Bd. 6, S. 740.

„Eine Taufe"

Die Durchführung der Taufe ist unterschiedlich innerhalb der christlichen Welt. Einige Gemeinschaften führen sie in der Form der *Immersion* – des Untertauchens – durch; andere pflegen die Tradition der *Aspersion* – der Besprengung; wieder andere üben den Brauch der *Affusion* – des Übergießens.

Die Einigkeit, die Gottes Geist in der Gemeinde bewirkt, wird charakterisiert durch die „*eine* Taufe" (Eph 4,5).[1] Was offenbart uns

---

[1] Von Zeit zu Zeit sind Personen, die bereits durch Untertauchen getauft wurden, zu der Überzeugung gelangt, daß sie sich nochmals taufen lassen sollten. Führt dies zwangsläufig zu einem Konflikt mit der Auffassung des Apostels Paulus, daß es nur „*eine* Taufe" (Eph 4,5) gibt? Die Handlungsweise des Apostels selbst zeigt, daß dies nicht der Fall ist. Anläßlich eines Besuches in Ephesus traf er auf eine Gruppe von Gläubigen, die von Johannes dem Täufer getauft worden waren. Sie hatten eine Bekehrung erfahren und brachten ihren Glauben an den kommenden Messias zum Ausdruck (Apg 19,1-5). Diese Gläubigen besaßen jedoch kein klares Verständnis vom Evangelium. „Als sie die Taufe durch Johannes empfingen, vertraten sie noch einige ernsthafte Irrlehren. Aber mit zunehmender Klarheit nahmen sie Christus freudig als ihren Erlöser an; und verbunden mit diesem Fortschritt der Erkenntnis kam es auch zu einer Änderung ihrer Auffassung. Indem sie einen reineren Glauben annahmen, erfolgte auch eine Veränderung ihres Lebens und ihres Charakters. Zum Zeichen dieser Veränderung und als Bestätigung ihres Glaubens an Christus wurden sie erneut, im Namen Jesu, getauft.
Viele ernste Nachfolger Christi haben eine ähnliche Erfahrung gemacht. Ein klares Verständnis des Willens Gottes bringt den Menschen in eine neue Beziehung zu ihm. Es zeigen sich neue Verpflichtungen. Vieles, was bisher harmlos, ja, sogar anerkennenswert erschien, wird nun als sündig angesehen ... Seine frühere Taufe befriedigt ihn nicht mehr. Er hat sich selbst als Sünder erkannt, der unter dem Verdammungsurteil des Gesetzes Gottes steht. Er ist erneut der Sünde gestorben und verlangt danach, erneut durch die Taufe mit Christus begraben zu werden, damit er auferstehen kann, um in einem neuen Leben zu wandeln. Ein solches Vorgehen steht im Einklang mit dem Beispiel des Apostel Paulus, der die jüdischen Neubekehrten taufte. Dieser Vorfall wurde durch den Heiligen Geist zur Belehrung der Gemeinde aufgezeichnet." E. G. White, „Sketches From the Life of Paul", Review and Herald, Battle Creek, MI, 1883, S. 132.133; siehe auch „Seventh-day Adventist Church Manual", Washington D.C.; General Conference of Seventh-day Adventists, 1986, rev. Ausgabe, S. 50; E. G. White (compilation), „Evangelism", Review and Herald, Washington D. C., S. 372-375.

die Bibel über die Bedeutung des Wortes „taufen", ihre Handhabung und ihre geistliche Bedeutung?

Die Bedeutung des Wortes „taufen". Das deutsche Wort „taufen" ist von dem Adjektiv „tief" abgeleitet. „Taufen bedeutet eigentlich ‚tief machen', d. h. ‚ein-, untertauchen'."[1] Auch das griechische Wort *baptizo* bedeutet „untertauchen", denn es ist abgeleitet von dem Verb *bapto*, das mit „in Wasser eintauchen oder untertauchen" zu übersetzen ist.[2] Wenn sich das Verb „taufen" auf die Wassertaufe bezieht, geht es also immer um das Untertauchen. Eine Person wird unter Wasser getaucht.[3]

Im Neuen Testament wird das Verb „taufen" in folgendem Zusammenhang verwendet:
- Mit Bezug auf die Wassertaufe (siehe Mt 3,6; Mk 1,9; Apg 2,41);
- als Gleichnis für Christi Leiden und Sterben (Mt 20,22.23; Mk 10,38.39; Lk 12,50);
- im Blick auf das Kommen des Heiligen Geistes (Mt 3,11; Mk 1,8; Lk 3,16; Jo 1,33; Apg 1,5; 11,16);

Die Heilige Schrift spricht sich an keiner Stelle gegen eine Wiederholung der Taufe von Personen aus, die ihren Bund mit Gott durch schwere Sünde oder Abfall vom Glauben gebrochen haben, dann eine erneute Bekehrung erfuhren und daraufhin eine Erneuerung ihres Bundes mit Gott wünschten. Siehe „Seventh-day Adventist Church Manual", S. 51.162; E. G. White, „Evangelism", S. 375.

[1] „Der Große Duden", Bd. 7 (Etymologie), Mannheim, 1963, S. 702.

[2] Siehe A. Oepke, „Bapto, Baptizo" in G. Kittel, „Theologisches Wörterbuch zum Neuen Testament", Bd. I, Verlag W. Kohlhammer, Stuttgart, 1949, S. 527ff. Vine bemerkte, daß *bapto* von den Griechen verwendet wurde, „um das Färben eines Gewandes, das Schöpfen des Wassers durch Eintauchen der Gefäße usw." zu beschreiben. W. E. Vine, „An Expository Dictionary of Biblical Words", Thomas Nelson, New York, NY, 1985, S. 50.

Der Begriff „eintauchen" erscheint dreimal im Neuen Testament, jedesmal verwendet im Sinne von „untertauchen". Im Gleichnis vom reichen Mann und armen Lazarus bittet der reiche Mann Abraham darum, Lazarus zu gestatten, seine Fingerspitze in kaltes Wasser *einzutauchen*, um auf diese Weise seine (des reichen Mannes) Zunge ein wenig zu befeuchten (Lk 16,24). In der Nacht vor der Kreuzigung identifizierte Jesus seinen Verräter, indem er einen Bissen Brot *eintauchte* und ihn dann Judas gab (Jo 13,26). Und als Johannes in einer Vision Jesus sah, der den himmlischen Heerscharen voranzog, schien es ihm, als wären die Gewänder Jesu in Blut *eingetaucht* worden (Offb 19,13).

[3] G. E. Rice, „Baptism: Union with Christ" in „Ministry", Mai 1982, S. 20.

- bezogen auf die rituellen Waschungen der Hände (Mk 7,3.4; Lk 11,38).

Der letztgenannte Begriff bezeichnet ausschließlich Waschungen zur Reinigung von zeremoniellen Unreinheiten, legitimiert also nicht die Taufform des Übergießens.[1] Die Heilige Schrift verwendet den Begriff „Taufe" sowohl für die Wassertaufe als auch für den Tod Jesu (Mt 3,7; 20,22).

J. K. Howard weist darauf hin, daß das Neue Testament „keinen Beweis dafür bietet, daß die Besprengung jemals apostolische Praxis war, vielmehr deuten alle Beweise darauf hin, daß es sich dabei um eine spätere Einführung handelt".[2]

Die Taufe im Neuen Testament. Alle Berichte über die Wassertaufe im Neuen Testament kennen nur die Praxis des Untertauchens. Wir lesen, daß Johannes *im* Jordan taufte (Mt 3,6; vgl. Mk 1,5) und „in Änon, nahe bei Salim, denn es war da viel Wasser" (Jo 3,23). Nur die Handlung des Untertauchens machte „viel Wasser" erforderlich.

Johannes tauchte Jesus unter. Er taufte Jesus *„im Jordan"*, und nach der Taufe stieg Jesus *„aus dem Wasser"* (Mk 1,9.10; vgl. Mt 3,16).

Die apostolische Gemeinde taufte ebenfalls durch Untertauchen. Als der Evangelist Philippus den äthiopischen Beamten taufte, stiegen sie beide „in das Wasser hinab" und „aus dem Wasser" herauf (Apg 8,38.39).

Die Taufe in der Geschichte. Vor dem Beginn der christlichen Ära tauften die Juden neugewonnene Glaubensgenossen (Proselyten) durch Untertauchen. Die Essener in Qumran vollzogen die Taufe durch Untertauchen sowohl an ihren Mitgliedern als auch an den Hinzukommenden.[3]

---

[1] Siehe A. Oepke, a.a.O., S. 527ff. Vgl. auch W. Bauer/K. und B. Aland, „Griechisch-Deutsches Wörterbuch zu den Schriften des NT und der frühchristlichen Literatur", de Gruyter, Berlin, 6. Aufl., 1988, Sp. 265.

[2] J. K. Howard, „New Testament Baptism", Pickering & Inglis, London 1970, S. 48.

[3] M. Black, „The Scrolls and Christian Origins", Charles' Scribner's Sons, New York, 1961, S. 96-98. Siehe auch „Baptism" in „Seventh-day Adventist Bible Dictionary", S. 118.119.

Malereien in Katakomben und Kirchen, Mosaiken an Wänden, Deckengewölben und auf Fußböden, Reliefs und Bilder in frühen Ausgaben des Neuen Testaments „bezeugen in überwältigender Weise, daß die Taufe durch Untertauchen während der ersten zehn oder vierzehn Jahrhunderte die allgemein geübte Taufpraxis der christlichen Kirche war".[1]

Baptisterien[2] in alten Kathedralen, Kirchen und Ruinen in Nordafrika, der Türkei, Italien, Frankreich und an anderen Orten bezeugen noch heute das hohe Alter dieser Taufpraxis.[3]

Die Bedeutung der Taufe

Die Bedeutung der Taufe ist eng verbunden mit der Art ihrer Durchführung. Alfred Plummer sagte: „Nur wenn die Taufe in der Form des Untertauchens durchgeführt wird, ist ihre vollständige Bedeutung zu erkennen."[4]

Symbol für Tod und Auferstehung Jesu. Wie die Überflutung durch Wasser im Alten Testament ein Bild für übermächtige Sorgen und Nöte ist (Ps 42,7; 69,2; 124,4.5), so war die Taufe Jesu eine prophetische Darstellung seines Leidens, seines Todes und seines Begräbnisses (Mk 10,38; Lk 12,50). Das Heraufsteigen aus dem Wasser wies dementsprechend auf seine Auferstehung hin (Rö 6,3-5).

Die Taufe hätte keine Bedeutung als Symbol für das Leiden Jesu haben können, „wenn die apostolische Gemeinde eine andere Praxis als die des Untertauchens geübt hätte". Deshalb „ist das stärkste Argument für die Taufe durch Untertauchen theologischer Art".[5]

---

[1] G. E. Rice, „Baptism in the Early Church" in „Ministry", März 1981, S. 22. Vgl. H. F. Brown, „Baptism Through the Centuries", Pacific Press, Mountain View, CA, 1965; W. L. Lampkin, „A History of Immersion", Broadman Press, Nashville, 1962; W. N. Cotte, „The Archeology of Baptism", Yates and Alexander, London 1876.

[2] Baptisterien sind Taufkapellen oder Taufkirchen mit Taufbecken zum Untertauchen der zu Taufenden.

[3] H. F. Brown, a.a.O., S. 49-90.

[4] A. Plummer, „A Critical and Exegetical Commentary of the Gospel According to S. Luke" in S. R. Driver (Hg.), „The International Critical Commentary", T&T Clark, Edinburgh, 5. Aufl., 1981, S. 88.

[5] „Baptism" in „Seventh-day Adventist Encyclopedia", S. 128.

Der Sünde gestorben – lebendig für Gott. In der Taufe nehmen die Gläubigen an der Erfahrung des Leidens Jesu teil. Paulus schrieb: „Wißt ihr nicht, daß alle, die wir auf Christus Jesus getauft sind, die sind in seinen Tod getauft? So sind wir ja mit ihm begraben durch die Taufe in den Tod, damit, wie Christus auferweckt ist von den Toten ..., auch wir in einem neuen Leben wandeln." (Rö 6,3.4)

Die enge Beziehung zwischen dem Gläubigen und Christus wird durch Wendungen wie „auf Christus Jesus getauft", „in seinen Tod getauft" und „mit ihm begraben durch die Taufe" zum Ausdruck gebracht. Howard schrieb: „In dem symbolischen Akt der Taufe nimmt der Gläubige am Tod Christi teil, und in einem realen Sinne wird dieser Tod zu seinem Tod; und er nimmt an der Auferstehung Christi teil, und diese Auferstehung wird zu seiner Auferstehung."[1] Worin besteht die umfassende Bedeutung der Teilnahme des Gläubigen am Leiden unseres Herrn?

1. *Der Sünde gestorben*. In der Taufe sind die Gläubigen „ihm [Christus] gleichgeworden ... in seinem Tod" (Rö 6,5) und „mit Christus gekreuzigt" (Gal 2,19). Das bedeutet, daß „unser alter Mensch mit ihm gekreuzigt ist, damit der Leib der Sünde vernichtet werde, so daß wir hinfort der Sünde nicht dienen. Denn wer gestorben ist, der ist frei geworden von der Sünde." (Rö 6,6.7)

Die Gläubigen haben ihren früheren Lebensstil abgelegt. Sie sind der Sünde gestorben und bezeugen, daß „das Alte" vergangen ist (2 Ko 5,17), indem ihr Leben mit Christus in Gott verborgen ist (vgl. Kol 3,3). Die Taufe symbolisiert die Kreuzigung des alten Lebens. Sie ist nicht nur Tod, sondern auch Begräbnis. Wir sind „mit ihm begraben worden durch die Taufe" (Kol 2,12). Wie das Begräbnis dem Tod eines Menschen folgt, so wird das alte, vergangene Leben begraben, wenn der Gläubige in das Wassergrab steigt, nachdem er Jesus Christus angenommen hat.

In der Taufe erteilen Gläubige der Welt eine Absage. Indem sie der Aufforderung folgen: „*Darum geht aus von ihnen und sondert euch ab*, spricht der Herr, *und rührt nichts Unreines an*" (2 Ko 6,17), be-

---

[1] Howard, a.a.O., S. 69.

kennen sie öffentlich, daß sie Satan nicht mehr dienen wollen, sondern Jesus in ihr Leben aufgenommen haben.

In der Gemeinde der Apostel schloß der Ruf zur Bekehrung den Ruf zur Taufe ein (Apg 2,38). Deshalb ist die Taufe auch ein Zeichen wahrer Bekehrung. Die Gläubigen „sterben" ihren Übertretungen des Gesetzes und erhalten durch das reinigende Blut Jesu Christi Vergebung der Sünden. Die Taufhandlung ist das Zeichen einer inneren Reinigung – des Abwaschens der Sünden, die zuvor bekannt worden waren.

2. Lebendig für Gott. Die Kraft der Auferstehung Jesu wird wirksam in unserem Leben; sie befähigt uns, in einem neuen Leben zu wandeln (Rö 6,4) – nun der Sünde gestorben, aber lebendig für Gott in Christus Jesus (Rö 6,11).

Wir bezeugen, daß die einzige Hoffnung auf ein Leben des Sieges über die alte Natur in der Gnade des auferstandenen Herrn liegt, der uns durch die Kraft des Heiligen Geistes neues geistliches Leben schenken will. Dieses neue Leben hebt uns auf eine höhere Ebene der menschlichen Erfahrung und vermittelt neue Werte und Neigungen, die die völlige Übergabe an Jesus Christus zum Ziel haben. Dann sind wir wirklich Nachfolger unseres Erlösers, und die Taufe ist das Zeichen unserer Jüngerschaft.

Symbol einer Bundesbeziehung. Im Alten Testament war die Beschneidung das Bundeszeichen zwischen Gott und Abraham (1 Mo 17,1-7).

Der abrahamitische Bund hatte geistliche und auch nationale Aspekte. Die Beschneidung war das Zeichen nationaler Zugehörigkeit zu Israel. Abraham und alle männlichen Angehörigen seiner Familie, die mindestens acht Tage alt oder älter waren, mußten beschnitten werden (1 Mo 17,10-14.25-27). Jede männliche Person, die nicht beschnitten war, mußte ausgerottet werden aus Gottes Volk, denn die Person hatte den Bund gebrochen (1 Mo 17,14).

Daß der Bund zwischen Gott und Abraham im Erwachsenenalter geschlossen worden war, weist hin auf seine geistliche Dimension. Die Beschneidung Abrahams kennzeichnet und bestätigt seine vorausgegangene Erfahrung der Rechtfertigung durch den Glauben. Die Beschneidung war das „Siegel der Gerechtigkeit des

DIE TAUFE

Glaubens, den er hatte, als er noch nicht beschnitten war" (Rö 4,11).

Die Beschneidung allein war aber noch keine Garantie für seine Teilhabe an der geistlichen Dimension des Bundes. Immer wieder weisen Gottes Boten darauf hin, daß vor allem auch die geistliche Beschneidung erforderlich sei. „So beschneidet nun eure Herzen und seid hinfort nicht halsstarrig." (5 Mo 10,16; vgl. 5 Mo 30,6; Jer 4,4) Die „Unbeschnittenen des Herzens" sollten so bestraft werden wie die Heiden (Jer 9,25.26).

Als die Juden Jesus als den verheißenen Messias ablehnten, kündigten sie ihr Bundesverhältnis mit Gott auf und beendeten damit ihre Sonderstellung als sein auserwähltes Volk (Da 9,24-27; siehe auch Kap. 4 dieses Buches). Zwar blieb der Bund mit seinen Verheißungen von seiten Gottes bestehen, aber Gott erwählte sich ein neues Bundesvolk. Das geistliche Israel löste die jüdische Nation ab (Gal 3,27-29; 6,15.16).

Der Tod Jesu besiegelte den neuen Bund. Durch die geistliche Beschneidung – die Antwort des Glaubens auf das versöhnende Opfer Jesu – wurden Menschen zu Teilhabern dieses Bundes. Christen verkündigen „das Evangelium an die Unbeschnittenen" (Gal 2,7 EB). Der Neue Bund verlangt einen „innewohnenden Glauben" und nicht „äußerliche Bräuche" von denen, die zum geistlichen Israel gehören wollen. Durch die natürliche Geburt kann jemand Jude sein; Christ aber wird man nur durch die Neugeburt. „Denn in Christus Jesus gilt weder Beschneidung noch Unbeschnittensein etwas, sondern der Glaube, der durch die Liebe tätig ist." (Gal 5,6) Entscheidend ist „die Beschneidung des Herzens, die im Geist ... geschieht" (Rö 2,28.29).

Die Taufe, das Zeichen der Errettung und Erneuerung durch Jesus, ist auch das Zeichen der geistlichen Beschneidung. „In ihm seid ihr auch beschnitten worden mit einer Beschneidung, die nicht mit Händen geschieht, als ihr nämlich euer fleischliches Wesen ablegtet in der Beschneidung durch Christus. Mit ihm seid ihr auch begraben worden durch die Taufe; mit ihm seid ihr auch auferstanden durch den Glauben aus der Kraft Gottes, der ihn auferweckt hat von den Toten." (Kol 2,11.12)

„Nachdem das *Wesen des Fleisches* durch die geistliche Beschneidung von Jesus beseitigt wurde, ist der Getaufte nun fähig, *Christus anzuziehen* und in die Bundesbeziehung zu Jesus einzutreten. Als ein Ergebnis dieses Vorgangs kann er nun die Erfüllung der Bundesverheißung erfahren."[1] „Denn ihr alle, die ihr auf Christus getauft seid, habt Christus angezogen. ... Gehört ihr aber Christus an, so seid ihr ja Abrahams Kinder und nach der Verheißung Erben." (Gal 3,27.29) Wer in diese Bundesbeziehung eingetreten ist, steht unter der Zusage Gottes: „Sie sollen mein Volk sein, und ich will ihr Gott sein." (Jer 31,33)

Das Zeichen der Weihe zum Dienst für Jesus. Bei seiner Taufe empfing Jesus den Heiligen Geist als Zeichen seiner Weihe und Salbung zu dem Dienst, den der Vater ihm aufgetragen hatte (Mt 3,13-17; Apg 10,38). Jesu Erfahrung macht deutlich, daß Wassertaufe und Geistestaufe zusammengehören, daß Taufe ohne Empfang des Heiligen Geistes unvollständig ist.

In der Gemeinde der Apostel folgte der Taufe in der Regel die Ausgießung des Heiligen Geistes. So werden wir heute, wenn wir auf den Namen des Vaters, des Sohnes und des Heiligen Geistes getauft werden, mit diesen Mächten des Himmels verbunden und zum Dienst der Verkündigung des ewigen Evangeliums geweiht.

Der Heilige Geist bereitet auf diesen Dienst vor, indem er das Herz von der Sünde reinigt. Johannes der Täufer erklärte, Jesus werde „mit dem heiligen Geist und mit Feuer taufen" (Mt 3,11). Jesaja offenbarte, der Herr werde sein Volk „durch den Geist, der richten und ein Feuer anzünden wird", von aller Unreinheit befreien (Jes 4,4). Gott sagte: „Ich will ... mit Lauge ausschmelzen, was Schlacke ist, und all dein Zinn ausscheiden." (Jes 1,24.25) „Unser Gott ist ein verzehrendes Feuer" für die Sünde (Hbr 12,29). Der Heilige Geist wird das Leben derer, die sich ihm völlig hingegeben haben, reinigen, indem er ihre Sünden auslöscht.

Danach stattet der Heilige Geist mit Gaben aus, nämlich „einer besonderen göttlichen Gabe, die dem Gläubigen zum Zeitpunkt der Taufe verliehen wird, um ihn zu befähigen, der Gemeinde zu die-

---

[1] G. E. Rice, „Baptism: Union With Christ" in „Ministry", Mai 1982, S. 21.

nen und für jene zu wirken, die Jesus Christus noch nicht angenommen haben."[1] Die Taufe mit dem Heiligen Geist verlieh der Urgemeinde Kraft zum Zeugendienst (Apg 1,5.8), und allein diese Taufe wird die Gemeinde befähigen, ihren Auftrag der Verkündigung des ewigen Evangeliums zu vollenden (Mt 24,14; Offb 14,6).

Das Zeichen der Aufnahme in die Gemeinde. Als Zeichen der persönlichen Erneuerung oder Wiedergeburt (Jo 3,3.5) markiert die Taufe auch den Eintritt eines Menschen in das geistliche Königreich Christi.[2] Indem sie den neuen Gläubigen mit Christus vereint, ist sie gleichzeitig eine Tür zur Gemeinde. Durch die Taufe fügt der Herr die neubekehrten Nachfolger dem Kreis der Gläubigen hinzu – seinem Leib, der Gemeinde (Apg 2,41.47; 1 Ko 12,13). Dadurch werden sie zu Mitgliedern der Familie Gottes. Man kann nicht getauft sein, ohne sich gleichzeitig der „Gemeindefamilie" anzuschließen.

Voraussetzungen für die Taufe

Die Heilige Schrift vergleicht die Beziehung zwischen Christus und seiner Gemeinde mit einer Ehe. In einer Ehe sollten beide Partner ihre Verantwortlichkeiten und ihre Pflichten, die sie füreinander übernommen haben, gut kennen. Wer getauft werden möchte, sollte Glaube, Buße sowie die Früchte der Buße, ein richtiges Verständnis der Taufe und die sich daraus ergebende geistliche Haltung offenbaren.[3]

---

[1] G. Oosterwal, „Every Member a Minister? From Baptism to a Theological Base" in „Ministry", Febr. 1980, S. 4-7. Siehe auch R. D. Edwards, „Baptism as Ordination" in „Ministry", Aug. 1983, S. 4-6.

[2] E. G. White in „The Seventh-day Adventist Bible Commentary", Bd. 6, S. 1075.

[3] Wenn es bestimmte Bedingungen für die Taufe gibt, wie kann sich dann jemand „für die Toten" taufen lassen? Die folgende Auslegung steht in Übereinstimmung mit der biblischen Botschaft:
In 1. Korinther 15 betont Paulus die Bedeutung der Auferstehung von den Toten und verwirft die Ansicht, daß es keine Auferstehung gebe. Er zeigt auf, daß der christliche Glaube unnütz und vergeblich wäre, wenn es keine Auferstehung gäbe. In demselben Sinne argumentiert er, indem er schreibt: „Was soll es sonst, daß sich einige für die Toten taufen lassen? Wenn die Toten gar nicht auferstehen, was lassen sie sich dann für sie taufen?" (1 Ko 15,29)

Glaube. Eine wesentliche Voraussetzung für die Taufe ist der Glaube an das versöhnende Opfer Jesu, das als einziges Mittel zur Erlösung von Sünden für uns gebracht wurde. Christus sagt: „Wer da glaubt und getauft wird, der wird selig werden." (Mk 16,16) Zur Zeit der Apostel wurde nur getauft, wer dem Evangelium Glauben schenkte (Apg 8,12.36.37; 18,8).

Weil „der Glaube aus der Predigt, das Predigen aber durch das Wort Christi" kommt (Rö 10,17), bildet die Unterweisung einen wesentlichen Teil der Vorbereitung auf die Taufe. Der Missionsbefehl Jesu unterstreicht die Wichtigkeit dieser Unterweisung: „Darum

> Einige haben die Wendung „sich taufen lassen für die Toten als Belegstelle dafür gedeutet, daß sich Gläubige stellvertretend für bereits verstorbene Personen taufen lassen sollten. Angesichts der eindeutigen Voraussetzungen für die Taufe, die die Bibel nennt, läßt sich diese Auffassung nicht halten.
> W. Robertson Nicholl zeigt, daß das, worauf Paulus sich bezieht, eine „ganz normale Erfahrung war, daß der Tod von Christen zur Bekehrung von Hinterbliebenen führt, die sich zunächst *um der Toten willen* (wegen ihrer geliebten Angehörigen) in der Hoffnung auf ein Wiedersehen Christus zuwenden." Paulus beschreibt diese Neubekehrten als „für die Toten getauft". „Die Hoffnung auf die zukünftige Herrlichkeit, verbunden mit enger familiärer Zuneigung und Freundschaft, bildete einen der wirkungsvollsten Faktoren bei der anfänglichen Ausbreitung des Christentums." (W. Robertson Nicholl, Hg., „The Expositors Greek Testament", Wm. B. Eerdmans, Grand Rapids, MI, 1956, Bd. 2, S. 931)
> M. Raeder zeigt, daß die Präposition „für" (griech. *hyper*) innerhalb der Wendung „für die Toten getauft" eine Absicht ausdrückt. „Die Taufe geschieht *um der Toten willen*, das heißt um bei der Auferstehung mit den verstorbenen christlichen Angehörigen vereinigt zu werden." (M. Raeder, „Vikariatstaufe in 1 Ko 15,29?" in „Zeitschrift für die Neutestamentliche Wissenschaft", 45/1955, S. 258-260, zitiert von Harald Riesenfeld, „Hyper" in „Theologisches Wörterbuch zum Neuen Testament", Bd. 8, S. 516) Vgl. Howard, „New Testament Baptism", S. 108.109.
> Howard vertritt die Auffassung, daß die Argumentation des Apostels Paulus in 1 Ko 15,29 innerhalb des gegebenen Zusammenhangs folgendermaßen lautet: „Wenn Christus nicht auferstanden ist, sind diejenigen, die *in Christus* gestorben sind, verloren, wir aber sind hoffnungslose und armselige Kreaturen. Das gilt besonders für jene, die sich in der Hoffnung auf die Wiedervereinigung mit ihren Angehörigen um der gläubigen Toten willen zur Taufe entschlossen haben und in die christliche Gemeinde haben aufnehmen lassen." (Howard, „Baptism for the Dead: A Study of 1 Corinthians 15,29" in „Evangelical Quarterly", F. F. Bruce (Hg.), Paternoster Press, Exeter, Ausg. Juli-Sept. 1965, S. 141.

gehet hin und machet zu Jüngern alle Völker: Taufet sie auf den Namen des Vaters und des Sohnes und des heiligen Geistes und lehret sie halten alles, was ich euch befohlen habe." (Mt 28,19.20) Nachfolger Jesu zu werden schließt eine umfassende Unterweisung ein.

Buße. „Tut Buße", sagte Petrus, „und jeder von euch lasse sich taufen." (Apg 2,38) Unterricht im Wort Gottes will nicht nur zum Glauben führen, sondern auch zu Reue und Bekehrung. Wo Gottes Ruf gehört und verstanden wird, erkennen Menschen ihren verlorenen Zustand, sie bereuen und bekennen ihre Sünde, übergeben sich Gott, nehmen die Versöhnung durch Christus an und führen fortan ein neues Leben mit ihm. Ohne Bekehrung kann es keine persönliche Beziehung zu Jesus Christus geben. Nur durch die Buße wird einem die Erfahrung zuteil, der Sünde gestorben zu sein – und das ist eine wichtige Voraussetzung für die Taufe.

Früchte der Buße. Wer um die Taufe bittet, muß seinen Glauben bekennen und eine Bekehrung erfahren haben. Wer aber nicht auch „rechtschaffene Frucht der Buße" bringt (Mt 3,8), hat nicht alle biblisch begründeten Erfordernisse für die Taufe erbracht. Im Leben muß sich die Treue zur Wahrheit erweisen, so wie sie in Jesus ist, auch die Liebe zu Gott im Gehorsam gegenüber seinen Geboten.

Bei der Vorbereitung auf die Taufe sollte darauf geachtet werden, daß irrige Vorstellungen über den Glauben und falsche Lebensgewohnheiten abgelegt sind. Die Frucht des Geistes, die im Leben sichtbar werden sollte, wird offenbaren, ob der Herr in ihnen lebt und sie in ihm (Jo 15,1-8). Solange nicht die Bestätigung einer persönlichen Beziehung zu Christus erbracht wird, sollten sich Taufbewerber nicht der Gemeinde anschließen dürfen.[1]

Die Prüfung der Taufbewerber. Glied der Gemeinde zu werden bedeutet, einen entscheidenden geistlichen Schritt zu tun; es geht nicht nur darum, seinen Namen in eine Liste eintragen zu lassen. Wer die Taufe durchführt, ist verantwortlich dafür, daß die einzel-

---

[1] Vgl. G. Damsteegt, „Reaping the Harvest" in „Adventist Review", 22. Okt. 1987, S. 15.

nen Bewerber wirklich auf die Taufe vorbereitet sind. Es ist Sorge dafür zu tragen, daß die Täuflinge die Grundprinzipien der Gemeinde und ihr Selbstverständnis bejahen und bezeugen, daß sie die Neuschöpfung und eine frohmachende Erfahrung mit Christus erlebt haben.[1]

Man sollte auch sorgfältig darauf achten, daß nicht geurteilt wird über die Motive derer, die die Taufe wünschen. „Wenn eine Person sich um die Mitgliedschaft in der Gemeinde bewirbt, müssen wir die Früchte ihres Lebens prüfen. Die Verantwortung für ihre Beweggründe sollten wir jedoch ihr allein überlassen."[2]

Einige sind zwar im Taufwasser begraben worden; ihr Ich aber ist nicht gestorben. Neues Leben in Christus haben sie nicht erhalten. Wer so in die Gemeinde gekommen ist, hat den Keim der Schwäche und des Abfalls mitgebracht. Sein „ungeheiligter" Einfluß verwirrt die Menschen innerhalb und außerhalb der Gemeinde und gefährdet die Wirksamkeit ihres Zeugnisses.

Sollten Säuglinge und Kinder getauft werden? „Von neuem geboren" werden Neubekehrte durch die Taufe und so der Gemeinde hinzugefügt. Ihre Bekehrung hat die Voraussetzung erbracht, daß sie zur Taufe und zur Mitgliedschaft in der Gemeinde fähig sind. Dieses „Hinzugefügt-werden" findet bei der „Wiedergeburt", nicht bei der Geburt eines Säuglings statt. Deshalb wurden *Gläubige* getauft – *„Männer und Frauen"* (Apg 8,12.13.29-38; 9,17.18; 1 Ko 1,14).

„Es ist wahr, daß sie [die Kindertaufe] im Neuen Testament ... nirgends explizit erlaubt oder gar geboten wird", räumt Karl Barth ein.[3] G. R. Beasley-Murray bekannte: „Ich sehe mich außerstande, in der Kindertaufe die Taufe der neutestamentlichen Gemeinde zu erkennen."[4]

Weil Säuglinge und Kleinkinder keine Bekehrung erfahren können, sind sie zur Taufe nicht befähigt. Heißt das, sie sind ausge-

---

[1] Siehe „Gemeindehandbuch", hrsgg. von der Gemeinschaft der Siebenten-Tags-Adventisten, Advent-Verlag, Hamburg, 1988, S. 38ff.
[2] E. G. White, „Evangelism", S. 313.
[3] Karl Barth, „Dogmatik", EVZ-Verlag, Zürich, Band IV/4, S. 197.
[4] G. R. Beasley-Murray, „Baptism in the New Testament", Wm. B. Eerdmans, Grand Rapids, MI, 1973, S. 392.

schlossen aus der Gemeinschaft des Neuen Bundes? Ganz sicher nicht! Denn Jesus schließt niemanden aus seinem Reich der Gnade aus. Er sagt: „Lasset die Kinder und wehret ihnen nicht, zu mir zu kommen; denn solchen gehört das Himmelreich. Und er legte die Hände auf sie ..." (Mt 19,14.15)

Gläubige Eltern übernehmen eine wichtige Aufgabe, wenn sie ihre Kinder in eine persönliche Beziehung zu Christus führen, die schließlich zur Taufentscheidung heranreift. Die positive Antwort Jesu auf die Bitte der Mütter, die ihre Kinder zu ihm brachten, damit sie gesegnet würden, hat zur Gepflogenheit der Kindersegnung geführt. Eltern bringen ihre Kinder in die Gemeinde, um sie Gott zu weihen.

In welchem Alter ist ein Mensch zur Taufe bereit? Junge Menschen können getauft werden, wenn sie
- alt genug sind, um die Bedeutung der Taufe zu verstehen,
- sich Christus übergeben und bekehrt sind,
- die grundlegenden Inhalte des Christentums verstehen,
- die Bedeutung der Zugehörigkeit zur Gemeinde begreifen.

Wenn ein Mensch in das Alter kommt, wo er eine eigene Glaubensentscheidung treffen kann, sich aber dem Einfluß des Heiligen Geistes entzieht, setzt er seine Erlösung aufs Spiel.

Weil jeder in jedem Lebensalter eine unterschiedliche geistliche Reife besitzt, sind einige früher, andere später zur Taufe bereit. Wir können deshalb kein Mindestalter für die Taufe festsetzen.

Die Frucht der Taufe

Wichtigste Frucht der Taufe ist Leben für Christus. Alles Streben und Trachten ist auf Christus gerichtet, nicht auf das Ich. „Seid ihr nun mit Christus auferstanden, so sucht, was droben ist, wo Christus ist, sitzend zur Rechten Gottes. Trachtet nach dem, was droben ist, nicht nach dem, was auf Erden ist." (Kol 3,1.2)

Mit der Taufe ist noch nicht der Höhepunkt im Leben eines Christen erreicht. Durch geistliches Wachstum werden geistliche Gaben erlangt, die sich nach Gottes Plan im Dienst für andere vervielfältigen. „Gott gebe euch viel Gnade und Frieden durch die

Erkenntnis Gottes und Jesu, unseres Herrn!" (2 Pt 1,2) Bleiben wir unserem Taufgelübde treu, dann werden uns durch den Vater, den Sohn und den Heiligen Geist, auf die wir getauft sind, Gottes Kraft und Hilfe zur Bewältigung der Schwierigkeiten zuteil, denen wir auch nach der Taufe begegnen.

Eine weitere Frucht der Taufe besteht in einem Leben für die Gemeinde. Wir sind nicht länger isoliert und allein; denn wir sind Glieder der Gemeinde Jesu geworden. Als lebendige Steine sind wir in den Tempel Gottes eingefügt (1 Pt 2,2-5). Wir stehen in einer ständigen Beziehung zu Christus, dem Haupt der Gemeinde, von dem wir täglich die Gnade empfangen, in der Liebe zu wachsen (Eph 4,16). Wir übernehmen Verantwortung innerhalb dieser Gemeinschaft und erfahren, daß man eine besondere Verantwortung für die Neugetauften trägt (1 Ko 12,12-26).

Sowohl zu ihrem eigenen Besten wie auch zum Besten der Gemeinde sollten neue Gemeindeglieder in ein Leben des Gottesdienstes, des Gebets und der liebevollen Fürsorge mit hineingenommen werden (Eph 4,12).

Die wichtigste Frucht der Taufe besteht darin, ein Leben in dieser Welt und zugleich für die Welt zu führen. Es trifft zu, daß wir, die wir getauft sind, unser Bürgerrecht im Himmel haben (Phil 3,20). Aber wir wurden aus der Welt herausgerufen, damit wir im „Leib Christi" ausgebildet werden, um dann in die Welt zurückzukehren und am Rettungswerk Christi Anteil zu haben. Nachfolger Jesu werden nicht aus der Welt in die Gemeinde „flüchten"; wir wurden in das Reich Christi hineingeboren, um lebendige Zeugen zu sein. Die Treue zu unserem Taufgelübde schließt auch ein, daß wir andere in das Reich der Gnade führen.[1]

Gott wartet sehnsüchtig darauf, daß wir das Leben in Fülle begehren, das er aus Gnaden für uns vorgesehen hat.

„Und nun, was zögerst du? Steh auf und rufe seinen Namen an und laß dich taufen und deine Sünden abwaschen." (Apg 22,16)

---

[1] Siehe Edwards, „Baptism as Ordination", a.a.O.

Kapitel 15

Das Abendmahl

> *Beim Abendmahl nehmen wir Brot und Wein zu uns, die Zeichen für den Leib und das Blut Jesu Christi, und bringen dadurch unseren Glauben an ihn als unseren Herrn und Erlöser zum Ausdruck. In diesem Erlebnis der Gemeinschaft ist Christus gegenwärtig, um unter seinem Volk zu sein und es zu stärken. Durch die Teilnahme am Abendmahl verkünden wir voll Freude des Herrn Tod, bis er wiederkommt. Zur Vorbereitung gehören Selbstprüfung, Reue und Sündenbekenntnis. Der Herr gebot auch den Dienst der Fußwaschung. Die Fußwaschung weist auf die Notwendigkeit erneuter Reinigung hin, ist Ausdruck der Bereitschaft, einander in Demut zu dienen, wie Christus es tat, und soll unsere Herzen in Liebe verbinden. Am Abendmahl können alle gläubigen Christen teilnehmen.*

Mit staubigen Füßen betraten sie das Obergemach, wo sie Passa feiern wollten. Ein Krug Wasser, ein kleines Waschbecken und Tücher für die übliche Fußwaschung waren bereitgelegt; doch keiner war gewillt, diesen niedrigen Dienst zu tun.

Jesus wußte, daß er bald sterben würde, und von Sorge bewegt, sagte er: „Mich hat herzlich verlangt, dies Passalamm mit euch zu essen, ehe ich leide. Denn ich sage euch, daß ich es nicht mehr essen werde, bis es erfüllt wird im Reich Gottes." (Lk 22,15.16)

Die Eifersucht, die unter den Jüngern herrschte, erfüllte sein Herz mit Traurigkeit. Er wußte, daß sie immer noch darüber stritten, wer von ihnen einst im Königreich Gottes der Größte sein würde (Lk 22,24; Mt 18,1; 20,21). Ihr Machtstreben, ihr Stolz und

Eigendünkel waren es auch, die sie daran hinderten, sich zu demütigen und die Aufgabe eines Knechtes zu übernehmen, den anderen die Füße zu waschen. Würden sie jemals verstehen lernen, daß in Gottes Reich wahre Größe nur durch Demut und den Dienst der Liebe offenbar wird?

„Während des Abendessens" (Jo 13,2.4 EB)[1] stand Jesus schweigend auf, nahm das Handtuch, goß Wasser in das Becken, kniete nieder und begann, den Jüngern die Füße zu waschen. Der Meister als Diener! Die Jünger verstanden den unausgesprochenen Tadel und wurden von Scham erfüllt.

Als der Dienst getan und Jesus an seinen Platz zurückgekehrt war, sagte er: „Wenn nun ich, euer Herr und Meister, euch die Füße gewaschen habe, so sollt auch ihr euch untereinander die Füße waschen. Ein Beispiel habe ich euch gegeben, damit ihr tut, wie ich euch getan habe. Wahrlich, wahrlich, ich sage euch: Der Knecht ist nicht größer als sein Herr und der Apostel nicht größer als der, der ihn gesandt hat. Wenn ihr dies wißt – selig seid ihr, wenn ihr's tut." (Jo 13,14-17)

Dann setzte Jesus anstelle des Passafestes jene Feier ein, die an sein großes Opfer erinnern sollte: das Abendmahl. Er nahm das ungesäuerte Brot, segnete es und brach es, gab es den Jüngern und sagte: „Nehmet, esset, das ist mein Leib, der für euch gegeben wird; das tut zu meinem Gedächtnis." Dann nahm er den „gesegneten" Kelch, „dankte", gab ihn ihnen und sprach: „Trinket alle daraus; das ist mein Blut des Bundes, das vergossen wird für viele zur Vergebung der Sünde. Das tut, sooft ihr daraus trinkt, zu meinem Gedächtnis. Denn sooft ihr von diesem Brot eßt und aus diesem Kelch trinkt, verkündigt ihr den Tod des Herrn, bis er kommt." (Mt 26,26-28; 1 Ko 11,24-26; 10,16)

Fußwaschung und Abendmahl gehören zum Abendmahlsgottesdienst. Jesus setzte sie beide ein, um uns zu helfen, in enger Gemeinschaft mit ihm zu leben.

---

[1] Siehe auch Robert Odom, „The First Celebration of the Ordinance of the Lord's House" in „Ministry", Jan. 1953, S. 20; E. G. White, „Das Leben Jesu", S. 642-647.

Die Fußwaschung

Der Brauch erforderte es, daß jede jüdische Familie vor der Passafeier allen Sauerteig – ein Gleichnis für die Sünde – aus ihren Häusern entfernte; und das mußte vor dem ersten Tag der Woche der ungesäuerten Brote geschehen (2 Mo 12,15.19.20). So sollten auch Christen all ihre Sünden bekennen und bereuen, wie Stolz, Eifersucht, Neid, Zorn und Selbstsucht. Erst dann können sie im tiefsten Sinn Gemeinschaft mit Christus erfahren.

Um das zu erreichen, setzte Jesus die Fußwaschung ein. Damit gab er seinen Jüngern nicht nur ein Beispiel, sondern forderte sie zugleich auf, dasselbe zu tun. „Wenn ihr dies wißt – selig seid ihr, wenn ihr's tut." (Jo 13,17) Diese Handlung, die dem Abendmahl vorausgeht, entspricht der Weisung, sich ernstlich zu prüfen, damit niemand in „unwürdiger Weise"[1] am Mahl teilnimmt (1 Ko 11,27-29).

Die Bedeutung der Handlung. Diese heilige Anordnung gewährt einen wichtigen Einblick in die Sendung und den Auftrag Jesu und gibt zugleich Aufschluß über die Erfahrung der Gläubigen.

1. Eine Erinnerung an Jesu Niedrigkeit. Die Fußwaschung erinnert an die Erniedrigung Christi in seiner Fleischwerdung und in seinem Dienst.[2] Obwohl er in himmlischer Herrlichkeit mit seinem Vater den Thron innehatte, „entäußerte er sich selbst und nahm Knechtsgestalt an, ward den Menschen gleich ..." (Phil 2,7).

Gottes Sohn in seiner Liebe war selbstlos und opferbereit, wurde aber von der Mehrheit derer, die zu retten er gekommen war, zurückgewiesen. Während der irdischen Lebenszeit Christi war Satan immer darauf aus, den Sohn Gottes zu schmähen und zu entehren. Welch eine Demütigung für Jesus, den Unschuldigen, wie ein Verbrecher gekreuzigt zu werden!

Jesus führte ein Leben selbstloser Hingabe. Er war nicht gekommen, „um sich dienen zu lassen, sondern um zu dienen" (Mt 20,28). Anhand der Fußwaschung zeigte er, daß er zu jedem Dienst – wie niedrig er auch sei – bereit war, wenn es darum ging, Men-

---

[1] Nach dem Grundtext.
[2] E. G. White, „Das Leben Jesu", S. 650.

schen zu retten. So lehrte er seine Nachfolger, ein Leben des Dienstes und der Demut zu führen. Die Gläubigen sollten lernen, in Güte und Liebe auch anderen zu dienen.

Diese heilige Ordnung will all jene ermutigen, die über ihre Sendung nachdenken, andere mitfühlend und bescheiden zu behandeln. Wer Christus in der Fußwaschung nachfolgt, bezeugt, so gesinnt zu sein wie er: „Durch die Liebe diene einer dem andern." (Gal 5,13)

Obwohl die Fußwaschung in gewissem Sinne erniedrigend ist, beschämt sie den Nachfolger Jesu doch nicht. Denn wer sähe nicht ein Vorrecht darin, sich vor Christus zu beugen und die Füße zu waschen, die ans Kreuz genagelt wurden? Jesus sagte: „Was ihr getan habt einem von diesen meinen geringsten Brüdern, das habt ihr mir getan." (Mt 25,40)

2. Eine besondere Reinigung. Die Fußwaschung bewirkt allerdings mehr als nur die Reinigung der Füße; sie ist ein Hinweis auf die Reinigung des Herzens. Als Petrus den Herrn bat, er möge ihn ganz waschen, sagte Jesus: „Wer gebadet hat, der ist ganz rein und braucht sich nur noch die Füße zu waschen." (Jo 13,10 GN)

Wer ein Bad nimmt, ist rein. Die Füße aber, die nackt in Sandalen stecken, werden schnell wieder staubig und müssen erneut gewaschen werden. So war es auch mit den Jüngern. Ihre Sünden, die sie zuvor begangen hatten, waren abgewaschen durch die Taufe. Aber ihre Versuchlichkeit hatte dazu geführt, daß sich Stolz, Eifersucht und Böses in ihrem Herzen regten. Sie waren noch nicht bereit, innige Gemeinschaft mit ihrem Herrn zu pflegen und den Neuen Bund anzunehmen, den er mit ihnen schließen wollte.

Durch die Fußwaschung wollte Christus seine Jünger auf das Abendmahl vorbereiten. Mit Ausnahme von Judas, dem Verräter, wurden nun ihre Herzen durch Christi Gnade von Selbstsucht und Stolz gereinigt und in Liebe zueinander vereint. Jesu selbstlose Tat hatte sie beschämt. Nun waren sie offen für das, was Jesus ihnen sagen wollte.

So wie die Jünger sind auch wir durch Christi Blut rein von allen früheren Sünden; denn wir haben Jesus angenommen und sind getauft. Doch wir versagen auch auf unserem christlichen Lebensweg; unsere Füße werden staubig. Erneut müssen wir zu Christus kommen und unsere Beschmutzung durch seine reinigende Gnade abwaschen lassen. Wir müssen nicht wieder getauft werden, denn „wer gebadet hat, der ... braucht sich nur noch die Füße zu waschen" (Jo 13,10 GN).[1] Die Fußwaschung erinnert daran, daß wir regelmäßig gereinigt werden müssen und völlig abhängig sind vom Blut Christi. Die Fußwaschung allein kann nicht von Sünde reinigen, das kann nur Christus.

3. Eine Gemeinschaft der Vergebung. Die Vergebungsbereitschaft derer, die an der Fußwaschung teilnehmen, bezeugt, daß die Reinigung, versinnbildlicht durch diesen Dienst, wirksam geworden ist. Nur in dem Maße, wie wir selber vergeben, können wir die Vergebung Gottes erfahren. „Denn wenn ihr den Menschen ihre Verfehlungen vergebt, so wird euch euer himmlischer Vater auch vergeben. Wenn ihr aber den Menschen nicht vergebt, so wird euch euer Vater eure Verfehlungen auch nicht vergeben." (Mt 6,14.15)

Jesus sagte: „So sollt auch ihr euch untereinander die Füße waschen." (Jo 13,14) Wir müssen gewillt sein, dem anderen die Füße zu waschen und auch bereit, unsere Füße vom anderen waschen zu lassen. Dadurch gestehen wir ein, daß wir geistliche Hilfe brauchen.

Ist dieser Dienst getan, dann bestätigt uns unser Glaube, daß wir rein sind, denn die Sünden sind abgewaschen durch Christus – auch wenn es gläubige Mitmenschen sind, die diesen Dienst an uns vollziehen. So wird Fußwaschung zu einer Gemeinschaft der Vergebung.[2]

4. Gemeinschaft mit Christus und den Gläubigen. Die Fußwaschung ist eine Demonstration der Liebe Christi zu seinen Nachfolgern „bis ans Ende" (Jo 13,1). Als Petrus sich weigerte, seine Füße waschen zu lassen, antwortete Christus: „Wenn ich dich nicht wasche, so hast du kein Teil an mir." (Vers 8) Wo keine Reinigung, da

---

[1] Taufe und Abendmahl stehen zueinander in enger Beziehung. Die Taufe geht der Gemeindezugehörigkeit voraus. Die Fußwaschung ist für jene gedacht, die bereits Gemeindeglieder sind. Während der Fußwaschung ist es deshalb durchaus angebracht, über das Taufgelübde nachzudenken.

[2] Siehe C. Mervyn Maxwell, „A Fellowship of Forgiveness" in „Review and Herald", 29. Juni 1961, S. 6.7.

keine Gemeinschaft. Menschen, die in Gemeinschaft mit Jesus leben möchten, werden teilnehmen an dieser heiligen Handlung.

Am selben Abend sagte Jesus: „Ein neues Gebot gebe ich euch, daß ihr euch untereinander liebt, wie ich euch geliebt habe, damit auch ihr einander lieb habt." (Vers 34) Die Botschaft dieser heiligen Verordnung ist eindeutig: „Durch die Liebe diene einer dem andern." (Gal 5,13) In dieser Liebe zu leben bedeutet, daß wir unserem Nächsten den besseren Platz überlassen, weil wir ihn höher achten als uns selbst (Phil 2,3). Diese Liebe befähigt auch, diejenigen zu lieben, die anderer Meinung sind als wir. Sie verhilft dazu, weder Gefühle der Überlegenheit noch der Abgrenzung zu hegen.

Unsere Lebensart wird unsere Liebe zu unseren Glaubensgeschwistern widerspiegeln. Wenn wir uns vor ihnen beugen, um ihre Füße zu waschen, richten wir unseren Sinn darauf, mit ihnen auch die Ewigkeit verbringen zu wollen. Wer dem Beispiel Jesu in dieser heiligen Handlung folgt, wird erfahren, was es bedeutet zu lieben, wie Christus geliebt hat. Und diese Liebe wird ein mächtiges Zeugnis sein.

Ein buddhistischer Mönch forderte einen Missionar auf, ihm anhand eines Bildes das Wesen des Christentums zu erklären. Auf dem Klostergelände sollte nämlich ein Saal mit Wandgemälden und Reliefs dekoriert werden, eine Darstellung der wichtigsten Weltreligionen. Der Missionar überlegte und begann dann, die Begebenheit aus Johannes 13 vorzulesen. „Der Mönch sagte nichts, während ich las", berichtete der Missionar, „aber ich empfand eine eigenartige Stille und ehrfurchtgebietende Nachdenklichkeit, als geschildert wurde, wie Jesus seinen Jüngern die Füße wusch." In jener Kultur wird die Erwähnung von allem, was mit den Füßen zu tun hat, als sehr peinlich empfunden.

„Als ich zu lesen aufhörte, herrschte einen Augenblick Schweigen. Er schaute mich ungläubig an und sagte: ‚Wollen Sie damit sagen, daß der Gründer Ihrer Religion die Füße seiner Schüler gewaschen hat?' ‚Ja', erwiderte ich. Das ansonsten seelenruhig und gelassen wirkende Gesicht des Mönchs bekam plötzlich Falten vor Schock und Erstaunen. Er war sprachlos, und ich war es auch. Mehrmals mußte ich schlucken, denn wir beide waren von der

Dramatik dieser Szene gepackt. Als ich ihn wieder anschaute, war der Ausdruck der Ungläubigkeit auf seinem Gesicht einer heiligen Ehrfurcht gewichen. Jesus, der Stifter des Christentums, hatte die Füße schmutziger Fischer berührt und gewaschen! Nach einigen Augenblicken faßte sich der Mönch wieder und stand auf. ‚Nun verstehe ich, worin das Wesentliche des Christentums besteht.'"[1]

Die Feier des Abendmahls

Die gebräuchlichste Bezeichnung für diesen Gottesdienst bei Protestanten ist „Abendmahl" (1 Ko 11,20). Andere sprechen vom „Tisch des Herrn" (1 Ko 10,21), vom „Brotbrechen" (vgl. Apg 20,7; 2,42)[2] oder von der Feier der „Eucharistie" – ein Hinweis auf den Aspekt des Dankens und des Segens, der in diesem Dienst ebenfalls enthalten ist (Mt 26,26.27; 1 Ko 10,16; 11,24).

Das Abendmahl soll keine sorgenbeladene Zusammenkunft sein, sondern Anlaß zur Freude. Die vorausgehende Fußwaschung gibt Gelegenheit, sich selbst zu prüfen, Sünden zu bekennen, Uneinigkeit zu beseitigen und zu vergeben. Haben die Gläubigen nun Gewißheit erlangt, durch das Blut des Heilands gereinigt zu sein, dann sind sie vorbereitet, in innige Gemeinschaft mit ihrem Herrn zu treten. Sie wenden sich mit Freuden seinem Tisch zu; denn sie stehen nicht im Schatten des Kreuzes, sondern in seinem rettenden Licht, bereit, die Erlösungstat Christi zu feiern.

Die Bedeutung des Abendmahls. Das Abendmahl löst das Passafest aus der Zeit des Alten Bundes ab. Passa fand seine Erfüllung, als Christus, das wahre Passalamm, sein Leben hingab (1 Ko 5,7). Vor seinem Tod setzte Christus selbst das große Fest des geistlichen Israel ein, das nun im Neuen Bund steht. Die Wurzeln der Symbolik des Abendmahls reichen tatsächlich zurück bis auf das Passamahl in Israel.

---

[1] J. Dybdahl, „Missions: A Two-Way Street", Pacific Press, Boise, ID, 1986, S. 28.

[2] Obwohl man allgemein der Ansicht ist, daß der Ausdruck „das Brotbrechen" sich in Apostelgeschichte 20,7 auf die Feier des Abendmahls bezieht, kann dieser Ausdruck nicht ausschließlich so verstanden werden. In Lukas 24,35 bezieht er sich auf eine ganz gewöhnliche Mahlzeit.

1. Eine Erinnerung an die Befreiung von der Sünde. So wie das Passafest ein Gedächtnis an die Befreiung Israels aus der Sklaverei in Ägypten war, so erinnert das Abendmahl an die Befreiung aus dem geistlichen Ägypten, der Knechtschaft der Sünde.

Das Blut des Passalammes, das an die Oberschwelle und die beiden Seitenpfosten der Tür gestrichen wurde, bewahrte die Bewohner des jeweiligen Hauses vor dem Tod. Durch das Essen des Passalamms empfingen sie Kraft, zu fliehen aus Ägypten (2 Mo 12,3-8). So bringt auch Christi Opfer Befreiung von Knechtschaft und Tod. Die Gläubigen werden errettet, indem sie Anteil haben an Jesu Leib und Blut (Jo 6,54). Im Abendmahl wird bezeugt, daß uns Christi Tod am Kreuz Rettung und Vergebung gebracht hat und ewiges Leben schenkt.

Jesus sagte: „Das tut zu meinem Gedächtnis." (1 Ko 11,24) Die Einsetzung des Abendmahls betont die Funktion der Versöhnung Christi. „Dies ist mein Leib", sagte Jesus, „der für euch gegeben wird" (1 Ko 11,24; vgl. Jes 53,4-12) Am Kreuz litt der Unschuldige stellvertretend für die Schuldigen, der Gerechte für die Ungerechten. Damit wurde den Forderungen des Gesetzes Genüge getan; es verlangte nämlich den Tod des Sünders. So wurden Vergebung und Frieden erwirkt sowie die Zusicherung des ewigen Lebens für reumütige Sünder. Das Kreuz nimmt unsere Verdammnis hinweg und schenkt uns das Kleid der Gerechtigkeit Christi sowie die Kraft, das Böse zu überwinden.

a) Das Brot und die Frucht des Weinstocks. Jesus benutzte gern Bilder, um sich selbst und seinen Dienst darzustellen. Er sagte: „Ich bin die Tür" (Jo 10,7), „Ich bin der Weg" (Jo 14,6), „Ich bin der wahre Weinstock" (Jo 15,1) und „Ich bin das Brot des Lebens" (Jo 6,35). Keine einzige dieser Äußerungen ist wörtlich zu nehmen, denn er ist ja nicht in jeder Tür, auf jedem Weg oder in jedem Weinstock gegenwärtig. Vielmehr wollen diese Aussagen die Wahrheit veranschaulichen.

Als Jesus 5000 Menschen durch ein Wunder speiste, offenbarte er die tiefe Bedeutung von seinem Leib und Blut. Er, das Brot des Lebens, sagte: „Nicht Mose hat euch das Brot vom Himmel gegeben, sondern mein Vater gibt euch das wahre Brot vom Himmel.

Denn Gottes Brot ist das, das vom Himmel kommt und gibt der Welt das Leben.' Da sprachen sie zu ihm: ‚Herr, gib uns allezeit solches Brot.' Jesus aber sprach zu ihnen: ‚Ich bin das Brot des Lebens. Wer zu mir kommt, den wird nicht hungern; und wer an mich glaubt, den wird nimmermehr dürsten."' (Jo 6,32–35) Er bot uns seinen Leib und sein Blut an, um den Hunger und Durst unserer Seele zu stillen (Jo 6,50-54).

Das Passabrot, das Jesus aß, war ohne Sauerteig zubereitet; auch die Frucht des Weinstocks war unvergoren.[1] Sauerteig (Hefe) verursacht Gärung und bewirkt so das Hochgehen des Brotteiges; Sauerteig wurde in Israel als Symbol für die Sünde betrachtet (1 Ko 5,7.8). Er war daher nicht geeignet, das „unschuldige und unbefleckte Lamm" darzustellen (1 Pt 1,19).[2] Nur „ungesäuertes" Brot, also ohne Sauerteig zubereitetes, konnte den sündlosen Leib Christi

---

[1] Aufgrund der Annahme, daß die Menschen in biblischen Zeiten Traubensaft in dem warmen Klima Israels nicht längere Zeit aufbewahren konnten – z. B. von der Weinlese bis zum Frühling –, geht man allgemein davon aus, daß die Juden das Passafest mit vergorenem Wein feierten. Diese Annahme ist jedoch völlig ungerechtfertigt. In der ganzen Antike waren verschiedene Methoden bekannt, wie man Fruchtsäfte in unvergorenem Zustand erhalten konnte, und dies über längere Zeitperioden hinweg. Eine Methode bestand darin, daß der Fruchtsaft zu einem Sirup verkocht wurde. Dieser wurde dann kühl aufbewahrt, und weil er ein Konzentrat war, ging er nicht in Gärung über. Wenn man ihn dann einfach mit Wasser verdünnte, ergab das einen alkoholfreien „süßen Wein". Siehe W. Patton, „Bible Wines – Laws of Fermentation", Sane Press, Oklahoma City, OK, o. J., S. 24-41; siehe auch C. A. Christoforides, „More on Unfermented Wine" in „Ministry", April 1955, S. 34; L. O. Caesar, „The Meaning of *Yayin* in the Old Testament", unveröffentliche M. A. Thesis, Andrews University, 1986, S. 74-77; E. G. White, „Das Leben Jesu", S. 651-653. Der Passawein konnte auch aus Rosinen gemacht sein: F. C. Gilbert, „Practical Lessons From the Experience of Israel for the Church of Today", Southern Publ. Assn., Nashville, TN, 1972, S. 240.241.

[2] Von diesem Gesichtspunkt her ist es nicht ohne Bedeutung, daß Christus es vermeidet, das übliche Wort für Wein (griech. *oinos*) zu verwenden, sondern daß er die Formulierung „die Frucht des Weinstocks" (Mk 14,25) gebraucht. Während oinos sich auf Wein sowohl in vergorenem als auch unvergorenem Zustand beziehen kann, bezieht sich die Frucht des Weinstocks auf den reinen Saft – ein taugliches Symbol des Blutes Christi, der sich selbst als „den wahren Weinstock" bezeichnet (Jo 15,1).

symbolisieren. Gleicherweise steht auch die unvergorene Frucht des Weinstocks – der unvergorene Wein – für die makellose Vollkommenheit des reinigenden Blutes unseres Heilands.[1]

b) Essen und Trinken. „Wenn ihr nicht das Fleisch des Menschensohnes eßt und sein Blut trinkt, so habt ihr kein Leben in euch. Wer mein Fleisch ißt und mein Blut trinkt, der hat das ewige Leben, und ich werde ihn am Jüngsten Tage auferwecken." (Jo 6,53.54)

Christi Fleisch essen und sein Blut trinken, hier bildhaft ausgedrückt, bedeutet, daß wir Gottes Wort in uns aufnehmen. Dadurch bekommen wir als Gläubige Gemeinschaft mit dem Himmel und werden befähigt, ein geistliches Leben zu führen.

Jesus sagt: „Die Worte, die ich zu euch geredet habe, die sind Geist und sind Leben." (Jo 6,63) „Der Mensch lebt nicht von Brot allein, sondern von einem jeden Wort, das aus dem Munde Gottes geht." (Mt 4,4) „Jesus aber sprach zu ihnen: Ich bin das Brot des Lebens. Wer zu mir kommt, den wird nicht hungern; und wer an mich glaubt, den wird nimmermehr dürsten." (Jo 6,35)

Die Gläubigen nähren sich von Jesus, dem Brot des Lebens, indem sie das Wort des Lebens – die Bibel – zu sich nehmen. Mit diesem Wort erhalten sie Christi lebenspendende Kraft. Im Abendmahlsgottesdienst nähren wir uns von Christus, indem wir sein Wort durch den Heiligen Geist aufnehmen. Deshalb gehört zu jedem Abendmahlsgottesdienst auch die Predigt des Wortes.

Da wir durch den Glauben die Segnungen des versöhnenden Opfers Christi empfangen, ist das Abendmahl mehr als nur ein Gedächtnismahl. Die Teilnahme am Abendmahlsgottesdienst bedeutet Neubelebung durch die Kraft Christi, die uns Leben und Freude schenkt. Kurz gesagt: die Symbolik des Abendmahls zeigt,

---

[1] Auch Hefe verursacht die Gärung des Traubensaftes. Hefesporen, die häufig in der Luft fliegen oder auch durch Insekten übertragen werden, bleiben an der wächsernen Haut der Weintrauben haften. Wenn nun die Weintrauben gekeltert werden, vermischen sich diese Hefesporen mit dem Saft. In der Raumtemperatur vermehren sich die Hefezellen sehr schnell, und so vergärt der Wein. Siehe Martin S. Peterson/Arnold H. Johnson (Hg.), „Encyclopedia of Food Technology", Avi Publishing Co., Westport, CT, 1974, Bd. 2, S. 61-69; dieselben, „Encyclopedia of Food Science", Avi Publishing Co., Westport, CT, 1978, Bd. 3, S. 878.

daß „wir in bezug auf unser geistliches Leben von Christus genauso abhängig sind, wie wir für unser körperliches Leben Speise und Trank benötigen."[1]

Während des Abendmahlsgottesdienstes „segnen" wir den Kelch (1 Ko 10,16); das heißt, daß wir unsere Dankbarkeit für das Blut Jesu bekunden, wie auch Christus für den Kelch „dankte" (Mt 26,27).

2. Als Gemeinde mit Christus vereint. In einer Welt voller Streit und Zwietracht trägt die Teilnahme an dieser Feier zur Einigkeit und Festigkeit der Gemeinde bei, indem sie die Gemeinschaft mit Christus und untereinander sichtbar macht. Paulus spricht von dieser Gemeinschaft, wenn er sagt: „Der gesegnete Kelch, den wir segnen, ist der nicht die Gemeinschaft des Blutes Christi? Das Brot, das wir brechen, ist das nicht die Gemeinschaft des Leibes Christi? Denn *ein* Brot ist's, so sind wir viele *ein* Leib, weil wir alle an *einem* Brot teilhaben." (1 Ko 10,16.17)

„Dies ist eine Anspielung auf die Tatsache, daß das Abendmahlsbrot in viele Stücke zerbrochen wird, die dann von den Gläubigen gegessen werden. Wie alle diese Stücke vom gleichen Laib kommen, so sind alle Gläubigen, die am Abendmahlsgottesdienst teilnehmen, vereint in ihm, dessen zerbrochener Leib durch das zerbrochene Brot symbolisiert wird. Indem die Christen gemeinsam an dieser Handlung teilnehmen, zeigen sie öffentlich, daß sie vereint sind und zu *einer* großen Familie gehören, deren Haupt Christus ist."[2]

Alle Gemeindeglieder sollten an diesem heiligen Abendmahlsgottesdienst teilnehmen, denn „Christus ist durch den Heiligen Geist gegenwärtig" und will „seinem Volk begegnen und es durch seine Gegenwart stärken. Selbst wenn unwürdige Hände und Herzen die gottesdienstliche Handlung vollziehen, ist Christus gegenwärtig, um seinen Kindern zu dienen. Alle, die ihren Glauben auf ihn gründen, werden reich gesegnet werden; alle, die diese göttlichen Gelegenheiten versäumen, werden Schaden erleiden."[3]

---

[1] R. Rice, „Reign of God", S. 303.
[2] „The Seventh-day Adventist Bible Commentary", Bd. 6, S. 746.
[3] E. G. White, „Das Leben Jesu", S. 656.

Am Tisch des Herrn erfahren wir auf eindrucksvolle Weise, was Gemeinschaft bedeutet. Wir begegnen einander auf einer Ebene. Alle trennenden Barrieren sind niedergerissen. Wir merken, daß trotz allem, was uns in der heutigen Gesellschaft trennt, in Christus alles gegeben ist, was notwendig ist, um eins zu sein.

Als Jesus den Abendmahlskelch weiterreichte, stiftete er für seine Nachfolger den Neuen Bund. Er sagte: „Trinket alle daraus, das ist mein Blut des Bundes, das vergossen wird für viele zur Vergebung der Sünden." (Mt 26,27; vgl. auch Lk 22,20) Wie der Alte Bund durch das Blut von Tieropfern bestätigt wurde (2 Mo 24,8), so wurde der Neue Bund bestätigt durch das Blut Christi.

Beim Abendmahl erneuern die Gläubigen ihr Treuegelübde zu ihrem Herrn. Sie erkennen von neuem, daß sie selbst Teil der erstaunlichen Übereinkunft sind, durch die Gott sich selbst in Christus mit der Menschheit verbunden hat. Da die Menschen ein Teil dieses Bundes sind, haben sie Anlaß zum Feiern. Das Abendmahl ist daher Gedächtnismahl wie auch „Dankfest" für die Bestätigung des ewigen Gnadenbundes. Der Segen, den wir dabei empfangen, steht im Verhältnis zu unserem Glauben.

3. In Erwartung der Wiederkunft. „Denn sooft ihr von diesem Brot eßt und aus diesem Kelch trinkt, verkündigt ihr den Tod des Herrn, *bis er kommt.*" (1 Ko 11,26) Das Abendmahl wird gefeiert in der Zeit zwischen dem Kreuzestod Jesu und seiner Wiederkunft; es ist eine Verbindung von Kreuz und dem zukünftigen Reich Gottes. So wird das „Schon jetzt" mit dem „Noch nicht" zusammengefügt; und das ist letztlich der Kern des neutestamentlichen Weltbildes.

Das Abendmahl ist die Brücke zwischen dem Opfer Jesu und seinem zweiten Kommen, zwischen dem Heil, das bereitet wurde, und dem Heil, das schließlich vollendet wird. Es bezeugt, daß Christus durch den Geist gegenwärtig ist, bis er sichtbar wiederkommt.

Jesu Gelübde: „Ich werde von nun an nicht mehr von diesem Gewächs des Weinstocks trinken bis an den Tag, an dem ich von neuem davon trinken werde mit euch in meines Vaters Reich" (Mt 26,29) ist prophetisch zu verstehen. Es richtet unseren Blick auf die zukünftige Feier des Abendmahls mit unserem Heiland im vollendeten Reich Gottes. Dann wird das große „Hochzeitsmahl des

Lammes" stattfinden (Offb 19,9). Um darauf vorbereitet zu sein, ermahnt Christus: „Laßt eure Lenden umgürtet sein und eure Lichter brennen, und seid gleich den Menschen, die auf ihren Herrn warten, wann er aufbrechen wird von der Hochzeit. Damit, wenn er kommt und anklopft, sie ihm sogleich auftun. Selig sind die Knechte, die der Herr, wenn er kommt, wachend findet. Wahrlich ich sage euch, er wird sich schürzen und sie zu Tisch bitten und kommen und ihnen dienen." (Lk 12,35-37)

Christus wird seine Nachfolger an der Hochzeitstafel versammeln und mit ihnen das Mahl feiern wie einst in Jerusalem. Lange hat er darauf gewartet, dann endlich wird es soweit sein. Er wird sich erheben und ihnen dienen, so daß Staunen die Kinder Gottes erfüllt. Sie fühlen sich dieser Ehre nicht würdig, wehren ab und sagen: „Laß uns dienen!" Doch Jesus besteht darauf, diesen Dienst für sie zu tun.

„Niemals war Jesus wahrhaft größer auf Erden als in jener denkwürdigen Abendmahlszene, als er die Stelle eines Dieners einnahm und sich selbst demütigte. Niemals ist Christus im Himmel größer, als wenn er seinen Heiligen dient."[1] Das ist die größte Erwartung, auf die das Abendmahl hinweist: Freude auf die zukünftige Herrlichkeit durch die persönliche Gemeinschaft mit Christus in seinem ewigen Reich.

Bedingungen für die Teilnahme. Im christlichen Glaubensleben gibt es zwei wichtige heilige Handlungen: Taufe und Abendmahl. Die Taufe ist die Pforte zur Gemeinde; das Abendmahl ist ein Segen für alle, die der Gemeinde bereits angehören.[2] Jesus feierte das Abendmahl nur mit seinen Nachfolgern. Der Abendmahlsgottesdienst ist deshalb für glaubende Christen gedacht. Kinder nehmen gewöhnlich nicht daran teil, es sei denn, sie sind getauft.[3]

Die Bibel unterweist die Gläubigen, die heilige Handlung in rechter Ehrfurcht vor dem Herrn zu begehen, denn: „wer ... auf unwürdige Weise das Brot des Herrn ißt und aus seinem Becher

---

[1] M. L. Andreasen, „The Ordinances of the Lord's House", in „Ministry", Jan. 1947, S. 44.46.
[2] E. G. White, „Evangelism", 1946, S. 273.
[3] F. Holbrook, „For Members Only?" in „Ministry", Feb. 1987, S. 13.

trinkt, der macht sich am Leib und Blut des Herrn schuldig" (1 Ko 11,27 GN).

Diese „Unwürdigkeit" besteht „entweder in ungehörigem Benehmen (siehe Vers 21) oder einem Mangel an lebendigem Glauben an das versöhnende Opfer Christi".[1] Solches Benehmen zeigt, daß man den Herrn mißachtet; es kann als Zurückweisung des Heilands und damit als Teilhabe an der Schuld jener aufgefaßt werden, die ihn gekreuzigt haben.

Unwürdige Teilnahme am Abendmahl löst Gottes Mißfallen aus. Diejenigen, die in unwürdiger Weise essen und trinken, essen und trinken sich selber zum „Gericht", weil sie „den Leib des Herrn" nicht achten (1 Ko 11,29). Sie unterscheiden nicht zwischen alltäglicher Nahrung und den heiligen Zeichen, die Christi versöhnenden Tod versinnbildlichen.

„Die Gläubigen dürfen das Abendmahl nicht bloß als eine Feier betrachten, die an ein historisches Geschehen in der Geschichte erinnert. Das ist es zwar auch, aber es ist doch viel mehr. Es ist eine Erinnerung daran, was die Sünde Gott gekostet hat und wieviel der Mensch seinem Erlöser verdankt. Es ist auch ein Mittel, das uns die Pflicht des Gläubigen, seinen Glauben an den versöhnenden Tod des Sohnes Gottes öffentlich zu bezeugen, frisch im Gedächtnis halten soll."[2]

Angesichts dieser Ermahnungen gibt Paulus den Rat: „Der Mensch prüfe aber sich selbst", bevor er am Abendmahl teilnimmt (1 Ko 11,28). Gläubige sollten unter Gebet ihre christliche Erfahrung überdenken, ihre Sünden bekennen und gestörte zwischenmenschliche Beziehungen wiederherstellen.

Die Erfahrung der adventistischen Pioniere macht deutlich, welchen Segen solch eine Selbstprüfung bringen kann. „Als wir noch gering an Zahl waren, feierten wir das Abendmahl mit großem Gewinn. Am Freitag zuvor bemühte sich jedes Gemeindeglied ernstlich, alles zu beseitigen, was zwischen ihm und seinem Bruder, aber auch zwischen ihm und Gott stehen konnte. Jeder erforschte

---

[1] „The Seventh-day Adventist Bible Commentary", Bd. 6, S. 765.
[2] ebd.

ernstlich sein Herz und betete darum, daß Gott die verborgenen Sünden offenbaren möge. Man legte Bekenntnisse ab und gestand Übervorteilungen im Geschäftsleben, übereilte Worte und gehegte Lieblingssünden. Der Herr kam uns nahe, und wir wurden sehr gestärkt und ermutigt.[1]

Solche Selbstprüfung kann nur von jedem persönlich unternommen werden. Andere können das nicht für uns tun, denn wer kann im Herzen eines Menschen lesen oder Unkraut vom Weizen unterscheiden? Christus, unser Vorbild, ließ nicht zu, daß jemand vom Abendmahl ausgeschlossen wurde. Obwohl offene Sünde Menschen von der Teilnahme am Abendmahl ausschließt (vgl. 1 Ko 5,11), hat Jesus das Mahl sogar mit Judas eingenommen, der nach außen zwar ein bekennender Nachfolger Jesu war, innerlich aber ein Dieb und Verräter.

Was also ist kennzeichnend für jene, die am Abendmahl teilnehmen können? Es ist ihre Herzenseinstellung, die Bindung an Christus und der Glaube an sein Opfer, nicht aber die Zugehörigkeit zu einer bestimmten christlichen Kirche oder Gemeinde. Deshalb können auch Gläubige aus anderen Kirchen und Gemeinschaften am Abendmahl teilnehmen. Alle sind eingeladen, dieses Fest des Neuen Bundes zu feiern und durch ihre Teilnahme ihr Angenommensein durch den Herrn Jesu als ihren persönlichen Erlöser zu bezeugen.[2]

---

[1] E. G. White, „Evangelism", S. 274; „The Seventh-day Adventist Bible Commentary", Bd. 6, S. 765.

[2] Die Bibel legt nicht fest, wie oft das Abendmahl gefeiert werden sollte (siehe 1 Ko 11,25.26). Adventisten sind deshalb der Praxis vieler Protestanten gefolgt, die das Abendmahl viermal jährlich feiern.
„Die frühen Adventisten nahmen die vierteljährliche Feier des Abendmahls an. Sie befürchteten, daß eine häufigere Feier die Gefahr des Formalismus mit sich brächte und von daher die Feierlichkeit des Gottesdienstes nicht mehr wahrgenommen würde." So scheint dies ein ausgewogener Mittelweg zu sein zwischen dem zu häufigen Feiern und der zu seltenen Feier des Abendmahls, wie z. B. nur einmal im Jahr. W. E. Read, „Frequency of the Lord's Supper" in „Ministry", April 1955, S. 43.

Kapitel 16

Geistliche Gaben und Dienste

Gott rüstet die Glieder seiner Gemeinde zu allen Zeiten mit geistlichen Gaben aus. Jedes Glied soll die ihm verliehenen Gaben in Liebe und Dienstgesinnung zum Nutzen der Gemeinde und der Mitmenschen einsetzen. Diese Gaben, die der Geist nach seinem Ermessen zuteilt, befähigen die Gläubigen zu allen Diensten, die die Gemeinde zur Erfüllung der ihr von Gott gestellten Aufgaben braucht. Gemäß der Schrift gehören dazu: Glaube, Heilung, Weissagung, Verkündigung, Lehre, Verwaltung, Versöhnung, Barmherzigkeit, selbstloser Dienst und Nächstenliebe, damit andere getröstet und ermutigt werden. Für Seelsorge, Verkündigung und Unterweisung werden Gemeindeglieder, die von Gott gerufen und vom Heiligen Geist befähigt sind, in ihrem Dienst von der Gemeinde anerkannt. Sie tragen dazu bei, die Glieder der Gemeinde zum Dienst zuzurüsten, die Gemeinde zur geistlichen Reife zu führen sowie die Einheit im Glauben und in der Erkenntnis Gottes zu fördern. Wenn die Gemeindeglieder diese geistlichen Gaben als treue Haushalter der vielfältigen Gnade Gottes einsetzen, bleibt die Gemeinde vor dem zerstörenden Einfluß falscher Lehren bewahrt, wird in der von Gott vorgesehenen Weise wachsen und auferbaut in Glaube und Liebe.

Die Worte, die Jesus zu seinen Jüngern sprach, ehe er gen Himmel fuhr, sollten die Welt verändern: „Gehet hin in alle Welt und predigt das Evangelium aller Kreatur." (Mk 16,15) Der ganzen Welt?

Aller Kreatur? Die Jünger dachten vielleicht, daß dies unmöglich sei. Und Christus wußte, wie hilflos sie diesem Auftrag gegenüberstanden. Deshalb wies er sie an, Jerusalem nicht zu verlassen, sondern „zu warten auf die Verheißung des Vaters". Dann versicherte er ihnen: „Ihr werdet die Kraft des heiligen Geistes empfangen, der auf euch kommen wird, und werdet meine Zeugen sein in Jerusalem und in ganz Judäa und Samarien und bis an das Ende der Erde." (Apg 1,4.8)

Nach der Himmelfahrt Jesu verbrachten die Jünger viel Zeit im Gebet. Statt Uneinigkeit und Eifersucht, die so oft ihr Zusammensein mit Jesus beeinträchtigt hatten, walteten nun Einigkeit und Demut. Die Jünger waren bekehrt. Ihre innige Gemeinschaft mit Christus und die sich daraus ergebende Einmütigkeit waren die notwendige Voraussetzung für die Ausgießung des Heiligen Geistes.

So wie Jesus als Zurüstung für seinen Dienst eine besondere Salbung durch den Geist empfangen hatte (Apg 10,38), so erhielten nun die Jünger die Taufe mit dem Heiligen Geist (Apg 1,5), die sie befähigen sollte, Zeugen für Christus zu sein. Die Wirkung war einzigartig. An dem Tag, als sie die Gabe des Heiligen Geistes empfingen, wurden 3000 Menschen getauft (siehe Apg 2,41).

Die Gaben des Heiligen Geistes

Jesus beschrieb die Gaben des Heiligen Geistes in einem Gleichnis: „Denn es ist wie mit einem Menschen, der außer Landes ging: er rief seine Knechte und vertraute ihnen sein Vermögen an; dem einen gab er fünf Zentner Silber, dem andern zwei, dem dritten einen, jedem nach seiner Tüchtigkeit, und zog fort." (Mt 25,14.15)

Der Mann, der in ein fernes Land reiste, stellt Christus dar; er wollte in den Himmel zurückkehren. Die Knechte dieses Mannes sind Jesu Nachfolger, die „teuer erkauft" sind (1 Ko 6,20) – und zwar „mit dem teuren Blut Christi" (1 Pt 1,19). Christus hat sie erlöst, damit sie ihm dienen und „hinfort nicht sich selbst leben, sondern dem, der für sie gestorben und auferstanden ist" (2 Ko 5,15).

Christus überließ nun jedem seiner Diener – den jeweiligen Fähigkeiten entsprechend – bestimmte Güter, gab „einem jeden seine

Arbeit" (Mk 13,34). Zusammen mit noch anderen Fähigkeiten (vgl. Kap. 20 in diesem Buch) stellen diese Güter die durch den Geist verliehenen Gaben dar.[1]

In besonderer Weise gab Christus seiner Gemeinde zu Pfingsten geistliche Gaben. Paulus sagt: „Er ist aufgefahren zur Höhe und ... hat den Menschen Gaben gegeben", darum ist „einem jeden ... von uns ... die Gnade gegeben nach dem Maß der Gabe Christi" (Eph 4,7.8). Der Heilige Geist ist es, der „einem jeden das Seine zuteilt, wie er will" (1 Ko 12,11). Damit sind Gaben gemeint, die die Gemeinde befähigen, das ihr aufgetragene Werk zu tun.

Der Zweck der geistlichen Gaben

Der Heilige Geist rüstet jedes Gemeindeglied mit Fähigkeiten aus, damit es in der Gemeinde bei der Erfüllung der göttlichen Sendung mithelfen kann.

Einigkeit innerhalb der Gemeinde. In der Gemeinde zu Korinth fehlte es an keiner geistlichen Gabe (1 Ko 1,4-7). Doch leider stritten dort die Gläubigen miteinander darüber, welche Gabe wohl die bedeutendste wäre.

Paulus, der über die Spaltungen in dieser Gemeinde sehr betroffen war, schrieb an die Korinther über den wahren Charakter dieser Gaben und die Art, wie sie eingesetzt werden sollten. Geistliche Gaben, so erklärte er, sind Gnadengaben. Von demselben Geist kommen „verschiedene Gaben", die zu unterschiedlichen Diensten und Tätigkeiten führen. Paulus betonte, daß es derselbe Gott ist, der „alles in allem wirkt" (1 Ko 12,4-6).

Der Geist teilt seine Gaben an die Gläubigen aus, um die Gemeinde aufzubauen. Es sind die Bedürfnisse des Werkes Christi, die bestimmen, welche Gaben und an wen er sie gibt. Nicht alle erhalten dieselbe Gabe. Paulus sagt, daß der Geist dem einen Weisheit, dem andern Erkenntnis, diesem Glauben und jenem die Fähigkeit

---

[1] Siehe z. B. E. G. White, „Bilder vom Reiche Gottes", S. 282-285. Es ist nicht immer leicht, zwischen übernatürlichen, ererbten und angeeigneten Fähigkeiten zu unterscheiden. Bei denen, die unter dem Einfluß des Heiligen Geistes leben, sind diese Fähigkeiten meist vermischt.

des Wunderwirkens gibt, auch die Gabe der Prophetie oder der Geisterunterscheidung wird genannt sowie die Gabe, andere Sprachen zu sprechen oder auszulegen. „Dies alles aber bewirkt derselbe eine Geist und teilt einem jeden das Seine zu, wie er will." (Vers 11)

Dankbarkeit für das Vorhandensein einer Gabe in der Gemeinde sollte darum immer dem Geber gegenüber zum Ausdruck gebracht werden, nicht dem Menschen, der mit dieser Gabe in der Gemeinde wirkt. Und weil die Gaben für die Gemeinde und nicht für den einzelnen bestimmt sind, sollten die Empfänger ihre Gabe auch nicht als Privatbesitz betrachten.

Da der Geist die Gaben austeilt, wie er es für richtig hält, sollte keine Gabe verachtet oder geringgeschätzt werden. Kein Gemeindeglied hat das Recht, sich auf eine besondere Funktion oder Berufung etwas einzubilden. Auch sollte sich niemand unterlegen fühlen, weil er nur eine bescheidene Stellung bekleidet.

1. Das Beispiel für Kooperation. Paulus verwendet das Bild des menschlichen Körpers, um die Übereinstimmung, die zwischen den verschiedenen Gaben herrschen soll, zu veranschaulichen. Der Körper hat viele Glieder, von denen jedes auf einzigartige Weise zum Wohlbefinden des Ganzen beiträgt. „Nun aber hat Gott die Glieder eingesetzt, ein jedes von ihnen im Leib, so wie er gewollt hat." (Vers 18)

Kein Körperteil sollte zu dem anderen sagen: „Ich brauche dich nicht." Alle hängen sie voneinander ab, ja: „Vielmehr sind die Glieder des Leibes, die uns die schwächsten zu sein scheinen, die nötigsten; und die uns am wenigsten ehrbar zu sein scheinen, die umkleiden wir mit besonderer Ehre; und bei den unanständigen achten wir besonders auf Anstand; denn die anständigen brauchen's nicht. Aber Gott hat den Leib zusammengefügt und dem geringeren Glied höhere Ehre gegeben." (Vers 21-24)

Das Versagen eines Gliedes trifft den ganzen Leib. Hätte der Körper kein Gehirn, dann könnte auch der Magen nicht richtig arbeiten. Und wäre kein Magen da, würde auch das Gehirn nutzlos sein. So müßte auch die Gemeinde leiden, wenn irgendein Glied fehlte – und wäre es auch noch so unbedeutend.

Bestimmte Körperteile sind von Natur aus schwächer und brauchen deshalb besonderen Schutz. Man kann vielleicht ohne Hand oder Bein leben, aber nicht ohne Leber, Herz oder Lunge. Unser Gesicht und unsere Hände zeigen wir ganz selbstverständlich, aber andere Körperteile bedecken wir aus Gründen des Anstands mit Kleidung. Es wäre also verfehlt, die geringeren Gaben geringzuschätzen; wir lassen ihnen vielmehr größte Sorgfalt angedeihen, weil die Gesundheit von ihnen abhängt.

Gott will mit der Verteilung der geistlichen Gaben in der Gemeinde jede „Spaltung des Leibes" verhindern und zugleich Verständnis für die gegenseitige Abhängigkeit schaffen, „damit im Leib keine Spaltung sei, sondern die Glieder in gleicher Weise füreinander sorgen. Und wenn ein Glied leidet, so leiden alle Glieder mit, und wenn ein Glied geehrt wird, so freuen sich alle Glieder mit." (Vers 25.26) Wenn nun ein Glied leidet, sollte sich das die ganze Gemeinde bewußt machen und mithelfen, das Leid zu beheben. Nur wenn demjenigen, der leidet, zurechtgeholfen wird, ist die Gesundheit der Gemeinde gesichert.

Nachdem Paulus den Wert der Gaben dargelegt hat, zählt er etliche von ihnen auf. „Und Gott hat in der Gemeinde eingesetzt erstens Apostel, zweitens Propheten, drittens Lehrer, dann Wundertäter, dann Gaben, gesund zu machen, zu helfen, zu leiten und mancherlei Zungenrede." (Vers 28; vgl. Eph 4,11) Da kein Gemeindeglied alle Gaben besitzt, ermutigt er: „Strebet aber nach den größeren Gaben." (Vers 31) Damit meinte Paulus jene Gaben, die der Gemeinde am meisten nützen.[1]

2. Ohne Liebe geht es nicht. Geistesgaben allein genügen aber nicht. Es gibt „einen noch besseren Weg" (Vers 31).

Während die Gaben des Geistes bei Christi Wiederkunft hinfällig sein werden, wird die Frucht des Geistes ewig bleiben. Sie ist ein Ganzes, bestehend aus der ewigen Tugend der Liebe, des Friedens, der Güte und der Gerechtigkeit, die in der Liebe verankert sind (siehe Gal 5,22.23; Eph 5,9). Prophetie, Sprachengabe und Erkenntnis werden aufhören, Glaube, Hoffnung, Liebe bleiben, „diese drei; aber die Liebe ist die größte unter ihnen" (1 Ko 13,13).[2]

---

[1] R. Hammill, „Spiritual Gifts in the Church Today" in „Ministry", Juli 1982, S. 15.16.
[2] Im weitesten Sinne ist Liebe eine Gabe Gottes, denn alles Gute kommt von ihm (Jo 1,17). Sie ist eine Frucht des Geistes (Gal 5,22), aber nicht eine geistliche

Diese Liebe, die aus Gott kommt (im Griechischen *agape*), ist eine selbstaufopfernde, hingebungsvolle Liebe (1 Ko 13,4-8). Sie ist „eine höhere Art von Liebe, die in der Person oder dem Gegenstand, der geliebt wird, etwas Wertvolles sieht. Eine Liebe, die auf Grundsätzen beruht und nicht auf Gefühlen oder Empfindungen. Eine Liebe, die der Achtung vor dem großen Wert dessen, worauf sie gerichtet ist, entspringt".[1]

Gaben, die ohne Liebe ausgeübt werden, verursachen in der Gemeinde Verwirrung und Spaltung. Der „bessere Weg" für jeden ist es deshalb, neben seinen geistlichen Gaben auch diese völlig selbstlose Liebe zu praktizieren. „Strebt nach der Liebe! Bemüht euch um die Gaben des Geistes." (1 Ko 14,1)

Liebe zu Gottes Ehre. Auch in seinem Brief an die Römer spricht Paulus über die geistlichen Gaben. Er ruft jeden Gläubigen auf, zur Ehre Gottes zu leben (Rö 11,36; 12,2). Wieder nennt der Apostel einzelne Glieder des menschlichen Körpers, um auf die Unterschiedlichkeit in der Einheit hinzuweisen und zu zeigen, wie die Gläubigen in der Gemeinde miteinander verbunden sein sollten (Vers 3-6).

Und indem sie erkennen, daß der Glaube wie auch die geistlichen Gaben ihre Quelle in Gottes Gnade haben, bleiben sie demütig. Je mehr Gaben ein Gläubiger empfangen hat, um so größer ist sein geistlicher Einfluß, und entsprechend groß sollte auch das Bewußtsein seiner Abhängigkeit von Gott sein.

Im Römerbrief führt Paulus die folgenden Gaben an: Prophetie (inspirierte Rede, Verkündigung), Dienst, Lehre und Ermahnung (Ermutigung), Geben (Teilen), Führung (Leitung), Erbarmen (Mitleid). Und so wie in 1. Korinther 12 beschließt er seine Ausführungen mit dem Hinweis auf das entscheidende Motiv des Christentums – die Liebe (Vers 9).

Petrus behandelt das Thema der geistlichen Gaben vor dem Hintergrund des nahenden Endes (1 Pt 4,7). Die Dringlichkeit der

---

[1] Gabe in dem Sinne, daß sie der Heilige Geist zwar manchen, aber nicht allen Gläubigen verleihen würde. Jeder soll „nach der Liebe streben" (1 Ko 14,1).
„The Seventh-day Adventist Bible Commentary", Bd. 6, S. 778.

GEISTLICHE GABEN UND DIENSTE

Stunde erfordert es, daß die Gläubigen ihre Gaben einsetzen. Deshalb sagt er: „Und dient einander, ein jeder mit der Gabe, die er empfangen hat, als die guten Haushalter der mancherlei Gnade Gottes." (Vers 10) Auch Petrus lehrte, daß die Gaben nicht zur Selbstverherrlichung da sind, sondern „damit in allen Dingen Gott gepriesen werde" (Vers 11). Auch hier wird die Liebe mit den Gaben in Zusammenhang gebracht (Vers 8).

Das Wachstum der Gemeinde. In seiner dritten und letzten Darlegung der geistlichen Gaben drängt Paulus die Gläubigen: „So ermahne ich euch nun, ich, der Gefangene in dem Herrn, daß ihr der Berufung würdig lebt, mit der ihr berufen seid, in aller Demut und Sanftmut, in Geduld. Ertragt einer den andern in Liebe, und seid darauf bedacht, zu wahren die Einigkeit im Geist durch das Band des Friedens." (Eph 4,1-3)

Geistliche Gaben tragen dazu bei, jene Einheit zu schaffen, die eine Voraussetzung für das Wachstum der Gemeinde ist. Jedem Gläubigen „ist die Gnade gegeben nach dem Maß der Gabe Christi" (Vers 7).

Christus selbst hat „einige als Apostel eingesetzt, einige als Propheten, einige als Evangelisten, einige als Hirten und Lehrer". Diese Gaben sind ganz auf den Dienst ausgerichtet; sie sind gegeben, „damit die Heiligen zugerüstet werden zum Werk des Dienstes. Dadurch soll der Leib Christi erbaut werden, bis wir alle hingelangen zur Einheit des Glaubens und der Erkenntnis des Sohnes Gottes, zum vollendeten Mann, zum vollen Maß der Fülle Christi" (Vers 11-13).

Wer geistliche Gaben empfängt, ist zugleich aufgefordert zum Dienen. Er selber soll die Gläubigen gemäß der verliehenen Gaben zu den verschiedenen Diensten anleiten. Das baut die Gemeinde auf und führt sie zur Reife, „zum vollen Maß der Fülle".

Die verschiedenen Dienste festigen die geistliche Haltung der Gemeinde und stärken ihre Abwehrkraft gegenüber falschen Lehren, so daß die Gläubigen „nicht mehr unmündig seien" und sich „von jedem Wind einer Lehre bewegen und umhertreiben lassen durch trügerisches Spiel der Menschen, mit dem sie uns arglistig verführen. Laßt uns aber wahrhaftig sein in der Liebe und wachsen in allen Stücken zu dem hin, der das Haupt ist, Christus." (Vers 14.15)

Schließlich führen die geistlichen Gaben sowohl zur Einheit als auch zum Gedeihen der Gemeinde. „Von dem aus – Christus – der ganze Leib zusammengefügt ist und ein Glied am andern hängt durch alle Gelenke, wodurch jedes Glied das andere unterstützt nach dem Maß seiner Kraft und macht, daß der Leib wächst und sich selbst aufbaut in der Liebe." (Vers 16)

Damit die Gemeinde solches Wachstum erfahren kann, das Gott ihr schenken will, hat jedes Gemeindeglied die Gnadengaben anzuwenden, die Gott gewährt.

Daraus wird sich Zweifaches ergeben: Die Gemeinde wächst rein zahlenmäßig, und außerdem kommt es zu einem Wachstum an geistlichen Gaben. Wiederum wollen wir festhalten, daß die Liebe ein entscheidender Teil dieser Berufung ist; denn die Gemeinde kann Auferbauung und Wachstum nur erfahren, wenn sie ihre Gaben in Liebe zur Entfaltung bringt.

Auswirkungen der geistlichen Gaben

Ein gemeinsamer Dienst. Die Schrift unterstützt nicht die Ansicht, daß nur die Prediger Dienst tun sollten, während die Gemeindeglieder lediglich die Sitzplätze in der Gemeinde wärmen und auf geistliche Speise warten.

Prediger und Gemeindeglieder bilden gemeinsam die Gemeinde, „das auserwählte Geschlecht" (1 Pt 2,9). Gemeinsam sind sie verantwortlich für das Wohlergehen und Gedeihen der Gemeinde. Sie sind berufen, zusammenzuarbeiten, jeder entsprechend der Gaben, die er von Christus erhalten hat.

Aus der Verschiedenheit der Gaben ergeben sich auch unterschiedliche Dienste, doch alle zielen darauf ab, das Reich Gottes auszubreiten und die Welt darauf vorzubereiten, ihrem Erlöser zu begegnen (Mt 28,18-20; Offb 14,6-12).

Die Aufgabe der Prediger. Die Lehre von den geistlichen Gaben legt die Verantwortung für die Ausbildung der Gemeinde auf die Schultern des Predigers. Gott hat Apostel, Propheten, Evangelisten sowie Hirten und Lehrer eingesetzt, um sein Volk zum Dienst zuzurüsten.

„Prediger sollten nicht das Werk tun, das der Gemeinde zukommt, sich selbst überarbeiten und dadurch andere davon abhalten, ihre Pflicht zu tun. Sie sollten die Gemeindeglieder lehren, wie man in der Gemeinde und draußen bei den Menschen arbeiten soll."[1]

Ein Prediger, der nicht die Gabe des Lehrers hat, gehört nicht in den Predigtdienst, sondern in eine andere Abteilung des Werkes Gottes.[2] Das Gelingen von Gottes Plan für die Gemeinde hängt von der Bereitschaft und Fähigkeit der Prediger ab, ihre Gemeindeglieder zum richtigen Gebrauch der ihnen von Gott verliehenen Gaben auszubilden.

Geistliche Gaben und Mission. Gott gibt geistliche Gaben zugunsten des ganzen Leibes, nicht nur für die einzelnen, die sie erhalten. Und so wie der Empfänger der Gaben sie nicht für sich selbst erhält, empfängt auch die Gemeinde die Fülle der Gaben nicht für sich allein. Gott stattet die Gemeinde mit Gaben aus, damit sie das ihr aufgetragene Werk in der Welt ausführen kann.

Geistliche Gaben sind nicht als Belohnung für gute Arbeit aufzufassen, sondern das Werkzeug, um die Arbeit gut ausführen zu können.

Gewöhnlich verleiht der Geist Gaben, die mit den natürlichen Talenten eines Menschen in Zusammenhang stehen, obwohl natürliche Talente an sich noch keine geistlichen Gaben sind. Man muß von neuem geboren sein, um vom Heiligen Geist getrieben zu werden, muß die Wiedergeburt erfahren haben, um mit geistlichen Gaben ausgestattet zu werden.

Einheit in Vielfalt, nicht Einheitlichkeit. Manche Christen versuchen, jeden Gläubigen so zu formen, wie sie selber sind. Doch

---

[1] E. G. White, „Appeals for Our Missions", in „Geschichtliche Anmerkungen über die Auslandsmission der Siebenten-Tags-Adventisten", Imprimerie Polyglotte, Basel, 1886, S. 291; R. D. Edwards, „A New Frontier – Every Believer a Minister", Pacific Press, Mountain View, CA, 1979, S. 58-73.

[2] Vgl. J. David Newman, „Seminar in Spiritual Gifts", nicht veröffentlichtes Manuskript, S. 3.

das entspricht nicht dem Plan Gottes, sondern ist menschliches Unterfangen. Daß die Gemeinde trotz aller Unterschiedlichkeit der geistlichen Gaben eine einige Gemeinde bleibt, ist auf die ergänzende Natur der Gaben zurückzuführen. Darin zeigt sich auch, daß das Wachstum der Gemeinde mit von dem einzelnen Gläubigen abhängt.

Gott will, daß alle Aktivitäten, Dienste und Gaben innerhalb der Gemeinde zusammenwirken, damit weitergebaut werde auf dem Grund, der von der Urgemeinde gelegt wurde. Auf Jesus Christus, dem „kostbaren Eckstein" (1 Pt 2,6), wächst „der ganze Bau ineinandergefügt" „zu einem heiligen Tempel in dem Herrn" (Eph 2,21).

Bezeugen und Bekennen - das eigentliche Ziel aller Gaben. Die Gläubigen empfangen unterschiedliche Gaben. Das ist auch ein Hinweis darauf, daß jeder den ihm eigenen Dienst auszuführen hat. Dennoch sollten alle Gläubige grundsätzlich in der Lage sein, ihren Glauben zu bezeugen, ihren Standpunkt zu vertreten und anderen zu sagen, was Gott in ihrem Leben getan hat. Daß Gott Gaben gibt – ganz gleich, welcher Art sie sein mögen –, hat letztlich seinen Sinn darin, die Gläubigen zum Zeugnis zu befähigen.

Wenn geistliche Gaben nicht eingesetzt werden. Wer sich weigert, seine geistlichen Gaben einzusetzen, wird feststellen müssen, daß die Gaben verkümmern und obendrein sein ewiges Leben auf dem Spiel steht. In liebevoller Sorge warnte Jesus davor und zeigte, daß der Knecht, der sein Talent vergrub, nichts anderes war als „ein böser und fauler Knecht", der seinen ewigen Lohn verwirkt hatte (Mt 25,26-30).[1]

Der untreue Knecht gab zu, daß seine Unterlassung gewollt und vorgefaßt war. Folglich hatte er auch die Verantwortung für seinen Fehlschlag zu tragen. „Am großen letzten Tag des Gerichts werden jene, die sich nur so treiben ließen, guten Gelegenheiten aus dem Weg gingen und sich vor Verantwortung drückten, vom großen Richter zu den Übeltätern gerechnet werden."[2]

---

[1] Über den Ernst dieser Situation siehe E. G. White, „Home Discipline" in „Review and Herald", 13. Juni 1882, S. 1.
[2] „The Seventh-day Adventist Bible Commentary", Bd. 5, S. 511.

Geistliche Gaben entdecken

Damit Gemeindeglieder in der Missionsarbeit wirksam werden können, müssen sie ihre Gaben verstehen. Und die funktionieren ähnlich wie ein Kompaß und leiten den, der sie besitzt, zum Dienst und zur Freude eines erfüllten Lebens an (Jo 10,10).

In dem Ausmaß aber, in dem wir „es unterlassen, unsere Gaben zu erkennen, zu entwickeln und auszuüben, ist die Gemeinde weniger als sie sein könnte, und auch weniger, als sie nach Gottes Absicht sein sollte."[1]

Das Entdecken unserer geistlichen Gaben[2] sollte durch folgende Schritte gekennzeichnet sein:

Geistliche Vorbereitung. Die Apostel beteten ernstlich um die Fähigkeit, das zu sagen, was Sünder zu Christus führen kann. Sie räumten alle Spannungen und jeden Streit um ihre Vormachtstellung aus. Sündenbekenntnis und Reue führten sie in enge Gemeinschaft mit Christus. Wer heute zu Christus gehören will, braucht eine ähnliche Erfahrung, geht es doch darum, sich auf die Taufe mit dem Heiligen Geist vorzubereiten.

Taufe mit dem Heiligen Geist ist kein einmaliges Ereignis; wir können sie täglich erleben.[3] Aber wir müssen um diese Taufe zum Herrn flehen, denn nur so erhält die Gemeinde Kraft, Zeugnis abzulegen und das Evangelium zu verkündigen. Deshalb sollten wir uns mit unserem ganzen Sein völlig Gott weihen, in Christus bleiben und ihn um Weisheit bitten, damit wir unsere Gaben erkennen (Jak 1,5).

---

[1] Don Jacobsen, „What Spiritual Gifts Mean to Me" in „Adventist Review", 25. Dez. 1986, S. 12.

[2] Siehe Roy C. Naden, „Discovering Your Spiritual Gifts", Institute of Church Ministry, Berrien Springs, MI, 1982; Mark A. Finley, „The Way to Adventist Church Growth", AR, Concerned Communications, Siloam Springs, 1982; C. Peter Wagner, „Your Spiritual Gifts Can Help Your Church Grow", Regal Books, Glendale, CA, 1979.

[3] E. G. White, „Das Wirken der Apostel", Saatkorn-Verlag, Hamburg, 1976, S. 52; E. G. White, „Counsels to Parents, Teachers and Students", Pacific Press, Mountain View, CA, 1943, S. 131.

Das Studium der Schrift. Wenn wir unter Gebet forschen, was das Neue Testament über die geistlichen Gaben sagt, wird uns der Heilige Geist hinweisen auf den besonderen Dienst, den er für uns vorgesehen hat. Es ist entscheidend für uns zu glauben, daß uns Gott zumindest eine Gabe gegeben hat, die wir in seinem Dienst einsetzen sollten.

Offenheit gegenüber dem Wirken der göttlichen Vorsehung. Wir sollen nicht den Geist gebrauchen, sondern er soll uns gebrauchen, denn es ist Gott, der in den Seinen „wirkt beides, das Wollen und das Vollbringen, nach seinem Wohlgefallen" (Phil 2,13). Es ist eine Gnade, den Dienst, den Gottes Vorsehung uns vor Augen stellt, willig aufzugreifen.

Wir sollten Gott noch viel mehr Gelegenheit geben, uns durch andere Gemeindeglieder zur Mithilfe einzuladen. So werden wir auch bereit sein, auf die Nöte der Gemeinde einzugehen, wo sie sich zeigen. Wir sollten keine Angst davor haben, Neues auszuprobieren, sondern wir sollten uns frei fühlen, auch andere, die uns um Hilfe bitten, auf unsere Erfahrungen und Möglichkeiten hinzuweisen.

Bestätigung durch den Leib Christi. Da Gott die Gaben gibt, um seine Gemeinde zu bauen, dürfen wir die Bestätigung für unser Tun von dem Urteil erwarten, das die Gemeinde – der Leib Christi – abgibt, und nicht von unseren eigenen Gefühlen. Oft ist es viel schwieriger, seine eigene Gabe zu erkennen als die der anderen. Wir müssen nicht nur bereit sein zu hören, was andere über unsere Gaben sagen, sondern auch Gottes Gaben im anderen sehen und bestätigen.

Nichts ist bewegender als zu wissen, daß wir den Platz ausfüllen oder den Dienst tun, den Gott für uns vorgesehen hat. Was für ein Segen, wenn wir unsere Gaben in dem Dienst einsetzen, wofür sie uns Christus durch den Heiligen Geist gegeben hat.

Christus sehnt sich danach, uns Gnadengaben zu verleihen. Heute können wir seiner Einladung folgen, und wir werden erfahren, was seine Gaben in einem geisterfüllten Leben bewirken!

Kapitel 17

Die Gabe der Prophetie

> *Eine der Gaben des Heiligen Geistes ist die Weissagung. Diese Gabe ist ein Kennzeichen der Gemeinde der Übrigen und hat sich im Dienst von Ellen G. White erwiesen. Die Schriften dieser Botin des Herrn sind eine fortwirkende, bevollmächtigte Stimme der Wahrheit und geben der Gemeinde Trost, Führung, Unterweisung und Zurechtweisung. Sie heben auch deutlich hervor, daß die Bibel das Maß ist, an dem alle Lehre und Erfahrung geprüft werden muß.*

Joschafat, der König von Juda, war in Bedrängnis. Umringt von feindlichen Truppen, schien seine Lage hoffnungslos. „Joschafat ... richtete sein Angesicht darauf, den Herrn zu suchen; und er ließ in ganz Juda ein Fasten ausrufen." (2 Chr 20,3) Das Volk strömte in den Tempel, um von Gott Gnade und Befreiung zu erbitten.

In dieser Gebetsstunde flehte Joschafat zu Gott, er möge doch die Not wenden. Er betete: „Bist du nicht Gott im Himmel und Herrscher über alle Königreiche der Heiden? Und in deiner Hand ist Kraft und Macht, und es ist niemand, der dir zu widerstehen vermag." (2 Chr 20,6)

Hatte Gott sein Volk nicht in der Vergangenheit beschützt? Hatte er dieses Land nicht seinem auserwählten Volk gegeben? Joschafat klagte: „Unser Gott, willst du sie nicht richten? Denn in uns ist keine Kraft ... Wir wissen nicht, was wir tun sollen, sondern unsere Augen sehen nach dir." (2 Chr 20,12)

Ganz Juda war vor dem Herrn versammelt; da stand ein Mann namens Jahasiël auf. Seine Botschaft ermutigte das ängstliche Volk und zeigte ihm die rechte Richtung. Er sagte: „Ihr sollt euch nicht fürchten ...; denn nicht ihr kämpft, sondern Gott. ... Aber nicht ihr werdet dabei kämpfen; tretet nur hin und steht und seht die Hilfe des Herrn ... Der Herr ist mit euch." (2 Chr 20,15-17)

Am nächsten Morgen ermutigte König Joschafat seine Truppen und sagte: „Glaubet an den Herrn, euren Gott, so werdet ihr sicher sein; und *glaubet seinen Propheten, so wird es euch gelingen.*" (2 Chr 20,20)[1]

Der König vertraute dem kaum bekannten Propheten Jahasiël so sehr, daß er in die vorderste Kampflinie nicht Elitetruppen, sondern einen Chor stellte, der Loblieder über die Herrlichkeit und Heiligkeit Gottes sang. Als diese Chöre des Glaubens erschallten, griff Gott ein und verwirrte die gegen Juda anstürmenden Armeen. Sie metzelten sich gegenseitig nieder. Im Bericht heißt es: „Keiner war entronnen." (2 Chr 20,24)

Zu jener Zeit war Jahasiël das Sprachrohr Gottes. Propheten hatten zur Zeit des Alten wie auch des Neuen Testaments eine große Bedeutung. Heißt das aber, daß die Prophetie mit dem Abschluß des biblischen Kanons aufhörte? Um Antwort auf diese Frage zu finden, verschaffen wir uns einen knappen Überblick über die Geschichte der Prophetie.

Die prophetische Gabe in biblischer Zeit

Obwohl durch die Sünde das unmittelbare Gespräch zwischen Gott und den Menschen abgerissen war (Jes 59,2), hat Gott den Kontakt zur Menschheit nicht aufgegeben. Er begann vielmehr, Botschaften der Ermutigung, der Warnung oder des Tadels durch Propheten zu übermitteln.[2]

Nach der Bibel ist ein Prophet, „der Mitteilungen von Gott empfängt und ihren Inhalt dem Volk Gottes weitergibt".[3] Nicht auf-

---

[1] Hervorhebung vorgenommen.
[2] Biblische Hinweise auf weibliche Propheten: 2 Mo 15,20; Ri 4,4; 2 Kön 22,14; Lk 2,36; Apg 21,9.
[3] F. B. Holbrook, „The Biblical Basis for a Modern Prophet", S. 1, (Archivdokument, E. G. White Estate Inc., General Conference of Seventh-day Adventists,

DIE GABE DER PROPHETIE

grund eigener Initiative haben Propheten geweissagt, „denn es ist noch nie eine Weissagung aus menschlichem Willen hervorgebracht; sondern von dem heiligen Geist getrieben haben Menschen im Namen Gottes geredet" (2 Pt 1,21).

Im Alten Testament steht das Wort „Prophet" im allgemeinen für das hebräische *nabi*. Über dessen Bedeutung lesen wir in 2. Mose 7,1.2: „Der Herr sprach zu Mose: Siehe, ich habe dich zum Gott gesetzt für den Pharao, und Aaron, dein Bruder, soll dein Prophet [*nabi*] sein. Du sollst alles reden, was ich dir gebieten werde; aber Aaron, dein Bruder, soll es vor dem Pharao reden."

Mose nahm gegenüber dem Pharao eine Stellung ein, die der Stellung Gottes seinem Volk gegenüber ähnelte. Und wie Aaron die Worte des Mose an Pharao weitergab, so übermittelt der Prophet Gottes Worte an die Menschen. Der Begriff „Prophet" bezeichnet also einen von Gott berufenen Menschen, der für Gott spricht. Das griechische Wort für das hebräische *nabi* ist *prophetes;* davon ist das deutsche Wort „Prophet" abgeleitet.

„Seher", eine Übersetzung des Hebräischen *roeh* (Jes 30,10) oder *chozeh* (2 Sam 24,11; 2 Kön 17,13), ist eine andere Bezeichnung für eine Person mit prophetischer Gabe. Die Begriffe „Prophet" und „Seher" gehören eng zusammen. Die Bibel erklärt: „Vorzeiten sagte man in Israel, wenn man ging, Gott zu befragen: Kommt, laßt uns zu dem Seher gehen! Denn die man jetzt Propheten nennt, die nannte man vorzeiten Seher." (1 Sam 9,9)

Die Bezeichnung „Seher" betont den Empfang einer göttlichen Botschaft durch den Propheten. Gott öffnet das „Auge" oder den Sinn der Propheten für Informationen, die seinem Volk mitgeteilt werden sollen. Über Jahre hinweg hat Gott durch die Gabe der Prophetie seinen Willen kundgetan. „Gott der Herr tut nichts, er offenbare denn seinen Ratschluß den Propheten, seinen Knechten." (Am 3,7; vgl. Hbr 1,1)

Funktionen der prophetischen Gabe im Neuen Testament. Das Neue Testament setzt die Prophetie an herausragende Stelle unter

---

Washington, D.C.). Vgl. A. Jemison „A Prophet Among You", Pacific Press, Mountain View, CA, 1955, S. 52-55.

den Gaben des Heiligen Geistes. Einmal steht sie am ersten und zweimal am zweiten Platz in einer Liste von Diensten, die für die Gemeinde von besonderem Wert sind. (siehe Rö 12,6; 1 Ko 12,28; Eph 4,11) Die Gläubigen werden aufgefordert, besonders diese Gabe zu erstreben. (1 Ko 14,1.39)

Das Neue Testament deutet an, daß Propheten folgende Funktionen hatten:[1]

1. Sie waren beteiligt an der Gründung der Gemeinde. Die Gemeinde wurde „erbaut auf den Grund der Apostel und Propheten, da Jesus Christus der Eckstein ist" (Eph 2,20).

2. Sie regten die Gemeinde zum missionarischen Aufbruch an. Es geschah durch Propheten, daß der Heilige Geist Paulus und Barnabas für die erste Missionsreise auswählte (Apg 13,1.2) und ihnen Informationen über ihr Einsatzgebiet gab (Apg 16,6-10).

3. Sie erbauten die Gemeinde. „Wer aber weissagt", sagt Paulus, „erbaut die Gemeinde." Weissagung dient zur „Erbauung und Ermahnung und Tröstung" (1 Ko 14,4.3 EB). Zusammen mit anderen Gaben verlieh Gott der Gemeinde die Gabe der Prophetie zur Vorbereitung der Gläubigen, „damit die Heiligen zugerüstet werden zum Werk des Dienstes. Dadurch soll der Leib Christi erbaut werden" (Eph 4,12).

4. Sie einten und schützten die Gemeinde. Propheten halfen, die „Einheit des Glaubens" zu wahren und die Gemeinde vor falschen Lehren zu schützen, damit die Gläubigen „nicht mehr unmündig seien und [sich] von jedem Wind einer Lehre bewegen und umhertreiben lassen durch trügerisches Spiel der Menschen, mit dem sie uns arglistig verführen" (Eph 4,14).

5. Sie warnten vor künftigen Schwierigkeiten. Ein neutestamentlicher Prophet warnte vor einer kommenden Hungersnot. Daraufhin startete die Gemeinde ein Hilfsprogramm zur Unterstützung der Betroffenen. (Apg 11,27-30) Andere Propheten warnten Paulus vor Verhaftung und Gefangenschaft in Jerusalem (Apg 20,23; 21,4.10-14).

6. Sie bestätigten den Glauben in Zeiten der Auseinandersetzung. Auf dem ersten Konzil in Jerusalem führte der Heilige Geist die

---

[1] F. B. Holbrook, „The Biblical Basis for a Modern Prophet", S. 3-5.

Gemeinde zur Entscheidung über Streitfragen, die mit der Aufnahme der Heidenchristen zu tun hatten. Danach bestätigte der Geist durch Propheten die Gläubigen in der wahren Lehre.

Die Entscheidung des Konzils wurde den Gemeinden brieflich mitgeteilt. Von den Überbringern des Briefes sagt der Bericht: „Judas aber und Silas, die selbst Propheten waren, ermahnten die Brüder mit vielen Reden und stärkten sie." (Apg 15,32)

Die Gabe der Prophetie in den letzten Tagen

Viele Christen sind der Meinung, die Gabe der Prophetie sei seit dem Ende der apostolischen Zeit nicht mehr vorhanden. Die Bibel aber offenbart, daß die Gemeinde in der Endzeit besonders der göttlichen Führung bedarf. Deshalb ist die Gabe der Prophetie über die Zeit des Neuen Testaments hinaus durchaus nötig und wird auch wirksam sein.

Die Fortdauer der geistlichen Gaben. Es gibt keinen biblischen Hinweis darauf, daß Gott die geistlichen Gaben, die der Gemeinde verliehen sind, zurückziehen wird, bevor sie ihren Zweck erfüllt haben. Und der besteht nach den Worten des Apostels Paulus darin, die Gemeinde „zur Einheit des Glaubens und der Erkenntnis des Sohnes Gottes, zum vollendeten Mann, zum vollen Maß der Fülle Christi" zu führen (Eph 4,13). Weil die Gemeinde diesen Stand noch nicht erreicht hat, benötigt sie noch immer alle Gaben des Geistes.

Diese Gaben, einschließlich der Gabe der Prophetie, werden weiterhin zum Wohl des Volkes Gottes wirken, bis Christus wiederkommt. Deshalb ermahnt Paulus die Gläubigen: „Den Geist dämpft nicht. Prophetische Rede verachtet nicht." (1 Th 5,19.20) Und er rät: „Eifert nach den geistlichen Gaben, besonders aber, daß ihr weissagt!" (1 Ko 14,1 EB)

Allerdings haben sich diese Gaben in der christlichen Gemeinde nicht immer im gleichen Maß gezeigt.[1] Nach dem Tode der Apostel

---

[1] Unglücklicherweise gibt es darüber keine vollständigen geschichtlichen Aufzeichnungen, die die ganze Kirchengeschichte umfassen.

bis ungefähr ins Jahr 300 genossen Propheten vielfach hohes Ansehen.[1] Aber der Verfall des geistlichen Lebens in der Kirche und der daraus resultierende Abfall (siehe Kap. 12 dieses Buches) führten dazu, daß sowohl die Kraft wie auch die Gaben des Geistes nachließen. Überdies verursachten falsche Propheten einen Vertrauensverlust zu Lasten der Gabe der Prophetie.[2]

Der Rückgang der Prophetie während bestimmter Abschnitte der Kirchengeschichte bedeutet jedoch nicht, daß Gott diese Gabe für immer zurückgezogen hätte. Die Bibel deutet vielmehr an, daß sie bis zum herannahenden Ende vorhanden sein wird, um der Gemeinde durch die schwierigen Zeiten hindurchzuhelfen; ja, sie weist sogar auf eine zunehmende Intensität dieser Gabe hin.

Die Gabe der Prophetie unmittelbar vor der Wiederkunft Christi. Gott rüstete Johannes den Täufer mit der Gabe der Prophetie aus, damit er Christi erstes Kommen ankündigen sollte. Wir dürfen erwarten, daß die Gabe der Prophetie in ähnlicher Weise bei der Ankündigung des zweiten Kommens Jesu wirksam werden wird, damit jeder die Möglichkeit hat, sich auf die Begegnung mit dem Erlöser vorzubereiten.

Christus selbst hat das Auftreten falscher Propheten als ein Zeichen seiner nahen Wiederkunft erwähnt (Mt 24,11.24). Wenn es aber in der Endzeit keine wahren Propheten gäbe, hätte Christus nicht warnen müssen vor denen, die da vortäuschen, diese Gabe zu besitzen. Sein verstärkter Hinweis aber auf die Gefahr der Verführung läßt darauf schließen, daß wahre wie auch falsche Propheten auftreten werden.

Der Prophet Joel sagte eine kraftvolle Wirkung der Gabe der Prophetie unmittelbar vor Christi Wiederkunft voraus. Er sagt: „Und nach diesem will ich meinen Geist ausgießen über alles Fleisch, und eure Söhne und Töchter sollen weissagen, eure Alten sollen Träume haben, und eure Jünglinge sollen Gesichte sehen. Auch will ich zur selben Zeit über Knechte und Mägde meinen Geist ausgießen. Und ich will Wunderzeichen geben am Himmel

---

[1] G. Friedrich, „Propheten und Prophezeiungen im Neuen Testament" in „Theologisches Wörterbuch des Neuen Testaments", Bd. 6, S. 859.
[2] ebd., S. 860.861.

und auf Erden: Blut, Feuer und Rauchdampf. Die Sonne soll in Finsternis und der Mond in Blut verwandelt werden, ehe denn der große und schreckliche Tage des Herrn kommt." (Joel 3,1-4)

Beim ersten Pfingstfest zeigte sich der Geist auf bemerkenswerte Weise. Petrus zitiert die Prophezeiung des Joel und weist darauf hin, daß Gott derartige Segnungen versprochen hat (Apg 2,2-21). Wir fragen uns, ob Joels Prophezeiung zu Pfingsten bereits ihre endgültige Erfüllung gefunden hat oder ob es noch eine weitere Erfüllung geben wird.

Wir haben keine Hinweise darauf, daß die von Joel erwähnten Erscheinungen an Sonne und Mond der Ausgießung des Geistes zu Pfingsten vorausgingen oder folgten. Diese Phänomene haben sich erst Jahrhunderte später gezeigt (siehe Kap. 24 dieses Buches).

Pfingsten war demzufolge eher ein Vorgeschmack auf die volle Bekundung des Geistes vor dem zweiten Kommen Jesu. Dem Frühregen vergleichbar, der in Palästina kurz nach der Aussaat des Getreides im Herbst einsetzt, begann mit der Ausgießung des Heiligen Geistes zu Pfingsten das Zeitalter des Geistes. Die vollständige und endgültige Erfüllung der Prophezeiung Joels entspricht dem Spätregen, der die Ernte reifen läßt (Joel 2,23). So wird auch die letzte Ausgießung des Geistes Gottes kurz vor Jesu Wiederkunft stattfinden, nachdem die vorhergesagten Zeichen an Sonne, Mond und Sternen eingetroffen sind (vgl. Mt 24,29; Offb 6,12-17; Joel 3,4).

Diese Ausgießung des Geistes wird die Ernte der Erde durch den Spätregen reifen lassen (Mt 13,30.39), und „wer des Herrn Namen anrufen wird, der soll errettet werden" (Joel 3,5).

Die Gabe der Prophetie in der Gemeinde der Übrigen. Offenbarung 12 beschreibt zwei größere Perioden der Verfolgung. Während der ersten, die sich von 538 bis 1798 erstreckte (Offb 12,6.14; siehe Kap. 12 dieses Buches), hatten treue Gläubige schwer zu leiden. Ähnlich wird es kurz vor dem zweiten Kommen Jesu sein. Satan wird „die übrigen von ihrem Geschlecht" erneut angreifen, die Gemeinde der Übrigen, die Christus die Treue hält.

Im Buch der Offenbarung werden die treuen Gläubigen, die Übrigen, gekennzeichnet als diejenigen, „die da Gottes Gebote halten und haben das Zeugnis Jesu" (Offb 12,17).

Daß sich die Bezeichnung „das Zeugnis Jesu" auf prophetische Aussagen bezieht, wird aus den Unterredungen des Engels mit Johannes ersichtlich.[1]

In den letzten Kapiteln der Offenbarung gibt sich der Engel zu erkennen als „dein und deiner Brüder Mitknecht, die das Zeugnis Jesu haben" (Offb 19,10) und „dein Mitknecht und der Mitknecht deiner Brüder, der Propheten" (Offb 22,9). Diese Parallelstellen machen deutlich, daß es die Propheten sind, die „das Zeugnis Jesu" haben.[2] Das ist eine Erklärung für die Aussage des Engels: „Das Zeugnis Jesu aber ist der Geist der Weissagung."[3] (Offb 19,10)

James Moffat kommentiert diesen Text so: „'Das Zeugnis (d. h.: bezeugt von) Jesu aber ist (d. h.: bildet) der Geist der Prophetie.' Dies ... definiert besonders die Brüder, die das Zeugnis Jesu haben,

---

[1] Der Ausdruck „Zeugnis Jesu" läßt sich besser als *Genitivus subjectivus* verstehen, nicht als *Genitivus objectivus*. „Zwei Übersetzungen sind möglich: a) das Zeugnis über oder hinsichtlich Jesus (*Genitivus objectivus*), d. h. das, was Christen von Jesus bezeugen ... b) Das Zeugnis von oder durch Jesus (*Genitivus subjectivus*), d. h. Botschaften Jesu an die Gemeinde (das, was Jesus der Gemeinde bezeugt). Der Gebrauch dieser Aussage im Buch der Offenbarung legt nahe, daß sie als *Genitivus subjectivus* zu verstehen ist (das Zeugnis von oder durch Jesus), und daß dieses Zeugnis durch prophetische Offenbarung vermittelt wird." (F. B. Holbrook, „The Biblical Basis for a Modern Prophet", S. 7)
Als einen weiteren Hinweis zitiert Holbrook Offb 1,1.2 „Dies ist *die Offenbarung Jesu Christi*, die ihm Gott gegeben hat, seinen Knechten *zu zeigen* ... und *er hat sie* durch seinen Engel *gesandt und gedeutet* seinem Knecht Johannes, der kundgetan hat das Wort Gottes und *das Zeugnis Jesu Christi*, alles, was er gesehen hat.' In diesem Zusammenhang bezeichnet ,die Offenbarung Jesu Christi' offensichtlich eine Offenbarung *von* oder *durch* Jesus an Johannes. Johannes berichtet von diesem Zeugnis *von* Jesus. Diese beiden Genitivausdrücke lassen sich am sinnvollsten als *Genitivus subjectivus* verstehen und decken sich dann mit den Schlußworten Christi in diesem Buch: ,Es spricht, *der* solches *bezeugt*: Ja, ich komme bald.' (Offb 22,20)" (F. B. Holbrook, a.a.O., S. 7.8).

[2] Siehe „The Seventh-day Adventist Bible Commentary", Bd. 7, S. 812; T. H. Blincoe, „The Prophets Were Until John" in „Ministry", Beilage zur Ausgabe Juli 1977, S. 24L; F. B. Holbrook, „The Biblical Basis for a Modern Prophet", S. 8.

[3] Grundtext: „Der Geist der Prophetie" [vgl. Sprachschlüssel der „Elberfelder Studienbibel", Brockhaus, Wuppertal/Zürich, 1994, S. 966: „prophetisches Amt oder prophetische Gabe ... die eine Gabe des Heiligen Geistes und ein Zeichen für die Glaubenden ist, indem sie Menschen ihrer Sünden überführt, den Menschen von Gott her deutet und entlarvt."]

als Besitzer prophetischer Inspiration. Das Zeugnis Jesu ist demzufolge gleichbedeutend mit dem bezeugenden Jesus (Offb 22.20). Es ist die Selbstoffenbarung Jesu (nach Offb 1,1 letztlich von Gott stammend), die die christlichen Propheten treibt."[1]

So kann sich der Ausdruck „Geist der Weissagung" beziehen auf
- den Heiligen Geist, der Propheten mit einer Offenbarung von Gott inspiriert,
- das Wirken der Gabe der Prophetie, und
- das Werkzeug der Prophetie selbst.

Die prophetische Gabe, Jesu Zeugnis „an die Gemeinde durch das Medium der Prophetie"[2], bildet ein wesentliches Merkmal der Gemeinde der Übrigen. Jeremia begründet das Fehlen dieser Gabe mit Gesetzlosigkeit. „Ihr König und ihre Fürsten sind unter den Heiden, wo sie das Gesetz nicht üben können, und ihre Propheten haben keine Gesichte vom Herrn." (Kla 2,9)

Die Offenbarung kennzeichnet den Besitz dieser Gaben als charakteristisches Merkmal der Endzeit-Gemeinde; ihre Glieder halten „Gottes Gebote (...) und haben das Zeugnis Jesu", die Gabe der Prophetie (Offb 12,17).

Gott gab der „Gemeinde" des Exodus – des Auszugs aus Ägypten – die prophetische Gabe, um sein Volk zu leiten und zu führen. (Apg 7,38) „Aber hernach führte der Herr durch einen Propheten Israel aus Ägypten, und durch einen Propheten ließ er sie hüten." (Hos 12,14) Da überrascht es nicht, diese Gabe wiederzufinden bei denen, die am letzten Exodus beteiligt sind, am Auszug vom sündenbefleckten Planeten Erde zum himmlischen Kanaan.

Dieser Auszug, der unmittelbar nach Jesu Wiederkunft stattfinden wird, ist die endgültige Erfüllung von Jesaja 11,11: „Und der Herr wird zu der Zeit zum zweiten Mal seine Hand ausstrecken, daß er den Rest seines Volks loskaufe, der übriggeblieben ist ..."

---

[1] James Moffatt, in „Expositor's Greek Testament", W. Robertson Nicoll (Hg.), Bd. 5, S. 465.

[2] „Spirit of Prophecy" in „Seventh-day Adventist Encyclopedia", S. 1412. Paulus sagt, daß bei denen, die auf die Wiederkunft warten, „das Zeugnis des Christus (Luther-Bibel: „die Predigt von Christus") befestigt worden ist. Daher habt ihr an keiner Gnadengabe Mangel" (1 Ko 1,6.7 EB).

Hilfe in der letzten Krise. Die Heilige Schrift offenbart, daß Gottes Volk in den letzten Tagen der Weltgeschichte den geballten Zorn Satans erfahren wird, wenn er zum letzten großen Zerstörungsschlag ausholt (Offb 12,17). Das „wird eine Zeit so großer Trübsal sein, wie sie nie gewesen ist, seitdem es Menschen gibt" (Da 12,1).

Damit Gottes Gemeinde diesen heftigsten Kampf aller Zeiten übersteht, hat Gott ihr zugesichert, daß er sie nicht allein lassen werde. Das Zeugnis Jesu, die Gabe der Prophetie, wird sie sicher ans Ziel bringen – zur Vereinigung mit ihrem Retter beim zweiten Kommen Jesu.

Das folgende Beispiel veranschaulicht die Beziehung zwischen der Bibel und nachbiblischen Zeugnissen der Gabe der Prophetie:

„Angenommen wir gehen auf Seereise. Der Reeder übergibt uns ein Buch und erklärt, daß es genug Hinweise für die ganze Reise enthält und wir sicher ans Ziel kommen, wenn wir diese Weisungen beachten. Während wir die Segel setzen, machen wir uns mit dem Buch vertraut. Wir stellen fest, daß da allgemeine Grundsätze für die Reise dargelegt sind, angefangen bei praktischen Anleitungen für alle erdenklichen Wechselfälle. Aber es wird auch darauf hingewiesen, daß der letzte Abschnitt der Strecke besonders gefährlich sein wird, weil sich infolge von Stürmen und Treibsand die Küste immer wieder verändert. ‚Doch für diesen Teil der Reise', so der Autor, ‚habe ich einen Lotsen verständigt, der zu euch stoßen wird, um euch Hinweise auf die aktuelle Situation und drohende Gefahren zu geben. Auf ihn müßt ihr achten.'

Wir erreichen tatsächlich die gefährlichen Stellen, und wie versprochen kommt der Lotse an Bord. Doch einige in der Mannschaft lehnen seine Dienste ab: ‚Wir haben das Buch mit den grundlegenden Weisungen', sagen sie, ‚das reicht. Dieses Buch bildet unsere Grundlage, allein dieses Buch! Von dir aber wollen wir nichts wissen!' Wer befolgt nun die grundlegenden Weisungen des Buches: die den Lotsen ablehnen oder jene, die ihm gemäß den Weisungen dieses Buches folgen? Entscheidet selbst."[1]

---

[1] U. Smith, „Do We Discard the Bibel by Endorsing the Visions?" in „Review and Herald", 13. Jan. 1863, S. 52, zitiert in „Review and Herald", 1. Dez. 1977, S. 13.

Nachbiblische Propheten und die Bibel

Die Bibel selbst ist hervorgegangen aus der Gabe der Prophetie. Sie muß in nachbiblischer Zeit nicht etwa ersetzt oder ergänzt werden; denn der Kanon der Schrift ist abgeschlossen.

Die prophetische Gabe aber wird in der Endzeit ähnlich wirken wie zur Zeit der Apostel. Sie zielt darauf ab, die Bibel als Grundlage von Glauben und Leben hervorzuheben, ihre Lehren zu erklären und ihre Grundsätze ins tägliche Leben hineinzunehmen. Sie hat mit dem Aufbau der Gemeinde zu tun und befähigt zur Ausführung des göttlichen Missionsauftrags. Die Gabe der Prophetie tadelt, warnt, führt und ermutigt den einzelnen wie auch die ganze Gemeinde, bewahrt vor Irrlehren und fördert die Einheit in der bibelgemäßen Lehre.

Nachbiblische Propheten versehen ihren Dienst ähnlich wie Nathan, Gad, Asaf, Schemaja, Asarja, Eliëser, Ahija, Oded, Mirjam, Debora, Agabus, Silas, Hanna oder die vier Töchter des Philippus, die in biblischer Zeit lebten, deren Zeugnisse bzw. Prophezeiungen aber nie ein Teil der Bibel wurden. Derselbe Gott, der durch Propheten sprach, deren Schriften in der Bibel zu finden sind, inspirierte auch die nachbiblischen Propheten und Prophetinnen. Ihre Botschaften widersprechen nicht der aufgezeichneten göttlichen Offenbarung.

Kriterien für die Prüfung der Gabe der Prophetie. Die Bibel warnt vor falschen Propheten, die vor der Wiederkunft Christi auftreten werden. Wir haben deshalb den Anspruch, im Besitz der Gabe der Prophetie zu sein, sorgfältig zu überprüfen. „Prophetische Rede verachtet nicht", sagte Paulus. „Prüfet aber alles, und das Gute behaltet. Meidet das Böse in jeder Gestalt." (1 Th 5,20-22; vgl. 1 Jo 4,1)

Die Bibel gibt uns den Maßstab in die Hand, mit dessen Hilfe wir echte und falsche prophetische Gabe voneinander unterscheiden können. Wir fragen:

1. Stimmt die Botschaft mit der Bibel überein? „Hin zur Weisung und hin zur Offenbarung! Werden sie das nicht sagen, so wird ihnen kein Morgenrot scheinen." (Jes 8,20) Dieser Text besagt, daß die Botschaft des Propheten mit Gottes Gesetz und Zeugnis, wie es in der Schrift dargelegt ist, übereinstimmen muß. Ein Prophet in späterer Zeit darf nicht einem früheren widersprechen. Der Heilige Geist steht niemals im Gegensatz zu seinem früher gegebenen Zeugnis; denn bei Gott ist „keine Veränderung noch Wechsel des Lichts und der Finsternis" (Jak 1,17).

2. Erfüllen sich die Vorhersagen? „Wie kann ich merken, welches Wort der Herr nicht geredet hat? - wenn der Prophet redet in dem Namen des Herrn und es wird nichts daraus und es tritt nicht ein, dann ist das ein Wort, das der Herr nicht geredet hat. Der Prophet hat's aus Vermessenheit geredet; darum scheue dich nicht vor ihm." (5 Mo 18,21.22; vgl. Jer 28,9) Wenn Vorhersagen auch nur einen verhältnismäßig kleinen Teil der prophetischen Botschaft ausmachen, muß ihre Genauigkeit dennoch nachprüfbar sein.

3. Wird Christi Menschwerdung anerkannt? „Daran sollt ihr den Geist Gottes erkennen: jeder Geist, der bekennt, daß Jesus Christus in das Fleisch gekommen ist, der ist von Gott; und ein jeder Geist, der Jesus nicht bekennt, der ist nicht von Gott." (1 Jo 4,2.3)

Dieses Kriterium umfaßt mehr als die bloße Anerkennung der Tatsache, daß Jesus Christus auf Erden gelebt hat. Der wahre Prophet muß sich zur biblischen Lehre der Menschwerdung Christi bekennen, muß an seine Göttlichkeit und Präexistenz glauben, an die jungfräuliche Geburt, sein wahres Menschsein und sein sündloses Leben, an das versöhnende Opfer, die Auferstehung und Himmelfahrt, an seinen Dienst als Fürsprecher und an seine Wiederkunft.

4. Welche „Frucht" trägt der Prophet? Prophetie geschieht dadurch, daß Menschen „getrieben von dem heiligen Geist ... im Namen Gottes geredet" haben. (2 Pt 1,21) Immer sind Propheten auch an ihren Früchten zu erkennen. „Ein guter Baum kann nicht schlechte Früchte bringen", sagte Jesus, „und ein fauler Baum kann nicht gute Früchte bringen. Jeder Baum, der nicht gute Früchte bringt, wird abgehauen und ins Feuer geworfen. Darum: an ihren Früchten sollt ihr sie erkennen." (Mt 7,18-20)

Dieser Rat für die Bewertung prophetischen Anspruchs ist ganz entscheidend. Dabei geht es zunächst um das Leben des Propheten.

Das bedeutet freilich nicht, daß der Prophet perfekt sein muß. Die Heilige Schrift sagt: „Elia war ein schwacher Mensch wie wir." (Jak 5,17) Das Leben des Propheten sollte aber geprägt sein von der Frucht des Geistes und nicht von den Werken des Fleisches (siehe Gal 5,19-23).

Darüber hinaus bezieht sich dieses Prinzip auf den Einfluß des Propheten auf andere. Welche Wirkung zeigt sich im Leben derer, die die Botschaften annehmen? Rüsten die Botschaften das Volk Gottes zu für seine Sendung, wird es dadurch im Glauben geeint? (Eph 4,12-16)

Wer für sich beansprucht, die Gabe der Prophetie zu besitzen, sollte dieser biblischen Prüfung unterzogen werden. Entspricht er dem biblischen Maßstab, so darf man darauf vertrauen, daß der Heilige Geist tatsächlich diesem Menschen die Gabe der Prophetie gegeben hat.

Der Geist der Prophetie in der Gemeinschaft der Siebenten-Tags-Adventisten

Die Gabe der Prophetie zeigte sich im Dienst von Ellen G. White, einer Frau, die an der Gründung der Gemeinschaft der Siebenten-Tags-Adventisten beteiligt war. Sie vermittelte dem Volk Gottes, das in der Endzeit lebt, inspirierte Anweisungen.

Die Welt um die Mitte des 19. Jahrhunderts, jene Zeit also, da Ellen White ihre ersten Botschaften von Gott empfing, war geprägt von der Vorherrschaft der Männer. Ellen White's prophetische Berufung war daher kritischen Prüfungen ausgesetzt. Sie hat diese Bewährungsproben bestanden und diente der Gemeinde mit ihrer Gabe 70 Jahre lang.

Zwischen 1844, von ihrem 17. Lebensjahr an bis zu ihrem Tod im Jahr 1915 hatte sie mehr als 2000 Visionen. Sie lebte und arbeitete in diesen Jahrzehnten in Amerika, Europa und Australien als Beraterin, gründete neue Einrichtungen, war Predigerin und Autorin.

Ellen White hat niemals den Titel einer Prophetin beansprucht, unternahm aber auch nichts dagegen, daß andere sie so nannten. Sie berichtet: „In meiner frühen Jugend wurde ich gelegentlich gefragt, ob ich eine Prophetin sei. Ich habe immer geantwortet: Ich bin eine Botschafterin Gottes. Ich weiß, daß viele mich eine Prophetin genannt haben, aber ich habe auf diesen Titel niemals Anspruch erhoben ... Warum nicht? Weil viele, die sich in diesen Tagen so kühn als Propheten ausgeben, ein Schandfleck für die Sache Christi sind; und weil meine Tätigkeit viel mehr umfaßt als das Wort ‚Prophet' bezeichnet ... Den Anspruch, eine Prophetin zu sein, habe ich niemals erhoben. Wenn andere mich so nennen, streite ich mich nicht mit ihnen. Aber meine Arbeit umfaßt so viele Bereiche, daß ich mich selbst nicht anders als eine Botschafterin bezeichnen kann."[1]

Die Anwendung der prophetischen Kriterien. Inwiefern entspricht der Dienst von Ellen White den biblischen Kriterien für einen Propheten?

1. Übereinstimmung mit der Bibel. Ihr umfangreiches schriftstellerisches Werk enthält Zehntausende von Bibelstellen, oft in Verbindung mit detaillierten Auslegungen. Genaue Untersuchungen haben ergeben, daß ihre Schriften folgerichtig und sorgfältig abgefaßt sind und in voller Übereinstimmung mit den Schriften der Bibel stehen.

2. Die Genauigkeit der Vorhersagen. Ellen White's Schriften enthalten relativ wenige Vorhersagen. Einige erfüllten sich bereits, während bei anderen die Erfüllung noch aussteht. Aber die Vorhersagen, die man überprüfen kann, sind mit erstaunlicher Genauigkeit eingetroffen, wie an den folgenden Beispielen erkennbar wird:

a) Das Aufkommen des modernen Spiritismus. Im Jahr 1850, als der Spiritismus – eine Bewegung, die Verbindung mit der Geisterwelt und den Toten sucht – gerade entstanden war, warnte Ellen White vor dieser endzeitlichen Täuschung und prophezeite ihre weltweite Ausbreitung. Damals war diese Bewegung entschieden gegen das Christentum eingestellt. Doch Ellen White sah voraus,

---

[1] E. G. White, „A Messenger" in „Review and Herald", 26. Juli 1906, S. 8. Der Titel „Die Botschafterin des Herrn" wurde durch Inspiration verliehen (ebd.). Der Begriff „Prophet" bezeichnete damals jemanden, der die Zukunft voraussagte (einen Wahrsager).

daß die Feindseligkeit schwinden und der Spiritismus auch bei Christen salonfähig werden würde.[1]

Seither hat sich der Spiritismus weltweit ausgebreitet und Millionen von Anhängern gefunden. Seine antichristliche Grundeinstellung hat sich verändert. Tatsächlich bezeichnen sich heute viele als christliche Spiritisten, erheben den Anspruch, den wahren christlichen Glauben zu haben und behaupten, „Spiritisten seien die einzig religiösen Menschen, die die verheißenen Gaben Christi in Anspruch genommen hätten, durch die sie nun Kranke heilen und künftig eine bewußte und fortschrittliche Existenz überzeugend darstellen könnten".[2]

Sie behaupten sogar, daß der Spiritismus „die Erkenntnis aller großen Religionssysteme und dazu noch mehr Wissen über die christliche Bibel als alle verfügbaren Kommentare zusammen vermittelt. Die Bibel ist ein Buch des Spiritismus."[3]

b) Die enge Zusammenarbeit zwischen Protestanten und römisch-katholischen Gläubigen. Zu Lebzeiten von Ellen White bestand eine tiefe Kluft zwischen Protestanten und Katholiken, die jede Gemeinsamkeit auszuschließen schien. Protestanten waren vorwiegend katholikenfeindlich. Ellen White sagte voraus, daß tiefgreifende Veränderungen im Protestantismus zur Abkehr vom reformatorischen Glauben führen werden. Als Folge davon würden sich die Unterschiede zwischen Protestanten und Katholiken verringern und somit die Kluft zwischen beiden Gruppen überbrückt.[4]

Seit E. G. White's Tod ist die ökumenische Bewegung in Gang gekommen. Der Weltkirchenrat wurde gegründet, das zweite Vatikanische Konzil fand statt; die Protestanten aber zeigten Unkenntnis und sogar offene Ablehnung der Grundsätze, die einst die Refor-

---

[1] E. G. White, „Frühe Schriften von Ellen G. White", Wegweiser-Verlag, Wien, 1993, S. 50.
[2] J. M. Peebles, „The Word Spiritualism Misunderstood", Centennial Book of Modern Spiritualism in America, National Spiritualist Association of the United States of America, Chicago, IL, 1948, S. 34.
[3] B. F. Austin, „A Few Helpful Thoughts", Centennial Book of Modern Spiritualism in America, S. 44.
[4] E. G. White, „Der große Kampf", S. 589.

matoren bezüglich der Prophetie vertreten hatten.[1] Diese bemerkenswerten Veränderungen haben die Schranken zwischen Protestanten und Katholiken niedergerissen und zu verstärkter Zusammenarbeit geführt.

3. Das Bekenntnis zur Menschwerdung Christi. Ellen White schrieb ausführlich über das Leben Jesu. Seine Bedeutung als Herr und Erlöser, sein versöhnendes Opfer am Kreuz und sein gegenwärtiger priesterlicher Dienst stehen im Mittelpunkt ihrer Schriften. Ihr Buch „Das Leben Jesu" wurde als eines der geistvollsten Werke gewürdigt, die je über Christus geschrieben wurden.

Ihr am stärksten verbreitetes Buch „Der Weg zu Christus" hat Millionen von Menschen zu einer engeren Beziehung zu Christus verholfen. Ihre Werke stellen Christus dar als ganz Gott und ganz Mensch; die ausgewogenen Darlegungen stimmen überein mit der Bibel. Ellen White vermeidet die Überbetonung einer Wesensart gegenüber der anderen, ein Problem, das in der Geschichte des Christentums viel Streit und Unruhe verursacht hat.

Ihre Ausführungen über Jesu Leben und Wirken sind sehr praxisbezogen. Bei jeder Frage, die sie behandelt, geht es ihr darum, den Leser in eine enge Verbindung zu Jesus zu bringen.

4. Der Einfluß ihres Dienstes. Seit Ellen White die Gabe der Prophetie empfing, ist mehr als ein Jahrhundert vergangen. Die Gemeinde wie auch das Leben derer, die ihre Ratschläge befolgt haben, machen den Einfluß ihres Lebens und ihrer Botschaften deutlich.

„Obwohl sie niemals ein offizielles Amt bekleidete, keine ordinierte Geistliche war und, solange ihr Mann lebte, kein Gehalt von der Gemeinde bezog, hat ihr Einfluß doch die Gemeinschaft der Siebenten-Tags-Adventisten mehr geformt als jeder andere Faktor mit Ausnahme der Heiligen Schrift."[2] Sie war die treibende Kraft bei der Gründung der gemeindeeigenen Verlage, Schulen, Ge-

---

[1] Für eine Darstellung der historistischen Deutung der Prophezeiungen in den Büchern Daniel und Offenbarung, wie sie im Protestantismus seit der Reformation bis in das 19. Jahrhunderte vorherrschte, siehe L. E. Froom, „Prophetic Faith of Our Fathers", Band 2-4. Siehe auch Kap. 12 dieses Buches.

[2] R. Hammill, „Spiritual Gifts in the Church Today" in „Ministry", Juli 1982, S. 17.

sundheitseinrichtungen und weltweiten missionarischen Aktivitäten, die die Gemeinschaft der Siebenten-Tags-Adventisten zu einer der am schnellsten wachsenden protestantischen Missionsorganisationen gemacht haben.

Ergebnis ihrer schriftstellerischen Tätigkeit sind mehr als 80 Bücher, 200 Traktate und Broschüren sowie 4600 Artikel in Zeitschriften. Ihre Predigten, Tagebücher, Zeugnisse und Briefe umfassen weitere 60.000 Manuskriptseiten.

Diese Literatur hat eine erstaunliche Weite; denn ihre schriftstellerische Tätigkeit blieb nicht auf einen engen Bereich begrenzt. Der Herr vermittelte ihr Ratschläge für viele Lebensbereiche wie Gesundheit, Erziehung, Familienleben, Mäßigkeit, Evangelisation, Verlagswesen, Ernährung, medizinische Arbeit und andere Gebiete. Am erstaunlichsten sind ihre Aussagen bezüglich der Gesundheit; denn ihre Erkenntnisse, von denen manche vor über hundert Jahren niedergeschrieben wurden, finden heute ihre Bestätigung durch die moderne Wissenschaft.

Das Schrifttum von Ellen White stellt Jesus Christus in den Mittelpunkt und betont die hohen moralischen und ethischen Werte der jüdisch-christlichen Tradition.

Obwohl ihre Werke vorwiegend auf die Gemeinschaft der Siebenten-Tags-Adventisten zugeschnitten sind, werden Teile davon auch außerhalb der Gemeinde sehr geschätzt. Das bekannteste Buch „Der Weg zu Christus" wurde in mehr als 100 Sprachen übersetzt, die Auflage übersteigt 15 Millionen Exemplare.[1] Ihr Hauptwerk ist die fünfbändige „Entscheidungsserie",[2] die den weltgeschichtlichen Konflikt zwischen Christus und Satan vom Ursprung der Sünde bis zu ihrer Austilgung ausführlich beschreibt.

Ihre Schriften üben einen nachhaltigen Einfluß aus. Das Institut für Gemeindedienste der Andrews-Universität verglich vor einiger Zeit die Einstellung und Verhaltensweise von Adventisten, die E. G.

---

[1] Die deutschsprachige Ausgabe trägt den Titel „Der bessere Weg" und erreichte bereits eine Gesamtauflage von mehr als 500.000 Exemplaren.

[2] Die sogenannte „Entscheidungsserie" umfaßt folgende Bücher: „Patriarchen und Propheten", „Propheten und Könige", „Das Leben Jesu", „Das Wirken der Apostel" und „Der große Kampf".

White's Bücher regelmäßig lesen, mit denen, die das nicht tun. Das Ergebnis belegt deutlich den Einfluß der Schriften auf den christlichen Leser.

Die Studie kam zu der Schlußfolgerung: „Die Leser E. G. White's haben eine engere Beziehung zu Christus und mehr Gewißheit über ihre Bindung an Gott. Mit größter Wahrscheinlichkeit haben sie auch selber ihre geistlichen Gaben erkannt. Sie sind bereit, Evangelisationen finanziell zu unterstützen und örtliche Missionsprojekte zu fördern. Sie fühlen sich besser ausgerüstet, ihren Glauben zu bekennen, und sind aktiv am Zeugnis und an missionarischen Einsätzen beteiligt. Sie sind eher bereit zum täglichen Bibellesen, zur Fürbitte, zu Hauskreisen und täglicher Familienandacht. Sie haben ein positives Bild von der Gemeinde und gewinnen Menschen für Christus."[1]

Ellen White's Werke. Die Schriften von Ellen White sind kein Ersatz für die Bibel, können mit ihr auch nicht auf die gleiche Ebene gestellt werden. Die Vorrangstellung der Heiligen Schrift ist unangefochten; sie ist der alleinige Maßstab, an dem sich alle anderen Schriften orientieren und messen lassen müssen.

1. Die Bibel – der höchste Maßstab. Siebenten-Tags-Adventisten bekennen sich eindeutig zum *sola-scriptura*-Prinzip der Reformatoren; die Bibel ist ihr eigener Ausleger und die einzige Grundlage aller Lehre. Allein durch gründliches Bibelstudium fanden die Gründer der Gemeinde ihre entscheidenden Glaubensgrundsätze. Sie empfingen diese Lehren nicht durch Visionen von Ellen White; sie trug nur insofern zur Lehrentwicklung bei, als sie Hinweise zum Verständnis der Bibel gab und die durch Bibelstudium gewonnenen Schlußfolgerungen bestätigte.[2]

---

[1] R. L. Dudley und Des Cummings jr., „A Comparison of the Christian Attitudes and Behaviors Between Those Adventist Church Members Who Regularly Read Ellen White Books and Those Who Do Not", A research report of the Institute of Church Ministry, Andrews University, Berrien Springs, MI, 1982, S. 41.42. Diese Untersuchung beruht auf einer Befragung von mehr als 8200 Gliedern, die den Gottesdienst in 193 verschiedenen Gemeinden in den USA besuchten.

[2] Jemison, „Prophet Among You", S. 208-210; L. E. Froom, „Movement of Destiny", „Review and Herald", Washington, D.C., 1971, S. 91-132; G. Damsteegt, „Foundations of Seventh-day Adventist Message and Mission", S. 103-293.

Ellen White selbst glaubte und lehrte, daß die Bibel die grundlegende Norm der Gemeinde ist. In ihrem ersten Buch, das im Jahr 1851 erschien, sagte sie: „Lieber Leser, ich empfehle dir das Wort Gottes als Richtschnur deines Glaubens und Handelns. Durch dieses Wort sollen wir gerichtet werden."[1]

Diese Ansicht hat sie niemals aufgegeben. Viele Jahre später schrieb sie: „In seinem Wort hat Gott den Menschen die für das Seelenheil nötige Erkenntnis anvertraut. Die Heilige Schrift soll als eine maßgebende, untrügliche Offenbarung seines Willens angenommen werden. Sie ist der Maßstab für den Charakter, die Verkündigerin der Grundsätze, der Prüfstein der Erfahrung."[2]

Bei ihrer letzten Ansprache vor der Generalkonferenz-Vollversammlung der Gemeinschaft im Jahr 1909 öffnete sie die Bibel, hielt sie vor den Zuhörern empor und sagte: „Brüder und Schwestern, ich empfehle euch dieses Buch."[3]

Im Blick auf diejenigen Gläubigen, die ihre Schriften als Zusatz zur Bibel betrachteten, schrieb sie:

„Ich nahm die kostbare Bibel und umrankte sie mit den verschiedenen ‚Zeugnissen für die Gemeinde', die mir für das Volk Gottes gegeben wurden ... Ihr seid nicht vertraut mit der Bibel. Hättet ihr Gottes Wort mit der Sehnsucht studiert, den biblischen Standard zu erreichen und christliche Vollkommenheit zu erlangen, so hättet ihr die ‚Zeugnisse' nicht gebraucht. Nur weil ihr es versäumt habt, Gottes inspiriertes Buch kennenzulernen, hat er versucht, euch durch einfache, direkte Zeugnisse zu erreichen, die eure Aufmerksamkeit auf das inspirierte Wort lenken, dem ihr aus Nachlässigkeit nicht gefolgt seid, und die euch drängen, euer Leben mit den reinen und hohen Lehren der Schrift in Übereinstimmung zu bringen."[4]

2. *Ein Wegweiser zur Bibel.* Sie sah ihre Aufgabe darin, Menschen zur Bibel zurückzuführen. „Die Bibel findet wenig Beach-

---

[1] E. G. White, „Frühe Schriften von Ellen G. White", S. 68.69.
[2] E. G. White, „Der große Kampf", S. 9.
[3] W. A. Spicer, „The Spirit of Prophecy in the Advent Movement", Review and Herald, Washington, D.C., 1937, S. 30.
[4] E. G. White, „Testimonies", Bd. 5, S. 664.665.

tung", sagte sie, deshalb „hat der Herr ein kleineres Licht geschickt, das Männer und Frauen zum größeren Licht führen soll".[1]

„Das Wort Gottes reicht aus, um die getrübten Sinne zu erhellen, und es erschließt sich denen, die auch nur ein leises Sehnen nach Verständnis haben. Dennoch müssen wir feststellen, daß einige, die vorgeben, sich in das Wort Gottes zu vertiefen, mit ihrem Leben im Gegensatz zu den einfachsten Lehren der Schrift stehen. Damit Männer und Frauen keine Entschuldigung mehr haben, gibt Gott einfache und eindeutige Zeugnisse, um sie zu dem Wort zurückzubringen, dem zu gehorchen sie versäumt haben."[2]

3. Ein Wegweiser zum Verständnis der Bibel. Ellen White betrachtete ihre Schriften als Wegweiser zu einem klaren Bibelverständnis.

„Zusätzliche Wahrheiten werden nicht vorgebracht; sondern Gott hat durch die ‚Zeugnisse' die großen Wahrheiten, die er bereits mitgeteilt hatte, vereinfacht und auf die von ihm gewählte Weise den Menschen nahegebracht, um sie aufzurütteln und ihre Sinne zu beeindrucken, damit keiner sich seiner Verantwortung entziehen kann." „Die schriftlichen Zeugnisse wurden nicht gegeben, um neues Licht zu bringen, sondern um das Herz nachdrücklich mit den inspirierten Wahrheiten zu beeindrucken, die bereits offenbart worden sind."[3]

4. Ein Wegweiser zur Anwendung biblischer Prinzipien. Viele ihrer Aussagen sind angewandte biblische Ratschläge für den Alltag. Ellen White bezeugt, sie sei „dazu geführt worden, in Wort und Schrift allgemeine Prinzipien herauszustellen und gleichzeitig die Gefahren, Irrtümer und Sünden einzelner Personen zu nennen, damit alle gewarnt, getadelt und beraten seien".[4]

Christus hat seiner Gemeinde prophetische Wegweisung zugesagt. Ellen White bekräftigte, „die Tatsache, daß Gott den Men-

---

[1] E. G. White, „An Open Letter" in „Review and Herald", 20. Januar 1903, S. 15, zit. in E. G. White, „Colporteur Ministry", Pacific Press, Mountain View, CA, 1953, S. 125.
[2] E. G. White, „Testimonies", Bd. 5, S. 663.
[3] ebd., S. 665.
[4] ebd., S. 660.

schen seinen Willen durch sein Wort offenbart hat"; das „ließ die beständige Gegenwart des Heiligen Geistes und seine Führung nicht überflüssig werden. Im Gegenteil, unser Heiland verhieß den Heiligen Geist, damit dieser seinen Dienern das Wort erschließe, dessen Lehren erhelle und bei ihrer Verwirklichung helfe."[1]

Eine Herausforderung der Gläubigen. Die Vorhersage in der Offenbarung, daß sich das „Zeugnis Jesu" in den letzten Tagen der Weltgeschichte durch den „Geist der Weissagung" bekunden werde, fordert die Gläubigen heraus, nicht gleichgültig oder ungläubig zu sein, sondern „alles zu prüfen" und „das Gute zu behalten."

Es gibt viel zu gewinnen oder zu verlieren, je nachdem, wie wir zu dieser Aufforderung der Schrift stehen. Joschafat sagte: „Glaubet an den Herrn, euren Gott, so werdet ihr sicher sein, und glaubet seinen Propheten, so wird es euch gelingen." (2 Chr 20,20) Diese Worte haben noch nichts von ihrer Aktualität verloren.

---

[1] E. G. White, „Der große Kampf", S. 9.

DIE LEHRE VOM CHRISTLICHEN LEBENSSTIL

Kapitel 18

Das Gesetz Gottes

Die Grundzüge des Gesetzes Gottes sind in den Zehn Geboten zusammengefaßt und im Leben Jesu Christi beispielhaft dargestellt. In den Geboten kommen Gottes Liebe, sein Wille und seine Absichten für das Leben des Menschen zum Ausdruck – für sein Verhalten und für die zwischenmenschlichen Beziehungen. Die Zehn Gebote sind bindend für die Menschen aller Zeiten, Grundlage für Gottes Bund mit seinem Volk und Maßstab in Gottes Gericht. Durch das Wirken des Heiligen Geistes decken sie die Sünde auf und wecken das Verlangen nach einem Erlöser. Die Erlösung geschieht allein aus Gnade, nicht durch Werke; ihre Frucht jedoch ist Gehorsam gegenüber den Geboten. Er trägt dazu bei, einen christlichen Charakter zu entfalten und schenkt inneren Frieden. Dieser Gehorsam bekundet unsere Liebe zum Herrn und unsere Verantwortung für den Mitmenschen. Im Gehorsam des Glaubens erweist sich Christi Macht, das Leben eines Menschen zu ändern, und bekräftigt so das christliche Zeugnis.

Alle Augen richteten sich auf den Berg. Sein Gipfel war von einer dichten Wolke bedeckt, die immer dunkler wurde, während sie herabsank, bis sie schließlich den Berg völlig einhüllte. Blitze zuckten aus der Dunkelheit, Donner rollten. „Der ganze Berg Sinai aber rauchte, weil der Herr auf den Berg herabfuhr im Feuer; und der Rauch stieg auf wie der Rauch von einem Schmelzofen, und der ganze Berg bebte sehr. Und der Posaune Ton ward immer stärker."

(2 Mo 19,18.19) Diese Offenbarung der Gegenwart Gottes war so gewaltig, daß ganz Israel zitterte.

Plötzlich verstummten Donner und Trompetenschall, und feierliche Stille breitete sich aus. Dann sprach Gott – umhüllt von Dunkelheit – vom Berg herab. Aus Liebe zu seinem Volk verkündete er die Zehn Gebote. Mose berichtet: „Der Herr ist vom Sinai gekommen ... in seiner Rechten ist ein feuriges Gesetz für sie. Wie hat er sein Volk so lieb! Alle Heiligen sind in deiner Hand. Sie werden sich setzen zu deinen Füßen und werden lernen von deinen Worten." (5 Mo 33,2.3)

Als Gott das Gesetz verkündete, hat er sich nicht nur als höchste Autorität des Universums offenbart, er stellte sich auch als Erlöser seines Volkes vor (2 Mo 20,2). Und weil er der Erlöser ist, rief er nicht nur Israel, sondern die ganze Menschheit auf (Pred 12,13) zum Gehorsam gegenüber den Zehn Geboten, die unser Verhältnis zu Gott und unseren Mitmenschen regeln. Und Gott sprach:

„Du sollst keine anderen Götter haben neben mir.

Du sollst dir kein Bildnis noch irgendein Gleichnis machen, weder von dem, was oben im Himmel, noch von dem, was unten auf Erden, noch von dem, was im Wasser unter der Erde ist: Bete sie nicht an und diene ihnen nicht! Denn ich, der HERR, dein Gott, bin ein eifernder Gott, der die Missetat der Väter heimsucht bis ins dritte und vierte Glied an den Kindern derer, die mich hassen, aber Barmherzigkeit erweist an vielen Tausenden, die mich lieben und meine Gebote halten.

Du sollst den Namen des HERRN, deines Gottes, nicht mißbrauchen; denn der HERR wird den nicht ungestraft lassen, der seinen Namen mißbraucht.

Gedenke des Sabbattages, daß du ihn heiligest. Sechs Tage sollst du arbeiten und alle deine Werke tun. Aber am siebenten Tag ist der Sabbat des HERRN, deines Gottes. Da sollst du keine Arbeit tun, auch nicht dein Sohn, deine Tochter, dein Knecht, deine Magd, dein Vieh, auch nicht dein Fremdling, der in deiner Stadt lebt. Denn in sechs Tagen hat der HERR Himmel und Erde gemacht und das Meer und alles, was darinnen ist, und ruhte am siebenten Tage. Darum segnete der HERR den Sabbattag und heiligte ihn.

Du sollst deinen Vater und deine Mutter ehren, auf daß du lange lebest in dem Lande, das dir der HERR, dein Gott, geben wird.
Du sollst nicht töten.
Du sollst nicht ehebrechen.
Du sollst nicht stehlen.
Du sollst nicht falsch Zeugnis reden wider deinen Nächsten.
Du sollst nicht begehren deines Nächsten Haus.
Du sollst nicht begehren deines Nächsten Weib, Knecht, Magd, Rind, Esel noch alles, was dein Nächster hat." (2 Mo 20,3-17)

Das Wesen des Gesetzes

Die Zehn Gebote sind gleichsam ein Spiegel von Gottes Wesen und umfassen ethische und geistliche Grundsätze von universaler Bedeutung.

Ein Abbild vom Wesen des Gesetzgebers. Die Bibel sieht die Wesenszüge Gottes in Übereinstimmung mit seinem Gesetz. Wie Gott selbst, so ist auch „das Gesetz des Herrn vollkommen", und das „Zeugnis des Herrn ist zuverlässig." (Ps 19,8 EB) „So ist also das Gesetz heilig, und das Gebot ist heilig, gerecht und gut." (Rö 7,12) „Alle deine Gebote sind Wahrheit. Längst weiß ich aus deinen Mahnungen, daß du sie für ewig gegründet hast." (Ps 119,151.152) Schließlich: „Alle deine Gebote sind gerecht." (Ps 119,172)

Ein Moralgesetz. Die Zehn Gebote vermitteln Gottes Weisungen für das Verhalten des Menschen. Sie definieren die Beziehung zu unserem Schöpfer und Erlöser sowie unsere Verantwortung dem Mitmenschen gegenüber. Die Heilige Schrift nennt die Übertretung des göttlichen Gebotes Sünde (1 Jo 3,4).

Ein geistliches Gesetz. „Denn wir wissen, daß das Gesetz geistlich ist." (Rö 7,14) Daher können ihm auch nur geistliche Menschen gehorchen, an denen sich die Frucht des Geistes zeigt (Jo 15,4; Gal 5,22.23). Allein Gottes Geist befähigt dazu, seinen Willen zu tun (Apg 1,8; Ps 51,10-12). Wenn wir in Christus bleiben, empfangen wir die Kraft, Frucht zu bringen zu seiner Verherrlichung (Jo 15,5).

Von Menschen aufgestellte Regeln betreffen nur das äußere Verhalten. Im Gegensatz dazu haben die Zehn Gebote umfassende

Bedeutung, denn sie berühren selbst geheimste Gedanken, Wünsche und Gefühle wie beispielsweise Neid, Eifersucht, Habgier und Ehrgeiz. In der Bergpredigt betonte Jesus diese geistliche Dimension des Gesetzes und erklärte, daß Übertretung schon im Herzen beginnt (Mt 5,21.22.27.28; Mk 7,21-23).

Ein positives Gesetz. Der Dekalog ist mehr als nur eine Liste von Verboten. Er enthält umfassende Grundsätze und erstreckt sich nicht nur auf das, was wir nicht tun sollen, sondern zeigt auch, was wir zu tun haben. Wir sollen uns nicht nur der bösen Taten und Gedanken enthalten, sondern müssen lernen, unsere gottgeschenkten Gaben zum Guten einzusetzen. Jedes Verbot hat also zugleich eine positive Dimension.

Überdenken wir zum Beispiel das sechste Gebot: „Du sollst nicht töten." Das bedeutet im positiven Sinn: „Du sollst Leben erhalten."

„Gott will, daß seine Nachfolger das Glück und Wohlergehen eines jeden fördern, der in ihren Einflußbereich kommt. Im tiefsten Sinne beruht der Missionsauftrag des Evangeliums – die gute Nachricht von der Erlösung und dem ewigen Leben in Jesus Christus – auf dem positiven Prinzip des sechsten Gebotes."[1]

„Das Gesetz der Zehn Gebote sollte nicht so sehr von der Verbotsseite als vielmehr vom Blickwinkel der Gnade aus betrachtet werden. Seine Verbote garantieren unser Glück, wenn wir sie beachten. Nehmen wir es in Christus an, wird es in uns die Reinheit des Charakters hervorbringen, die uns Freude bis in alle Ewigkeit schenken wird. Für den Gehorsamen ist das Gesetz ein Schutzwall. Wir können darin die Güte Gottes erkennen, der einerseits uns Menschen die unveränderlichen Grundsätze der Gerechtigkeit enthüllt und andererseits vor dem Bösen, das aus der Übertretung erwächst, zu bewahren sucht."[2]

Ein einfaches Gesetz. Die Zehn Gebote sind umfassend, tiefgreifend, schlicht und zugleich so knapp formuliert, daß sogar ein Kind

---

[1] Holbrook, „What God's Law Means to Me" in „Adventist Review", 15. Jan. 1987, S. 16.
[2] E. G. White, „Für die Gemeinde geschrieben", Bd. 1, S. 248.

sie auswendig lernen kann. Die Bedeutung der Gebote aber ist so umfassend, daß sie auf jede erdenkliche Sünde eingehen.

„Beim Gesetz Gottes gibt es ... keine Geheimnisse. Jeder kann die großen Wahrheiten verstehen, die es verkörpert. Der schwächste Verstand kann diese Regeln begreifen, selbst der Unwissende kann sein Leben danach ausrichten ..."[1]

Ein grundlegendes Gesetz. Die Zehn Gebote sind eine Zusammenfassung aller wichtigen Prinzipien; sie gelten für jeden Menschen zu jeder Zeit. Die Schrift sagt: „Fürchte Gott und halte seine Gebote; denn das gilt für alle Menschen." (Pred 12,13)

Der Dekalog, die Zehn Worte oder auch Zehn Gebote (2 Mo 34,28), besteht aus zwei Teilen, deutlich gemacht durch die zwei Steintafeln, die Gott beschrieben hatte (5 Mo 4,13). Die ersten vier Gebote regeln unsere Pflichten gegenüber dem Schöpfer und Erlöser, die letzten sechs Gebote zeigen uns unsere Verantwortung dem Mitmenschen gegenüber.[2]

Diese Zweiteilung entspricht den beiden grundlegenden Liebesgeboten, auf denen die Herrschaft Gottes beruht: „Du sollst den Herrn, deinen Gott, lieben von ganzem Herzen, von ganzer Seele, von allen Kräften und von ganzem Gemüt, und deinen Nächsten wie dich selbst." (Lk 10,27; vgl. 5 Mo 6,4.5; 3 Mo 19,18) Wer nach diesen Grundsätzen lebt, stimmt mit den Zehn Geboten überein, denn sie sind letztlich nur der spezifische Ausdruck dieser Liebesgebote.

Das erste Gebot läßt Anbetung ausschließlich für den einen wahren Gott zu. Das zweite klammert jeden Götzendienst aus.[3] Das dritte verbietet, den Namen Gottes unachtsam oder für einen Meineid zu gebrauchen. Das vierte ruft zur Beachtung des Sabbats auf und bezeichnet Gott als den Schöpfer Himmels und der Erde.

Das fünfte Gebote ermahnt Kinder, sich ihren Eltern unterzuordnen. Sie sind von Gott dazu bestellt, seinen Willen den künfti-

---

[1] ebd., S. 230.
[2] Vgl. „The Westminster Confession of Faith", 1647 n. Chr., Kap. 19, bei Philipp Schaff, „The Creeds of Christendom", Bd. 3, S. 640-644.
[3] Siehe T. G. Bunch, „The Ten Commandments", Review and Herald, Washington, D. C., 1944, S. 35.36.

gen Generationen zu vermitteln (siehe 5 Mo 4,6-9; 6,1-7). Das sechste Gebot schützt das Leben als etwas Heiliges. Das siebente verpflichtet zu sittlicher Reinheit und schützt die Ehe. Das achte sichert das Eigentum. Das neunte wacht über die Wahrheit und verbietet den Meineid, und das zehnte trifft die Wurzel aller mitmenschlichen Beziehungen, indem es untersagt, das zu begehren, was anderen gehört.[1]

Ein einzigartiges Gesetz. Die Zehn Gebote nehmen eine besondere Stellung ein insofern, als sie die einzigen Worte sind, die Gott an ein ganzes Volk gerichtet hat (5 Mo 5,22). Er vertraute dieses Gesetz jedoch nicht nur hörbar den menschlichen Sinnen an, sondern schrieb die Gebote mit eigenem Finger auf zwei Steintafeln, die in der Bundeslade aufbewahrt werden sollten (2 Mo 31,18; 5 Mo 10,2).

Darüber hinaus gab Gott dem Volk Israel weitere Gesetze, die die Beziehung zu ihm und untereinander in Einzelheiten regelten. Einige dieser Gebote betrafen Alltagsfragen (bürgerliche Gesetze), andere regelten die Zeremonien im Heiligtumsdienst (Zeremonialgesetze).

Gott vermittelte diese Gesetze durch Mose; der schrieb sie in das „Buch des Gesetzes" und legte es „neben die Lade des Bundes des Herrn" (5 Mo 31,26), also nicht in die Lade wie den Dekalog, die höchste Offenbarung Gottes. Die zusätzlichen Weisungen wurden als das „Gesetzbuch des Mose" (Jos 8,31; Neh 8,1; 2 Chr 25,4) oder einfach als „Gesetz des Mose" (2 Kön 23,25; 2 Chr 23,18) bezeichnet.[2]

Ein Gesetz, das Freude macht. Gottes Gesetz erquickt die Seele. Der Psalmist sang: „Wie habe ich dein Gesetz so lieb! Täglich sinne ich ihm nach." „Darum liebe ich deine Gebote mehr als Gold und feines Gold."

Selbst in „Angst und Not" kann er sagen: „Ich habe aber Freude an deinen Geboten." (Ps 119,97.127.143) Für den, der Gott liebt,

---

[1] „Ten Commandments" in „Seventh-day Adventist Bible Dictionary", S. 1106.

[2] Das Gesetz des Mose kann sich auch auf den Teil des Alten Testaments beziehen, der Pentateuch genannt wird, die ersten fünf Bücher der Bibel (Lk 24,44; Apg 28,33).

sind „seine Gebote ... nicht schwer" (1 Jo 5,3). Es sind die Übertreter, denen das Gesetz wie ein schweres Joch vorkommt, „weil das Fleisch dem Gesetz Gottes nicht untertan ist; denn es vermag's auch nicht" (Rö 8,7).

Der Zweck des Gesetzes

Gott wollte sein Volk mit dem Gesetz beschenken und in eine befreiende Beziehung zu sich führen. Betrachten wir seine Ziele im einzelnen:

Das Gesetz offenbart Gottes Willen für die Menschheit. Als Ausdruck seiner Liebe bekunden die Zehn Gebote den Willen Gottes und seine Absicht für die Menschheit. Sie fordern völligen Gehorsam: „Denn wenn jemand das ganze Gesetz hält und sündigt gegen ein einziges Gebot, der ist am ganzen Gesetz schuldig" (Jak 2,10). Gehorsam dem Gesetz gegenüber ist Lebensregel und wichtig für unsere Erlösung. Christus sagte selbst: „Willst du aber zum Leben eingehen, so halte die Gebote." (Mt 19,17) Dieser Gehorsam ist allerdings nur durch die Kraft des uns innewohnenden Heiligen Geistes möglich.

Es ist Grundlage des Bundes Gottes. Mose schrieb die Zehn Gebote zusammen mit anderen Gesetzen in ein Buch, das man das „Buch des Bundes" nannte (2 Mo 20,1 bis 24,8).[1] Später nannte er die Zehn Gebote „die Tafeln des Bundes", ein Hinweis auf ihre grundlegende Bedeutung für den ewigen Bund (5 Mo 9,9; vgl. 4,13. Weitere Ausführungen über die Bundesschlüsse siehe Kap. 7 dieses Buches).

Es bildet den Maßstab im Gericht. Wie Gott selbst, so sind auch seine Gebote gerecht (Ps 119,172). Das Gesetz ist die Norm der

---

[1] Im Buch des Bundes waren bestimmte bürgerliche und zeremonielle Vorschriften enthalten. Die bürgerlichen Vorschriften waren kein Zusatz zu denen des Dekalogs, sondern nur eine spezielle Anwendung seiner umfassenden Prinzipien. Die Zeremonialvorschriften symbolisieren das Evangelium, indem sie die Gnadenmittel für Sünder anbieten. Der Dekalog spielt somit im Bund die dominierende Rolle. Vgl. Jer 7,21-23. F. D. Nichol, „Answers to Objections", Review and Herald, Washington D. C., 1952, S. 62-68.

Gerechtigkeit. Nach diesen gerechten Prinzipien wird jeder beurteilt, nicht nach dem eigenen Gewissen. „Fürchte Gott und halte seine Gebote ..." sagt die Schrift. „Denn Gott wird alle Werke vor Gericht bringen, alles, was verborgen ist, es sei gut oder böse" (Pred 12,13.14; vgl. Jak 2,12).

Das Gewissen ist von Mensch zu Mensch unterschiedlich, einmal „schwach", dann wieder „befleckt", „schlecht" oder von einem „Brandmal" gezeichnet (1 Ko 8,7.12; Tit 1,15; Heb 10,22; 1 Tim 4,2). Deshalb muß es „eingestellt" werden nach einer Norm, ähnlich wie eine Uhr, auch wenn sie noch so gut geht. Das Gewissen sagt uns, daß wir das Rechte tun sollen, aber es sagt uns nicht, was recht ist. Nur ein Gewissen, das an Gottes Gesetz orientiert ist, kann davor bewahren, daß wir uns in Sünde verirren.[1]

Es zeigt die Sünde auf. Ohne die Zehn Gebote könnten Menschen keine klare Vorstellung von der Heiligkeit Gottes bekommen, auch nicht von ihrer eigenen Schuld und der notwendigen Reue.

Wer nicht weiß, daß er im Widerspruch zum Gesetz Gottes steht, erkennt auch nicht, daß er verloren ist und das versöhnende Blut Christ braucht.

Das Gesetz ist wie ein Spiegel, der dem Menschen hilft, seinen wahren Zustand zu erkennen (siehe Jak 1,23-25). Wer „hineinsieht", erkennt die Mängel seines Charakters und im Gegensatz dazu das Wesen Gottes. So zeigt das Gesetz, daß alle Welt vor Gott schuldig ist (Rö 3,19) und stellt jeden in die Verantwortung vor Gott.

„Durch das Gesetz kommt Erkenntnis der Sünde" (Rö 3,20), denn „die Sünde ist Übertretung des Gesetzes" (1 Jo 3,4). Paulus sagt sogar: „Die Sünde erkannte ich nicht außer durchs Gesetz." (Rö 7,7) Menschen werden überzeugt von ihrer Sünde und erkennen dadurch, daß sie dem Gericht Gottes verfallen sind und die Strafe des ewigen Todes zu erwarten haben. So kommt es zur Erfahrung völliger Hilflosigkeit.

Es ist ein „Bekehrungshelfer". Gottes Gesetz ist das Werkzeug des Heiligen Geistes, das uns zur Bekehrung verhilft: „Das Gesetz

---

[1] A. V. Wallenkampf, „Is Conscience a Safe Guide?" in „Review and Herald", 11. April 1983, S. 6.

des Herrn ist vollkommen und erquickt die Seele. Das Zeugnis des Herrn ist gewiß und macht die Unverständigen weise."[1] (Ps 19,8) Wenn wir uns selbst erkennen und einsehen, daß wir Sünder sind und gleichsam ohne Hoffnung in der Todeszelle sitzen, spüren wir, daß wir einen Retter brauchen. Erst dann bekommt die gute Nachricht des Evangeliums ihre volle Bedeutung.

So weist das Gesetz auf Christus hin, der uns als einziger aus unserer verzweifelten Lage heraushelfen kann.[2] Unter diesem Gesichtspunkt bezeichnete Paulus das Moral- wie auch das Zeremonialgesetz als unseren „Zuchtmeister ... auf Christus, damit wir durch Glauben gerecht würden" (Gal 3,24).[3]

Das Gesetz vermag zwar Sünde aufzudecken, kann uns aber niemals retten. So wie wir Wasser brauchen, um unser schmutziges Gesicht zu waschen, gehen wir zum „offenen Quell ... gegen Sünde und Befleckung" (Sach 13,1), nachdem wir im Spiegel des göttlichen Moralgesetzes entdeckt haben, wie sehr wir das brauchen.

Wir werden rein „im Blut des Lammes" (Offb 7,14). Der Sünder „muß aufschauen zu seinem Erlöser, der die Sünde trägt. Und so wie ihm Christus am Kreuz von Golgatha offenbart wird, wo dieser unter der Last der Sünden der ganzen Welt stirbt, so zeigt ihm der Heilige Geist die Haltung Gottes all jenen gegenüber, die ihre

---

[1] Englische Übersetzung (King James Version): „... und bekehrt die Seele".

[2] Einige haben die Aussage des Paulus, daß „Christus das Ende des Gesetzes zur Gerechtigkeit für jeden ist, der glaubt" so gedeutet, daß das Ende bzw. Ziel des Gesetzes darin besteht, uns an den Punkt zu bringen, wo wir unsere Sündhaftigkeit erkennen und zu Christus kommen, damit wir Vergebung erlangen und durch den Glauben seine Gerechtigkeit empfangen. (Dieser Gebrauch des Begriffes „Ende" – griechisch *telos* – kommt auch in 1 Th 1,5; Jak 5,11 und 1 Pt 1,9 vor.)

[3] Vgl. „The Seventh-day Adventist Bible Commentary", Bd. 6, S. 961; E. G. White, „Für die Gemeinde geschrieben", Bd. 1, S. 246.247. Auch das Zeremonialgesetz war ein Schulmeister (Zuchtmeister, griech. *paidagogos*), der den einzelnen zu Christus brachte, aber mit anderen Mitteln. Die Opferdienste im Heiligtum wiesen die Sünder auf die Sündenvergebung durch das Blut des kommenden Lammes Gottes, Jesus Christus, hin und vermittelten ihnen so ein Verständnis der Gnade des Evangeliums. Sie waren dafür gedacht, Liebe zum Gesetz Gottes zu erwecken; die Opferungen sollten als dramatische Illustration der Liebe Gottes in Christus dienen.

Übertretungen bereuen".[1] Dann erfüllt uns neue Hoffnung, und im Glauben ergreifen wir unseren Erlöser, der uns das Geschenk des ewigen Lebens anbietet (Jo 3,16).

Es eröffnet wahre Freiheit. Christus sagt: „Wer Sünde tut, der ist der Sünde Knecht." (Jo 8,34) Wir übertreten Gottes Gesetz und sind infolgedessen nicht frei; aber der Gehorsam gegenüber den Zehn Geboten schenkt wahre Freiheit.

Ein Leben in den Grenzen des göttlichen Gesetzes bedeutet Freiheit von Sünde und damit zugleich Freiheit von den Begleiterscheinungen der Sünde wie z. B. ständiges Sorgen, ein verletztes Gewissen, wachsende Schuldgefühle sowie Niedergeschlagenheit, die uns die Lebenskraft rauben. Der Psalmist sagt: „Ich wandle fröhlich; denn ich suche deine Befehle." (Ps 119,45) Jakobus bezeichnete den Dekalog als „das königliche Gesetz", „das vollkommene Gesetz der Freiheit" (Jak 2,8; 1,25).

Damit wir diese Freiheit erleben, lädt Jesus ein, mit unserer Sündenlast zu ihm zu kommen. Er bietet uns sein „leichtes Joch" an (Mt 11,29.30).

Ein Joch hilft tragen, indem es die Last gleichmäßig auf beide Schultern verteilt. Christus macht uns das Angebot, sich mit uns zusammenspannen zu lassen. Das Joch ist das Gesetz. „Das erhabene Gesetz der Liebe, das im Paradies offenbart, auf Sinai verkündet und im Neuen Bund ins Herz geschrieben wurde, bindet den menschlichen Arbeiter an den Willen Gottes."[2]

Wenn wir mit Christus an einem Joch ziehen, trägt er die Last und macht den Gehorsam zur Freude, indem er uns das zuvor Unmögliche gelingen läßt. So wird das Gesetz, das in unser Herz geschrieben ist, zur Freude; unsere Freiheit besteht fortan darin, daß wir seinen Geboten folgen wollen.

Wird das Gesetz aber ohne die rettende Kraft Christi dargestellt, so erfahren wir nicht die Freiheit von Sünde. Doch Gottes rettende Gnade, die das Gesetz keineswegs aufhebt, vermittelt die Kraft, die

---

[1] E. G. White, „Für die Gemeinde geschrieben", Bd. 1, S. 225.
[2] E. G. White, „Das Leben Jesu", S. 320 (in diesem Abschnitt ist von den Nachfolgern Jesu als von Arbeitern bzw. Mitarbeitern Gottes die Rede).

von Sünde frei macht, denn „wo ... der Geist des Herrn ist, da ist Freiheit" (2 Ko 3,17).

Es zügelt das Böse und bringt Segen. Die Mißachtung der Zehn Gebote hat dazu geführt, daß die Welt von Kriminalität, Gewalt, Unmoral und Gottlosigkeit buchstäblich überflutet wird. Wo aber das Gesetz Beachtung findet, da zügelt es Sünde, fördert rechtes Handeln und richtet Gerechtigkeit auf.

Nationen, die seine Normen in ihren Gesetzen verarbeitet haben, erfahren großen Segen. Andererseits führt die Mißachtung seiner Prinzipien zu stetem Niedergang.

Zur Zeit des Alten Testaments stand Gottes Segen für einzelne Personen wie für ganze Völker oft in unmittelbarem Zusammenhang mit dem Gesetzesgehorsam. „Gerechtigkeit erhöht ein Volk", sagt die Schrift, und „durch Gerechtigkeit wird der Thron befestigt" (Spr 14,34; 16,12).

Wer sich weigerte, den Geboten Gottes zu folgen, wurde von Schaden ereilt (Ps 89,31-33). „Im Hause des Gottlosen ist der Fluch des Herrn, aber das Haus der Gerechten wird gesegnet." (Spr 3,33; vgl. 3 Mo 26; 5 Mo 28) Dieser Grundsatz gilt noch heute.[1]

Die ewige Gültigkeit des Gesetzes

Da das Gesetz der Zehn Gebote das Wesen Gottes widerspiegelt, sind seine Prinzipien nicht an Zeit oder Umstände gebunden, sondern absolut, unwandelbar und ewig gültig für alle Menschen. Christen haben zu allen Zeiten die Unveränderlichkeit des Gesetzes vertreten und seine fortwährende Gültigkeit betont.[2]

---

[1] Vgl. E. G. White, „Erziehung", S. 160-170.

[2] Ältere Bekenntnisschriften, die den Glauben an die ständige Gültigkeit des Gesetzes hochhalten, sind u. a.: „Luthers kleiner Katechismus", 1529; „Anglikanischer Katechismus von 1549 und 1662"; „Schottisches Glaubensbekenntnis" (Confessio Scotica, reformiert), 1560; der „Heidelberger Katechismus" (reformiert), 1563; das „Zweite Helvetische Bekenntnis" (Confessio Helvetica posterior, reformiert), 1566; die „Thirty-nine Articles of Faith" (anglikanisch), 1563; die „Konkordienformel" (Formula Concordiae, lutherisch), 1577; die „Westminster Confession" (anglikanisch), 1647; die „Philadelphia Confession"

Das Gesetz vor dem Sinai. Das Gesetz gab es schon bevor Israel die Zehn Gebote empfing. Es könnte ja sonst vor der Sinaioffenbarung auch keine Sünde gegeben haben, denn „Sünde ist die Übertretung des Gesetzes" (1 Jo 3,4). Indem Luzifer und seine Engel sündigten, ist der Beweis erbracht, daß es schon vor der Schöpfung das Gesetz gab (2 Pt 2,4).

Als Gott Adam und Eva nach seinem Bilde schuf, senkte er ihnen sein Gesetz in ihr Herz. Es war deshalb für sie ganz natürlich, seinem Willen gemäß zu leben. Durch ihre Übertretung aber kam die Sünde in die menschliche Familie (Rö 5,12).

Später sagte Gott von Abraham, daß er „meiner Stimme gehorsam gewesen ist und gehalten hat meine Rechte, meine Gebote, meine Weisungen und mein Gesetz" (1 Mo 26,5). Und Mose lehrte schon vor dem Sinai das Gesetz und die Ordnungen Gottes (2 Mo 16; 18,16).

Beim Studium des 1. Buches Mose wird uns klar, daß die Zehn Gebote lange vor der Gesetzgebung am Sinai bekannt waren. Menschen wußten bereits vor der Verkündigung der Zehn Gebote, daß bestimmte Taten verboten waren.[1] Dieses allgemeine Verständnis des Moralgesetzes zeigt, daß Gott die Kenntnis der Zehn Gebote bereits vermittelt haben muß.

Das Gesetz am Sinai. Während der langen Zeit der Gefangenschaft in Ägypten, einem Land, wo man den wahren Gott nicht kannte (2 Mo 5,2), lebten die Israeliten, umgeben von Götzendienst und Verdorbenheit. Dadurch ging ihnen viel von ihrem Verständnis der Heiligkeit Gottes, seiner Reinheit und seiner Gerechtigkeit verloren. Als Sklaven hatten sie es schwer, Gott zu verehren.

Doch er erhörte ihre verzweifelten Hilferufe, gedachte an seinen Bund mit Abraham und entschloß sich, sein Volk aus diesem „glühenden Ofen" (5 Mo 4,20) zu befreien und in ein Land zu

---

[1] (baptistisch), 1742; die „Twenty-five Articles of Religion" (methodistisch), 1784; die „New Hampshire Confession" (baptistisch), 1833.
Als Hinweis auf die ersten beiden Gebote siehe 1. Mose 35,1-4; auf das vierte 1. Mose 2,1-3; auf das fünfte 1. Mose 18,29; auf das sechste 1. Mose 4,8-11; auf das siebte 1. Mose 39,7-9; 19,1-19; auf das achte 1. Mose 44,8; auf das neunte 1. Mose 12,11-20; 20,1-10, und auf das zehnte 1. Mose 27.

bringen, wo „sie seine Gebote hielten und seine Gesetze bewahrten" (Ps 105,43-45).

Nach der Befreiung aus Ägypten führte sie der Herr an den Berg Sinai, wo er das Gesetz als Norm seiner Herrschaft gab sowie die Zeremonialgesetze, die zeigen sollten, daß der Erlösungsweg allein über das versöhnende Opfer des Retters führt. Am Sinai gab Gott das Gesetz in klaren, einfachen Begriffen „um der Sünden willen" (Gal 3,19), „damit die Sünde überaus sündig würde durchs Gebot" (Rö 7,13). Nur wenn ihnen das göttliche Gesetz vor Augen stand, konnten sich die Israeliten ihrer Übertretungen bewußt werden, ihre Hilflosigkeit und ihre Erlösungsbedürftigkeit erkennen.

Das Gesetz vor der Wiederkunft Christi. Die Bibel offenbart, daß sich Satans Angriffe gegen Gottes Gesetz richten und dieser Kampf kurz vor Jesu Wiederkunft seinen Höhepunkt erreichen wird. Die Prophetie macht deutlich, daß Satan die Mehrheit der Menschen zum Ungehorsam gegen Gott verleiten wird (Offb 12,9). Dabei bedient er sich der Macht des „Tieres", um die Aufmerksamkeit der Welt auf dieses „Tier" statt auf Gott zu richten (Offb 13,3; weitere Ausführungen über diese Prophezeiungen siehe Kap. 12 in diesem Buch).

1. Angriff auf das Gesetz. Daniel 7 beschreibt eine Macht als das kleine Horn. In diesem Kapitel ist die Rede von vier großen Tieren, die von Bibelkommentatoren seit der Zeit Jesu als die Weltmächte Babylon, Medienpersien, Griechenland und Rom gedeutet wurden. Die zehn Hörner des vierten Tieres repräsentieren die Teile des Römischen Weltreiches zur Zeit seines Untergangs (476 n. Chr.).[1]

Daniels Vision konzentriert sich auf das kleine Horn, eine schreckliche, gotteslästerliche Macht, die sich mitten aus den zehn Hörnern erhebt und das Aufkommen einer erstaunlichen Macht nach dem Zerfall des Römischen Weltreiches andeutet. Diese Macht würde versuchen, Gottes Gesetz zu ändern (Da 7,25), und bestehen bleiben bis zur Wiederkunft Christi (siehe Kap. 19 dieses Buches).

---

[1] L. E. Froom, „Prophetic Faith of Our Fathers", Bd. 1, S. 456.894; Bd. 2, S. 528. 784; Bd. 3, S. 252.744. Bd. 4, S. 392.846.

Der Angriff ist an sich schon ein Beweis für die zeitlose Gültigkeit des Gesetzes im Erlösungsplan. Die Vision endet mit der Zusage an Gottes Volk, daß es dieser Macht nicht gelingen wird, das Gesetz auszulöschen. Das kleine Horn wird schließlich durch das göttliche Gericht vernichtet werden (Da 7,11.26-28).

2. Die Heiligen verteidigen das Gesetz. Gehorsam kennzeichnet die Gläubigen, die auf das zweite Kommen Christi warten. In der letzten Auseinandersetzung stehen sie zusammen und werden Gottes Gesetz befolgen. Die Schrift beschreibt das so: Sie halten „die Gebote Gottes ... und haben das Zeugnis Jesu" (Offb 12,17; 14,12) und warten standhaft auf die Wiederkunft Christi.

Im Hinblick auf Jesu Wiederkunft verkünden diese Gläubigen das Evangelium und rufen dazu auf, den Herrn als den Schöpfer anzubeten (Offb 14,6.7). Wer Gott in Liebe verehrt, wird ihm gehorchen, so wie Johannes sagte: „Denn das ist die Liebe zu Gott, daß wir seine Gebote halten; und seine Gebote sind nicht schwer." (1 Jo 5,3)

3. Gottes Gericht und das Gesetz. Das Gericht Gottes mit den letzten sieben Plagen über die Ungehorsamen geht aus vom „Tempel, der Stiftshütte im Himmel" (Offb 15,5). Israel war vertraut mit dem Begriff „Stiftshütte", war es doch das Wüstenheiligtum, das Mose errichten ließ (4 Mo 1,50.53; 17,8; 18,2) und diese Bezeichnung trug, weil dort die „Lade mit dem Gesetz" verwahrt wurde (2 Mo 26,34), in der „die beiden Tafeln des Gesetzes" lagen (2 Mo 31,18). Die Zehn Gebote sind „die Worte des Bundes", die der Menschheit den Willen Gottes bezeugen.

Offenbarung 15,5 dagegen bezieht sich auf den „Tempel, die Stiftshütte im Himmel". Die Stiftshütte des Mose war lediglich ein Abbild des himmlischen Heiligtums (2 Mo 25,8.40; vgl. Hbr 8,1-5); dort wird das Original der Zehn Gebote aufbewahrt. Daß sich das Endgericht mit der Übertretung des Gesetzes befaßt, ist ein weiterer Beweis für die ewige Gültigkeit der Zehn Gebote.

In der Offenbarung wird auch beschrieben, wie beim Öffnen des himmlischen Tempels die „Lade seines Bundes" ins Blickfeld rückt (Offb 11,19). Die Bezeichnung „Lade des Bundes" bezog sich auf die Lade im irdischen Heiligtum, wo die Tafeln mit den Worten des Bundes lagen (2 Mo 34,27; vgl. 4 Mo 10,33; 5 Mo 9,9). Die Bundeslade im himmlischen Heiligtum dagegen ist das Original, dort sind die Worte des ewigen Bundes verwahrt, der Original-Dekalog. Daran wird deutlich, daß der Zeitpunkt des letzten Gerichts über diese Welt (Offb 11,18) mit dem Auftun des Tempels im Himmel und dem freien Blick auf die Lade mit den Zehn Geboten zu tun hat – wahrlich ein angemessenes Bild für die Bestätigung des göttlichen Gesetzes als Maßstab im Gericht.

Gesetz und Evangelium

Die Erlösung ist ein Geschenk, das empfangen wird aus Gnade durch den Glauben, nicht durch Werke des Gesetzes (Eph 2,8). „Keine Taten des Gesetzes, kein noch so löblicher Einsatz und keine guten Werke, ganz gleich wie viele und wie aufopfernd sie auch seien, vermögen den Sünder auch nur im geringsten zu rechtfertigen (Tit 3,5; Rö 3,20)."[1]

Die ganze Heilige Schrift ist geprägt von vollkommener Harmonie zwischen Gesetz und Evangelium. Eines wird vom anderen getragen.

Gesetz und Evangelium vor dem Sinai. Als Adam und Eva sündigten, erfuhren sie, was Schuld, Furcht und Not bedeuten (1 Mo 3,10). Gott antwortete auf ihre Not nicht mit der Aufhebung des Gesetzes, durch das sie nun verdammt waren, er bot ihnen vielmehr das Evangelium an, das die Gemeinschaft zwischen ihnen und Gott wiederherstellen und sie erneut zum Gehorsam führen würde.

Diese gute Nachricht war enthalten in der verheißenen Rettung durch einen Erlöser, den Nachkommen der Frau, der eines Tages erscheinen und über das Böse triumphieren würde (1 Mo 3,15). Das Opfersystem, das Gott einführte, enthielt eine wichtige Lehre über die künftige Versöhnung: Vergebung war nur möglich durch Blutvergießen – durch den Tod des Erlösers. Das Tieropfer veranschau-

---

[1] o. V., „Seventh-day Adventists Answer Questions on Doctrine", Review and Herald, Washington, D. C., 1957, S. 142.

lichte den versöhnenden Tod, den der Erlöser einst ihretwegen auf sich nehmen würde; und im Glauben daran erlangten sie Sündenvergebung.[1] So wurden sie durch Gnade gerettet.

Diese gute Nachricht war Kernstück des Gnadenbundes, den Gott der Menschheit anbot (1 Mo 12,1-3; 15,4.5; 17,1-9). Unlösbar damit verbunden war der Gehorsam gegenüber Gottes Gesetz (1 Mo 18,18.19; 26,4.5). Für diesen Bund bürgte der Sohn Gottes. Er ist Mittelpunkt der guten Nachricht, ist „das Lamm, das geschlachtet ist", dazu „ausersehen, ehe der Welt Grund gelegt wurde" (Offb 13,8; 1 Pt 1,20).

Gottes Gnade wurde also wirksam in dem Augenblick, als Adam und Eva sündigten. David sagte: „Die Gnade aber des Herrn währt von Ewigkeit zu Ewigkeit über denen, die ihn fürchten, ... die seinen Bund halten und gedenken an seine Gebote, daß sie danach tun." (Ps 103,17.18)

Gesetz und Evangelium am Sinai. Zwischen dem Dekalog und dem Evangelium besteht eine enge Beziehung. Die Einleitung des Gesetzes spricht von Gott als dem Befreier (2 Mo 20,1), und im Anschluß an die Verkündung der Zehn Gebote weist Gott die Israeliten an, einen Altar zu bauen und Opfer zu bringen, die seine rettende Gnade darstellen sollten.

Auf dem Berg Sinai erhielt Mose von Gott auch bestimmte Zeremonialvorschriften, die mit dem Bau des Heiligtums zu tun hatten. Dort wollte Gott bei seinen Kindern wohnen, um ihnen zu begegnen, sie zu segnen und ihre Sünden zu vergeben (2 Mo 24,9 bis 31,18). Diese Ausweitung des Opferdienstes, wie er vor der Offenbarung am Sinai praktiziert wurde, symbolisiert sowohl Christi Mittlerdienst für die Erlösung von Sündern als auch die Autorität und Heiligkeit des göttlichen Gesetzes.

Gottes Wohnstatt im Allerheiligsten des irdischen Heiligtums war über dem Gnadenthron der Bundeslade, wo die Zehn Gebote verwahrt wurden. Jeder Aspekt des Heiligtumsdienstes wies hin auf

---

[1] Kain und Abel waren voll vertraut mit dem Opfersystem (1 Mo 4,3-5; Hbr 11,4). Es ist sehr wahrscheinlich, daß Adam und Eva als erste Kleidungsstücke (1 Mo 3,21) die Felle der Tiere bekamen, die zur Versöhnung ihrer Sünden geopfert worden waren.

den Retter, auf Jesu Sühnetod, der erlösen würde von der Verdammung durch das Gesetz, das als Zeuge der begangenen Sünden unter dem Gnadenthron in der Bundeslade lag (siehe Kap. 4 und 9 dieses Buches).

Der Dekalog wurde also *in* die Bundeslade gelegt; die Zeremonialgesetze samt den bürgerlichen Vorschriften dagegen wurden in das „Buch des Gesetzes" geschrieben und *neben* die Bundeslade gelegt, „daß es dort ein Zeuge sei wider" das Volk (5 Mo 31,26).

Immer wenn gesündigt wurde, verdammte dieser „Zeuge" die böse Tat und wies zugleich hin auf die Möglichkeit einer Versöhnung mit Gott.

Von der Gesetzgebung am Sinai bis hin zum Tod Christi fanden Übertreter der Zehn Gebote Hoffnung sowie Vergebung und Reinigung im Glauben an das Evangelium gemäß der Darstellung im Heiligtumsdienst und dem Zeremonialgesetz.

Gesetz und Evangelium nach Jesu Kreuzestod. Die Bibel weist eindeutig darauf hin, daß Christi Tod das Zeremonialgesetz hinfällig machte, das Moralgesetz aber in seiner Gültigkeit bestätigte.[1] Die folgenden Abschnitte verdeutlichen das.

1. Das Zeremonialgesetz. Als Christus starb, erfüllte er die prophetische Symbolik des Opfersystems. Typus und Antitypus, Vorschattung und Wirklichkeit begegneten sich. Damit fand das Zeremonialgesetz seinen Abschluß.

Jahrhunderte zuvor hatte Daniel prophezeit, daß der Tod des Messias „Schlachtopfer und Speiseopfer abschaffen" werde (Da 9,27; siehe Kap. 4 dieses Buches). Als Jesus starb, zerriß der Vorhang im Tempel von oben nach unten (Mt 27,51), ein Hinweis darauf, daß die geistliche Bedeutung des Tempeldienstes erfüllt und abgeschlossen war.

---

[1] Z. B. die folgenden historischen Glaubensbekenntnisse: Ph. Melanchton, „Loci, tertia aetas", C. R. 21,700; vgl. ebd., „Secunda aetas" (zuerst 1535), C. R. 21,405, zitiert in E. Hirsch, „Hilfsbuch zum Studium der Dogmatik", de Gruyter, Berlin, 1958 (3. Aufl.), S. 102.104; die „Westminster Confession" (anglikanisch), 1647; die „Irish Articles of Faith", 1615; die „Savoy-Declaration" (kongregationalistisch), 1658; die „Philadelphia Confession" (baptistisch), 1742; die „Twenty-five Articles of Religion" (methodistisch), 1784.

Obwohl das Zeremonialgesetz vor dem Tod Christi einen hohen Stellenwert hatte, war es doch in gewisser Weise mangelhaft, weil es eben nur der „Schatten von den zukünftigen Gütern" war (Hbr 10,1). Es hatte nur begrenzte Gültigkeit, war es doch dem Volk Gottes auferlegt „bis zu der Zeit einer besseren Ordnung" (Hbr 9,10; vgl. Gal 3,19), also bis zum Tod Christi, des wahren Lammes Gottes.

Beim Tod Christi verlor das Zeremonialgesetz seine Gültigkeit. Christi versöhnendes Opfer gewährte nun Vergebung für alle Sünden. „Er hat den Schuldbrief getilgt, der mit seinen Forderungen gegen uns war, und hat ihn weggetan und an das Kreuz geheftet." (Kol 2,14; vgl. 5 Mo 31,26)

Fortan war es nicht mehr notwendig, Zeremonien durchzuführen, die ohnehin weder Sünden wegnehmen noch das Gewissen reinigen können (Hbr 10,4; 9,9.14). Niemand brauchte sich mehr zu kümmern um das Zeremonialgesetz. Seine Forderungen bezüglich der Speis- und Trankopfer, der verschiedenen Feste (Passa, Pfingsten usw.), Neumondfeiern und zeremoniellen Sabbate (Kol 2,16; vgl. Hbr 9,10) waren ja nur ein „Schatten von dem, was zukünftig sein soll" (Kol 2,17).[1]

Nach Jesu Tod hatten es die Gläubigen nicht mehr mit dem Schatten oder mit Abbildern zu tun; denn in Christus war die Wirklichkeit verkörpert. Nun konnten sie unmittelbar zum Erlöser kommen, denn „leibhaftig ... ist es in Christus" (Kol 2,17).

Das Zeremonialgesetz war durch die Art und Weise, wie es die Juden verstanden, zu einer Trennwand zwischen ihnen und den anderen Völkern geworden. Es bildete ein großes Hindernis für ihre Sendung, die Welt mit der Herrlichkeit Gottes vertraut zu machen. Christi Tod aber „hat abgetan" dieses „Gesetz mit seinen Geboten und Satzungen" und hat „den Zaun abgebrochen", der zwischen Heiden und Juden bestand, und so eine neue Familie von Gläubigen gegründet, damit er die beiden „versöhne mit Gott in *einem* Leibe durch das Kreuz" (Eph 2,14-16).

---

[1] Vgl. „The Seventh-day Adventist Bible Commentary", Bd. 6, S. 204; E. G. White, „Patriarchen und Propheten", S. 343.

2. Der Dekalog und das Kreuz. Der Tod Christi hat das Zeremonialgesetz außer Kraft gesetzt; die Autorität der Zehn Gebote dagegen wurde gestärkt. Christus nahm den Fluch des Gesetzes auf sich und befreite so die Gläubigen von der Verdammung. Indem er das tat, hat er aber nicht das Gesetz abgeschafft und dem Menschen das Recht eingeräumt, die göttlichen Gebote zu verletzen. Das eindeutige Zeugnis der Schrift hinsichtlich der Beständigkeit des Gesetzes weist diese Auffassung zurück.

Calvin bemerkte treffend: „Mithin, was die Lehre anlangt, so dürfen wir keine Abschaffung des Gesetzes durch das Kommen Christi erdichten. Denn da die Regel eines frommen und heiligen Lebens ewig ist, so muß sie unveränderlich sein, gleich wie es nur eine einzige und beständige Gottesgerechtigkeit gibt, die darin begriffen ist."[1]

Auch Paulus weiß um die Beziehung zwischen Gehorsam und dem Evangelium von der rettenden Gnade. Indem er die Gläubigen zu einem heiligen Leben aufruft, ermuntert er sie zugleich: „Gebt euch selbst Gott hin und eure Glieder als Waffen der Gerechtigkeit. Denn die Sünde wird nicht herrschen können über euch, weil ihr ja nicht unter dem Gesetz seid, sondern unter der Gnade." (Rö 6,13.14) Christen halten das Gesetz also nicht, um die Erlösung zu erringen – wer das versucht, gerät nur in tiefere Abhängigkeit von der Sünde.

„Solange ein Mensch unter dem Gesetz ist, bleibt er auch unter der Herrschaft der Sünde, denn das Gesetz kann weder von der Verdammung noch von der Macht der Sünde befreien. Wer aber unter der Gnade ist, wird nicht nur von der Verdammung freigesprochen (Rö 8,1), sondern empfängt auch die Kraft zum Überwinden (Rö 6,4). So hat die Sünde keine Macht mehr über ihn."[2]

Paulus fügt hinzu: „Christus ist des Gesetzes Ende; wer an den glaubt, der ist gerecht." (Rö 10,4) Jeder also, der an Christus glaubt, erkennt, daß Er das Ende des Gesetzes ist, das Ziel des Weges zur

---

[1] J. Calvin, „Kommentar zur Evangelienharmonie", 1555, zu Mt 5,17, C. R. 73, 170f, zitiert in E. Hirsch, a.a.O., S. 110.111.
[2] „The Seventh-day Adventist Bible Commentary", Bd. 6, S. 541.542.

Erlangung von Gerechtigkeit. Von uns aus sind wir Sünder, aber in Christus sind wir gerecht durch die uns zugerechnete Gerechtigkeit.[1]

Wer unter der Gnade steht, hat damit aber nicht die Freiheit, „in der Sünde (zu) beharren, damit die Gnade um so mächtiger werde" (Rö 6,1). Gnade bietet vielmehr die Kraft, im Gehorsam den Sieg über die Sünde zu erringen. „So gibt es nun keine Verdammnis für die, die in Christus Jesus sind." (Rö 8,1)

Christi Tod richtete das Gesetz auf und bestätigte seine universale Bedeutung. Hätte der Dekalog verändert werden können, dann hätte Christus nicht sterben müssen. Aber weil dieses Gesetz absolut und unveränderlich ist, war sein Tod notwendig, um die vom Gesetz verhängte Strafe zu sühnen. Christus hat mit seinem Tod am Kreuz diesen Anspruch erfüllt und damit ewiges Leben für alle ermöglicht, die sein Opfer annehmen.

Gehorsam gegenüber dem Gesetz

Man kann sich die Erlösung nicht durch gute Werke verdienen; Gehorsam ist eine Frucht der Vergebung in Christus. Durch seine Gnade, wie sie sich vor allem am Kreuz zeigte, hat Gott sein Volk von der Strafe und vom Fluch der Sünde befreit.

Christus gab sein Leben, um uns ewiges Leben zu schenken. Diese überreiche Liebe Gottes erweckt im reuigen Sünder die Bereitschaft, durch die Kraft der so reichlich verliehenen Gnade ein Leben im Gehorsam zu führen. Gläubige, die die Wertschätzung Christi für das Gesetz und den Segen des Gehorsams verstehen, werden dadurch angespornt, ein christusähnliches Leben zu führen.

---

[1] Andere haben Christus als das Ende des Gesetzes so gedeutet, daß Christus das End-Ziel des Gesetzes (vgl. Gal 3,24) oder seine Erfüllung sei (vgl. Mt 5,17). Die Auffassung, daß Christus das Ende des Gesetzes als Heilsweg bedeutet (vgl. Rö 6,14), scheint am besten in den Zusammenhang von Römer 10,4 zu passen. „Paulus stellt dem göttlichen Weg der Gerechtigkeit durch Glauben den menschlichen Versuch der Werkgerechtigkeit gegenüber. Die Botschaft des Evangeliums lautet, daß Christus für jeden, der glaubt, das Ende des Gesetzes als Weg zur Gerechtigkeit ist." („The Seventh-day Adventist Bible Commentary", Bd. 6, S. 595) Vgl. E. G. White, „Für die Gemeinde geschrieben", Bd. 1, S. 415.

Christus und das Gesetz. Christus betrachtete die Zehn Gebote mit höchstem Respekt. Als der große „Ich bin" hatte er selbst das Gesetz des Vaters vom Sinai verkündet (Jo 8,58; 2 Mo 3,14; siehe Kap. 4 dieses Buches). Zu seiner Sendung auf dieser Erde gehörte es, „daß er sein Gesetz herrlich und groß mache" (Jes 42,21).

Ein Psalmwort, das im Neuen Testament auf Christus bezogen wird, kennzeichnet seine Einstellung zum Gesetz: „Deinen Willen, mein Gott, tue ich gern, und dein Gesetz hab ich in meinem Herzen." (Ps 40,8.9; vgl. Hbr 10,5.7)

Seine Botschaft wirkte einen Glauben, der die Gültigkeit des Dekalogs voll bestätigte. Paulus fragte daher: „Wie? Heben wir denn das Gesetz auf durch den Glauben? Das sei ferne! Sondern wir richten das Gesetz auf." (Rö 3,31)

Christus kam also nicht allein, um uns zu erlösen, sondern weil er die Autorität und Heiligkeit des göttlichen Gesetzes rechtfertigen wollte, indem er dessen Herrlichkeit vor den Menschen darstellte und zeigte, wie wir es befolgen sollen. Als seine Nachfolger sind Christen berufen, Gottes Gesetz in ihrem Leben hochzuhalten.

Christus selbst führte ein Leben liebenden Gehorsams und betonte, daß auch seine Nachfolger die Gebote halten sollten. Auf die Frage nach der Voraussetzung für das ewige Leben antwortete er: „Willst du aber zum Leben eingehen, so halte die Gebote." (Mt 19,17)

Zugleich warnte er davor, diesen Grundsatz zu verletzen: „Es werden nicht alle, die zu mir sagen: Herr, Herr! in das Himmelreich kommen, sondern die den Willen tun meines Vaters im Himmel." Gesetzesbrechern wird der Zutritt zum Reich Gottes verwehrt (Mt 7,21-23).

Christus selbst erfüllte das Gesetz durch ein Leben des Gehorsams. „Denn wahrlich, ich sage euch: Bis Himmel und Erde vergehen, wird nicht vergehen der kleinste Buchstabe noch ein Tüpfelchen vom Gesetz, bis es alles geschieht." (Mt 5,18) Er hat ausdrücklich betont, daß das Kernstück des göttlichen Gesetzes nicht vergessen werden darf: Gott, den Herrn, zu lieben von ganzem Herzen, von ganzer Seele und von ganzem Gemüt, und deinen Nächsten wie dich selbst (Mt 22,37.38).

Was er unter Liebe verstand, erklärte er genau in dem „neuen Gebot" (Jo 13,34). Das sollte nicht etwa den Dekalog ersetzen, sondern den Gläubigen „ein Beispiel von wahrer, selbstloser Liebe geben, wie sie die Welt nie zuvor erlebt hat. In diesem Sinne kann man sein Gebot als etwas Neues bezeichnen. Es verpflichtet nicht nur zu gegenseitiger Liebe, sondern ‚daß ihr euch untereinander liebet, gleichwie ich euch liebe' (Jo 15,12).

Strenggenommen haben wir hier wieder einen Beweis dafür, wie sehr Christus das Gesetz seines Vaters erhöhte."[1]

Gehorsam ist ein Beweis solcher Liebe. Jesus sagte: „Liebt ihr mich, so werdet ihr meine Gebote halten." (Jo 14,15) „Wenn ihr meine Gebote haltet, so bleibt ihr in meiner Liebe, wie ich meines Vaters Gebote halte und bleibe in seiner Liebe." (Jo 15,10) So werden wir, wenn wir Gottes Volk lieben, auch Gott lieben und „seine Gebote halten" (1 Jo 2,3).

Nur wenn wir in Christus bleiben, können wir von Herzen gehorsam sein. „Wie die Rebe keine Frucht bringen kann aus sich selbst, wenn sie nicht am Weinstock bleibt, so auch ihr nicht ... Wer in mir bleibt und ich in ihm, der bringt viel Frucht; denn ohne mich könnt ihr nichts tun." (Jo 15,4.5) In Christus bleiben bedeutet, mit ihm gekreuzigt zu sein und das zu erfahren, was Paulus schrieb: „Nicht mehr lebe ich, sondern Christus lebt in mir." (Gal 2,20 EB)

In allen, die so leben, kann Christus die Verheißung seines Bundes erfüllen: „Ich will mein Gesetz geben in ihren Sinn, und in ihr Herz will ich es schreiben und will ihr Gott sein, und sie sollen mein Volk sein." (Hbr 8,10)

Segnungen des Gehorsams. Gehorsam läßt den Charakter reifen und schafft eine Art von Wohlbefinden, so daß Gläubige wie „neugeborene Kinder" heranwachsen und in das Bild Christi verwandelt werden (siehe 1 Pt 2,2; 2 Ko 3,18). Diese Umwandlung vom Sünder zum Gotteskind ist das stärkste Zeugnis für die Kraft Christi.

„Glücklich"[2] nennt die Schrift alle, „die im Gesetz des Herrn wandeln" (Ps 119,1 EB), die „Lust am Gesetz des Herrn" haben und

---

[1] F. D. Nichol, „Answers to Objections", S. 100.101.
[2] Luther übersetzt mit „Wohl dem". Die neutestamentliche Entsprechung lautet: „Selig sind ..." (Mt 5). Es handelt sich also um eine Seligpreisung.

sinnen „über seinem Gesetz Tag und Nacht." (Ps 1,2) Vielfältig sind die Segnungen des Gehorsams:
- Einsicht und Weisheit (Ps 119,98.99);
- Frieden (Ps 119,165; Jes 48,18);
- Gerechtigkeit (5 Mo 6,25; Jes 48,18);
- ein sittlich reines Leben (Spr 7,1-5);
- Kenntnis der Wahrheit (Jo 7,17);
- Bewahrung vor Krankheit (2 Mo 15,26);
- langes Leben (Spr 3,1.2; 4,10.22) und
- die Zusicherung, daß Gebete erhört werden (1 Jo 3,22).

Gott lädt zum Gehorsam ein und verspricht uns reiche Segnungen (3 Mo 26,3-10; 5 Mo 28,1-12). Wenn wir diese Einladung annehmen, werden wir „sein Eigentum" sein, „ein Königreich von Priestern und ein heiliges Volk" (2 Mo 19,5.6; vgl. 1 Pt 2,5.9), erhoben „über alle Völker auf Erden", „Kopf ... und nicht Schwanz" (5 Mo 28,1.13).

Kapitel 19

Der Sabbat

> *Nach sechs Schöpfungstagen ruhte Gott am siebenten Tag und setzte dann den Sabbat für alle Menschen zum Gedenken an die Schöpfung ein. Das vierte Gebot in Gottes unwandelbarem Gesetz gebietet die Heiligung des Sabbats – des siebenten Tages der Woche – als Tag der Ruhe, der Anbetung und des Dienens, so wie es uns Jesus Christus, der Herr des Sabbats, gelehrt und vorgelebt hat. Der Sabbat ist ein Tag froher Gemeinschaft mit Gott und untereinander. Er ist ein Sinnbild unserer Erlösung durch Christus, ein Zeichen unserer Heiligung, ein Zeugnis unseres Gehorsams und ein Vorgeschmack des ewigen Lebens im Reiche Gottes. Der Sabbat ist Gottes bleibendes Zeichen seines ewigen Bundes mit seinem Volk. Wer diese heilige Zeit begeht, von Abend bis Abend, von Sonnenuntergang bis Sonnenuntergang, feiert Gottes schöpferisches und erlösendes Handeln.*

Gemeinsam mit Gott erkundeten Adam und Eva das Paradies. Der Anblick, der sich ihnen bot, war atemberaubend schön. Als die Sonne an jenem Freitag, dem sechsten Schöpfungstag, unterging und die Sterne am Himmel erschienen, sah Gott „an alles, was er gemacht hatte, und siehe, es war sehr gut" (1 Mo 2,1).

So schön aber auch die gerade vollendete Welt war, bestand doch das größte Geschenk, das Gott dem eben erschaffenen Paar machte darin, daß sie in eine persönliche Beziehung zu ihm treten konnten. Daher schenkte Gott ihnen den Sabbat, einen Tag des besonderen Segens und der Gemeinschaft untereinander wie auch der Begegnung mit ihm, ihrem Schöpfer.

Der Sabbat in der Bibel

Der Sabbat hat eine besondere Bedeutung für unser Verhältnis zu Gott. Er erinnert an die Schöpfung und ist damit die Begründung dafür, daß Gott angebetet werden soll; denn er ist unser Schöpfer und wir sind seine Geschöpfe.

„Wenn der Sabbat richtig erfaßt wird, legt er den Grund zu echter Gottesverehrung, indem er die Wahrheit so eindrucksvoll lehrt wie keine andere Einrichtung. Der Grund wahrer Anbetung liegt in dem Unterschied zwischen Schöpfer und Geschöpf. Der allwöchentliche Sabbat erinnert stets an diese Tatsache, die nie veraltet oder zu übersehen ist."[1] Gott stiftete den Sabbat, um dem Menschen diese ewig gültige Tatsache vor Augen zu halten.

Der Sabbat bei der Schöpfung. Der Sabbat stammt aus einer sündlosen Welt. Er ist ein Geschenk Gottes, das es uns ermöglicht, den Himmel schon auf Erden zu erfahren. Drei göttliche Aktivitäten haben den Sabbat begründet:

1. Gott ruhte am Sabbat. „Am siebenten Tag ruhte er [Gott] und erquickte sich" (2 Mo 31,17), aber nicht etwa, weil er Ruhe nötig gehabt hätte (Jes 40,28). Das Verb „ruhen", *shabath*, bedeutet buchstäblich „aufhören" mit einer Arbeit oder Tätigkeit (siehe 1 Mo 8,22)[2]. „Gottes Ruhe war nicht das Ergebnis von Erschöpfung oder Ermüdung, sondern die Einstellung einer vorausgegangenen Tätigkeit."[3]

Gott ruhte, weil auch die Menschen ruhen sollen; er gab ein Beispiel, dem sie folgen sollten (2 Mo 20,11).

Wenn aber Gott die Schöpfung am sechsten Tag vollendete (1 Mo 2,1), was besagt dann die Schriftstelle, in der es heißt, daß er am siebenten Tag „vollendete ... seine Werke" (1 Mo 2,2)? Die Erschaffung von Himmel und Erde hatte Gott in sechs Tagen vollbracht, doch nun wollte er den Sabbat einsetzen. Und das geschah, indem er ruhte. Der Sabbat war gewissermaßen der Schlußstrich, mit dem Gott sein Werk vollendete.

---

[1] L. R. Conradi, „Die Geschichte des Sabbats", Internationale Traktaktgesellschaft, Hamburg, 1912, S. 691.
[2] W. Gesenius, a.a.O., S. 805.
[3] „The Seventh-day Adventist Bible Commentary", Bd. 1, S. 220.

2. Gott segnete den Sabbat. Gott hat den Sabbat nicht nur eingesetzt, sondern auch gesegnet. „Die Segnung des siebenten Tages bedeutet, daß Gottes Gnade besonders auf diesem Tag ruht und daß er zugleich ein Tag des Segens sein soll für seine Geschöpfe."[1]

3. Gott heiligte den Sabbat. Etwas heiligen heißt: es absondern und zum heiligen Gebrauch bestimmen und weihen. So können Menschen, Orte (wie das Heiligtum, der Tempel) und Zeiten (heilige Tage) geheiligt werden.[2] Die Tatsache, daß Gott den siebenten Tag geheiligt hat, bedeutet, daß er ihn abgesondert hat in der Absicht, an diesem Tag die Beziehung Gott-Mensch zu vertiefen.

Gott segnete und heiligte den Sabbat, *weil* er an diesem Tag von all seinen Werken ruhte; er segnete und heiligte ihn für die Menschheit, nicht für sich selbst. Durch seine Gegenwart wird der Sabbat zu einem gesegneten, geheiligten Tag.

Der Sabbat am Sinai. Nach dem Auszug Israels aus Ägypten hatte das Volk den Sabbat weithin vergessen. In der Sklaverei ist Sabbatheiligung immer schwierig. Doch nachdem die Israeliten die Freiheit wiedererlangt hatten, erinnerte sie Gott durch das Manna-Wunder und die Verkündigung der Zehn Gebote an ihre Verpflichtung hinsichtlich der Sabbatheiligung.

1. Der Sabbat und das Manna. Vor der Verkündigung des Gesetzes am Sinai verhieß der Herr seinem Volk die Bewahrung vor Krankheit, wenn sie auf seine Gebote hörten und seine Gesetze hielten (2 Mo 15,26; siehe 1 Mo 26,5). Und bald nach dieser Verheißung erinnerte Gott die Israeliten an die Heiligkeit des Sabbats. Durch das Manna-Wunder lehrte er sie ganz konkret, welche Bedeutung er der Ruhe am siebenten Tag beimaß.

An jedem Arbeitstag gab Gott genügend Brot für den täglichen Bedarf. Nichts sollte für den nächsten Tag aufgehoben werden; es würde ohnehin verderben (2 Mo 16,4.16-19). Am sechsten Tag jedoch sollte die doppelte Menge gesammelt werden, damit genügend Speise für den Sabbat vorhanden sei.

Gott lehrte das Volk, daß der sechste Tag der Vorbereitung dienen sollte und daß der Sabbat heilig zu halten sei, indem er sagte:

---

[1] ebd.
[2] W. Gesenius, a.a.O., S. 702.703.

„Morgen ist Ruhetag, heiliger Sabbat für den Herrn. Was ihr backen wollt, das backt, und was ihr kochen wollt, das kocht; was aber übrig ist, das legt beiseite, daß es aufgehoben werde bis zum nächsten Morgen." (2 Mo 16,23)

Nur für den siebenten Tag konnte Manna gelagert werden, ohne daß es verdarb (2 Mo 16,24). In ähnlichen Worten wie beim vierten Gebot sagte Mose: „Sechs Tage sollt ihr sammeln; aber der siebente Tag ist der Sabbat, an dem wird nichts da sein." (2 Mo 16,26)

Vierzig Jahre lang – mehr als 2.000 wöchentliche Sabbate, an denen die Israeliten in der Wüste waren – erinnerte sie das Manna-Wunder an die Aufeinanderfolge von sechs Arbeitstagen und dem siebenten Tag als Ruhetag.

2. Der Sabbat und das Gesetz. Gott setzte das Sabbatgebot in die Mitte des Dekalogs. Es hat folgenden Wortlaut:

„Gedenke des Sabbattages, daß du ihn heiligest. Sechs Tage sollst du arbeiten und alle deine Werke tun. Aber am siebenten Tage ist der Sabbat des Herrn, deines Gottes. Da sollst du keine Arbeit tun, auch nicht dein Sohn, deine Tochter, dein Knecht, deine Magd, dein Vieh, auch nicht dein Fremdling, der in deiner Stadt lebt. Denn in sechs Tagen hat der Herr Himmel und Erde gemacht und das Meer und alles, was darinnen ist, und ruhte am siebenten Tage. Darum segnete der Herr den Sabbattag und heiligte ihn." (2 Mo 20,8-11)

Alle Gebote des Dekalogs sind wichtig; keines sollte vernachlässigt werden (Jak 2,10). Dennoch machte Gott einen Unterschied zwischen dem Sabbatgebot und allen anderen. Er sagt: „Gedenke", „erinnere dich". Damit macht er der Menschheit bewußt, daß sie in Gefahr steht, die Bedeutung dieses Tages zu vergessen.

Die einleitenden Worte des Gebots – „Gedenke des Sabbattages, daß du ihn heiligest" – zeigen, daß der Sabbat nicht erst am Sinai eingesetzt wurde. Sie deuten an, daß er aus früherer Zeit stammt, nämlich aus der Zeit der Schöpfung. Wir sollen den Sabbat wirklich als Erinnerung an die Schöpfung heiligen. Das Gebot bestimmt eine Zeit für Ruhe und Anbetung; zugleich ermahnt es uns, über Gott und seine Werke nachzudenken.

Als Erinnerung an die Schöpfung bildet die Sabbatheiligung gewissermaßen das Gegengewicht zum Götzendienst. Indem uns der Sabbat daran erinnert, daß Gott Himmel und Erde erschaffen hat, macht er den Unterschied zwischen Gott und den Götzen sehr deutlich. Sabbatheiligung ist daher auch ein Zeichen der Treue zu dem wahren Gott – ein Zeichen dafür, daß wir seine Herrschaft als Schöpfer und König anerkennen.

Das Sabbatgebot stellt gewissermaßen das Siegel des Gesetzes Gottes dar.[1] Im allgemeinen enthalten Siegel drei Elemente: den Namen des Eigentümers, seinen Titel und sein Hoheitsgebiet. Offizielle Siegel werden benutzt, um wichtige Dokumente rechtswirksam zu machen. Das Dokument wird ausgestattet mit der Autorität des Beamten, dessen Siegel es trägt. Das Siegel schließt ein, daß der Beamte die Rechtswirksamkeit des Dokuments bestätigt und die volle Autorität seines Amtes geltend macht.

Unter den Zehn Geboten trägt nur das Sabbatgebot diese wichtigen Elemente eines Siegels; denn nur dies eine nennt Gott bei seinem Namen: „der Herr, dein Gott"; nennt seinen Titel: der Eine, der schuf – der Schöpfer; und umreißt sein Herrschaftsgebiet: „Himmel und Erde" (2 Mo 20,10.11).[2] Da nur im vierten Gebot gesagt wird, wessen Autorität hinter den Zehn Geboten steht, „enthält es Gottes Siegel", das seinem Gesetz als Beweis seiner Glaubwürdigkeit und Verbindlichkeit beigegeben wurde.[3]

Gott machte den Sabbat zu „einer Erinnerung oder einem Zeichen seiner Macht und Autorität über eine Welt, die noch nicht von Sünde und Rebellion befleckt war. Er sollte eine Einrichtung sein, verpflichtend für jeden und bekräftigt durch die Ermahnung: ‚Gedenke des Sabbattages, daß du ihn heiligest' (2 Mo 20,8)".[4]

Das Gebot nennt zwei Teile der Woche: Sechs Tage für die Menschen, an denen sie „arbeiten und alle ... Arbeit tun" sollten,

---

[1] J. L. Shuler, „God's Everlasting Sign", Southern Publ. Assn., Nashville, 1972, S. 114-116; M. L. Andreasen, „The Sabbath", Review and Herald, Washington, D. C., 1942, S. 248; Wallenkampf, „The Baptism, Seal and Fullness of the Holy Spirit", unveröffentlichtes Manuskript, S. 48; E. G. White, „Patriarchen und Propheten", S. 281.282; E. G. White, „Der große Kampf", S. 614.639.

[2] Den Namen erwähnt auch das 1. Gebot, nicht aber die anderen Elemente (2 Mo 20,2).

[3] E. G. White, „Patriarchen und Propheten", S. 281.

[4] Wallenkampf, „The Baptism, Seal and Fullness of the Holy Spirit", S. 48.

doch „der siebente Tag ist Sabbat für den Herrn, deinen Gott. Du sollst an ihm keinerlei Arbeit tun" (2 Mo 20,9.10 EB). „‚Sechs Tage', sagt das Gebot, sind *Werktage*, doch ‚der siebte Tag' ist ein *Ruhetag*. Daß der ‚siebente Tag' der einzigartige Ruhetag Gottes ist, wird offenkundig durch die ersten Worte des Gebots: ‚Gedenke *des* Sabbat-[Ruhe]Tages, daß du ihn heiligest.'"[1]

Obwohl der Mensch körperliche Ruhe zur Erholung braucht, hat Gott das Gebot auf seine eigene beispielhafte Sabbatruhe gegründet. Da er am Ende der ersten Woche der Weltgeschichte von seinen Aktivitäten „ruhte", sollen auch wir zur Ruhe kommen.

3. Der Sabbat und der Bund. So wie das Gesetz Gottes zentraler Bestandteil des Bundes war (2 Mo 34,27), nimmt auch der Sabbat, der im Zentrum dieses Gesetzes steht, in Gottes Bund mit Israel eine herausragende Stellung ein. Gott machte den Sabbat zum „Zeichen zwischen mir und [euch], damit [ihr erkennt], daß ich der Herr bin, der [euch] heiligt" (Hes 20,12; siehe Hes 20,20; 2 Mo 31,17). Deshalb, so sagte er, solle Israel den Sabbat halten als „ewigen Bund" (2 Mo 31,16). „Ebenso wie der Bund auf Gottes Liebe für sein Volk aufgebaut ist (5 Mo 7,7.8), so ist auch der Sabbat als Zeichen dieses Bundes ein Zeichen göttlicher Liebe."[2]

4. Die jährlichen Sabbate. Zusätzlich zum wöchentlichen Sabbat (3 Mo 23,3) gab es sieben jährliche Zeremonialsabbate, die verteilt waren über den religiösen Kalender Israels. Diese jährlichen Sabbate hatten keine unmittelbare Beziehung zum wöchentlichen Sabbat oder zum Wochenzyklus. Zu diesen Sabbaten – „abgesehen von den [wöchentlichen] Sabbaten des Herrn" (3 Mo 23,38) – zählten der erste und der letzte Tag des Festes der ungesäuerten Brote, der Pfingsttag, der Sabbat des Blasens, der Versöhnungstag und der erste sowie letzte Tag des Laubhüttenfestes (siehe 3 Mo 23,7.8.21.24. 25.27.28.35.36).

Da die Berechnung dieser Sabbate abhing vom Beginn des religiösen Jahreszyklus, der dem Mondjahr entsprach, konnten diese Sabbate auf jeden Wochentag fallen. Trafen sie mit dem wöchentli-

---

[1] „The Seventh-day Adventist Bible Commentary", Bd. 1, S. 605.
[2] „Sabbath" in „Seventh-day Adventist Encyclopedia", S. 1239.

chen Sabbat zusammen, wurden sie „hoher Festtag" genannt (siehe Jo 19,31). „Während der wöchentliche Sabbat am Ende der Schöpfungswoche für alle Menschen eingesetzt wurde, waren die jährlichen Sabbate ein fester Bestandteil des jüdischen Riten- und Zeremonialsystems, das am Berg Sinai eingesetzt wurde ... und auf das Kommen des Messias hinwies. Die Bedeutung dieses Riten- und Zeremonialsystems endete mit Jesu Tod am Kreuz."[1]

Der Sabbat und Christus. Die Schrift offenbart, daß Christus so wie der Vater Schöpfer war (siehe 1 Ko 8,6; Hbr 1,1.2; Jo 1,3). Folglich war er es auch, der bei der Schöpfung den siebten Wochentag als Ruhetag für die Menschheit von den anderen Tagen absonderte. Später verknüpfte Christus den Sabbat außer mit seinem Schöpfungswirken auch mit seinem Erlösungswerk.

Als der große „ICH BIN" (Jo 8,58; 2 Mo 3,14) fügte er das Sabbatgebot in den Dekalog ein, um Israel (die Menschen) an die wöchentliche Verabredung mit dem Schöpfer zu Gemeinschaft und Anbetung zu erinnern. Und er fügte ergänzend (durch Mose) einen weiteren Grund für die Heiligung des Sabbats hinzu: die Erlösung seines Volkes (5 Mo 5,14.15). Der Sabbat ist daher auch kennzeichnend für jene, die Jesus als ihren Schöpfer und Erlöser angenommen haben.

Die doppelte Funktion Christi (Schöpfer und Erlöser) macht deutlich, weshalb er den Anspruch erhob, als Menschensohn „Herr auch des Sabbats" zu sein (Mk 2,28 EB). Kraft dieser Autorität hätte er den Sabbat auch abschaffen können, sofern er es gewollt hätte. Aber das tat er gerade nicht, im Gegenteil: Er bekräftigte die Gültigkeit für alle Menschen, indem er sagte: „Der Sabbat ist *um des Menschen willen* gemacht." (Vers 27)[2]

Während seines Erdenlebens hat uns Christus wahre Sabbatheiligung vorgelebt. Es war „seine Gewohnheit", am Sabbat zum Gottesdienst zu gehen (Lk 4,16). Das beweist, daß er den Sabbat als Tag der Anbetung voll anerkannte.

Ihm lag so viel an der Heiligkeit des Sabbats, daß er seinen Jüngern sogar riet, was sie tun sollten, wenn sie nach seiner Himmel-

---

[1] „Sabbath, Annual" in „The Seventh-day Adventist Bible Commentary", S. 1265.
[2] Hervorhebung eingefügt.

fahrt verfolgt würden. Er sagte: „Bittet aber, daß eure Flucht nicht geschehe im Winter oder am Sabbat." (Mt 24,20) Nach Jonathan Edwards ist das ein eindeutiger Hinweis darauf, „daß Christen selbst dann zur strikten Sabbatheiligung verpflichtet waren".[1]

Als Christus sein Schöpfungswerk abschloß – seine erste Tat in der Weltgeschichte –, ruhte er am siebenten Tag. Diese Ruhe bedeutete Vollendung und Abschluß seines Werkes. Ähnlich war es am Ende seines irdischen Dienstes, als er seine zweite entscheidende Tat in der Weltgeschichte vollbrachte. Am Freitag, dem sechsten Tag der Woche, beendete Christus sein Erlösungswerk auf Erden, indem er ausrief: „Es ist vollbracht!" (Jo 19,30) Die Schrift betont im Blick auf den Zeitpunkt seines Todes: „Es war Rüsttag, und der Sabbat brach an." (Lk 23,54) Danach ruhte Jesus im Grab, ein bildhafter Hinweis darauf, daß die Erlösung der Menschheit abgeschlossen war.[2]

So ist der Sabbat gleicherweise ein Zeuge für das Schöpfungs- wie auch das Erlösungswerk Christi. Indem seine Nachfolger diesen Tag beachten, freuen sie sich über das, was Gottes Sohn für die Menschheit vollbracht hat.[3]

Der Sabbat und die Apostel. Auch die Jünger haben den Sabbat gebührend beachtet. Das zeigt ihr Verhalten zum Zeitpunkt des Todes Christi. Mit Sabbatanfang brachen sie die Vorbereitung der Beerdigung ab, und „den Sabbat über ruhten sie nach dem Gesetz" in der Absicht, am Sonntag, dem „ersten Tag der Woche", ihre Arbeit fortzusetzen (Lk 23,56; 24,1).

Auch die Apostel hielten am Sabbat ihren Gottesdienst ab. Auf seinen Missionsreisen besuchte Paulus am Sabbat die Synagoge und

---

[1] J. Edwards, „The Works of President Edwards", Leavitt & Allen, New York, 1852, Nachdruck der Worcester-Ausgabe, Bd. 4, S. 622. Die Puritaner sahen allerdings den Sonntag als den christlichen Sabbat an.

[2] Interessanterweise lag Jesus an einem „hohen Festtag" im Grab – denn dieser Sabbat war sowohl der siebente Tag der Woche als auch der erste Sabbat der Woche der ungesäuerten Brote. Was für ein Tag, um die Erlösung zu ihrem Höhepunkt zu bringen! Das „Es war gut" der Schöpfung mündet in das „Es ist vollbracht" der Erlösung, als der Anfänger und Vollender dieser Erlösung erneut nach einer Vollendung *ruhte*.

[3] S. Bacchiocchi, „Rest for Modern Man", South. Publ. Assn., Nashville, 1976, S. 8.9.

verkündigte Christus (Apg 13,14; 17,1.2; 18,4). Selbst Heiden luden ihn ein, am Sabbat das Wort Gottes zu predigen (Apg 13,42.44). Wo es keine Synagoge gab, suchte der Apostel den Platz, wo man sich am Sabbat üblicherweise versammelte (Apg 16,13). So wie Christus hat auch Paulus durch seine Teilnahme am Sabbatgottesdienst auf den siebenten Tag als Zeit der Anbetung hingewiesen.

Die sorgfältige Beachtung des wöchentlichen Sabbats bei Paulus stand in scharfem Gegensatz zu seiner Einstellung den jährlichen Sabbaten gegenüber. Er machte deutlich, daß Christen zur Beachtung dieser jährlichen Ruhetage nicht mehr verpflichtet sind, weil Christus das Zeremonialgesetz ans Kreuz geschlagen hat (siehe Kap. 18 dieses Buches).

Er sagte: „So laßt euch nun von niemandem ein schlechtes Gewissen machen wegen Speise und Trank oder wegen eines bestimmten Feiertages, Neumonds oder Sabbats. Das alles ist nur ein Schatten des Zukünftigen; leibhaftig aber ist es in Christus." (Kol 2,16.17) Da „der Zusammenhang [dieses Textes] sich mit rituellen Dingen beschäftigt, müssen die im Text erwähnten Sabbate die Zeremonialsabbate des jüdischen Festjahres sein, ‚die ein Schatten' oder Typus der Erfüllung in Christus sind".[1]

Auch im Galaterbrief protestiert Paulus gegen die Beachtung des Zeremonialgesetzes. Er sagt: „Ihr haltet bestimmte Tage ein und Monate und Zeiten und Jahre. Ich fürchte für euch, daß ich vielleicht vergeblich an euch gearbeitet habe." (Gal 4,10.11)

Oft hört man die Meinung, Johannes beziehe sich auf den Sonntag, wenn er berichtet, daß er „vom Geist ergriffen [wurde] am Tag des Herrn" (Offb 1,10).[2] Die Bibel bezeichnet aber ausschließlich den Sabbat als den Tag, der dem Herrn gehört. Christus sagt: Der

---

[1] „Sabbath" in „Seventh-day Adventist Encyclopedia", S. 1244. Siehe auch „The Seventh-day Adventist Bible Commentary", Bd. 7, S. 205. 206; siehe E. G. White, „The Australian Camp Meeting" in „Review and Herald", 7. Jan. 1896, S. 2. Andrerseits fanden auch an den wöchentlichen Sabbaten Opferhandlungen statt. Diese Opfer, die ebenfalls auf Christi Tod hinwiesen, sind Schatten, Teil des alttestamentlichen Zeremonialsystems, nicht aber der bereits vor dem Sündenfall eingeführte Sabbat selbst.

[2] Wörtlich: „an dem Tag, der dem Herrn gehört".

„siebente Tag ist der Sabbat des Herrn, deines Gottes" (2 Mo 20,10); später nannte er ihn „meinen heiligen Tag" (Jes 58,13). Und er selbst nannte sich „Herr des Sabbats" (Mk 2,28 EB).

Da der Sabbat der einzige Tag ist, den Christus gemäß der Heiligen Schrift als seinen eigenen bezeichnet und heilig nennt, leuchtet es ein, daß sich auch Johannes in Offenbarung 1,10 auf den Sabbat bezieht. Es gibt absolut keinen biblischen Hinweis darauf, daß er diese Bezeichnung auf den ersten Tag der Woche, den Sonntag, bezogen hat.[1]

Nirgendwo in der Bibel wird dazu aufgefordert, einen anderen Tag als den Sabbat zu heiligen, keiner sonst gilt als gesegnet. Auch das Neue Testament weiß nichts von einer Verlegung des Sabbats auf einen anderen Wochentag. Vielmehr bezeugt die Schrift Gottes unverrückbare Absicht, daß sein Volk den Sabbat bis in Ewigkeit heiligen soll: „Denn wie der neue Himmel und die neue Erde, die ich mache, vor mir Bestand haben, spricht der Herr, so soll auch euer Geschlecht und Name Bestand haben. Und alles Fleisch wird einen Neumond nach dem andern und einen Sabbat nach dem andern kommen, um vor mir anzubeten, spricht der Herr." (Jes 66,22.23)

Die Bedeutung des Sabbats. Der Sabbat hat umfassende Bedeutung wie auch einen tiefen geistlichen Sinn.

1. Eine ewige Erinnerung an die Schöpfung. Die Zehn Gebote begründen die Bedeutung des Sabbats mit der Erinnerung an die Erschaffung der Welt (2 Mo 20,10.11). Das Gebot zur Heiligung des siebenten Tages ist „untrennbar mit dem Schöpfungsakt verbunden, wobei die Einsetzung des Sabbats und das Gebot seiner Heiligung eine unmittelbare Konsequenz der Schöpfung sind. Außerdem verdankt die gesamte Menschheit ihre Existenz dem göttlichen Schöpfungswerk, woran ebenfalls erinnert werden soll; deshalb gilt das Gebot der Sabbatheiligung zur Erinnerung an die Schöpferkraft Gottes der ganzen Menschheit."[2] Strong nennt den Sabbat „eine

---

[1] Siehe „The Seventh-day Adventist Bible Commentary", Bd. 7, S. 735.736; E. G. White, „Das Wirken der Apostel", Saatkorn-Verlag, Hamburg 1981, S. 578.

[2] „Sabbath" in „Seventh-day Adventist Encyclopedia", S. 1237.

immerwährende Verpflichtung als die von Gott eingesetzte Erinnerung an seine Schöpfungsaktivität".[1]

Alle, die den Sabbat als Erinnerung an die Schöpfung beachten, tun dies in dankbarer Anerkennung dessen, „daß Gott ihr Schöpfer und rechtmäßiger Herrscher ist, sie aber das Werk seiner Hände und Untertanen seiner Herrschaft. Die Einsetzung des Ruhetages hat somit Erinnerungscharakter und die gesamte Menschheit im Blick. Der Sabbat hat nichts Schattenhaftes an sich und blieb auch nicht nur auf ein Volk beschränkt."[2] Solange wir Gott als unsern Schöpfer anbeten, wird der Sabbat als Zeichen und Erinnerung an die Schöpfung dienen.

2. Ein Symbol der Erlösung. Als Gott sein Volk aus der ägyptischen Knechtschaft befreite, wurde der Sabbat, das Zeichen des Gedenkens an Gottes Schöpfungswerk, zugleich auch das Zeichen der Erlösung (5 Mo 5,15). „Der Herr hatte die Absicht, daß der Sabbat, wenn er richtig beachtet wird, den Menschen immerfort aus der Knechtschaft eines Ägypten befreit, das nicht auf irgendein Land oder Jahrhundert beschränkt ist, sondern jedes Land und jedes Zeitalter einschließt. Heute muß der Mensch aus der Knechtschaft der Sucht befreit werden, aus Gewinnstreben und Machtgier, aus sozialer Ungleichheit und aus Sünde und Selbstsucht."[3]

Wenn wir aufs Kreuz schauen, wird uns der Sabbat zum Symbol der Erlösung. „Er ist die Erinnerung an den Auszug aus der Knechtschaft der Sünde unter der Führung Immanuels. Die größte Last, die wir zu tragen haben, ist die Schuld unseres Ungehorsams. Indem die Sabbatruhe auf die Ruhe Christi im Grab hinweist, d. h. auf die Ruhe des Sieges über die Sünde, gibt sie dem Christen Gelegenheit, Christi Vergebungsbereitschaft, seinen Frieden und seine Ruhe zu erfahren."[4]

3. Ein Zeichen der Heiligung. Der Sabbat ist ein Zeichen der umwandelnden Kraft Gottes, ein Zeichen der Heiligkeit und Heili-

---

[1] A. H. Strong, „Systematic Theology", S. 408.
[2] E. G. White, „Patriarchen und Propheten", Saatkorn-Verlag, Hamburg, 1973, S. 24.
[3] S. Bacchiocchi, „Rest for Modern Man", S. 15.
[4] ebd., S. 19.

gung. Der Herr erklärte: „Haltet meinen Sabbat; denn er ist ein Zeichen zwischen mir und euch von Geschlecht zu Geschlecht, damit ihr erkennt, daß ich der Herr bin, der euch heiligt." (2 Mo 31,13; siehe Hes 20,20) Folglich ist der Sabbat auch ein Hinweis auf Gott, der uns heiligt. Da wir durch das Blut Christi geheiligt werden (Hbr 13,12), ist der Sabbat ferner ein Zeichen dafür, daß der Gläubige das Blut zur Vergebung seiner Sünden angenommen hat.

So wie Gott den Sabbat zu einem heiligen Zweck absonderte, hat er auch sein Volk zu einer heiligen Aufgabe berufen: wir sollen seine Zeugen sein. Gemeinschaft mit ihm an diesem Tag führt zur Heiligung; und so lernen wir, uns nicht auf unsere Kräfte zu verlassen, sondern allein auf Gott, der uns heiligt.

„Die Kraft, die alle Dinge geschaffen hat, ist auch die Kraft, die das Bild Gottes im Menschen wiederherstellt (Neuschöpfung). Wer den Sabbat heilig hält, für den ist er ein Zeichen der Heiligung. Wahre Heiligung ist Harmonie mit Gott, ist Einssein mit ihm im Charakter. Sie wird durch den Gehorsam jenen Geboten gegenüber erlangt, die ein Ausdruck seines Wesens und Charakters sind. Und der Sabbat ist das Zeichen des Gehorsams. Wer von Herzen das vierte Gebot beachtet, wird das ganze Gesetz halten. Er wird durch den Gehorsam geheiligt."[1]

4. *Ein Zeichen der Treue*. Die Treue von Adam und Eva zu Gott wurde am Baum der Erkenntnis des Guten und Bösen in der Mitte des Gartens Eden geprüft. So wird auch die Treue eines jeden von uns geprüft am Sabbatgebot, das in der Mitte des Dekalogs steht.

Die Bibel weist darauf hin, daß die Menschheit vor der Wiederkunft Christi in zwei Klassen geteilt sein wird; auf der einen Seite die Treuen, die da „halten die Gebote Gottes und den Glauben an Jesus", und auf der anderen jene, die „das Tier anbeten und sein Bild" (Offb 14,12.9). Zu dieser Zeit wird Gottes Wahrheit vor der Welt verherrlicht, und allen wird klar werden, daß die Heiligung des biblischen Sabbats ein Beweis der Treue zum Schöpfer ist.

5. *Ein Zeichen der Gemeinschaft*. Gott schuf die Tiere als Gefährten des Menschen (1 Mo 1,24.25); für eine höhere Form der

---

[1] E. G. White, „Testimonies", Bd. 6, S. 350.

Gemeinschaft stiftete der Schöpfer die Beziehung zwischen Mann und Frau (1 Mo 2,18-25). Doch darüber hinaus erhielt die Menschheit mit dem Sabbat ein Geschenk, das Gemeinschaft auf höchster Ebene anbietet, die Gemeinschaft mit Gott selbst. Der Mensch ist nicht dazu geschaffen, sich ausschließlich mit Tieren abzugeben, auch nicht, um nur mit seinesgleichen Kontakt zu haben. Er ist vielmehr für Gott geschaffen.

Am Sabbat können wir Gottes Gegenwart auf besondere Weise erfahren; ohne den Sabbat wäre alles nur Arbeit und Mühe ohne Ende. Ein Tag wäre wie der andere, angefüllt mit weltlichen Angelegenheiten. Doch der Sabbat bringt Hoffnung, Freude und Mut. Er schenkt Zeit, damit wir Gemeinschaft pflegen mit Gott durch Gebet, Gottesdienst, Gesang und Nachdenken über sein Wort. Auch Zeit bietet er, das Evangelium weiterzusagen. Der Sabbat ist unsere Gelegenheit, die Gegenwart Gottes zu erfahren.

6. Ein Zeichen der Rechtfertigung durch den Glauben. Christen sind davon überzeugt, daß der Heilige Geist das Gewissen des aufrichtig Suchenden leitet, erleuchtet und zum Verständnis der Grundlagen des göttlichen Gesetzes führt (Rö 2,14-16). Bestätigt wird das dadurch, daß neun Gebote auch außerhalb der Christenheit bis zu einem gewissen Grad beachtet werden. Auf das Sabbatgebot trifft das allerdings nicht zu.

Viele Menschen bejahen die Notwendigkeit eines wöchentlichen Ruhetages, aber sie können nicht verstehen, weshalb eine Arbeit, die an jedem anderen Tag gut und lobenswert ist, am siebenten Tag der Woche Sünde sein soll. In der Natur findet sich kein Grund zur Feier des siebenten Tages. Die Planeten bewegen sich auf bestimmten Bahnen, die Vegetation wächst, Regen wechselt mit Sonnenschein und auch die Tiere verhalten sich so, als ob alle Tage gleich wären. Warum sollte dann der Mensch den Sabbat feiern? „Für den Christen gibt es nur einen einzigen Grund und keinen weiteren; doch dieser Grund reicht aus: Gott hat gesprochen."[1]

Nur auf der Grundlage der Offenbarung Gottes kann man das Gebot zur Heiligung des Sabbats verstehen. Wer den siebenten Tag

---

[1] M. L. Andreasen, „Sabbath", S. 25.

im Sinne Christi heiligt, kann dies nur im Glauben und bedingungslosen Vertrauen auf Christus tun; denn er hat die Heiligung des Sabbats angeordnet. Indem sie sich danach richten, zeigen die Gläubigen ihre Bereitschaft, den Willen Gottes anzuerkennen und sich nicht auf ihr eigenes Urteil zu verlassen.

Wenn Gläubige den siebenten Tag beachten, geschieht das nicht, um sich selbst gerecht zu machen. Sie heiligen den Sabbat vielmehr als Zeichen ihrer Gemeinschaft mit Christus, ihrem Schöpfer und Erlöser.[1] Sabbatheiligung ist das Ergebnis der Gerechtigkeit Christi durch Rechtfertigung und Heiligung. Dadurch wird deutlich, daß die Gläubigen befreit sind von der Knechtschaft der Sünde und Christi vollkommene Gerechtigkeit angenommen haben.

„Ein Apfelbaum wird nicht dadurch ein Apfelbaum, daß er Äpfel trägt. Er muß zuerst ein Apfelbaum sein. Dann kommen die Äpfel als natürliche Frucht. So hält der Christ den Sabbat oder die anderen neun Gebote nicht, um sich selbst gerecht zu machen. Es ist vielmehr die natürliche Frucht der Gerechtigkeit Christi, die ihm Christus mitteilt. Wer auf diese Weise den Sabbat hält, ist folglich kein Legalist, denn das äußere Halten des siebenten Tages ist der Ausdruck der inneren Erfahrung der Rechtfertigung und Heiligung, die dem Gläubigen zuteil wurde. Der wahre Sabbathalter wird daher unerlaubte Handlungen am Sabbat nicht unterlassen, um Got-

---

[1] „Gesetzlichkeit" kann definiert werden als der „Versuch, die Erlösung durch eigene Anstrengung zu erreichen. Es geht um die Erfüllung von Geboten und gewissen Regeln als ein Mittel der Rechtfertigung vor Gott. Das ist falsch, weil kein Mensch durch die Werke des Gesetzes vor ihm gerecht sein kann (Rö 3,20)." (Shuler, „God's Everlasting Sign", S. 90) Shuler fährt fort: „Wer das Sabbathalten als Gesetzlichkeit verdammt, sollte beachten: Wenn sich ein wiedergeborener Christ von der Anbetung falscher Götter trennt und Anbetung gemäß dem ersten und dritten Gebot übt, steht er dann im Gegensatz zur Rechtfertigung durch den Glauben? Stehen Reinheit, Ehrlichkeit und Zuverlässigkeit, wie sie im siebten, achten und neunten Gebot gefordert werden, im Gegensatz zur Gnade? Die Antwort auf beide Fragen ist zweifellos ein Nein. So ist auch die Sabbatheiligung eines erneuerten Menschen weder Gesetzlichkeit, noch steht sie der Erlösung allein durch die Gnade entgegen. Es ist vielmehr so, daß das Sabbatgebot die einzige Vorschrift im Gesetz ist, die ein Zeichen für die Befreiung von Sünde und die Heiligung – beides allein aus Gnade – darstellt." ebd.

tes Gunst zu erlangen, sondern weil er Gott liebt und mit ihm in enge Gemeinschaft kommen möchte."[1]

Unser Sabbathalten bekundet, daß wir aufgehört haben, uns auf die eigenen Werke zu verlassen. Und zugleich erkennen wir an, daß nur Christus, der Schöpfer, uns retten kann. Tatsächlich „offenbart die wahre Sabbatheiligung eine große Liebe zu Jesus Christus, dem Schöpfer und Erlöser, der uns zu neuen Menschen macht. Sie macht das Halten des richtigen Tages auf die richtige Weise zu einem Zeichen der Rechtfertigung durch den Glauben".[2]

7. Ein Symbol der Ruhe in Christus. Der Sabbat, die Erinnerung daran, daß Gott Israel aus Ägypten zur Ruhe im irdischen Kanaan befreit hat, unterschied das erlöste Volk der damaligen Zeit von den umliegenden Nationen. So ist der Sabbat auch ein Zeichen der Befreiung von der Sünde zur Ruhe Gottes, die die Erlösten von der Welt unterscheidet.

Wer in die Ruhe eingeht, zu der Gott einlädt, „der ruht auch von seinen Werken so wie Gott von den seinen" (Hbr 4,10). „Diese Ruhe ist eine geistliche Ruhe, eine Ruhe von unseren ‚eigenen Werken', ein Aufhören der Sünde. In diese Ruhe ruft Gott sein Volk; der Sabbat und Kanaan sind Symbole dieser Ruhe."[3]

Als Gott sein Schöpfungswerk vollendete, schenkte er Adam und Eva im Sabbat eine Möglichkeit zur Ruhe in ihm. Zwar versagten sie, aber das ursprüngliche Ziel, dem Menschen Ruhe zu schenken, blieb unverändert. Nach dem Sündenfall blieb der Sabbat eine Erinnerung an diese Ruhe. „Die Beachtung des Sabbats zeugt daher nicht nur vom Glauben an Gott als den Schöpfer aller Dinge. Sie bezeugt außerdem den Glauben an seine Kraft, das Leben von Männern und Frauen umzuwandeln, so daß sie darauf vorbereitet werden, zu der ewigen ‚Ruhe' einzugehen. Diese Ruhe hatte Gott von Beginn an für die Bewohner der Erde vorgesehen."[4]

Gott hatte dem Volk Israel diese geistliche Ruhe zugesagt. Wenngleich es versagt hat, ist Gottes Einladung noch immer gültig:

---

[1] Shuler, „God's Everlasting Sign", S. 89.
[2] ebd., S. 94.
[3] M. L. Andreasen, „Sabbath", S. 105.
[4] „The Seventh-day Adventist Bible Commentary", Bd. 7, S. 420.

„Also bleibt noch eine Sabbatruhe dem Volk Gottes übrig." (Hbr 4,9 EB) Wer in diese Ruhe eingehen will, „muß zuerst durch den Glauben in seine geistliche ‚Ruhe' eingehen, in die Ruhe der Seele von der Sünde und von ihrem eigenen Bemühen, die Erlösung zu erlangen".[1]

Das Neue Testament ermahnt den Christen, diese Erfahrung der Ruhe durch Gnade und Glauben nicht hinauszuschieben, denn „heute" ist die gelegene Zeit dafür (Hbr 4,7; 3,13). Wer in diese Ruhe eingetreten ist – nämlich in die rettende Gnade, die durch den Glauben an Jesus Christus empfangen wird –, der hat aufgehört, Gerechtigkeit durch eigene Werke erreichen zu wollen. Insofern ist die Beachtung des Sabbats ein Symbol für den Eintritt des Gläubigen in die Ruhe des Evangeliums.

Versuche, den Tag der Anbetung zu verändern

Da der Sabbat eine so große Bedeutung in der Anbetung Gottes als Schöpfer und Erlöser hat, darf es uns nicht wundern, daß Satan einen Kampf auf allen Ebenen führt, um diesen heiligen Tag auszulöschen.

Nirgendwo in der Bibel ist die Rede von einer Veränderung des Tages, den Gott im Garten Eden eingesetzt und am Sinai bestätigt hat. Das wissen auch Christen, die den Sonntag feiern. Der katholische Kardinal James Gibbons schrieb einmal: „Ihr könnt die Bibel vom 1. Buch Moses bis zur Offenbarung durchlesen, und ihr werdet keine einzige Zeile finden, die die Heiligung des Sonntags rechtfertigt. Die Schrift bekräftigt die religiöse Beobachtung des Samstags."[2]

---

[1] „The Seventh-day Adventist Bible Commentary", Bd. 7, S. 420.
[2] James Gibbons, „The Faith of Our Fathers", John Murphy & Co., Baltimore, 47. rev. Aufl., 1895, S. 111.112; ein Theologe der Kongregationalisten schrieb: „Es ist recht eindeutig, daß, wie streng oder ernst wir auch den Sonntag verbringen mögen, wir nicht den Sabbat halten. ... Der Sabbat ist auf ein göttliches Gebot gegründet. Wir können auf kein solches Gebot als Verpflichtung zur Beobachtung des Sonntags zurückgreifen." R. W. Dale, „The Ten Commandments", Hodder and Stoughton, London, 4. Aufl., 1884, S. 100.

Der Protestant A. T. Lincoln gibt zu: „Es kann nicht argumentiert werden, das Neue Testament liefere Gründe dafür, daß Gott seit der Auferstehung den ersten Tag als Sabbat eingesetzt hat."[1] Er gibt zu: „Ein Siebenten-Tags-Sabbathalter zu werden ist der einzig folgerichtige Weg für jeden, der daran festhält, daß der ganze Dekalog als Moralgesetz noch immer bindend ist."[2]

Wenn es also keinen Beweis gibt, daß Christus oder seine Apostel den Tag der Anbetung vom siebenten Tag auf einen anderen verlegt haben, warum haben dann so viele Christen den Sonntag angenommen?

Das Aufkommen der Sonntagsheiligung. Die Änderung vom Sabbat in den Sonntag kam allmählich. Es gibt keinen Beleg für eine wöchentliche christliche Sonntagsheiligung vor dem 2. Jahrhundert nach Christus. Doch wir kennen Hinweise darauf, daß um die Mitte desselben Jahrhunderts einige Christen freiwillig den Sonntag als Anbetungstag hielten, wenn auch nicht als Ruhetag.[3]

Die christliche Gemeinde in Rom, die hauptsächlich aus Heidenchristen bestand (Rö 11,13), war führend in der Hinwendung zur Sonntagsheiligung. In Rom, der Hauptstadt des Reiches, regten sich anti-jüdische Strömungen, die mit der Zeit immer stärker wurden. Die Folge davon war, daß sich die Christen dieser Stadt deutlich von den Juden unterscheiden wollten. Sie gaben Gepflogenheiten auf, die auch bei den Juden üblich waren, und setzten damit eine Entwicklung in Gang – weg von der Heiligung des Sabbats hin zur ausschließlichen Beachtung des Sonntags.[4]

---

[1] A. T. Lincoln, „From Sabbath to Lord's Day: A Biblical and Theological Perspective" in „From Sabbath to Lord's Day: A Biblical, Historical, and Theological Investigation", D. A. Carson (Hg.), Zondervan, Grand Rapids, 1982, S. 386.

[2] ebd., S. 392.

[3] Siehe Justin der Märtyrer, „First Apology" in „Ante-Nicene Fathers", Wm. B. Eerdmans, Grand Rapids, 1979, Bd. 1, S. 186; M. C. Maxwell, „God Cares", Pacific Press, Mountain View, CA, 1981, Bd. 1, S. 130.

[4] Siehe z. B. S. Bacchiocchi, „The Rise of Sunday Observance in Early Christianity" in „The Sabbath in Scripture and History", K. A. Strand (Hg.), Review and Herald, Washington, D. C., 1982, S. 137; ders., „From Sabbath to Sunday", Pontifical Gregorian University Press, Rom, 1977, S. 223-232.

Vom zweiten bis zum fünften Jahrhundert haben die Christen fast noch überall im Römischen Reich den Sabbat gehalten; doch gleichzeitig nahm die Feier des Sonntags zu. Sokrates, der Historiker aus dem fünften Jahrhundert, schrieb: „Nahezu alle Kirchen der Welt feiern ihre heiligen Mysterien am Sabbat jeder Woche, doch die Christen von Alexandrien und Rom tun das auf Grund einer alten Tradition nicht mehr."[1]

Im vierten und fünften Jahrhundert hielten viele Christen sowohl am Sabbat wie auch am Sonntag Gottesdienste ab. Sozomon, ebenfalls ein Historiker dieser Zeit, schrieb: „Die Menschen in Konstantinopel und nahezu überall versammeln sich am Sabbat wie auch am ersten Tag der Woche, doch diese Gewohnheit ist nie in Rom oder Alexandrien beobachtet worden."[2] Diese Zitate zeigen die Vorreiter-Rolle Roms bei der Abschaffung der Sabbatheiligung.

Warum aber haben diejenigen, die sich vom Gottesdienst am siebenten Tag abwandten, als Ersatz den Sonntag und nicht einen anderen Wochentag gewählt? Als Hauptgrund dafür berief man sich darauf, daß Christus am Sonntag auferstanden ist; man gab tatsächlich vor, er selbst habe die Gottesdienste an diesem Tag angeordnet.

„Doch, so eigenartig das auch klingt, *nicht ein einziger Autor des zweiten und dritten Jahrhunderts hat jemals einen einzigen Bibeltext als Grundlage* der Sonntagsheiligung statt der Sabbatheiligung angeführt. Weder Barnabas, noch Ignatius, noch Justin, noch Irenäus, noch Tertullian, noch Klemens von Rom, noch Klemens von Alexandrien, noch Origines, noch Zyprian, noch Viktorins, noch irgendein anderer Autor, der in den ersten Jahrhunderten nach Christus lebte, wußte von einer solchen Anweisung aus dem Munde Jesu oder aus irgendeinem anderen Teil der Bibel."[3]

Die Aufwertung, die der heidnische Sonnenkult der Römer dem Sonntag verschaffte, hat zweifellos entscheidend dazu beigetragen,

---

[1] Socrates, „Ecclesiastical History", Buch 5, Kap. 22 in „Nicene and Post-Nicene Fathers", 2. Serie, Wm. B. Eerdmans, Grand Rapids, 1979, Bd. 2, S. 132.
[2] Sozomenus, „Ecclesiastical History", Buch 7, Kap. 19, übers. in „Nicene and Post-Nicene Fathers", 2. Serie, Bd. 2, S. 390.
[3] M. C. Maxwell, „God Cares", Bd. 1, S. 131.

diesen Tag zum Tag der Anbetung zu machen. Der Sonnenkult fand in der gesamten alten Welt großen Anklang. Er war „eines der ältesten Elemente der römischen Religion". Wegen der östlichen Sonnenkulte „spielte der Kult des *Sol Invictus* ab der ersten Hälfte des zweiten Jahrhunderts vor Christus in Rom und in anderen Teilen des Reiches eine dominierende Rolle".[1]

Die frühe Kirche wurde durch neu Hinzugekommene von dieser weitverbreiteten Religion beeinflußt. „Diejenigen, die sich vom Heidentum zum Christentum bekehrten, wurden ständig von der Sonnenanbetung angezogen. Das wird nicht nur an der häufigen Verdammung dieser Praxis durch die [Kirchen-]Väter erkennbar, sondern auch durch bedeutende Spuren der Sonnenanbetung in der christlichen Liturgie."[2]

Im vierten Jahrhundert wurden erstmals Sonntagsgesetze erlassen. Die ersten, die verkündet wurden, waren Staatsgesetze; später folgten Sonntagsgesetze religiösen Inhalts. Kaiser Konstantin erließ das erste staatliche Sonntagsgesetz am 7. März 321. Er kannte die Popularität dieses Tages bei den heidnischen Sonnenanbetern und wußte, daß dieser Tag auch bei vielen Christen großes Ansehen genoß. Und so hoffte Konstantin, beide Bevölkerungsteile für seine Regierung gewinnen zu können, indem er den Sonntag zum gemeinsamen Feiertag erklärte.[3]

Konstantins Sonntagsgesetz zeigt, daß sein Hintergrund die Anbetung der Sonne ist. Es lautet: „Am ehrwürdigen Tag der Sonne [*venerabili die Solis*] sollen die Beamten und Einwohner der Städte ruhen, und alle Werkstätten sollen geschlossen bleiben. Auf dem Lande jedoch können Personen, die in der Landwirtschaft arbeiten, uneingeschränkt und mit gesetzlicher Erlaubnis ihre Arbeiten verrichten."[4]

---

[1] G. H. Halsberghe, „The Cult of Sol Invictus", E. J. Brill, Leiden, 1972, S. 26.44; siehe auch Bacchiocchi, „Rise of Sunday Observance", S. 139. *Sol Invictus* = Unbesiegbare(r) Sonne(ngott).

[2] ebd., S. 140; siehe auch ders., „From Sabbath to Sunday", S. 252.253.

[3] Siehe z. B. M. C. Maxwell, „God Cares", Bd. 1, S. 129; H. G. Heggtveit, „Illustreret Kirkehistorie", Cammermeyers Boghandel, Christiania, Oslo, 1891-1895, S. 202; vgl. „Seventh-day Adventist Bible Student's Source Book", 2. Aufl., S. 1000.

[4] „Codex Justinianus", Buch 3, Titel 12,3, übers. in Schaff, „History of the Christian Church", 5. Aufl., Charles Scribner, New York, 1902, Bd. 3, S. 380, Fn. 1.

Wenig später folgte die Kirche diesem Beispiel. Das Konzil zu Laodizea (ca. 364) – allerdings kein ökumenisches Konzil, sondern nur eine römische Synode – erließ das erste Kirchengesetz über den Sonntag. In Kanon 29 war angeordnet, daß die Christen den Sonntag ehren und „wenn möglich, an diesem Tag nicht arbeiten" sollten, während gleichzeitig die Sabbatruhe verdammt und die Christen angewiesen wurden, „am Samstag [griech. *sabbaton*, der „Sabbat"] nicht müßig zu sein, sondern an diesem Tag zu arbeiten".[1]

Im Jahre 538, dem Zeitpunkt, an dem die Prophezeiung der 1260 Jahre beginnt (siehe Kap. 12 dieses Buches), erließ die römische Kirche auf dem 3. Konzil zu Orleans ein Gesetz, das noch strenger war als das Konstantins. Der Kanon 28 legte fest, daß am Sonntag sogar „landwirtschaftliche Arbeit unterlassen werden sollte, damit das Volk nicht daran gehindert werde, zur Kirche zu kommen".[2]

Die Veränderung vorausgesagt. Die Bibel offenbart, daß Sonntagsheiligung als christliche Einrichtung ihren Ursprung im „Geheimnis der Gesetzlosigkeit" hat (2 Th 2,7 EB), das bereits zur Zeit des Apostels Paulus am Werk war (siehe Kap. 12 dieses Buches). In Daniel 7 hat der allwissende Gott die künftige Veränderung des Tages der Anbetung im voraus offenbart.

Daniel beschreibt in seiner Vision einen Angriff auf Gottes Volk und sein Gesetz. Die angreifende Macht, dargestellt durch ein kleines Horn (und durch ein Tier in Offb 13,1-10), führt den großen Abfall innerhalb der Christenheit herbei (siehe Kap. 12 dieses Buches). Das kleine Horn, das aus dem vierten Tier erwächst und sich nach dem Niedergang Roms zu einer Verfolgungsmacht entwickelt (siehe Kap. 18), versucht, „Zeiten und Gesetz zu ändern" (Da 7,25). Diese Macht ist sehr erfolgreich darin, den größten Teil der Welt zu

---

[1] Konzil zu Laodizea, Kanon 29, in Charles J. Hefele, „A History of the Councils of the Church From the Original Documents", übers. u. hrsg. von Henry N. Oxenham, T and T Clark, Edinburgh, 1876, Bd. 2, S. 316; siehe auch „Seventh-day Adventist Bible Student's Source Book", 2. Aufl., S. 885.

[2] G. Domenico Mansi (Hg.), „Sacrorum Conciliorum", Bd. 9, Sp. 919, zitiert bei M. C. Maxwell, „God Cares", Bd. 1, S. 129. Teilweise auch zitiert von J. Andrews, a.a.O., S. 374.

täuschen. Schließlich wird sie aber von Gottes Gericht verurteilt (Da 11,22.26). Während der letzten Trübsal wird Gott für sein Volk eintreten und es befreien (Da 12,1-3).

Diese Vorhersage paßt nur auf eine einzige Macht innerhalb der Christenheit. Es gibt nur eine religiöse Organisation, die von sich behauptet, das Recht zu haben, Gottes Gesetz zu verändern. Beachten wir, was katholische Autoren in der Vergangenheit für sich beansprucht haben:

Etwa um 1400 behauptete Petrus de Ancharano, daß „der Papst das göttliche Gesetz verändern kann, da seine Macht nicht menschlich, sondern von Gott kommt. Er wirkt als Stellvertreter Gottes auf Erden mit der vollen Macht, seine Schafe zu binden und zu lösen".[1]

Wie anmaßend diese erstaunliche Behauptung ist, wurde während der Reformation offenbar. Luther berief sich darauf, daß die Heilige Schrift und nicht die Tradition der Kirche seine Lebensregel ist. Sein Schlagwort war *sola scriptura* – „Die Bibel und nur die Bibel allein".

Johannes Eck, ein bedeutender Verteidiger des römischkatholischen Glaubens, griff Luther an und behauptete, die Tradition der Kirche stehe über der Bibel. Er forderte Luther in der Frage der Sonntagsheiligung contra biblischer Sabbatheiligung heraus. Eck sagte: „Die Schrift lehrt: ‚Gedenke, daß du den Samstag heiligest, sechs Tage würdst du arbeiten und würdst alle Werke tun, aber an dem siebenten Tag ist der Sabbat Gottes, deines Herrn usw.' Hat doch die Kirche die Feier vom Sabbat umgelegt auf den Sonntag aus ihrer Gewalt, ohne Schrift, ohne Zweifel aus Eingebung des Heiligen Geistes ..."[2]

Auf dem Konzil zu Trient (1545-1563), das vom Papst einberufen worden war, um dem Protestantismus entgegenzutreten, brachte Gaspare de Fosso, Erzbischof von Reggio, diese Frage noch einmal zur Sprache. Er sagte: „Die Autorität der Kirche wird sehr deutlich in der Schrift beschrieben, denn während sie [die Kirche] einerseits

---

[1] L. Ferraris, „Papa", Art. 2, „Prompta Bibliotheca", Caspa Storti, Venetiis [Venedig], 1772, Bd. 6, S. 29; vgl. „Seventh-day Adventist Bible Student's Source Book", 2. Aufl., S. 680.

[2] Dr. Johann von Eck, „Handbüchlein, Enchiridion", 1576, S. 78.79

diese empfiehlt, sie als göttlich bezeichnet [und] sie uns zum Lesen anbietet, ... haben andrerseits aufgrund derselben Autorität [der Kirche] die gesetzlichen Vorschriften der Bibel, die vom Herrn gelehrt wurden, aufgehört zu existieren. Der Sabbat, der herrlichste Tag des Gesetzes, ist in den Tag des Herrn [Sonntag] verwandelt worden. ... Diese und ähnliche Dinge haben nicht aufgehört, weil Christus so gelehrt hat (denn er hat gesagt, daß er gekommen sei, das Gesetz zu erfüllen und nicht aufzuheben), sondern sie sind durch die Autorität der Kirche verändert worden."[1]

Steht die Kirche heute noch auf diesem Standpunkt? In der Ausgabe des Buches *The Convert's Catechism of Catholic Doctrine* aus dem Jahre 1977 sind folgende Fragen und Antworten zu finden:

„Frage: *Welcher Tag ist der Sabbat?*
Antwort: Der Samstag ist der Sabbat.
Frage: *Warum halten wir den Sonntag statt des Samstags?*
Antwort: Wir feiern den Sonntag statt des Sabbats, weil die katholische Kirche die Heiligkeit des Samstags auf den Sonntag übertragen hat."[2]

In seinem Bestseller „The Faith of Millions" [Der Glaube der Millionen] kam der katholische Theologe John A. O'Brien zu der Schlußfolgerung: „Da der Samstag und nicht der Sonntag in der Bibel herausgestellt wird, ist es da nicht erstaunlich, daß Nichtkatholiken den Sonntag statt des Samstags halten, obwohl sie vorgeben, ihre Religion direkt aus der Bibel und nicht von der Kirche zu haben? Das ist natürlich widersprüchlich." Sonntagsheiligung, so sagt er, „beruht auf der Autorität der katholischen Kirche und nicht auf einer ausdrücklichen Aussage der Bibel. Diese Gewohnheit ist eine Erinnerung an die Mutterkirche, von der sich die nichtkatholischen Sekten abgespalten haben – wie ein Junge, der von zu Hause fortgelaufen ist, aber in seiner Tasche immer noch ein Bild seiner Mutter oder eine Locke von ihrem Haar mit sich herumträgt."[3]

---

[1] G. [Ricciulli] de Fasso, Ansprache auf der 17. Sitzung des Konzils zu Trient, 18. Jan. 1562, in Mansi, „Sacrorum Conciliorum", Bd. 33, Sp. 529.530, vgl. „SDA Student's Source Book", rev. Aufl., S. 887.

[2] P. Geiermann, a.a.O., S. 50.

[3] J. A. O'Brien, „The Faith of Millions", rev. Aufl., Our Sunday Visitor Inc., Huntington, IN, 1947, S. 400.401.

Der Anspruch auf diese Vollmacht erfüllt die prophetische Vorhersage und hilft bei der Identifizierung der Macht, die durch das kleine Horn dargestellt wird.

Die Wiederherstellung des Sabbats. In Jesaja 56 und 58 ruft Gott das Volk Israel zur Sabbatreform auf. Er offenbart die künftige Einbeziehung der Heiden in sein Volk (Jes 56,8) und bringt die Erfüllung dieses Missionsauftrages mit der Heiligung des Sabbats in Verbindung (Jes 56,1.2.6.7). Sorgfältig beschreibt er die Aufgabe seines Volkes. Obwohl weltumspannend, ist sie zugleich auch ganz speziell auf die eigenen Reihen ausgerichtet, und zwar auf solche, die vorgeben, gläubig zu sein, sich aber in Wirklichkeit von Gottes Geboten entfernt haben (Jes 58,1.2).

Er formuliert den Auftrag an diese vorgeblichen Gläubigen so: „Die Grundmauern aus der Zeit vergangener Generationen stellst du wieder her. Man nennt dich den Maurer, der die Risse ausbessert, den, der die Ruinen wieder bewohnbar macht. Wenn du am Sabbat nicht aus dem Haus gehst und an meinem heiligen Tag keine Geschäfte machst, wenn du den Sabbat (den Tag der) Wonne nennst, einen Ehrentag den heiligen Tag des Herrn, wenn du ihn ehrst, indem du keine Gänge machst, keine Geschäfte betreibst und keine Verhandlungen führst, dann wirst du am Herrn deine Wonne haben, dann lasse ich dich über die Höhen der Erde dahinfahren und das Erbe deines Vaters Jakob genießen. Ja, der Mund des Herrn hat gesprochen." (Jes 58,12-14 EÜ)

Die Aufgabe des geistlichen Israel ist vergleichbar der des historischen Israel. Gottes Gesetz wurde gebrochen, als das kleine Horn den Sabbat veränderte. Und wie der vernachlässigte Sabbat in Israel wiederhergestellt werden sollte, so soll in neuerer Zeit die göttliche Einrichtung des Sabbats wiederhergestellt und die Lücke im göttlichen Gesetz zugemauert werden.[1]

Gerade die Verkündigung der Botschaft aus Offenbarung 14,6-12 in Verbindung mit dem ewigen Evangelium bewirkt diese Neubewertung des Gesetzes. Die Verkündigung dieser Botschaft ist Aufgabe der Gemeinde Gottes in der Endzeit. Diese Botschaft soll die Welt aufrütteln und zur Vorbereitung auf das Gericht mahnen.

---

[1] Siehe E. G. White, „Der große Kampf", S. 432.433.

Der Ruf, den Schöpfer anzubeten, „der gemacht hat Himmel und Erde und Meer und die Wasserquellen" (Offb 14,12), hat einen unmittelbaren Bezug zum vierten Gebot in Gottes ewigem Gesetz. Seine Einbindung in die letzte Warnungsbotschaft ist ein Hinweis auf Gottes Ziel, den weithin vergessenen Sabbat vor Jesu Wiederkunft wiederherzustellen. Die Verkündigung dieser Botschaft wird eine weltweite Auseinandersetzung auslösen. Wichtigste Frage dabei wird der Gehorsam gegenüber Gott und die Heiligung des Sabbats sein.

Angesichts dieses Kampfes muß sich jeder entscheiden, ob er Gottes Gebote oder die Vorschriften von Menschen halten will. Zu dieser Zeit wird ein Volk gesammelt werden, das festhält an den Geboten Gottes und am Glauben an Jesus. Wer diese Botschaft aber ablehnt, wird schließlich das Malzeichen des Tieres empfangen (Offb 14,9.12; siehe Kap. 12 dieses Buches).

Um den Auftrag zu erfüllen – nämlich Gottes Gesetz zu erhöhen und den vernachlässigten Sabbat zu ehren –, sollte Gottes Volk eine von Liebe geprägte, konsequente Sabbatheiligung vorleben.

Die Heiligung des Sabbats

Um des Sabbats zu *gedenken* und ihn zu heiligen (2 Mo 20,8), sollten wir die ganze Woche über an den Sabbat denken und die notwendigen Vorbereitungen treffen, um ihn so feiern zu können, wie es Gott gefällt. Wir sollten beispielsweise darauf achten, daß wir am Ende der Woche nicht so ausgepumpt sind, daß wir gar nicht mehr am Sabbatgottesdienst teilnehmen können.

Weil der Sabbat ein Tag der Gemeinschaft ist, an dem wir eingeladen sind, Gottes gnädiges Wirken in der Schöpfung und Erlösung zu feiern, sollten wir alles vermeiden, was der Heiligkeit dieses Tages abträglich ist. Die Bibel sagt, daß wir am Sabbat unsere tägliche Arbeit unterbrechen (2 Mo 20,10) und alles vermeiden sollen, womit wir unseren Lebensunterhalt verdienen, auch alle geschäftlichen Unternehmungen (Neh 13,15-22).

Gott wird dadurch geehrt, „daß du nicht deine Gänge machst und nicht deine Geschäfte treibst und kein leeres Geschwätz redest" (Jes 58,13). Wenn wir aber diesen Tag nur dazu nutzen, um uns zu vergnügen, weltlichen Interessen nachgehen, oberflächliche Unterhaltung suchen oder Sport treiben, werden wir abgelenkt von der Gemeinschaft mit unserem Schöpfer und verletzen die Heiligkeit des Sabbats.[1] Unsere Wertschätzung des Sabbatgebots sollte alle einbeziehen, die zu uns gehören – unsere Kinder, Angestellten und Gäste sowie die Tiere (2 Mo 20,10), damit auch sie den Segen des Sabbats erfahren.

Der Sabbat beginnt am Freitagabend bei Sonnenuntergang und endet am Samstagabend mit Sonnenuntergang (siehe 1 Mo 1,5; vgl. Mk 1,32).[2] Die Schrift nennt den Tag vor dem Sabbat (Freitag) den Rüsttag (Mk 15,42); er dient zur Vorbereitung auf den Sabbat, damit nichts dessen Heiligkeit stört. An diesem Tag sollten diejenigen, die für die Mahlzeiten in der Familie verantwortlich sind, das Essen vorbereiten, damit auch sie in der heiligen Zeit des Sabbats von ihrer Arbeit ausruhen können (siehe 2 Mo 16,23; 4 Mo 11,8).

Wenn die heilige Zeit des Sabbats beginnt, ist es ratsam für die Familie oder auch einzelne Gläubige, sich zur Zeit des Sonnenuntergangs am Freitag zu versammeln, um gemeinsam zu singen, zu beten und Gottes Wort zu lesen. So wird der Geist Christi als Gast willkommen geheißen. Ähnlich sollten wir auch den Ausklang des Sabbats begehen, indem wir uns versammeln, um Gottes Gegenwart und Führung für die neue Woche zu erbitten.

Der Herr ruft sein Volk, den Sabbat als Freudentag zu feiern (Jes 58,13). Wie ist das zu erreichen? Nur indem wir dem Beispiel Christi folgen; dann werden wir die Freude und Befriedigung erfahren, die Gott auf diesen Tag gelegt hat. Christus ist am Sabbat regelmäßig zum Gottesdienst gegangen, hörte zu, las vor und hat selbst religiöse Unterweisungen erteilt (Mk 1,21; 3,1-4; Lk 4,16-27; 13,10).

Aber er hat noch mehr getan: Er hatte Gemeinschaft mit anderen (Mk 1,29-31; Lk 14,1), verbrachte Zeit in der Natur (Mk 2,23) und war unterwegs, um Barmherzigkeit zu erweisen. Wo es möglich war, heilte er Kranke und Angefochtene (Mk 1,21-31; 3,1-5; Lk 13,10-17; 14,2-4; Jo 5,1-15; 9,1–14).

Als er deshalb kritisiert wurde, antwortete Jesus: „Darum ist es am Sabbat erlaubt, Gutes zu tun." (Mt 12,12 EÜ) Seine Heilungswunder

---

[1] E. G. White, „Selected Messages", Bd. 3, S. 258.
[2] In der Schrift wird in der Schöpfungsgeschichte klargemacht, daß die Tage von Sonnenuntergang bis Sonnenuntergang gerechnet werden. Siehe auch 3 Mo 23,32.

haben den Sabbat weder gebrochen noch aufgehoben, aber sie haben die unerträglichen Vorschriften abgeschafft, die die Bedeutung des Sabbats als Geschenk Gottes zur geistlichen Erfrischung und Freude verzerrt hatten.[1] Gott schuf den Sabbat für die geistliche Erquickung des Menschen. Alles, was zur Vertiefung der Gemeinschaft mit Gott beiträgt, ist wünschenswert; was aber von ihm ablenkt und den Sabbat lediglich in einen Ferientag verwandelt, ist unpassend.

Der Herr des Sabbats lädt uns ein, seinem Beispiel zu folgen. Wer diesem Ruf folgt, erlebt den Sabbat als Freude und geistliches Fest, als einen Vorgeschmack auf den Himmel. Dann wird er bestätigen, daß „der Sabbat von Gott dazu bestimmt ist, geistliche Müdigkeit zu verhindern. Woche für Woche beruhigt der siebente Tag unser Gewissen und versichert uns, daß wir trotz unseres unvollkommenen Charakters vollkommen in Christus sind. Sein Verdienst auf Golgatha gilt unserer Versöhnung. Wir treten ein in seine Ruhe."[2]

---

[1] Hat Christus mit seinem Beispiel christliche Krankenhäuser ermächtigt, sieben Tage ohne einen Sabbat für ihre Angestellten durchzuarbeiten? Als E. G. White die folgenden Sätze schrieb, dachte sie an die Bedürfnisse des Krankenhauspersonals: „Der Erlöser hat durch sein Beispiel gezeigt, daß es recht ist, an diesem Tag Leiden zu lindern; doch Ärzte und Pflegepersonal sollten keine unnötige Arbeit tun. Normale Behandlungen und Operationen können warten, sollten auf den nächsten Tag verlegt werden. Laßt die Patienten wissen, daß die Ärzte einen Tag der Ruhe brauchen." „Medical Ministry", Pacific Press, Mountain View, CA, 1963, S. 214.
Die Vergütung für medizinische Leistungen am Sabbat sollte für wohltätige Zwecke beiseitegelegt werden. E. G. White schrieb: „Es mag sogar notwendig sein, Stunden des heiligen Sabbats für die Linderung des Leidens der Menschen zu benutzen. Doch die Vergütung für solch eine Leistung sollte in die Schatzkammer des Herrn fließen, um Bedürftigen zu helfen, die medizinische Hilfe brauchen, sie aber nicht bezahlen können." ebd. S. 216.

[2] G. E. Vandeman, „When God Made Rest", Pacific Press, Boise, ID, 1987, S. 21.

Kapitel 20

Gottes Haushalter

> *Wir sind Haushalter Gottes. Er hat uns Zeit und Möglichkeiten, Fähigkeiten und Besitz, den Ertrag der Erde und ihre Bodenschätze anvertraut. Für einen vernünftigen Umgang damit sind wir Gott verantwortlich. Wir anerkennen Gott als Eigentümer, wenn wir ihm und den Mitmenschen treu dienen, ihm den Zehnten und Gaben darbringen, um die Verkündigung seines Evangeliums und das Wachstum seiner Gemeinde zu fördern. Recht geübte Haushalterschaft ist eine Möglichkeit, die Gott uns gibt, um in der Liebe zu wachsen sowie Selbstsucht und Habgier zu überwinden. Der Haushalter freut sich über den Segen, den andere durch seine Treue empfangen.*

Christliches Leben bedeutet die Aufgabe des eigenen Ichs und zugleich ein Annehmen Jesu Christi. Wenn wir sehen, wie Jesus gelebt und sich für andere hingegeben hat, können wir nur fragen: „Was kann ich tun für dich?"

Wer da meint, eine gänzliche Übergabe vollzogen zu haben, wird mitunter erkennen müssen, wie oberflächlich sie eigentlich war. Nach und nach entdeckt man weitere Bereiche des Lebens, die Gott noch übergeben werden müssen. Und damit wächst auch die Hingabe. Dann zeigt uns Gott in seiner Güte alle Seiten unseres Lebens, die ihm dargebracht werden müssen. Und so gestaltet sich das Christenleben als eine Folge stets erneuter Hingabe an Gott, wodurch die Persönlichkeit, unser Lebensstil sowie unser Tun und Lassen geprägt werden.

Wenn wir alles, was wir sind und haben, Gott übergeben, dem es ohnehin gehört (1 Ko 3,21-4,2), nimmt er es entgegen, um es uns zur Verwaltung zurückzugeben. So macht er uns zu „Haushaltern" von allem, was wir „besitzen". Die Neigung, bequem und egoistisch zu leben, wird verdrängt durch die Einsicht, daß es unser Herr ist, der nackt war, im Gefängnis gelegen hat und als Fremdling lebte.

Sein unverändert gültiger Auftrag „Gehet hin und machet zu Jüngern alle Völker" läßt uns erkennen, welche Aufgaben wir als Gemeinde haben: Bezeugen, Unterweisen, Predigen, Taufen. Um Christi willen wollen wir treue Haushalter sein.

Was ist Haushalterschaft?

„Oder wißt ihr nicht, daß euer Leib ein Tempel des heiligen Geistes ist ... und daß ihr nicht euch selbst gehört? Denn ihr seid teuer erkauft; darum preist Gott mit eurem Leibe" (1 Ko 6,19.20).

Wir sind für einen hohen Preis erkauft, erlöst worden. Wir gehören nun Gott. Aber das war nur ein *Rückkauf*, denn er hat uns ja geschaffen; wir gehören ihm von Anbeginn, denn: „Am Anfang schuf Gott ..." (1 Mo 1,1). Die Heilige Schrift erklärt eindeutig: „Die Erde ist des Herrn und was darinnen ist, der Erdkreis und die darauf wohnen" (Ps 24,1).

Bei der Schöpfung hat Gott sein Eigentum an die Menschheit ausgeteilt, doch er bleibt weiterhin Eigentümer der Welt, ihrer Bewohner und ihrer Schätze (Ps 24,1). Am Kreuz hat er sein Eigentum zurückgefordert, das beim Sündenfall des Menschen dem Satan in die Hände fiel (1 Ko 6,19.20). Doch nun ist Gottes Volk über sein Eigentum eingesetzt.

Ein Haushalter ist ein Mensch, „den sein Herr zum Verwalter über sein Hausgesinde oder sogar über seinen ganzen Besitz einsetzt".[1] Für Christen bedeutet Haushalterschaft „die Verantwortung des Menschen für alles und der Gebrauch von allem, was Gott ihm anvertraut hat: das Leben, Zeit, Fähigkeiten, materiellen Besitz, Gelegenheiten zum Dienst an anderen und die Erkenntnis der Wahrheit".[2]

---

[1] Osterloh/Engelland, „Biblisch-Theologisches Handwörterbuch", 2. Aufl., 1959, S. 241.

[2] „Seventh-day Adventist Encyclopedia", S. 1425.

Christen sind Verwalter von Gottes Eigentum und sehen ihr Leben als gottgegebene Gelegenheit an, „um zu lernen, treue Haushalter zu sein und sich für eine höhere Haushalterschaft über ewige Dinge im zukünftigen Leben zu qualifizieren".[1]

Letztlich schließt Haushalterschaft „den weisen und selbstlosen Gebrauch unseres Lebens ein".[2]

Gott als Eigentümer anerkennen

Das Leben kann in vier Bereiche aufgeteilt werden, und jeder ist eine Gabe Gottes. Er gab uns den Körper, die Fähigkeiten, die Zeit und den materiellen Besitz. Außerdem sollten wir uns Gedanken machen über die Umwelt, die uns anvertraut ist.

Haushalterschaft über unseren Körper. Gottes Kinder sind Haushalter über sich selbst und sollen Gott „lieben von ganzem Herzen, von ganzer Seele, von allen Kräften und von ganzem Gemüt" (Lk 10,27). Sie sind berufen, ihre körperlichen und geistigen Kräfte voll zu entfalten. Damit geben sie Gott die Ehre und können zugleich ein Segen für ihre Mitmenschen sein (siehe Kap. 21 in diesem Buch).

Haushalter über unsere Fähigkeiten. Jeder Mensch hat gewisse Begabungen; der eine auf musikalischem Gebiet, der andere im handwerklichen oder technischen Bereich. Einer ist kontaktfreudig, während andere von Natur aus dazu neigen, als Einzelgänger zu leben. Begabungen können unterschiedlich genutzt werden. Der eine möchte vielleicht herausstellen, was er kann; der andere ist darauf bedacht, auf seinen Ursprung und den Geber hinzuweisen. Man kann eine Gabe gewissenhaft zu Gottes Ehre einsetzen oder sein eigenes Geltungsbedürfnis damit befriedigen.

Wir sollten die Gaben entfalten, die uns der Heilige Geist gegeben hat, um sie zu nutzen und zu vervielfachen (Mt 25). Gute Haushalter gebrauchen ihre Fähigkeiten, um ihrem Herrn besser dienen zu können.

---

[1] ebd.
[2] P. G. Smith, „Managing God's Goods", Southern Publ. Assn., Nashville, 1973, S. 21.

Haushalterschaft über die Zeit. Wir verherrlichen Gott, wenn wir unsere Zeit weise einteilen. „Alles, was ihr tut, das tut von Herzen als dem Herrn und nicht den Menschen, denn ihr wißt, daß ihr von dem Herrn als Lohn das Erbe empfangen werdet. Ihr dient dem Herrn Christus!" (Kol 3,23.24)

Die Bibel mahnt, daß wir uns „nicht als Unweise, sondern als Weise" verhalten. Paulus fordert dazu auf: „... kauft die Zeit aus; denn es ist böse Zeit" (Eph 5,15.16). Wir sollten so wie Jesus das tun, was unser Vater will (Jo 12,49.50). Zeit ist eine Gabe Gottes, daher ist jeder Augenblick kostbar. Treue Haushalterschaft über unsere Zeit bedeutet, daß wir sie nutzen, um unseren Herrn besser kennenzulernen, unseren Mitmenschen zu helfen und das Evangelium zu verkündigen.

Als Gott dem Menschen bei der Schöpfung die Zeit gab, sonderte er den Sabbat aus als eine heilige Zeit, damit wir Gemeinschaft pflegen mit dem Schöpfer. Sechs Tage aber stehen uns Menschen zur Verfügung, und die sollten wir sinnvoll gestalten.

Haushalterschaft über materiellen Besitz. Gott gab unseren ersten Eltern den Auftrag, sich die Erde untertan zu machen, zu herrschen über die Tiere und den Garten Eden zu bebauen (1 Mo 1,28; 2,15). Sie sollten sich nicht nur daran erfreuen, sondern auch Verantwortung dafür tragen.

Doch eine Einschränkung gab es: Vom Baum der Erkenntnis des Guten und Bösen durften sie nicht essen. Dieser Baum sollte sie ständig daran erinnern, daß Gott der Eigentümer von allem ist und Macht über diese Erde hat. Solange sich das erste Paar an diese Einschränkung hielt, bekundete es seinen Glauben an Gott und seine Treue zu ihm.

Nach dem Sündenfall konnte die Treue zu Gott nicht länger am Baum der Erkenntnis erprobt werden. Die Menschen brauchten jedoch weiterhin eine stete Erinnerung daran, daß Gott die Quelle des Guten und aller vollkommenen Gaben ist (Jak 1,17). Er allein gewährt uns die Möglichkeit, Reichtum zu erwerben (5 Mo 8,18).

Zur Erinnerung daran, daß er die Quelle allen Segens ist, führte Gott Zehnten und Gaben ein.

So wurden fortan die Mittel aufgebracht, die nötig waren, um die Priester in Israel zu versorgen. Siebenten-Tags-Adventisten haben das levitische Modell als ein gutes biblisches Konzept zur Finanzierung der weltweiten Verkündigung des Evangeliums übernommen.

Gott hat es so bestimmt, daß die Ausbreitung der guten Nachricht von dem Einsatz und der Treue seines Volkes abhängt. Er ruft dazu auf, durch das Darbringen von Zehnten und Gaben mit ihm zusammenzuwirken.

1. Der Zehnte. So wie ein Siebtel unserer Zeit (der Sabbat) Gott gehört, gehört ihm auch ein Zehntel unseres gesamten Einkommens. Die Bibel sagt, daß der Zehnte „heilig dem Herrn" ist (3 Mo 27,30.32). Er soll ihm als sein Eigentum zurückgegeben werden.

Das Zehntensystem ist großartig in seiner Einfachheit. Das Prinzip der Gleichbehandlung liegt in dem proportionalen Anspruch an Reiche und Arme. Je nachdem, wieviel uns Gott von seinem Eigentum überlassen hat, sollen wir ihm einen angemessenen Teil zurückgeben.

Wenn Gott den Zehnten fordert (Mal 3,10), spricht er nicht unsere Dankbarkeit oder Freigebigkeit an. Obwohl Dankbarkeit die gesamte Beziehung zu Gott bestimmen sollte, verzehnten wir unser Einkommen, weil er es so befohlen hat. Der Zehnte gehört dem Herrn, und er erwartet, daß wir ihn geben.

a. Beispiele für die Einrichtung des Zehnten. Vom Zehntengeben wird im Alten wie im Neuen Testament berichtet. Abraham gab Melchisedek, dem Priester des Höchsten, „den Zehnten von allem" (1 Mo 14,20). Damit würdigte er die göttliche Priesterschaft Melchisedeks und bewies zugleich, daß er diese heilige Einrichtung kannte. Die beiläufige Erwähnung des Zehnten zeigt, daß seine Entrichtung bereits zu diesem frühen Zeitpunkt üblich war.

Offensichtlich hat auch Jakob die Zehntenforderung gekannt. Als Flüchtling gelobte er dem Herrn: „Von allem, was du mir gibst, will ich den Zehnten geben." (1 Mo 28,22) Und nach dem Auszug aus Ägypten, als Israel eine Nation wurde, bestätigte Gott das Zehntengesetz als eine Gepflogenheit, von der das Wohlergehen Israels abhängen sollte (3 Mo 27,30-32; 4 Mo 18,24.26.28; 5 Mo 12,6.11.17).

Weit davon entfernt, dieses Gebot abzuschaffen, bestätigt das Neue Testament seine Gültigkeit. Jesus billigte den Zehnten und tadelte alle, die gegen diese Weisung verstießen (Mt 23,23). Während die Zeremonialgesetze das Versöhnungsopfer Christi symbolisierten und bei seinem Tode ihre Gültigkeit verloren, war dies bei dem Zehntengebot nicht der Fall.

Abraham, der Vater aller Gläubigen, ist für Christen auch ein Vorbild in der Darbringung des Zehnten. Er gab ihn Melchisedek, dem Priester des Höchsten; so soll der Gläubige des Neuen Testaments Christus, unserem Hohenpriester nach der Ordnung Melchisedeks (Hbr 5,9.10; 7,1-22), ebenfalls den Zehnten geben.[1]

b. Die Verwendung des Zehnten. Der Zehnte ist heilig und sollte deshalb auch nur für heilige Zwecke verwendet werden. Der Herr befahl: „Alle Zehnten im Lande, vom Ertrag des Landes und von den Früchten der Bäume, gehören dem Herrn und sollen dem Herrn heilig sein ... Und alle Zehnten von Rindern und Schafen ... soll(en) heilig sein dem Herrn." (3 Mo 27,30-32) „Bringt aber die Zehnten in voller Höhe in mein Vorratshaus", sagt er, „auf daß in meinem Hause Speise sei." (Mal 3,10)

In Israel wurde der Zehnte ausschließlich für Leviten eingesetzt, weil sie kein Erbteil erhalten hatten, sondern für die Durchführung des Gottesdienstes, den Dienst am Heiligtum und die Unterweisung des Volkes im Gesetz des Herrn zuständig waren (4 Mo 18,21.24).

Nach Jesu Kreuzigung, als das levitische Priestertum seinen Auftrag verloren hatte, sollte der Zehnte für den Unterhalt der Verkündiger in der Gemeinde Gottes verwendet werden. Paulus vergleicht den Dienst der Leviten mit dem kurz zuvor eingesetzten Predigtamt und stellt fest: „Wenn wir euch zugute Geistliches säen, ist es dann zuviel, wenn wir Leibliches von euch ernten? Wenn andere das Recht an euch haben, warum nicht viel mehr wir? ... Wißt ihr nicht, daß die, die im Tempel dienen, vom Tempel leben, und die am Altar dienen, vom Altar ihren Anteil bekommen? So hat auch der Herr befohlen, daß die, die das Evangelium verkündigen, sich vom Evangelium nähren sollen." (1 Ko 9,11-14)

---

[1] C. G. Tuland, „Tithing in the New Testament" in „Ministry", Okt. 1961, S. 12.

Gemeindeglieder bringen daher bereitwillig ihren Zehnten in das „Vorratshaus, auf daß in meinem Hause Speise sei" (Mal 3,10) – mit andern Worten: damit in Gottes Gemeinde ausreichend Mittel vorhanden sind, um den Lebensunterhalt der Prediger zu sichern und die Verkündigung des Evangeliums voranzutreiben.[1]

---

[1] In 2. Mose 27,20 gab Gott z. B. besondere Anweisungen, daß Olivenöl für die Lampen zur Verfügung gestellt werden sollte. Das Öl für den Gottesdienstort bereitzustellen, damit der Gottesdienst ablaufen konnte, war eine dauernde Verpflichtung – aber diese Ausgaben wurden nicht vom Zehnten bestritten. Siehe auch E. G. White, „Counsels on Stewardship", Review and Herald, Washington, D. C., 1940, S. 102.103. Sie sagt, daß Religionslehrer in Gemeindeschulen vom Zehnten bezahlt werden sollen (ebd., S. 103). Er sollte jedoch nicht für „andere schulische Belange", für Schülerdarlehen oder zur Unterstützung von Buchevangelisten benutzt werden (E. G. White, „Testimonies", Bd. 9, S. 248.249; E. G. White, „Für die Gemeinde geschrieben", Bd. 2, Advent-Verlag, Hamburg, 1992, S. 211). Diese Abteilungen in Gottes Werk sollten von anderen Gaben finanziert werden.
T. H. Jemison machte praktische Vorschläge für die Berechnung des Zehnten. Er schrieb: „Der Zehnte vom Gehalt ist leicht zu berechnen. Normalerweise gibt es da keine ‚Geschäftsunkosten' – d. h. tatsächliche Ausgaben beim Erwerb des Einkommens –, die abgezogen werden müssen. Zehn Prozent vom Einkommen ist der Zehnte ...
Der Zehnte vom Geschäftseinkommen ist aber vom Verzehnten des Gehalts zu unterscheiden. Ein Groß- oder Einzelhändler wird die Kosten abziehen, die zum Unterhalt seines Geschäfts notwendig sind, bevor er den Zehnten berechnet. Das betrifft die Kosten für Mitarbeiter, Heizung, Elektrizität, Versicherung, Miete oder Steuern für das Eigentum und ähnliche Dinge. Diese Abzüge betreffen natürlich nicht seine persönlichen Lebensunterhaltskosten oder die der Familie.
Der Landwirt zieht seine Kosten ab – Löhne, Düngemittel, Reparaturen, Zinsen, Steuern und ähnliches. Jedoch sollte er zu seinem Einkommen die von seiner Familie verbrauchten eigenen landwirtschaftlichen Produkte hinzurechnen, da diese die Ausgaben reduzieren und daher als Einkommen anzusehen sind.
Ähnliche Verfahren können von Fabrikanten, Investoren oder Freiberuflern angewandt werden. Die genaue Buchführung, die heute in allen Geschäftsbereichen nötig ist, macht die Berechnung des Zehnten vom Einkommen oder vom Geschäftsgewinn einfach. Manche Geschäftsleute integrieren die Zehntenberechnung in ihr Buchhaltungssystem.
Manchmal ist es für eine Ehefrau, deren Ehemann kein Gemeindeglied ist, schwer, einen Modus für den Zehnten zu finden. In manchen Fällen kann sie den Zehnten vom Haushaltsgeld zahlen. Manchmal wurde das vom Ehemann verboten. Dann könnte sie nur in der Lage sein, den Zehnten von den besonderen Summen zu zahlen, die sie verdient oder geschenkt bekommt. ‚Denn

2. Gaben. Dankbare Christen werden ihre Gaben für die Gemeinde nicht auf den Zehnten beschränken. In Israel wurde die Stiftshütte wie später auch der Tempel von „freiwilligen Gaben" erbaut – Gaben, die bereitwillig dargebracht wurden (2 Mo 36,2-7; siehe 1 Chr 29,14). Besondere Opfer deckten die Kosten für die Erhaltung dieser Anbetungsorte (2 Mo 30,12-16; 2 Kön 12,4.5; 2 Chr 24,4-13; Neh 10,32.33).

Die Israeliten opferten vermutlich bis zu einem Viertel oder sogar einem Drittel ihres Einkommens für religiöse und caritative Zwecke. Machten diese hohen Beiträge nicht arm? Im Gegenteil: Gott verhieß, Treue zu segnen (Mal 3,10-12).[1]

Auch heute ruft Gott zu großzügigen Gaben nach dem Maß seines Segens auf. Gaben sind nötig, um Kapellen zu bauen und zu erhalten sowie Gemeindebelange zu fördern; sie werden auch gebraucht, um durch medizinisch-missionarische Einsätze die praktische Seite des Evangeliums darzustellen.

Sollten wir nicht auch so viel geben wie die Israeliten, oder ist diese Gabenordnung nicht mehr praktikabel? Im Neuen Testament hat Christus das Prinzip wahrer Haushalterschaft so umrissen: Unse-

---

wenn der gute Wille da ist, so ist er willkommen nach dem, was einer hat, nicht nach dem, was er nicht hat.' (2 Ko 8,12)" „Christian Beliefs", S. 267.

[1] Manche Bibelausleger glauben, daß Israel mindestens zwei Zehnten (manche meinen drei) zusätzlich zu den verschiedenen Opfern zahlte. Bezüglich des ersten Zehnten hatte der Herr gesagt: „Den Söhnen Levi aber habe ich alle Zehnten gegeben in Israel zum Erbgut für ihr Amt, das sie an der Stiftshütte ausüben." (4 Mo 18,21) Aber vom zweiten Zehnten sagte er: „Und sollst essen vor dem Herrn, deinem Gott, an der Stätte, die er erwählt, daß sein Name daselbst wohne, nämlich vom Zehnten deines Getreides, deines Weins, deines Öls und von der Erstgeburt deiner Rinder und deiner Schafe, auf daß du fürchten lernst den Herrn, deinen Gott, dein Leben lang." (5 Mo 14,23) Für zwei von drei Jahren sollten die Israeliten diesen Zehnten oder seinen Gegenwert in Geld zum Heiligtum mitnehmen. Dort sollte er sowohl dazu verwandt werden, religiöse Feste abzuhalten, als auch zur Versorgung der Leviten, Fremdlinge, Waisen und Witwen dienen. Jedes dritte Jahr sollten die Israeliten den zweiten Zehnten zu Hause benutzen, um die Leviten und die Armen zu bewirten. Auf diese Weise wurde der zweite Zehnte für Wohltätigkeit und Gastfreundschaft eingesetzt (5 Mo 14,27-29; 26,12). Siehe E. G. White, „Patriarchen und Propheten", S. 511.512; „Zehnte" in „Seventh-day Adventist Bible Dictionary", S. 1127.

re Gaben für Gott sollen in einem gesunden Verhältnis zu dem Licht und den Segnungen stehen, an denen wir uns erfreuen. Er sagt: „Wem viel gegeben ist, bei dem wird man viel suchen; und wem viel anvertraut ist, von dem wird man um so mehr fordern." (Lk 12,48)

Als Christus seine Nachfolger zum Zeugendienst aussandte, sagte er: „Umsonst habt ihr's empfangen, umsonst gebt es auch." (Mt 10,8) Das gilt gleicherweise für uns und unsere Bereitschaft, von dem Segen abzugeben, den Gott uns zuteil werden ließ.

Nirgendwo im Neuen Testament ist dieses System aufgehoben oder gelockert. Wenn wir unsere Vorrechte mit denen der Israeliten vergleichen, wird deutlich, daß wir durch Jesus in viel höherem Maße gesegnet sind. Unsere Dankbarkeit wird sich in entsprechend größerer Freigebigkeit zeigen, damit das Evangelium von der Versöhnung auch anderen gesagt werden kann.[1] Je mehr die Verkündigung vorangetrieben wird, desto stärker ist sie zu unterstützen.

3. Die Verwendung des verbleibenden Teils. Haushalterschaft gilt für das, was wir behalten, wie auch für das, was wir geben. Der Zehnte ist der wichtigste Prüfstein unserer Haushalterschaft hinsichtlich der materiellen Güter,[2] die Art und Weise aber, wie wir mit dem uns verbleibenden Anteil umgehen, stellt uns ebenfalls auf die Probe. Da zeigt sich, inwieweit wir Gott und unseren Nächsten lieben.

Geld kann eine Kraft zum Guten sein: In unserer Hand kann es Brot für den Hungrigen, Wasser für den Durstigen und Kleidung für den Nackten bedeuten (Mt 25,35-40). In Gottes Augen hat Geld nur insofern einen Wert, als es dazu dient, die Bedürfnisse des Lebens zu stillen, andere zu erfreuen und sein Werk zu fördern.

4. Untreue in Zehnten und Gaben. Das göttliche Prinzip der Haushalterschaft ist weithin unbekannt, wird daher auch nicht beachtet. Selbst unter Christen verstehen sich nur wenige als Haushalter. Gottes Antwort auf Israels Untreue läßt aber erkennen, wie er

---

[1] E. G. White, „Aus der Schatzkammer der Zeugnisse", Bd. 1, S. 338.
[2] Vom biblischen Standpunkt aus gesehen bedeutet Besitz nicht Eigentum. Unsere Haltung zum Zehnten zeigt, ob wir anerkennen, daß wir nur Verwalter sind, oder ob wir meinen, Eigentümer zu sein.

darüber urteilt. Als die Kinder Israel Zehnten und Opfer für sich verbrauchten, erklärte er, daß dies Diebstahl sei (Mal 3,8). Ihren Mangel an Wohlergehen führte er auf ihre finanzielle Untreue zurück: „Darum seid ihr auch verflucht; denn ihr betrügt mich allesamt." (Mal 3,9)

Der Herr bekundet seine Geduld und Liebe dadurch, daß er seine Warnung mit einem Angebot der Gnade verknüpft: „Bekehrt euch zu mir, so will ich mich auch zu euch kehren." (Mal 3,7) Er bietet überreichen Segen an und fordert dazu auf, seine Treue zu prüfen.

„Bringet aber den Zehnten in voller Höhe in mein Vorratshaus, auf daß in meinem Hause Speise sei, und prüft mich hiermit, spricht der Herr Zebaoth, ob ich euch dann nicht des Himmels Fenster auftun werde und Segen herabschütten die Fülle. Und ich will um euretwillen den ‚Fresser' bedrohen, daß er euch die Frucht auf dem Acker nicht verderben soll und der Weinstock auf dem Felde euch nicht unfruchtbar sei, spricht der Herr Zebaoth. Dann werden euch alle Heiden glücklich preisen, denn ihr sollt ein herrliches Land sein, spricht der Herr Zebaoth." (Mal 3,10-12)

Haushalterschaft über die Erde. Die moderne Wissenschaft hat aus der Erde ein riesiges Laboratorium für Forschung und Experimente gemacht. Daraus erwachsen uns gewisse Vorteile, aber Folgen der industriellen Revolution sind die Verschmutzung von Luft, Wasser und Land. Die Technik hat die Natur eher manipuliert, anstatt sie zu verwalten.

Wir sind Haushalter dieser Erde und sollten deshalb alles tun, um das Leben zu erhalten, indem wir auf die Bewahrung des ökologischen Gleichgewichts achten. Bei seiner Wiederkunft wird Christus „vernichten, die die Erde vernichten" (Offb 11,18). Aus dieser Perspektive betrachtet, sind christliche Haushalter nicht nur für ihren Besitz verantwortlich, sondern auch für ihre Umwelt.

Christus als Haushalter

Wahre Haushalterschaft heißt selbstlos leben, geprägt von der Übergabe an Gott und dem Dienst am Mitmenschen.

Aus Liebe zu uns erduldete Christus das Martyrium am Kreuz und den noch größeren Schmerz der Ablehnung durch sein „Eigentum" (Jo 1,11) sowie die tiefste Gottverlassenheit. Was könnten wir im Vergleich zu dieser Gabe jemals anbieten? Obwohl dem Gottessohn alles gehörte, gab er sich selbst. Das ist wahre Haushalterschaft.

Wenn wir über diese größte aller Gaben nachdenken, werden wir frei von unserer Selbstsucht und ihm ähnlich werden. Dann werden wir eine fürsorgende Gemeinde sein, die für Gemeindeglieder wie auch für Außenstehende sorgt. Weil Christus für diese Welt starb, dient christliche Haushalterschaft im weitesten Sinn auch dieser Welt.

Vom Segen der Haushalterschaft

Gott hat uns zu unserem Besten als Haushalter eingesetzt, nicht etwa zu seinem Vorteil.

Ein persönlicher Segen. Wenn Gott uns darum bittet, ihm unser ganzes Leben zu weihen – Zeit, Fähigkeiten, Gesundheit und materiellen Besitz –, dann liegt ihm letztlich an unserem geistlichen Wachstum und unserer Charakterbildung. Indem uns bewußt wird, daß Gott alles gehört und er uns seine unwandelbare Treue erweist, wachsen unsere Liebe und Dankbarkeit.

Treue Haushalterschaft hilft auch, Geiz und Eifersucht zu überwinden. Geiz wird im Dekalog verurteilt, und auch Jesus warnt davor: „Hütet euch vor aller Habgier; denn niemand lebt davon, daß er viele Güter hat." (Lk 12,15) Wenn wir regelmäßig geben, hilft diese Gewohnheit, Geiz und Selbstsucht aus unserem Leben zu verbannen.

Haushalterschaft fördert ferner die Entwicklung von Sparsamkeit und Zielstrebigkeit. Nachdem wir unser „Fleisch gekreuzigt [haben] samt den Leidenschaften und Begierden" (Gal 5,24), werden wir nichts für selbstsüchtige Zwecke verbrauchen.

„Wenn wir dem Prinzip der Haushalterschaft im Leben folgen, wird die Seele erleuchtet, die Ziele werden klar, soziale Vergnügungen werden von ungesunden Elementen befreit, die Geschäftsunternehmungen stehen unter der goldenen Regel, und Seelengewinn wird zur Leidenschaft. Das sind die großartigen Segnungen Gottes in einem Leben des Glaubens und der Treue."[1]

Tiefe Befriedigung und Freude erwachsen aus der Gewißheit, daß über allem, was wir zur Rettung anderer getan haben, für die Jesus auch gestorben ist, das Wort steht: „Was ihr getan habt einem von diesen meinen geringsten Brüdern, das habt ihr mir getan." (Mt 25,40)

„Es gibt nichts, was so wertvoll wäre, daß wir es Jesus nicht geben könnten. Wenn wir ihm die Pfunde wiedergeben, die er uns zu verwalten anvertraut hat, wird er mehr in unsere Hände legen. Jede Mühe, die wir für Christus auf uns nehmen, wird er entgelten. Jede Aufgabe, die wir in seinem Namen erfüllen, dient unserer Glückseligkeit."[2]

Ein Segen für andere. Wahre Haushalter sind für alle ein Segen; denn sie folgen den Worten des Paulus: „Sie sollen fleißig sein und bereit, mit anderen zu teilen. Wenn sie an guten Werken reich werden, schaffen sie sich einen sicheren Grundstock für die Zukunft, damit sie das wirkliche Leben gewinnen." (1 Tim 6,18.19 GN)

Haushalterschaft bedeutet Dienst für andere und Bereitschaft zu teilen, was Gott in seiner Gnade uns anvertraut hat, um anderen zu helfen. Das heißt auch, daß „wir nicht mehr meinen, daß es unser Leben ausmacht, wieviel Geld wir haben, welchen Titel wir tragen, welche bedeutenden Leute wir kennen, in was für einem Haus oder in welcher Umgebung wir wohnen, welche Position wir bekleiden und wieviel Einfluß wir zu haben glauben".[3]

Wirkliches Leben bedeutet, Gott zu kennen, eine liebevolle und freigebige Einstellung zu entwickeln und in dem Maße weiterzugeben, wie er uns gesegnet hat. Im Sinne Christi geben bedeutet wirklich zu leben.

Ein Segen für die Gemeinde. Die Übernahme des biblischen Prinzips der Haushalterschaft ist für die Gemeinde unverzichtbar. Immerwährendes Geben ist einer Übung vergleichbar – es läßt die

---

[1] L. E. Froom, „Stewardship in Its Larger Aspects" in „Ministry", S. 20.
[2] E. G. White, „Aus der Schatzkammer der Zeugnisse", Bd. 1, S. 408.
[3] P. G. Smith, a.a.O., S. 72.

Gemeinde erstarken, so daß sie den Segen weiterreichen kann, mit dem Christus sie beschenkt hat. Die Gemeinde besitzt dann genügend Mittel, um ihre Prediger zu versorgen und das Reich Gottes sowohl in der Nachbarschaft als auch an entfernten Orten auszubreiten. Aus Liebe und Dankbarkeit für den empfangenen Segen wird sie ihre Mittel und Möglichkeiten zur Verfügung stellen.

Im Blick auf die Zusage Jesu, daß er wiederkommen wird, wenn das Evangelium vom Reich verkündigt ist „zu einem Zeugnis für alle Völker" (Mt 24,14), sind alle eingeladen, Haushalter und Mitarbeiter Gottes zu sein. So wird das Zeugnis der Gemeinde zu einem mächtigen Segen für die Welt, und die treuen Haushalter werden glücklich sein darüber, daß die Segnungen des Evangeliums auch anderen zuteil werden.

Kapitel 21
Christlicher Lebensstil

> *Wir sind berufen, ein gottesfürchtiges Volk zu sein, das in Übereinstimmung mit dem Wort Gottes denkt, fühlt und handelt. Damit der Heilige Geist in uns ein christusähnliches Wesen wirken kann, beschäftigen wir uns bewußt mit dem, was in uns Reinheit, Gesundheit und Freude fördert. Freizeitgestaltung und Geselligkeit sollen dem hohen Anspruch von Lebensstil und Schönheit entsprechen, wie sie christlichem Glauben angemessen sind. Während wir durchaus kulturelle Unterschiede berücksichtigen, sind wir darauf bedacht, uns einfach, schlicht und geschmackvoll zu kleiden; denn wahre Schönheit besteht nicht in Äußerlichkeiten, sondern in dem unvergänglichen Schmuck der Freundlichkeit und Herzensgüte. Das schließt auch ein, daß wir für unseren Leib, der ein Tempel des Heiligen Geistes ist, in vernünftiger Weise Sorge tragen. Neben ausreichender körperlicher Bewegung und Ruhe wollen wir uns so gesund wie möglich ernähren und uns der Speisen enthalten, die in der Heiligen Schrift als unrein bezeichnet werden. Wir enthalten uns auch der alkoholischen Getränke, des Tabaks, der Drogen und lehnen den Mißbrauch von Medikamenten und Narkotika ab, weil sie unserem Körper schaden. Statt dessen befassen wir uns mit dem, was unsere Gedanken und unseren Körper unter die Zucht Christi stellt. Gott will unser Bestes: Freude und Wohlergehen.*

Die Lebensweise des Gläubigen ist gleichsam eine dankbare Antwort auf Gottes Erlösungstat in Christus.

Paulus ruft alle Christen auf: „Ich ermahne euch nun, liebe Brüder, durch die Barmherzigkeit Gottes, daß ihr eure Leiber hingebt als ein Opfer, das lebendig, heilig und Gott wohlgefällig ist. Das sei euer vernünftiger Gottesdienst. Und stellt euch nicht dieser Welt gleich, sondern ändert euch durch Erneuerung eures Sinnes, damit ihr prüfen könnt, was Gottes Wille ist, nämlich das Gute und Wohlgefällige und Vollkommene." (Rö 12,1.2)

Damit der Schöpfer und Erlöser geehrt wird, sind Christen darauf bedacht, ihre geistigen, körperlichen und geistlichen Fähigkeiten zu bejahen und zu entfalten.

Jesus bat seinen himmlischen Vater für seine Jünger: „Ich bitte dich nicht, daß du sie aus der Welt nimmst, sondern daß du sie bewahrst vor dem Bösen. Sie sind nicht von der Welt, wie auch ich nicht von der Welt bin." (Jo 17,15.16) Aber wie kann ein Christ in der Welt leben und doch nicht von der Welt sein? Worin sollte sich ein christlicher Lebensstil von den Gepflogenheiten in dieser Welt unterscheiden?

Nicht um aufzufallen gestalten Christen ihr Leben anders, sondern weil Gott sie dazu berufen hat, nach bestimmten Grundsätzen zu leben. Dieser Lebensstil bietet die Möglichkeit, alles wahrzunehmen, was Gott für seine Geschöpfe vorgesehen hat. Ferner befähigt er, Gott zu dienen. Und diese andersgeartete christliche Lebensweise stellt zugleich vor die Aufgabe, auch der Welt zu dienen, ein „Salz" und „Licht" zu sein. Welchen Wert aber hätte das Salz, das seinen Geschmack eingebüßt oder das Licht, das seinen Glanz verloren hat?

Christus ist unser Vorbild. Er lebte der Welt so zugewandt, daß man ihm vorwarf, ein „Fresser und Weinsäufer" (Mt 11,19) zu sein, obgleich das nicht zutraf. Er setzte die Grundsätze des Reiches Gottes so konsequent um, daß ihm niemand eine Sünde nachweisen konnte (Jo 8,46).

Lebensstil und Erlösung

Bei der Frage, wie ein angemessener Lebensstil aussieht, sollten wir zwei Extreme vermeiden. Erstens: Die Beachtung von Regeln und das Befolgen von Grundsätzen dürfen nicht als Mittel der Erlösung angesehen werden. Paulus lehnt einen derartigen Irrweg mit folgenden Worten ab: „Ihr habt Christus verloren, die ihr durch das Gesetz gerecht werden wollt, und seid aus der Gnade gefallen." (Gal 5,4)

Das andere Extrem findet seinen Niederschlag in der Anschauung, Werke seien unwichtig, da sie doch nicht erlösen können. Auch zu dieser verkehrten Auffassung äußerte sich Paulus sehr deutlich: „Ihr aber, liebe Brüder, seid zur Freiheit berufen. Allein seht zu, daß ihr durch die Freiheit nicht dem Fleisch Raum gebt." (Gal 5,13)

Handelt jedes Gemeindeglied nur nach eigenem Gutdünken, dann „gibt es keine gegenseitige Ermahnung mehr unter den Christen, wie es in Matthäus 18 und Galater 6,1.2 gefordert wird. Eine solche Gemeinde wird nicht zum Leib Christi. In ihr findet sich keine gegenseitige Hilfe und Fürsorge. Sie ist dann nur eine Ansammlung individualistischer Einzelgänger, die alle ihren eigenen Weg verfolgen, ohne Verantwortung für ihren Nächsten zu übernehmen oder sich um ihn zu kümmern."[1]

Wenn auch unser Lebensstil und unsere geistliche Einstellung voneinander abhängen, so ist doch Erlösung niemals durch ein Verhalten zu erlangen, und sei es noch so korrekt. Christlicher Lebensstil ist vielmehr die Folge der Erlösung und hat seinen Grund in dem, was Christus am Kreuz für uns bereits vollbracht hat.

Gläubige als Tempel des Heiligen Geistes

Nicht nur die Gemeinde, sondern auch der einzelne Christ ist ein Tempel des Heiligen Geistes: „Oder wißt ihr nicht, daß euer Leib ein Tempel des Heiligen Geistes ist, der in euch ist und den ihr von Gott habt, und daß ihr nicht euch selbst gehört?" (1 Ko 6,19)

Christen beachten deshalb bestimmte Gesundheitsregeln, um „den Tempel" ihres Körpers, vor Schaden zu bewahren. So haben

---

[1] L. A. King, „Legalism or Permissiveness: An Inescapable Dilemma?" in „The Christian Century", 16. Apr. 1980, S. 436.

Siebenten-Tags-Adventisten während der letzten 100 Jahre die Wichtigkeit einer gesunden Lebensweise betont.[1]

Das hat sich bezahlt gemacht: Jüngste Forschungen haben ergeben, daß Adventisten im Vergleich zur Durchschnittsbevölkerung weniger von schweren Krankheiten betroffen sind.[2]

Als Christen befassen wir uns mit den geistlichen wie mit den körperlichen Aspekten des menschlichen Lebens. Jesus, unser Vorbild, heilte „alle Krankheiten und alle Gebrechen im Volk" (Mt 4,23).

Die Bibel sieht den Menschen als eine Einheit. „Die Zweiteilung in Geist und [Körper] ist der Bibel fremd."[3] Darum betrifft Gottes Ruf zur Heilung das körperliche wie auch das geistliche Wohlergehen. Susannah Wesley, die Mutter des Gründers des Methodismus, faßte diesen Grundsatz so zusammen:

„Alles, was deinen Verstand schwächt, die Empfindlichkeit deines Gewissens beeinträchtigt, deine Ansicht über Gott verdunkelt und die Kraft und Autorität deines Geistes über deinen Körper vermindert – all das ist falsch, wie harmlos es auch erscheinen mag."[4]

Gottes Gebote – einschließlich der Gesundheitsgesetze – beruhen nicht auf Willkür, sondern wurden von unserem Schöpfer gegeben, damit wir dem Leben die besten Seiten abgewinnen können. Satan dagegen möchte uns Gesundheit, Freude und inneren Frieden rauben, um uns schließlich zugrundezurichten.

---

[1] Die Entwicklung der biblischen Grundlage für einen gesundheitsbewußten Lebensstil in der Gemeinschaft der Siebenten-Tags-Adventisten findet sich bei G. Darmsteegt, „Foundations of the Seventh-day Adventist Message and Mission", S. 221-240; ders., „Health Reforms and the Bible in Early Sabbatarian Adventism", in „Adventist Heritage", Winter 1978, S. 13-21.

[2] Siehe L. R. Walton, J. E. Walton, J. A. Scharffenberg, „How You Can Live Six Extra Years", Woodbridge Press, Santa Babara, CA, 1981, S. 4; D. C. Nieman und H. J. Stanton, „The Adventist Lifestyle – A Better Way to Live", in „Vibrant Life", März/Apr. 1988, S. 14-18.

[3] „Zondervan Pictorial Encyclopedia of the Bible", Bd. 1, Zondervan Publishers, Grand Rapids, MI, 1975, S. 884.

[4] C. B. Haynes, „Church Standards – No. 5" in „Review and Herald", 30. Okt. 1941, S. 7.

Gesegnete Wege zu umfassender Gesundheit

Zur Erhaltung unserer Gesundheit sollten wir einige einfache, aber doch wirkungsvolle Grundsätze befolgen, die Gott gegeben hat. Manche sind einleuchtend und annehmbar; andere beispielsweise im Blick auf eine geeignete Ernährung, erscheinen manchem schwer zu realisieren, weil es um Verhaltensweisen und Gewohnheiten geht, die den Lebensstil weithin prägen. Deshalb werden wir uns verstärkt mit den Grundsätzen befassen, die entweder falsch verstanden werden oder verworfen und umstritten sind.[1]

Der Segen körperlicher Betätigung. Regelmäßige körperliche Betätigung ist ein einfaches Rezept zur Energiegewinnung; sie kräftigt den Körper, baut Streß ab, gibt gesündere Haut, stärkt das Selbstvertrauen, sorgt für eine gute und regelmäßige Verdauung und damit für die wichtige Gewichtskontrolle. Sie wirkt Depressionen entgegen sowie dem Risiko von Herzinfarkt und Krebs. Zur körperlichen Bewegung gibt es keine Alternative. Sie ist lebensnotwendig für die Aufrechterhaltung optimaler körperlicher und geistiger Gesundheit.[2]

Sinnvolle Beschäftigung führt zu Wohlstand; Faulheit dagegen zu Not (Spr 6,6-13;14,23). Gott verordnete den ersten Menschen eine nutzbringende Tätigkeit, nämlich Gartenarbeit in frischer Luft (1 Mo 2,5.15; 3,19). Auch Christus war ein Vorbild in körperlicher Aktivität. Die meiste Zeit seines Lebens arbeitete er als Zimmermann; während seines Dienstes wanderte er viel auf den Straßen Palästinas.[3]

---

[1] Eine ausführlichere Darlegung dieser einfachen Gesundheitsregeln findet sich bei V. W. Foster, „New Start!", Woodbridge Press, Santa Babara, CA, 1988.

[2] Siehe z. B. K. H. Cooper, „Aerobics Programm for Total Well Being", M. Evans, New York, 1982; „Physical Fitness Education Syllabus", Department of Health Science, School of Health, Loma Linda University, Loma Linda, CA, 1976-1977; J. Dignam, „Walking Into Shape", in „Signs of the Times", Juli 1987, S. 16; B. E. Baldwin, „Exercise", in „Journal of Health and Healing", 11, Nr. 4. 1987, S. 20-23; J. Wiessman, „Physical Fitness, Abundant Living Health Service", Bd. 5, School of Health, Loma Linda University, Loma Linda, CA, o. J., S. 21.37.28.45; siehe auch D.-J. Moore, „Walk Your Tensions Away", in „Your Life and Health", Nr. 4, 1984, S. 12.13.

[3] Walking (schnelles Gehen) ist eine der besten körperlichen Aktivitäten. Siehe J. A. Scharffenberg, „Adventist Responsibility in Exercise", unveröffentlichtes Ma-

Der Segen des Sonnenlichts. Licht ist unverzichtbar für das Leben (1 Mo 1,3). Es sorgt dafür, daß Nährstoffe gebildet werden, die Energie erzeugen und unsern Körper erhalten. Außerdem wird dabei Sauerstoff freigesetzt, den wir zum Leben brauchen. Sonnenlicht fördert Gesundheit und Heilung.

Der Segen des Wassers. Der menschliche Körper besteht zu 75 Prozent aus Wasser. Diese lebenswichtige Flüssigkeit wird jedoch ständig umgesetzt beim Atmen, Schwitzen und durch das Ausscheiden von Ballaststoffen. Unser Wohlbefinden ist abhängig von Flüssigkeitszufuhr; sechs bis acht Gläser Wasser pro Tag sollten wir mindestens trinken. Wasser ist außerdem wichtig zur Reinigung und Entspannung.

Der Segen frischer Luft. Schlechte Luft in und außerhalb der Räume führt dazu, daß das Blut zu wenig Sauerstoff erhält; doch der ist für eine optimale Funktion der Zellen nötig. Durch Unterversorgung kommt es zu Ermüdung und Mattigkeit. Wir sollten darauf achten, daß wir täglich genügend frische Luft haben.

Der Segen eines maßvollen Lebens ohne Drogen und Genußmittel. Drogen haben eine zersetzende Wirkung, weil sie Stimulation und Befreiung von Streß und Schmerz versprechen. Auch der Christ ist gefährdet durch die verführerische Werbung für Genußgifte. Selbst harmlos erscheinende Getränke enthalten Drogen: Kaffee, schwarzer Tee und Cola enthalten Koffein[1]. Untersuchungen

---

nuskript; E. G. White, „Testimonies", Bd. 3, S. 78; E. G. White, „Temperance", in „Health Reformer", Apr. 1872, S. 122; Dignam, „Walking Into Shape", Juli 1987, S. 16.17.

[1] Koffein ist außerdem mitverantwortlich für erhöhte Cholesterinwerte, hohen Blutdruck, vermehrte Magensäurebildung und Zwölffingerdarmgeschwüre. Es spielt auch eine Rolle bei Herzleiden, Diabetes und Krebserkrankungen des Dickdarms, der Blase und der Bauchspeicheldrüse. Während der Schwangerschaft erhöht starker Koffeingenuß das Risiko von Geburtsfehlern und untergewichtigen Kindern. Siehe R. O'Brien und S. Cohen, „Koffein", in „Encyclopedia of Drug Abuse", Facts on File, New York, 1984, S. 50.51; M. V. Baldwin, „Coffein on Trial", in „Life and Health", Oktober 1973, S. 10-13; E. D. Gorham, L. F. Garland, F. C. Garland, „Coffee and Pancreatic Cancer in a Rural California County", in „Western Journal of Medicine", Jan. 1988, S. 48-53; B. K. Jacobsen und D. S. Thelle, „The Tromso Heart Study: Is Coffee Drinking an Indicator of a Lifestyle With High Risk for Ischemic Heart Disease?", in „Acta

haben gezeigt, daß schwächere Einstiegsdrogen häufig zum Gebrauch von stärkeren, gehirnverändernden Rauschmitteln führen. Der bewußt lebende Christ hält sich deshalb von allem fern, was ihm schadet; selbst das Gute gebraucht er maßvoll.

1. Tabak. Nikotin jeder Form ist ein langsam wirkendes Gift, das die körperlichen, geistigen und moralischen Kräfte schädigt. Das ist anfangs kaum wahrnehmbar. Zuerst reizt es die Nerven, dann lähmt es sie, schwächt und trübt das Gehirn.

Wer dem Tabakgenuß verfallen ist, begeht Selbstmord auf Raten und übertritt damit das sechste Gebot: „Du sollst nicht töten." (2 Mo 20,13).[1]

2. Alkoholische Getränke. Alkohol ist weltweit die Droge Nr. 1 und hat schon Millionen von Menschen vernichtet. Er schädigt nicht nur die Trinker selbst, sondern fordert seinen Tribut von der ganzen Gesellschaft durch zerstörte Familien, tödliche Unfälle und daraus resultierende Armut.

Medica Scandinavica 222", Nr. 3, 1987, S. 215-221; J. D. Curb, D. M. Reed, J. A. Kautz und K. Yano, „Coffee, Caffeine and Serum Cholesterol in Japanese Living in Hawai", in „American Journal of Epidemiology", Apr. 1986, S. 648-655. Starke Kaffeetrinker sind auch weniger religiös aktiv – siehe B. S. Victor, M. Lubetsky und J. F. Greden, „Somatic Manifestations of Caffeinism", in „Journal of Clinical Psychiatry", Mai 1981, S. 186. Der Koffeingehalt verschiedener Getränke wird beschrieben in „The Latest Caffeine Scoreboard", in „FDA Consumer", März 1984, S. 14-16; G. C. Bosley, „Caffeine: Is It So Harmless?", in „Ministry", Aug. 1986, S. 28; W. J. Craig und T. T. Nguyen, „Caffeine and Theobromine Levels in Cocoa and Carob Products", in „Journal of Food Science", Jan./Febr. 1984, S. 302.303.305.

[1] Nikotin beeinflußt ferner das Kreislaufsystem und erhöht damit die Risiken für Herzinfarkt, Bluthochdruck und periphere Gefäßerkrankungen, wie die Winiwarter-Buergersche Erkrankung, die eine Amputation von Fingern und Zehen erfordert. Im Bereich der Atemwege führt Tabak zum Anstieg der Todesrate durch Lungenkrebs, chronische Bronchitis und Lungenblähung [Emphysem]. Es lähmt die bronchialen Flimmerhärchen, die Lungen und Bronchien von Staubpartikeln reinigen. Tabak steht auch im Zusammenhang mit Krebserkrankungen des Kehlkopfes, des Mundes, der Speiseröhre, der Harnblase, der Nieren und der Bauchspeicheldrüse. Er führt außerdem zu vermehrt auftretenden Zwölffingerdarmgeschwüren und zum Tod durch von Magengeschwüren hervorgerufenen Komplikationen. Siehe z. B. „Smoking and Health: A Report of the Surgeon General", U. S. Department of Health Education and Welfare, Washington D. C., 1979.

Da Gott uns Menschen durch unseren Geist anspricht, sollten wir bedenken, daß Alkohol die Geistesfunktionen schädigt und damit die Kommunikation unterbindet. Mit dem Ansteigen des Alkoholspiegels im Blut verliert der Trinker die Koordinationsfähigkeit im Bewegungsablauf. Verwirrung, Orientierungsverlust, Stumpfsinn, Betäubung, Koma und Tod sind die Folgen. Wer regelmäßig alkoholische Getränke zu sich nimmt, wird schließlich sein Erinnerungs-, Urteils- und Lernvermögen einbüßen.[1]

Manche Begebenheiten der Bibel, wo alkoholische Getränke erwähnt werden, könnten zu dem Fehlschluß führen, Gott billige ihren Genuß. Die Schrift berichtet aber auch, daß es in Gottes Volk Versagen gab wie beispielsweise Scheidung, Vielweiberei und Sklaverei. Damit war Gott ganz sicher nicht einverstanden. Bei der Auslegung solcher Bibeltexte sollte man stets bedenken, daß Gott nicht alles gutheißt, was er zuläßt.[2]

Jesu Antwort auf die Frage, warum Mose der Scheidung zugestimmt hat, ist ebenfalls ein Hinweis darauf. Er sagte: „Mose hat euch erlaubt, euch zu scheiden von euren Frauen, eures Herzens Härte wegen; von Anfang an aber ist's nicht so gewesen." (Mt 19,8) Der Zustand des Menschen im Garten Eden ist das Ziel, zu dem

---

[1] Siehe z. B. B. Galen, C. Bosley, „The Effects of Small Quantities of Alcohol", in „Ministry", Mai 1986, S. 24-27. Alkohol verursacht im Gehirn von Gewohnheitstrinkern eine Schrumpfung der Stirnlappen, in denen sich das Zentrum der moralischen Urteilskraft befindet. So L. A. Cala, B. Jones, P. Burns, „Results of Computerized Tomography, Psychometric Testing and Dietary Studies in Social Drinkers, With Emphasis on Reversibility After Abstinence", in „Medical Journal of Australia", Sept. 1983, S. 264-269. Vgl. G. C. Bosley, „Why a Health Message", in „Adventist Review", Juli 1987, S. 15. Psychologische Tests mit Gewohnheitstrinkern haben gezeigt, daß ihre geistigen Fähigkeiten und ihre intellektuelle Leistung deutlich beeinträchtigt waren. So D. A. Parker, E. S. Parker, J. A. Brody und R. Schoenberg, „Alcohol Use and Cognitive Loss Among Employed Men and Women", in „American Journal of Public Health", Mai 1983, S. 521-526. Eine Zunahme des Alkoholkonsums führt zu einer Abnahme des Kirchenbesuchs. So A. M. Edward, R. Wolfe, P. Moll und E. Hatburg, „Psychosocial and Behavioral Factors Differentiating Past Drinkers and Lifelong Abstainers", in „American Journal of Public Health", Jan. 1986, S. 69.

[2] Eine Erörterung der Frage des Abendmahls-Weins findet sich in Kapitel 15 dieses Buches, Seite 293.294.

uns Gott durch das Evangelium wieder hinführen will. Der Genuß von Alkohol gehörte – wie auch die erwähnten anderen Unsitten – nicht in Gottes ursprünglichen Plan.[1]

3. Andere Drogen. Es gibt noch andere schädliche Drogen, durch die Satan menschliches Leben zerstört.[2] Ernste Christen, die Jesus vor Augen haben, werden darauf bedacht sein, Gott auch mit ihrem Körper zu verherrlichen.

---

[1] Der am häufigsten benutzte Begriff für „Wein" im Alten Testament ist *yayin*. Dieser Begriff bezeichnet Traubensaft in allen seinen Formen, sowohl vergoren als auch unvergoren. Häufig wird er jedoch für den alkoholischen Wein gebraucht. Für unvergorenen Wein wird gewöhnlich *tirosch* gebraucht. Dieses Wort wird häufig mit „Most" übersetzt und meint frischgepreßten Traubensaft. In der Septuaginta, der griechischen Übersetzung des Alten Testaments, werden beide Begriffe mit *oinos* wiedergegeben. Auch im Neuen Testament wird der Begriff *oinos* gebraucht. Er bezieht sich je nach Textzusammenhang auf vergorenen oder unvergorenen Wein. Siehe R. P. Teachout, „The Use of *Wine* in the Old Testament", T. D. Dissertation, 1979, zu beziehen durch „University Microfilms International", Ann Arbor, MI; L. O. Caesar, „The Meaning of Yayin", nichtveröffentlicht, M. A. Diplomarbeit, Andrews University, Berrien Springs, MI, 1986; W. Patton, „Bible Wines", Sane Press, Oklahoma City, OK, S. 54-64; G. Tobler, „Leben ohne Alkohol", Advent-Verlag, Zürich, S. 231.232.
Der Ausdruck „starkes Getränk" (hebr. *schekar*) bezeichnet einen süßen Fruchtsaft, der gewöhnlich nicht aus Trauben hergestellt wurde und vergoren war. Er umfaßt auch Bier (aus Gerste, Hirse oder Weizen) oder Dattel- und Palmwein. *Schekar* bezeichnet auf keinen Fall destillierte Getränke, weil den Israeliten die Destillation noch unbekannt war. Siehe W. Patton, a. a. O., S. 57.58.62; G. Tobler, „Leben ohne Alkohol", Advent-Verlag, Zürich, S. 69-81.
Vergorener Wein. Die Heilige Schrift lehnt den Konsum alkoholischen Weines ab, weil er zu Gewalttat, Not und Zerstörung führt (Spr 4,17; 23,29-35). Er veranlaßte religiöse Führer, egoistisch und gewinnsüchtig zu handeln (Jes 56,10-12) und führte zur Perversion des Urteilsvermögens israelitischer Führer (Jes 28,7) und des Königs Belsazar (Da 5,1-30).
Unvergorener Wein. Die Bibel spricht vom unvergorenen Wein oder Fruchtsaft nur positiv und bezeichnet ihn als Segen. Er wurde bei Opferungen verwendet (4 Mo 18,12; Neh 10,37-39; 13,12.13). Er gehörte zu Gottes Segnungen (1 Mo 27,28; 5 Mo 7,13; 11,14; Spr 3,10; Jes 65,8; Joel 4,18), „macht Götter und Menschen fröhlich" (Ri 9,13) und versinnbildlicht geistliche Segnungen (Jes 55,1; Spr 9,2). Er ist außerdem ein gesundes Getränk (1 Tim 5,23).

[2] Siehe z. B. Drug Enforcement Administration, „Drugs of Abuse", 3. Ausg., United States Department of Justice, Washington D. C.; D. Sperling, „Drug Roundup" in „Adventist Review", Apr. 1987, S. 12.13.

Sie wissen, daß sie sein Eigentum sind, weil er sie erkauft hat durch sein kostbares Blut.

Der Segen der Ruhe. Ruhe ist wichtig für die Gesundheit von Körper und Geist. Christus richtet auch an uns die mahnenden Worte wie einst an seine Jünger: „Geht allein an eine einsame Stätte und ruht ein wenig." (Mk 6,31) Pausen gewähren uns auch die nötige Stille, um mit Gott sprechen zu können: „Seid stille und erkennet, daß ich Gott bin!" (Ps 46,11) Gott betonte die Notwendigkeit der Entspannung durch die Stiftung des siebten Wochentages als Ruhetag (2 Mo 20,10).

Ruhe ist mehr als nur Schlaf oder das Aufhören der täglichen Arbeit; auch die Art, wie wir unsere Freizeit verbringen, gehört dazu. Müdigkeit wird nicht allein durch Überarbeitung verursacht. Es kann auch durch erregende Filme oder Musik sehr leicht zur Überreizung der Nerven kommen und damit zu Krankheiten oder zu der Unfähigkeit, persönliche Probleme zu lösen.

Entspannung aber gibt neue Kraft, baut auf und erfrischt Körper und Geist. So kann der Gläubige mit neuer Energie an die Arbeit gehen. Um dem Leben die besten Seiten abzugewinnen, sollten Christen nur solche Erholung oder Unterhaltung suchen, die ihre Beziehung zu Christus festigen und ihre Gesundheit fördern.

Die Bibel gibt für die Auswahl von Erholungsmöglichkeiten folgenden Grundsatz: „Habt nicht lieb die Welt noch was in der Welt ist. Wenn jemand die Welt lieb hat, in dem ist nicht die Liebe des Vaters. Denn alles, was in der Welt ist, des Fleisches Lust und der Augen Lust und hoffärtiges Leben, ist nicht vom Vater, sondern von der Welt." (1 Jo 2,15.16)

1. Radio, Kino, Fernsehen und Video. Diese Medien können sehr gut als Lehrmittel eingesetzt werden. Sie haben „das gesamte Leben der Menschheit von heute völlig verändert und bringen uns auf bequeme Art Leben, Denkweise und Ereignisse auf der gesamten Erde nahe".[1] Christen sollten allerdings daran denken, daß Fernsehen und Video das Leben des einzelnen stärker beeinflussen können als jede andere Aktivität.

---

[1] „Gemeindehandbuch", Advent-Verlag, Hamburg, 1988, S. 143.

Leider bringen Fernsehen und Video mit ihren schauspielerischen Darbietungen auch Einflüsse in das Heim, die weder nützlich noch erhebend sind. Wo es da an Unterscheidungsvermögen und Entschlossenheit fehlt, werden sie „unser Zuhause in Theater- und Schaubühnen billigster und gemeinster Art verwandeln".[1] Ein bekehrter Christ wird sich deshalb abwenden von Filmen und Fernsehprogrammen, die Gewalt, Roheit und Unmoral darbieten.

Rundfunk und Fernsehen sind an sich nicht schlecht. Durch die gleichen Kanäle, die die Abgründe menschlicher Bosheit vermitteln, kann auch das Evangelium verkündigt werden. Außerdem werden ja auch andere wertvolle Programme gesendet. Natürlich können selbst gute Programme als Vorwand dienen, vor den Pflichten des Lebens zu fliehen. Christen werden daher nicht nur bei der Auswahl der Sendungen Sorgfalt walten lassen, sondern auch ihre Zeit so einteilen, daß für die mitmenschlichen Beziehungen und Verpflichtungen genügend Raum bleibt.

Wer nicht kritisch genug sein kann oder nicht die Festigkeit aufbringt, seinen Umgang mit den Medien zu kontrollieren, tut gut daran, sie abzuschaffen, bevor sie das Leben beherrschen, den Geist verunreinigen oder zu viel Zeit verschlingen (Mt 5,29.30).

Bezüglich der Betrachtung des Lebens Jesu Christi gilt der wichtige biblische Grundsatz: „Dabei werden wir selbst in das verwandelt, was wir sehen, und bekommen mehr und mehr Anteil an seiner Herrlichkeit." (2 Ko 3,18 GN) Durch Anschauen verwandelt!

Christen sollten bedenken, daß dieser Satz auch im negativen Bereich seine Gültigkeit hat. Filme, die Sünden und Verbrechen oft bis ins Detail darstellen – Mord, Ehebruch, Überfälle, Raub oder erniedrigende Verhaltensweisen –, sind auch eine der Ursachen für den Zusammenbruch der gesellschaftlichen Moral.

Der Rat des Apostel Paulus in Philipper 4,8 zeigt einen grundsätzlichen Weg, der für die Art unserer Erholung hilfreich ist: „Im übrigen, meine Brüder: Richtet eure Gedanken auf das, was gut ist und Lob verdient, was wahr, edel, gerecht, rein, liebenswert und schön ist." (GN)

---

[1] ebd., S. 144.

2. Lesestoff und Musik. Ein ebenso hoher Maßstab muß an die Lektüre und die Musikauswahl des Christen gelegt werden. Musik ist eine Gabe Gottes, um reine, erhabene Gedanken zu wecken. Gute Musik veredelt den besten Charakter.

Andererseits zerstört schlechte Musik „die Harmonie der Seele und beeinträchtigt das sittliche Unterscheidungsvermögen". Deshalb werden Christi Nachfolger alle Geräusche meiden, „die irgendwie an Jazz, Rock oder ähnliche Stilrichtungen anklingen, und jede Sprache, die dumme, oberflächliche Gefühle zum Ausdruck bringt".[1] Der Christ wird keine Musik mit zweideutigen Texten und Melodien anhören (vgl. Rö 13,11-14; 1 Pt 2,11).[2]

Auch Lesen vermittelt viel Wertvolles. Es gibt viele gute Bücher, die den Geist anregen und den Horizont erweitern. Aber auch viel „schlechte Literatur" wird angeboten, „die oft sehr anziehend aufgemacht ist, dem Geist und der Moral jedoch schadet. Wahre und erfundene Geschichten von wilden Abenteuern und lockeren Sitten" sollten gläubige Menschen nicht lesen, weil dadurch eine Abneigung gegen das Edle und Ehrenhafte erzeugt und die Pflege einer engen Gemeinschaft mit Christus verhindert wird.[3]

3. Abzulehnende Aktivitäten. Adventisten meiden außerdem Glücks- und Kartenspiele, Theaterbesuch und Tanz (vgl. 1 Jo 2,15-17). Sie stellen das Zuschauen bei gewalttätigen Sportarten in Frage (siehe Phil 4,8). Jede Aktivität, die unsere Beziehung zu Christus

---

[1] „Gemeindehandbuch", S. 145. Beispiele für sittlich-moralischen Niedergang in einem Großteil der modernen Musik und Unterhaltung finden sich bei T. Gore, „Raising PG Kids in an X-rated Society", Abingdon Press, Nashville, TN, 1987.

[2] Eine andere Vergnügungsart, die einen schlechten Einfluß ausübt, sind öffentliche Tanzveranstaltungen. „Die heute üblichen Tanzveranstaltungen sind eine Schule sittlichen Verfalls, ein furchtbarer Fluch für die menschliche Gesellschaft." E. G. White, in „Ruf an die Jugend", Advent-Verlag, Hamburg, S. 254; siehe auch S. 120. Siehe 2 Ko 6,15-18; 1 Jo 2,15-17; Jak 4,4; 2 Tim 2,19-22; Eph 5,8-11; Kol 3,5-10. Um nicht von der Sünde beeinflußt zu werden, sollten Christen „von allen gewerbsmäßigen Vergnügungsstätten" fernbleiben und sich „nicht den weltlichen, leichtsinnigen und vergnügungssüchtigen Massen anschließen, denn ‚sie lieben die Wollust mehr als Gott' (2 Tim 3,4)." „Gemeindehandbuch", S. 144.

[3] ebd., S. 143.

schwächt und dazu beiträgt, die ewigen Werte aus den Augen zu verlieren, ist ein Mittel Satans, Ketten um unsere Seelen zu legen. Christen werden vielmehr Erholungsmöglichkeiten bevorzugen, die ihre körperlichen, geistigen und geistlichen Kräfte stärken.

Der Segen vollwertiger Ernährung. Der Schöpfer gab dem ersten Menschenpaar die ideale Nahrung: „Ich habe euch gegeben alle Pflanzen, die Samen bringen, auf der ganzen Erde, und alle Bäume mit Früchten, die Samen bringen, zu eurer Speise." (1 Mo 1,29) Nach dem Sündenfall fügte Gott noch „das Kraut auf dem Felde" hinzu (1 Mo 3,18).

Die heutigen Gesundheitsprobleme sind vielfach degenerative Erkrankungen, die sich auf eine falsche Ernährung und Lebensweise zurückführen lassen. Die Kost, die Gott geplant hatte, bestand aus Getreide, Früchten, Nüssen und Gemüse. Sie enthält alle Nährstoffe, die eine optimale Gesundheit gewährleisten.

1. Die ursprüngliche Ernährung. Die Bibel verbietet nicht, das Fleisch reiner Tiere zu essen. Aber zu Gottes ursprünglichem Speiseplan gehörte kein Fleisch; denn Tiere sollten nicht getötet werden; außerdem ist eine ausgewogene vegetarische Ernährung das Beste für die Gesundheit des Menschen – eine Tatsache, für die die Wissenschaft ständig neue Beweise erbringt.[1]

Wer tierische Produkte zu sich nimmt, die von Bakterien oder Viren befallen sind, kann seiner Gesundheit Schaden zufügen.[2] Man nimmt an, daß jährlich allein in den USA Millionen von Menschen an Vergiftungen durch Geflügelfleisch erkranken, weil bei der Fleischbeschau ein Befall durch Salmonellen oder andere Mi-

---

[1] Die Vorteile einer vegetarischen Ernährung werden beschrieben bei S. Havala, J. Dwyer, „Position of the American Dietetic Association: Vegetarian Diets – Technical Support Paper", in „Journal of the American Dietetic Association", März 1988, S. 352-355; T. D. Shultz, W. J. Craig, „Vegetarianism and Health", aus „Nutrition Update", 1985, Bd. 2, S. 131-141; U. D. Register, L. M. Sonnenberg, „The Vegetarian Diet", in „Journal of the American Dietetic Association", März 1973, S. 253-261.

[2] Siehe „Committee on the Scientific Basis of the Nation's Meat and Poultry Inspection Program", in „Meat and Poultry Inspection", National Academy Press, Washington D. C., 1985, S. 21-42; J. A. Scharffenberg, „Problems With Meat", Woodbridge Press, Santa Babara, CA, 1979, S. 32-35.

kroorganismen übersehen worden ist.[1] Mehrere Experten sind der Ansicht, daß bei Lebensmitteln „ein Bakterienbefall ein größeres Risiko darstellt als chemische Zusätze und Konservierungsstoffe". Sie befürchten deshalb eine Zunahme der bakteriellen Erkrankungen.[2]

Kürzlich durchgeführte Studien zeigen außerdem, daß wachsender Fleischkonsum eine Zunahme von Arteriosklerose, Krebs, Nierenstörungen, Osteoporose und Trichinose bewirkt, und damit die Lebenserwartung verringert.[3]

Die von Gott im Garten Eden angeordnete vegetarische Ernährung ist das Ideal. Doch manchmal können wir es nicht verwirklichen. Deshalb sollten alle, die sich einer optimalen Gesundheit erfreuen wollen, in jeder Situation und an jedem Ort die Nahrung zu sich nehmen, die sie als beste erhalten können.

2. Reine und unreine Fleischnahrung. Gott führte die Fleischnahrung erst nach der Sintflut ein. Weil die gesamte Vegetation vernichtet war, gab er Noah und seiner Familie die Erlaubnis, Fleisch zu essen – mit der Einschränkung, kein Blut zu sich zu nehmen (1 Mo 9,3-5).

Die Bibel deutet an, daß Noah von Gott auf eine weitere Einschränkung hingewiesen wurde. Er und seine Familie sollten nur solche Tiere essen, die als „rein" bezeichnet werden. Weil die reinen Tiere nicht nur als Nahrung, sondern auch für Opfer gebraucht wurden (1 Mo 8,20), wies Gott Noah an, von den reinen Tieren je sieben Paare in die Arche zu nehmen, von den unreinen jedoch nur ein Paar (1 Mo 7,2.3). In 3 Mo 11 und 5 Mo 14 wird auf reine und unreine Nahrung ausführlich eingegangen.[4]

---

[1] Siehe z. B. „Committee on Meat and Poultry Inspection", in „Meat and Poultry Inspection", S. 68-123; R. M. Andrews, „Meat Inspector: *Eat at Own Risk*", in „Washington Post", 16.5.1987.

[2] F. Young, Leiter der „Food and Drug Administration" und Sanford Miller, Direktor des „FDA's Center for Food Safety and Applied Nutrition", zitiert von C. Sugarman, „Rising Fears Over Food Safety", in „Washington Post", 23.7.1986. Vgl. E. G. White, „Counsels on Diet and Foods", Review and Herald, Washington, D. C., 1946, S. 384.385.

[3] J. A. Scharffenberg, „Problems With Meat", Woodbridge Press, Santa Babara, CA, 1979, S. 12-58.

[4] W. Shea, „Clean and Unclean Meats", unveröffentlichtes Manuskript, Biblical Research Institute, General Conference of SDA.

CHRISTLICHER LEBENSSTIL

Unreine Tiere stellen nicht die beste Nahrung dar; denn viele sind Aasfresser oder Raubtiere, vom Löwen und den Schweinen bis zum Geier und einigen auf dem Meeresgrund lebenden Fischen. Von ihrer Lebensweise her tendieren sie dazu, Träger von Krankheitserregern zu sein.

Studien haben ergeben, daß „Schweinefleisch und Schalentiere neben einem mittleren Cholesterinwert auch eine Anzahl von Giften und Verunreinigungen enthalten, die mit bei Menschen aufgetretenen Vergiftungen im Zusammenhang stehen".[1]

Wenn Gottes Volk unreine Nahrung meidet, ist das auch ein Zeichen der Dankbarkeit für das Herausgehörtsein aus einer verunreinigten Umwelt (3 Mo 20,24-26; 5 Mo 14,2). Unreines aufzunehmen in unseren Körper, in dem der Heilige Geist wohnt, entspricht keineswegs der Absicht Gottes.

Im Neuen Testament ist der Unterschied zwischen reinen und unreinen Tieren nicht aufgehoben. Mitunter begegnet man der Meinung, die Speisegebote des Alten Testamentes seien rein zeremonieller oder ritueller Natur gewesen, weil sie im 3. Buch Moses, dem Leviticus, stehen und daher für Christen nicht mehr verbindlich seien. Die Unterscheidung von reinen und unreinen Tieren reicht aber bis in die Zeit Noahs zurück, lange bevor es das Volk Israel gab.

Weil es sich um Regeln zur Erhaltung der Gesundheit handelt, sind diese Ernährungsvorschriften auch weiterhin zu befolgen.[2]

---

[1] W. J. Craig, „Pork and Shellfish – How Safe Are They?", in „Health and Healing", 12, Nr. 1, 1988, S. 10-12.

[2] Die Bedeutung der Heiligkeit im Neuen Testament steht in Übereinstimmung mit der des Alten Testamentes. Beide beschäftigen sich sowohl mit dem geistlichen als auch mit dem körperlichen Wohlergehen des Menschen (Mt 4,23; 1 Th 5,23; 1 Pt 1,15.16).
Die Aussage in Markus 7,19 („Damit erklärte er alle Speisen für rein.") bedeutet nicht, daß Jesus den Unterschied zwischen reiner und unreiner Nahrung aufhob. Die Diskussion zwischen Christus und den Pharisäern und Schriftgelehrten drehte sich nicht um die Art *der Nahrung*, sondern es ging um die Art und Weise *der Nahrungsaufnahme*. Der Streit ging darum, ob eine rituelle Waschung der Hände vor dem Essen notwendig sei oder nicht (Mk 7,2-5). Jesus bezog dabei die Position, daß ein Mensch nicht durch das Essen mit ungewaschenen Hän-

3. Regelmäßigkeit, Einfachheit und Ausgewogenheit. Eine Umstellung der Ernährung sollte Schritt für Schritt und mit Vernunft erfolgen. Wir sollten lernen, Lebensmittel zu meiden, die einen hohen Zucker- und Fettgehalt haben, oder sie nur sparsam verwenden.

---

den verunreinigt wird, sondern durch die bösen Gedanken seines Herzens (Mk 7,20-23). Die Nahrung „geht nicht in sein Herz, sondern in den Bauch, und kommt heraus in die Grube". Damit erklärte Jesus, daß jede Nahrung, die man mit ungewaschenen Händen zu sich nimmt, „rein" ist (Mk 7,19). Eine genauere Erklärung ergibt sich aus dem Grundtext, wo es heißt: „reinigend alle Speisen". Der Textzusammenhang ordnet das Partizip eher dem Verdauungsvorgang zu, der alle Unreinheiten in die Grube befördert. Dies wird von der Elberfelder Bibel unterstützt. „... und es geht heraus in den Abort, indem alle Speisen gereinigt werden." Das in diesem Text benutzte griechische Wort für „Speise" (*bromata*) ist der Begriff für menschliche Nahrung aller Art. Es bezieht sich nicht nur auf Fleisch.

Die in Apostelgeschichte 10 geschilderte Vision des Apostels Petrus sagt nicht aus, daß unreine Tiere ab jetzt für die menschliche Ernährung geeignet sind. Sie erklärt vielmehr, daß die Heiden nicht unrein sind und daß Petrus deshalb mit ihnen Gemeinschaft haben konnte, ohne sich zu verunreinigen. Der Apostel selbst verstand die Vision in diesem Sinn, denn er erklärte: „Ihr wißt, daß es einem jüdischen Mann nicht erlaubt ist, mit einem Fremden umzugehen oder zu ihm zu kommen; aber Gott hat mir gezeigt, daß ich keinen Menschen meiden oder unrein nennen soll." (Apg 10,28)

In seinen Briefen an die Römer und Korinther (Rö 14,1; 1 Ko 8,4-13; 10,25-28) bezieht sich Paulus auf die weitverbreitete heidnische Gepflogenheit, Tiere vor ihrer Schlachtung den Göttern zu weihen. Die frühen Christen diskutierten deshalb die Frage, ob man mit dem Essen von diesem Götzenopferfleisch nicht auch die entsprechenden heidnischen Götter verehrte. Die glaubensstarken Christen verneinten dies und verzehrten weiter alle eßbaren Tiere, die zuvor Göttern geopfert worden waren. Wer nicht einen solch starken Glauben besaß, ernährte sich dagegen nur vegetarisch. Paulus drängte darauf, daß niemand diese Vegetarier verachten sollte. Auf der anderen Seite dürfe aber auch keiner verurteilt werden, der der Überzeugung war, „er dürfe alles essen" (Rö 14,2).

An anderer Stelle warnte Paulus vor zukünftigen Irrlehren, die dem Gläubigen Ehe und Nahrung verbieten würden. Beides sind Gaben, die der Mensch von Gott nach seiner Erschaffung erhalten hat. Hier bedeutet das Wort „Speise" alle Nahrung, die Gott für den menschlichen Verzehr vorgesehen hatte. Man darf den Worten des Apostels Paulus nicht die Bedeutung geben, Gott habe die unreinen Tiere geschaffen, „daß sie mit Danksagung empfangen werden von den Gläubigen und denen, die die Wahrheit erkennen" (1 Tim 4,3).

Außerdem sollten wir unsere Nahrung so einfach und natürlich wie möglich zubereiten und unserer Gesundheit zuliebe in regelmäßigen Abständen essen. Aus zu vielen unterschiedlichen Speisen zusammengestellte Mahlzeiten sind nicht die gesündesten. Scharfe Gewürze reizen die Verdauungsorgane[1]; ihre häufige Verwendung führt oft zu gesundheitlichen Problemen.[2]

Über die Kleidung des Christen. Gott stattete Adam und Eva mit der ersten Kleidung aus. Auch wir brauchen heutzutage geeignete Kleidung (Mt 6,25-33) und sollten bei der Auswahl unserer Garderobe darauf bedacht sein, uns schlicht und geschmackvoll zu kleiden, in unaufdringlicher vornehmer Eleganz. Praktisch und gesund soll sie außerdem sein.

1. Schlichtheit. Wie in anderen Lebensbereichen, so gilt der Aufruf zur Einfachheit auch für unsere Kleidung. „Das christliche Zeugnis ruft nach Schlichtheit. Unsere Kleidung zeigt der Welt, wer und was wir sind – nicht im Sinne einer gesetzlichen Verordnung aus viktorianischer Zeit, sondern als Ausdruck unserer Liebe zu Jesus."[3]

2. Von Anstand und Moral bestimmt. Christen werden sich nicht durch ausgefallene Modeerscheinungen verleiten lassen, „des Fleisches Lust" (1 Jo 2,16) zu erregen. Sie werden sich so kleiden und

---

[1] Pfeffer, scharfe Gewürze, Senf, Essig und ähnliche Stoffe schaden dem Magen. Sie reizen zunächst die Magenschleimhaut und zerstören schließlich ihre Schutzfunktion, so daß die Magenwand von der Säure angegriffen werden kann. Magenstörungen beeinflussen über das Gehirn das Temperament des Menschen und machen ihn reizbar. Siehe M. A. Schneider, „The Effect of Spice Ingestion on the Stomach" in „American Journal of Gastroenterology", 26, 1956, S. 722, zitiert in „Physiological Effects of Spices and Condiments", Department of Nutrition, School of Health, Loma Linda University, Loma Linda, CA; E. G. White, „Counsels on Diet and Foods", S. 339-345.

[2] Scharfe Gewürze können auch eine Entzündung der Speiseröhre hervorrufen und die Schleimhaut von Dünn- und Dickdarm schädigen. Sie reizen die Nieren und tragen möglicherweise zu Bluthochdruck bei. Einige von ihnen enthalten krebserregende Stoffe. Siehe K. I. Burke und A. Burke, „How Nice is Spice?" in „Adventist Review", 8.1.1987, S. 14.15; Department of Nutrition, „Spices and Condiments"; M. V. Baldwin und B. E. Baldwin, „Spices – Recipe for Trouble" in „Wildwood Echoes", Winter 1978/79, S. 8-11.

[3] W. G. Johnsson, „On Behalf of Simplicity" in „Adventist Review", 20.3.1986, S. 4.

verhalten, wie es ihrem Glauben entspricht, den sie auch bezeugen wollen. Sie werden durch ihre Kleidung nicht sexuelle Begierden wecken. Gute Sitten fördern das moralische Verhalten. Der Christ ist darauf bedacht, Gott zu ehren, nicht sich selbst.

3. Praktisch, haltbar und preiswert. Weil Christen Haushalter der Mittel sind, die Gott ihnen anvertraut hat, werden sie sparsam wirtschaften und „Gold oder Perlen oder kostbares Gewand" (1 Tim 2,9) meiden. Sparsamkeit bedeutet jedoch nicht, immer nur Billiges zu kaufen. Oft erweist sich eine gute Qualität der längeren Haltbarkeit wegen als wirtschaftlicher.

4. Gesund. Nicht nur falsche Ernährung gefährdet die Gesundheit, sondern auch Kleider, die den Körper nur ungenügend schützen oder sonstwie beeinträchtigen.

5. Von Anmut und natürlicher Schönheit gekennzeichnet. Christen lassen sich warnen vor „hoffärtigem Leben" (1 Jo 2,16). Im Blick auf die Lilien sagte Jesus: „Auch Salomo in aller seiner Herrlichkeit ist nicht gekleidet gewesen wie eine von ihnen." (Mt 6,29) Das heißt, daß wahre Schönheit von Anmut, Schlichtheit, Reinheit und natürlichem Liebreiz gekennzeichnet ist. Eitles Zurschaustellen – wie es in der aufwendigen Mode geschieht, hat in Gottes Augen keinen Wert (1 Tim 2,9).

Christen werden schwerlich Ungläubige gewinnen, wenn sie sich in Aussehen und Verhalten der Welt anpassen, sondern nur wenn sie eine erfrischende Alternative darstellen. Petrus erklärt, daß ungläubige Ehegatten „durch das Leben ihrer Frauen ohne Worte gewonnen werden, wenn sie sehen, wie [sie] in Reinheit und Gottesfurcht" leben (1 Pt 3,1.2). Statt Äußerlichkeiten zu betonen, rät er den Gläubigen, den „verborgenen Menschen des Herzens" zu festigen, „im göttlichen Schmuck des sanften und stillen Geistes: das ist köstlich vor Gott" (1 Pt 3,3.4). Die Bibel lehrt uns folgendes:

a. Der Charakter ist Ausdruck wahrer Schönheit. Petrus und auch Paulus haben bezüglich des Schmucks bestimmte Richtlinien für christliche Männer und Frauen aufgestellt: „Euer Schmuck soll nicht äußerlich sein, wie Haarflechten, goldene Ketten oder prächtige Kleider." (1 Pt 3,3) „Ebenso will ich, daß die Frauen im Gottesdienst passend angezogen sind. Sie sollen sich mit Anstand und Schamgefühl schmücken anstatt mit auffallenden Frisuren, goldenem Schmuck, Perlen oder teuren Kleidern. Gute Taten sollen ihre Zierde sein. So gehört es sich für Frauen, die zeigen wollen, daß sie Gott ehren." (1 Tim 2,9.10 GN)

b. Schlichtheit paßt zu Reformation und Erweckung. Als Jakob seine Familie aufrief, sich Gott zu weihen, „da gaben sie ihm alle fremden Götter, die in ihren Händen waren, und ihre Ohrringe, und er vergrub sie" (1 Mo 35,4).[1]

Nachdem Israel das goldene Kalb angebetet hatte, befahl Gott dem Volk: „Lege deinen Schmuck ab, dann will ich sehen, was ich dir tue. Und die Israeliten taten ihren Schmuck von sich." (2 Mo 33,5.6) Paulus stellt deutlich fest, daß der Bericht von diesem Abfall „uns zur Warnung" niedergeschrieben wurde, „auf die das Ende der Zeiten gekommen ist" (1 Ko 10,11).

c. Christliche Haushalterschaft bedeutet Opferbereitschaft. Während in weiten Gebieten der Welt Hungersnot herrscht, lassen sich auch viele Christen vom Gewinnstreben gefangennehmen, das vom Erwerb teurer Kleidung, über Autos und Schmuck bis hin zur luxuriösen Wohnungseinrichtung reicht. Doch Schlichtheit im Lebensstil und im Auftreten sollte die Christen kennzeichnen und damit in deutlichem Gegensatz zur Habgier und Prunksucht der Gesellschaft des 20. Jahrhunderts stehen, die den materiellen Dingen oft mehr Wert beimißt als dem Mitmenschen.

Aufgrund der biblischen Lehre und der oben dargelegten Grundsätze sind wir der Meinung, daß Christen keinen Schmuck tragen sollten. Wir verstehen darunter das Tragen von Ringen, Ohrringen, Halsketten, Armbändern, auffälligen Krawattennadeln, Manschettenknöpfen, Anstecknadeln und sonstigen Schmuckarten. All das ist unnötig und steht im Widerspruch zu der Schlichtheit, von der die Bibel im Neuen Testament spricht.[2]

Auffällige Schönheitsmittel werden in der Heiligen Schrift mit Heidentum und Abfall verbunden (2 Kön 9,30; Jer 4,30). Hinsichtlich der Kosmetika vertreten wir die Auffassung, daß sich Christen

---

[1] „The Seventh-day Adventist Bible Commentary", Bd. 1, S. 417.
[2] Siehe „Year-End Meeting Actions" der Nordamerikanischen Division der Siebenten-Tags-Adventisten, 1986, S. 23-25.

ein gesundes, natürliches Äußeres bewahren sollten. Wenn wir den Erlöser durch unser Reden, Handeln und durch unsere Erscheinung ehren, werden wir auch andere Menschen zu ihm ziehen.[1]

Grundlagen christlicher Verhaltensweise

Der christliche Lebensstil soll in all seinen Erscheinungsformen eine Antwort auf die Erlösung durch Christus sein. Der Christ hat das Bedürfnis, Gott zu ehren und zu loben, wie Jesus.

Wenngleich manche im christlichen Lebensstil nur eine Auflistung von Verboten sehen, sollten wir die positiven Grundsätze bedenken, die für unsere Erlösung bedeutsam sind. Jesus betonte, daß er gekommen sei, damit wir Leben haben im Überfluß. Welche Leitsätze führen uns dazu?

Wenn der Heilige Geist das Leben eines Menschen berührt, kommt es zu einschneidenden Veränderungen, die der Umgebung nicht verborgen bleiben (Jo 3,8). Der Heilige Geist schafft aber nicht nur eine einmalige Veränderung des Lebens; sondern wirkt fortwährend. Die Frucht des Geistes ist Liebe (Gal 5,22.23). Der stärkste Beweis für die Kraft des Christentums ist ein liebender und liebenswerter Christ.

In der Gesinnung Jesu leben. „Diese Gesinnung sei in euch, die auch in Christus Jesus war." (Phil 2,5 EB) In allen Lebenslagen sollten wir versuchen, den Willen Christi zu verstehen und in Übereinstimmung mit seiner Gesinnung zu leben (1 Ko 2,16).

Ellen G. White hat das Ergebnis, das die Gemeinschaft mit Christus im Menschen bewirkt, folgendermaßen beschrieben:

---

[1] Die Verwendung von Kosmetika ist keinesfalls völlig unschädlich. Einige der bei der Herstellung verwendeten Chemikalien können durch die Haut in die Blutbahn gelangen und je nach ihrer Beschaffenheit und der Empfindlichkeit des Benutzers die Gesundheit beeinflussen. Siehe N. Shafer, R. W. Shafer, „Potential Carcinogentic Effect of Hair Dyes", in „New York State Journal of Medicine", März 1976, S. 394-396; S. J. Taub, „Cosmetic Allergies: What Goes on Under Your Makeup", in „Eye, Ear, Nose and Throat", Apr. 1976, S. 131.132; S. J. Taub, „Contaminated Cosmetic and Cause of Eye Infections", in „Eye, Ear, Nose and Throat", Febr. 1975, S. 81.82; siehe auch E. G. White, „Words to Christian Mothers", in „Review and Herald", 17.10.1871.

„Jeder wahre Gehorsam entspringt dem Herzen. Auch bei Christus war er eine Herzenssache. Wenn wir mit ihm übereinstimmen, wird sich Christus so mit unseren Gedanken und Zielen identifizieren und unsere Herzen und Sinne so mit seinem Willen verschmelzen, daß wir, wenn wir ihm gehorsam sind, unsere eigenen Absichten verwirklichen. Der geläuterte und geheiligte Wille wird seine höchste Erfüllung darin finden, seinem Beispiel der Hingabe zu folgen. Wenn wir Gott so kennen, wie wir ihn nach seiner Gnade kennen sollten, wird unser Leben ein Leben beständigen Gehorsams sein. Durch die Wertschätzung des Wesens Christi, durch die Verbindung mit Gott wird uns die Sünde verhaßt werden."[1]

Ein Leben zur Ehre und Verherrlichung Gottes. Gott hat unendlich viel für uns getan. Durch unseren Lobpreis können wir ihm unsere Dankbarkeit beweisen. Die Psalmen betonen diese Seite des geistlichen Lebens sehr stark: „So schaue ich aus nach dir in deinem Heiligtum, wollte gerne sehen deine Macht und Herrlichkeit. Denn deine Güte ist besser als Leben; meine Lippen preisen dich. So will ich dich loben mein Leben lang und meine Hände in deinem Namen aufheben. Das ist meines Herzens Freude und Wonne, wenn ich dich mit fröhlichem Munde loben kann." (Ps 63,3-6)

Eine derartige Einstellung hilft dem Christen, alles andere im Leben richtig zu bewerten und einzuordnen. Wenn wir auf unseren gekreuzigten Erlöser blicken, der uns von der Strafe der Sünde erlöst und aus ihrer Macht befreit hat, werden wir nur das „tun, was vor ihm wohlgefällig ist" (1 Jo 3,22; siehe auch Eph 5,10).

Der aufrichtige Christ will „nicht sich selbst leben, sondern dem, der für [ihn] gestorben und auferstanden ist" (2 Ko 5,15). Er wird Gott in allem, was er tut, an die erste Stelle setzen, auch in dem, was er denkt, spricht und wünscht. Er hat keine anderen Götter neben seinem Erlöser (1 Ko 10,31).

Beispielhaft leben. Paulus fordert uns auf: „Erregt keinen Anstoß." (1 Ko 10,32) „Darin übe ich mich, allezeit ein unverletztes Gewissen zu haben vor Gott und den Menschen." (Apg 24,16) Wenn unsere Lebensart andere zur Sünde verführt, kommen Men-

---

[1] E. G. White, „Das Leben Jesu", S. 666.

schen zu Fall, für die Christus starb. „Wer sagt, daß er in ihm bleibt, der soll auch leben, wie er gelebt hat." (1 Jo 2,6)

Ein Leben des Dienstes. Ein wesentlicher Grund für einen christlichen Lebensstil ist die Rettung der Verlorenen. „Wie auch ich jedermann in allem zu Gefallen lebe und suche nicht, was mir, sondern was vielen dient, damit sie gerettet werden." (1 Ko 10,33; siehe auch Mt 20,28)

Bedingungen und Richtlinien

Weil der Lebensstil eines Menschen seine geistliche Erfahrung und sein Zeugnis beeinflußt, haben wir als Gemeinschaft gewisse Richtlinien für die Lebensweise aufgestellt, die Grundbedingung für eine Gliedschaft in der Gemeinde sind. Sie umfassen die Enthaltsamkeit von Tabak, alkoholischen Getränken, bewußtseinsverändernden chemischen Stoffen und unreinen Fleischspeisen, außerdem Hinweise auf eine christliche Reife in Fragen der Kleidung und im Umgang mit der Freizeit.

Diese Grundregeln umfassen bei weitem nicht alle göttlichen Ideale für einen Gläubigen; sie stellen nur erste wichtige Schritte auf dem Weg zu einer ständig wachsenden christlichen Erfahrung dar. Außerdem bilden sie die Basis für die Einheit der Gemeinschaft der Gläubigen.

Die Entwicklung eines christlichen Lebensstils, der sich nach Gott ausrichtet, kennt keinen Stillstand und bedeutet lebenslange Verbindung mit Christus. Ein heiliges Leben ist nichts anderes als tägliche Übergabe des Willens an Christus und ein ständiges Beachten seiner Lehren, die uns durch Bibelstudium und Gebet offenbart werden. Weil geistliches Wachstum unterschiedlich verläuft, dürfen wir schwächere Brüder und Schwestern keinesfalls verurteilen (Rö 14,1).

Christen, die in Gemeinschaft mit ihrem Erlöser leben, haben nur ein Ziel: Sie wollen ihr Bestes tun, um den Vater im Himmel zu ehren, der den großartigen Plan für ihre Erlösung gefaßt hat. „Ob ihr nun eßt oder trinkt oder was ihr auch tut, das tut alles zu Gottes Ehre." (1 Ko 10,31)

Kapitel 22

Ehe und Familie

Die Ehe, von Gott im Garten Eden eingesetzt und von Jesus Christus bestätigt, soll eine lebenslange Verbindung zwischen einem Mann und einer Frau in einer von Liebe erfüllten Gemeinschaft sein. Für den Christen gilt das Ehegelöbnis sowohl Gott als auch dem Ehepartner gegenüber. Eine Ehe sollte nur zwischen Partnern gemeinsamen Glaubens geschlossen werden. Gegenseitige Liebe, Wertschätzung, Achtung und Verantwortung sind die Grundlage der Ehe. Sie soll die Liebe, Heiligkeit, Innigkeit und Beständigkeit der Beziehung zwischen Christus und seiner Gemeinde widerspiegeln. Jesus hat gelehrt, daß Ehebruch begeht, wer sich von seinem Ehepartner scheiden läßt – es sei denn wegen Unzucht – und einen anderen heiratet. Selbst wenn manche ehelichen und familiären Verhältnisse nicht ideal sind, können dennoch Ehepartner, die sich einander in Christus die Treue halten, durch die Führung des Heiligen Geistes und durch den Zuspruch der Gemeinde verbunden bleiben. Gott segnet die Familie und möchte, daß die Familienangehörigen auf dem Weg zur völligen Reife einander beistehen. Eltern sollen ihre Kinder so erziehen, daß sie den Herrn lieben lernen und ihm gehorchen. Durch Wort und Vorbild sollen Eltern ihre Kinder zu der Erkenntnis führen, daß Christus ein liebevoller Erzieher ist, voll Güte und Fürsorge, der sie zu Gliedern seines Leibes und damit zur Familie Gottes machen möchte. Wie wichtig die Stärkung des Familienzusammenhalts ist, wird in der Botschaft des Evangeliums der Endzeit besonders betont.

Die Familie hat eine entscheidende Funktion bei der Wiederherstellung des Ebenbildes Gottes im Menschen. In der Familie können sich Vater, Mutter und Kinder voll entfalten. Eltern und Kinder kommen sich näher, indem sie einander Zuneigung, Liebe und Hilfe erweisen.

In der Familie wird die Persönlichkeit geprägt und ein gesundes Selbstbewußtsein entwickelt. Mit Gottes Hilfe werden in der Familie die Grundsätze des Christentums in die Tat umgesetzt und seine Werte von einer Generation zur anderen weitergegeben.

Die Familie kann zu einer Stätte größten Glücks, aber auch zum Schauplatz schlimmer Verletzungen werden. In einer gesunden Familie wird praktisches Christentum vorgelebt und damit etwas vom Wesen Gottes offenbart.

Leider treffen wir in den Familien heute dieses Ideal nur noch selten an. Statt dessen regen sich vielfach egoistische Gedanken, die sich mitunter sogar auswachsen zu Zank, Auflehnung, Rivalität, Wut, unmoralischem Verhalten, selbst zu Mißhandlungen. Das entspricht nicht der Absicht Gottes; denn Jesus sagt: „Von Anfang an aber ist's nicht so gewesen." (Mt 19,8)

Von Anfang an

Der Sabbat und die Ehe gehören zu den allerersten Gaben Gottes an die Menschheit. Unabhängig von Zeit, Ort und Kultur sollten sie eine Quelle der Freude, der Ruhe und der Zusammengehörigkeit sein. Sabbat und Ehe sind gewissermaßen die Höhepunkte im Schöpfungshandeln Gottes; sie können als die besten aller Gottesgaben bezeichnet werden.

Mit dem Sabbat schenkte Gott den Menschen einen Zeitabschnitt der Ruhe sowie der Gemeinschaft mit ihm. Und mit der Familie schuf Gott die grundlegende soziale Einheit, die das Gefühl der Zugehörigkeit vermittelt und den Menschen die Möglichkeit schenkt, sich zu Persönlichkeiten zu entwickeln, bereit zum Dienst für Gott und den Nächsten.

Mann und Frau „zum Bild Gottes". In 1 Mo 1,26.27 wird gesagt, wer die Erde bewohnen sollte: „Und Gott sprach: Lasset uns Menschen machen, ein Bild, das uns gleich sei, ... Und Gott schuf den Menschen zu seinem Bilde, zum Bilde Gottes schuf er ihn; und schuf ihn als Mann und Weib."

Im Wort „Mensch", dem Gattungsbegriff, der mehr als 500mal im Alten Testament erscheint, sind Mann und Frau gemeint. Der Text besagt, daß beide zum Bilde Gottes geschaffen wurden, nicht etwa nur der Mann und danach die Frau nach dem Bilde des Mannes.[1]

So wie Vater, Sohn und Heiliger Geist Gott sind, gehören Mann und Frau zur Kategorie „Mensch". Und ähnlich wie die Gottheit haben auch sie, obwohl sie eins sein sollen in der Ehe, unterschiedliche Aufgaben. Einander gleich sind sie hinsichtlich ihrer menschlichen Natur und ihres Wertes, aber sie sind nicht identisch (siehe Jo 10,30; 1 Ko 11,3). Mann und Frau ergänzen sich körperlich; ihre Aufgaben sind auf ein Miteinander angelegt.

Beide Geschlechter gehören zur guten Schöpfungsordnung (1 Mo 1,31) wie auch ihre unterschiedlichen Aufgaben. Die sexuelle Verschiedenartigkeit bildet die Grundlage für die Familie und das Heim. Gott hätte den Fortbestand des Lebens auch ohne Mann und Frau sichern können; man denke nur an die ungeschlechtliche Fortpflanzung in der Tierwelt. Doch Gott schuf „zwei Individuen, die hinsichtlich ihrer Gestalt und Merkmale im allgemeinen gleich sind, wobei aber jedes etwas besitzt, was dem anderen fehlt und das andere ergänzt".[2]

Eine Welt ohne das andere Geschlecht wäre unvollständig. Wahre Erfüllung kann es nur in einer Gesellschaft geben, die Mann und Frau gleichermaßen einbezieht. Ihre Gleichheit steht nicht zur Diskussion; beide sind wichtig.

An seinem ersten Tag wurde sich Adam, der Ersterschaffene und damit Oberhaupt der Menschheit,[3] seiner Einzigartigkeit – und

---

[1] E. G. White, „Erziehung", S. 17.
[2] A. W. Spalding, „Makers of the Home", Pacific Press, Mountain View, CA, 1928, S. 58.
[3] Die Verantwortung Adams für die Welt wird daran deutlich, daß Gott ihn wegen der Sünde zur Rechenschaft zieht, obwohl er nicht der erste war, der schuldig wurde (1 Mo 3,9ff). Auch das Neue Testament betrachtet Adam für

damit seiner Einsamkeit – bewußt: Keiner war so wie er. „Aber für den Menschen ward keine Gehilfin gefunden, die um ihn wäre." (1 Mo 2,20) Gott wußte von diesem Mangel, denn er erklärte: „Es ist nicht gut, daß der Mensch allein sei; ich will ihm eine Gehilfin machen, die um ihn sei." (1 Mo 2,18)

Der hebräische Begriff *neged*, der hier mit „um ihn" wiedergegeben wird, ist ein Substantiv bei einer Präposition mit der Bedeutung „vor, gegenüber, entsprechend" einem Gegenstand oder einer Person. In unserem Text wird ausgedrückt, daß die Person, die dann „vor" Adam stehen sollte, ihn als Gegenüber ergänzen und ihm entsprechen würde. „Da ließ Gott der HERR einen tiefen Schlaf fallen auf den Menschen ... Und er nahm eine seiner Rippen ..." (1 Mo 2,21) und formte seinen Begleiter.[1]

Nach dem Erwachen spürte Adam die Nähe und Intensität der Beziehung, die durch Gottes Schöpfungswerk gegeben war. „Da sprach der Mensch: Das ist doch Bein von meinem Bein und Fleisch von meinem Fleisch; man wird sie Männin nennen, weil sie vom Manne genommen ist." (1 Mo 2,23; siehe 1 Ko 11,8)

Die Ehe. Die Unterschiedlichkeit von Mann und Frau gestaltete Gott zu Einssein und Ordnung. An jenem ersten Freitag führte er die erste Trauung durch, indem er die beiden, die zu seinem Bilde geschaffen waren, miteinander verband, um sie eins werden zu lassen. Seither bildet die Ehe die Grundlage für die Familie, und die wiederum ist Grundlage der Gesellschaft.

Die Heilige Schrift kennzeichnet die Eheschließung als Vorgang, der sowohl Lösung wie auch Bindung bedeutet: „Darum wird ein Mann seinen Vater und seine Mutter verlassen und seinem Weibe anhangen, und sie werden sein *ein* Fleisch." (1 Mo 2,24)

---

[1] das Aufkommen von Sünde und Tod verantwortlich (Rö 5,12ff; 1 Ko 15,22; E. G. White, „Der große Kampf", S. 647).
„Gott selbst gab Adam die Gefährtin, ‚die um ihn sei', eine Gehilfin, die zu ihm paßte, die als Begleiterin geeignet war und die in Liebe und Mitgefühl mit ihm eins sein konnte. Eva wurde aus einer Rippe aus Adams Seite geschaffen. Sie sollte ihn nicht als Haupt beherrschen, aber auch nicht unterdrückt werden. Sie sollte ihm vielmehr ebenbürtig zur Seite stehen, und er sollte sie lieben und beschützen." E. G. White, „Patriarchen und Propheten", S. 46.

1. Verlassen. Für die Ehe ist es unumgänglich, daß die früheren familiären Beziehungen einen anderen Stellenwert bekommen. Die Ehe geht über die vorherige Beziehung der Ehepartner zu ihren Eltern hinaus. Erst das „Verlassen" des Elternhauses ermöglicht das gegenseitige „Anhangen". Der Ehe fehlt sonst die wesentliche und feste Grundlage.

2. Anhangen. Der mit „anhangen" wiedergegebene hebräische Begriff wird von einem Wort abgeleitet, das „festhalten, befestigen, verbinden, bleiben" bedeutet. Das Substantiv kann sogar im Sinne von Schmieden und Löten verwendet werden (Jes 41,7 EB). Die Festigkeit und Stärke dieser Verbindung veranschaulicht das Wesen der Ehe.

Jeder Versuch, diese Einheit zu zerstören, muß unweigerlich zur Verletzung der Beteiligten führen, die so eng miteinander verbunden sind. Die Intensität dieser menschlichen Verbindung wird außerdem dadurch betont, daß das gleiche Verb benutzt wird, um die Verbindung zwischen Gott und seinem Volk zum Ausdruck zu bringen: „Den Herrn, deinen Gott, sollst du fürchten, ihm sollst du dienen, ihm sollst du *anhangen* und bei seinem Namen schwören."[1] (5 Mo 10,20)

3. Die Hochzeit. In der Heiligen Schrift wird das Gelübde, das Ehepartner einander geben, als Bundesschluß verstanden, ein Begriff, der in der Bibel für die feierlichste feste Vereinbarung steht (Mal 2,14; Spr 2,16.17). Der unauflösliche Bund Gottes mit seiner Gemeinde sollte Vorbild für die eheliche Beziehung sein (Eph 5,21-33). Das gegenseitige Gelübde sollte sich an der Treue und Beständigkeit von Gottes Bund ausrichten (Ps 78,33.34; Kla 3,23).

Gott wie auch die Familie, die Freunde des Brautpaares und die Gemeinde bezeugen den Bund, das Versprechen, das sich beide geben. Dieser Bund wird im Himmel bestätigt. „Was nun Gott zusammengefügt hat, das soll der Mensch nicht scheiden!" (Mt 19,6) Christliche Ehepartner verstehen ihre Ehe als ein Treuegelöbnis, das bis zu ihrem Lebensende gilt.[2]

---

[1] Hervorhebung eingefügt.
[2] Der Bündnischarakter der Ehe wird ausführlich beschrieben in „Marriage as Covenant" in „Covenant and Marriage; Partnership and Commitment", Leaders

4. Ein Fleisch sein. Das Verlassen der Eltern sowie das Gelübde, einander anzuhangen, führt zu einer Verbindung, die ein Geheimnis bleibt. Es kommt zu einem Einssein im tiefsten Sinn des Wortes; das verheiratete Paar lebt und steht zusammen, es teilt miteinander Vertrautheit und Innigkeit. Dieses Einssein bezieht sich zunächst auf die körperliche Vereinigung in der Ehe; damit ist aber auch die innige geistige und gefühlsmäßige Verbindung gemeint. Sie bildet die Grundlage für die körperliche Dimension dieser Beziehung.

a. Den gemeinsamen Weg gehen. Im Blick auf sein Volk stellte Gott einst die Frage: „Können etwa zwei miteinander wandern, sie seien denn einig untereinander?" (Am 3,3) Dieser Überlegung sollten sich alle stellen, die ein Fleisch werden wollen. Gott ermahnte Israel, nicht in die Nachbarvölker einzuheiraten, „denn sie werden eure Söhne mir abtrünnig machen, daß sie andern Göttern dienen" (5 Mo 7,4; siehe Jos 23,11-13). Wurden diese Ermahnungen von den Israeliten mißachtet, bekamen sie auch die verheerenden Folgen zu spüren (Ri 14-16; 1 Kön 11,1-10; Esr 9;10).

Paulus wiederholte diesen Grundsatz, indem er schrieb: „Geht nicht unter fremdartigem Joch mit Ungläubigen! Denn welche Verbindung haben Gerechtigkeit und Gesetzlosigkeit? Oder welche Gemeinschaft Licht mit Finsternis? Und welche Übereinstimmung Christus mit Belial? Oder welches Teil ein Gläubiger mit einem Ungläubigen? Und welchen Zusammenhang der Tempel Gottes mit Götzenbildern? Denn wir sind der Tempel des lebendigen Gottes; wie Gott gesagt hat: ‚Ich will unter ihnen wohnen und wandeln, und ich werde ihr Gott sein, und *sie* werden mein Volk sein.'" (2 Ko 6,14-16 EB; siehe 6,17.18).

Die Bibel macht unmißverständlich klar, daß für den Gläubigen nur ein Christ als Ehepartner in Frage kommt. Das Prinzip geht sogar noch weiter. Wahres Einssein kann es nur geben, wenn Übereinstimmung im Glauben und Handeln besteht. Unterschiede in der religiösen Erfahrung führen zu unterschiedlicher Lebensauffassung; und es kommt zu großen Spannungen und Spaltungen innerhalb

---

Notebook, Family Ministry Department, Sunday School Board of the Southern Baptist Convention, Nashville, 1987, S. 51-60.

der Ehe. Um die in der Bibel beschriebene Einheit zu erreichen, sollten Ehepartner der gleichen Glaubensgemeinschaft angehören.[1]

b. Zueinander stehen. Wenn zwei Menschen ein Fleisch werden wollen, müssen sie treu zueinander stehen. Bei der Eheschließung geht man stets ein Risiko ein, bekundet aber die Bereitschaft, den Partner so zu nehmen, wie er ist. Ehepartner bekunden, daß sie füreinander einstehen und gemeinsam das Leben meistern wollen. Deshalb gehört zur Ehe eine aktive und zielgerichtete Liebe, die nicht aufgibt.

„Der Ausdruck ‚ein Fleisch' umfaßt jedoch viel mehr als nur den körperlichen Bereich. Er bedeutet, daß zwei Menschen alles miteinander teilen, nicht nur Leib und Besitz, sondern auch Denken und Fühlen, Freuden und Leiden, Hoffen und Fürchten, Gelingen und Versagen. Ein Fleisch werden heißt ganz eins werden – und dabei doch zwei bleiben."[2]

c. Intimität. Ein Fleisch zu werden bedeutet sexuelle Vereinigung: „Adam erkannte sein Weib Eva, und sie ward schwanger." (1 Mo 4,1) In ihrem Bedürfnis nach körperlicher Vereinigung, das der Mensch seither in sich spürt, wiederholt jedes Paar die erste Liebesgeschichte. Der Geschlechtsakt ist die innigste Form der körperlichen Vereinigung und zeigt zugleich, wie nah sich ein Paar auch gefühlsmäßig und geistig kommen kann. Die Liebe christlicher Ehepartner sollte von Wärme, Freude und Wonne gekennzeichnet sein (Spr 5,18.19).

„Die Ehe soll in Ehren gehalten werden bei allen und das Ehebett unbefleckt" (Hbr 13,4). „Die Schrift sagt eindeutig, daß das Genießen der Sexualität als Ausdruck der Liebe zwischen den Ehepartnern dem Willen Gottes entspricht. Sie ist, wie der Schrei-

---

[1] Siehe „SDA Church Manual", S. 150.151; F. M. Wilcox, „Marrying Unbelievers", in „Review and Herald", 2.7.1914, S. 9.10; G. B. Thompson, „Marrying Unbelievers: *Can Two Walk Together, Except They Be Agreed?*", in „Review and Herald", 31.7.1941, S. 2.12-14; F. M. Wilcox, „The Marriage Relationship, Following the Divine Order", in „Review and Herald", 4.5.1944, S. 1-4; E. G. White, „Testimonies", Bd. 4, S. 503-508.

[2] W. Trobisch, „Heiraten – warum nicht?", Vandenhoeck & Ruprecht, Göttingen, 1974 (2. Aufl.), S. 23.

ber des Hebräerbriefes ausdrückt, unbefleckt, nicht sündig, nicht schmutzig. Sie ist ein würdiger Ort innerhalb der Ehe – das Allerheiligste, wo sich Mann und Frau begegnen, um ihre Liebe füreinander zu feiern. Diese Zeit soll gleichzeitig Heiligkeit und größter Genuß auszeichnen."[1]

5. Biblische Liebe. Die eheliche Liebe läßt sich als eine bedingungslose, herzliche und innige Hingabe beschreiben. Sie ermutigt beide Partner, zum Bilde Gottes hin zu wachsen, zur ganzheitlichen Persönlichkeit auf körperlicher, gefühlsmäßiger, geistiger und geistlicher Ebene. In der Ehe finden sich unterschiedliche Arten der Liebe: Romantik und Leidenschaft, gefühlvolle Nähe, gegenseitiger Trost, Geselligkeit und das Gefühl, zueinander zu gehören. Doch die Agape-Liebe, wie sie im Neuen Testament beschrieben wird, diese selbstlose, ganz auf den andern gerichtete Liebe, bildet die Grundlage der echten, beständigen ehelichen Liebe.

Den höchsten Ausdruck dieser Liebe finden wir bei Jesus, als er unsere Schuld und die Folgen unserer Sünden auf sich nahm und am Kreuz starb. „Wie er die Seinen geliebt hatte, die in der Welt waren, so liebte er sie bis ans Ende." (Jo 13,1) Er liebte uns, obwohl er wußte, wohin es führt, wenn er unsere Sünden auf sich nimmt. Das aber war und ist die bedingungslose Agape-Liebe Jesu Christi.

Paulus beschreibt diese Liebe folgendermaßen: „Die Liebe ist langmütig und freundlich, die Liebe eifert nicht, die Liebe treibt nicht Mutwillen, sie bläht sich nicht auf, sie verhält sich nicht ungehörig, sie sucht nicht das Ihre, sie läßt sich nicht erbittern, sie rechnet das Böse nicht zu, sie freut sich nicht über die Ungerechtigkeit, sie freut sich aber der Wahrheit, sie erträgt alles, sie glaubt alles, sie hofft alles, sie duldet alles. Die Liebe hört niemals auf." (1 Ko 13,4-8)

Als Erklärung zu diesem Text schreibt Ed Wheat: „Die Agape-Liebe entspringt einer ewigen Quelle und kann selbst dann noch wirksam werden, wenn jede andere Art der Liebe versagt ... Sie liebt unter allen Umständen. Wie wenig liebenswert auch immer die andere Person sein mag, die Agape versiegt nicht. Die Agape ist so

---

[1] Ed Wheat, „Love Life for Every Married Couple", Zondervan, Grand Rapids, 1980, S. 72.

bedingungslos wie Gottes Liebe zu uns. Sie ist eine innere Einstellung auf der Grundlage einer bewußten Willensentscheidung."[1]

6. Persönliche geistliche Verantwortung. Obwohl Ehepartner einen Bund miteinander geschlossen haben, muß doch jeder selbst die Verantwortung für seine Entscheidungen übernehmen (2 Ko 5,10). Das bedeutet, daß keiner dem anderen die Schuld geben kann für das, was er getan hat.

Auch für sein geistliches Wachstum ist jeder verantwortlich; keiner kann sich auf die geistliche Kraft des anderen berufen oder verlassen. Und trotzdem kann die Beziehung des einzelnen zu Gott eine Quelle der Stärkung und Ermutigung für den anderen werden.

Die Folgen des Sündenfalls für die Ehe

Der Verfall des Bildes Gottes im Menschen durch die Sünde hatte – wie auf jedem anderen Gebiet des Lebens – auch für die Ehe schwere Folgen. Ichsucht und Selbstherrlichkeit verdrängten die vollkommene Liebe. Und für alle, die nicht von der Liebe Christi getrieben werden, ist Selbstsucht das stärkste Motiv. Die aber widerspricht der Hingabe und der Opferbereitschaft im Sinne des Evangeliums. Da liegt die Ursache allen Versagens, selbst bei Christen.

Durch Ungehorsam widersetzten sich Adam und Eva ihrer von Gott vorgegebenen Bestimmung. Vor dem Sündenfall lebten sie in völliger Offenheit vor Gott; danach aber versteckten sie sich, anstatt freudig zu ihm zu kommen. So versuchten sie, die Wahrheit über sich selbst zu erkennen und die Verantwortung für ihr Verhalten zu übernehmen.

Ihr Schuldbewußtsein, das selbst durch alle vorgebrachten Rechtfertigungsversuche nicht ausgelöscht werden konnte, machte sie unfähig, Gott und seinen heiligen Engeln zu begegnen. Seit diesem Tag ist die Beziehung des Menschen zu Gott von Ausflüchten und Schuldverschiebung geprägt. Wir alle verhalten uns Gott gegenüber nach dem gleichen Muster.

---

[1] ebd., S. 62.

Die Angst untergrub nicht nur die Beziehung von Adam und Eva zu Gott, sondern auch ihr Verhältnis zueinander. Als Gott sie zur Rede stellte, versuchten beide sich auf Kosten des anderen zu rechtfertigen. Die gegenseitigen Anschuldigungen zeigen, daß ihre von Gott gestiftete Liebesbeziehung ernsthaft Schaden genommen hatte.

Nach dem Sündenfall sagte Gott zu der Frau: „Und dein Verlangen soll nach deinem Manne sein, aber er soll dein Herr sein." (1 Mo 3,16) Diesen Grundsatz führte er zum Segen des ersten Menschenpaares und aller künftigen Ehepaare ein. Die grundsätzliche Gleichheit von Mann und Frau wurde dadurch aber nicht aufgehoben.[1] Leider wurde dieses Prinzip verfälscht. Die Geschichte der Menschheit zeigt, daß es innerhalb der Ehe zu Unterdrückung, Manipulation und Zerstörung der Persönlichkeit kam. Ichbezogenheit ging auf Kosten der Achtung und Wertschätzung des anderen.

Das Wesen einer harmonischen und christlichen Ehe liegt wie schon vor dem Sündenfall in der Selbstverleugnung. Gegenseitige Zuneigung soll die Partner festigen, so daß jeder auf das Wohlergehen des anderen bedacht ist. Beide sollen zu einer Einheit verschmelzen, ohne daß einer die ihm von Gott geschenkte Persönlichkeit preisgeben muß.[2]

Abweichungen vom Plan Gottes

Polygamie. Die Vielehe, wobei eine Person mehrere Ehepartner hat, widerspricht dem Einssein und der Verbindung, die Gott in Eden gestiftet hat. Es kommt nicht zum Verlassen aller anderen. Obwohl die Bibel von der Vielehe als kultureller Zeiterscheinung bei den Patriarchen berichtet, macht sie andererseits deutlich, daß damit nicht der Vorstellung Gottes entsprochen wurde. Innerhalb solcher Eheverbindungen ergaben sich Machtkämpfe, Abneigung und Entfremdung (siehe 1 Mo 16; vgl. 29,16 bis 30,24). Dabei wurden Kin-

---

[1] E. G. White, „Patriarchen und Propheten", S. 46.
[2] Siehe z. B. E. G. White, „The Ministry of Healing", S. 361; E. G. White, „Messages to Young People", Southern Publ. Assn., Nashville, 1930, S. 451.

der von ihren Müttern als emotionale Waffe benutzt, um die anderen Frauen der Familie zu verletzen und zu degradieren.

Die Einehe aber vermittelt den Partnern das Bewußtsein der Zusammengehörigkeit und stärkt ihre Verbindung und die Intimität untereinander. Sie wissen, daß ihre Beziehung einzigartig ist und daß kein anderer an dem teilhat, was sie erleben. Die monogame Ehe spiegelt am deutlichsten die Beziehung zwischen Christus und seiner Gemeinde bzw. zwischen Gott und dem einzelnen wider.[1]

Unzucht und Ehebruch. Der Stellenwert eines dauerhaften Eheversprechens einschließlich sexueller Treue ist in der heutigen Gesellschaft weit gesunken. Die Schrift aber betrachtet jede Art sexueller Beziehung außerhalb der Ehe als Sünde. Die Gültigkeit des siebten Gebots bleibt unverändert: „Du sollst nicht ehebrechen." (2 Mo 20,14) Ausnahmen oder Einschränkungen gibt es nicht. Durch dieses Gebot verteidigt und schützt Gott die Ehe.

Die biblischen Aussagen über Unzucht und Ehebruch stehen in scharfem Gegensatz zu der heute allgemein vorherrschenden Duldung solcher Praktiken. In vielen Texten aus dem Alten und Neuen Testament aber wird derartiges Verhalten verurteilt (3 Mo 20,10-12; Spr 6,24-32; 7,6-27; 1 Ko 6,9.13.18; Gal 5,19; Eph 5,3; 1 Th 4,3 usw.).

Außereheliche Beziehungen können schlimme und dauerhafte Folgen haben. Ehepartner werden betrogen und erleiden möglicherweise körperlichen, emotionalen, finanziellen und gesellschaftlichen Schaden. Auch die übrigen Familienangehörigen werden in Mitleidenschaft gezogen, insbesondere die Kinder. Durch außereheliche Beziehungen können Geschlechtskrankheiten oder AIDS übertragen werden und uneheliche Kinder auf die Welt kommen. Schließlich liegt auf solchen Affären häufig der Schatten der Lüge und Unehrlichkeit; das gegenseitige Vertrauen wird unwiederbringlich zerstört.

Diese so negativen Folgen eines unmoralischen Verhaltens sind abschreckend genug; man sollte daher die biblischen Weisungen beachten und diesbezügliche Praktiken verhindern.

---

[1] E. G. White, „Patriarchen und Propheten", S. 124.182.183.312.313; E. G. White, „Spiritual Gifts", Bd. 3, S. 104.105; Bd. 4a, S. 86.

Unreine Gedanken. Sünde geschieht nicht nur durch die Tat, sondern beginnt schon im Denken. Wenn aber bereits die Quellen schmutzig sind, können die daraus gespeisten Flüsse nicht sauber sein. Jesus wußte, daß die Gedanken das Verhalten des Menschen bestimmen, „denn aus dem Herzen kommen böse Gedanken, Mord, Ehebruch, Unzucht, Diebstahl, falsches Zeugnis, Lästerung" (Mt 15,19).

Auch Ehebruch ist auf Gedanken und Gefühle zurückzuführen. Jesus erklärte: „Ihr habt gehört, daß gesagt ist: ‚Du sollst nicht ehebrechen.' Ich aber sage euch: Wer eine Frau ansieht, sie zu begehren, der hat schon mit ihr die Ehe gebrochen in seinem Herzen." (Mt 5,27.28)

Ein ganzer Wirtschaftszweig hat sich darauf spezialisiert, aus der pervertierten Vorstellungswelt des Menschen Kapital zu schlagen. Pornographische Filme und Bücher aber haben keinen Platz im Leben des Christen; denn dadurch wird nur zu unehelichen Beziehungen ermuntert. Männer und Frauen werden ausschließlich zu Sexualobjekten degradiert, die Bedeutung der Sexualität wird entwürdigt und das Bild Gottes entstellt.

Christen sind aufgefordert, reine Gedanken zu hegen und ein sauberes Leben zu führen, denn sie bereiten sich ja vor auf eine reine Gemeinschaft in der Ewigkeit.

Inzest. Es gibt Eltern, die überschreiten die Grenze einer normalen Beziehung zu ihren Kindern, indem sie mit ihnen körperlich und emotional intim werden. Das geschieht häufig, wenn die eheliche Beziehung vernachlässigt wurde und eines der Kinder die Rolle des Ehepartners übernehmen muß. Derartige Grenzüberschreitungen gibt es auch unter Geschwistern und anderen Verwandten.

Inzest wurde sowohl im Alten (3 Mo 18,6-29; 5 Mo 27,20-23) wie auch im Neuen Testament (1 Ko 5,1-5) verboten. Dieser Mißbrauch behindert die normale sexuelle Entwicklung des Kindes und belastet es in unverantwortlichem Ausmaß mit Scham- und Schuldgefühlen, die es bis ins spätere Eheleben hinein verfolgen können. Wenn Eltern diese Grenzen überschreiten, zerstören sie die im Kind angelegte Fähigkeit des Vertrauens, die auch in der Beziehung zu Gott wichtig ist.

Scheidung. Jesus faßt die Aussagen der Bibel zum Thema Scheidung so zusammen: „Was nun Gott zusammengefügt hat, das soll der Mensch nicht scheiden!" (Mt 19,6; Mk 10,7-9) Die Ehe wurde von Gott geheiligt. Letztlich ist es Gott, der Mann und Frau verbindet und nicht das Eheversprechen oder der Sexualakt. Die christliche Sicht über Scheidung und Wiederverheiratung muß daher auf dieser Grundlage basieren.

Das Wort weist hin auf den biblischen Grundsatz, der dem christlichen Eheverständnis zugrunde liegt: Gott betrachtet die Ehe als unlösbar. Als die Pharisäer Jesus fragten, ob als Scheidungsgrund die völlige Andersartigkeit eines Ehepartners genüge, bestätigte er die Unauflösbarkeit der Ehe, die einst in Eden eingeführt wurde.

Als sie dann die Scheidungsgesetze des Mose ins Gespräch brachten, sagte Jesus: „Mose hat euch erlaubt, euch zu scheiden von euren Frauen, eures Herzens Härte wegen; von Anfang aber ist's nicht so gewesen." (Mt 19,8) Danach machte er deutlich, daß der einzige Grund für eine Ehescheidung sexuelle Untreue ist (Mt 5,32; 19,9).

Jesu Antwort an die Pharisäer zeigt, daß er ein wesentlich tieferes Verständnis von Treue hatte als sie. Aus seinen Worten wie auch aus den Prinzipien des Alten und Neuen Testaments können wir schließen, daß Eheleute in einer dauerhaften Beziehung das Bild Gottes widerspiegeln sollen.

Selbst Untreue eines Ehepartners muß nicht unbedingt die Scheidung nach sich ziehen. Das Kreuz Jesu ermutigt zu wahrer Hingabe und Vergebung sowie zum Überwinden der Verbitterung. Im Fall von Ehebruch sollte der geschädigte Partner versuchen, die Ehe durch Vergebung und die versöhnende Kraft Gottes zu retten. „Von der Bibel her braucht der Ehebruch eure Ehe nicht mehr zu belasten als jede andere Sünde ... Wenn ihr bereit seid, zu vergeben und eure negative Einstellung zu überwinden, wird Gott euch bereitwillig Heilung schenken und eure Liebe zueinander erneuern."[1]

---

[1] Wheat, „Love Life for Every Married Couple", S. 202. Siehe auch „The Divorce Court or the Cross", in R. Hession „Forgotten Factors ... An Aid to Deeper Re-

Dennoch gibt es Gründe, die eine gesetzliche Trennung notwendig machen, zum Beispiel Gewalttätigkeit gegenüber Partner und Kind. In einigen Ländern „kann eine solche Trennung ... nur durch Scheidung erfolgen, was wir unter diesen Umständen auch nicht verurteilen. Eine Trennung oder Scheidung, die nicht aufgrund von Ehebruch erfolgt ist, gibt jedoch weder dem einen noch dem anderen Partner das biblische Recht, wieder zu heiraten, es sei denn, der andere Partner hat erneut geheiratet, Ehebruch begangen oder Unzucht getrieben oder ist gestorben."[1]

Weil die Ehe eine göttliche Einrichtung ist, hat die Gemeinde die hohe Verantwortung, Ehescheidung zu verhindern und, sollte sie doch erfolgt sein, so weit wie möglich die entstandenen (seelischen) Wunden zu heilen.

Homosexualität. Gott erschuf Mann und Frau so, daß sie sich sowohl unterscheiden als auch gegenseitig ergänzen. Dabei legte er die wechselseitige sexuelle Zuneigung in sie hinein. Diese Anziehung führt zwei Menschen unterschiedlichen Geschlechts zusammen und läßt eine ganzheitliche Beziehung entstehen.

In einigen Fällen wurde diese grundlegende Orientierung durch die Sünde verändert und verdreht, indem die natürliche Ausrichtung auf das andere Geschlecht umgekehrt wurde und zu einer sexuellen Ausrichtung auf das gleiche Geschlecht hinführt.

Die Schrift lehnt homosexuelle Praktiken entschieden ab (1 Mo 19,4-10; siehe auch Jud 7.8; 3 Mo 18,22; 20,13; Rö 1,26-28; 1 Tim 1,8-10), denn sie entstellen das Bild Gottes in Mann und Frau. Doch alle Menschen „sind ... Sünder und ermangeln des Ruhmes, den sie bei Gott haben sollten" (Rö 3,23).

In diesem Bewußtsein werden Christen auch denen helfend begegnen, die unter dieser Fehlorientierung leiden. Sie werden sich von der Einstellung Jesu leiten lassen, die er gegenüber der Ehebrecherin offenbarte: „So verdamme ich dich auch nicht; geh hin und

---

pentance of the Forgotten Factors of Sexual Misbehavior", Christian Literature Crusade, Fort Washington, PA, 1976; Wheat, „How to Save Your Marriage Alone", in „Love Life"; G. Chapman, „Hope for the Separated: Wounded Marriages Can Be Healed", Moody Press, Chicago, 1982.

[1] „Gemeindehandbuch", S. 173.

sündige fortan nicht mehr." (Jo 8,11) Nicht nur homosexuell Orientierte, sondern alle, die sich in ein Verhalten oder eine Beziehung verstrickt haben, die Angst, Scham- oder Schuldgefühle bewirkt, brauchen das einfühlsame Verständnis eines christlichen Seelsorgers. Kein Verhalten ist für die Gnade Gottes unheilbar.[1]

Die Familie

Nachdem Gott Adam und Eva erschaffen hatte, gab er ihnen die Herrschaft über die Erde (1 Mo 1,26; 2,15). Sie bildeten die erste Familie, die erste Gemeinde und den Beginn der Gesellschaft. Das Fundament der Gesellschaft liegt also in der Ehe und Familie. Weil sie die ersten menschlichen Bewohner dieser Erde waren, befahl ihnen Gott: „Seid fruchtbar und mehret euch und füllet die Erde und machet sie euch untertan." (1 Mo 1,28)

Im Zeitalter der Überbevölkerung kann natürlich nicht mehr von einer zu füllenden Erde gesprochen werden. Doch christliche Ehepaare, die sich dazu entschließen, Kindern das Leben zu schenken, sind auch dafür verantwortlich, sie im Glauben an Gott zu erziehen. Vor dieser Entscheidung aber sollten sie Gottes Weisungen für die Familie überdenken.

Eltern

1. Der Vater. Die Schrift sieht im Ehemann und Vater das Haupt der Familie und ihren Priester (Kol 3,18-21; 1 Pt 3,1-8). Seine Aufgabe entspricht der Stellung Christi als Haupt der Gemeinde. „Denn der Mann ist das Haupt der Frau, wie auch Christus das Haupt der Gemeinde ist, die er als sein Leib erlöst hat. Aber wie nun die Gemeinde sich Christus unterordnet, so sollen sich auch die Frauen ihren Männern unterordnen in allen Dingen. Ihr Männer, liebet eure Frauen, wie auch Christus die Gemeinde geliebt hat und hat sich selbst für sie dahingegeben, um sie zu heiligen. Er hat sie gereinigt durch das Wasserbad im Wort, damit er sie vor sich

---

[1] Siehe Hession, „Forgotten Factors". Dieses ausgezeichnete Buch schildert einfühlsam die tieferen Gründe sexuellen Fehlverhaltens und bietet damit eine Hilfe für Schuldiggewordene, umzukehren und die Vergebung eines liebenden Gottes zu finden.

stelle als eine Gemeinde, die herrlich sei und keinen Flecken oder Runzel oder etwas dergleichen habe, sondern die heilig und untadelig sei. So sollen auch die Männer ihre Frauen lieben wie ihren eigenen Leib. Wer seine Frau liebt, der liebt sich selbst." (Eph 5,23-28)

So wie Christus die Gemeinde führt, räumt Gottes Wort dem Urteil des Mannes gegenüber dem der Frau – außer in Gewissensentscheidungen – den Vorrang ein, obwohl beide zum Nachgeben bereit sein sollten.[1] Gleichzeitig trägt der Mann die Verantwortung, die Persönlichkeit seiner Frau mit Hochachtung zu behandeln.

Der Ehemann sollte dem Vorbild Christi entsprechend einen aufopfernden Führungsstil anstreben. „Die Herrschaft Christi ist geprägt von Weisheit und Liebe. Ehemänner kommen am besten ihrer Verpflichtung gegenüber ihren Frauen nach, wenn sie ihre Autorität so vorsichtig einsetzen, wie Christus das gegenüber der Gemeinde tut. Wenn der Geist Christi den Ehemann erfüllt und leitet, wird die Unterordnung der Frau ausschließlich zu ihrem Vorteil und zu ihrem eigenen Wohlergehen führen, denn er wird von ihr nur das verlangen, was zu einem guten Ergebnis führt. Diese Art der Unterordnung erwartet Christus auch von seiner Gemeinde ... Die Ehemänner sollten die Worte Christi studieren, nicht um zu erfahren, wie die totale Unterordnung der Frau auszusehen hat, sondern wie sie die Gesinnung Christi erlangen können und gereinigt und geläutert werden, damit sie die Aufgabe als Haupt der Familie übernehmen können."[2]

Als Priester der Familie wird der Vater – so wie einst Abraham – seine Lieben zu Beginn des Tages um sich scharen und sie dem Schutz Gottes anbefehlen. Am Abend wird er sie zum Dank und Lobpreis für Gottes Segen führen. Familienandachten stärken den

---

[1] E. G. White, „Testimonies", Bd. 1, S. 307. Sie schreibt ebenfalls: „Wir Frauen müssen uns daran erinnern, daß Gott uns unter den Mann gestellt hat. Er ist das Haupt, und wann immer möglich, sollten unsere Urteile, Ansichten und Argumente mit seinen übereinstimmen. Im Anderen gibt die Bibel dem Ehemann den Vorzug, mit Ausnahme von Gewissensentscheidungen. Wir müssen uns dem Kopf unterordnen." E. G. White, Manuskript 5, 1861.

[2] E. G. White, Brief 5, 1861. Siehe auch L. Christenson, „The Christian Family", Bethany Fellowship, Minneapolis, MN, 1970.

Zusammenhalt und räumen Gott den ersten Platz in der Familie ein.[1]

Ein kluger Vater hat Zeit für seine Kinder. Ein Kind kann viel von seinem Vater lernen: Achtung und Liebe gegenüber der Mutter, Liebe zu Gott, die Wichtigkeit des Gebets, Liebe gegenüber anderen Menschen, Arbeitseinstellung, Bescheidenheit, Liebe zur Natur und den Dingen, die Gott geschaffen hat. Doch wenn der Vater nie zu Hause ist, werden dem Kind diese Vorrechte und Freuden vorenthalten.

2. Die Mutter. Das Zusammenwirken mit Gott findet auf dieser Erde ihren stärksten Ausdruck in der Mutterschaft. „Der König auf seinem Thron hat keine wichtigere Aufgabe als eine Mutter. Die Mutter ist die Königin des Hauses. Es liegt in ihrer Hand, den Charakter ihrer Kinder so zu formen, daß sie auf das ewige Leben vorbereitet werden. Selbst ein Engel könnte keinen wichtigeren Auftrag begehren; in ihrer Aufgabe verrichtet die Mutter einen Dienst für Gott ... Laßt sie den Wert ihrer Arbeit erkennen und die Waffenrüstung Gottes anlegen, daß sie der Versuchung standhalten kann, sich den vorherrschenden gesellschaftlichen Werten anzugleichen. Ihre Arbeit ist für Zeit und Ewigkeit."[2]

In der Familie muß es jemanden geben, der die letzte Verantwortung für die Persönlichkeitsentwicklung der Kinder übernimmt. Kindererziehung kann nicht dem Zufall überlassen oder an andere delegiert werden, denn niemand unterhält solch eine tiefe Beziehung zu den Kindern wie die Eltern. Gott erschuf Mütter mit der Fähigkeit, ein Kind in sich zu tragen, es zu stillen, aufzuziehen und zu lieben. Mit Ausnahme von Familien, die außergewöhnlich starke finanzielle Belastungen tragen oder Alleinerziehenden[3] hat die Mut-

---

[1] Ideen für lebendige Familienandachten finden sich bei: J. und M. Youngberg, „Heart Tuning: A Guide to Better Family Worship", Review and Herald, Washington D. C., 1985; Christenson, „The Christian Family", S. 157-197.
[2] E. G. White, „Adventist Home", S. 231.232.
[3] Eltern, die ihre Kinder in andere Hände geben müssen, sollten sich an jemanden wenden, der ähnliche Werte vertritt wie sie selbst, so daß durch ein harmonisches Zusammenwirken das Kind in Liebe und in der „Ermahnung des Herrn" aufwachsen kann. Eltern sollten sich außerdem die Kinder genau anse-

ter – sofern sie sich dafür entscheidet – das einzigartige Vorrecht, den ganzen Tag mit ihren Kindern zu verbringen. Sie kann sich daran erfreuen, bei der charakterlichen Prägung ihrer Kinder für die Ewigkeit mit dem Schöpfer zusammenzuarbeiten.

„*Einer* in einer Zweierbeziehung muß das Heim als seine Karriere betrachten ... Die Laufbahn einer Mutter und Ehefrau ist eine in unserem Jahrhundert erstaunlich selten gewordene Lebensaufgabe und eine ungeheure Herausforderung. Vergeudete Anstrengungen? Eine undankbare Aufgabe? Ein unwürdiger Sklavendienst? Nein! Sondern eine fesselnde Möglichkeit, Veränderung zu bewirken, das Überleben der Art zu sichern, die Geschichte zu beeinflussen oder etwas zu tun, was immer weitere Kreise ziehen wird."[1]

In alttestamentlicher Zeit stand der Name eines Menschen kurz und oft treffend für sein Wesen. Eva bekam ihren Namen nach dem Sündenfall (1 Mo 3,20); er ist abgeleitet (hebr.: *chawwah*) vom Stamm „leben" (hebr.: *chay*), weil Eva die Mutter aller Lebenden werden sollte. Zugleich ist er ein Hinweis auf die außergewöhnliche würdevolle Stellung, die sie in der Geschichte der Menschheit einnehmen sollte.

So wie die Fortpflanzung ist auch Elternschaft kein Recht, das nur für Adam oder Eva reserviert gewesen wäre. Elternschaft sollte immer gemeinsam wahrgenommen werden. Das gilt bis heute, nicht allein für das Zeugen von Kindern, sondern auch für ihre Erziehung. Jedes Elternteil trägt eine bestimmte Verantwortung, und ihr sollte vor Gott entsprochen worden. „Siehe, Kinder sind eine Gabe des Herrn, und Leibesfrucht ist ein Geschenk." (Ps 127,3)

Kinder
1. Vorrangigkeit. Neben ihrer Verpflichtung vor Gott und dem Ehepartner haben Eltern keine höhere Verantwortung als die vor den Kindern, die sie in die Welt gesetzt haben. Das Wohl der Kin-

---

hen, mit denen ihr Kind zu tun haben wird. Wollen sie, daß ihr Kind so ist wie die anderen Kinder? Kinder übernehmen schnell und oft unauslöschbar neue Verhaltensweisen. Alle Aspekte der Kinderbetreuung müssen daher gründlich durchleuchtet werden.

[1] E. Schaefer, „What Is a Family?", Fleming H. Revell Co., Old Tappan, NJ, 1975, S. 47.

der sollte vor dem eigenen Vorankommen und der eigenen Bequemlichkeit stehen. Die Kinder haben es sich nicht ausgesucht, auf diese Welt zu kommen; deshalb sollte ihnen der beste Start ins Leben ermöglicht werden. Die Sorge um das Wohlergehen des Kindes muß schon vor der Geburt beginnen, denn die geistliche, geistige und körperliche Gesundheit wird bereits im Mutterleib wesentlich geprägt.[1]

2. Liebe. Elterliche Liebe sollte bedingungslos und opferbereit sein. Selbst wenn sie nie völlig erwidert wird, brauchen Kinder doch diese Liebe, damit sie für ihr ganzes Leben ein gutes Selbstbewußtsein und emotionale Gesundheit entwickeln. Kinder, die sich Liebe erst erkämpfen müssen oder sich abgelehnt und übersehen fühlen, werden die vorenthaltene Liebe der Eltern durch unerwünschtes Verhalten zu gewinnen versuchen, ein Verhalten, das sich schnell verfestigen und zur Gewohnheit werden kann.[2]

Kinder dagegen, die sich der Liebe ihrer Eltern gewiß sein können, werden anderen gegenüber aufgeschlossen sein. Sie lernen das Geben und Nehmen und können hingewiesen werden auf den Einen, der über allem steht. Wo sich Kinder so entwickeln, lernen sie Gott zu ehren.

3. Weihe. Christliche Eltern sollten ihre Kinder zum frühestmöglichen Zeitpunkt Gott weihen. In der Adventgemeinde können Eltern in einer schlichten Feier während des Gottesdienstes ihre Kinder im Gebet Gott darbringen, ähnlich wie Maria und Joseph den Säugling Jesus im Tempel darbrachten (Lk 2,22-39). Auf diese Weise wächst das Kind als Glied einer geistlichen Familie heran. Die Glieder der Gemeinde nehmen Anteil an seiner Entwicklung als Kind Gottes und Teil des Leibes Christi.

In solch einer Feier weihen sich Eltern auch selbst und versprechen, das Kind in den Wegen des Herrn zu unterweisen. Sie wer-

---

[1] E. G. White, „Das Leben Jesu", S. 501.506; E. G. White, „The Adventist Home", S. 255–259.

[2] Siehe G. Smalley und J. Trent, „The Blessing", Thomas Nelson Publishers, Nashville, 1986. Die Autoren legen dar, daß die bedingungslose Liebe als Schlüssel für die emotionale und psychologische Gesundheit des heranwachsenden Kindes anzusehen ist.

den es regelmäßig zur Sabbatschule und zum Gottesdienst mitnehmen. Und wenn das Kind schulpflichtig wird, werden Eltern und Gemeinde keine Mühe scheuen, ihm eine christliche Erziehung zu gewähren, die die Liebe des Kindes zum Herrn weiter vertieft (z. B. durch Religionsunterricht in der Gemeinde oder durch Gemeindeschulen).

4. *Beständigkeit*. Auch die geistliche Unterweisung der Eltern ist ein fortwährender Prozeß, der die Kinder in jeder Lebensphase begleitet. „Du sollst sie [die Gebote Gottes] deinen Kindern einschärfen und davon reden, wenn du in deinem Haus sitzt oder unterwegs bist, wenn du dich niederlegst oder aufstehst. Und du sollst sie binden zum Zeichen auf deine Hand, und sie sollen dir ein Merkzeichen zwischen deinen Augen sein, und du sollst sie schreiben auf die Pfosten deines Hauses und an die Tore." (5 Mo 6,7-9; 11,18-20)

Das Kind wird durch die gesamte Atmosphäre in der Familie geprägt. Eltern sollten geistliche Werte nicht nur in den Familienandachten vermitteln; entscheidend sind außerdem das ständig praktizierte Vertrauen zu Christus, ein entsprechender Lebensstil von der Kleidung bis hin zu der Umgebung in der Wohnung. Besonders wichtig für das geistliche Wachstum aber ist es, Gott als liebevollen Vater kennenzulernen.

5. *Gehorsam lernen*. „Gewöhne einen Knaben an seinen Weg, so läßt er auch nicht davon, wenn er alt wird." (Spr 22,6) Was heißt dieses „Gewöhnen"? Erziehung ist mehr als nur „Züchtigung". Strafe ist auf die Vergangenheit gerichtet, Erziehung blickt in die Zukunft, ist ein Prozeß, in dem Eltern ihre Kinder unterrichten, mit ihnen üben, sie führen und ihnen ein Vorbild geben. Wichtige Werte wie Treue, Wahrheit, Gerechtigkeit, Konsequenz, Geduld, Ordnung, Barmherzigkeit, Freigebigkeit und Arbeit sind dabei zu vermitteln.

Wenn Kinder früh lernen, ihren Eltern zu gehorchen, werden sie im späteren Leben mit Autoritätsproblemen richtig umgehen können. Wichtig ist auch, welche Art Gehorsam gelernt wurde. Wahrer Gehorsam erfüllt nicht nur Forderungen, sondern kommt von innen heraus. Das Geheimnis dieser Art von Gehorsam liegt in der Wiedergeburt.

„Wer versucht, die Gebote nur aus Pflichtgefühl zu halten, weil es eben von ihm verlangt wird, der wird nie die Freude erleben, die rechter Gehorsam mit sich bringt. In Wirklichkeit gehorcht er ja gar nicht ... Wahrer Gehorsam ist das äußerliche Zeichen für einen inneren Zustand. Er entspringt der Liebe zur Gerechtigkeit und zum Gesetz Gottes. Wahre Gerechtigkeit zeigt sich in der Treue zu unserem Erlöser. Sie wird uns dazu veranlassen, das Rechte um seiner selbst willen zu tun, weil Gott Freude daran hat."[1]

6. *Gesellschaftsfähigkeit und die Entwicklung der Sprache*. In der Familie werden die Kinder auf das Leben in der Gesellschaft vorbereitet und lernen ihre diesbezüglichen Pflichten und Rechte kennen. Durch Sozialisation erlernen Kinder die notwendigen Fähigkeiten, um in der Gesellschaft Aufgaben übernehmen zu können.

Die Sprache mit all ihren Möglichkeiten der Kommunikation gehört zu den ersten Fertigkeiten, die das Kind erwirbt. Die in der Familie geübte Ausdrucksweise sollte so geprägt sein, daß sie das Wesen Gottes widerspiegelt. Kinder sollten häufig spontane und freudige Äußerungen der Zuneigung unter den Familienmitgliedern und Worte zum Lob Gottes hören.

7. *Geschlechteridentität*. Zuhause lernen Kinder durch gesunde Beziehungen der männlichen und weiblichen Familienmitglieder zueinander ihre Rolle als Mann oder Frau innerhalb der Gesellschaft zu übernehmen. Die Erwachsenen haben die Aufgabe, den Kindern durch sachgemäße und angemessene Information die Schönheit der sich in ihnen entwickelnden Sexualität zu vermitteln. Außerdem ist es ihre Pflicht, ihre Kinder vor sexuellen Mißhandlungen zu schützen.

8. *Werte vermitteln*. Eine grundlegende gesellschaftliche Aufgabe der Familie besteht in der Vermittlung der von ihr vertretenen Werte. Doch nicht immer stimmen die Werte und die religiösen Vorstellungen einer Familie überein. Es kann sein, daß Eltern behaupten, gewisse religiöse Prinzipien zu vertreten, sich jedoch vor ihren Kindern anders verhalten. Es ist aber wichtig, daß Übereinstimmung besteht.

---

[1] E. G. White, „Bilder vom Reiche Gottes", S. 77.

Die Gemeinde als Familie. Die Ehe besteht nach Gottes Willen nur aus zwei Personen, die Familie dagegen aus mehreren. In unserer modernen Gesellschaft finden sich aber kaum noch Großfamilien, bei denen Großeltern, Geschwister, Cousins und Cousinen dicht beieinander wohnen. Deshalb will die Gemeinde einspringen und denen helfen, die von ihrer Familie weit entfernt leben oder keine Angehörigen haben, damit auch sie herzliche Zuwendung erfahren.

Die Gemeinde sollte auch für Alleinerziehende eine Umgebung schaffen, in der sie mit ihren Kindern Liebe und Zuneigung verspüren. Außerdem können Gemeindeglieder wichtige Vorbildfunktionen übernehmen, die in der eigenen Familie möglicherweise fehlen.

Kinder lernen, das Alter zu ehren, indem sie ältere Menschen in der Gemeinde kennen und lieben lernen. Und die Betagten können sich an den Kleinen freuen. „Auch im Alter, Gott, verlaß mich nicht, und wenn ich grau werde, bis ich deine Macht verkündige Kindeskindern und deine Kraft allen, die noch kommen sollen." (Ps 71,18)

Gott schenkt älteren Menschen besondere Beachtung: „Graue Haare sind eine Krone der Ehre; auf dem Weg der Gerechtigkeit wird sie gefunden" (Spr 16,31) und: „Auch bis in euer Alter bin ich derselbe, und ich will euch tragen, bis ihr grau werdet. Ich habe es getan; ich will heben und tragen und erretten." (Jes 46,4)

In der Gemeinde finden auch Alleinstehende eine Heimat, wo sie geliebt und geschätzt werden und ihrerseits Liebe und Kraft einsetzen können. Durch die Gemeinde wird das Bewußtsein dafür gestärkt, daß Gott für sie da ist: „Ich habe dich je und je geliebt, darum habe ich dich zu mir gezogen aus lauter Güte." (Jer 31,3)

Zu einem „reinen Gottesdienst" gehört auch die Fürsorge für Bedürftige (Jak 1,27; 2 Mo 22,22; 5 Mo 24,17;26,12; Spr 23,10; Jes 1,17).

Die Gemeindefamilie soll ein Ort der Zuflucht, des Schutzes und der Zugehörigkeit sein, besonders für diejenigen, die keine eigene Familie haben. Jedes Glied findet Aufnahme in der Gemeinde, die Christus hingestellt hat als das Zeichen wahren Christentums (Jo 17,20-23).

Die Umkehr

Da die einzelne Familie als Keimzelle der Gemeinde und Gesellschaft anzusehen ist, hat sie die wichtige Funktion, Menschen für den Herrn zu gewinnen und im Glauben zu erhalten.

Die letzten Verse des Alten Testaments enthalten eine Prophezeiung, die vor der Wiederkunft des Herrn in Erfüllung gehen wird: „Siehe, ich will euch senden den Propheten Elia, ehe der große und schreckliche Tag des Herrn kommt. Der soll das Herz der Väter bekehren zu den Söhnen und das Herz der Söhne zu ihren Vätern, auf daß ich nicht komme und das Erdreich mit dem Bann schlage." (Mal 3,23.24)

Heute gibt es viele Gefahren für die Familie. Deshalb ruft Gott auf zur Einigung und Stärkung, zu Umkehr und Wiederherstellung. Familien, die diesem Ruf folgen, werden ausgerüstet mit Kraft, die das Wesen echten Christentums sichtbar werden läßt. Gemeinden mit solchen Familien werden wachsen, ihre Jugendlichen werden die Gemeinde nicht verlassen, sondern ein klares Zeugnis von Gott vor der Welt ablegen.

DIE LEHRE VON DEN LETZTEN DINGEN

Kapitel 23

Christus im himmlischen Heiligtum

Es gibt ein Heiligtum im Himmel, die wahre Stiftshütte, die Gott aufgerichtet hat und kein Mensch. Dort dient Christus für uns. Durch seinen Dienst macht er sein versöhnendes Opfer, das ein für allemal am Kreuz geschah, den Gläubigen zugänglich. Mit seiner Himmelfahrt wurde er als unser großer Hoherpriester eingesetzt und nahm seinen Mittlerdienst auf. 1844, am Ende der prophetischen Zeit der 2300 Tage, begann die zweite und letzte Phase seines Versöhnungsdienstes. Diese Phase verstehen wir im Sinne eines Untersuchungsgerichts, das zur endgültigen Beseitigung der Sünde beiträgt, wie sie durch die Reinigung des alttestamentlichen Heiligtums am Versöhnungstag vorgebildet war. Die Abbilder der himmlischen Dinge wurden mit dem Blut von Tieropfern gereinigt; die himmlischen Dinge selbst aber erfordern ein wirksameres Opfer: das vollkommene Opfer Jesu Christi. Das Untersuchungsgericht offenbart den himmlischen Wesen, welche Menschen im Glauben an den Herrn gestorben und dadurch würdig sind, an der ersten Auferstehung teilzuhaben. Es zeigt auch auf, wer von den Lebenden Gemeinschaft mit Christus hat, an den Geboten Gottes festhält und den Glauben an Jesus bewahrt. Wer so in Christus ist, der ist bereit für die Verwandlung und wird eingehen in Gottes ewiges Reich. Dieses Gericht offenbart die Gerechtigkeit Gottes dadurch, daß Gott alle rettet, die an Jesus Christus glauben. So wird bestätigt, daß alle, die Gott treu geblieben sind, das Reich empfangen werden. Mit der Vollendung des

Dienstes Christi findet für den Menschen die Zeit seiner Bewährung vor der Wiederkunft Christi ihren Abschluß.

Zeit für das Abendopfer. Der Priester im Vorhof des Tempels zu Jerusalem hebt das Messer, um das Opferlamm zu töten – da erbebt die Erde. Entsetzt läßt er das Messer fallen, und das Tier springt davon. Lauter als das Grollen eines Erdbebens dringt ein Geräusch an sein Ohr: Von unsichtbarer Hand wird der Vorhang im Tempel von oben an bis unten zerteilt.

Draußen vor der Stadt umgeben finstere Wolken ein Kreuz. Da ruft Jesus, das Lamm Gottes, laut aus: „Es ist vollbracht!" Er stirbt für die Schuld der ganzen Welt. Damit ist das Vorbild von der Wirklichkeit eingeholt.

Nun hat stattgefunden, worauf der Tempeldienst während der Jahrhunderte hinwies. Der Heiland hat sein Versöhnungsopfer vollendet. Weil die sinnbildliche Darstellung Wirklichkeit geworden ist, sind die Zeremonien, die auf jenes einmalige Opfer hinwiesen, überflüssig geworden. Deshalb zerreißt der Vorhang von oben bis unten, deshalb fällt das Messer dem Priester aus der Hand, deshalb entkommt das Opferlamm.

Doch noch ist die Geschichte der Erlösung nicht abgeschlossen. Sie reicht bis in die Zeit nach Golgatha. Jesu Auferstehung und Himmelfahrt richten unseren Blick auf das himmlische Heiligtum, wo der Heiland, nun nicht mehr (Opfer-)Lamm, sondern als Priester tätig ist. Das einmalige Opfer ist gebracht (Hbr 9,28); nun macht er die Segnungen seines Sühnopfers allen zugänglich.

Das Heiligtum im Himmel

Gott beauftragte Mose, ihm als irdischen Wohnsitz (2 Mo 25,8) ein Heiligtum zu errichten, das für den Alten Bund grundlegende Bedeutung hatte (Hbr 9,1). Es sollte ein Ort sein, an dem das Volk über den Heilsweg unterrichtet würde.

Rund 400 Jahre später baute König Salomo den Tempel in Jerusalem; er ersetzte die tragbare „Stiftshütte" des Mose. Als Nebukadnezar, König von Babylon, Jerusalem eroberte, zerstörte er den Tempel. Die aus der Babylonischen Gefangenschaft zurückgekehrten Juden aber bauten den Tempel wieder auf. Dieser zweite Tempel wurde von Herodes dem Großen prunkvoll ausgestattet und schließlich von den Römern 70 nach Christus zerstört.

Das Neue Testament verdeutlicht, daß auch der Neue Bund sein Heiligtum hat, und zwar im Himmel. Dort wirkt Christus als Hoherpriester „zur Rechten des Thrones der Majestät im Himmel". Es ist die wahre „Stiftshütte, die Gott aufgerichtet hat und nicht ein Mensch" (Hbr 8,1.2).[1] Mose hatte ein „Bild" bzw. Abbild oder Modell jenes himmlischen Heiligtums gezeigt bekommen (2 Mo 25,9.40).[2] Der Hebräerbrief spricht von dem durch Mose erbauten

---

[1] Der Hebräerbrief spricht von einem wirklichen Heiligtum im Himmel (siehe Hbr 8,2; 9,8.12.24.25; 10,19; 13,11). Das hier gebrauchte griechische Wort ist *ta hagia* (die heiligen Stätten). Von den deutschen Bibelübersetzungen bleibt z. B. die Elberfelder-Bibel konsequent bei „Heiligtum". Die Luther-Bibel übersetzt zweimal „das Heilige" (9,8; 13,11). Die „Gute Nachricht" übersetzt in 9,12 „das Allerheiligste". Durch die Festlegung auf einzelne Abteilungen können jedoch falsche Deutungen begünstigt werden.
Ein Studium der Septuaginta und der Schriften des Josephus zeigt, daß sich *ta hagia* konsequent auf „heilige Dinge" oder „heilige Stätten" bezieht – d. h. auf das Heiligtum als Ganzes. *Ta hagia* war der allgemein übliche Ausdruck, um das gesamte Heiligtum mit seinen beiden Abteilungen zu bezeichnen. Auch der Hebräerbrief unterstützt deutlich diese Sichtweise. Beim ersten Vorkommen in 8,2 wird *ta hagia* durch die folgende Wendung „die wahre Stiftshütte" erklärt. Da aber aufgrund von 8,5 mit „Stiftshütte" (*skene*) das gesamte Heiligtum gemeint ist, muß sich in 8,2 *ta hagia* ebenfalls darauf beziehen. Es gibt keinen Grund dafür, die Pluralform *ta hagia* im Hebräerbrief mit „das Allerheiligste" zu übersetzen (vgl. „Christ and His High Priestly Ministry" in „Ministry", Oktober 1980, S. 49).
Als die adventistischen Gründerväter die Stiftshütte und *ta hagia* untersuchten, kamen sie zu dem Ergebnis, daß auch das himmlische Heiligtum aus zwei Abteilungen besteht. Dieses Verständnis war für die Entwicklung ihrer Lehre vom Heiligtum grundlegend (G. Damsteegt, „The Historical Development of the Sanctuary Doctrine in Early Adventist Thought", unveröffentlichtes Manuskript, Biblical Research Institute of the General Conference of Seventh-day Adventists, 1983; vgl. E. G. White, „Der große Kampf", S. 411-433).

[2] Vgl. dazu „The Seventh-day Adventist Bible Commentary", Bd. 6, S. 1082.

Heiligtum als von „Abbildern der himmlischen Dinge" und dem „Abbild des wahren Heiligtums" (Hbr 9,23.24). Somit kann uns das irdische Heiligtum mit dem darin vollzogenen Dienst eine tiefere Einsicht in die Bedeutung des himmlischen Heiligtums vermitteln.

Die Schreiber der Heiligen Schrift gingen von der Existenz eines himmlischen Heiligtums aus (z. B. Ps 11,4; 102,20; Mi 1,2.3 u.a.).[1] Der Jünger Johannes schaute das himmlische Heiligtum und bezeichnete es als den „Tempel, die Stiftshütte im Himmel" (Offb 15,5; 11,19). Dort sah er auch jene Geräte, nach denen die Gegenstände im irdischen Heiligtum gestaltet worden waren: sieben goldene Leuchter (Offb 1,12) und einen Räucheraltar (Offb 8,3). Er sah ebenfalls die Bundeslade, die der im irdischen Allerheiligsten glich (Offb 11,19).

Der Räucheraltar im Himmel steht vor Gottes Thron (Offb 8,3; 9,13), der wiederum befindet sich im himmlischen Tempel bzw. Heiligtum (Offb 4,2; 7,15; 16,17). Auch die in Daniel 7,9.10 dargestellte Thronsaal-Szene spielt sich im himmlischen Heiligtum ab. Das erklärt zugleich, weshalb die letzten Gerichte von Gottes Tempel ausgehen (Offb 15,5-8).

Die Heilige Schrift jedenfalls versteht das himmlische Heiligtum als einen wirklichen Ort (Hbr 8,2). Es handelt sich also nicht um etwas Übertragenes oder Bildhaftes.[2] Das himmlische Heiligtum ist der Wohnort Gottes.

---

[1] Altjüdische Literatur erbringt den Nachweis, daß auch einige Rabbis an ein wirklich bestehendes himmlisches Heiligtum glaubten. So kommentiert z. B. einer von ihnen 2 Mose 15,17 mit den Worten: „Es besteht Übereinstimmung zwischen [dem Stand des irdischen] Heiligtums und dem des himmlischen, zwischen [der Lage] der Arche und dem himmlischen Thron." („Midrash Rabbah, Numbers", Soncino Press, London, 1961, Bd. 1, Kap. 4, Abs. 13, S. 110, Klammern im Original.) Ein anderer Rabbi, der im Babylonischen Talmud zitiert wird, sprach vom „himmlischen und irdischen Tempel" („Sanhedrin", 99 b, Soncino Press, London, 1969). Ein weiterer: „Es besteht keine Meinungsverschiedenheit darüber, daß das Heiligtum hier unten das Gegenstück des Heiligtums da oben ist." L. Nemoy (Hg.), „The Midrash on Psalm", Yale University Press, New Haven, Conn., 1959, Abs. 1, S. 386.

[2] Der Hebräerbrief beschreibt ein reales Heiligtum im Himmel: „Die Wirklichkeit des himmlischen Heiligtums wird ferner durch den Gebrauch des Adjektivs *wahr* in Hebräer 8,2 unterstrichen. Das himmlische Heiligtum ist das *wahre*, bes-

Der Dienst im himmlischen Heiligtum

Das alttestamentliche Heiligtum bezeugte eine Botschaft der Erlösung. Durch Opfer und Zeremonien ließ Gott das Evangelium verkünden (Hbr 4,2). So war das Heiligtum „ein Gleichnis für die gegenwärtige Zeit" (Hbr 9,9.10) – also bis zu Jesu erstem Kommen.

„Sinnbilder und Rituale sollten nach Gottes Absicht als gleichnishafte Veranschaulichung des Evangeliums dienen. Durch sie wollte er den Glauben Israels auf das Opfer und den priesterlichen Dienst des Erlösers hinlenken, der als Gottes Lamm der Welt Sünde tragen sollte (Jo 1,29)."[1]

Das Heiligtum verdeutlicht folgende drei Phasen des Dienstes Christi: 1. sein stellvertretendes Opfer, 2. seinen priesterlichen Mittlerdienst und 3. das Endgericht.

Das stellvertretende Opfer. Alle im Heiligtum dargebrachten Opfer waren ein Hinweis auf die Tatsache, daß Jesus um der Sünde willen sterben müsse. Sie bezeugten, daß „ohne Blutvergießen ... keine Vergebung" geschieht (Hbr 9,22). Durch die dargebrachten Opfer wurde veranschaulicht:

1. Gottes Gericht über die Sünde. Weil die Sünde eine grundsätzliche Auflehnung gegen alles Gute, Reine und Wahre ist, kann sie nicht einfach übergangen werden. „Der Sünde Sold ist der Tod." (Rö 6,23)

2. Christi stellvertretendes Sterben. „Wir gingen alle in die Irre wie Schafe ... Aber der Herr warf unser aller Sünde auf ihn." (Jes 53,6) Paulus bestätigt, was Jesaja vorausschaute, „daß Christus gestorben ist für unsere Sünden nach der Schrift" (1 Ko 15,3).

---

ser das *wirkliche* Heiligtum. Der hier und in Hebräer 9,24 verwendete Begriff ist *alethinos*. Dieses griechische Adjektiv heißt *wahrhaftig* und steht im Gegensatz zu anscheinend, scheinbar. So wie Gott unter Verwendung des Begriffes *alethinos* als in Wirklichkeit existent (*wahr*) dargestellt wird, etwa in Johannes 17,3 und in 1. Thessalonicher 1,9, so besitzen auch andere Wesenheiten oder Gegenstände insofern Wirklichkeit, als sie mit Gottes Wirklichkeit verbunden werden. Da das himmlische Heiligtum mit Gottes Wirklichkeit verbunden ist, ist es daher ebenso wirklich wie Gott selbst.

[1] F. B. Holbrook, „Sanctuary of Salvation" in „Ministry", Jan. 1983, S. 14.

3. Gott selbst sorgt für das Sühnopfer. Das ist Jesus Christus, denn „um unsere Schuld zu sühnen, hat Gott seinen Sohn am Kreuz für uns verbluten lassen. Das erkennen wir im Glauben, und darin zeigt sich, wie Gottes Gerechtigkeit aussieht." (Rö 3,25 Hfa) Gott hat somit „den, der von keiner Sünde wußte, für uns zur Sünde gemacht, damit wir in ihm die Gerechtigkeit würden, die vor Gott gilt" (2 Ko 5,21). Christus, der Erlöser, nahm das Gericht über die Sünde auf sich.

„Christus wurde so behandelt, wie wir es verdient haben. Damit wollte er erreichen, daß uns die Behandlung zuteil würde, die eigentlich ihm zukam. Er wurde um unserer Sünde willen, an der er keinen Teil hatte, verdammt, damit wir durch seine Gerechtigkeit, an der wir keinen Teil haben, gerechtfertigt würden. Er erlitt den Tod, den wir hätten erleiden müssen, damit wir sein Leben empfangen konnten. ‚Durch seine Wunden sind wir geheilt.'"[1]

Die im irdischen Heiligtum dargebrachten Opfer mußten wiederholt werden. Jahr für Jahr wurde die Geschichte der Erlösung durch den Opferdienst erzählt und weitergegeben. Im Gegensatz dazu vollzog sich die Erfüllung jener Sinnbilder, der Sühnetod unseres Herrn, „ein für allemal" auf Golgatha (Hbr 9,26-28; 10,10-24).

Am Kreuz wurde die Strafe für die Sünde der Menschen voll und ganz bezahlt. Damit war Gottes Gerechtigkeit zufriedengestellt. Juristisch gesehen war die Welt mit Gott ins reine gekommen (Rö 5,18). Die Versöhnung am Kreuz war vollendet, so wie sie durch die Opfer gewissermaßen vorgeschattet war. Jeder bekehrte Gläubige kann sich auf dieses vom Herrn vollendete Werk berufen.[2]

Der priesterliche Mittler

Weshalb war im Tempel ein Priester erforderlich, wenn doch durch das Opfer die Sühnung der Sünde geschah? Die Aufgabe des Priesters macht deutlich, daß es zwischen dem sündigen Menschen und einem heiligen Gott eines Mittlers bedurfte. Damit wurde auf den

---

[1] E. G. White, „Das Leben Jesu", S. 15.
[2] F. B. Holbrook, „Light in the Shadows" in „Journal of Adventist Education", Okt./ Nov. 1983, S. 27.

Ernst der Sünde und auf die Entfremdung hingewiesen, die zwischen dem sündlosen Gott und dem sündigen Geschöpf bestand.

„Wie jedes Opfer Christi Tod vorschattete, so versinnbildlichte jeder Priester Christi Mittlerdienst als Hohepriester im himmlischen Heiligtum. ‚Denn es ist ein Gott und ein Mittler zwischen Gott und den Menschen, nämlich der Mensch Christus Jesus.'"[1]

1. Mittler und Versöhnung. Schon während des priesterlichen Mittlerdienstes auf Erden wurde der Einsatz des sühnenden Blutes als eine Art Versöhnungsakt verstanden (3 Mo 4,35).

Versöhnung bedeutet ja Aussöhnung zwischen zwei verfeindeten Parteien. So wie Christi Sühnetod die Welt mit Gott versöhnte, macht sein Mittlerdienst – das heißt die Anwendung der „Verdienste" aus seinem sündlosen Leben und seinem stellvertretenden Tod – die Versöhnung zu einer Wirklichkeit für den einzelnen Gläubigen.

Die levitische Priesterschaft veranschaulichte somit den Mittlerdienst Christi, den er nun seit seiner Auferstehung zu unserer Errettung ausübt. Unser Hoherpriester, „der da sitzt zur Rechten des Thrones der Majestät im Himmel", ist tätig als „ein Diener am Heiligtum und an der wahren Stiftshütte, die Gott aufgerichtet hat und nicht ein Mensch" (Hbr 8,1.2).

Das himmlische Heiligtum gleicht einer Zentrale, wo Christus seinen Priesterdienst zu unserer Erlösung ausübt. So kann er „denen, die durch seine Vermittlung zu Gott hinzutreten, vollkommene Rettung" schaffen, „er lebt ja immerdar, um fürbittend für sie einzutreten" (Hbr 7,25 MB).

Das ist ermutigend für uns, so daß wir „mit Zuversicht zu dem Thron der Gnade" hinzutreten können, „damit wir Barmherzigkeit empfangen und Gnade finden zu der Zeit, wenn wir Hilfe nötig haben" (Hbr 4,16).

Zwei Aufgaben hatten die Priester im irdischen Heiligtum: Sie mußten den täglichen Dienst im Heiligen versehen, also im vorderen Teil der Stiftshütte (siehe Kap. 4 dieses Buches); und einmal im Jahr den Dienst im Allerheiligsten, der zweiten Abteilung des Hei-

---

[1] ebd., S. 28.

ligtums. Beide Tätigkeiten, die voneinander zu unterscheiden sind, veranschaulichen Christi priesterlichen Dienst.[1]

2. Der Dienst im Heiligen. Die Aufgabe der Priester in der vorderen Abteilung des Heiligtums umfaßte Fürbitte, Vergebung, Versöhnung und Wiederherstellung. Da dieser Dienst ständig getan wurde, hatte der Israelit durch den Priester jederzeit Zugang zu Gott.[2] Der unermüdliche Dienst der Priester versinnbildlichte die Botschaft der Bibel, daß der reumütige Sünder dank der Fürbitte und Vermittlung Christi unmittelbaren und ständigen Zugang zu Gott hat (Eph 2,18; Hbr 4,14-16; 7,25; 9,24; 10,19-22).

Wenn ein reuiger Sünder[3] zum Heiligtum kam, legte er die Hände auf das Haupt des unschuldigen Opfertieres, das er mitgebracht hatte, und bekannte seine Sünden. Dadurch wurde seine Schuld und die dafür fällige Strafe sinnbildlich auf das Opfer übertragen. So erlangte er Sündenvergebung.[4]

In der „Jewish Encyclopedia" heißt es: „Die Handauflegung auf den Kopf des Opfers ist ein üblicher Ritus, wodurch Stellvertretung und Übertragung von Sünden bewirkt werden." „Jedem Opfer liegt die Idee der Stellvertretung zugrunde; das Opfer nimmt dabei die Stelle des sündigen Menschen ein."[5]

---

[1] „Wie sich Christi Dienst in zwei großen Abschnitten vollziehen sollte, von denen jeder eine bestimmte Zeit dauern und einen besonderen Platz im himmlischen Heiligtum haben sollte, so bestand auch der sinnbildliche Dienst aus zwei Teilen, dem täglichen und dem jährlichen, und jedem war eine Abteilung der Stiftshütte gewidmet." (E. G. White, „Patriarchen und Propheten", S. 334)

[2] Bei dem täglich dargebrachten Morgen- und Abendopfer vertrat der Priester das ganze Volk.

[3] Der Familienvater vertrat seine Frau und die Kinder, da diese keine Opfer bringen konnten.

[4] Vgl. A. M. Rodriguez, „Sacrificial Substitution and the Old Testament Sacrifices", aus „The Sanctuary and the Atonement", S. 134-156; A. M. Rodriguez, „Transfer of Sin in Leviticus", aus „70 Weeks, Leviticus, and the Nature of Prophecy", F. B. Holbrook (Hg.), Biblisches Forschungsinstitut der Generalkonferenz der Gemeinschaft der STA, Washington D. C., 1986, S. 169-197.

[5] „Atonement, Day of" aus „The Jewish Encyclopedia", Isidore Singer (Hg.), New York, 1903, S. 286. Vgl. auch G. F. Hasel, „Studies in Biblical Atonement I: Continual Sacrifice, Defilement/Cleansing and Sanctuary" aus „The Sanctuary and the Atonement", S. 97-99.

Das Blut des Sündopfers wurde auf zweierlei Weise verwendet: Man brachte es ins Heilige, sprengte es vor den inneren Vorhang und bestrich damit die Hörner des Rauchopferaltars (3 Mo 4,5-7.16-18). Wenn der Priester damit nicht ins Heiligtum ging, bestrich er mit einem Teil dieses Blutes die Hörner des Brandopferaltars im Vorhof und goß den Rest am Fuße des Altars aus (3 Mo 4,25.30).

Im letzteren Fall aßen die Priester bestimmte Teile des Opferfleisches (3 Mo 6,18.19.23). Immer aber begriffen die an der Opferhandlung Beteiligten, daß ihre Sünden und auch ihre Verantwortung dafür auf das Heiligtum und die Priesterschaft übertragen wurden.[1]

„In dieser sinnbildlichen Zeremonie *übernahm das Heiligtum des reuigen Sünders Schuld und Verantwortlichkeit* – zumindest zu diesem Zeitpunkt –, sofern dieser ein Sündopfer darbrachte und dabei seine Verfehlungen bekannte. Er konnte dann im Bewußtsein der empfangenen Vergebung und der Annahme bei Gott weggehen. Prinzipiell gilt dies auch für den Neuen Bund: Wenn der Sünder durch das Mahnen des Heiligen Geistes Reue empfindet und Christus als seinen Heiland und Herrn annimmt, dann *übernimmt Christus seine Sünden wie auch seine Verantwortlichkeit* dafür. Ihm wird ohne Einschränkung vergeben; denn Christus ist des Gläubigen Zuversicht und Stellvertretung."[2]

Die Dienste am Heiligtum waren bzw. sind (Altes Testament) in Symbolik wie Realität (Neues Testament) in erster Linie auf den einzelnen bezogen. Christi priesterliches Handeln ermöglicht dem Sünder Vergebung und Versöhnung mit Gott (Hbr 7,25).

„Um Christi willen vergibt Gott dem reumütigen Sünder; er rechnet ihm die Gerechtigkeit und den Gehorsam seines Sohnes zu, verzeiht ihm seine Sünden und trägt seinen Namen – nun als eines seiner Kinder – ins Buch des Lebens ein (Eph 4,32; 1 Jo 1,9; 2 Ko 5,21; Rö 3,24; Lk 10,20). Wenn der Gläubige fortan in Christus bleibt, vermittelt ihm unser Herr durch den Heiligen Geist seine

---

[1] G. F. Hasel, „Studies in Biblical Atonement I", S. 99-107; Alberto R. Treiyer, „The Day of Atonement as Related to the Contamination and Purification of the Sanctuary" aus „70 Weeks, Leviticus and the Nature of Prophecy", S. 253.

[2] F. B. Holbrook, „Light in the Shadows", S. 27.

Gnade. Dadurch kann er geistlich reifen und jene Tugenden entwickeln, die die göttliche Wesensart widerspiegeln (2 Pt 3,18; Gal 5,22.23)."[1] Durch das Geschehen im Heiligtum wird der Gläubige gerechtfertigt und geheiligt.

Das Endgericht. Was sich am Großen Versöhnungstag ereignete, veranschaulichen die drei Phasen des abschließenden Gerichtes Gottes. Dabei geht es 1. um das Gericht *vor* den tausend Jahren, das wir auch als „Untersuchungsgericht" oder „Gericht vor der Wiederkunft" bezeichnen, 2. um das Gericht *während* der tausend Jahre bzw. das Millennium und 3. um den Gerichtsvollzug, der *nach* den tausend Jahren stattfindet.

1. *Der Dienst im Allerheiligsten*. Im zweiten Teil des priesterlichen Dienstes ging es vor allem um das Heiligtum, nämlich um die Reinigung von Heiligtum und Volk. Dieser Abschnitt vollzog sich im Allerheiligsten der Stiftshütte. Diesen Dienst konnte allein der Hohepriester versehen, und das nur an einem Tag im Jahr.

Für die Reinigung des Heiligtums brauchte man zwei Ziegenböcke, den einen für den Herrn, den andern als Sündenbock (hebr. Asasel). Indem der Hohepriester den Bock des Herrn als Opfer darbrachte, entsühnte bzw. reinigte er beide Abteilungen des Heiligtums und den Altar (3 Mo 16,20; vgl. 3 Mo 16,16-18).

Der Hohepriester trug das Blut, das vom Bock des Herrn stammte und Christi Blut versinnbildlichte, in das Allerheiligste. Dort sprengte er etwas davon in Gottes Gegenwart zum Gnadenthron hin, der wie ein Deckel die Bundeslade mit den Zehn Geboten abschloß. Damit war den Forderungen von Gottes heiligem Gesetz Genüge getan. Diese Handlung versinnbildlichte den unermeßlich hohen Preis, den Christus zur Sühnung unserer Sünden bezahlt hat und zeigt auch, wie sehr es Gott darum geht, sein Volk mit sich zu versöhnen (2 Ko 5,19).

Mit dem Rest jenes Blutes besprengte dann der Hohepriester den Räucheropferaltar im Heiligen und den Brandopferaltar, der im Vorhof stand. Alle Tage im Jahr war Blut darauf gesprengt worden, das die Sünden darstellte, die der Sünder bei seinem Opfer

---

[1] F. B. Holbrook, „Light in the Shadows", S. 29.

vor Gott bekannt hatte. Mit diesen Riten „bewirkte" der Hohepriester die Versöhnung des Heiligtums und des Volkes mit Gott und gleichzeitig die Reinigung von allen Sünden (3 Mo 16,16-20.30-33).

Plan der Stiftshütte

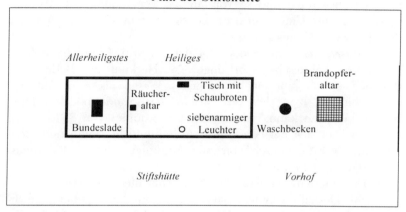

Danach ging der Hohepriester, Christus als Mittler symbolisierend, gleichsam mit der ganzen Sündenlast hinaus aus dem Heiligtum zu dem zweiten noch lebenden Bock, Asasel genannt, legte die Hände auf dessen Kopf und bekannte „alle Missetat der Israeliten und alle ihre Übertretungen, mit denen sie sich versündigt" hatten (3 Mo 16,21).

Dieser „Sündenbock" wurde dann von einem Mann aus dem Lager der Israeliten hinausgeführt und kam in der Wüste um. Damit war die Sünde weggeschafft, die das Volk begangen hatte und die im täglichen Dienst der Vergebung sinnbildlich von den bereuenden Sündern über das Blut und Fleisch der Opfertiere auf das Heiligtum übertragen worden war. Auf diese Weise wurde das Heiligtum gereinigt, so daß danach für ein weiteres Jahr die entsprechenden Dienste stattfinden konnten (3 Mo 16,16-20.30-33).[1] Und damit war zwischen Gott und seinem Volk alles wieder im Lot.[2]

---

[1] Vgl. G. F. Hasel, „Studies in Biblical Atonement II: The Day of Atonement" in „The Sanctuary and Atonement", S. 115-125.

[2] G. F. Hasel, „The ‚Little Horn', the Saints, and the Sanctuary in Daniel 8" in ebd., S. 206.207; Treyer, „The Day of Atonement", S. 252.253.

Der Große Versöhnungstag weist daher auf jenen Gerichtsvorgang, der die Ausrottung der Sünde bewirkt. Die an diesem Tage erbrachte Versöhnung stand sinnbildlich „für das letzte Wirksamwerden der Verdienste Christi. Dadurch wird die Sünde für alle Ewigkeit ausgerottet und so vollständige Versöhnung und Wiederherstellung des Universums zu einem harmonischen Reich unter der Herrschaft Gottes vollendet".[1]

2. Asasel, der Sündenbock. Bei dem Begriff Asasel handelt es sich um ein hebräisches Wort ungewisser Herkunft und Bedeutung, das sich sowohl auf ein persönliches Wesen als auch auf das „Wegschicken" bzw. den Ort, wohin der „Sündenbock" geführt wurde, beziehen kann.[2] Ein sorgfältiges Studium von 3. Mose 16 ergibt, daß es sich bei Asasel um ein Sinnbild für Satan und nicht etwa für Christus handelt. Folgende Argumente stützen die Auffassung, daß Asasel für Satan steht:

1. Der Sündenbock wurde nicht geschlachtet und als Opfer dargebracht. Deshalb konnte er auch keine Sündenvergebung bewirken, denn „ohne Blutvergießen geschieht keine Vergebung" (Hbr 9,22).

2. *Bevor* der Sündenbock zum Hohenpriester gebracht wurde, hatte dieser bereits mit dem Blut jenes Bockes, auf den das Los für den Herrn gefallen war, das Heiligtum entsühnt (3 Mo 16,20).

3. Der Schriftabschnitt spricht von Asasel als einer Person, die im Gegensatz zu Gott steht, ja, dessen Widersacher ist. In 3. Mose 16,8 heißt es wörtlich: „ein Los für den HERRN, ein Los für Asasel" (EB). Es scheint demnach folgerichtig, vom Zusammenhang her im Bock für den Herrn ein Sinnbild auf Christus und im Sündenbock Asasel ein Sinnbild für Satan zu sehen.[3]

---

[1] F. B. Holbrook, „Light in the Shadows", S. 29.
[2] Siehe unter „Asasel" in „Seventh-day Adventist Bible Dictionary".
[3] F. B. Holbrook, „Sanctuary of Salvation", S. 16. Jahrhundertelang sind Bibelausleger zu ähnlichen Schlüssen gelangt. In der Septuaginta wird *Asasel* mit *apopompaios*, dem griechischen Wort für „bösartige Gottheit", wiedergegeben. Alte jüdische Schriftsteller und die frühen Kirchenväter sahen in ihm den Teufel („Seventh-day Adventist Encyclopedia", S. 1291.1292). Zu den Auslegern des 19. und 20. Jahrhunderts, die das ähnlich sahen, zählen M. Zwemer, William

3. Die unterschiedlichen Phasen des Gerichts. Die Sündenbockzeremonie am Großen Versöhnungstag wies über Golgatha hinaus auf die endgültige Lösung des Problems Sünde, auf die Vernichtung von Satan und Sünde.

„Die totale Verantwortlichkeit für die Sünde wird auf Satan als deren Urheber und fortwährenden Anstifter zurückgeführt. Satan und seine Anhänger sowie alle Auswirkungen der Sünde werden aus dem Universum verbannt und vernichtet. Die durch das Gericht bewirkte Versöhnung hat deshalb ein völlig versöhntes und mit Gott in Einklang stehendes Universum zur Folge (Eph 1,10). Das ist das Ziel, das durch die zweite und letzte Phase des Priesterdienstes Christi im himmlischen Heiligtum erreicht wird."[1]

Milligan, James Hastings und Wiliam Smith von den Presbyterianern; E. W. Hengstenberg, Elmer Flack und H. C. Alleman von der Lutherischen Kirche; William Jenks, Charles Beecher und F. N. PeLoubet von den Kongregationalisten; John M' Clintock und James Strong von den Methodisten; James M. Gray von der Reformierten Episkopalen Kirche; J. B. Rotherthorn von den Jüngern Christi sowie George A. Barton von der Gesellschaft der Freunde (Quäker). Viele andere Ausleger haben ähnliche Ansichten bekundet („Questions on Doctrine", S. 394, 395).

Wie kann die Heilige Schrift (in 3 Mo 16,10) Asasel mit der Erlösung in Verbindung bringen, wenn er Satan versinnbildlicht? Nachdem der Hohepriester das Heiligtum gereinigt hatte, übertrug er die Sünde auf Asasel, der danach für immer aus dem Volke Gottes fortgeschafft wurde. Ebenso wird Christus zunächst das himmlische Heiligtum reinigen und danach all die Sünden, die sein Volk bekannt und bereut hat, auf Satan übertragen. Fortan werden die Erlösten für immer von ihm befreit sein. „Es ist durchaus passend, daß im letzten Akt jenes Dramas, in dem Gott das Sündenproblem löst, all die Sünde und Schuld wiederum auf Satans Haupt gelegt wird, die, von ihm verursacht, das Leben derer so leidvoll gemacht hat, die nun durch Christi versöhnendes Blut von der Sünde befreit worden sind. So schließt sich der Kreis, und das Drama findet sein Ende. Nur wenn mit Satan der Urheber aller Sünde für immer beseitigt ist, kann mit Recht behauptet werden, daß die Sünde für alle Zeiten aus dem Universum ausgerottet ist. So gesehen können wir begreifen, daß auch der Sündenbock seinen Teil an der ‚Versöhnung' (bei Luther: „Sühne"; Elberfelder Bibel: „Sühnung") hat. Das Universum wird sich erst dann in einem Zustand solch absoluter Harmonie befinden, wie sie vor dem Sündenfall herrschte, wenn die Gerechten erlöst und die Bösen von ihnen entfernt sind und wenn Satan nicht mehr existiert." „Seventh-day Adventist Bible Commentary", Bd. 1, S. 778.

[1] F. B. Holbrook, „Sanctuary of Salvation", S. 16.

Eine weitere Folge dieses Gerichts ist die endgültige Rechtfertigung Gottes vor dem ganzen Weltall.[1]

Der Große Versöhnungstag veranschaulichte somit die drei Abschnitte des Endgerichts:

a) Die Entfernung der Sünde vom Heiligtum bezieht sich auf die erste, vor Christi Wiederkunft stattfindende „Untersuchungs"-Phase des Gerichts.

„Bei dieser stehen die Namen derer im Mittelpunkt, die im Buch des Lebens verzeichnet sind. Vergleichbar dazu ging es beim Großen Versöhnungstag um ein Wegschaffen der von den Sündern bekannten Übertretungen vom Heiligtum. In dieser Phase nun werden die Unaufrichtigen ausgesondert, die Treue wie auch die enge Bindung der Gläubigen an Christus wird vor den gottergebenen Wesen des ganzen Weltalls bestätigt, und die Aufzeichnungen über ihre Sünde werden getilgt."[2]

b) Mit der Wegführung des Sündenbocks in die Wüste wird Satans tausendjährige „Gefangenschaft" auf der verwüsteten Erde veranschaulicht. Diese beginnt bei der Wiederkunft Christi und fällt mit der zweiten Phase des Endgerichts zusammen, die sich im Himmel vollzieht (Offb 20,4; 1 Ko 6,1-4).

In diesem tausendjährigen Zeitraum wird das Urteil Gottes über die Ungläubigen überprüft; den Erlösten wird ein tiefer Einblick darüber vermittelt, wie Gott mit der Sünde selbst und mit denen umgegangen ist, die nicht gerettet wurden. Alle Fragen, die von den Erlösten im Blick auf Gottes Barmherzigkeit und Gerechtigkeit gestellt werden, sind dann beantwortet (vgl. Kap. 26 dieses Buches).

c) Das gereinigte Lager der Israeliten deutet schließlich hin auf den Abschluß der dritten Gerichtsphase, auf die Vollstreckung des göttlichen Urteils, wenn alle auf der Seite Satans Stehenden durch Feuer vernichtet werden und die Erde gereinigt wird (Offb 20,11-15; Mt 25,31-46; 2 Pt 3,7-13; siehe auch Kap. 26 in diesem Buch).

---

[1] Treiyer, „Day of Atonement", S. 245.
[2] F. B. Holbrook, „Light in the Shadows", S. 30.

Das himmlische Heiligtum in der Prophetie

In unserer Argumentation haben wir uns bislang auf das Heiligtum im Sinne von Abbild und Original konzentriert. Nun wollen wir den prophetischen Aspekt untersuchen.

Die Weihe des himmlischen Heiligtums. Die Prophezeiung aus Daniel 9 über die siebzig Wochen zielt auf den feierlichen Beginn des Priesterdienstes Christi im himmlischen Heiligtum. Als eines der letzten Ereignisse, die in Verbindung mit jenen 490 Jahren vorausgesagt waren, sollte „das Allerheiligste" gesalbt werden (Da 9,24; vgl. Kap. 4 dieses Buches).

Als das irdische Heiligtum seiner Bestimmung übergeben wurde, sollte Mose ein „heiliges Salböl" zubereiten und die Stiftshütte mit all ihren Gerätschaften sowie den Brandopferaltar und das Handwaschbecken salben und zum Dienst weihen. So mußte auch das himmlische Heiligtum „gesalbt" werden, um es für Christi Mittlerdienst zu weihen.

Mit seiner Himmelfahrt bald nach seinem Tod[1] nahm Christus seine Tätigkeit als unser Hoherpriester und Fürsprecher auf.

Die Reinigung des himmlischen Heiligtums. Im Blick auf die Reinigung des himmlischen Heiligtums steht im Hebräerbrief geschrieben: „Es wird fast alles mit Blut gereinigt nach dem Gesetz, und ohne Blutvergießen geschieht keine Vergebung. So also mußten die Abbilder der himmlischen Dinge gereinigt werden, die himmlischen Dinge selbst aber müssen bessere Opfer haben als jene" (Hbr 9,22.23): nämlich das teure Blut Christi.

Etliche Ausleger gehen auf diese biblische Lehre ein. Henry Alford bemerkt dazu, daß „der Himmel selbst Reinigung durch das versöhnte Blut Christi nötig hatte und sie auch erhielt".[2]

B. F. Westcott kommentiert: „Es kann durchaus behauptet werden, daß sogar ‚himmlische Dinge', sofern sie mit den Bedingungen für das zukünftige Leben des Menschen zu tun haben, vom Sündenfall so betroffen sind, daß eine Reinigung notwendig wurde."

---

[1] Vgl. Kap. 4 dieses Buches.
[2] H. Alford, „The Greek Testament", London, 1864, Bd. 4, S. 179.

Christi Blut, so sagt er, sei das Sühnemittel „zur Reinigung des himmlischen Urbildes für das irdische Heiligtum".[1] Wie die Sünden des Volkes Gottes dem Sündopfer auferlegt und dann auf das Heiligtum übertragen wurden, so werden im Neuen Bund jene Sünden, die Gott bekannt worden sind, im Glauben auf Christus gelegt.[2]

Und wie während des alttestamentlichen Versöhnungstages durch die Reinigung des irdischen Heiligtums die Sünden der Gläubigen beseitigt wurden, die dorthin übertragen worden waren, so wird das himmlische Heiligtum insofern gereinigt, als die Sündenberichte in den himmlischen Büchern endgültig getilgt werden. Doch bevor das geschieht, werden die Berichte dahingehend geprüft, wer durch Bekehrung und seinen Glauben an Christus Anspruch darauf hat, in Gottes ewigem Reich zu leben. Darum gehört zur Reinigung des himmlischen Heiligtums auch der Vorgang der Untersuchung oder des Gerichts,[3] der den Charakter des Großen Versöhnungstages als Tag des Gerichts eindeutig widerspiegelt.[4]

---

[1] B. F. Westcott, „Epistle to the Hebrews", S. 271.272.

[2] Indem diese Sünden bekannt und Jesus auferlegt werden, werden sie „in Wirklichkeit auf das himmlische Heiligtum übertragen". (E. G. White, „Der große Kampf", S. 423)

[3] Diesem Gericht unterliegen alle bekennenden Nachfolger Jesu. „Im sinnbildlichen Dienst hatten nur die, welche zu Gott kamen, um zu bekennen und zu bereuen, deren Sünden also durch das Blut des Sündopfers auf das Heiligtum übertragen worden waren, einen Anteil am Dienst des Versöhnungstages. So werden auch an dem großen Tag der Endversöhnung und des Untersuchungsgerichts nur die Fälle des bekennenden Volkes Gottes in Betracht gezogen. Das Gericht über die Gottlosen ist eine besondere, von diesen getrennte, später stattfindende Maßnahme. ‚Denn es ist Zeit, daß anfange das Gericht an dem Hause Gottes. So aber zuerst an uns, was will's für ein Ende werden mit denen, die dem Evangelium Gottes nicht glauben?'" (A.a.O., S. 480; 1 Pt 4,17 zitiert)

[4] Einer langen jüdischen Tradition entsprechend ist Yom Kippur (der Große Versöhnungstag) ein Gerichtstag. An diesem Tag sitzt Gott auf seinem Thron und richtet die Welt. Die Gerichtsbücher werden geöffnet, jeder geht an Ihm vorüber, und sein Schicksal wird besiegelt. Vgl. „Atonement, Day of" in „The Jewish Encyclopedia", Morris Silverman (Hg.); „High Holiday Prayer Book", Hartford, Conn., „Prayer Book Press", 1951, S. 147.164. Yom Kippur bietet den Gläubigen aber auch Trost und Zuversicht, ist er doch ein „Tag, an dem die schreckliche Erwartung eines zukünftigen Gerichtes schließlich der vertrauensvollen Gewißheit weicht, daß Gott nicht verurteilen, sondern all denen völlig

Dieses Gericht bestätigt die Entscheidung darüber, wer gerettet wird und wer verlorengeht. Es muß vor dem zweiten Kommen Christi stattfinden, denn wenn der Herr kommt, wird er „jedem den Lohn geben, den er verdient" (Offb 22,12 Hfa). Das wird auch die endgültige Antwort auf Satans Vorwürfe sein (vgl. Offb 12,10).

Wer wahrhaft bereut und im Glauben das versöhnende Blut Christi für sich in Anspruch genommen hat, wird auch Vergebung erlangen. Wenn ihre Namen in jenem Gericht aufgerufen werden und sie mit dem Kleid der Gerechtigkeit Christi bekleidet sind, werden ihre Sünden getilgt, und sie werden des ewigen Lebens für würdig befunden (Lk 20,35).

„Wer überwindet", so verheißt Jesus, „der soll mit weißen Kleidern angetan werden, und ich werde seinen Namen nicht austilgen aus dem Buch des Lebens, und ich will seinen Namen bekennen vor meinem Vater und vor seinen Engeln." (Offb 3,5)

Der Prophet Daniel erläutert die Art und Weise dieses Untersuchungsgerichtes. Während die durch das kleine Horn dargestellte, von Gott abgefallene Macht ihre Lästerung gegen Gott und die Verfolgung seines Volkes auf Erden fortsetzt (Da 7,8.20.21.25), werden Throne aufgestellt. Gott übernimmt den Vorsitz über das letzte Gericht, das im Thronsaal des himmlischen Heiligtums tagt. Zahllose himmlische Zeugen sind zugegen. Nach Eröffnung des Gerichts werden die Bücher aufgetan; das bedeutet den Beginn einer Untersuchungsphase (Da 7,9.10). Erst nach Beendigung dieses Gerichts wird die gottfeindliche Macht vernichtet (Da 7,11).[1]

Die Zeit des Gerichts. Christus und der Vater sind am Untersuchungsgericht beteiligt. Bevor er „auf den Wolken des Himmels" mit großer Kraft und Herrlichkeit zur Erde herabkommt, wird der Herr „mit den Wolken des Himmels" zu dem gebracht, „der uralt war" (Da 7,13). Seit seiner Himmelfahrt hat Christus sein Amt als Hoherpriester ausgeübt und für uns Fürbitte vor Gott geleistet (Hbr 7,25). Nun tritt er vor Gott, um das Reich zu empfangen (Da 7,14).

---

vergeben wird, die sich reuevoll und demütig an ihn wenden." W. W. Simpson, „Jewish Prayer and Worship", Seabury Press, New York, 1965, S. 57.58.

[1] Vgl. A. J. Ferch, „The Judgment Scene in Daniel 7" in „The Sanctuary and Atonement", S. 163–166.169.

1. Die Verdrängung des Priesterdienstes Christi. In Daniel 8 wird vom Kampf zwischen Gut und Böse sowie vom endgültigen Sieg Gottes berichtet. Dieses Kapitel weist aber auch darauf hin, daß zwischen der Einsetzung Christi als Hoherpriester und der Reinigung des himmlischen Heiligtums eine irdische Macht den Priesterdienst Christi verdrängen wird.

In der Vision aus Daniel 8 stellt der Widder das medo-persische Weltreich dar (Vers 2); die beiden Hörner, von denen das größere erst später hervorwuchs, deuten zwei Abschnitte dieser Herrschaft an, wobei die Perser schließlich den Medern den Rang abliefen. Wie von Daniel vorausgesagt, dehnte jenes östliche Großreich sein Herrschaftsgebiet „nach Westen, nach Norden und nach Süden hin" aus (Da 8,3.4).

Der Ziegenbock, der „vom Westen her" anstürmt, ist ein Symbol für Griechenland, sein großes Horn für dessen „ersten König" (Da 8,5.21), Alexander den Großen. Aus dem Westen kommend, hat Alexander das Perserreich unerwartet schnell bezwungen. Doch nur wenige Jahre nach Alexanders Tod wurde sein Reich geteilt in „vier Königreiche aus seinem Volk" (Da 8,8.22); es waren Alexanders Generäle Cassander, Lysimachus, Seleukos und Ptolemäus, die sich sein Reich teilten.

„Gegen Ende ihrer Herrschaft" (Da 8,23), also vor dem Zusammenbruch des aufgeteilten griechischen Weltreiches, sollte ein „kleines Horn" aufwachsen (Da 8,9). Einige sehen in dem syrischen König Antiochus Epiphanes, der im zweiten vorchristlichen Jahrhundert für kurze Zeit auch über Palästina Macht ausübte, die Erfüllung dieser Prophezeiung.

Andere Ausleger, darunter etliche Reformatoren, haben in dem kleinen Horn Rom erkannt, und zwar das heidnische wie auch das päpstliche Rom. Die letzte Auslegung entspricht genau den Angaben Daniels, die erste jedoch nicht.[1]

Folgende Punkte sollten in diesem Zusammenhang beachtet werden:

---

[1] Zu Fragen über die Antiochus-Auslegung im Buche Daniel siehe W. H. Shea, „Selected Studies on Prophetic Interpretation", S. 25-55.

a) Die Macht des kleinen Horns reicht vom Untergang des griechischen Weltreiches bis „auf die Zeit des Endes" (Da 8,17). Nur das heidnische und päpstliche Rom wird diesen Zeitangaben gerecht.

b) Die Prophezeiungen von Daniel 2, 7 und 8 betreffen in etwa den gleichen Zeitraum (vgl. die Graphik auf Seite 501 in diesem Buch). Die vier Metallarten aus Daniel 2 und die vier Tiere aus Daniel 7 stellen jeweils dieselben Weltreiche dar: (Neu-)Babylon, Medo-Persien, Griechenland und Rom. Sowohl die Füße aus Eisen und Ton [mit ihren Zehen] als auch die zehn Hörner des vierten Tieres weisen hin auf die Teilung des römischen Weltreiches. Die Nachfolgestaaten sollten bis zum zweiten Kommen Christi bestehen.

Zu beachten ist, daß in beiden Prophezeiungen Rom auf Griechenland folgt; es ist das letzte Weltreich vor der Wiederkunft und dem Endgericht. Das in Daniel 8 dargestellte kleine Horn fügt sich in diese Deutung ein; es folgt ebenfalls auf Griechenland und wird durch übernatürliche Macht, „ohne Zutun von Menschenhand" zerbrochen (Da 8,25; vgl. Da 2,34).[1]

c) Die medo-persische Herrschaft wird als „groß", die Griechenlands als „sehr groß" und die des kleinen Horns als (nach EB) „übermäßig groß" bezeichnet (Da 8,4.8.9). Rom dürfte wohl das mächtigste jener vier Weltreiche aus Daniel gewesen sein, und so findet die Beschreibung durchaus ihre Bestätigung.

d) Nur auf Rom trifft zu, daß sein Herrschaftsbereich nach Süden (Ägypten), nach Osten (Griechenland-Mazedonien und Kleinasien mit dem größten Teil des Vorderen Orients) und besonders zum „herrlichen Land" hin (Palästina) ausgedehnt wurde, genau wie in Daniel 8,9 vorausgesagt.

e) Rom trat auf gegen den „Fürsten des Heeres" bzw. den „Fürsten aller Fürsten" (Da 8,11.25), der kein anderer als Jesus Christus sein kann. „Gegen ihn, gegen sein Volk und Heiligtum setzte

---

[1] W. H. Shea, „Unity of Daniel", aus „Symposium on Daniel", F. B. Holbrook (Hg.), Biblisches Forschungsinstitut der Generalkonferenz der Gemeinschaft der STA, Washington D. C., 1986, S. 165–219.

Rom in einer erstaunlichen Kriegführung seine geballte Macht ein. Das trifft zu, sowohl für das heidnische wie auch für das päpstliche Rom.

Während sich das heidnische Rom gegen Christus wandte und tatsächlich den Tempel zu Jerusalem (das irdische Heiligtum) zerstörte, hat das päpstliche Rom die priesterliche Mittlertätigkeit Jesu, die er für die reuigen Sünder im himmlischen Heiligtum ausübt (vgl. Hbr 8,1.2), dadurch verdunkelt, daß es eine eigene Priesterschaft schuf, die Sündenvergebung durch rein menschliche Vermittlung zuspricht."[1] (Siehe Kap. 12 in diesem Buch.)

Diese von Gott abgefallene Macht würde auf ihre Weise erfolgreich sein; indem sie „die Wahrheit zu Boden" wirft und ihr alles gelingt, was sie tun wollte (Da 8,12).

2. Die Zeit der Wiederherstellung, der Reinigung und des Gerichts. Gott ließ es nicht zu, daß die biblische Wahrheit über Christi hohenpriesterlichen Dienst für alle Zeiten verdunkelt blieb. Mit Hilfe gottesfürchtiger Männer und Frauen führte er eine Erneuerung herbei. Die Reformatoren hatten bereits die Aufgabe Christi als Mittler teilweise wiederentdeckt. Schon das führte zu einer großen Erneuerung innerhalb der christlichen Welt. Doch es sollten noch weitere Wahrheiten über Christi Dienst im Himmel offenbart werden.

Aus Daniels Vision geht hervor, daß Christi Aufgabe als Hoherpriester besonders zur „Zeit des Endes" bedeutungsvoll werden würde (Da 8,17). Das deutet hin auf die Zeit, zu der er neben seiner Mittlertätigkeit den besonderen Dienst der Reinigung und des Richtens übernehmen wird (Hbr 7,25; vgl. Da 7,10-14).[2]

---

[1] „The Amazing Prophecies of Daniel and Revelation", in „These Times", April 1979, S. 18. Vgl. Maxwell, „God Cares", Bd. 1, S. 166-173 sowie Kap. 12.

[2] Im irdischen Heiligtum betrat der Hohepriester am Großen Versöhnungstag das Allerheiligste und beendete damit seinen Dienst im Heiligen. „So beschloß Christus, als er das Allerheiligste betrat, um die letzte Aufgabe der Versöhnung zu vollziehen, seinen Dienst in der ersten Abteilung. Doch als dieser endete, begann der Dienst in der zweiten Abteilung ... So hatte Christus nur einen Teil seines Werkes als unser Vermittler vollendet, um einen andern Teil desselben Werkes zu vollbringen, wobei er noch immer kraft seines Blutes für die Sünder beim Vater Fürbitte einlegte." E. G. White, „Der große Kampf", S. 430.

Die Prophezeiung gibt genau an, wann Christus seinen Dienst dem Großen Versöhnungstag entsprechend – das Untersuchungsgericht (vgl. Da 7) und die Reinigung des Heiligtums – beginnen wird: „... bis zweitausenddreihundert Abende und Morgen vergangen sind, dann wird das Heiligtum wieder geweiht werden.." (Da 8,14)[1]

Da sich die Vision auf die Zeit des Endes bezieht, kann mit dem Heiligtum nicht das irdische Heiligtum gemeint sein; denn das wurde bereits 70 n. Chr. zerstört. Die Prophezeiung muß deshalb das Heiligtum des Neuen Bundes im Himmel, den Ort des Dienstes Christi zu unserer Erlösung, im Blick haben.

Was ist dann mit den 2300 Tagen bzw. „Abend-Morgen", wie im Hebräischen wörtlich steht, gemeint?[2] Nach 1. Mose 1 ergeben ein

---

[1] Der hebräische Begriff *nitsdaq* in Daniel 8,14 (LB „geweiht") wird von einigen Übersetzern (Allioli, Riessler-Storr) mit „gereinigt" wiedergegeben, wobei sie sich auf die Vulgata stützen. Aber auch die frühesten griechischen Übersetzungen des Alten Testaments (Septuaginta und Theodotion) übersetzten mit „gereinigt" (*katharisthesetai*). Dabei ist bemerkenswert, daß die Septuaginta schon von Juden vor Christus besorgt wurde. *Nitsdaq* (Stammform von *tsadak*) hat einen breiten Bedeutungsspielraum: richtig machen, richtig oder gerecht sein, gerechtfertigt werden, zum Recht kommen. Es wird übersetzt mit „wiederhergestellt" (Jerusalemer Bibel), „zu seinem Recht kommen" (Zürcher Bibel, Pattloch-Bibel, Bruns-Übersetzung), „in Ordnung gebracht" (Schlachter), „gerechtfertigt werden" (Menge). Nach dem poetischen Parallelismus im Alten Testament kann geschlossen werden, daß *tsadaq* gleichbedeutend ist mit *taher* („rein"; Hi 4,17; 17,9), *zakah* („rein sein"; Hi 15,14; 25,4) und *bor* („Reinheit"; Ps 18,21; alle Texte LB). „Zum Bedeutungsbereich von *nitsdaq* gehören Begriffe, wie *reinigen, zum Recht verhelfen, rechtfertigen, in Ordnung bringen, wiederherstellen*. Wie auch immer man den hebräischen Begriff in heutige Sprache übertragen mag, die *Weihe* oder *Reinigung* des Heiligtums wird immer auch tatsächliches Reinigen bedeuten und auf Aktivitäten hindeuten, die *zum Recht verhelfen, rechtfertigen* und *wiederherstellen*." G. F. Hasel, „Little Horn, The Heavenly Sanctuary and the Time of the End; A Study of Daniel 8,9-14" in „Symposium on Daniel", S. 453.

[2] Einige Ausleger haben die „2300 Abend-Morgen" im Sinne von nur 1150 buchstäblichen Tagen verstanden. Dies aber entspricht nicht dem hebräischen Sprachgebrauch. Karl F. Keil schrieb dazu: „Wenn die Hebräer zum Ausdruck bringen wollen, daß einzelne Tage und Nächte gemeint seien, das heißt die einander ergänzenden Teile eines Wochentages, haben sie von beiden die entsprechende Zahl genannt. So sprechen sie z. B. von 40 Tagen und 40 Nächten (1 Mo 7,4.12; 2 Mo 24,18; 1 Kö 19,8) sowie von drei Tagen und drei Nächten

Abend und ein Morgen zusammen einen Tag. Wie uns bereits in den Kapiteln 4 und 12 dieses Buches erläutert wurde, ist eine Zeitperiode in prophetischer Sprache sinnbildlich zu verstehen: Mit einem prophetischen Tag ist ein Jahr gemeint. So haben zahlreiche Christen im Laufe der Jahrhunderte geglaubt, daß die 2300 Tage von Daniel 8 in Wirklichkeit 2300 Jahre sind.[1]

a) Daniel 9: der Schlüssel zum Verständnis von Daniel 8. Gott sandte den Engel Gabriel, um Daniel das Gesicht auszulegen, „damit er's versteht" (Da 8,16). Doch der Inhalt war für Daniel so bestürzend, daß er krank wurde und der Engel die Auslegung unterbrechen mußte. Am Ende jenes Kapitels schrieb der Prophet selbst: „Ich, Daniel, war erschöpft und lag einige Tage krank ... Und ich wunderte mich über das Gesicht, und niemand konnte es mir auslegen." (Da 8,27) Der Engel Gabriel mußte also die Deutung der Zeitperiode verschieben. Übrigens ist das der einzige Teil der Vision, der nicht erklärt worden war.

In Daniel 9 wird darauf eingegangen und gesagt, daß Gabriel wieder erschien, um die Auslegung zu beenden. Daniel 8 und 9 gehören demnach zusammen, wobei das neunte Kapitel den Schlüssel zu dem Geheimnis der 2300 „Tage" enthält.[2]

Bei seinem Erscheinen sagte Gabriel zu Daniel: „Schon jetzt bin ich hergekommen, um dir zum richtigen Verständnis zu verhelfen ... So achte nun auf das Wort, damit du die Offenbarung genau verstehst." (Da 9,22.23) Mit diesen Worten bezog sich Gabriel noch

---

(Jon 2,1; Mt 12,40). Sie führen also nicht 80 bzw. sechs „Tage und Nächte" an, wenn sie 40 bzw. drei volle Tage meinen. Der hebräische Leser konnte unmöglich eine Zeitspanne von 2300 Abend-Morgen als 2300 Halbtage bzw. 1150 volle Tage mißverstehen; denn bei der Schöpfung bildeten Abend und Morgen nicht einen halben, sondern einen vollen Tag ... Wir müssen deshalb die Worte so lassen, wie sie dastehen, d. h. sie als 2300 ganze Tage begreifen." O. F. Keil, „Biblical Commentary on the Book of Daniel", Grand Rapids, Bd. 25, S. 303.304.

[1] L. E. Froom, „Prophetic Faith of our Fathers", Bd. 2, S. 985; Bd. 3, S. 252.743; Bd. 4, S. 397.404. Was das Prinzip angeht, daß ein prophetischer Tag ein buchstäbliches Jahr ist, siehe bei Shea, „Selective Studies on Prophetic Interpretation", S. 56-93.

[2] Vgl. G. F. Hasel „Sanctuary in Daniel 8" in „The Sanctuary and The Atonement", S. 196.197; Shea, „Unity of Daniel"in „Symposium on Daniel", S. 220-230.

einmal auf die Vision von den 2300 Abend-Morgen. Sein Wunsch, die mit der Zeitfrage verbundene Ungewißheit bezüglich Daniel 8 zu klären, zeigt sich darin, daß er seine Auslegung sofort mit der Prophezeiung über die 70 Wochen beginnt.

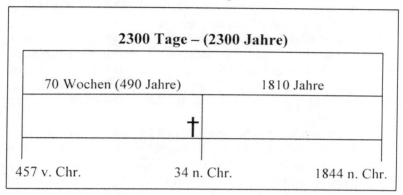

Jene 70 Wochen oder 490 Jahre waren „verhängt" oder „bestimmt" (MB) bzw. „verordnet" (Schlachter) für die Juden und ihre Stadt Jerusalem (Da 9,24).

Das entsprechende hebräische Tätigkeitswort lautet *chathak*; obwohl es nur an dieser Stelle in der Bibel erscheint, kann man seine Bedeutung von anderen hebräischen Schriften her feststellen.[1] Ein bekanntes hebräisches Wörterbuch gibt die wörtliche Bedeutung mit „abschneiden" wieder.[2]

Vor diesem Hintergrund ist Gabriels Auslegung sehr erhellend. Er unterrichtet Daniel darüber, daß 490 Jahre von der längeren Zeitperiode von 2300 Jahren abgetrennt werden sollten. Als Beginn für die 490 Jahre nennt Gabriel die Zeit, in der das Wort ergeht, Jerusalem solle wiederaufgebaut werden (Da 9,25). Der Befehl dazu

---

[1] Eine Analyse der hebräischen Schriften, etwa der Mischna, ergibt, daß *chathak* soviel wie „bestimmen" heißen kann, daß die gebräuchlichere Bedeutung etwas mit der Vorstellung des „Schneidens" zu tun hat (nach Shea, „The Relationship Between the Prophecies of Daniel 8 and Daniel 9" in „The Sanctuary and The Atonement", S. 242).

[2] Vgl. „Hebräisches und Aramäisches Wörterbuch zum Alten Testament" von Eduard König, Leipzig, 1936.

erging im Jahre 457 v. Chr., im siebenten Jahr des Artaxerxes (siehe Kap. 4 in diesem Buch).[1]

Die 490 Jahre enden mit dem Jahr 34 n. Chr. Wenn wir nun die besagte Zeit von den 2300 Jahren abtrennen, bleiben 1810 Jahre übrig. Sie müssen zu den 490 Jahren, die 34 n. Chr. enden, hinzugezählt werden. Das führt uns ins Jahr 1844.[2]

b) Ein vertieftes Verständnis über Christi Dienst. Viele Christen, Baptisten, Presbyterianer, Methodisten, Lutheraner, Anglikaner, Episkopale, Kongregationalisten und andere studierten zu Beginn des 19. Jahrhunderts eifrig die Prophezeiungen in Daniel 8.[3] Sie alle erwarteten, daß gegen Ende der 2300 Jahre einige markante Ereignisse einträfen.

Je nach ihrem Verständnis vom kleinen Horn und dem Heiligtum erhofften oder befürchteten sie die Reinigung der Gemeinde oder die Befreiung Palästinas und Jerusalems, die Rückkehr der Juden dorthin, den Untergang der türkischen bzw. islamischen Macht, die Vernichtung des Papsttums und die Wiederherstellung wahrer Anbetung. Ferner dachten sie an den Beginn einer tausendjährigen Gottesherrschaft auf Erden, an das Jüngste Gericht, an die Reinigung der Erde durch Feuer oder an das zweite Kommen Jesu.[4]

Keine dieser Voraussagen erfüllte sich, und alle, die daran geglaubt hatten, waren enttäuscht. Doch die Schwere ihrer Enttäuschung hing von der Art des erwarteten Ereignisses ab. Offenbar saß die Enttäuschung bei denen am tiefsten, die die Wiederkunft Christi im Jahre 1844 erwartet hatten.[5]

---

[1] Vgl. Ferch, „Commencement Date for the Seventy Week Prophecy", aus „70 Weeks, Leviticus, and the Nature of Prophecy", S. 64-74.

[2] Aus Daniel 8 geht hervor, daß die 2300 Tage eine große Spanne von Jahren überbrücken müssen. Wenn gefragt wird: „Wie lange gilt dies Gesicht?", so muß eine Antwort erwartet werden, welche die ganze Vision vom ersten Tiersymbol bis zum „kleinen Horn" am Ende der Zeiten (Verse 17.19) umfaßt. Daß die 2300 Abend-Morgen eine Antwort auf die gestellte Frage sind, macht deutlich, daß sie von der Zeit des Medo-Persischen Großreichs bis in die Endzeit reichen müssen, was wiederum auf Jahre schließen läßt.

[3] Vgl. Damsteegt, „Foundations of the Seventh-day Adventist Message and Mission", S. 14.15; L. E. Froom, „Prophetic Faith of Our Fathers", Bd. 4.

[4] L. E. Froom, „Prophetic Faith of Our Fathers", Bd. 4, S. 404.

[5] Siehe F. D. Nichol, „The Midnight Cry", Washington D. C., 1944.

CHRISTUS IM HIMMLISCHEN HEILIGTUM

Weil sich ihre Erwartungen nicht erfüllt hatten, wandten sich einige ab vom Studium der Prophezeiungen oder verwarfen die weltgeschichtliche Auslegung, durch die sie zu ihren Trugschlüssen geführt worden waren.[1]

Einige jedoch setzten ihr Studium der Prophetie und des Heiligtums fort. Sie betrieben das sehr intensiv und unter Gebet, wobei sie ihr Augenmerk besonders auf den um ihretwillen vollzogenen Dienst Christi im himmlischen Heiligtum lenkten. Ihre Bemühungen wurden gesegnet durch eine tiefere Erkenntnis.

Sie entdeckten, daß der Glaube der urchristlichen Gemeinde wie auch der Reformatoren an das prophetische Wort noch immer seine Berechtigung hatte. Die zeitliche Berechnung der Prophezeiung war tatsächlich richtig, die 2300 Jahre hatten 1844 geendet. Ihr Fehler – und der aller Ausleger jener Tage – bestand darin, daß sie eine falsche Vorstellung von dem Ereignis hatten, das am Ende jener prophetischen Zeit stattfinden sollte. Die neue Sicht über Christi Dienst im Heiligtum wandelte ihre Enttäuschung in Hoffnung und Freude.[2]

Aufgrund dessen, was die Heilige Schrift über das Heiligtum lehrt, kamen sie zu der Überzeugung, daß Christus 1844 zu dem gebracht wurde, „der uralt war" (Da 7,13); damit war er in die abschließende Phase seines hohenpriesterlichen Dienstes im himmlischen Heiligtum eingetreten. Dieser Dienst war die Erfüllung dessen, was beim Großen Versöhnungstag durch die Reinigung des Heiligtums vorgeschattet worden war und was nach Daniel 7 als ein Untersuchungsgericht beschrieben wird, das vor der Wiederkunft Christi stattfindet.

Diese neue Einsicht in Christi himmlischen Dienst „bedeutet nicht Abschied vom historischen Glauben der Christenheit; ganz im Gegenteil: sie stellt die logische Erfüllung und die notwendige Vollendung dieses Glaubens dar.

In dieser Erkenntnis stellt sich das mit prophetischem Nachdruck verkündigte ewige Evangelium in seiner endzeitlichen Ausprägung

---

[1] L. E. Froom, „The Prophetic Faith of Our Fathers", Bd. 1-4; G. Damsteegt, „Foundations of the Seventh-day Adventist Message and Mission", S. 16-20.

[2] ebd., S. 103-146; E. G. White, „Der große Kampf", S. 423-433.

als letztes Zeugnis an diese Welt und als Erfüllung der Prophetie dar."[1]

Die Bedeutung im Rahmen des großen Kampfes

Die in Daniel 7 und 8 verzeichneten Prophezeiungen enthüllen umfassende Perspektiven über den Ausgang des großen Kampfes zwischen Christus und Satan.

Gott wird gerechtfertigt. Durch die Machenschaften des kleinen Horns hat Satan wiederholt versucht, die Autorität Gottes herauszufordern. Die Aktivitäten jener Macht bedeuteten einen Angriff auf das himmlische Heiligtum, das Zentrum der göttlichen Regierung. Daniels Visionen weisen hin auf ein Gericht vor Christi Wiederkunft, in dessen Verlauf Gott sein Urteil spricht über das kleine Horn und damit auch über Satan.

Alle Einwände Satans werden schließlich im Licht von Golgatha widerlegt. Jeder wird erkennen und bestätigen müssen, daß Gott gerecht ist und daß ihn niemand für das Aufkommen und die Ausbreitung der Sünde verantwortlich machen kann. Gottes Wesen wird gerechtfertigt aus dem Konflikt hervorgehen, seine Herrschaft wird sich als von Liebe geprägt erweisen.

Gottes Volk wird gerechtfertigt. Das Gericht, das die von Gott abgefallene Macht des kleinen Horns verurteilt, entscheidet auch zugunsten der Gläubigen; denn es schafft den „Heiligen des Höchsten" Recht (Da 7,22).

Es wird also nicht allein Gott vor dem Weltall gerechtfertigt, sondern auch sein Volk. Ihres Glaubens wegen sind viele Christen über Jahrhunderte hinweg verachtet und verfolgt worden. Nun schafft ihnen dieses Gericht Gerechtigkeit.

Gottes Volk wird erfahren, wie sich an ihm die Verheißung Jesu bewahrheitet: „Wer nun mich bekennt vor den Menschen, den will ich auch bekennen vor meinem himmlischen Vater." (Mt 10,32; vgl. Lk 12,8; Offb 3,5)

---

[1] L. E. Froom, „Movement of Destiny", Review and Herald, Washington, D. C., 1971, S. 543.

Gericht und Erlösung. Kann das Untersuchungsgericht die Erlösung derer in Frage stellen, die an Jesus Christus glauben? Keinesfalls! Die wahren Gläubigen leben mit Christus und vertrauen darauf, daß er fürbittend für sie eintritt (Rö 8,35). Sie halten sich an die Zusage, daß sie „einen Fürsprecher bei dem Vater" haben, nämlich „Jesus Christus, der gerecht ist" (1 Jo 2,1).

Warum aber dann ein Untersuchungsgericht vor Christi Wiederkunft? Hat Gott es nötig? Er ist ja allwissend! Nein – es tagt vielmehr um des Weltalls willen und weist alle Anklagen zurück, die Satan gegen die Gläubigen vorgebracht hat (Offb 12,10). Damit wird den Bewohnern der ungefallenen Welten die Gewißheit zuteil, daß Gott nur denen Zutritt zu seinem Reich gewährt, die sich wirklich bekehrt haben. Er öffnet die Bücher des Gerichts und führt vor den Engeln als Zeugen eine unvoreingenommene Prüfung durch (Da 7,9.10).

Zu einer der folgenden drei Gruppierungen gehören alle Menschen: a) zu den eindeutig Gottlosen, die Gottes Autorität ablehnen; b) zu den Gläubigen, die an Christi Erlöserblut glauben und Gottes Willen tun; c) zu jenen, die den Anschein erwecken, gläubig zu sein, es aber nicht sind.

Den Engeln fällt es nicht schwer, diejenigen zu erkennen, die zur ersten Gruppe gehören. Aber wer ist wahrhaft gläubig und wer nicht? Die Namen beider Gruppen sind im Buch des Lebens verzeichnet, denn da stehen ja alle geschrieben, die einmal begonnen haben, Gott zu dienen (Lk 10,20; Phil 4,3; Da 12,1; Offb 21,27). Zur Gemeinde zählen echte und vorgebliche Gläubige, der Weizen und die Spreu (Mt 13,28-30).

Die Bewohner der ungefallenen Welten sind keineswegs allwissend, sie können nicht lesen in den Herzen der Menschen. „Deshalb ist ein Gericht erforderlich, und zwar *vor* dem zweiten Kommen Christi, damit die echten Christen von den vorgeblichen getrennt werden und alle Lebewesen im Universum erkennen, daß die Errettung der ernsthaft Gläubigen nicht auf Kosten der Gerechtigkeit erfolgt.

Es geht hier weniger um das Verhältnis Gottes zu seinen Kindern, sondern um die Rechtfertigung Gottes vor dem Universum.

Und das erfordert die Offenlegung der Berichtsbücher und das Anerkennen derer, die zu ihrem Glauben gestanden haben und deren Namen ins Buch des Lebens eingetragen worden sind."[1]

Von diesem Gericht hat Christus gesprochen im Gleichnis von den Hochzeitsgästen, die der Einladung des Königs gefolgt sind. Weil aber nicht alle, die sich Christen nennen, auch wahre Jünger Jesu sind, erscheint der König und inspiziert die Gäste. Entscheidend ist, daß sie das für sie bereitgelegte Hochzeitskleid tragen.

Dieses Kleid ist ein Sinnbild für „das reine Herz, das Christi Nachfolger auszeichnet. Die Gemeinde kann sich ‚mit schöner reiner Leinwand' kleiden und braucht keine ‚Flecken oder Runzeln' zu haben (Offb 19,8; Eph 5,27). ‚Die köstliche Leinwand aber ist die Gerechtigkeit der Heiligen' (Offb 19,8). Die Gerechtigkeit Christi, also sein vollkommenes Wesen, wird durch den Glauben allen verliehen, die ihn als ihren persönlichen Heiland annehmen."[2]

Wenn der König im Gleichnis die Gäste beschaut, werden nur jene als Gläubige anerkannt, die das Gewand der Gerechtigkeit Christi angelegt haben, das uns im Evangelium so großzügig angeboten wird. Wer sich jedoch zur Nachfolge des Herrn entschließt und dabei doch im Ungehorsam verharrt, hat Christi Gerechtigkeit nicht „angezogen". Sein Name wird deshalb aus dem Buch des Lebens gestrichen (vgl. 2 Mo 32,33).

Die Vorstellung von einem Untersuchungsgericht, das alle betrifft, die sich zum Glauben an Christus bekennen, widerspricht auch nicht der biblischen Lehre von der Erlösung aus Gnaden durch den Glauben. Paulus wußte, daß er eines Tages vor ein göttliches Gericht gestellt werden würde. Im Blick darauf wünschte er sich, so im Herrn erfunden zu werden, „daß ich nicht habe meine Gerechtigkeit, die aus dem Gesetz kommt, sondern die durch den Glauben an Christus kommt, nämlich die Gerechtigkeit, die von Gott dem Glauben zugeordnet wird" (Phil 3,9).

Wer mit Christus vereint lebt, darf sich seiner Erlösung gewiß sein. In jener voradventlichen Phase des letzten Gerichts werden

---

[1] F. B. Holbrook, „Light in the Shadows", S. 34.
[2] E. G. White, „Bilder vom Reiche Gottes", S. 271.

alle wahren Gläubigen, die sich durch Christus haben retten lassen, vor den ungefallenen Bewohnern des Universums als Kinder Gottes bestätigt.

Erlösung aber kann denen nicht zugesichert werden, die sich nur auf ihre vermeintlich guten Werke stützen (Mt 7,21-23). Die himmlischen Bücher sind deshalb mehr als nur Hilfsmittel, um die Gerechten von den Ungerechten zu scheiden. Sie dienen vor allem als Grundlage dafür, daß die wahren Gläubigen vor den Engeln als solche bestätigt werden.

„Die Lehre vom Heiligtum raubt also den Gläubigen nicht im geringsten ihre Heilsgewißheit in Christus, sondern bestärkt sie darin. Sie veranschaulicht und erklärt ihnen den Heilsplan. Ihr reumütiges Herz ist voll Freude darüber, daß Jesu stellvertretender Tod für ihre Sünden, wie im alttestamentlichen Opfer vorgeschattet, für sie täglich gnädige Wirklichkeit ist. Ja, ihr Glaube richtet sich himmelwärts und findet seine Bestätigung in einem lebendigen Christus, der als priesterlicher Anwalt in Gottes heiliger Gegenwart für sie tätig ist."[1]

Eine Zeit der Vorbereitung. Gott möchte, daß diese gute Nachricht von Christi abschließendem Versöhnungswerk vor seiner Wiederkunft auf der ganzen Welt verkündigt wird.

Im Zentrum dieser Botschaft steht das ewige Evangelium, das mit Dringlichkeit verkündigt werden muß, weil „die Stunde seines Gerichts" gekommen ist (Offb 14,7). Die ganze Welt wird darauf hingewiesen, daß Gottes Endgericht in seiner ersten Phase bereits stattfindet.

Wir leben heute in einer Zeit, da sich erfüllt, was durch den Großen Versöhnungstag im Alten Bund sinnbildlich vorgeschattet worden ist. Damals wurden die Israeliten aufgefordert, sich auf diesen Tag innerlich vorzubereiten (vgl. 3 Mo 23,27).

Heute fordert Gott ebenfalls seine Kinder auf, von Herzen zu bereuen. Wer danach trachtet, daß sein Name im Buch des Lebens steht, muß sein Leben vor Gott und auch mit seinen Mitmenschen in Ordnung bringen, solange dieses Gericht noch tagt (vgl. Offb 14,7).

---

[1] F. B. Holbrook, „Light in the Shadows", S. 35.

Christi Dienst als Hoherpriester geht seiner Vollendung entgegen. Die Jahre der Gnadenzeit gehen für uns[1] schnell vorbei. Niemand weiß, wann Gottes Stimme verkünden wird: „Es ist vollbracht!" Deshalb mahnt der Herr: „Seht euch vor, wachet! Denn ihr wißt nicht, wann die Zeit da ist." (Mk 13,33)

Obwohl wir in der bedeutsamen Zeit leben, wo sich erfüllt, was im Großen Versöhnungstag vorgeschattet wurde, brauchen wir uns nicht zu fürchten; denn Christus ist als Opfer und Priester für uns im himmlischen Heiligtum tätig.

„Laßt uns also unerschütterlich an unserem Bekenntnis zu Gott festhalten, denn wir haben einen Hohenpriester, der vor Gott für uns eintritt. Das ist Jesus, Gottes Sohn, der in das Reich seines Vaters gegangen ist. Doch er gehört nicht zu denen, die unsere Schwächen nicht verstehen und zu keinem Mitleiden fähig sind. Jesus Christus mußte mit denselben Versuchungen kämpfen wie wir, auch wenn er nie gesündigt hat. Aber weil er für uns eintritt, dürfen wir mit Zuversicht und ohne Angst zu Gott kommen. Er wird uns seine Barmherzigkeit und Gnade zuwenden, wenn wir seine Hilfe brauchen." (Hbr 4,14-16 Hfa)

---

[1] Es gibt ein Ende der Gnadenzeit. Danach ist Bekehrung nicht mehr möglich. Die Gnadenzeit eines Menschen kann auf dreierlei Weise enden: 1. mit seinem Tode; 2. falls eine unvergebbare Sünde begangen worden ist (Mt 12,31.32; Lk 12,10); 3. wenn die Gnadenzeit unmittelbar vor der Wiederkunft Christi zu Ende ist. Gnade gibt es so lange, wie Christus als Hoherpriester und Mittler zwischen Gott und uns Menschen steht.

Kapitel 24

Die Wiederkunft Christi

> *Das zweite Kommen Christi ist die selige Hoffnung der Gemeinde und die herrliche Erfüllung des Evangeliums. Der Erlöser wird wirklich, persönlich und weltweit sichtbar erscheinen. Wenn er wiederkommt, werden die verstorbenen Gerechten auferweckt und zusammen mit den lebenden Gerechten verherrlicht in den Himmel aufgenommen; die Ungerechten aber werden sterben. Die Erfüllung der meisten prophetischen Aussagen sowie der gegenwärtige Zustand der Welt weisen darauf hin, daß Christi Kommen nahe bevorsteht. Der Zeitpunkt dieses Ereignisses ist nicht offenbart worden; deshalb sind wir aufgefordert, jederzeit bereit zu sein.*

Nach dem Tischgebet fragte der kleine Matthias seine Mutti: „Ich habe nun schon so oft gebetet: ‚Komm, Herr Jesus, sei unser Gast!' Sag mal, wann kommt er denn endlich ...?"

Ohne daß es der Junge ahnen konnte, hatte er mit seiner Frage die Sehnsucht der gläubigen Christen aller Zeiten zum Ausdruck gebracht.

Die letzten Worte der Bibel – „Ja, ich komme bald" – sind das Versprechen, das Jesus selbst gegeben hat. Und Johannes, der Jünger und Weggefährte des Herrn, beschließt das Buch der Offenbarung mit der herzlichen Bitte: „Amen, ja, komm, Herr Jesus!" (Offb 22,20)

Jesus sehen! Auf ewig bei dem zu sein, der uns von jeher liebt! Kein Leid mehr – und dann das Wiedersehen mit lieben Entschlafenen! Ist es da verwunderlich, daß sich Jesu Nachfolger seit der Himmelfahrt ihres Herrn nach diesem Tag sehnen?

Und er wird kommen! Doch selbst für die Gläubigen wird Jesu Wiederkunft überraschend hereinbrechen; denn auch sie sind während der langen Wartezeit müde geworden und eingeschlafen (vgl. Mt 25,5). Doch zur „Mitternacht", in der dunkelsten Stunde, wird Gott seine Macht beweisen und sein Volk befreien.

Die Offenbarung des Johannes beschreibt dieses Ereignis wie folgt: „... es kam eine große Stimme aus dem Tempel vom Thron, die sprach: Es ist geschehen!" Anschließend geschah ein „großes Erdbeben, wie es noch nicht gewesen ist, seit Menschen auf Erden sind" (Offb 16,17.18). Berge erzittern, Felsen brechen auseinander, die Erde wird hin und her geworfen so wie Meereswogen. Das Land erbebt, „und die Städte der Heiden stürzten ein ... Und alle Inseln verschwanden, und die Berge wurden nicht mehr gefunden." (Verse 19.20) Schließlich heißt es: „Der Himmel wich wie eine Schriftrolle, die zusammengerollt wird, und alle Berge und Inseln wurden wegbewegt von ihrem Ort." (Offb 6,14)

Doch in diesem Chaos faßt die Gemeinde Gottes neuen Mut, erkennt sie doch „das Zeichen des Menschensohns am Himmel" (Mt 24.30). Er kommt auf den Wolken herab, und jeder kann den Lebensfürsten sehen. Nicht als „Mann der Schmerzen" erscheint er, sondern als Sieger, der sein Eigentum einfordert. Nicht die Dornenkrone trägt sein Haupt, sondern die Krone eines Königs. Und auf seinem Gewand um die Hüften ist sein Name geschrieben: „König aller Könige und Herr aller Herren." (Offb 19,12.16)

Angst und Schrecken aber erfaßt jene, die Jesus nicht als ihren Herrn und Heiland angenommen und sich geweigert haben, ihm Gehorsam zu leisten. Christus hatte um sie geworben: „Kehrt nun um von euren bösen Wegen. Warum wollt ihr sterben?" (Hes 33,11). Doch nun ist es zu spät.

„Und die Könige auf Erden und die Großen und die Obersten und die Reichen und die Gewaltigen und alle Sklaven und alle Freien verbargen sich in den Klüften und Felsen der Berge und sprachen zu den Bergen und Felsen: ‚Fallt über uns und verbergt uns vor dem Angesicht dessen, der auf dem Thron sitzt, und vor dem Zorn des Lammes! Denn es ist gekommen der große Tag ihres Zorns, und wer kann bestehen?'" (Offb 6,15-17)

Doch der Jubel derer, die schon lange auf Christus gewartet haben, ist stärker als das verzweifelte Schreien der Verlorenen. Mit dem Kommen des Erlösers findet die Geschichte des Volkes Gottes ihren krönenden Abschluß. Der Augenblick der Befreiung ist da, und anbetend rufen sie: „Siehe, das ist unser Gott, auf den wir hofften, daß er uns helfe. Das ist der Herr, auf den wir hofften; laßt uns jubeln und fröhlich sein über sein Heil." (Jes 25,9)

Jesus nähert sich der Erde und ruft die im Glauben Verstorbenen aus ihren Gräbern. Er sendet seine Engel in alle Himmelsrichtungen, um „seine Auserwählten" zu sammeln (Mt 24,31). Sie hören seine Stimme und kommen aus ihren Gräbern hervor. Was für ein unvorstellbarer Augenblick!

Danach werden die noch lebenden Gläubigen verwandelt „plötzlich, in einem Augenblick" (1 Ko 15,52), und Gott verleiht ihnen Unsterblichkeit. Zusammen mit den auferweckten Heiligen werden sie „entrückt ... auf den Wolken in die Luft", um ihrem Herrn zu begegnen und auf ewig mit ihm vereint zu sein (1 Th 4,16.17).

Die Gewißheit der Wiederkunft Christi

Für die Apostel und die urchristliche Gemeinde war Christi Wiederkunft die „selige Hoffnung" (Tit 2,13; vgl. Hbr 9,28). Sie warteten darauf, daß alle Prophezeiungen der Heiligen Schrift bei Jesu Wiederkunft ihre Erfüllung finden (2 Pt 3,13; vgl. Jes 65,17); darin sahen sie das Ziel ihrer christlichen Pilgerfahrt.

Alle, die Christus von ganzem Herzen lieben, können diesen Tag kaum erwarten. Dann werden sie ihrem Herrn gegenüberstehen und fortan Gemeinschaft haben mit ihm und dem Vater, mit dem Heiligen Geist und den Engeln.

Das Zeugnis der Heiligen Schrift. Die Gewißheit des zweiten Kommens Christi gründet sich auf die absolute Zuverlässigkeit der Heiligen Schrift. Kurz vor seinem Tode sagte Jesus seinen Jüngern, er werde zum Vater zurückkehren, um für sie eine Stätte vorzubereiten; und er versprach: „Dann werde ich zurückkommen." (Jo 14,3 GN)

Christi erstes Kommen auf diese Welt war vorhergesagt worden; und die Weissagungen über sein zweites Kommen ziehen sich durch die ganze Heilige Schrift. Bereits vor der Sintflut teilte Gott dem Urvater Henoch mit, daß Christus in Herrlichkeit erscheinen und mit der Sünde ein für allemal ein Ende machen werde: „Siehe, der Herr kommt mit seinen vielen tausend Heiligen, Gericht zu halten über alle und zu strafen alle Menschen für alle Werke ihres gottlosen Wandels, mit denen sie gottlos gewesen sind, und für all das Freche, das die gottlosen Sünder gegen ihn geredet haben." (Jud 14.15)

Tausend Jahre vor Christi Geburt sagte der Psalmdichter, daß der Herr erscheinen und sein Volk sammeln werde: „Unser Gott kommt und schweigt nicht. Fressendes Feuer geht vor ihm her und um ihn her ein mächtiges Wetter. Er ruft Himmel und Erde zu, daß er sein Volk richten wolle: ‚Versammelt mir meine Heiligen, die den Bund mit mir schlossen beim Opfer.'" (Ps 50,3-5)

Christi Jünger waren glücklich über die Verheißung seiner Wiederkunft. In all den Schwierigkeiten, die sie durchzustehen hatten, erwuchsen ihnen Kraft und Mut aus diesem Versprechen. Ihr Herr würde wiederkommen und sie ins Haus seines Vaters führen!

Das erste Kommen Christi - Unterpfand seiner Wiederkunft. Jesu Wiederkunft ist eng verflochten mit seinem ersten Kommen. Wäre Christus nicht auf dieser Erde gewesen, dann hätte er auch nicht die Schlacht gegen Satan und Sünde für sich entscheiden können (vgl. Kol 2,15), dann gäbe es für uns keinen Grund zu glauben, daß er am Ende der Tage wiederkommen wird, um Satans Herrschaft über diese Welt zu beenden und die Schöpfung zu ihrer ursprünglichen Vollkommenheit zu erneuern. Da aber Jesus nachweislich erschienen ist, um „durch sein eigenes Opfer die Sünde aufzuheben", haben wir guten Grund zu glauben, daß er zum andern Mal „nicht der Sünde wegen erscheinen" wird, sondern für die, „die auf ihn warten, zum Heil" (Hbr 9,26.28).

Christi Wirksamkeit im Himmel. Die Offenbarung des Johannes macht deutlich, daß das himmlische Heiligtum für den Erlösungsplan von zentraler Bedeutung ist.[1]

---

[1] Siehe dazu Offenbarung 1,12.13; 3,12; 4,1-5; 5,8; 7,15; 8,3; 11,1.19; 14,15.17; 15,5.6.8; 16,1.17.

Alle Prophezeiungen, die besagen, daß Christus seinen abschließenden Dienst für die Sünder aufgenommen hat, festigen die Gewißheit, daß er wiederkommen und sein Volk in die himmlische Heimat führen wird (vgl. Kap. 23 in diesem Buch). Viele Christen, die auf Jesu Wiederkunft warten, sind ermutigt worden dadurch, daß Christus heute wirksam ist, um die Erlösung zu vollenden, die er am Kreuz vollbracht hat.

Die Art und Weise der Wiederkunft

Jesus sprach zu seinen Jüngern von Zeichen der Zeit, die darauf hindeuten, daß sein Kommen nahe bevorsteht. Zugleich warnte er davor, sich von falschen Vorstellungen täuschen zu lassen. Er sagte, daß vor seinem zweiten Kommen „falsche Christusse und falsche Propheten aufstehen und große Zeichen und Wunder tun" werden, „so daß sie, wenn es möglich wäre, auch die Auserwählten verführten". „Wenn dann jemand zu euch sagen wird: Siehe, hier ist der Christus! oder da!, so sollt ihr's nicht glauben." (Mt 24,24.23)

Wer vorgewarnt ist angesichts einer Gefahr, wird sich darauf einstellen. Damit die Gläubigen zwischen der echten und einer vorgetäuschten Wiederkunft Christi zu unterscheiden wissen, nennt die Bibel bestimmte Einzelheiten über die Art und Weise dieses Geschehens.

Christus erscheint wirklich und persönlich. Als Jesus bei seiner Himmelfahrt von einer Wolke aufgenommen wurde, sprachen zwei Engel zu den Jüngern, die ihrem entschwundenen Herrn noch immer nachschauten: „Ihr Männer von Galiläa, was steht ihr da und seht zum Himmel? Dieser Jesus, der von euch weg gen Himmel aufgenommen wurde, wird so wiederkommen, wie ihr ihn habt gen Himmel fahren sehen." (Apg 1,11)

Der Herr, der sie eben verlassen hatte – ein Wesen aus Fleisch und Blut und nicht ein Geist (vgl. Lk 24,36-43) –, wird zur Erde zurückkehren. Und dieses Wiederkommen wird so buchstäblich und persönlich erfolgen wie seine Himmelfahrt.

Christus erscheint sichtbar. Christi Wiederkunft wird für die Gläubigen nicht eine innere geistige oder geistliche und unsichtbare

Erfahrung sein, sondern eine wirkliche Begegnung mit einer sichtbaren Person. Jesus räumte alle Zweifel bezüglich seiner Wiederkunft aus, indem er seine Jünger davor warnte, sich von einer angeblich geheimen Wiederkunft täuschen zu lassen (Mt 24,27).

Die Schrift bestätigt, daß Gläubige wie Ungläubige Zeugen dieses Kommens sein werden. Johannes schrieb: „Siehe, er kommt mit den Wolken, und es werden ihn sehen alle Augen ..." (Offb 1,7) Und Jesus beschreibt auch, wie sich die Ungläubigen verhalten werden: „Dann werden wehklagen alle Geschlechter auf Erden und werden sehen den Menschensohn kommen auf den Wolken des Himmels mit großer Kraft und Herrlichkeit." (Mt 24,30)

Christus erscheint hörbar. Die Vorstellung von einer weltweiten Wahrnehmung der Wiederkunft Christi wird durch biblische Aussagen bestätigt. Sie bezeugen, daß sein Erscheinen nicht nur sichtbar, sondern auch hörbar sein wird. „Er selbst, der Herr, wird, wenn der Befehl ertönt, wenn die Stimme des Erzengels und die Posaune Gottes erschallen, herabkommen vom Himmel." (1 Th 4,16) Die „hellen Posaunen" begleiten die Sammlung seines Volkes (Mt 24,31). Das alles hat absolut nichts mit geheimen Vorgängen zu tun.

Christus erscheint in Herrlichkeit. Christus kommt als Sieger, mit Kraft und „in der Herrlichkeit seines Vaters mit seinen Engeln" (Mt 16,27; 24,30). In der Offenbarung malt Johannes die Wiederkunft Christi mit kräftigen Farben aus. Er stellt den Herrn dar, reitend auf einem weißen Pferd als Führer der riesigen Streitmacht des Himmels. Die himmlische Herrlichkeit des erhöhten Christus wird damit anschaulich gemacht (Offb 19,11-16).

Christus kommt überraschend wieder. Alle, die sehnsüchtig auf den Herrn warten, werden erkennen, wann sein Kommen nahe ist (vgl. 1 Th 5,4-6). Im Blick auf die übrige Menschheit aber sagt Paulus: „Ihr selbst wißt genau, daß der Tag des Herrn kommen wird wie ein Dieb in der Nacht. Wenn sie sagen werden: Es ist Friede, es hat keine Gefahr –, dann wird sie das Verderben schnell überfallen wie die Wehen eine schwangere Frau, und sie werden nicht entfliehen." (1 Th 5,2.3; vgl. Mt 24,43)

Paulus verglich das überraschende Erscheinen des Herrn mit dem Vorgehen eines Diebes. Manche Ausleger meinen daraus schließen zu können, der Heiland werde im geheimen, also unsichtbar, erscheinen. Solch eine Vorstellung aber widerspricht den Aussagen der Bibel über Christi Wiederkunft in Herrlichkeit (vgl. Offb 1,7). Paulus behauptet nicht, daß Christus heimlich kommt, sondern daß der Zeitpunkt seines Kommens so unerwartet da sein wird wie ein Dieb.

Christus und Paulus stimmen völlig überein. Als der Herr sein Erscheinen mit dem Untergang der vorsintflutlichen Welt verglich, sagte er zu seinen Jüngern: „Wenn der Menschensohn kommt, wird es auf der Erde zugehen wie zur Zeit Noahs, als die große Flut hereinbrach. Auch damals lebten die Menschen so weiter, wie sie immer gelebt hatten: Essen, Trinken und Frauen waren ihr einziger Lebensinhalt. Selbst als Noah in die Arche stieg, glaubten die Leute nicht an das Unheil, bis die Flut sie alle mit sich riß. So wird es auch beim Kommen des Menschensohnes sein." (Mt 24,37-39, Hfa)

Obwohl Noah jahrelang vor der angekündigten Wasserflut gewarnt hatte, wurden damals fast alle Bewohner der Erde davon überrascht. Es gab nur zwei Gruppen von Menschen: die eine glaubte den Worten Noahs, ging in die Arche hinein und fand dadurch Rettung. Die andere wollte draußen bleiben, was zur Folge hatte, daß sie von der Flut hinweggerafft wurde (vgl. Vers 39).

Ein umwälzendes Geschehen. Wie der Vergleich mit der Flut, so besagt auch Nebukadnezars Traum vom Standbild, daß Christus sein ewiges Reich der Herrlichkeit unter umwälzenden Ereignissen aufrichten wird (siehe Kap. 4 dieses Buches). Bekanntlich sah Nebukadnezar im Traum eine große Statue:

„Das Haupt dieses Bildes war von feinem Gold, seine Brust und seine Arme waren von Silber, sein Bauch und seine Lenden waren von Kupfer, seine Schenkel waren von Eisen, seine Füße waren teils von Eisen und teils von Ton. Das sahst du, bis ein Stein herunterkam, ohne Zutun von Menschenhänden; er traf das Bild an seinen Füßen, die von Eisen und Ton waren, und zermalmte sie. Da wurden miteinander zermalmt Eisen, Ton, Kupfer, Silber und Gold und wurden wie Spreu auf der Sommertenne, und der Wind verwehte sie ... Der Stein aber, der das Bild zerschlug, wurde zu einem großen Berg, so daß er die ganze Welt füllte." (Da 2,32-35)

Gott führte Nebukadnezar einen Abriß der Weltgeschichte vor Augen. Bis zum Beginn von Christi ewigem Reich (dem Stein) würden vier bedeutende Weltreiche sowie eine Reihe teils starker, teils schwacher Reiche aufeinander folgen.

Seither haben Ausleger diese Reiche als (Neu-) Babylon (605-539 v. Chr.), Medo-Persien (539-331 v. Chr.), Griechenland (331-168 v. Chr.) und Rom (168 v. Chr. bis 476 n. Chr.) gedeutet.[1] Gemäß der Weissagung folgte dem römischen Weltreich kein weiteres; vielmehr brach es im vierten und fünften nachchristlichen Jahrhundert auseinander in eine Anzahl kleinerer Reiche, aus denen sich die Völker Europas entwickelten.

Durch die Jahrhunderte haben immer wieder mächtige Herrscher – z. B. Karl der Große, Karl V., Napoleon, Kaiser Wilhelm und Hitler – versucht, erneut ein Weltreich zu schaffen. Doch jeder von ihnen mußte scheitern, denn die Prophezeiung lautet: „Sie werden nicht aneinander festhalten". (Da 2,43)

Nebukadnezars Traum weist schließlich auf den Höhepunkt der Weltgeschichte: die Errichtung des ewigen Gottesreiches. Jener Stein, der ohne Zutun von Menschenhand herabfällt, ist Sinnbild des Reiches Christi in Herrlichkeit (vgl. Da 2,44.45 mit Da 7,14.27 und Offb 11,15), das ohne menschliches Zutun mit Jesu Wiederkunft beginnt.

Christi Reich wird nicht als eines neben irgendwelchen anderen Weltreichen bestehen. Als der Herr zur Zeit der Römerherrschaft auf dieser Erde lebte, war die Zeit für das Herabfallen des Steines, der alle irdischen Reiche vernichtet, noch nicht gekommen. Erst nach der Phase der zertrennten Nationen, versinnbildlicht durch Eisen und Ton an den Füßen des Standbilds, wird Christi Reich entstehen. Es soll bei der Wiederkunft errichtet werden, wenn Christus die Gerechten von den Ungerechten trennt (Mt 25,31-34).

Wenn der Stein fällt, wird er „das Bild an seinen Füßen" treffen und damit „alle diese Königreiche zermalmen und zerstören; aber es selbst wird ewig bleiben". Die so „zermalmten" irdischen Reiche

---

[1] L. E. Froom, „Prophetic Faith of Our Fathers", Bd. 1, S. 456, 894; Bd. 2, S. 528, 784; Bd. 3, S. 252, 744; Bd. 4, S. 396, 846. Siehe auch Kap. 23 dieses Buches.

aber werden wie „Spreu auf der Sommertenne" vom Winde verweht werden (Da 2,34.44.35).

Wer wollte da bezweifeln, daß Christi zweites Kommen ein Ereignis sein wird, das alles Vorstellbare weit übertrifft?

Ereignisse bei der Wiederkunft Christi

Bei Christi Wiederkunft wird es nur noch zwei Menschengruppen geben: jene, die den Herrn und die Erlösung angenommen haben, und die anderen, die sich abgewandt haben von ihm.

Die Sammlung der Auserwählten. Zur Aufrichtung des ewigen Reiches Christi gehört die Sammlung der Auserwählten (Mt 24,31; 25,31-34; Mk 13,27). Jesus hat ihnen himmlische Wohnungen bereitet (Jo 14,3).

Wenn ein Regent einen Staatsbesuch unternimmt, kann er naturgemäß nur von einer begrenzten Anzahl von Personen willkommen geheißen werden. Wenn dagegen Jesus Christus wiederkommt, werden alle Gläubigen, die je auf Erden gelebt haben, zugegen sein – unabhängig von Herkunft, Alter, Geschlecht, Bildung, Nationalität oder wirtschaftlichem und gesellschaftlichem Status. Zwei Voraussetzungen ermöglichen diese einzigartige Situation: die Auferstehung der im Glauben Verstorbenen und die Verwandlung der noch lebenden Gläubigen.

1. Die Auferstehung der in Christus Entschlafenen. Beim Klang der Posaune, die Christi Kommen ankündigt, werden die entschlafenen Gerechten unverweslich, also unsterblich, auferweckt werden (1 Ko 15,52.53). „Zuerst werden die Toten, die in Christus gestorben sind, auferstehen." (1 Th 4,16) Sie werden also auferweckt, *bevor* die dann noch lebenden Gerechten entrückt werden, um beim Herrn zu sein.

Die Auferstandenen werden mit ihren Angehörigen wiedervereint und jubeln gemeinsam: „Das Leben hat den Tod überwunden! Tod, wo ist dein Sieg? Tod, wo bleibt nun dein Schrecken?" (1 Ko 15,54.55 GN) Nicht mit dem kranken, gealterten oder verstümmelten Leib stehen sie auf, der einst ins Grab gesenkt wurde. Ihre neugeschaffenen unsterblichen Körper tragen auch nicht mehr den

Makel der Sünde. Die Auferstandenen erleben nun an sich selbst, wie Christus sein Werk der Erneuerung vollendet. Ihr Geist, Seele und Leib sind ein Abbild der Vollkommenheit Gottes (1 Ko 15,42-54; siehe Kap. 25 in diesem Buch).

2. Die Verwandlung der lebenden Gerechten. Während die im Glauben Verstorbenen auferweckt werden, erfahren jene Gläubigen, die bei Jesu zweitem Kommen noch am Leben sind, am eigenen Leibe das Wunder der Verwandlung. „Denn dies Verwesliche muß anziehen die Unverweslichkeit, und dies Sterbliche muß anziehen die Unsterblichkeit." (1 Ko 15,53)

Bei Christi Wiederkunft hat keine Gruppe der Gläubigen einen Vorteil gegenüber der anderen. Paulus bezeugt, daß die lebend verwandelten Gläubigen zugleich mit den auferstandenen Heiligen „entrückt werden auf den Wolken in die Luft, dem Herrn entgegen; und so werden wir bei dem Herrn sein allezeit" (1 Th 4,17; vgl. Hbr 11,39.40). Folglich werden alle Gläubigen an der großen Sammlung bei Jesu Wiederkunft teilhaben.

Der Tod der Ungläubigen. Für die Erlösten beginnt mit dem zweiten Kommen Christi die Zeit ungetrübter Freude. Die Verlorenen dagegen werden von tödlichem Schrecken erfaßt. Sie haben der Liebe Christi sowie seiner Einladung, sich erlösen zu lassen, so lange widerstanden, bis sie schließlich in allerlei Verführung verstrickt waren (vgl. 2 Th 2,9-12; Rö 1,28-32).

Wenn sie nun in dem, den sie verworfen haben, den König der Könige und Herrn aller Herren erkennen müssen, wird ihnen bewußt, daß sich ihr Verhängnis erfüllt. Aus Furcht und Verzweiflung haben sie nur den einen Wunsch, unter Steinen und Felsen begraben zu werden, um Gott nicht begegnen zu müssen (Offb 6,15.16).

Zu jener Zeit wird der allmächtige Gott Babylon vernichten, die unheilige Vereinigung aller abgefallenen Kirchen. „Mit Feuer wird sie verbrannt werden." (Offb 18,8) Den „Anführer" dieses Bündnisses – das Geheimnis der Gesetzlosigkeit, den Gesetzlosen – wird der Herr Jesus „umbringen durch seine Erscheinung, wenn er kommt" (2 Th 2,8). Und jene Mächte, die aller Welt das Malzeichen des Tieres aufgezwungen haben (vgl. Kap. 12 in diesem Buch), werden „lebendig ... in den Feuersee geworfen, der mit Schwefel brennt"

(Offb 19,20 EB). Die übrigen Ungerechten werden „getötet mit dem Schwert, das aus dem Munde dessen hervorging, der auf dem Pferd saß", also von Jesus Christus selbst (Offb 19,21 EB).

Die Zeichen des baldigen Kommens Christi

Die Bibel beschreibt nicht nur Sinn und Ziel der Wiederkunft Jesu, sondern nennt auch die Zeichen, die auf die Nähe des Geschehens hindeuten, das die Weltgeschichte zum Abschluß bringt. Die ersten erschienen etwa 1700 Jahre nach Christi Himmelfahrt; andere folgten und dienen bis heute als Bestätigung dafür, daß Jesu Kommen nahe ist.

Zeichen an der Natur. Christus sagte voraus, daß „Zeichen geschehen" werden „an Sonne und Mond und Sternen" (Lk 21,25). In Markus 13,24-26 finden wir genauere Hinweise: „Aber zu jener Zeit, nach dieser Bedrängnis, wird die Sonne sich verfinstern und der Mond seinen Schein verlieren, und die Sterne werden vom Himmel fallen, und die Kräfte der Himmel werden ins Wanken kommen. Und dann werden sie sehen den Menschensohn kommen in den Wolken mit großer Kraft und Herrlichkeit." Johannes fügt hinzu, daß er ein gewaltiges Erdbeben bemerkte, das sich vor dem Eintreffen der Zeichen an Sonne, Mond und Sternen ereignen sollte (Offb 6,12). Diese Zeichen waren ein Hinweis darauf, daß die 1260jährige Verfolgungszeit zu Ende ging (siehe Kap. 12 in diesem Buch).

1. Die Erde erbebt. Am 1. November 1755 traf als Erfüllung dieser Prophezeiung das Erdbeben von Lissabon ein, „das größte bekannte Erdbeben".[1] Die Auswirkungen waren auf einer Fläche von über zehn Millionen Quadratkilometern in Europa, Afrika und sogar Amerika zu spüren. Das Zentrum des Bebens lag in Lissabon/Portugal, wo innerhalb weniger Minuten fast alle Gebäude – von den Hütten der Armen bis zu den Palästen der Reichen – eingeebnet wurden und rund 50 000 Menschen umkamen.[2]

---

[1] G. I. Eiby, „Earthquakes", Van Nostrand, New York, NY, 1980, S. 164.

[2] Siehe z. B. Sir Charles Lyell, „Principles of Geology", James Kay, Jun. & Brother, Philadelphia, PA, 1837, Bd. 1, S. 416-419; „Lisbon", „Encyclopaedia Americana", Francis Lieber (Hg.), Carey and Lea, Philadelphia, PA, 1831, S. 10; W. H. Hobbs, „Earthquakes", D. Appleton and Co., New York, 1907, S. 143; T. Hun-

Waren die Zerstörungen in der Natur schon schlimm genug, so waren die Auswirkungen jenes Bebens auf das Denken der Menschen damals noch einschneidender. Viele sahen darin ein prophetisches Zeichen für das nahe Weltende[1] und befaßten sich nun ernsthaft mit dem Gericht Gottes in den letzten Tagen. Das Erdbeben von Lissabon führte zu einem vertieften Studium der Prophetie.

2. Zeichen an Sonne und Mond. 25 Jahre danach geschah das nächste Zeichen, das im prophetischen Wort vorausgesagt war: die Verfinsterung von Sonne und Mond. Das sollte nach Christi Worten eintreten, wenn die Zeit der großen Trübsal endete, die 1260 Jahre andauernde Verfolgung durch die päpstliche Macht (Mt 24,29; siehe auch Kap. 12 dieses Buches).

In diesem Zusammenhang sagte Jesus auch, daß die den Zeichen vorangehende Trübsal verkürzt würde (Mt 24,21.22). Durch die Reformation und die von ihr ausgelöste Bewegung wurde die päpstliche Verfolgung tatsächlich abgekürzt; in der Mitte des 18. Jahrhunderts hatte sie fast völlig aufgehört.

In Erfüllung der Prophezeiung Jesu (vgl. Mt 24,29 u. a.) legte sich am 19. Mai 1780 eine außergewöhnliche Finsternis auf den nordöstlichen Teil Amerikas.[2] Timothy Dwight, der damalige Präsident der Yale-Universität, erinnerte sich: „Der 19. Mai 1780 war ein bemerkenswerter Tag. In vielen Häusern wurden Kerzen angezündet, die Vögel sangen nicht und verschwanden, und die Hühner suchten ihre Schlafstangen auf ... Allgemein glaubte man, daß das Jüngste Gericht angebrochen sei."[3]

---

ter, „An Historical Account of Earthquakes Extracted from the Most Authentic Historians", R. Williamson, Liverpool, 1756, S. 54-90; vgl. E. G. White, „Der große Kampf", S. 304.305. In frühen Berichten war von 100.000 Toten die Rede. Modernen Nachschlagewerken zufolge waren es 60.000.

[1] Siehe J. Biddolf, „A Poem on the Earthquake at Lisbon", W. Owen, London, 1755, S. 9, aus „Source Book", S. 358; L. E. Froom „Prophetic Faith of Our Fathers", Bd. 2, S. 674-677. Am 6. Febr. 1756 hielt die anglikanische Kirche einen Tag des Fastens und des Gedenkens an dieses Erdbeben. Siehe auch T. D. Kendrick, „The Lisbon Earthquake", Methuen & Co. Ltd., London, 1955, S. 72-164.

[2] E. G. White, „Der große Kampf", S. 309-312.

[3] T. Dwight, in „Connecticut Historical Collections", J. W. Barber (Hg.), 2. Aufl., Durrie & Peck and J. W. Barber, New Haven, CT, 1836, S. 403, auch „Source Book", S. 316.

Samuel Williams von der Harvard-Universität berichtete, daß „die Dunkelheit ‚zwischen zehn und elf Uhr mit einer Wolkenformation aus dem Südwesten hereinbrach und daß sie bis in die Mitte der nächsten Nacht' anhielt. Die Intensität und Länge dieser Finsternis war von Ort zu Ort unterschiedlich. In manchen Orten war es ‚den Leuten nicht möglich, Gedrucktes im Freien zu lesen.'"[1]

Samuel Tenny vertrat die Meinung, daß die „Finsternis des darauffolgenden Abends nie dichter gewesen sei, seit der Allmächtige das Licht erschaffen hat ... Wäre jeder erleuchtete Stern im All in undurchdringlichen Schatten gehüllt gewesen oder hätte er aufgehört zu existieren, so hätte die Finsternis nicht dichter sein können."[2]

Um neun Uhr an jenem Abend war zwar Mondaufgang – es herrschte gerade Vollmond –, doch bis nach Mitternacht blieb es total finster. Als der Mond schließlich sichtbar wurde, war er blutrot.

Johannes, der Verfasser der Offenbarung, hat diese aufsehenerregenden Ereignisse vorhergesehen. Er schrieb, daß nach dem großen Erdbeben „die Sonne ... finster wie ein schwarzer Sack" wurde und „der ganze Mond ... wie Blut" erschien (Offb 6,12).

3. Der große Sternenfall. Sowohl Christus wie auch Johannes hatten zudem von einem Sternenfall gesprochen, der die Nähe des Kommens Jesu bestätigen würde (Offb 6,13; vgl. Mt 24,29). Diese Prophezeiung erfüllte sich durch den großen Meteoritenregen vom 13. November 1833; es war die bedeutendste uns bekannt gewordene Erscheinung fallender Sterne.

Man schätzte, daß in einer Stunde rund 60 000 fallende Meteoriten gesehen werden konnten.[3] Dieser Sternenfall war von Kanada bis Mexiko und von der Atlantik- bis zur Pazifikküste zu beobach-

---

[1] S. Williams, „An Account of a Very Uncommon Darkness in the State of New-England, May 19, 1780", aus „Memoirs of the American Academy of Arts and Sciences: to the End of the Year 1783", Adams and Nourse, Boston, MA, 1785, Bd. 1, S. 234.235. Siehe auch „Source Book", S. 315.

[2] Brief von Samuel Tenny, Exeter, NH, Dez. 1785, aus „Collections of the Massachusetts Historical Society for the Year 1792", Belknap and Hall, Boston, MA, 1792, Bd. 1, S. 97.

[3] P. M. Millman, „The Falling of the Stars" in „The Telescope", 7/1940, S. 60. Siehe auch L. E. Froom „Prophetic Faith of Our Fathers", Bd. 4, S. 295.

ten.¹ Viele Christen sahen darin eine Erfüllung der biblischen Voraussage.²

Nach einem Augenzeugenbericht „war kaum ein Platz am Himmel zu finden, der nicht zu jeder Zeit mit jenen herabfallenden Sternen ausgefüllt gewesen ist; auch konnte man an ihm keine irgendwie gearteten Unterschiede erkennen, außer daß die Meteoriten von Zeit zu Zeit in ganzen Schwärmen herabfielen, einem ‚Feigenbaum nicht unähnlich, wie er bei starkem Wind seine noch nicht ausgereiften Früchte abwirft.'"³

Christus hatte diese Zeichen genannt, um seinen Nachfolgern die Nähe seiner Wiederkunft vor Augen zu führen. Dieses Wissen sollte sie mit freudiger Erwartung erfüllen und anregen zur Vorbereitung auf das Kommen des Herrn. „Wenn aber dieses anfängt zu geschehen", sagte er, „dann seht auf und erhebt eure Häupter, weil sich eure Erlösung naht." (Lk 21,28) Und in einem Gleichnis fügte er hinzu: „Seht doch den Feigenbaum an oder die anderen Bäume. Wenn die ersten Blätter herauskommen, dann erkennt ihr daran, daß der Sommer bald da ist. So ist es auch, wenn ihr diese Dinge kommen seht. Dann wißt ihr, daß die neue Welt Gottes nahe ist." (Lk 21,29-31 GN)

Erde, Sonne, Mond und Sterne bezeugten also in der vorgegebenen Reihenfolge und zu der von Christus vorausgesagten Zeit eindeutig die Nähe seiner Wiederkunft. Dadurch wurde die Aufmerksamkeit vieler Menschen auf die Prophezeiungen gerichtet.

Zeichen in der religiösen Welt

Die Heilige Schrift hat eine Anzahl bemerkenswerter Vorgänge auch im religiösen Bereich vorausgesagt und die Zeit unmittelbar vor Christi Wiederkunft deutlich gekennzeichnet.

---

[1] D. Olmsted, „Letters on Astronomy", S. 348.349; auch „Source Book", S. 410.411.
[2] L. E. Froom „Prophetic Faith of Our Fathers", Bd. 4, S. 297-300; vgl. E. G. White, „The Great Controversy", S. 333.334.
[3] Das Phänomen aus Bowling Green, Missouri, beobachtet, beschrieben in „Salt River Journal", 20. Nov. 1780; auch „American Journal of Science and Arts", B. Silliman (Hg.), 25/1834, S. 382.

DIE WIEDERKUNFT CHRISTI

1. Eine große geistliche Erweckung. So wie in der Offenbarung angekündigt, entfaltet sich vor Jesu Wiederkunft eine weltweite religiöse Bewegung. In einer Vision schaute Johannes einen Engel, der vor dem Kommen Christi auftritt:

„Und ich sah einen andern Engel fliegen mitten durch den Himmel, der hatte ein ewiges Evangelium zu verkündigen denen, die auf Erden wohnen, allen Nationen und Stämmen und Sprachen und Völkern. Und er sprach mit großer Stimme: ‚Fürchtet Gott und gebt ihm die Ehre; denn die Stunde seines Gerichts ist gekommen! Und betet an den, der gemacht hat Himmel und Erde und Meer und die Wasserquellen.'" (Offb 14,6.7)

Die Botschaft selbst gibt den Hinweis, wann sie verkündigt werden soll. Das ewig gültige Heilsangebot ist Jahrhunderte hindurch verbreitet worden. Aber die Botschaft, die nun den im Evangelium enthaltenen Gedanken des Gerichts betont, kann nur in der Zeit des Endes weitergegeben werden, denn sie weist darauf hin, daß „die Stunde seines Gerichts ... gekommen" ist.

Das Buch Daniel sollte nach der darin enthaltenen Aussage erst am Ende der Zeiten entsiegelt werden (Da 12,4); dann würden die Menschen die noch verborgenen Geheimnisse verstehen. Diese Entsiegelung erfolgte, als mit der Gefangennahme des Papstes 1798 die 1260 Jahre der päpstlichen Vorherrschaft zu Ende gingen.

Gefangennahme und Exil des Papstes und die genannten Zeichen in der Natur veranlaßten viele Christen, die Prophezeiungen über das zweite Kommen Jesu näher zu untersuchen. Das führte zu einem tiefen Verständnis des prophetischen Wortes.

Durch die Betonung des zweiten Kommens Christi kam es zu der weltweiten Erneuerung der Adventhoffnung. Ähnlich wie das Zeitalter der Reformation in verschiedenen Ländern zugleich anbrach, so geschah es auch in der Adventbewegung. Die zeitgleich neubelebte Wiederkunftserwartung ist ein deutliches Zeichen für die Nähe des Kommens Christi.

Wie Johannes der Täufer den Weg für das erste Kommen Jesu ebnete, so will die Adventbewegung auf sein zweites Kommen vorbereiten. Das geschieht durch die Verkündigung der Botschaft aus Offenbarung 14,6-12, Gottes letzten Aufruf, sich endlich auf die herrliche Erscheinung des Heilands vorzubereiten (siehe Kap. 12 und 23 in diesem Buch).[1]

2. Die Verkündigung des Evangeliums. Gott „hat einen Tag festgesetzt, an dem er den Erdkreis richten will mit Gerechtigkeit" (Apg 17,31). Als Jesus vom Ende der Welt sprach, sagte er nichts davon, daß sich dann alle Menschen bekehrt haben würden, aber „es wird gepredigt werden dies Evangelium vom Reich in der ganzen Welt zum Zeugnis für alle Völker, und dann wird das Ende kommen" (Mt 24,14).

Statistiken bezüglich der Übersetzung und Verbreitung der Bibel in diesem Jahrhundert dokumentieren die Ausweitung der Evangeliumsverkündigung. Um das Jahr 1900 war die Bibel in 537 Sprachen erhältlich; 1995 war sie ganz oder teilweise in 2123 Sprachen übersetzt. Entsprechend nahm die jährliche Verbreitung der Heiligen Schrift zu: sie stieg von 5,4 Millionen Bibeln im Jahr 1900 auf 17,7 Millionen Bibeln und 547 Millionen Bibelteile im Jahre 1995.[2]

Ferner ist zu erwähnen, daß die christliche Mission heute über vielfältige Mittel verfügt, um ihren Auftrag zu erfüllen: Hilfsorganisationen, Schulen, Ambulanzen, Krankenhäuser und Kliniken, eingeborene und auswärtige Mitarbeiter. Radio- und Fernsehsender verbreiten die Botschaft, starke Kurzwellensender tragen das Evangelium praktisch in jedes Land der Erde.

Werden diese einzigartigen Möglichkeiten unter der Führung des Heiligen Geistes verantwortungsbewußt eingesetzt, dann ist die weltweite Verkündigung der Frohen Botschaft in unserer Zeit ein durchaus realistisches Ziel.

Als Siebenten-Tags-Adventisten verkündigen wir das Evangelium in über siebenhundert Sprachen und in mehr als tausend Dialekten. Wir sind in 209 von 236 Nationen vertreten. Etwa neunzig Prozent unserer Glieder leben außerhalb der Vereinigten Staaten.[3]

---

[1] Siehe L. E. Froom „Prophetic Faith of Our Fathers", Bd. 4; G. Damsteegt, „Foundations of the Seventh-day Adventist Message and Mission".

[2] Nach Presse-Informationen der Deutschen Bibelgesellschaft (Stuttgart) vom 14. Februar und 18. März 1996.

[3] G. R. Knight, „In Erwartung seines Kommens – Eine Kurzgeschichte der Siebenten-Tags-Adventisten", Advent-Verlag, Lüneburg, 1994, S. 141.

Da nach unserer Überzeugung medizinische und pädagogische Institutionen ein wesentlicher Bestandteil der Evangeliumsverkündigung sind, unterhalten wir als Gemeinschaft 152 Sanatorien und Krankenhäuser, 330 Kliniken und Sanitätsstationen, 30 Flugzeuge und Schiffe im ärztlichen Dienst, 95 Alten-, Kinder- und Waisenheime, 33 Gesundkost-Fabriken, 86 Colleges, Universitäten, medizinische Hochschulen, 1040 höhere und weiterführende Schulen, 4572 Grundschulen.

56 gemeinschaftseigene Verlagshäuser drucken Schrifttum in 219 Sprachen, 1208 Radio- und 1274 Fernsehstationen verbreiten die Gute Nachricht in der ganzen Welt. Der Geist Gottes hat unsere missionarischen Bemühungen reich gesegnet.[1]

3. Geistlicher Niedergang. Daß das Evangelium weltweit verkündigt wird, bedeutet nicht notwendigerweise eine Zunahme an wahrem Glauben – im Gegenteil. Die Heilige Schrift sagt für das Ende der Zeiten einen geistlichen Niedergang voraus.

„Das eine sollst du noch wissen", schrieb Paulus an Timotheus, „in den letzten Tagen dieser Welt werden schreckliche Zeiten kommen. Dann werden die Menschen nur sich selbst und ihr Geld lieben. Wichtigtuerei und maßlose Selbstüberschätzung werden sie ebenso kennzeichnen wie Verleumdung, Ungehorsam ihren Eltern gegenüber, Undankbarkeit und Ehrfurchtslosigkeit. Lieblos und unversöhnlich werden sie sein, ihre Mitmenschen verleumden und hemmungslos leben, brutal und rücksichtslos. Sie hassen alles Gute und kennen keine Treue, diese unverschämten und aufgeblasenen Sprücheklopfer, die nur ihr Vergnügen und ihre Bequemlichkeiten im Kopf haben und von Gott nichts wissen wollen. Nach außen tun sie zwar, als seien sie fromm, aber von der Kraft des wirklichen Glaubens wissen sie nichts." (2 Tim 3,1-5 Hfa)

Eigensucht und die Konzentration auf materielle Dinge haben den Geist Christi aus dem Denken vieler Menschen verdrängt. Man will sich nicht mehr von den Geboten und Weisungen Gottes leiten lassen; die Gesetzlosigkeit hat die Oberhand. Jesus warnte davor,

---

[1] Die Fakten sind dem Informationsblatt „Auf einen Blick", Ausgabe 1996 entnommen (Stand 1.1.1995).

indem er sagte: „Weil die Ungerechtigkeit überhand nehmen wird, wird die Liebe in vielen erkalten." (Mt 24,12)

4. Wiedererstarken des Papsttums. Wie in der Offenbarung vorausgesagt, sollte eines der Häupter jenes Tieres, das das Papsttum versinnbildlicht, „tödlich verwundet" werden. „Doch die tödliche Wunde wurde heil." (Offb 13,3) Das Papsttum konnte eine deutliche Zunahme an Einfluß und öffentlicher Achtung registrieren. In der Tat: „Die ganze Erde wunderte sich über das Tier ... und beteten das Tier an" (Offb 13,3.4). Bereits heute sehen viele im Papst den moralischen Führer der Welt.

Der steigende Einfluß des Papsttums ist auch eine Folge davon, daß Christen die Autorität der Bibel durch Traditionen und menschliche Verhaltensnormen sowie wissenschaftliches Denken verdrängt haben. Die Christenheit wurde verwundbar, so daß der Widersacher „mit großer Kraft und lügenhaften Zeichen und Wundern" die Menschen verführt (2 Th 2,9).

Satan wird mit seinen Helfern ein unheiliges Bündnis zustande bringen – in der Offenbarung dargestellt unter den Sinnbildern Drache, Tier und falscher Prophet –, das eine weltweite Verführung inszeniert (Offb 16,13.14; vgl. Offb 13,13.14). Nur wer da die Bibel als persönliche Richtschnur annimmt, wer „die Gebote Gottes und den Glauben an Jesus" hält (Offb 14,12), wird der Verführung durch diese Allianz des Bösen widerstehen können.

Niedergang der religiösen Freiheit. Das Wiedererstarken des Papsttums hat nachhaltigen Einfluß auf die Christenheit. Die unter Opfern errungene Religionsfreiheit – garantiert durch die Trennung von Kirche und Staat – wird verwässert und schließlich ganz abgeschafft.

Jene vom Glauben abgefallene Macht wird mit Unterstützung von Regierungen versuchen, der Menschheit ihre Form der Anbetung aufzuzwingen. Schließlich wird sich jeder entscheiden müssen, ob er Gott treu bleiben und seine Gebote halten will oder ob er dem Tier und dessen Bild untertan sein möchte (Offb 14,6-12).

Der dadurch ausgeübte Druck wird auch zu wirtschaftlichen Zwängen führen: „... daß niemand kaufen oder verkaufen kann, wenn er nicht das Zeichen hat, nämlich den Namen des Tieres oder die Zahl seines Namens." (Offb 13,17) Schließlich müssen alle, die sich nicht fügen, mit der Todesstrafe rechnen (Offb 13,15). Doch Gott wird in dieser letzten Prüfungszeit eingreifen und jeden befreien, dessen Name im Lebensbuch steht (Da 12,1; vgl. Offb 3,5; 20,15).

Zunahme der Bosheit. Der Rückgang an geistlicher Gesinnung innerhalb der Christenheit sowie das Wiedererstarken des Papsttums haben im kirchlichen Bereich und auch im Leben der einzelnen Gläubigen dazu geführt, daß Gottes Wille immer mehr vernachlässigt wird. Viele sind der Auffassung, Christus habe das Gesetz abgeschafft und man sei nicht länger verpflichtet, es zu befolgen. Diese Mißachtung des göttlichen Gesetzes hat zu einer Zunahme an Verbrechen und unsittlichem Verhalten geführt.

1. Eine Welle der Kriminalität. Die Geringschätzung des Gesetzes Gottes, die inzwischen auch in der Christenheit um sich greift, hat dazu beigetragen, daß in der heutigen Gesellschaft Recht und Gesetz mißachtet werden. Überall auf der Welt nimmt die Kriminalität zu. In einem Korrespondentenbericht heißt es: „Wie in den Vereinigten Staaten, so nimmt das Verbrechertum in so gut wie allen anderen Staaten der Welt zu." Und: „Von London bis nach Moskau und Johannesburg wird die Kriminalität immer schneller zur Hauptbedrohung, die die Lebensweise vieler Menschen grundlegend verändert."[1]

2. Sexuelle „Revolution". Die geringe Achtung des göttlichen Gesetzes hat auch die Schranken von Reinheit und Moral durchbrochen. Die Folge ist sittlicher Niedergang. Sexualität ist zum Idol der Massen geworden, wird durch Film und Fernsehen, über Videos, Songs, Zeitschriften und die Werbung vermarktet.

Die sexuelle Revolution hat einen erschreckenden Anstieg der Scheidungsrate und des Zusammenlebens ohne Trauschein mit sich gebracht, ferner Verirrungen wie Partnertausch, sexuellen Mißbrauch von Kindern sowie eine Zunahme von Homosexualität bei Männern und Frauen. Außerdem kommt es zu Abtreibungen und

---

[1] „Abroad, Too, Fear Grips the Cities", U.S. News & World Report, 23. Feb. 1981, S. 65.

einem Anstieg der Geschlechtskrankheiten einschließlich der Immunschwäche AIDS.

Kriege und Katastrophen. Jesus machte deutlich, vor seiner Wiederkehr werde sich „ein Volk ... erheben gegen das andere und ein Reich gegen das andere, und es werden geschehen große Erdbeben und hier und dort Hungersnöte und Seuchen; auch werden Schrecknisse und vom Himmel her große Zeichen geschehen" (Lk 21,10.11; vgl. Mk 13,7.8; Mt 24,7).

Wenn das Ende naht und der Kampf zwischen den satanischen und göttlichen Kräften an Schärfe zunimmt, wird sich auch Zahl und Ausmaß der Katastrophen erhöhen. Jesu Voraussagen werden sich in ungeahnt deutlicher Weise erfüllen.

1. Kriege. Unter Kriegen haben die Menschen zu allen Zeiten gelitten, nie zuvor aber sind derart viele weltumspannend und verheerend geführt worden wie in unserem Jahrhundert. Die beiden Weltkriege kosteten mehr Opfer und Leiden als alle vorherigen Kriege zusammen.[1]

Viele sehen bereits, wie sich der nächste Weltkonflikt am Horizont abzeichnet. Die Schrecken des Zweiten Weltkrieges haben die Feindseligkeiten nicht ausgelöscht. Seit seinem Ende wurden „140 Kriege mit konventionellen Waffen ausgetragen, in denen bis zu zehn Millionen Menschen umgekommen sind".[2] Die Bedrohung durch einen weltumspannenden Atomkrieg hängt wie ein Damoklesschwert über uns.

2. Naturkatastrophen. Sie scheinen in den letzten Jahrzehnten zuzunehmen. Erdbeben und Unwetter ereignen sich Schlag auf Schlag. Viele fragen sich besorgt, wie die Natur dem standhalten kann oder ob nicht Klima- und Strukturveränderungen eintreten, die sich in Zukunft noch verstärken werden.[3]

---

[1] D. Singer/M. Small, „The Wages of War: 1816-1965. A Statistical Handbook", John Wiley & Sons, New York, NY, 1972, S. 66.67.

[2] Margaret Thatcher, zit. in E. W. Lefever/E. S. Hung, „The Apocalypse Premise", Ethics and Public Policy Center, Washington, D. C., 1982, S. 394 [seit dem Erscheinen dieses Buches haben weitere Kriege stattgefunden.]

[3] Siehe P. Recer, „Is Mother Nature Going Berserk?", U.S. News & World Report, 22. Feb. 1982, S. 66.

3. Hungersnöte. Auch Hungersnöte gab es in der Vergangenheit, doch nicht in solchem Ausmaß wie in unserem Jahrhundert. Nie zuvor waren so viele Millionen Menschen vom Hungertod bedroht, nie zuvor litten so viele Kinder unter den Folgen der Mangelernährung.[1] Die Zukunftsaussichten sind düster. Das schreckliche Ausmaß der Hungerkatastrophen heute ist ein deutliches Signal dafür, daß Christus bald wiederkommt.

Jederzeit bereit sein

Die Heilige Schrift bezeugt das an vielen Stellen. Doch wann wird Jesus kommen? In einem Jahr, in fünf, in zehn, in zwanzig Jahren? Niemand weiß das. Der Herr selbst erklärte: „Von dem Tag aber und von der Stunde weiß niemand, auch die Engel im Himmel nicht, auch der Sohn nicht, sondern allein der Vater." (Mt 24,36)

Gegen Ende seines irdischen Lebens erzählte Jesus das Gleichnis von den zehn Jungfrauen. Damit wollte er die Erfahrung der Gemeinde in den letzten Tagen darstellen. Die zwei Gruppen von Jungfrauen stehen für zwei Gruppen von Gläubigen, die vorgeben, auf ihren Herrn zu warten. Sie werden Jungfrauen genannt, weil sie einen reinen Glauben ausleben. Ihre Lampen stellen Gottes Wort dar, das Öl ist Sinnbild des Heiligen Geistes.

Auf den ersten Blick erscheinen beide Gruppen gleich: Beide haben sich aufgemacht, dem Bräutigam zu begegnen, beide haben Öl in ihren Lampen, und auch in ihrem Verhalten scheinen sie sich nicht zu unterscheiden. Sie alle kennen die Botschaft von Christi baldigem Kommen und freuen sich darauf. Doch dann tritt jene Verzögerung ein, durch die der Glaube geprüft wird.

Um Mitternacht, zur dunkelsten Stunde der Weltgeschichte, werden sie plötzlich aufgeschreckt durch den Ruf: „Der Bräutigam kommt, geht ihm entgegen!" (Mt 25,6 GN) Nun erst wird der Unterschied zwischen beiden Gruppen deutlich; einige sind nicht be-

---

[1] Ein spezieller Nachtrag der Vereinten Nationen „Development Forum" mit dem Titel „Facts on Food", Nov., 1974, stellt fest, daß „im Jahr 2000 die halbe Erdbevölkerung schlecht ernährt sein wird", zitiert in R. J. Sider, „Rich Christians in an Age of Hunger", Paulist Press, New York, NY, 1977, S. 228.

reit, den Bräutigam zu begrüßen. Diese „törichten" Jungfrauen sind nicht etwa Heuchler, sie achten durchaus die Wahrheit und das Wort Gottes. Aber es fehlt ihnen an Öl, sie sind nicht versiegelt durch den Heiligen Geist (vgl. Offb 7,1-3); sie haben sich mit einem oberflächlichen Glaubensleben zufriedengegeben. Sie folgten einer selbstgefälligen Frömmigkeit, ohne Gottes Kraft in Anspruch zu nehmen (vgl. 2 Tim 3,5).

Wenn der Bräutigam erscheint, nimmt er nur die Brautjungfrauen mit zur Hochzeitsfeier, die bereit sind. Danach aber wird die Tür verschlossen. Wenn dann die törichten Jungfrauen kommen, die erst noch neues Öl einkaufen wollten, und nun betteln: „Herr, Herr, tu uns auf!" wird ihnen der Bräutigam antworten: „Ich kenne euch nicht!" (Mt 25,11.12)

Wie schmerzlich wird es sein, wenn Jesus bei seinem zweiten Kommen diese Worte zu einigen sagen muß, hat er doch zuvor gewarnt: „Es werden viele zu mir sagen an jenem Tage: ‚Herr, Herr, haben wir nicht in deinem Namen geweissagt? Haben wir nicht in deinem Namen böse Geister ausgetrieben? Haben wir nicht in deinem Namen viele Wunder getan?' Dann werde ich ihnen bekennen: ‚Ich habe euch noch nie gekannt; weichet von mir, ihr Übeltäter!'" (Mt 7,22.23)

Bevor die Sintflut hereinbrach, beauftragte Gott Noah, die Bewohner der damaligen Welt auf die kommende Zerstörung hinzuweisen. So läßt Gott auch heute seine Warnungsbotschaft verbreiten, um die Welt auf Christi Wiederkunft hinzuweisen (vgl. Offb 14,6-16). Wer Gottes Gnadenangebot in Christus annimmt, wird sich auf das Kommen des Herrn herzlich freuen. Ihm gilt die Zusicherung: „Selig sind, die zum Hochzeitsmahl des Lammes berufen sind." (Offb 19,9) Für alle, die ihn erwarten, wird er „nicht der Sünde wegen erscheinen, sondern ... zum Heil." (Hbr 9,28)

Die Rückkehr des Erlösers bringt die Geschichte des Volkes Gottes zum Abschluß. Der Zeitpunkt der Befreiung ist gekommen, und voller Freude werden die Gläubigen jubeln: „Siehe, das ist unser Gott, auf den wir hofften ... Laßt uns jubeln und fröhlich sein über sein Heil." (Jes 25,9)

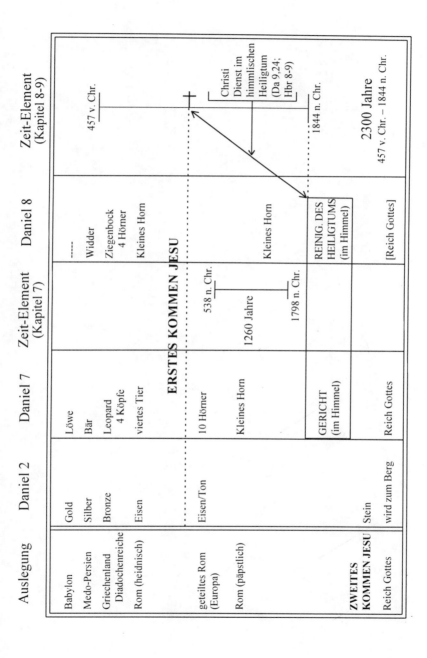

Kapitel 25

Tod und Auferstehung

Der Lohn der Sünde ist der Tod. Gott aber, der allein unsterblich ist, schenkt seinen Erlösten ewiges Leben. Bis zu jenem Tag sind alle verstorbenen Menschen in einem Zustand ohne Bewußtsein. Wenn Christus, der unser Leben ist, wiederkommt, werden die auferweckten und lebenden Gerechten verherrlicht und entrückt, um ihrem Herrn zu begegnen. Das ist die erste Auferstehung. Die zweite Auferstehung aber, die Auferstehung der Ungerechten, geschieht tausend Jahre später.

Das Heer der Philister war nach Schunem vorgerückt, hatte sein Lager aufgeschlagen und wollte nun Israel angreifen. König Saul, keineswegs optimistisch gestimmt, ordnete seine Streitmacht auf dem nahegelegenen Berg Gilboa.

In der Vergangenheit hatte Gott den König befähigt, das Volk Israel unerschrocken gegen seine Feinde zu führen. Inzwischen aber hatte sich Saul abgewandt von Gott. Als der Abtrünnige dann versucht hatte, Gott wegen der bevorstehenden Schlacht zu befragen, wurde ihm keine Antwort mehr zuteil.

Saul hatte Angst vor der Ungewißheit. Wenn er nur Samuel fragen könnte! Der aber war tot und konnte keinen Rat mehr geben. Oder doch?

Saul ließ sich dazu verleiten, eine Totenbeschwörerin aufzusuchen, um etwas über den Ausgang der bevorstehenden Schlacht zu erfahren: „Hole mir Samuel herauf!" befahl er.

„Ich sehe einen Geist heraufsteigen aus der Erde", sagte sie, nachdem die Sitzung begonnen hatte. Der Geist eröffnete dem unglücklichen König nicht nur, daß Israel die Schlacht verlieren werde, sondern auch, daß seine beiden Söhne und er selber getötet würden (vgl. 1 Sam 28).

Diese Voraussage erfüllte sich. Aber war es wirklich Samuels Geist, der da gesprochen hatte? Konnte eine von Gott verworfene Totenbeschwörerin Macht ausüben über Samuel, den Geist des Propheten Gottes? Und woher kam Samuel? Wieso stieg sein Geist „aus der Erde"? Was war geschehen mit Samuel, als er starb? Und wenn es nicht Samuels Geist war, der mit Saul geredet hatte, wer war es dann?

Wir wollen sehen, was die Bibel über den Tod, über Kontakte zu den Toten und über die Auferstehung sagt.

Tod und Unsterblichkeit

Unsterblichkeit bedeutet, dem Tod nicht unterworfen zu sein. Bibelübersetzungen benutzen den Begriff Unsterblichkeit, um die griechischen Wörter *athanasia* (Todlosigkeit) und *aphtharsia* (Unverweslichkeit) wiederzugeben. Was bedeutet das im Zusammenhang mit Gott und den Menschen?

Unsterblichkeit. Die Bibel bezeugt, daß der ewige Gott unsterblich ist (1 Tim 1,17). Er „allein [besitzt] Unsterblichkeit" (1 Tim 6,16); er ist der aus sich selbst Seiende, der weder Anfang noch Ende hat und nicht erschaffen wurde (siehe auch Kap. 2 in diesem Buch).

„Nirgendwo beschreibt die Bibel Unsterblichkeit als eine Eigenschaft oder einen Zustand, den der Mensch – oder dessen ‚Seele' beziehungsweise ‚Geist' – aus sich selbst heraus besitzt. Die Begriffe, die gewöhnlich mit ‚Seele' oder ‚Geist' übersetzt werden ... kommen in der Bibel über 1600mal vor, jedoch nie in Verbindung mit dem Ausdruck ‚unsterblich' oder ‚Unsterblichkeit' (siehe Kap. 7 in diesem Buch).[1]

Im Gegensatz zu Gott ist der Mensch sterblich. Die Schrift kennt viele Vergleiche für das menschliche Leben.

Es ist wie ein „Rauch, der eine kleine Zeit bleibt und dann verschwindet" (Jak 4,14); ist „Fleisch, ein Hauch, der dahinfährt und

---

[1] Siehe „Immortality" in „Seventh-day Adventist Encyclopedia", S. 621.

nicht wiederkommt" (Ps 78,39); „geht auf wie eine Blume und fällt ab, flieht wie ein Schatten und bleibt nicht" (Hi 14,2).

Gott und Mensch unterscheiden sich grundsätzlich. Gott ist unendlich; der Mensch ist endlich. Gott ist unsterblich, der Mensch dagegen sterblich. Gott ist ewig, der Mensch ist vergänglich.

Des Menschen Unsterblichkeit - abhängig von Bedingungen. Bei der Schöpfung „machte Gott, der Herr, den Menschen aus Erde vom Acker und blies ihm den Odem des Lebens in die Nase. Und so ward der Mensch ein lebendiges Wesen." (1 Mo 2,7)

Der Schöpfungsbericht macht deutlich, daß das Leben aller Menschen von Gott kommt (vgl. Apg 17,25.28; Kol 1,16.17). Unsterblichkeit ist demzufolge nicht angeboren, sondern ein Geschenk Gottes.

Als Gott Adam und Eva erschuf, gab er ihnen einen freien Willen, die Möglichkeit also, selbständig Entscheidungen zu treffen. Sie waren frei, Gott entweder gehorsam oder ungehorsam zu sein. Der Bestand ihrer Existenz war abhängig vom Gehorsam, zu dem sie befähigt waren von Gott.

Das Geschenk der Unsterblichkeit war also an eine Bedingung geknüpft, die Gott unmißverständlich zum Ausdruck gebracht hatte, als er erklärte, sie würden diese Gabe verlieren, wenn sie vom Baum der Erkenntnis des Guten und Bösen essen sollten. Die Warnung lautete: „... denn an dem Tage, da du von ihm issest, mußt du des Todes sterben." (1 Mo 2,17)[1]

Der Tod ist der Sünde Sold. Doch entgegen der Warnung Gottes, daß Ungehorsam den Tod nach sich zieht, erklärte Satan: „Ihr werdet keineswegs des Todes sterben." (1 Mo 3,4) Nachdem sie Gottes Gebot übertreten hatten, mußten Adam und Eva jedoch feststellen, daß Gott recht hatte und daß der Tod wirklich der Lohn der Sünde ist (Rö 6,23).

---

[1] Seit dem 16. Jahrhundert haben etliche protestantische Theologen die biblische Lehre von der bedingten Unsterblichkeit vertreten. Näheres dazu in „Questions on Doctrine", S. 571-609. Noch ausführlicher schreibt darüber L. E. Froom in „The Conditionalist Faith of Our Fathers", Review and Herald, Washington, D. C, 1965/1966, Bd. 1 und 2; O. Cullmann, „Unsterblichkeit der Seele oder Auferstehung der Toten?", Kreuz-Verlag, Stuttgart, 1962.

Fortan standen sie unter dem Urteil: „Im Schweiße deines Angesichts sollst du dein Brot essen, bis du wieder zu Erde werdest, davon du genommen bist. Denn du bist Erde und sollst zu Erde werden." (1 Mo 3,19) Diese Worte deuten nicht hin auf einen Fortbestand des Lebens, sondern auf sein Ende.

Gott trennte das sündige Paar vom Baum des Lebens, damit es nicht mehr davon essen und ewig weiterleben könnte (1 Mo 3,22). Damit verdeutlichte der Schöpfer, daß die Verheißung der Unsterblichkeit an die Bedingung des Gehorsams geknüpft ist und durch die Sünde verlorenging. Adam und Eva waren dem Tod unterworfen, waren sterblich. Und da Adam nicht weitervererben konnte, was er nicht mehr besaß, „ist der Tod zu allen Menschen durchgedrungen, weil sie alle gesündigt haben" (Rö 5,12).

Gottes Gnade allein ist es zuzuschreiben, daß Adam und Eva nicht augenblicklich starben. Um ihnen dennoch eine Hoffnung zu geben, bot der Sohn Gottes an, sein Leben zu opfern. Er ist das „Lamm, das von Anbeginn der Welt geschlachtet ist" (Offb 13,8).

Hoffnung für die Menschheit. Die Bibel ermutigt den Menschen, nach Unsterblichkeit zu streben, obwohl er sterblich ist (vgl. z. B. Rö 2,7). Christus ist Quelle und Unterpfand dafür, denn „... die Gabe Gottes ist das ewige Leben in Christus Jesus, unserm Herrn." (Rö 6,23; vgl. 1 Jo 5,11)

Er ist es, „der dem Tode die Macht genommen und das Leben und ein unvergängliches Wesen ans Licht gebracht hat ..." (2 Tim 1,10). „Denn wie sie in Adam alle sterben, so werden in Christus alle lebendig gemacht werden." (1 Ko 15,22) Christus selber sagte, daß seine Stimme die Gräber öffnen wird und daß die Toten auferwecken werden (Jo 5,28.29).

Wäre Christus nicht gekommen, hätte die Menschheit keine Hoffnung; alle wären für immer verloren. Doch ihm sei Dank! Niemand muß umkommen, „denn also hat Gott die Welt geliebt, daß er seinen eingeborenen Sohn gab, damit alle, die an ihn glauben, nicht verloren werden, sondern das ewige Leben haben" (Jo 3,16). Durch den Glauben an Christus wird nicht allein die Strafe für unsere Sünde aufgehoben, sondern jedem Gläubigen wird auch das Geschenk der Unsterblichkeit gewährt.

Christus brachte „das Leben und ein unvergängliches Wesen ans Licht ... durch das Evangelium" (2 Tim 1,10). Paulus versichert, daß uns die Heilige Schrift weise machen kann für die Erlösung durch den Glauben an Jesus Christus (vgl. 2 Tim 3,15). Wer aber das Evangelium nicht annimmt, wird auch nicht Unsterblichkeit erlangen.

Der Empfang der Unsterblichkeit. Den Zeitpunkt, an dem der gläubige Mensch Unsterblichkeit empfängt, beschreibt Paulus mit den Worten:

„Siehe, ich sage euch ein Geheimnis: Wir werden nicht alle entschlafen, wir werden aber alle verwandelt werden; und das plötzlich, in einem Augenblick, zur Zeit der letzten Posaune. Denn es wird die Posaune erschallen, und die Toten werden auferstehen unverweslich, und wir werden verwandelt werden. Denn dies Verwesliche muß anziehen die Unverweslichkeit, und dies Sterbliche muß anziehen die Unsterblichkeit. Wenn aber dies Verwesliche anziehen wird die Unverweslichkeit und dies Sterbliche anziehen wird die Unsterblichkeit, dann wird erfüllt werden das Wort, das geschrieben steht (Jes 25,8; Hos 13,14): ‚Der Tod ist verschlungen vom Sieg.'" (1 Ko 15,51-54)

Hier wird unmißverständlich zum Ausdruck gebracht, daß Gott dem Gläubigen die Unsterblichkeit nicht beim Tode verleiht, sondern bei der Auferstehung, „zur Zeit der letzten Posaune". *Dann* wird „dies Sterbliche anziehen die Unsterblichkeit".

Johannes betont, daß wir das Geschenk des ewigen Lebens erhalten, wenn wir Jesus Christus als unseren Erlöser annehmen (1 Jo 5,11-13), zugleich erfahren wir, daß die Verwirklichung dieser Zusage erst geschieht, wenn Christus wiederkommt. Dann werden aus sterblichen Menschen unsterbliche und aus verweslichen unverwesliche.

Der Zustand im Tod

Wenn der Tod das Aufhören des Lebens bedeutet, was sagt dann die Bibel über den Zustand der Toten? Warum ist es so wichtig, daß Christen diese biblische Lehre kennen?

Der Tod, ein Schlaf. Tod ist nicht die totale Vernichtung, sondern ein Zustand vorübergehender Bewußtlosigkeit. Die Bibel bezeichnet diesen Zustand wiederholt als Schlaf.

Im Blick auf deren Tod sagt das Alte Testament über David, Salomo und die anderen Könige von Israel und Juda, daß sie wie ihre Vorväter schlafen (1 Kön 2,10; 11,43; 14,20.31; 15,8; 2 Chr 21,1; 26,23 usw.). Hiob bezeichnete den Tod als Schlaf (Hi 14,10-12), ebenso David (Ps 13,3), Jeremia (Jer 51,39.57) und Daniel (Da 12,2).

Das Neue Testament benutzt dasselbe Bild. Jesus bezeichnete den Zustand der verstorbenen Tochter des Jairus als Schlaf (Mt 9,24; Mk 5,39); ähnlich bei dem toten Lazarus (Jo 11,11-14). Matthäus spricht davon, daß „viele Leiber der entschlafenen Heiligen" bei Christi Auferstehung mit auferstanden sind (Mt 27,52). Auch Paulus und Petrus nennen den Tod einen Schlaf (1 Ko 15,51.52; 1 Th 4,13-17; 2 Pt 3,4).

Die folgenden Vergleiche machen deutlich, daß die biblische Sicht vom Tod als Schlaf diesen Zustand treffend beschreibt:

1. Wer schläft, ist ohne Bewußtsein. „Die Toten aber wissen nichts." (Pred 9,5)

2. Der Schlaf kennt kein bewußtes Denken. „Des Menschen Geist muß davon, ... dann sind verloren alle seine Pläne." (Ps 146,4)

3. Mit dem Schlaf hört die Tagesarbeit auf. „Bei den Toten ... gibt es weder Tun noch Denken, weder Erkenntnis noch Weisheit." (Pred 9,10)

4. Der Schlaf trennt von denen, die wach sind, und von ihrem Tun. „... sie haben kein Teil mehr auf der Welt an allem, was unter der Sonne geschieht." (Pred 9,6)

5. Während des normalen Schlafes ruhen die Gefühle. „Ihr Lieben und ihr Hassen und ihr Eifern ist längst dahin." (Pred 9,6)

6. Im Schlaf kann man Gott nicht loben. „Die Toten werden dich, Herr, nicht loben." (Ps 115,17)

7. Wer schläft, wird wieder aufwachen. „Es kommt die Stunde, in der alle, die in den Gräbern sind, seine Stimme hören werden." (Jo 5,28.29)[1]

---

[1] Siehe Artikel „Tod" in „Schlüsselbegriffe adventistischer Glaubenslehre", Advent-Verlag, Hamburg, 1973, S. 166f.

TOD UND AUFERSTEHUNG

Der Mensch wird wieder zu Staub. Um zu erfassen, was beim Tod mit dem Menschen geschieht, sollte man sich zunächst Klarheit verschaffen über seine Natur und sein Wesen. Die Bibel stellt den Menschen dar als organische Einheit (siehe auch Kap. 7 in diesem Buch).

Der Begriff „Seele" wird in der Bibel benutzt, um entweder den ganzen Menschen oder seine Gefühle zu bezeichnen. Sie lehrt nirgends, daß der Mensch aus zwei trennbaren Teilen besteht. Körper und Seele sind eine Einheit, existieren nur zusammen.

Durch die Vereinigung von Erde und Odem schuf Gott ein lebendiges Wesen, eine Person. Adam erhielt keine Seele als etwas Eigenständiges; er *wurde* eine lebendige Seele (1 Mo 2,7; siehe Kap. 7 dieses Buches).

Beim Tod ist der Verlauf umgekehrt: „Staub" ohne Odem ist ein Toter ohne Bewußtsein (Ps 146,4). Die Elemente, die den Körper ausmachen, kehren zurück zur Erde, von der sie genommen sind (1 Mo 3,19).

Die Seele hat außerhalb des Körpers keine Existenz. Nirgendwo sagt die Bibel, daß die Seele eigenständig überlebt. Im Gegenteil: „Die Seele, die sündigt, *sie* soll sterben." (Hes 18,20 EB)

Wo die Toten sich befinden. Der Ort, wohin die Toten kommen, heißt im Alten Testament auf Hebräisch *scheol* und im Neuen Testament auf Griechisch *hades*. *Scheol* bedeutet einfach das Grab.[1] Die Bedeutung von *hades* ist ähnlich.[2]

Alle Toten, gerechte wie auch ungerechte, gehen an diesen Ort (Ps 89,49). Jakob sagte: „Ich werde mit Leid hinunterfahren zu den Toten ... [*scheol*]." (1 Mo 37,35) Und als „die Erde ihren Mund auftat", um den widerspenstigen Korach mit seinen Anhängern zu verschlingen, fuhren sie „lebendig hinunter zu den Toten [*scheol*]" (4 Mo 16,30).

---

[1] Jenni/Westermann, „Theologisches Handwörterbuch zum Alten Testament", München, Chr. Kaiser, 1976, Bd. 2, S. 838-841; siehe auch „The Seventh-day Adventist Bible Commentary", Bd. 3, S. 999.

[2] Siehe „The Seventh-day Adventist Bible Commentary", Bd. 5, S. 387. Ferner „Theologisches Begriffslexikon zum Neuen Testament", Brockhaus, Wuppertal, 1972, 3. Aufl., S. 711.712.

In den *scheol* fährt der ganze Mensch. Als Christus starb, kam er ins Grab (hades); bei der Auferstehung verließ seine Seele das Grab (*hades*, Apg 2,27.31 EB; oder *scheol,* Ps 16,10).

David dankte Gott für seine Genesung und bezeugte: „Du hast mich geheilt. Herr, du hast meine Seele aus dem Scheol heraufgeholt (*scheol*)." (Ps 30,3 EB)

Das Grab ist kein Ort, wo Bewußtsein[1] wäre; denn der Tod ist ein Schlaf, und die Toten werden bis zu ihrer Auferstehung im Zustand der Bewußtlosigkeit bleiben, bis der Tod und sein Reich (*hades*) die Toten herausgeben (Offb 20,13).

Der Geist kehrt zu Gott zurück. Während der Leib zu Erde wird, kehrt der Geist zurück zu Gott. Salomo sagt: „Denn der Staub muß wieder zur Erde kommen, wo er gewesen ist, und der Geist wieder zu Gott, der ihn gegeben hat." (Pred 12,7) Das gilt für alle, für Gerechte wie für die Ungerechten.

Viele meinen, in diesem Text einen Beweis dafür zu sehen, daß der Geist des Menschen nach seinem Tod weiterlebt. Aber weder der hebräische noch der griechische Ausdruck für Geist (*ruach* bzw. *pneuma*) wird in der Bibel benutzt, um das Weiterleben eines vom Körper losgelösten, mit Vernunft und Bewußtsein ausgestatteten Wesens zu beschreiben. Diese Begriffe beziehen sich vielmehr auf „Atem", also den Lebensfunken, der für die Existenz des einzelnen entscheidend ist, das Lebensprinzip, das für Mensch und Tier gleichermaßen gilt (siehe Kap. 7 in diesem Buch).

Salomo schrieb: „Denn es geht dem Menschen wie dem Vieh: wie dies stirbt, so stirbt auch er, und sie haben alle einen Odem [*ruach*], und der Mensch hat nichts voraus vor dem Vieh; denn es ist alles eitel. Es fährt alles an einen Ort. Es ist alles aus Staub geworden und wird wieder zu Staub. Wer weiß, ob der Odem [*ruach*]

---

[1] Die einzige Ausnahme bildet der bildhafte Gebrauch des Wortes *scheol* (Hes 32,21). In gleicher Weise wird *hades* in einem Gleichnis (Lk 16,23) verwendet. *Scheol* kommt im Alten Testament 66mal vor. Nirgendwo jedoch bezieht es sich auf einen Ort der Bestrafung nach dem Tode. Dieses Denken verband man später mit dem Begriff gehenna (Mk 9,43-48). *Hades* als Ort der Qual wird nur in Lukas 16,23 gebraucht. Näheres dazu in „The Seventh-day Adventist Bible Commentary", Bd. 3, S. 999.

des Menschen aufwärts fahre und der Odem [*ruach*] des Tieres hinab unter die Erde fahre?" (Pred 3,19-21) Nach Salomos Darstellung gibt es im Tod keinen Unterschied zwischen dem „Geist" des Menschen und dem „Geist" des Tieres.

Wenn Salomo davon spricht, daß der Geist (*ruach*) zu Gott zurückkehrt, bedeutet das einfach, daß das Lebensprinzip zurückkehrt zu Gott, der es gegeben hat. Nirgends steht geschrieben, daß der Geist oder Atem eine unabhängige, bewußte Einheit darstellt, die losgelöst vom Körper existieren könnte. *Ruach* ist der Lebensodem, den Gott dem ersten Menschen in die Nase blies und ihn so zu einem lebendigen Wesen machte (vgl. 1 Mo 2,7).

Das Zeugnis der Schrift ist einheitlich. Leider sind sich viele Christen nicht darüber im klaren, daß der Tod bis zur Auferstehung ein Schlaf ist. Sie meinen, manchen Schriftabschnitten entnehmen zu können, daß der Geist oder die Seele des Menschen nach dem Tode als selbständiges, mit Bewußtsein ausgestattetes Wesen weiterexistiere. Sorgfältiges Studium aber macht deutlich, daß die Bibel den Tod zweifelsfrei als einen Zustand der Bewußtlosigkeit bezeichnet.[1]

---

[1] Folgende Schriftabschnitte könnten dem Leser Schwierigkeiten bereiten, falls er darin die biblische Lehre vom Zustand im Tode zu erkennen meint. Ein genaueres Studieren zeigt jedoch die Übereinstimmung mit den anderen klaren Aussagen der Bibel:

a) *Mose auf dem Verklärungsberg*. Daß Moses auf dem Berg der Verklärung erscheint, berechtigt nicht zu der Annahme, daß es im Tode einen Bewußtseinszustand gibt oder daß alle Gerechten nach dem Tode in den Himmel kommen. Erst sechs Tage vor der Verklärung hatte Jesus gesagt, daß einige Jünger noch bei Lebzeiten „den Menschensohn kommen sehen" sollten „in seinem Reich" (Mt 16,28-17,3). Petrus, Jakobus und Johannes erlebten die Erfüllung dieser Worte.

Auf dem Verklärungsberg offenbarte ihnen Christus einen Vorgeschmack von der Herrlichkeit des Gottesreiches. Sie sahen Christus als König in Herrlichkeit zusammen mit Mose und Elia. Diese beiden stehen stellvertretend für Bürger des Gottesreiches aus zwei Herkunftsbereichen. Mose vertritt die gerechten Toten, die bei der Wiederkunft Jesu aus dem Grabe auferstehen. Elia vertritt die lebenden Gerechten, die ohne zu sterben verwandelt werden (2 Kön 2,11).

Im Judasbrief findet sich ein Hinweis auf eine besondere Auferstehung des Mose (Vers 9). Daß Mose tatsächlich starb und von Gott beerdigt wurde, bezeugt 5 Mo 34,5.6. Judas erwähnt ein Streitgespräch zwischen Michael und Satan wegen Moses Leichnam. Dabei muß der Teufel offensichtlich eine Niederlage erlitten haben, denn wenn Mose bei Jesu Verklärung gesehen wurde, muß er zuvor aus dem Grab auferstanden sein. Damit wurde er der erste, der gewissermaßen vorzeitig Christi Auferstehungskraft genoß. Dieser Bericht unterstützt jedoch nicht die Unsterblichkeitslehre oder Seelenlehre. Vielmehr veranschaulicht er die Lehre von der Auferstehung des Leibes.

b) *Das Gleichnis vom reichen Mann und armen Lazarus in Lukas 16,19-31.* Auch mit dieser Geschichte hat man versucht, die Ansicht vom Weiterleben nach dem Tode zu untermauern. Leider hat man dabei übersehen, daß es sich ganz eindeutig um ein Gleichnis handelt. Wenn man es in allen Einzelheiten wörtlich nimmt, kommt man zu absurden Ergebnissen. Demnach würden die Toten, mit funktionierenden Augen, Fingern und einer Zunge ausgestattet, unmittelbar nach dem Ableben ihren Lohn erhalten. Die Gerechten würden dann in Abrahams Schoß sein. Himmel und Hölle wären demnach in Rufweite voneinander entfernt. Im Gegensatz dazu hat Christus gelehrt, daß die Toten erst bei seiner Wiederkunft ihren Lohn empfangen werden und nicht schon beim Tod (Mt 25,31-41; Offb 22,12).

Der Gleichnischarakter dieser Geschichte muß beachtet werden. Christus bevorzugte diese Lehrmethode. Jedes Gleichnis enthält eine bestimmte Lehre. Über den Zustand des Menschen im Tode wollte Jesus hier gar nichts aussagen. Sein Anliegen war vielmehr, zu zeigen, wie wichtig die Befolgung des Wortes Gottes ist. Jesus zeigt auf, wie der reiche Mann sich dem Materialismus ergab und darüber die Mitmenschlichkeit versäumte. Die Entscheidung für oder gegen das ewige Leben kann der Mensch nur zu seinen Lebzeiten treffen. Danach gibt es keine zweite Gnadenfrist. Die Heilige Schrift veranlaßt uns zur Reue und führt zur Erlösung. Wer die Warnungen des Wortes Gottes unbeachtet läßt, geht endgültig verloren. Darum schloß Christus dieses Gleichnis mit den Worten: „Hören sie Mose und die Propheten nicht, so werden sie sich auch nicht überzeugen lassen, wenn jemand von den Toten auferstünde." (Lk 16,31)

Christus entnahm den Stoff dieses Gleichnisses einer bekannten Geschichte, die in der jüdischen Tradition in Umlauf war. (Näheres dazu in dem Artikel „Hölle" in „Theologisches Begriffslexikon zum Neuen Testament", Brockhaus, Wuppertal, 1972, 3. Aufl., S. 711.) So finden wir in der Bibel Gleichnisgeschichten, in denen Bäume reden können (Ri 9,7-15 und 2 Kön 14,9). Niemand käme auf den Gedanken, anhand dieser Schriftstellen behaupten zu wollen, daß Bäume reden können. Genausowenig sollte man der Gleichnisrede Christi eine Ansicht entnehmen, die im Widerspruch zur einheitlich biblischen Anschauung und zu Jesu ausdrücklicher Lehre vom Todesschlaf steht.

c) *Christi Zusage an den Übeltäter.* Am Kreuz versprach Christus dem Übeltäter: „Wahrlich, ich sage dir: Heute wirst du mit mir im Paradiese sein." (Lk 23,43) Offensichtlich ist der Ausdruck „Paradies" nur ein anderes Wort für Himmel (2 Ko 12,4; Offb 2,7). So wie es dasteht, würde dies bedeuten, daß Christus noch am

selben Freitag zusammen mit dem Übeltäter in den Himmel, in die unmittelbare Gegenwart Gottes versetzt wurde. Aber am Sonntagmorgen sagte der auferstandene Herr zu Maria, als sie anbetend vor ihm niederfiel: „Rühre mich nicht an! Denn ich bin noch nicht aufgefahren zum Vater. Geh aber hin zu meinen Brüdern und sage ihnen: Ich fahre auf zu meinem Vater und zu eurem Vater, zu meinem Gott und zu eurem Gott." (Jo 20,17) Daß Christus bis zum Auferstehungsmorgen wirklich im Grabe lag, geht aus den Worten des Engels hervor: „Kommt her und seht die Stätte, wo er gelegen hat." (Mt 28,6)
Die Lösung dieses scheinbaren Widerspruchs finden wir, wenn wir die Zeichensetzung dieses Textes bedenken. In den alten Bibelhandschriften gab es weder Zwischenräume zwischen den Wörtern noch irgendein Komma oder einen Doppelpunkt. Durch veränderte Zeichensetzung kann der Sinn einer Textaussage sehr unterschiedlich ausfallen.
Die Übersetzer der Bibel geben dabei gewiß nach bestem Wissen ihr Bibelverständnis wieder, doch Anspruch auf Inspiration wollten sie sicher nicht erheben. Wenn sie, die aufs Ganze gesehen, eine hervorragende Arbeit geleistet haben, den Doppelpunkt nach dem Wort „heute" in Lukas 23,43 und nicht davor eingesetzt hätten, würde dieser Text nicht der biblischen Lehre widersprechen, sondern in Übereinstimmung damit lauten: „Wahrlich, ich sage dir heute (während ich genauso wie ein Übeltäter sterbe): Du wirst mit mir im Paradiese sein." Diese Zusage wird Christus erfüllen, wenn er bei seiner Wiederkunft die gerechten Toten aus ihren Gräbern ruft.
d) *Aus der Welt scheiden und bei Christus sein.* Paulus schreibt in Philipper 1,21.23: „Denn Christus ist mein Leben, und Sterben ist mein Gewinn. Denn es setzt mir beides hart zu: Ich habe Lust, aus der Welt zu scheiden und bei Christus zu sein, was auch viel besser wäre." Soll das heißen, daß Paulus gleich nach dem Tode den Eintritt in den Himmel erwartete?
Paulus hat wiederholt über die Gemeinschaft mit Christus geschrieben. An anderer Stelle erwähnt er diejenigen, die „in Christus gestorben sind". Bei der Wiederkunft Christi sollen sie auferstehen. Zusammen mit den lebenden Gerechten sollen sie „entrückt werden auf den Wolken in die Luft, dem Herrn entgegen; und so werden wir bei dem Herrn sein allezeit." (1 Th 4,14-17)
In diesem Zusammenhang wird erkennbar, daß Paulus in seinem Brief an die Philipper keine ins einzelne gehende Erklärung darüber geben wollte, was nach dem Sterben geschieht. Er drückt einfach seine Sehnsucht nach Christus aus, weil er die Mühsal seiner Gefangenschaft leid ist. Dabei beschreibt er weder den Zustand der Toten noch den Zeitraum zwischen Tod und Auferstehung. Seine Hoffnung richtet sich auf die verheißene persönliche Gemeinschaft mit Jesus in der Ewigkeit. Wer stirbt, für den gibt es keinen langen Zeitraum zwischen dem Entschlafen und dem Aufwachen am Auferstehungsmorgen. Da die Toten in Ermangelung jeglichen Bewußtseins die Zeitläufe bis zur Auferstehung nicht wahrnehmen, kommt ihnen das Erlebnis des Aufwachens so vor, als folge es zeitlich unmittelbar auf ihren Tod. So ist das Sterben für den Christen ein Ge-

Spiritismus. Wenn aber Tote keinen „Geist" haben, mit wem treten dann die spiritistischen Medien in Verbindung?

Einige der vorgeführten Phänomene sind reiner Betrug; andere dagegen können nicht so einfach abgetan werden. Offensichtlich gibt es einen Zusammenhang zwischen Spiritismus und übernatürlichen Kräften. Was sagt die Bibel dazu?

1. Die Ursprünge des Spiritismus. Die Wurzeln des Spiritismus liegen in Satans erster Lüge gegenüber Eva: „Ihr werdet keineswegs des Todes sterben." (1 Mo 3,4) Das war die erste Predigt über die Unsterblichkeit der Seele. Überall auf der Welt wiederholen heute die unterschiedlichsten Religionen wissentlich oder unwissentlich diese Irrlehre. Gottes Urteil aber lautet: „Die Seele, die sündigt, soll sterben." (Hes 18,20).

Viele haben diesen Satz in das genaue Gegenteil verkehrt: „Die Seele wird, obwohl sie gesündigt hat, ewig leben." Diese Theorie von der Unsterblichkeit hat zu dem verbreiteten Irrtum beigetragen, der Mensch habe im Zustand des Todes ein Bewußtsein. Wir haben jedoch gezeigt, wie unbiblisch diese Anschauung ist. Durch den Einfluß heidnischer Philosophen – besonders Platos – fand diese Denkweise in den ersten Jahrhunderten Eingang in die christliche Kirche (siehe Kap. 12 in diesem Buch). Schließlich setzte sie sich durch und ist die bis heute vorherrschende Meinung in der Christenheit.

Durch die verführerische Theorie, es gäbe ein Bewußtsein im Tode, ließen sich viele Christen zum Spiritismus verleiten. Wenn die Toten wirklich in einem bewußten Zustand weiterlebten und sich gar in der Gegenwart Gottes befänden, warum sollten sie dann nicht als „dienstbare Geister" zur Erde zurückkehren? Sollte man dann nicht versuchen, mit ihnen in Verbindung zu treten, um sich Rat und Trost zu holen oder dem Unglück aus dem Wege zu gehen?

Auf dem Boden dieser Argumentation haben Satan und seine Engel (Offb 12,4.9) Kommunikationswege geschaffen, die nur das Ziel der Täuschung haben. In spiritistischen Sitzungen geben sich

---

winn. Alle Anfechtungen und Leiden haben ein Ende, und bei der Auferstehung wartet auf die Erlösten die herrliche Gabe der Unsterblichkeit.

satanische Geister aus als verstorbene Angehörige, die den Hinterbliebenen Trost und Zuspruch vermitteln. Manchmal sagen sie auch zukünftige Ereignisse voraus, die – wenn sie eintreffen – die Glaubhaftigkeit dieser Geister unterstreichen. Gefährliche Irrlehren bekommen so den Schein der Echtheit, obwohl sie im Widerspruch zu Gottes Wort stehen. Hat Satan erst einmal die Hemmschwelle gegen das Böse niedergerissen, dann hat er freie Bahn und lockt die Menschen in die Gottferne und ins sichere Verderben.

2. Warnung vor dem Spiritismus. Niemand muß den Täuschungen des Spiritismus erliegen. Gottes Wort entlarvt den falschen Echtheitsanspruch. Vielmehr bezeugt die Bibel, daß die Toten nichts wissen und ohne Bewußtsein im Grab liegen.

Ferner verbietet die Bibel jeden Versuch, mit der Geisterwelt Verbindung aufzunehmen. Wer vorgibt, Verbindung zu den Toten zu haben – wie spiritistische Medien von sich behaupten –, pflegt in Wahrheit den Umgang mit teuflischen Geistern. Das ist dem Herrn ein Greuel; wer sich damit abgibt, sollte gemäß der Weisung Gottes mit dem Tode bestraft werden (3 Mo 19,31; 20,27; 5 Mo 18,10.11).

Schon Jesaja stellte die Abartigkeit des Spiritismus heraus: „Wenn sie aber zu euch sagen: Ihr müßt die Totengeister und Beschwörer befragen, die da flüstern und murmeln, so sprecht: Soll nicht ein Volk seinen Gott befragen? Oder soll man für Lebendige die Toten befragen? Hin zur Weisung und hin zur Offenbarung! Werden sie das nicht sagen, so wird ihnen kein Morgenrot scheinen." (Jes 8,19.20) Nur die Lehren der Bibel können uns schützen vor diesen gefährlichen Täuschungen.

3. Spiritistische Erscheinungen. Die Bibel berichtet von allerlei spiritistischen Aktivitäten. Da ist die Rede von Zauberern, Magiern und Sterndeutern. Sie trieben ihr Unwesen am Hofe des Pharao in Ägypten, in Ninive und Babylon, sogar in Israel. Allesamt fallen sie unter Gottes vernichtendes Urteil. Ein Beispiel dafür ist die Geschichte der Wahrsagerin zu Endor am Anfang dieses Kapitels. König Saul suchte sie auf; und in der Schrift heißt es darüber: „... aber der Herr antwortete ihm nicht, weder durch Träume noch durch das Los ‚Licht' noch durch Propheten." (1 Sam 28,6) Mit dem Geschehen in Endor hatte Gott nichts zu tun.

Saul sah in Wirklichkeit auch nicht den Propheten Samuel, sondern wurde das Opfer einer dämonischen Täuschung. Das Medium hatte die Gestalt eines alten Mannes; daraus schloß Saul, es handele sich um Samuel (Vers 14).

Wäre er wirklich Samuel gewesen – so die Schlußfolgerung –, dann müßte man annehmen, daß Totenbeschwörer, Zauberer, Spiritisten und Medien auch die verstorbenen Gerechten herbeizitieren könnten. Dann müßte auch der gottesfürchtige Samuel nach seinem Tod in einem bewußten Zustand gewesen sein; denn das Medium sah ja „einen Geist heraufsteigen aus der Erde" (1 Sam 28,13).

Anstatt der erhofften Ermutigung geriet Saul durch diese spiritistische Sitzung nur tiefer in Verzweiflung. Am Tage darauf beging er Selbstmord (1 Sam 31,4). Der vorgebliche Samuel hatte recht, als er voraussagte, daß Saul und seine Söhne am nächsten Tage „bei ihm" sein würden (1 Sam 28,19).

Wäre es tatsächlich Samuel gewesen, so die Schlußfolgerung, wären der ungehorsame Saul und der gerechte Samuel nach ihrem Tode am selben Ort vereint. Für uns aber gibt es nur die Schlußfolgerung, daß diese Sitzung bei der Beschwörerin zu Endor von einem gefallenen Engel inszeniert worden war.

4. Die letzte große Täuschung. In den Anfängen konnte man den Spiritismus eindeutig dem Bereich des Okkulten zuordnen; in jüngerer Zeit jedoch hat er immer mehr „christliche" Züge angenommen, um die Christenheit hinters Licht zu führen. Der Spiritismus ist für die Gläubigen zu einer ernsten Gefahr geworden, weil sich seine Vertreter auf Christus berufen und sich auf die Bibel stützen.

Unter spiritistischem Einfluß „wird die Bibel in einer Weise ausgelegt, die dem nicht erneuerten Herzen gefällt, während ihre ernsten und wichtigsten Wahrheiten als wertlos hingestellt werden. Man spricht von der Liebe als der Haupteigenschaft Gottes, erniedrigt sie aber zu einer schwachen Gefühlsseligkeit, die wenig Unterschied macht zwischen dem Guten und dem Bösen. Gottes Gerechtigkeit, seine Verdammung der Sünde, die Forderung seines heiligen Gesetzes werden nicht beachtet. Das Volk wird gelehrt, die

Zehn Gebote als tote Buchstaben zu betrachten. Angenehme, bezaubernde Fabeln nehmen die Sinne gefangen und veranlassen die Menschen, die Heilige Schrift als Grundlage ihres Glaubens zu verwerfen."[1]

So werden Gut und Böse relativiert, und jede Person oder Situation wird benutzt als Norm für die eigene „Wahrheit". Damit aber erhebt sich der Mensch selbst zu Gott und erfüllt sich die Vorhersage Satans: „Ihr werdet sein wie Gott." (1 Mo 3,5)

Wir stehen unmittelbar vor der „Stunde der Versuchung, die kommen wird über den ganzen Weltkreis, zu versuchen, die auf Erden wohnen" (Offb 3,10).

Satan ist dabei, durch großartige Zeichen und Wunder die ganze Welt zu täuschen und zu verführen. Johannes weissagte von diesen betrügerischen Machenschaften: „Ich sah ... drei unreine Geister kommen, gleich Fröschen; es sind Geister von Teufeln, die tun Zeichen und gehen aus zu den Königen der ganzen Welt, sie zu versammeln zum Kampf am großen Tag Gottes, des Allmächtigen." (Offb 16,13.14; vgl. auch Offb 13,13.14)

Davor bewahren kann Gottes Macht nur diejenigen, die fest auf dem Boden der biblischen Wahrheit stehen und sie als allein gültigen Maßstab akzeptieren. Alle andern werden dem Betrug zum Opfer fallen.

Der erste und der zweite Tod. Der zweite Tod ist die endgültige Strafe für alle unbußfertigen Sünder, deren Namen nicht im Buch des Lebens stehen. Das Gericht über sie findet nach den tausend Jahren statt (siehe Kap. 26 dieses Buches); von dem dann verhängten Tod gibt es keine Auferstehung mehr.

Mit der Vernichtung Satans und aller Ungläubigen werden Sünde und Tod endgültig ausgelöscht (1 Ko 15,26; Offb 20,14; 21,8). Christus hat verheißen: „Wer überwindet, dem soll kein Leid geschehen von dem zweiten Tod." (Offb 2,11)

Den biblischen Aussagen über den zweiten Tod ist zu entnehmen, daß jeder Mensch – ausgenommen die lebend Verwandelten – als Folge der Übertretung Adams den ersten Tod erleidet. Das ist

---

[1] E. G. White, „Der große Kampf", S. 560.

„die normale Auswirkung des Verfalls, den die Sünde für alle Menschen mit sich bringt."[1]

Die Auferstehung

Bei der Auferstehung handelt es sich um eine „Wiederherstellung nach dem Tode zum Leben in der Fülle des Seins und der ganzen Persönlichkeit".[2] Da alle Menschen dem Tode unterworfen sind, muß eine Auferstehung stattfinden, wenn es für sie ein Leben nach dem Tode geben soll.

Im Alten wie auch im Neuen Testament haben Gottes Kinder der Hoffnung auf die Auferstehung Ausdruck gegeben (Hi 14,13-15; 19,25-29; Ps 49,16; 73,24; Jes 26,19; 1 Ko 15 u. a.). Und diese Auferstehungshoffnung hat eine sichere Grundlage. Deshalb dürfen wir auf eine bessere Zukunft hoffen. Das macht uns Mut.

Die Auferstehung Christi. Die Auferstehung der gerechten Toten zur Unsterblichkeit steht in engem Zusammenhang mit der Auferstehung Christi; denn niemand anderes als der auferstandene Herr wird schließlich die Toten auferwecken (Jo 5,28.29).

1. Ihre Bedeutung. Was aber wäre, wenn Christus nicht auferstanden wäre? Paulus nennt die Folgen:

„a) Die Verkündigung des Evangeliums wäre sinnlos. ‚Ist aber Christus nicht auferstanden, so ist unsere Predigt vergeblich.' (1 Ko 15,14)

b) Es gäbe keine Sündenvergebung. ‚Ist aber Christus nicht auferstanden, ... so seid ihr noch in euren Sünden.' (1 Ko 15,17)

c) Der Glaube an Jesus wäre vergeblich. ‚Ist Christus nicht auferstanden, so ist euer Glaube nichtig.' (1 Ko 15,17)

d) Es gäbe keine allgemeine Auferstehung von den Toten. ‚Wenn aber Christus gepredigt wird, daß er von den Toten auferstanden ist, wie sagen dann einige unter euch: Es gibt keine Auferstehung der Toten?' (1 Ko 15,12)

---

[1] „Death" in „Seventh-day Adventist Bible Dictionary", S. 278; vgl. „Questions on Doctrine", S. 524.

[2] „Resurrection" in „Seventh-day Adventist Bible Dictionary", S. 935.

e) Es gäbe keine Hoffnung über das Grab hinaus. ‚Ist Christus aber nicht auferstanden, so sind auch die, die in Christus entschlafen sind, verloren.' (1 Ko 15,18)"[1]

2. Eine leibliche Auferstehung. Der Auferstandene war *derselbe* Jesus, der unter den Menschen gelebt hat. Nun besaß er einen verherrlichten Körper, dennoch war es ein wirklicher Körper. (Lk 24,13-27; Jo 20,14-18).

Jesus selbst verneinte eine rein geistige Existenz. Er sagte zu seinen Jüngern: „Seht meine Hände und meine Füße, ich bin's selber. Faßt mich an und seht; denn ein Geist hat nicht Fleisch und Knochen, wie ihr seht, daß ich sie habe." (Lk 24,39) Zum Beweis seiner leibhaftigen Auferstehung aß er vor ihnen allen (Lk 24,43).

3. Die Tragweite dieses Geschehens. Auf die Jünger Jesu hatte die Auferstehung eine begeisternde Wirkung. Die einst schüchternen Versager wurden zu tapferen Aposteln, die bereit waren, alles für ihren Herrn zu tun (Phil 3,10.11; Apg 4,33). Die dadurch ausgelöste Missionsbewegung erschütterte das Römische Reich und veränderte die ganze damalige Welt (Apg 17,6).

„Die Gewißheit der Auferstehung Christi verlieh der Verkündigung des Evangeliums ihre Durchschlagskraft (vgl. Phil 3,10.11). Petrus sagt, daß ‚die Auferstehung Jesu Christi von den Toten' in den Gläubigen eine ‚lebendige Hoffnung' bewirkt (1 Pt 1,3).

Die Apostel wußten sich zu ‚Zeugen seiner Auferstehung' berufen (Apg 1,22) und begründeten die Lehre von der Auferstehung mit dem Alten Testament (Apg 2,31). Ihr Wissen um die ‚Auferstehung des Herrn Jesus' gab ihrem Zeugnis ‚große Kraft' (Apg 4,33). Sie gerieten in Opposition zur jüdischen Führung, denn ‚sie verkündigten an Jesus die Auferstehung von den Toten' (Apg 4,2).

Als Paulus sich vor dem Hohen Rat verantworten mußte, erklärte er: ‚Ich werde angeklagt um der Hoffnung und um der Auferstehung der Toten willen.' (Apg 23,6; 24,21) Im Brief an die Römer schrieb er, daß Jesus Christus ‚als Sohn Gottes in Kraft durch die Auferstehung der Toten' eingesetzt worden ist (Rö 1,6). Durch die

---

[1] „Questions on Doctrine", S. 67.68.

Taufe bezeugt der Christ seinen Glauben an die Auferstehung Christi (Rö 6,4.5)."[1]

Die zwei Auferstehungen. Christus lehrte, daß es zwei Auferstehungen geben wird: zum einen die „Auferstehung des Lebens" für die Gerechten, zum anderen die „Auferstehung des Gerichts" für die Ungläubigen (Jo 5,28.29; Apg 24,15). Zwischen beiden Auferstehungen liegen tausend Jahre (Offb 20,4.5).

1. Die Auferstehung des Lebens. Alle, die an der ersten Auferstehung teilhaben, nennt Offenbarung 20,6 „selig und heilig". Sie werden nicht den zweiten Tod im Feuersee erleiden (Offb 20,14 EB). Die Auferstehung zum Leben und zur Unsterblichkeit (1 Ko 15,52) findet bei der Wiederkunft Christi statt (1 Ko 15,22.23; 1 Th 4,15-18). Wer daran teilhat, wird nie mehr sterben (Lk 20,36); für immer ist er mit Christus vereint.

Wie wird der Auferstehungsleib beschaffen sein? So wie Christus werden die auferweckten Heiligen einen wirklichen Körper haben; so wie er werden sie verherrlicht aus dem Grab hervorgehen. Paulus schreibt, daß Jesus „unseren nichtigen Leib verwandeln wird, daß er gleich werde seinem verherrlichten Leibe nach der Kraft, mit der er sich alle Dinge untertan machen kann" (Phil 3,21).

Den verherrlichten Leib nennt er „geistlich" und den jetzigen „natürlich".[2] Der natürliche Leib ist irdisch, sterblich und verweslich. Der geistliche Leib ist unsterblich und unverweslich. Die Verwandlung von der Sterblichkeit zur Unsterblichkeit findet bei der Auferstehung „in einem Augenblick" statt (siehe 1 Ko 15,42-54).

2. Die Auferstehung des Gerichts. Die Ungerechten werden auferweckt bei der zweiten Auferstehung, die am Ende der tausend Jahre sein wird (siehe Kap. 26 dieses Buches). Sie geht dem Jüngsten Gericht und der Urteilsvollstreckung voraus (Jo 5,29). Alle, deren Namen nicht im Buch des Lebens stehen, werden dann auferweckt, um danach im Feuersee den zweiten Tod zu erleiden (Offb 20,14.15 EB).

---

[1] „Resurrection" in „Seventh-day Adventist Bible Dictionary", S. 936.
[2] Eigentlich „seelisch" (siehe 1 Ko 15,44.45 EB), da der aus Erde erschaffene Mensch eine „lebende Seele" (1 Mo 2,7 EB) ist.

TOD UND AUFERSTEHUNG

Dieses traurige Ende müßte nicht sein. Unüberhörbar verkündet die Heilige Schrift das Rettungsangebot Gottes: „... kehrt um und kehrt euch ab von allen euren Übertretungen, damit ihr nicht durch sie in Schuld fallt. Werft von euch alle eure Übertretungen, die ihr begangen habt, und macht euch ein neues Herz und einen neuen Geist. Denn warum wollt ihr sterben ...? Denn ich habe keinen Gefallen am Tod des Sterbenden, spricht Gott der Herr. Darum bekehrt euch, so werdet ihr leben." (Hes 18,30-32)

Christus verspricht: „Wer überwindet, dem soll kein Leid geschehen von dem zweiten Tode." (Offb 2,11) Wer Jesus und die Erlösung annimmt, dem beschert der Tag seiner Wiederkunft unbeschreibliche Freude. In Gemeinschaft mit ihrem Herrn und Erlöser werden die Gerechten die Ewigkeit verbringen in unbeschreiblicher Glückseligkeit.

Kapitel 26

Die tausend Jahre

Die Bibel spricht von tausend Jahren zwischen der ersten und zweiten Auferstehung (Millennium), in denen Christus mit seinen Heiligen im Himmel herrscht. Während dieser Zeit wird über die gottlosen Toten Gericht gehalten. Die Erde befindet sich in einem verwüsteten Zustand; kein Mensch lebt darauf, nur Satan und seine Engel. Am Ende der tausend Jahre kommen Christus und seine Heiligen sowie die Heilige Stadt vom Himmel zur Erde herab. Dann werden die Ungerechten aus dem Tod auferweckt. Mit Satan und seinen Engeln werden sie die Heilige Stadt belagern. Aber Feuer von Gott wird sie verzehren und die Erde reinigen. So wird das Universum auf ewig von Sünde und Sündern befreit.

Immer wieder sind Menschen aufgetreten, die mit wortreichen Schilderungen von Höllenqualen andere einschüchtern wollten, damit sie sich zu Gott bekehrten. Aber was für ein Gottesbild wird da vermittelt?

Wie wird Gott am Ende mit dem Bösen fertig werden? Was wird aus Satan?

Gibt es eine Gewähr dafür, daß die Sünde nicht noch einmal aufkommt? Und wie kann der gerechte Gott Liebe und Strafe zugleich ausüben?

Ereignisse zu Beginn der tausend Jahre

Nach Offenbarung 20,1-4 ist der Einflußbereich Satans eingeschränkt, während Christus mit seinen Heiligen herrscht.

Die Wiederkunft Christi. Die Kapitel 19 und 20 der Offenbarung bilden eine Einheit. Sie beschreiben die Wiederkunft Christi (Offb 19,11-21) und das unmittelbar darauf folgende Millennium. Damit wird gezeigt, daß die tausend Jahre bei der Wiederkunft

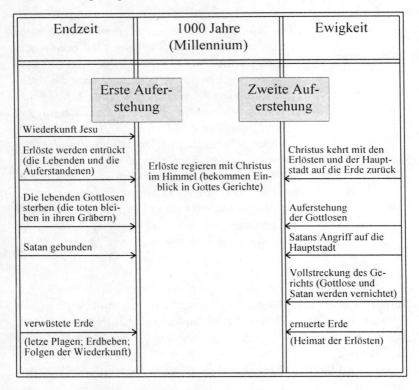

Christi beginnen. Die Offenbarung spricht von drei Mächten, die vor Jesu Wiederkunft die Völker der Welt gegen Gottes Werk und sein Volk aufhetzen: vom Drachen, dem Tier und einem falschen Propheten.

„Das Tier, die Könige auf Erden und ihre Heere" rotten sich zusammen zum Krieg gegen den wiederkommenden Christus; und nach Offenbarung 19,19.20 werden Tier und falscher Prophet vernichtet werden. Danach schildert Offenbarung 20, was während der tausend Jahre mit der dritten Macht jenes dämonischen „Triumvirats", dem Drachen, geschieht. Er wird gebunden und tausend Jahre im Abgrund verschlossen.[1]

Wie schon im 24. Kapitel dieses Buches ausgeführt, werden bei Jesu Wiederkunft die Reiche dieser Welt zerstört; Gott wird sein Reich der Herrlichkeit für ewig aufrichten (Da 2,44), und damit beginnt auch die Mitregentschaft seines Volkes.

Die erste Auferstehung. Bei Jesu Wiederkunft geschieht die erste Auferstehung. Die gerechten Toten werden auferweckt, denn „über solche hat der zweite Tod keine Macht; sondern sie werden Priester Gottes und Christi sein und mit ihm regieren tausend Jahre" (Offb 20,6; siehe auch Kapitel 25 in diesem Buch).

Die Aufnahme der Gerechten in den Himmel. Nach der Auferstehung der gerechten Toten werden sie zusammen mit den lebenden Heiligen „hingerückt ... dem Herrn entgegen in die Luft" (1 Th 4,17). Damit ist das Versprechen Christi erfüllt, das er beim Abschied seinen Jüngern gab: „Ich gehe hin, um euch die Stätte zu bereiten. Und wenn ich hingehe, euch die Stätte zu bereiten, will ich wiederkommen und euch zu mir nehmen, damit ihr seid, wo ich bin." (Jo 14,2.3)

Jesus nannte diese Stätte „meines Vaters Haus", wo es „viele Wohnungen" gibt (Jo 14,2). Das ist ein Hinweis auf das neue Jerusalem, das am Ende der tausend Jahre auf die Erde herabkommen wird. Wenn bei der Wiederkunft die Gerechten dem Herrn entgegengerückt werden in die Luft, ist der Himmel ihr Ziel – und nicht die Erde, die sie gerade verlassen haben.[2] Zu dieser Zeit richtet Christus sein Reich der Herrlichkeit noch nicht auf der Erde auf. Das geschieht erst am Ende der tausend Jahre.

Die Heilsverächter werden vernichtet. Christus verglich seine Wiederkunft mit den Geschehnissen bei der Sintflut und der Zerstörung Sodoms und Gomorras (Mt 24,37-39; Lk 17,28-30).

Der Vergleich stützt sich auf zwei Punkte: 1. das Moment der Überraschung und 2. die Vernichtung; denn „die Sintflut kam und

---

[1] Siehe „The Seventh-day Adventist Bible Commentary", Bd. 7, S. 885.
[2] Siehe „Questions on Doctrine", S. 495.

raffte sie alle dahin" (Mt 24,39). Feuer und Schwefel regnete es vom Himmel herab auf Sodom „und brachte sie alle um" (Lk 17,29; siehe auch Mt 13,38-40).

Bei seiner Wiederkunft erscheint Christus vom Himmel herab mit seinem Heer und reitet auf einem weißen Pferd. Sein Name ist „König aller Könige und Herr aller Herren". Er besiegt alle, die sich gegen ihn aufgelehnt haben.

Wenn das Tier und der falsche Prophet vernichtet sind, richtet sich Christus gegen die übrigen Anhänger Satans. Es wird dabei keine Überlebenden geben, denn sie werden „erschlagen mit dem Schwert, das aus dem Munde dessen ging, der auf dem Pferd saß. Und alle Vögel wurden satt von ihrem Fleisch." (Offb 19,21)[1]

Hier trifft die Weissagung aus Jesaja 26,21 ein: „Denn siehe, der Herr wird ausgehen von seinem Ort, heimzusuchen die Bosheit der Bewohner der Erde. Dann wird die Erde offenbar machen das Blut, das auf ihr vergossen ist, und nicht weiter verbergen, die auf ihr getötet sind."

Die Erde wird verwüstet. Weil die Gerechten entrückt sind zum Herrn und die Gottlosen durch seine Erscheinung vernichtet werden, bleibt die Erde für eine gewisse Zeit menschenleer.

Diesen Zustand beschreibt Jeremia so: „Ich schaute das Land an, siehe, es war wüst und öde, und den Himmel, und er war finster. Ich sah die Berge an, und siehe, da war kein Mensch, und alle Vögel unter dem Himmel waren weggeflogen." (Jer 4,23-25)

---

[1] „Wenn das Tier und der falsche Prophet in den Feuersee geworfen werden, kommen laut Offenbarung 19,20.21 die anderen Anhänger Satans durch das Schwert Christi um. Dazu gehören gemäß Vers 18 die Könige, Hauptleute, Starken sowie alle Freien und Sklaven. Sie alle werden bereits in Offenbarung 6,15 unter dem sechsten Siegel genannt. Da versuchen sie sich vor dem Zorn des Lammes zu verbergen, wenn der Himmel wie eine Schriftrolle entweicht und Berge und Inseln verschwinden. Offensichtlich beschreiben diese Schriftabschnitte denselben katastrophalen Zerstörungsvorgang bei der Wiederkunft Christi. Nach Offenbarung 13,8 leben bei der Wiederkunft nur zwei Gruppen von Menschen auf der Erde. Die einen sind Anbeter des Tieres und kommen durch das Schwert Christi um (Offb 19,21); die anderen überleben, weil sie bei der falschen Anbetung nicht mitgemacht haben. Ihre Namen stehen im Lebensbuch des Lammes." „The Seventh-day Adventist Bible Commentary", Bd. 7, S. 885.

DIE TAUSEND JAHRE

Der Prophet gebraucht die Ausdrücke „wüst und öde", die man aus 1. Mose 1,2 kennt; das heißt, daß auf der Erde wieder jenes Chaos herrscht wie vor der Schöpfung.

Satan wird gebunden. Was nun geschieht, ist im Ritual mit dem Bock für Asasel am Großen Versöhnungstag vorgeschattet. Der Hohepriester entsühnte oder reinigte das Heiligtum mit dem Blut des Bockes für den Herrn. Und erst nachdem dieser Versöhnungsdienst abgeschlossen war, begann das Ritual mit dem Bock für Asasel, der den Satan symbolisiert (siehe Kapitel 23).

Indem der Hohepriester die Hände auf Asasel legte, mußte er „über ihm bekennen alle Missetat der Israeliten und alle ihre Übertretungen, mit denen sie sich versündigt haben" (3 Mo 16,21). Danach wurde der Sündenbock „in die Wildnis" gebracht (3 Mo 16,22).

Christus hat im himmlischen Heiligtum die Verdienste der am Kreuz vollbrachten Versöhnung für sein Volk geltend gemacht. Bei seiner Wiederkunft wird er die Erlösung vollenden und den Seinen ewiges Leben schenken. Wenn dieses Erlösungswerk vollbracht und die Reinigung des himmlischen Heiligtums abgeschlossen ist, legt er die Sünden seines Volkes auf Satan, den Urheber und Anstifter alles Bösen.

Das bedeutet aber keinesfalls, daß Satan Sühne für die Sünden der Gläubigen schafft. Christus hat das getan. Satan aber muß die Verantwortung tragen für alle Sünden, zu denen er die Erlösten verführt hat. Und so wie im alttestamentlichen Opferdienst ein Mann „bereitstand", den Sündenbock in unbewohntes Gebiet wegzuführen, so wird Satan von Gott auf die Erde verbannt, die „wüst und leer" ist (siehe Kap. 23 in diesem Buch).[1]

Die Vision des Johannes stellt die Verbannung Satans sehr anschaulich dar. Ihm wurde gezeigt, daß zu Beginn der 1000 Jahre „der Drache, die alte Schlange, das ist der Teufel und Satan" angekettet und im Abgrund verschlossen wird (Offb 20,2.3). In symbolischer Sprache wird damit auf die zeitlich begrenzte Untätigkeit Sa-

---

[1] Siehe „Questions on Doctrine", S. 500. Der Sündenbock ist nicht der Erlöser der Gerechten.

tans hingewiesen, der nun „die Völker nicht mehr verführen sollte, bis vollendet würden die tausend Jahre" (Offb 20,3).

Mit dem Ausdruck „Abgrund" (griechisch *abyssos*) kennzeichnet Johannes den Zustand der Erde zu dieser Zeit.[1] Durch die sieben Plagen, die der Wiederkunft Christi unmittelbar vorausgehen, ist sie verwüstet worden (Offb 16,18-21) und bietet ein Bild völliger Zerstörung.

Auf eine solche Erde „verbannt", ist Satan letztlich „gebunden" durch grenzenlose Einsamkeit. Kein Mensch lebt da mehr, den er verführen oder verfolgen könnte. Zur Untätigkeit verdammt, ist er in diesem Sinne unrettbar „gebunden".

Während der tausend Jahre

Christus und die Erlösten mit ihm im Himmel. Bei seiner Wiederkunft nimmt Christus seine Nachfolger mit in den Himmel, wo sie die Wohnungen im neuen Jerusalem beziehen. Wie einst Mose und das Volk Israel nach dem Zug durch das Rote Meer, so werden dann die Erlösten voller Dank das Lied der Befreiung singen: „Groß und wunderbar sind deine Werke, allmächtiger Gott! Gerecht und wahrhaftig sind deine Wege, du König der Völker." (Offb 15,3)

Die Heiligen regieren mit Christus. Während der tausend Jahre erfüllt Christus die in Offenbarung 2,26 gegebene Verheißung: „Wer überwindet und hält meine Werke bis ans Ende, dem will ich Macht geben über die Heiden". Schon der Prophet Daniel sah voraus, daß nach der Vernichtung der Feinde Christi „das Reich und die Macht und die Gewalt über die Königreiche unter dem ganzen Himmel ... dem Volk der Heiligen des Höchsten gegeben werden ..." wird (Da 7,27). Wer in der ersten Auferstehung von Christus zum Leben erweckt wird, soll mit ihm regieren während der tausend Jahre (Offb 20,4).

---

[1] Die Septuaginta (griechische Übersetzung des Alten Testaments) übersetzt so das hebräische *tehom* in 1 Mo 1,2 (Tiefe) – ein Hinweis darauf, daß während der tausend Jahre zumindest teilweise ähnliche Zustände auf der Erde herrschen wie zu Anfang, als sie wüst und leer war: „Und es war finster auf der Tiefe." Siehe „The Seventh-day Adventist Bible Commentary", Bd. 7, S. 879.

Wie aber soll dieses „Regieren" vor sich gehen, wenn alle Heiligen im Himmel sind und die Verlorenen tot auf der Erde liegen? Dennoch werden sie an der Herrschaft Christi beteiligt.[1]

Das Gericht über die Heilsverächter. Johannes sah, daß die Heiligen während der tausend Jahre mit zu Gericht sitzen. Da waren „Throne, und sie setzten sich darauf, und ihnen wurde das Gericht übergeben" (Offb 20,4).

Diese Gerichtsverhandlung befaßt sich mit Satan und seinen Engeln (2 Pt 2,4; Jud 6); denn nun erfüllt sich die Vorhersage des Apostels Paulus, daß die Heiligen die Welt und sogar die gefallenen Engel richten werden (1 Ko 6,2.3).[2]

In dem Gericht während der tausend Jahre wird nicht über Heil oder Verderben verhandelt. Das entscheidet Gott bereits vor der Wiederkunft. Wer bei der Auferstehung oder Verwandlung nicht dabei ist, geht für immer verloren. Das Gericht aber, an dem die Gerechten beteiligt sind, klärt die Frage, weshalb die Heilsverächter verloren sind. Denn alle, die das ewige Leben empfangen, sollen auch der Führung und Gerechtigkeit Gottes völlig vertrauen. Deshalb gewährt er ihnen Einblick in sein Gnaden- und Gerichtshandeln.

Um jeden Anlaß zum Zweifel für immer zu beseitigen und damit das erneute Aufkommen der Sünde unmöglich zu machen, beantwortet Gott die Fragen der Erlösten im Laufe des tausend Jahre lang tagenden Gerichts.

Die Erlösten sind also mit hineingenommen in den großen Kampf zwischen Gut und Böse.

„Völlig und für immer zufriedengestellt, werden sie bestätigen, wie ernsthaft, gründlich und geduldig sich Gott um verlorene Sünder gekümmert hat. Sie werden einsehen, wie achtlos und beharrlich die Sünder Gottes Liebe widerstanden haben. Sogar Menschen, die sonst keine schwere Schuld auf sich geladen haben, frön-

---

[1] Die Angabe, daß sie mit Christus regieren, muß nicht notwendigerweise zu der Schlußfolgerung führen, daß um diese Zeit Gottlose auf der Erde leben. Nach 1. Mose 1,26 regierten auch Adam und Eva bereits vor dem Sündenfall über den ihnen von Gott zugewiesenen Bereich der Schöpfung.

[2] „The Seventh-day Adventist Bible Commentary", Bd. 7, S 800.

ten lieber der Ichsucht, als daß sie bereit gewesen wären, sich nach den Maßstäben ihres Herrn und Erlösers zu richten."[1]

Zeit zur Besinnung für Satan. Während der tausend Jahre wird Satan leiden müssen. Da er mit seinen Engeln verbannt ist auf die verwüstete Erde, kann er auch keinen verführen. Nun muß er die Folgen der Empörung gegen Gott und sein Gesetz auf sich nehmen, muß über seine Schuld im Kampf zwischen Gut und Böse nachdenken. Er bekommt die Strafe für alles Böse, das er verschuldet hat.

Ereignisse am Ende der tausend Jahre

Nach tausend Jahren werden „die anderen Toten", also die Heilsverächter, auferstehen, so daß Satans Untätigkeit, zu der er verurteilt war, beendet ist (Offb 20,5.7). Nun ruft er noch einmal zum Angriff auf das „Heerlager der Heiligen und die geliebte Stadt" (Offb 20,9).[2]

Christus und die Erlösten kommen in der geliebten Stadt vom Himmel herab. Aus zwei Gründen kommt Christus mit den Heiligen und dem neuen Jerusalem auf die Erde herab: Er beendet den großen Kampf durch den Vollzug des Urteils, das in der tausend Jahre während Gerichtssitzung gefällt wurde. Außerdem reinigt er die Erde, um sein ewiges Reich darauf zu errichten. Dann wird das Wort aus Sacharja 14,9 erfüllt sein: „Der Herr wird König sein über alle Lande."

Die Auferstehung zum Gericht. Die Erfüllung der Verheißung Christi in Johannes 5,28 besagt, daß „alle, die in den Gräbern sind, seine Stimme hören werden". Bei seiner Wiederkunft erweckte Christus die gläubigen Toten in der ersten Auferstehung, der „Auferstehung des Lebens". Nun kommt es zu der anderen von Jesus ange-

---

[1] M. Maxwell, „God Cares", Bd. 2, Pacific Press, Boise, ID, 1985, S. 500.
[2] Die Beschreibungen in der Offenbarung über das Herabkommen des Neuen Jerusalem geben keinen klaren Anhaltspunkt über den genauen Zeitpunkt dieses Ereignisses. Im vorhergehenden Kapitel (20) sehen wir die „geliebte Stadt" von Satans Heeren umgeben. Daraus läßt sich schließen, daß sie bereits vor der Neuschöpfung der Erde vom Himmel herabkommt.

kündigten Auferstehung, der „Auferstehung des Gerichts" (Jo 5,29). Offenbarung 20,5 beschreibt das so: „Die anderen Toten aber wurden nicht wieder lebendig, bis die tausend Jahre vollendet wurden."

Satans Gebundenheit endet. Die Auferstehung der Verlorenen am Ende der tausend Jahre bedeutet für Satan, daß er „losgelassen werden [muß] eine kleine Zeit" (Offb 20,3). Bei seinem letzten Versuch, Gottes Herrschaft herauszufordern, wird er „ausziehen, zu verführen die Völker an den vier Enden der Erde" (Offb 20,8). Da die Verlorenen auferstehen mit der rebellischen Einstellung, die sie schon vor ihrem Tod hatten, ist es für Satan nicht schwer, sie für seine Ziele zu gewinnen.

Der Angriff auf die Stadt. Satan versucht schließlich, die Heilsverächter dazu zu verleiten, das Reich Gottes mit Gewalt zu erobern. Deshalb versammelt er die Völker der Welt und führt sie gegen die geliebte Stadt (Offb 20,9).[1]

„Die Heilsverächter, die zeitlebens den Eintritt in die Stadt Gottes durch die Verdienste des Sühnopfers Christi hartnäckig verschmäht haben, sind nun entschlossen, sich durch Belagerung und Kampf gewaltsam Eingang zu verschaffen."[2]

Die Ungläubigen sind von Gott ins Leben zurückgerufen worden, aber dennoch wenden sie sich gegen ihn, um sein Reich einzunehmen. Sein gerechtes Urteil findet dadurch eine klare Bestätigung, und Gottes Name und Wesen, von Satan so hinterhältig beschmutzt, werden gerechtfertigt vor allen.[3]

Das Gericht vor dem großen weißen Thron. Johannes beschreibt, daß Gott einen großen weißen Thron errichtet, wenn die Feinde

---

[1] Die Ausdrücke *Gog* und *Magog* verweisen auf die alten Feinde des Volkes Israel. Sie sollten nach Hesekiel 38,2.14-16 in der Zeit nach der Heimkehr aus der Babylonischen Gefangenschaft gegen das Volk Gottes und Jerusalem heraufziehen. Verschiedene alttestamentliche Prophezeiungen über das Volk Israel haben sich nicht erfüllt. Sie finden ihre Erfüllung am geistlichen Israel, nämlich der Gemeinde Jesu. So erfüllt sich Hesekiels Weissagung über die feindlichen Mächte, wenn unter Gottes Zulassung Satans Heer gegen Gottes Volk und die geliebte Stadt anstürmt, um in der letzten Schlacht des großen Kampfes zu unterliegen.

[2] „Questions on Doctrine", S. 505.

[3] Siehe „The Seventh-day Adventist Bible Commentary", Bd. 4, S. 708.

die Stadt umzingeln und zum Angriff drängen. Menschen aller Zeitalter stehen vor dem Thron; die einen in Sicherheit innerhalb der Stadt, die anderen angsterfüllt vor dem Richter.

Gott vollzieht den letzten Abschnitt seines Gerichts. Davon hat Christus selbst gesprochen: „Da wird Heulen und Zähneklappern sein, wenn ihr sehen werdet Abraham, Isaak und Jakob und alle Propheten im Reich Gottes, euch aber hinausgestoßen." (Lk 13,28)

Zur Begründung des Gerichtsurteils werden die Berichtsbücher Gott vorgelegt. „Und ich sah die Toten, groß und klein, stehen vor dem Thron, und Bücher wurden aufgetan. Und ein anderes Buch wurde aufgetan, welches ist das Buch des Lebens. Und die Toten wurden gerichtet nach dem, was in den Büchern geschrieben steht, nach ihren Werken." (Offb 20,12) Dann spricht Gott das endgültige Urteil.

Warum hat Gott diese Menschen noch einmal zum Leben erweckt, um sie dann doch zu vernichten? Während der tausend Jahre haben die Erlösten Gelegenheit gehabt, Gottes Gerechtigkeit vor den Bewohnern des gesamten Weltalls zu überprüfen. Am Ende werden sogar die Bösen samt dem Satan und seinen Engeln die Gerechtigkeit Gottes bestätigen müssen.

Vor dem großen weißen Thron geht in Erfüllung, was der Apostel Paulus in Römer 14,10 sagt: „Wir werden alle vor den Richterstuhl Gottes gestellt werden." Dort sind die gefallenen wie die ungefallenen Geschöpfe, die Erlösten und die Verlorenen versammelt. Sie alle beugen ihre Knie und bekennen, daß Jesus Christus der Herr ist (Phil 2,10.11; Jes 45,22.23).

Dann ist die Frage nach Gottes Gerechtigkeit für immer geklärt. Wer ewiges Leben empfängt, wird auch unerschütterlich auf Gott vertrauen. Nie wieder wird die Sünde das Universum verunreinigen oder seine Einwohner belasten.

Satan und die Sünder werden vernichtet. Unmittelbar nach der Urteilsverkündigung empfangen Satan und seine Anhänger ihre Strafe. Sie erleiden den ewigen Tod. „Und es fiel Feuer vom Himmel und verzehrte sie." (Offb 20,9) Die Erde wird am „Tag des Gerichts und der Verdammnis der gottlosen Menschen" (2 Pt 3,7) zu einem riesigen Feuersee werden.

DIE TAUSEND JAHRE

Dies ist der „Tag der Rache des Herrn" (Jes 34,8), an dem er seine „seltsame Tat" (Jes 28,21) tut. Johannes sagt: „Und wenn jemand nicht geschrieben gefunden wurde in dem Buch des Lebens, so wurde er in den Feuersee geworfen." (Offb 20,15 EB) Der Teufel und sein Anhang erleiden das gleiche Schicksal (Offb 20,10).

Der biblische Zusammenhang macht deutlich, daß mit dem „zweiten Tod" (Offb 21,8) die Heilsverächter endgültig vernichtet werden. Wie steht es aber dann um die Vorstellung von einer ewig brennenden Hölle? Sorgfältiges Bibelstudium zeigt, daß Gottes Wort nichts von ewigen Höllenqualen weiß.

1. Die Hölle. Die Bibel benutzt den Ausdruck „Hölle" für das „vernichtende Strafgericht durch das ewige Feuer beim zweiten Tode. Es ereilt alle, die Gott und sein Heilsangebot in Jesus Christus verachten."[1]

Zuweilen steht der Ausdruck „Hölle" für das hebräische Wort *scheol* oder das griechische Wort *hades*. Damit ist meist das Grab gemeint, in dem Gerechte wie Ungläubige in einem Zustand ohne Bewußtsein auf ihre Auferstehung warten (siehe Kap. 25 dieses Buches). Da die heutigen Auffassungen von einer Hölle vom hebräischen oder griechischen Verständnis stark abweichen, vermeiden moderne Übersetzungen den Ausdruck „Hölle" und benutzen dafür lieber das hebräische Wort *scheol* oder den griechischen Begriff *hades*.

Anders verhält es sich mit dem griechischen Wort *gehenna* im Neuen Testament, das manche Übersetzungen ebenfalls mit „Hölle" wiedergeben. Es bezeichnet die Feuerstrafe für die Unbußfertigen.

Der Ausdruck „Hölle" muß daher nicht immer die gleiche Bedeutung haben. Wo aber der Unterschied nicht beachtet wird, kommt es mitunter zu Unklarheiten.

Das griechische Wort *gehenna* stammt aus dem griechisch-hebräischen *ge hinnom*, zu deutsch Tal Hinnom. Die Schlucht dieses Namens lag südlich von Jerusalem. Dort hatten einst vom Glauben abgefallene Israeliten ihre Kinder dem Götzen Moloch geopfert und verbrannt (2 Chr 28,3; 33,1.6).

---

[1] Siehe „Hölle" in „Schlüsselbegriffe adventistischer Glaubenslehre", Advent-Verlag, Hamburg, 1973, S. 86-90.

Jeremia prophezeite, daß der Herr dieser Greuel wegen ein „Würgetal" daraus machen würde, wo die Leichen der Israeliten hingeworfen werden, „weil sonst kein Raum mehr sein wird". Diese Leichen sollten „den Vögeln des Himmels" zum Fraß werden (Jer 7,32.33; 19,6; Jes 30,33).

Diese Prophezeiung Jeremias übertrugen die Israeliten später unter dem Ausdruck *ge hinnom* auf die Hinrichtungsstätte für die Bösen, eine Stätte des Abscheus, der Schande und der Bestrafung.[1] In der rabbinischen Tradition bezeichnet dieser Begriff den Ort für die Verbrennung von Kadavern und Müll.

Jesus benutzt den Ausdruck vom „höllischen Feuer" in Matthäus 5,22 und 18,9 für das endgültige Verderben. So beschrieb er das Feuer des Jüngsten Gerichts, und in Lukas 12,5 deutete er damit den Zustand nach dem Tode an, wenn Leib und Seele vernichtet werden (Mt 10,28).

Wird es ewige Höllenqualen geben? Wie müßte dieses Höllenfeuer beschaffen sein?

2. Das Schicksal der Gottlosen. Dem Wort der Bibel entsprechend verheißt Gott ewiges Leben nur den Gerechten. Nach Römer 6,23 ist der Tod der Lohn für die Sünde, aber nicht ein ewiges Leben in der Hölle.

Die Schrift lehrt in Psalm 37,9 und 34, daß die Gottlosen ausgerottet werden; nach Psalm 37,20 werden die Feinde Gottes umkommen. Sie werden nicht für immer in einem Zustand des Bewußtseins bleiben, sondern verbrannt werden (Mal 3,19; Mt 13,30.40; 2 Pt 3,10), gänzlich vernichtet (Ps 145,20; 2 Th 1,9; Hbr 2,14; Ps 104,35).

3. Ewige Strafe. Im Zusammenhang mit dem Endgericht über die Gottlosen spricht das Neue Testament von ewiger Strafe. Die Bezeichnung „ewig" ist übersetzt aus dem griechischen *aionios* und wird sowohl für Gott als auch für Menschen gebraucht. Um Mißverständnisse zu vermeiden, sollte man bedenken, daß die Bedeutung des Wortes „ewig" von dem Substantiv abhängt, auf das es sich bezieht und das es näher erklärt. Spricht die Bibel von einem

---

[1] Siehe „Hell" in „Seventh-day Adventist Bible Dictionary", S. 475.

DIE TAUSEND JAHRE

ewigen Gott, dann bedeutet das unbegrenzte Existenz, denn Gott ist unsterblich. Wird aber der Begriff „ewig" für sterbliche Menschen oder vergängliche Dinge gebraucht, dann bedeutet „ewig" nur so lange, wie die Person oder der Gegenstand existiert.

So steht beispielsweise in Judas 7, daß Sodom und Gomorra „des ewigen Feuers Pein" erleiden. Diese Städte aber brennen heute nicht mehr. Petrus schreibt, daß sie „zu Asche gemacht und zum Untergang verurteilt" sind (2 Pt 2,6). Das ewige Feuer brannte also nur so lange, bis alles verzehrt war, dann erlosch es (siehe auch Jer 17,27 und 2 Chr 36,19).

Ähnlich verhält es sich auch, wenn Jesus die Heilsverächter zum „ewigen Feuer" verurteilt (Mt 25,41). Sie werden verbrannt mit „unauslöschlichem Feuer" (Mt 3,12), das niemand löschen kann. Ist der Verbrennungsvorgang aber abgeschlossen, wird das Feuer von selbst verlöschen.[1]

Mit dem Ausdruck „ewige Strafe" meint Christus nicht endlose Bestrafung, sondern etwas ewig Gültiges: also ewiges Leben für die Gerechten und ewigen Tod für die Verlorenen – nicht aber endloses Leiden. Die Bestrafung ist vielmehr vollständig; ihr Ende ist der zweite Tod. Der ist ewig, weil es davon keine Auferstehung geben kann und wird.[2]

Wenn Hebräer 9,12 von einer „ewigen Erlösung" und Hebräer 6,2 vom „ewigen Gericht" spricht, geht es um das Ergebnis und nicht um einen endlosen Vorgang bei der Erlösung oder beim Gericht. Auch „ewige Strafe" bedeutet nicht einen endlosen Vorgang. Der Tod der Ungläubigen ist endgültig. Sie werden für immer fort sein und bleiben.

4. Gequält von Ewigkeit zu Ewigkeit. Der Ausdruck „von Ewigkeit zu Ewigkeit" in Offenbarung 14,11, 19,3 und 20,10 wird ebenfalls im Sinne einer ewigen Bestrafung mißverstanden. Auch hier gilt, daß diese „Ewigkeit" so lange dauert wie die dazugehörige

---

[1] Vergleiche die Prophezeiung in Jeremia 17,27 vom unauslöschlichen Feuer, das Jerusalem zerstören sollte. Die Erfüllung geschah nach 2. Chronik 36,19 durch die Eroberung Nebukadnezars. Das Feuer erlosch nach der Beendigung des Zerstörungswerkes.

[2] „Questions on Doctrine", S. 539.

Person oder Sache existiert. Gottes Ewigkeit ist unendlich. Die Ewigkeit des sterblichen Menschen dauert nur so lange, wie der Mensch selber existiert.

Jesaja 34,9.10 bietet mit der Beschreibung der Bestrafung Edoms ein gutes Beispiel. Edom sollte zu „brennendem Pech werden, das weder Tag noch Nacht verlöschen wird ... auf ewige Zeiten." Edom ist zerstört worden, aber es brennt heute nicht mehr. Das „immer" währte nur so lange, bis das Feuer alles vernichtet hatte.

Die Bibel versteht „ewig" stets als begrenzte Zeit: Ein Sklave sollte beispielsweise „für immer" bei seinem Herrn bleiben (2 Mo 21,6). Jona fürchtete, er müsse „ewiglich" unter Wasser bleiben (Jon 2,7). Auch Paulus schreibt an Philemon, daß er nun seinen Sklaven „auf ewig" wieder hätte (Phlm 15). In all diesen Fällen hat „ewig" die Bedeutung „solange die Person lebt".

Psalm 92,8 sagt, daß die Gottlosen „für immer" vertilgt werden. Und in Maleachi 3,19 heißt es: „Denn siehe, es kommt ein Tag, der brennen soll wie ein Ofen. Da werden alle Verächter und Gottlosen Stroh sein, und der kommende Tag wird sie anzünden, spricht der Herr Zebaoth, und er wird ihnen weder Wurzeln noch Zweig lassen." Das Feuer verzehrt die Wurzel, also Satan, und seine Zweige mit den gefallenen Engeln und den Gottlosen wie Stroh. Danach ist weder der Tod noch der *hades* nötig. Gott wird sie für immer abschaffen (Offb 20,14).

Der zweite Tod ist also gemäß der Bibel eindeutig ein Strafvollzug, dessen Resultat ewig währt, nicht aber eine ewige Bestrafung.

Mit Recht faßt Erzbischof William Temple so zusammen: „Mit Sicherheit können wir sagen: Es gibt keine endlosen Qualen. Leider haben Menschen unter dem unbiblischen Einfluß der griechischen Vorstellung von der unsterblichen Seele etwas in das Neue Testament hineingelesen, was nach ewigem Sterben, aber nicht nach ewigem Tod aussah. Das Feuer wird ewig genannt, nicht aber das Leben, das ihm übergeben wird."[1]

Die vom Gesetz Gottes geforderte Strafe ist somit vollzogen, und der Gerechtigkeit ist Genüge getan.

---

[1] W. Temple, „Christian Faith and Life", Macmillan, New York, 1931, S. 81.

5. Die endgültige Strafe. Der Tod ist die endgültige Strafe für die Sünde. Wer das von Gott angebotene Heil verachtet, erleidet aufgrund seiner Sünde den ewigen Tod. Manche haben wirklich abscheulich gesündigt, indem sie anderen Grausamkeiten zugefügt haben. Andere haben ein anständiges Leben geführt und lediglich die in Christus dargebotene Erlösung abgelehnt.

Ist es dann gerecht, wenn beide dieselbe Strafe erhalten?

In Lukas 12,47.48 sagt Jesus: „Der Knecht aber, der den Willen seines Herrn kennt, hat aber nichts vorbereitet noch nach seinem Willen getan, der wird viel Schläge erleiden müssen. Wer ihn aber nicht kennt und getan hat, was Schläge verdient, wird wenig Schläge erleiden. Denn wem viel gegeben ist, bei dem wird man viel suchen; und wem viel anvertraut ist, von dem wird man um so mehr fordern."

Zweifellos werden Menschen, die sich trotzig gegen Gott aufgelehnt haben, mehr leiden müssen als andere, die sich nicht so schwer vergangen haben.

Wir sollten auch die Bestrafung im Licht des Kreuzes Christi sehen, wo Gottes Sohn den „zweiten Tod" erlitt. Dort trug er die Sünden der ganzen Welt und erlitt die schmerzliche Trennung von seinem Vater. Das war seelische Not von unvorstellbarem Ausmaß.

Im Blick auf die Heilsverächter ist zu bedenken: Was der Mensch sät, das wird er ernten. Das gilt sowohl für dieses Leben wie auch für die endgültige Vernichtung.

In Gottes Gegenwart spüren die einst Verlorenen die Schuld für die von ihnen begangenen Sünden mit unbeschreiblicher Härte. Je größer die Schuld, desto schwerer die Qual. Satan, der Urheber aller Sünde, wird am meisten leiden müssen.[1]

Die Erde wird gereinigt. In 2. Petrus 3,10 beschreibt der Apostel, daß alle Sündenspuren am Tag des Herrn beseitigt werden: „... die Himmel zergehen mit großem Krachen; die Elemente aber werden vor Hitze schmelzen, und die Erde und die Werke, die darauf sind, werden ihr Urteil finden."

---

[1] Siehe „Hell" in „Seventh-day Adventist Bible Dictionary", S. 475.

Feuer vernichtet die Ungläubigen und reinigt die Erde vom Schmutz der Sünde. Aus dieser Brandruine aber macht Gott „einen neuen Himmel und eine neue Erde; denn der erste Himmel und die erste Erde sind vergangen" (Offb 21,1). Die gereinigte und neugeschaffene Erde ist die ewige Heimat der Erlösten.

Für immer werden Leid, Trauer und Tod verbannt sein (Offb 21,4). „Und es wird nichts Verfluchtes mehr sein." (Offb 22,3)

Angesichts der Nähe des Tages des Herrn und der Vernichtung von Sünde und Sündern schreibt Petrus an die Gläubigen:

„Wie müßt ihr dann dastehen in heiligem Wandel und frommem Wesen, die ihr das Kommen des Tages Gottes erwartet und erstrebt ..." (2 Pt 3,10.11) Dann fügt er in den Versen 13 und 14 voll froher Hoffnung hinzu: „Wir warten aber auf einen neuen Himmel und eine neue Erde nach seiner Verheißung, in denen Gerechtigkeit wohnt. Darum, meine Lieben, während ihr darauf wartet, seid bemüht, daß ihr vor ihm unbefleckt und untadelig im Frieden befunden werdet."

Kapitel 27

Die neue Erde

> *Auf der neuen Erde, auf der Gerechtigkeit wohnt, wird Gott eine ewige Heimat für die Erlösten schaffen – eine vollkommene Welt des ewigen Lebens, der Liebe, der Freude und zunehmender Erkenntnis in seiner Gegenwart. Gott selbst wird unter seinem Volk wohnen, Leid und Tod werden nicht mehr sein. Der große Kampf ist zu Ende. Nie mehr wird es Sünde geben. Alles, das Belebte und das Unbelebte, wird davon künden, daß Gott Liebe ist. Er wird in Ewigkeit regieren.*

Nach einer unmittelbaren Begegnung mit dem Tod sagte ein Junge voller Erleichterung: „Meine Heimat ist im Himmel, aber ich habe kein Heimweh."

Wie ist es um unser Heimweh bestellt? Welche Vorstellungen haben wir von der neuen Erde? Und wenn überhaupt: Geben wir ihnen Raum in unserem Denken? Oder schieben wir sie weit weg? – Vielleicht später einmal ... oder wenn es uns schlecht geht.

Die Beschreibungen der Heiligen Schrift bezüglich dessen, was Gott für die Erlösten vorbereitet hat, übertreffen unser gegenwärtiges Sein in einem solchen Ausmaß, daß wir – gäben wir ihnen nur Raum in unserem Denken – kaum zögern würden, unser Heimatrecht in der neuen Welt Gottes zu suchen.

Die neue Erde

Eine greifbare Wirklichkeit. Die ersten beiden Kapitel der Bibel berichten, daß Gott eine vollkommene Welt erschuf als Heimat der von ihm ins Leben gerufenen Menschen. Die letzten beiden Kapitel der Bibel sprechen ebenfalls darüber, daß Gott eine vollkommene Welt für die gesamte Menschheit schafft. Dabei handelt es sich um eine Neu-Schöpfung, um die Wiederherstellung der Erde nach der Verwüstung, die die Sünde mit sich gebracht hat.

Immer wieder bezeugt Gottes Wort, daß diese ewige Heimat der Erlösten eine Wirklichkeit sein wird, eine Stätte von Menschen mit Körper und Geist, die hören, schmecken, riechen, denken und erfahren können. Diese Stätte wird auf der neuen Erde sein.

In 2. Petrus 3 sind die biblischen Aussagen darüber zusammengefaßt. Petrus spricht zunächst von der vorsintflutlichen Welt als der, die „damals" durch die Wasser der Sintflut vernichtet wurde. Die zweite Welt ist die von „jetzt", die durch Feuer gereinigt werden wird, um Raum zu geben für „eine neue Erde nach seiner Verheißung", in der „Gerechtigkeit wohnt" (2 Pt 3,6.7.13).[1] Diese „dritte" Welt wird eine Wirklichkeit sein wie die beiden ersten.

Fortsetzung und Unterschied. Die Bezeichnung „neue Erde" macht hinsichtlich der gegenwärtig existierenden Erde den Gedanken des weiteren Bestehens als auch des Unterschieds deutlich.[2] Petrus und Johannes bekamen gezeigt, daß die alte Erde durch Feuer befreit wird, von aller Verunreinigung, um dann erneuert zu werden (2 Pt 3,10-13; Offb 21,1).[3]

Das bedeutet, daß die „neue" Erde zunächst *diese* Erde sein wird und nicht irgendein Ort.

---

[1] Siehe J. White, „The New Earth. The Dominion Lost in Adam Restored Through Christ" in „Review and Herald", 22. März, 1877, S. 92.93.

[2] Das deutsche Wort „Neu" steht für zwei griechische Wörter, die im Neuen Testament benutzt werden. *Neos* „meint neu in bezug auf die Zeit und kann übersetzt werden mit ‚neu', ‚frisch', ‚jung'. Das Gegenteil davon ist *archaios*, was ‚alt', ‚ursprünglich', ‚von hohem Lebensalter' bedeutet. *Kainos* wiederum meint qualitativ neu und kann übersetzt werden mit ‚neu', ‚frisch', ‚andersartig'. Das Gegenteil davon ist *palaios*, was ‚alt', ‚veraltet', ‚abgetragen' heißt. Zur Beschreibung der ‚neuen Erde' wird *kainos* gebraucht." M. R. Vincent, „Word Studies in the New Testament", B. Eerdmans Publishing Co., Grand Rapids, MI, 1887, (Neudr. 1965), Bd. 1, S. 138.139; L. Coenen, „Theolog. Begriffslexikon zum NT", Wuppertal, 1979, Bd. 2, S. 972.973; „New Earth" in „Seventh-day Adventist Bible Dictionary", S. 792.

[3] ebd.

Neu aber wird sie vor allem in dem Sinne sein, daß Gott jeden Makel von ihr entfernen wird, den die Sünde verursacht hat.

Das neue Jerusalem

Das neue Jerusalem ist die Hauptstadt der neuen Erde. Auf hebräisch bedeutet Jerusalem „Stadt des Friedens". Das irdische Jerusalem hat selten diesem Namen entsprochen, aber das neue Jerusalem wird ihn als Bezeichnung einer Wirklichkeit tragen.

Ein Bindeglied. Diese Stadt verbindet den Himmel mit der neuen Erde. Die Heilige Schrift kennt den Begriff „Himmel" in dreifacher Bedeutung: 1. für die Atmosphäre (1 Mo 1,20), 2. für die Sternenwelt (1 Mo 1,14-17) und 3. für den „dritten Himmel", wo das Paradies ist (2 Ko 12,2-4).

Aus dieser Gedankenverbindung von „Himmel" und „Paradies" erwuchs die Auffassung, Himmel sei gleichzusetzen mit dem Paradies, dem Aufenthaltsort Gottes, wo auch sein Thron steht. In Erweiterung dieses Gedankens bezeichnet die Heilige Schrift den Herrschaftsbereich Gottes und die Menschen, die gewillt sind, seine Macht anzuerkennen, als das „Königreich des Himmels" oder „Himmelreich".

Die Bitte im Vaterunser „Dein Reich komme, dein Wille geschehe wie im Himmel so auf Erden" wird Gott so erfüllen, daß all unsere Erwartungen übertroffen werden, wenn das neue Jerusalem auf diese Erde herabkommt (Offb 21,1.2).

Gott wird die Erde nicht nur „aufpolieren", sondern verherrlichen, indem sie dann den einstigen Zustand weit übertrifft, den sie vor dem Sündenfall hatte. Sie wird das Zentrum des Universums sein.

Ihre Kennzeichen. Johannes verwendet geradezu romantische Begriffe, um die Herrlichkeit des neuen Jerusalems zu schildern: Die Stadt ist „bereitet wie eine geschmückte Braut für ihren Mann" (Offb 21,2). Die konkret ausgemalte Beschaffenheit der Stadt macht ihre Realität deutlich.

1. Ihr Licht. Das erste Kennzeichen, das Johannes wahrnahm, als er „die Braut des Lammes" sah, war „ihr Licht" (Offb 21,9.11).

Gottes Herrlichkeit erleuchtet die Stadt, macht das Licht von Sonne und Mond überflüssig (Offb 21,23.24). Keine dunklen Gassen werden ihre Herrlichkeit beeinträchtigen, denn Mauern und Straßen werden durchscheinend sein, und „da wird keine Nacht sein" (Offb 21,25). „Sie bedürfen keiner Leuchte und nicht des Lichts der Sonne; denn Gott der Herr wird sie erleuchten." (Offb 22,5)

2. Ihr Aufbau. Gott hat für den Bau dieser Stadt kostbarstes Material verwendet. Die Mauern bestehen aus Jaspis, „dem alleredelsten Stein" (Offb 21,11.18). Das Fundament ist aus zwölf unterschiedlichen Edelsteinen: Jaspis, Saphir, Chalzedon, Smaragd, Sardonyx, Sarder, Chrysolith, Beryll, Topas, Chrysopras, Hyazinth und Amethyst (Offb 21,19.20).

Diese Edelsteine sind jedoch nicht das ausschließliche Baumaterial, denn Gott hat die Stadt – ihre Häuser und Straßen – vorwiegend aus Gold gemacht (Offb 21,18.21), kostbarer als jenes, das wir heute kennen, denn Johannes spricht von „reinem" Gold „gleich reinem Glas" (Offb 21,18).

Zwölf Tore, von denen jedes aus einer Perle besteht, gewähren Einlaß in die Stadt. „Perlen sind das Ergebnis eines Leidensprozesses: ein winziger Störenfried schlüpft in das Gehäuse einer Auster, und während dieses kleine Wesen leidet, verwandelt es diesen Störenfried in einen wunderschönen Edelstein. Die Tore der Stadt sind aus Perlen gemacht. Durch sein unsagbares Leiden hat Gott deinen und meinen Eintritt in diese Stadt ermöglicht, indem er in Christus alle Dinge mit sich selbst versöhnte."[1]

So bedeutungsvoll wie die Aufzählung der zum Bau verwendeten Materialien ist auch der Hinweis, daß der Engel die Mauern der Stadt maß. Johannes sah, wie die Stadt gemessen wurde und eine bestimmte Höhe, Länge und Breite aufweist. All das vermittelt dem datenorientierten Menschen unserer Tage etwas von der Wirklichkeit dieser Stadt.

3. Versorgung mit Wasser und Nahrung. Vom Thron Gottes im Mittelpunkt der Stadt geht der „Strom des lebendigen Wassers" aus

---

[1] R. W. Coffen, „New Life, New Heaven, New Earth" in „These Times", Sept. 1969, S. 7.

(Offb 22,1), Bäume des Lebens wachsen „auf beiden Seiten des Stromes ..., die tragen zwölfmal Früchte, ... und die Blätter der Bäume dienen zur Heilung der Völker" (Offb 22,2).

Vermutlich enthalten die Blätter das Lebenselement, auf das die Menschen verzichten mußten, nachdem Adam und Eva aus dem Paradies vertrieben worden waren. Wir sehen darin ein Mittel gegen den Alterungsprozeß, das Schwinden der körperlichen Kraft, gegen Müdigkeit und Siechtum (Offb 22,1; 1 Mo 3,22). Wer von den Früchten dieser Baume ißt, wird nicht ermüden, „denn da wird keine Nacht sein" (Offb 21,25).

Unsere ewige Heimat

Die Bibel macht deutlich, daß die Erlösten diese Erde besitzen werden (Mt 5,5; Ps 37,9.25; 115,16). Jesus versprach seinen Nachfolgern, „die Stätte" in seines Vaters Haus zu bereiten (Jo 14,1-3). Der Thron des Vaters und damit das Zentrum des Himmels wird im neuen Jerusalem sein, das auf diese Erde herabkommen wird (Offb 21,2.3.5).

Leben in der Stadt. Das neue Jerusalem ist die Stadt, auf die schon Abraham gewartet hat (Hbr 11,10). Dort sind von Jesus „Wohnungen" vorbereitet (Jo 14,2) oder – wie es im Urtext heißt – „Wohnstätten" – also wirkliche Heime.

Leben auf dem Land. Doch der Lebensraum der Erlösten wird nicht begrenzt sein auf den Bereich innerhalb der Mauern des neuen Jerusalem. Die ganze Erde werden sie besitzen. Aus der Stadt werden die Erlösten hinaus aufs Land gehen, um Äcker und Gärten anzulegen, so wie es der Prophet gesagt hat:

„Sie werden ... Weinberge pflanzen und ihre Früchte essen. Sie sollen nicht bauen, was ein anderer bewohne und nicht pflanzen, was ein anderer esse. Denn die Tage meines Volkes werden sein wie die Tage eines Baumes, und ihrer Hände Werk werden meine Auserwählten genießen." (Jes 65,21.22)

Mit Gott und Christus vereint. Auf der neuen Erde wird die Verheißung Jesu für seine Nachfolger ihre ewige Erfüllung finden: „Und wenn ich hingehe, euch die Stätte zu bereiten, will ich wie-

derkommen und euch zu mir nehmen, damit ihr seid, wo ich bin."
(Jo 14,3) Das Ziel bei der Menschwerdung Christi „Gott mit uns"
wird endgültig erreicht sein, denn es heißt: „Siehe da, die Hütte
Gottes bei den Menschen! Und er wird bei ihnen wohnen, und sie
werden sein Volk sein, und er selbst, Gott mit ihnen, wird ihr Gott
sein." (Offb 21,3)

Die Erlösten dürfen nun für immer in der Gegenwart Gottes leben und Gemeinschaft haben mit dem Vater und dem Sohn.

Auf der neuen Erde

Wie wird sich das Leben auf der neuen Erde gestalten?

Regieren mit Gott und Christus. Gott wird die Erlösten in sein Walten mit einbeziehen. „Und der Thron Gottes und des Lammes wird in der Stadt sein, und seine Knechte werden ihm dienen ... und sie werden regieren von Ewigkeit zu Ewigkeit." (Offb 22,3.5)

Wir wissen nicht, was im einzelnen darunter zu verstehen ist. Doch wir dürfen annehmen, daß die Erlösten bestimmte Aufgaben in Gottes Königreich übernehmen. Als Christi Botschafter werden sie dem Universum aufgrund ihrer eigenen Erfahrung bezeugen, daß Gott Liebe ist. Ihre größte Freude wird darin bestehen, Gott zu verherrlichen.

Aktivitäten auf der neuen Erde. Das Leben auf der neuen Erde wird in alle Ewigkeit dazu anspornen, höchste Ziele zu erreichen. Aus der Vielzahl der Möglichkeiten, die sich den Erlösten dort eröffnen, seien einige genannt. Die Propheten haben sie angedeutet, unsere Phantasie kann sie weiter ausmalen.

Die biblischen Verheißungen besagen, daß die Erlösten „Häuser bauen und bewohnen". Bauen schließt immer auch Planung, Konstruktion und künstlerische Gestaltung mit ein. Aber im Gegensatz zur Vergänglichkeit wird es dort weder Katastrophen noch Verfall geben, denn „ihrer Hände Werk werden meine Auserwählten genießen" (Jes 65,21.22). Allein schon das Wort „bewohnen" läßt auf eine Vielzahl von Aktivitäten im täglichen Leben schließen.

Entscheidend aber für die gesamte Existenz auf der neuen Erde ist die Wiederherstellung dessen, was Gott von Anfang an für seine

Schöpfung vorgesehen hatte. In Eden gab er Adam und Eva einen Garten, den sie „bebauen und bewahren" sollten (1 Mo 2,15).

Wenn nun die Erlösten auf der neuen Erde Weinberge pflanzen, wie Jesaja schreibt, dann sicher auch Obstgärten und Getreidefelder. Wenn sie, wie in der Offenbarung erwähnt, auf Harfen spielen, warum dann nicht auch auf anderen Instrumenten? Gott selbst war es doch, der den Drang zur schöpferischen Tätigkeit verlieh und die Menschen in eine Welt voll unbegrenzter Möglichkeiten stellte (1 Mo 1,28-31).

Gemeinschaft auf der neuen Erde. Unerschöpfliche Freude, die uns in der Ewigkeit erwartet, wird aus der ungetrübten Gemeinschaft erwachsen.

1. Freunde und Familienangehörige. Werden wir unsere Angehörigen und Freunde wiedererkennen, nachdem wir in die Herrlichkeit Jesu verwandelt worden sind? Nach der Auferstehung hatten die Jünger Jesu keine Probleme, ihren Meister wiederzuerkennen. Für Maria war es seine Stimme (Jo 20,11-16), für Thomas die körperliche Gestalt Jesu (Jo 20,27.28) und für die Emmausjünger die Gepflogenheit beim Essen, die zu Erkennungszeichen wurden (Lk 24,30.31.35).

Abraham, Isaak und Jakob werden uns auch im Himmelreich begegnen, ihren ursprünglichen Namen tragen und durch ihre persönliche Identität ausgezeichnet sein (Mt 8,11). Wir dürfen gewiß sein, daß wir auf der neuen Erde weiterhin Gemeinschaft pflegen mit denen, die wir auf dieser Erde kennen und lieben.

Sicher wird es vornehmlich die Pflege solchen Miteinanders sein – nicht nur zu Familienangehörigen und Freunden –, die den Schwerpunkt des himmlischen Lebens ausmacht. Materielle Vorzüge „werden geradezu nichtig erscheinen, verglichen mit den ewigen Werten der Beziehung zu Gott, dem Vater, zu unserem Erlöser, zum Heiligen Geist, zu den Engeln und den Gläubigen aus allen Stämmen, Nationen, Sprachen und Völkern – und zu unseren Angehörigen ...

Es gibt keine zerbrochenen Persönlichkeiten, keine zerstörten Familien und keine unterbrochenen Beziehungen mehr. Überall wird Vollkommenheit und völliges Heil herrschen. Körperliche und geistige Harmonie werden in der himmlischen Ewigkeit umfassende Verwirklichung finden."[1]

Die Gefühle der Liebe und der Anteilnahme, die Gott selbst in uns gepflanzt hat, werden dort in der edelsten und lieblichsten Weise zum Ausdruck kommen. Die Gemeinschaft mit heiligen Wesen, das ungetrübte Miteinander zwischen den Engeln und den Gottgetreuen aller Zeitalter ... wird zum Glück der Erlösten beitragen.[2]

2. Und was ist mit der Ehe? Einige der Zeitgenossen Jesu brachten vor den Meister den Fall einer mehrfach verwitweten Frau; insgesamt sieben Männer hatte sie gehabt. Nun fragten sie, wessen Frau sie wohl nach der Auferstehung sein würde. Es gehört nicht viel Phantasie dazu, sich anhand dieses Beispiels die endlose Kette von Komplikationen vorzustellen, die daraus entstünden, wenn die ehelichen Beziehungen, die auf dieser Erde bestanden, im Himmel erneuert würden.

Die Antwort Jesu entspricht seiner göttlichen Weisheit: „Denn in der Auferstehung werden sie weder heiraten noch sich heiraten lassen, sondern sie sind wie Engel im Himmel." (Mt 22,30)

Bedeutet das Verzicht auf all das Liebenswerte, was mit der Ehe verbunden ist? Auf der neuen Erde werden die Erlösten nichts entbehren müssen. Gott hat verheißen: „Er wird kein Gutes mangeln lassen den Frommen." (Ps 84,12) Wenn diese Zusage für unser jetziges Leben gilt, wieviel mehr dann für das ewige Leben.

Grundlage der Ehe ist die Liebe. Anlaß und Bestand der Freude sind überall dort gegeben, wo Liebe zum Ausdruck gebracht wird. Die Heilige Schrift sagt: „Gott ist Liebe" und: „Vor dir ist Freude die Fülle und Wonne zu deiner Rechten ewiglich." (1 Jo 4,8; Ps 16,11) Auf der neuen Erde wird keiner einen Mangel an Liebe, Freude oder Wonne haben; keiner wird sich einsam oder ungeliebt fühlen.

Wir dürfen sicher sein, daß unser Schöpfer, der die Ehe stiftete, um Freude in diese unsere Welt zu bringen, für die kommende Welt noch etwas Besseres bereithält – etwas, das die Vorzüge der

---

[1] N. C. Wilson, „God's Family Reunited" in „Adventist Review", 8. Okt. 1981, S. 23.
[2] Nach E. G. White, „Der große Kampf", S. 676.

Ehe in dem Maße übertreffen wird, wie seine neue Welt die heutige übertrifft.

Geistiges Leben auf der neuen Erde

Umfassende Wiederherstellung. „Die Blätter der Bäume dienen zur Heilung der Völker." (Offb 22,2) Die Heilung, von der die Offenbarung hier spricht, ist mehr als nur „Genesung". Sie bedeutet vielmehr die „Wiederherstellung" des durch die Sünde zerstörten Zustandes, den Gott ursprünglich für die Menschheit vorgesehen hatte.

Indem die Erlösten die Blätter dieser Bäume genießen, werden sie sich zu dem entfalten, was sie seit jeher sein sollten: ein Ebenbild Gottes.

Unbegrenzte Möglichkeiten. Die Ewigkeit wird den Bewohnern der neuen Erde unbegrenzte geistige Horizonte eröffnen. „Das Leben auf der neuen Erde wird eine völlig neue Qualität haben. Die Menschen werden über unbegrenzte schöpferische Kraft verfügen, ihr Geist wird sich immer neuen Erkenntnissen öffen, sie werden tätig sein und doch nicht ermüden. Die Kräfte von Leib, Seele und Geist werden sich zu niegekannten Höhen entfalten."[1]

Geistliches Streben auf der neuen Erde. Getrennt von Christus wäre das ewige Leben bedeutungslos. In alle Ewigkeit werden die Erlösten nach Jesus hungern und dürsten – nach einem innigen Verständnis seines Lebens und Dienstes, nach mehr Gemeinschaft mit ihm, nach mehr Zeit, um ungefallenen Welten seine unvergleichliche Liebe zu bezeugen, nach einem Charakter, der dem seinen mehr und mehr entspricht.

Die Erlösten werden für und mit Christus leben. Sie werden in vollkommener Zufriedenheit in ihm ruhen!

Christus lebte, um zu dienen (Mt 20,28); er rief seine Nachfolger auch zu solch einem Leben auf. Hier und heute mit ihm zu arbeiten, ist an sich schon Lohn genug. Aber die Verbindung, die daraus erwächst, gewährt obendrein das größere Vorrecht und den größe-

---

[1] E. G. White, „Der große Kampf" (Ausgabe 1994), S. 406.

ren Segen, mit ihm auch auf der neuen Erde zusammenarbeiten zu dürfen. „... seine Knechte werden ihm [dort] dienen" (Offb 22,3) – mit Freude und Befriedigung.

Obwohl es den Erlösten möglich sein wird, das Schatzhaus der Natur zu erforschen, wird die Botschaft vom Kreuz die größte Aufmerksamkeit finden. Ausgestattet mit ungeschmälertem Denkvermögen, werden sie die Tiefe der geistlichen Wahrheit erfassen in einem Maße, wonach sie sich auf dieser Erde nur haben sehnen können.

Das Wunder der Erlösung, dessen Tiefe, Höhe und Breite alle menschliche Vorstellungskraft übersteigt, wird für alle Ewigkeit Inhalt ihres Denkens und Lobpreises sein. Die Erforschung dieses Themas wird den Erlösten einen immer tieferen Einblick in die Wahrheit vermitteln, die in Christus Jesus ist.

Woche für Woche werden die Erlösten zum Sabbatgottesdienst zusammenkommen; „und alles Fleisch wird einen Neumond nach dem andern und einen Sabbat nach dem andern kommen, um vor mir anzubeten, spricht der Herr." (Jes 66,23)

„Siehe, ich mache alles neu!"

Das Böse ist ausgelöscht. Die schönsten Verheißungen bezüglich der neuen Erde betreffen das, was es dort *nicht mehr* geben wird. „Und Gott wird abwischen alle Tränen von ihren Augen, und der Tod wird nicht mehr sein, noch Leid noch Geschrei noch Schmerz wird mehr sein; denn das Erste ist vergangen." (Offb 21,4)

Das Böse wird für immer verschwinden, weil Gott jede Spur der Sünde auslöschen wird. Es gibt dort „Bäume des Lebens", aber keinen „Baum der Erkenntnis des Guten und Bösen" – also keinen Ort, an dem wir versucht werden könnten. Der Kampf der Erlösten gegen den Teufel oder die eigenen sündhaften Neigungen ist für immer zu Ende.

Daß die neue Erde auch wirklich „neu" bleiben wird, gründet sich auf die Zusage, daß Gott den „Frevlern und Mördern und Unzüchtigen und Zauberern und Götzendienern und allen Lügnern" keinen Zugang gewähren wird (Offb 21,8;22,15). Und er wird es tun, denn wenn die Sünde Eingang fände, würde sie alles zerstören.

„Jede Spur der Sünde wird ausgetilgt; nichts wird mehr an die schreckliche Geschichte der Sünde erinnern ... Nur die Narben der Geißelung und Kreuzigung werden am Körper des Gottessohnes für immer zu sehen sein. Sie sind ein ewiges Zeichen dafür, wie tief sich Christus aus Liebe zu uns erniedrigt hat."[1]

Das Alte ist vergangen. Jesaja sagt, daß man auf der neuen Erde „der vorigen nicht mehr gedenken und sie nicht mehr zu Herzen nehmen wird" (Jes 65,17).

All das Gute, was Gott für die Erlösten getan hat, seine rettende Gnade, ohne die jeder Kampf gegen die Sünde vergeblich gewesen wäre, werden nicht vergessen sein. Die durch Christus gewirkte Rettung wird der Grundton des persönlichen Zeugnisses aller Erlösten sein – von Ewigkeit zu Ewigkeit.

Die Geschichte der Sünde ist abgeschlossen und die Gewißheit gefestigt, daß „das Unglück nicht zweimal kommen" wird (Nah 1,9). Damit verblassen die Ereignisse der Vergangenheit, denn die reine Atmosphäre des Himmels nimmt allen schrecklichen Erinnerungen ihre Schmerzhaftigkeit und ihre Pein.

Es ist Gottes feste Verheißung, daß die Erlösten niemals mehr unter Kummer, Trauer oder Enttäuschung leiden, daß sie von Gewissensbissen oder Unruhe nie mehr angefochten werden.

Der Glauben an eine Neuschöpfung

Der Glaube an die Verheißung einer neuen Erde ist für den Christen hier und heute eine wertvolle Lebenshilfe.

Ansporn zum Durchhalten. Christus selber war es, „der, obwohl er hätte Freude haben können, das Kreuz erduldete und die Schande gering achtete" (Hbr 12,2). Paulus faßte neuen Mut, wenn er an die künftige Herrlichkeit dachte: „Darum werden wir nicht müde ... Denn unsere Trübsal, die zeitlich und leicht ist, schafft eine ewige und über alle Maßen gewichtige Herrlichkeit." (2 Ko 4,16.17)

---

[1] ebd., S. 405.

Gewißheit einer Belohnung. Christus selbst sagte: „Seid fröhlich und getrost; es wird euch im Himmel reichlich belohnt werden." (Mt 5,12) Und Paulus war gewiß: „Wird jemandes Werk bleiben, ... so wird er Lohn empfangen." (1 Ko 3,14)

Kraft in der Versuchung. Mose war bereit, sich vom „Genuß der Sünde" und den „Schätzen Ägyptens" zu trennen, „denn er sah auf die Belohnung" (Hbr 11,25.26).

Vorgeschmack auf den Himmel. Der Lohn des Christen ist *nicht nur* zukünftig (Eph 1,14). Christus sagt: „Wenn jemand meine Stimme hören wird und die Tür auftun, zu dem werde ich hineingehen." (Offb 3,20) „Und wenn Christus kommt, bringt er immer den Himmel mit." Gemeinschaft mit ihm „ist der Himmel auf Erden; der Beginn der Herrlichkeit; der Vorgeschmack der Erlösung."[1]

Bereitschaft zum Tätigsein. Mitunter werden Christen als so weltfremd angesehen, daß die Belange dieser Erde weit von ihnen weggerückt erscheinen. Aber es ist gerade der Glaube an das Zukünftige, der dem Christen festen Boden unter den Füßen verleiht, von dem aus in dieser Welt etwas bewegt und bewirkt werden kann.

C. S. Lewis sagt dazu:

„Aus der Geschichte wissen wir, daß gerade die Christen am meisten für das Diesseits taten, die sich auch am eingehendsten mit dem Jenseits befaßten ... Erst seitdem die Christen weithin aufgehört haben, an das Jenseits zu denken, sind sie in dieser Welt so ohne Wirkung. Wer nach dem Himmel strebt, dem wird die Erde ‚in den Schoß fallen'; wer nach der Erde strebt, dem geht beides verloren."[2]

„Ein weiser Mann verwendet mehr Sorgfalt auf die Arbeit an einer Marmorstatue als auf den Bau eines Schneemanns."[3]

Ein Christ, der für die Ewigkeit plant, gestaltet natürlich sein Leben mit größerer Sorgfalt (und trägt so zum Wohl der Gesellschaft bei) als einer, der glaubt, auswechselbar und nur dafür geboren zu sein, daß er schließlich weggeworfen wird.

---

[1] „Clusters of Eschol" in „Review and Herald", 14. Nov. 1854, S. 111.112.
[2] C. S. Lewis, „Pardon, ich bin Christ", Brunnen, Gießen/Basel, 1986, S. 123.124
[3] W. Fagal, „Heaven Is for You", S. 37.

Die „Beschäftigung mit himmlischen Dingen, die vom Heiligen Geist gefördert wird, hat eine gewaltig verändernde Kraft.

Ihr Wirkungsfeld und die Fähigkeit zu einer erweiterten Sicht vergrößern sich; die Prioritäten sowie der wahre Wert der sichtbaren und unsichtbaren Dinge werden dann auch richtig eingeschätzt."[1]

Offenbarung von Gottes Wesen. In ihrem derzeitigen Zustand bietet diese Welt leider nur ein verzerrtes Bild vom Wesen Gottes und seinem ursprünglichen Plan für unseren Planeten.

Die Sünde hat das biologische Gleichgewicht dieser Erde derart beschädigt, daß man sich die Herkunft dieser Welt von dem Paradies, wie es in 1. Mose 1 und 2 beschrieben ist, kaum noch vorstellen kann. Das Dasein heute wird von einem ständigen Ringen ums Überleben gekennzeichnet. Selbst das Leben der Gläubigen, die mit Satan und Sünde zu kämpfen haben, kann den ursprünglichen Plan Gottes nicht widerspiegeln.

Doch was für die Erlösten vorgesehen ist – eine Welt frei vom Einfluß des Bösen, wo nur Gottes Wille gilt –, vermittelt uns ein zutreffendes Bild von Gottes Gnade und Barmherzigkeit.

Der Glaube an die Neuschöpfung führt näher zu Gott. Die Bibel beschreibt die neue Erde auch mit dem Ziel, die Ungläubigen und Zweifler für Christus zu gewinnen.

Viele meinen offenbar, „daß der Glaube mit ... seiner schließlich folgenden Belohnung etwas sein müsse, wonach die Welt kein Verlangen haben könnte. Wenn also von irgendeiner Form des Glücks die Rede ist, nach der das Herz des Menschen in seinem gefallenen Zustand wahres Verlangen haben könnte, so meinen sie, das könne nicht Teil des wahren Glaubens sein."[2]

Wenn Gott verkündigen läßt, daß er eine unvergängliche Herrlichkeit bereitet hat für alle, die ihn lieben, will er damit auch Menschen aus ihrer Bindung an diese Welt befreien und ihnen helfen, den Wert der künftigen Neuschöpfung zu erkennen, die er in seiner Liebe für uns bereitet hat.

---

[1] „Clusters of Eschol", S. 111.112.
[2] U. Smith, „The Popular Hope, and Ours" in „Review and Herald", 7. Febr. 1854, S. 20.

Für immer neu

Auf dieser alten Erde heißt es oft, daß „alles Gute einmal ein Ende hat". Das Beste an der guten Nachricht von der neuen Erde aber ist die Tatsache, daß sie nie ein Ende haben wird.

Dann wird das große „Halleluja" gesungen werden: „Es sind die Reiche der Welt unseres Herrn und seines Christus geworden, und er wird regieren von Ewigkeit zu Ewigkeit." (Offb 11,15; vgl. Da 2,44; 7,27) Und alle Kreatur wird einstimmen in diesen Lobgesang: „Dem, der auf dem Thron sitzt, und dem Lamm sei Lob und Ehre und Preis und Gewalt von Ewigkeit zu Ewigkeit." (Offb 5,13)

„Der große Kampf ist beendet. Sünde und Sünder sind nicht mehr. Das Weltall ist wieder frei von Auflehnung und Haß. Eintracht und Freude bestimmen das Zusammenleben. Von Gott, der alles erschaffen hat, gehen Leben, Licht und Freude aus. Vom kleinsten Atom bis zum größten Weltenkörper bezeugt die Schöpfung in ungetrübter Schönheit und Harmonie: Gott ist Liebe!"[1]

---

[1] E. G. White, „Der große Kampf" (Ausgabe 1994), S. 406.

BIBLIOGRAPHIE
STICHWORTVERZEICHNIS
ABKÜRZUNGEN

Bibliographie

Acken S. J., B. van, „Konvertiten-Katechismus", Paderborn, 1964[17].
Alford, H., „The Greek Testament", London, 1864.
„Ante-Nicene Fathers", Bd. 1, Wm. B. Eerdmans, Grand Rapids, MI, 1979.
Archer, G. L., „Encyclopedia of Bible Difficulties", Zondervan, Grand Rapids, MI, 1982.
Bacchiocchi, S., „From Sabbath to Sunday", Pontifical Gregorian University Press, Rom, 1977.
———, „Rest for Modern Man", South. Publ. Assn., Nashville, 1976.
Barth, K., „Dogmatik", Bd. IV/4, EVZ-Verlag, Zürich.
Bauer, W./Aland, K. und B., „Griechisch-Deutsches Wörterbuch zu den Schriften des NT und der frühchristlichen Literatur", de Gruyter, Berlin, 1988[6].
Beasley-Murray, G. R., „Baptism in the New Testament", Wm. B. Eerdmans, Grand Rapids, MI, 1973.
Berkhof, L., „Systematic Theology", Wm. B. Eerdmans, Grand Rapids, MI, 1965[4].
Berkouwer, G. C., „The Person of Christ", Wm. B. Eerdmans, Grand Rapids, MI, 1954.
Black, M., „The Scrolls and Christian Origins", Charles' Scribner's Sons, New York, 1961.
Brown, H. F., „Baptism Through the Centuries", Pacific Press, Mountain View, CA, 1965.
Bruce, F. F., „Commentary on the Epistle to the Hebrews", Wm. B. Eerdmans, Grand Rapids, MI, 1972.
Bunch, T. G., „The Ten Commandments", Review and Herald, Washington, D. C., 1944.
Caesar, L. O., „The Meaning of Yayin in the Old Testament", unveröffentliche M. A. Thesis, Andrews University, 1986.
Calvin, J., „Unterricht in der christlichen Religion" (Institutio christianae religionis", Erziehungsverein, Neukirchen.
Carson, D. A. (Hg.), „From Sabbath to Lord's Day: A Biblical, Historical, and Theological Investigation", Zondervan, Grand Rapids, MI, 1982.
„Catechism of the Council of Trent for Parish Priests", übersetzt von J. A. McHugh und C. J. Callan, New York, 1958.

Coenen, L., „Theologisches Begriffslexikon zum NT", Bd. 2, Wuppertal, 1979.
Conradi, L. R., „Die Geschichte des Sabbats", Internationale Traktaktgesellschaft, Hamburg, 1912.
Cotte, W. N., „The Archeology of Baptism", Yates and Alexander, London 1876.
„Covenant and Marriage; Partnership and Commitment", Leaders Notebook, Family Ministry Department, Sunday School Board of the Southern Baptist Convention, Nashville, 1987.
Cullmannn, O., „Unsterblichkeit der Seele oder Auferstehung der Toten?", Kreuz-Verlag, Stuttgart, 1962.
Dale, R. W., „The Ten Commandments", Hodder and Stoughton, London, 1884^4.
Damsteegt, G., „A Theology of Restoration", Andrews University, 1974.
———, „Foundations of the Seventh-day Adventist Message and Mission", Grand Rapids, MI, 1977.
———, „Interpreting the Bible", Singapore, 1986.
Denzinger, H./Schönmetzer, A., „Enchiridion Symbolorum" (Quellentexte zum Konzil zu Trient 1545-1563 n. Chr.), Barcelona, 1967^{34}.
Driver, S. R. (Hg.), „The International Critical Commentary", T&T Clark, Edinburgh, 1981^5.
Dudley, R. L./Cummings jr., Des, „A Comparison of the Christian Attitudes and Behaviors Between Those Adventist Church Members Who Regularly Read Ellen White Books and Those Who Do Not", A research report of the Institute of Church Ministry, Andrews University, Berrien Springs, MI, 1982.
Dybdahl, J., „Missions: A Two-Way Street", Pacific Press, Boise, ID, 1986.
Eck, Dr. J. von, „Handbüchlein, Enchiridion", 1576.
Edwards, J., „The Works of President Edwards", Leavitt & Allen, New York, 1852.
Edwards, R. D., „A New Frontier – Every Believer a Minister", Pacific Press, Mountain View, CA, 1979.
„Elberfelder Studienbibel", Brockhaus, Wuppertal/Zürich, 1994.
Fagal, W., „Heaven Is for You".
Farrar, F. W., „History of Interpretation", Macmillian & Co. London, 1886.
Finley, M. A., „The Way to Adventist Church Growth", AR, Concerned Communications, Siloam Springs, 1982.
Foster, V. W., „New Start!", Woodbridge Press, Santa Babara, CA, 1988.

Froom, L. E., „Movement of Destiny", Review and Herald, Washington, D. C., 1971.
——, „The Coming of the Comforter", Review and Herald, Washington, D. C., 1949.
——, „The Conditionalist Faith of Our Fathers" Bd. 1 u. 2, Review and Herald, Washington, D. C, 1965/1966.
——, „The Prophetic Faith of Our Fathers", Washington, 1948.
Geiermann, P., „The Convert's Catechism of Catholic Doctrine", St. Louis, MO, 1957.
„Gemeindehandbuch", hrsgg. von der Gemeinschaft der Siebenten-Tags-Adventisten, Advent-Verlag, Hamburg, 1988.
Gesenius, „Hebräisches und aramäisches Handwörterbuch über das AT", 1962^{17}.
Gibbons, J., „The Faith of Our Fathers", John Murphy & Co., Baltimore, 1895^{47}.
Gilbert, F. C., „Practical Lessons From the Experience of Israel for the Church of Today", Southern Publ. Assn., Nashville, TN, 1972.
Gore, T., „Raising PG Kids in an X-rated Society", Abingdon Press, Nashville, TN, 1987.
Grant, R. M., „A Short History of Interpretation of the Bible", Philadelphia, 1984.
Halsberghe, G. H., „The Cult of Sol Invictus", E. J. Brill, Leiden, 1972.
Hartford, „High Holiday Prayer Book", Prayer Book Press, Conn., 1951.
Hasel, G. F., „Biblical Interpretation Today", Biblical Research Institute of the General Conference of Seventh-day Adventists, Washington, D. C., 1985.
——, „Covenant in Blood", Pacific Press, Mountain View, CA., 1982.
——, „Understanding the Living Word of God", Mountain View, 1980.
Hastings, J. (Hg.), „Encyclopedia of Religion and Ethics", New York, 1917.
Hauck, F./Schwinge, G., „Theologisches Fach- und Fremdwörterbuch", Göttingen, 1987^{6}.
Hefele, C. J., „A History of the Councils of the Church From the Original Documents", übers. u. hrsgg. von Henry N. Oxenham, T and T Clark, Edinburgh, 1876.
Heggtveit, H. G., „Illustreret Kirkehistorie", Cammermeyers Boghandel, Christiania, Oslo, 1891-1895.
Heussi, K., „Kompendium der Kirchengeschichte", Tübingen, 1971^{13}.
Hirsch, E., „Hilfsbuch zum Studium der Dogmatik", de Gruyter, Berlin, 1958^{3}.

Holbrook, F. B. (Hg.), „70 Weeks, Leviticus, and the Nature of Prophecy", Biblical Research Institute, General Conference of Seventh-day Adventists, Washington, D. C., 1986.

———, (Hg.), „Symposium on Daniel", Biblisches Forschungsinstitut der Generalkonferenz der Gemeinschaft der STA, Washington D. C., 1986.

———, „The Biblical Basis for a Modern Prophet".

Horn, S. H., „Auf den Spuren alter Völker", Saatkorn-Verlag, Hamburg, 1979.

Horn, S. H./Wood, L. H., „Die Chronologie von Esra 7", Wegweiser-Verlag, Wien, 1995.

Howard, J. K., „New Testament Baptism", Pickering & Inglis, London 1970.

Hyde, G. M. (Hg.), „A Symposium on Biblical Hermeneutics", Washington, 1947.

Jemison, A., „A Prophet Among You", Pacific Press, Mountain View, CA, 1955.

Jemison, T. H., „Christian Beliefs", Pacific Press, Mountain View, CA, 1959.

Kaemmel, O. (Hg.), „Spamer's Illustrierte Weltgeschichte", Bd. VIII, Neueste Zeit 1, Leipzig, 1902^4.

Kendrick, T. D., „The Lisbon Earthquake", Methuen & Co. Ltd., London, 1955.

Kittel, G., „Theologisches Wörterbuch zum Neuen Testament", Bd. I, Verlag W. Kohlhammer, Stuttgart, 1949.

Knight, G. R., „In Erwartung seines Kommens – Eine Kurzgeschichte der Siebenten-Tags-Adventisten", Advent-Verlag, Lüneburg, 1994.

König, E., „Hebräisches und Aramäisches Wörterbuch zum Alten Testament", Leipzig, 1936.

Ladd, G. E., „A Theology of the New Testament", Wm. B. Eerdmans, Grand Rapids, MI, 1974.

Lampkin, W. L., „A History of Immersion", Broadm. Press, Nashville, 1962.

LaRondelle, H. K., „Christ Our Salvation", Pacific Press, Mountain View, CA, 1980.

Lewis, C. S., „Pardon, ich bin Christ", Brunnen, Gießen/Basel, 1986.

Lewis, G. R., „Decide for Yourself: A Theological Workbook", Inter Varsity Press, Downers Grove, Il., 1978.

Maxwell, C. M., „God Cares", Bd. 1, Pacific Press, Mountain View, CA., 1981.

McDowell, J., „Evidence That Demands A Verdict", Campus Crusade for Christ, 1972.

McIlvaine, C. P. (Hg.), „Sermons by Henry Melvill", Stanford & Swords, New York, N. Y., 1844.
„Methods of Bible Study", General Conference Committee, 1986.
Naden, R. C., „Discovering Your Spiritual Gifts", Institute of Church Ministry, Berrien Springs, MI, 1982.
Nemoy, L. (Hg.), „The Midrash on Psalm", Yale University Press, New Haven, Conn., 1959.
Neufeld, D. F. (Hg.), „Seventh-day Adventist Encyclopedia" (Commentary Reference Series, vol. 10), Review and Herald, Washington, D. C., 1976^2.
———, (Hg.), „Seventh-day Adventist Encyclopedia", Review and Herald, Washington, D. C., 1976.
„Nicene and Post-Nicene Fathers", 2. Serie, Bd. 2, Wm. B. Eerdmans, Grand Rapids, 1979.
Nichol, F. D., „Answers to Objections", Review and Herald, Washington D. C., 1952.
———, „The Midnight Cry", Washington D. C., 1944.
———, (Hg.), „The Seventh-day Adventist Bible Commentary", Review and Herald, Washington, D. C., 1980^2.
O'Brien, J. A., „The Faith of Millions", Our Sunday Visitor Inc., Huntington, IN, 1947^2.
Orr, J., „God's Image in Man", Wm. Eerdmans, Grand Rapids, MI., 1948.
Osterloh/Engelland, „Biblisch-Theologisches Handwörterbuch", 1959^2.
Patton, W., „Bible Wines – Laws of Fermentation", Sane Press, Oklahoma City, OK., o. J.
Peebles, J. M., „The Word Spiritualism Misunderstood", Centennial Book of Modern Spiritualism in America, National Spiritualist Association of the United States of America, Chicago, IL, 1948.
„Problems in Bible Translation", Committee on Problems in Bible Translation, Review and Herald, Washington, D. C., 1954.
Ranke, Leopold von, „Die römischen Päpste in den letzten vier Jahrhunderten II", Bd. 3/4, Hamburg/Wien/Zürich, o. J.
Rice, R., „The Reign of God", Andrews University Press, Berrien Springs, MI, 1985.
Runia, K., „The Present-day Christological Debate", Inter-Varsity Press, Downers Grove, IL, 1984.
Schaefer, E., „What Is a Family?", Fleming H. Revell Co., Old Tappan, NJ, 1975.

Schaff, Ph., „History of the Christian Church", Wm. B. Eerdmans, Grand Rapids, MI, 1962.
——— , „The Person of Christ", George H. Doran, New York, N. Y., 1913.
Scharffenberg, J. A., „Problems With Meat", Woodbridge Press, Santa Babara, CA, 1979.
„Schlüsselbegriffe adventistischer Glaubenslehre", Advent-Verlag, Hamburg, 1973.
„Seventh-day Adventist Church Manual", General Conference of Seventh-day Adventists, Washington D. C., 1986^2.
„Seventh-day Adventist Encyclopedia" (Commentary Reference Series, vol. 10), D. F. Neufeld (Hg.), Review and Herald, Washington, D. C., 1976^2.
„Seventh-day Adventists Answer Questions on Doctrine", Review and Herald, Washington, D. C., 1957.
Shea, W. H., „Selected Studies on Prophetic Interpretation", Review and Herald, Washington, D. C., 1982.
Shuler, J. L., „God's Everlasting Sign", Southern Publ. Assn., Nashville, 1972.
Sider, R. J., „Rich Christians in an Age of Hunger", Paulist Press, New York, NY, 1977.
Simpson, W. W., „Jewish Prayer and Worship", Seabury Press, New York, 1965.
Singer I. (Hg.), „The Jewish Encyclopedia", New York, 1903.
Smith, P. G., „Managing God's Goods", Southern Publ. Assn., Nashville, 1973.
Spalding, A. W., „Makers of the Home", Pacific Press, Mountain View, CA, 1928.
Spicer, W. A., „The Spirit of Prophecy in the Advent Movement", Review and Herald, Washington, D. C., 1937.
Strand, K. A. (Hg.), „The Sabbath in Scripture and History", Review and Herald, Washington, D. C., 1982.
Strong, A. H., „Systematic Theology", Judson Press, Philadelphia, PA, 1954.
Taylor, V., „The Cross of Christ", Macmillan, London, 1956.
Teachout, R. P., „The Use of Wine in the Old Testament", T. D. Dissertation, 1979.
Temple, W., „Christian Faith and Life", Macmillan, New York, 1931.
„The Biblical Cabinet; or Hermeneutical Exegetical, and Philological Library", Thomas Clark, Edinburgh, 1842.

„The Seventh-day Adventist Bible Commentary", Bd. 9 („Student's Source Book"), Washington, 1962.

„The Seventh-day Adventist Bible Commentary", Nichol, F. D., (Hg.), Review and Herald, Washington, D. C., 1980².

„Theologisches Begriffslexikon zum Neuen Testament", Brockhaus, Wuppertal, 1972³.

Tobler, G., „Leben ohne Alkohol", Advent-Verlag, Zürich..

Trevor, G., „Rome: From the Fall of the Western Empire", London, 1868.

Trobisch, W., „Heiraten – warum nicht?", Vandenhoeck & Ruprecht, Göttingen, 1974².

Vandeman, G. E., „When God Made Rest", Pacific Press, Boise, ID, 1987.

Verduin, L., „Somewhat Less than God: The Biblical View of Man", Wm. B. Eerdmans, Grand Rapids, MI., 1970.

Vincent, M. R., „Word Studies in the New Testament" Bd. 1, B. Eerdmans Publishing Co., Grand Rapids, MI, 1887 (Neudr. 1965).

Vine, W. E., „An Expository Dictionary of Biblical Words", Thomas Nelson, New York, NY, 1985.

Wagner, C. P., „Your Spiritual Gifts Can Help Your Church Grow", Regal Books, Glendale, CA, 1979.

Wallenkampf, A. „The Baptism, Seal and Fullness of the Holy Spirit".

———, „New by the Spirit", Pacific Press, Mountain View, CA, 1978.

———, „Salvation Comes From the Lord", Review and Herald, Washington D. C., 1983.

Wallenkampf, A./Lesher, W. R. (Hg.), „The Sanctuary and the Atonement", Biblical Research Institute der Generalkonferenz der Siebenten-Tags-Adventisten, Washington, D. C., 1981.

Wescott, B. F., „The Epistle to the Hebrews", Wm. B. Eerdmans, Grand Rapids, MI, 1950.

Wheat, E. „Love Life for Every Married Couple", Zondervan, Grand Rapids, 1980.

White, E. G., „Aus der Schatzkammer der Zeugnisse", Bd. 2, Hamburg 1963.

———, „Bilder vom Reiche Gottes", Saatkorn-Verlag, Hamburg, 1982.

———, „Colporteur Ministry", Pacific Press, Mountain View, CA, 1953.

———, „Counsels on Diet and Foods", Review and Herald, Washington, D. C., 1946.

———, „Counsels on Stewardship", Review and Herald, Washington, D. C., 1940.

White, E. G., „Counsels to Parents, Teachers and Students", Pacific Press, Mountain View, CA, 1943.
———, „Das Leben Jesu", Saatkorn-Verlag, Hamburg, 1980.
———, „Das Wirken der Apostel", Saatkorn-Verlag, Hamburg 1981.
———, „Der große Kampf", Saatkorn-Verlag, Hamburg, 1982.
———, „Der große Kampf", Advent-Verlag, Hamburg, 1994.
———, „Erziehung", Advent-Verlag, Hamburg, 1975.
———, „Evangelism", Review and Herald, Washington D. C., 1970.
———, „Frühe Schriften von Ellen G. White", Wegweiser-Verlag, Wien, 1993.
———, „Für die Gemeinde geschrieben", Bd. 1 u. 2, Advent-Verlag, Hamburg, 1991/1992.
———, „Messages to Young People", Southern Publ. Assn., Nashville, TN, 1930.
———, „Patriarchen und Propheten", Saatkorn-Verlag, Hamburg, 1973.
———, „Ruf an die Jugend", Advent-Verlag, Hamburg, 1951.
———, „Selected Messages", Bd. 3. , Review and Herald, Washington D. C., 1980.
———, „Sketches From the Life of Paul", Review and Herald, Battle Creek, MI, 1883.
———, „Spiritual Gifts", Bd. 1-4, Steam Press, Battle Creek, MI, 1945.
———, „Testimonies for the Church", Pacific Press, Mountain View, CA, 1948, Bd. 1-9.
———, „The Adventist Home", Southern Publishing Association, Nashville, Tennessee, 1952.
———, „The Ministry of Healing", Pacific Press, Mountain View, CA., 1942.

Stichwortverzeichnis

1000 Jahre – *siehe* Millennium
1260 Jahre der Verfolgung   227-229.232-234.239.241-244.250.380.489.
   490.493
1844 (Jahr)   449.471-473.501
2300 Abende und Morgen   449.469-474.501
70-Wochen-Prophezeiung   63-66.471.472

Abendmahl   Kap. 15 (285-299) 203.218.236.239.268.269
Ablaß   237.239
Adventhoffnung – *siehe* Wiederkunft Jesu
Alkohol, alkoholische Getränke   401.407-409.422 – *siehe auch* Wein
Antichrist   159.230
Auferstehung   88.196.240.449.487.488.503.504.507.508.510.511.517.
   518-521.525.529-531.533.535.545.546
Auferstehung Jesu – *siehe* Jesu Auferstehung
Autorität der Bibel   18.24-28.33.99.157-159.220.238-240.242.496

Babylon (geistliches)   247-249.488
Bekehrung, Buße   38.54.55.95.97.101.137.167.183-184.187.188.215.225.
   227.237.239.246.275.276.279.281.282.344.345.464
Bibel, Bibelstudium   Kap. 1 (15-30) 8.9.32-38.44.84.99.157.158.191.192.
   217.238-240.294.312.313.322-324.327.330-332.381.382.422.494.516
   – *siehe auch* Autorität der Bibel
Bund, Bündnisse Gottes mit den Menschen   36.49.51.60.86.117.142-147.
   154.203.208.210.211.215.216.276-278.282.283.288.291.296.337.343.
   346.349-352.358.361.366.427.450.451.457.464.
Buße – *siehe* Bekehrung

Calvin, Johannes   7.200.355

Daniel 2   467.485-487
Dreieinigkeit   Kap. 2 (31-45) 94

Ehe   Kap. 22 (423-445) 111-113.130.136.279.342.418.546.547
Ehebruch, Ehescheidung   50.136.155.183.184.411.423.433-436

Einheit der Gemeinde   Kap. 13 (253-266) 100.209-212.220.243.271.272.
   301.306-309.316.317.323
Elternschaft – *siehe* Familie
Engel   42.53.55.66.70.72.82.129.132.143.151-153.155.161.211.320.348.
   431.439.470.475.477.481.499.514.523.529.530.532.536.546
Engel, Botschaft der drei   227.242.245-252
Erlösung, Erlösungsplan   Kap. 10 (181-200) 29.30.38.39.41.43.44.45.48.49.
   51-53.57.59.60.62.82.86.87.91.94.110.116-118.122.143.145.155.161.
   164-177.227.236.255.258.259.269.270.280.283.292.337.343.349-351.
   355.356.361.367.368.371.376.384.401-403.420.422.450.453-455.469.
   475-477.482.483.487.492.507.521.527.537.548.550
Ernährung   329.401.405.413-418.499
Erziehung   329.423.437-443
Evangelium   29.44. 169.170.173.179. 211.239.240.245.249-251.277-280.
   340.345.350-356.373.376.394.408.409.423.431.453.473.474.476.477.
   479.507 – *siehe auch* Missionsauftrag
Evolutionstheorie   114.120.121.139-141.247

Familie   Kap. 22 (423-445) 206.222.260.263.283.329.330.341.342.385.407.
   495.545
Freizeitgestaltung   401.410-413.422
Fußwaschung   218.285-291

Gabe der Prophetie   Kap. 17 (313-333) 100.243.304-306
Gebet   29.72.85.91.96.191.192.196.223.264.265.284.298.302.312.359.373.
   385.422.439.441.473
Gebote – *siehe* Gesetz Gottes
Gehorsam   38.71.76.80.83.97.98.112.119.129-131.133.144.145.153.155-157.
   163.165.175.178.179.185.186.193.216.217.220.243.251.258.281.332.
   337.338-340.343.346-352.356-359.361.371.372.384.421.423.431.442.
   443.457.476.480.495.505.506
Geist der Weissagung – *siehe* Gabe der Prophetie
Geist des Menschen – *siehe* Mensch, Ursprung und Natur
Geist Gottes – *siehe* Heiliger Geist
Geistesgaben   Kap. 16-17 (301-333) 91.92.99.100.195.278.279.389
Gemeinde Jesu   Kap. 11 (203-226) 44.81.99.100.173.177.181.182.227-234.
   241.242.253.267.269.279.281.295.296.303.304.307.308.316-318.397.
   403.433.444.475.499 – *siehe auch* Einheit der Gemeinde
Gericht   47.88.129.181.227.243.246.458-465.474-478.528-532

Gesetz Gottes   Kap. 18 (337-359) 44.59.80.114.134.135.138.144.151.155.
  156.163.172.175.178.181.247.292.364-366.372.380.381.383.403.497.
  516.517
Gesundheit   128.328.329.397.401.403-420.441
Glaube und Werke – *siehe* Rechtfertigung
Gnade   24.36.37.48-51.59.86-89.98.142-147.165-167.170.173.178.179.189.
  239.265.337.340.346.347.351.352.355.356.376.476.549.551
Gott, der Vater   Kap. 3 (47-55)
Gottesdienst   85.205.220.221.230.231.367-369.373.378.384.385.392.402.
  418.441-444

Haushalterschaft   Kap. 20 (387-399) 113.114.130.131.301.307.418.419
Heilige Schrift – *siehe* Bibel
Heiliger Geist   Kap. 5 (91-102) 18.21-25.27.28.33.42.43.121.126.127.146.
  161.178.179.181.183.184.190.191.193-197.200.209.215.255-257.260.
  261.269.276.278.279.301.303.311.312.319.333.373.401.420.499.500
Heiligtumsdienst   Kap. 23 (449-478) 49.57.60.79.83-85.88.89.98.168.
  171.172.235.236.246.260.261.350-353.482.483.527 – *siehe auch* Jesu
  Mittlerdienst
Heiligung   101.128.167.182.187-200.361.371.372.374.404
Heilsgewißheit   30.147.181.189.291.330.476.477
Hölle   523.533-536
Homosexualität   436.437.497
Horn, kleines   239.250.349.350.380-383.465-468.474

Inspiration   15.19-24.27-29.91.92.200.241.306.321.323.325.331.332
Israel   23.49.51.52.63.145.167.199.206-208.218.270.276.277.375.376.383.
  391.394.395

Jahr-Tag-Prinzip   64
Jerusalem, Neues   541-543
Jesu Auferstehung
  66.85.91.94.95.96.146.158.163.176.177.179.195.198.207.256.267.274.
  275.276.324.377.450.455.508.510.518-520
Jesu Menschwerdung   42.58-66.73.79-82.91.140.146.164.168.191.287.
  324.328.544
Jesu Mittlerdienst
  42.44.72.79.83.85.88.98.143.146.175.176.208.219.235.236.239.246.260.
  328.352.449.453-459.463.468.473.477 – *siehe auch* Heiligtumsdienst

Jesu Natur (göttlich/menschlich)   67-83
Jesu Taufe   65.268.269
Jesu Tod   17.18.27.31.33.38.43-45.53.54.57.58.61-63.65.71.76.81.85.86.88.
95.96.110.117.140.142-144.154.157.160.161.168-170.172.175-177.179.
189.198.200.207.219.228.239.246.262.263.265.287.292.296.298.328.34
5.353-356.367.369.371.386.388.397.403.421.430.435.449.450.454.461.
474.527.537.548.549   – *siehe auch* Jesu Mittlerdienst
Jesu Wiederkunft – *siehe* Wiederkunft Jesu
Jesus Christus   Kap. 4 (57-89) 17.18.32.43-45.47.48.52-54.92-95.97-99.
101.110.115.116-118.119.122.129.143.144.147.151.156-161.163.168.
171-178.181.184-187.190-193.204.216.219.220.228.236.239.253.257.
275.281.295.357.358.375.421.422.454.478

Kampf, der große   Kap. 8 (151-161) 23.59.132.140.142.247.329.466.474.
498.529.530.539.552
Katholizismus   231-238.248.327.328.378.381.382.466-468
Kinder   440-443
Kinder-/Säuglingstaufe   282.283
Kirche   205-207.214.230-240.244.248-250.318.379.496.514 – *siehe auch*
Gemeinde
Kirche und Staat   231.250.496
Kreuz (Jesu) – *siehe* Jesu Tod

Lebensstil   Kap. 21 (401-422) 193.222.275.387.442
Liebe Gottes   18.31.32.37.41.42.44.51.54.55.110.111.206.207.
Liebe zum Nächsten   254.290.291.305.306.420-422.430
Luther, Martin   7.192.238.239.381

Mensch, Ursprung und Natur   Kap. 7 (119-147)
Millennium   Kap. 26 (523-538) 39.458
Missionsauftrag   101.176.203. 207.209.212. 214.215-218.220.221.227.242.
243.245.247.257.258. 264.269.277-279.301.302.309.311.383.384.387.
390.391-393.395.399.411.477.493-495.518.519
Mittlerdienst Jesu – *siehe* Jesu Mittlerdienst

Nachfolge – *siehe* Lebensstil
Neue Erde   Kap. 27 (539-552)

Ökumene   327.328
Opfer – *siehe* Jesu Tod

Papsttum   231-235.237-240.244.380-383.468.472.490.493.496.497
– *siehe auch* Horn, kleines
Pfingsten   91-93.96.99.183.303.319.354
Polygamie   432.433
Prädestination   38-40
Prediger   255.308.309.325.393.399
Priestertum der Gläubigen   216.235
Protestanten, Protestantismus   99.233.234.238-241.248.299.327.328.505

Rechtfertigung durch den Glauben   23.45.58.85.144-146.167.169.170.175.
   178.179.181-189.195.196.198-200.239.245.246.249.250.252.276.292.
   337.356.373-376.454.457.458.465.476
Reformation   192.233.234.238-241.244.248-250.327.330.381.468.473.
   490.493
Reich Gottes (Reich der Gnade)   86-88.217.308.399
Reich Gottes (Reich der Herrlichkeit)   88.89.285.296.357.531.532.541
Religionsfreiheit   233.240.496.497
Reue – *siehe* Bekehrung

Sabbat, Sabbatgebot   Kap. 19 (361-386) 105.108.113.217.240.247.250.
   338.341.390.391.424.548
Satan   26.58.59.80.82.85.95.118.132-134.139.140.142.143.151-161.164.167.
   187.193.199.219.225.228.230.241.247.259.276.287.319.322.329.349.37
   6.388.404.409.413.460-462.465.474.475.482.496.505.514.515.517.523.
   527-532.551
Schöpfung   Kap. 6 (105-118) 17.31.33.34.48.52.53.55.87.91.93.94.119-123.
   130-132.139.140.144.199.247.348.361.362.364.368.370.371.388.390.
   505.527.540
Seele   119.122-128.131.189.504.509-511.514.534.536
   – *siehe auch* Tod, Zustand im
Sonntagsheiligung   250.368-370.376-383
Spiritismus   326.327.514-517
Sünde, Sündenfall   17.23.36.41.49.53.55.58.59.74-79.86.95.97.119.
   131-141.152.153.160.166-174.184.187.239.275.299.344.355.356.
   431-434.460-462.532.548.549

Tabak   401.407.422
Taufe   Kap. 14 (267-284) 97.101.210.218.256.297.311
   – *siehe auch* Jesu Taufe

Teufel – *siehe* Satan
Tod, erster und zweiter   488.517.518.520.521.532
Tod, Zustand im   Kap. 25 (503-513) 125.126.253.
Tradition   26.220.238-240.254.378.381.496
Trinität – *siehe* Dreieinigkeit

Übrigen, die   Kap. 12 (227-252) 84.313.319.321
Umweltverantwortung – *siehe* Haushalterschaft
Unfehlbarkeit der Kirche   234.235.238
Unsterblichkeit der Seele – *siehe* Tod, Zustand im
Untersuchungsgericht   47.246.449.458.462.464.465.469.473.475-478

Vergebung   49-51.59.60.89.136.146.161.163.166.169.170.175.178.183.184.
   186.187.196.235.237.267.276.288.289.292.351-354.356.371.372.435.
   456.457.459.463.465   – *siehe auch* Erlösung / Versöhnungsdienst Jesu
Verherrlichung, Verwandlung   196-200.488
Verkündigung – *siehe* Missionsauftrag
Verwandlung – *siehe* Verherrlichung
Vollkommenheit – *siehe* Heiligung

Wahrheit   7-9.17-21.24.26-29.34.44.54.66.81.93.98.157-160.176.206.212.
   215.217.231.238-240.249.261-262.264.313.332.342.359.442.468.500.
   515-517.548
Wein   293.294
White, Ellen G.   325-333
Wiedergeburt   87.94.101.139.146.174.197.211.216.279.282.309.442
Wiederkunft Jesu   Kap. 24 (479-501) 39.44.55.88.89.112.128.161.190.193.
   197.198.203.213.214.218.227.229.239.242-246.252.296.297.318.319.
   321.323.324.349.350.372.384.396.445.450.458.462.467.472.473-475.
   477.520.521.524-530
Wort Gottes – *siehe* Bibel

Zehn Gebote – *siehe* Gesetz Gottes
Zehnten und Gaben   387.390-396
Zeichen der Zeit   229.230.244.318.319.483.489-498
Zeremonialgesetz   342.345.349.353-355.369.392
Zeugendienst – *siehe* Missionsauftrag

Abkürzungen der biblischen Bücher

Altes Testament

1 Mo	= 1. Mose
2 Mo	= 2. Mose
3 Mo	= 3. Mose
4 Mo	= 4. Mose
5 Mo	= 5. Mose
Jos	= Josua
Ri	= Richter
Rut	= Rut
1 Sam	= 1. Samuel
2 Sam	= 2. Samuel
1 Kön	= 1. Könige
2 Kön	= 2. Könige
1 Chr	= 1. Chronik
2 Chr	= 2. Chronik
Esr	= Esra
Neh	= Nehemia
Est	= Ester
Hi	= Hiob
Ps	= Psalm
Spr	= Sprüche
Pred	= Prediger
Hld	= Hohelied
Jes	= Jesaja
Jer	= Jeremia
Kla	= Klagelieder
Hes	= Hesekiel
Da	= Daniel
Hos	= Hosea
Joel	= Joel
Am	= Amos
Ob	= Obadja
Jon	= Jona
Mi	= Micha
Nah	= Nahum
Hab	= Habakuk
Ze	= Zefanja
Hag	= Haggai
Sach	= Sacharja
Mal	= Maleachi

Neues Testament

Mt	= Matthäus
Mk	= Markus
Lk	= Lukas
Jo	= Johannes
Apg	= Apostelgeschichte
Rö	= Römer
1 Ko	= 1. Korinther
2 Ko	= 2. Korinther
Gal	= Galater
Eph	= Epheser
Phil	= Philipper
Kol	= Kolosser
1 Th	= 1. Thessalonicher
2 Th	= 2. Thessalonicher
1 Tim	= 1. Timotheus
2 Tim	= 2. Timotheus
Tit	= Titus
Phlm	= Philemon
1 Pt	= 1. Petrus
2 Pt	= 2. Petrus
1 Jo	= 1. Johannes
2 Jo	= 2. Johannes
3 Jo	= 3. Johannes
Hbr	= Hebräer
Jak	= Jakobus
Jud	= Judas
Offb	= Offenbarung